PAIDEIA
The Ideals of Greek Culture

教化
古希腊文化的理想

第一卷

古风时代的希腊与雅典精神
Archaic Greece & The Mind of Athens

[德] 韦尔纳·耶格尔（Werner Jaeger） 著
陈文庆 译

华东师范大学出版社
·上海·

华东师范大学出版社六点分社　策划

国家社会科学基金重大项目“《牛津古典大辞典》中文版翻译”
（项目批准号：17ZDA320）阶段成果

本书的标题教化[①](παιδεία，paideia)，不只是一个象征性的名称，而是对出现在书中的实际历史主题的唯一准确的指称。实际上，它很难定义；与其他许多外延广阔、内涵丰富的概念一样(比如哲学或文化)，它不受某个抽象公式的限制。只有当我们阅读其历史并追寻其实现自身之努力时，才能对其完整的内容和意义了然于胸。用希腊的词语来指称希腊的事物，本人意在表明，我们是在用希腊人而不是现代人的眼光来看待它。要想在书中不引入诸如文明、文化、传统、文学或教育这些现代表达方式是不可能的；但它们之中没有一个能真正涵盖希腊人所说的教化(paideia)的意思；它们每一个都局限于其中的一个方面：除非我们一起使用这些概念，否则它们就不可能像希腊的教化一样涵盖

① 译注：作者开宗明义解释本书为何以希腊语“παιδεία[教化]”为题，用作者的话说，“用希腊的词语来指称希腊的事物，本人意在表明，我们是在用希腊人而不是现代人的眼光来看待它”。“παιδεία”一词，兼有现代的文明、文化、传统、文学或教育等含义，它意味着一种原初的统一性。从全书来看，“παιδεία”一词最主要的含义是按照某种理想的范型或典范(这一理想的范型或典范来自文学、文化和传统)来塑造——或用柏拉图的词来说，是陶铸——希腊人的品格；因此，我们勉强将其译为“教化”，在中文中，教化也包含有以之陶冶的文教、传统及此种传统所包含的理想的意思。在行文中，作者有时用该词指文化(文明)、有时指教育(非职业技能意义上的教育，而是“按照一种理想深思熟虑地陶冶人的品格”意义上的教育)，有时兼指二者，随文见义，不一而足。

相同的领域。然而，学术和学术活动的精髓正在于所有这些方面的原初统一——在于希腊的词语所表达的那种原初统一性，而不在于由其现代发展所强调和完成的那种多样性。古人相信，教育或文化不是一种形式的艺术或者一种抽象的理论，它与该民族精神生活的客观历史构造无可分离，他们认为它体现在著作（literature）中，著作是一切高级文化的真正表达。我们就是这样解释弗律尼库斯（Phrynichus）对有教养者（the cultured man）的定义的（s. v. *φιλόλογος*，p. 483，Rutherford）：

> *Φιλόλογος ὁ φιλῶν λόγους καί σποδάζων περί παιδείαν.*
> ［有教养者就是热爱言辞、重视教育的人。］①

① 译注：弗律尼库斯（Phrynichus Arabius），希腊文法学家，公元二世纪时活跃于小亚细亚的比提尼亚（Bithynia）一带，写作关于正确使用阿提卡方言的著作。"*φιλόλογος*"一词详见卢瑟福的弗律尼库斯评注本（*The New Phrynichus, Being a Revised Text of the Ecloga of the Grammarian Phrynichus, with Introductions and Commentary by W. Gunion Rutherford*），MACMILLAN AND CO.，1881，第 483 页，第 371 条。"*φιλόλογος*"的字面意义是言辞或理性的爱好者。关于"*φιλόλογος*"一词含义的演变，可参见《西方古典学术史》（第一卷，上册，上海：上海人民出版社，2010，张治译，第 29—31 页）的解释。"*φιλολογία*"一词最早由柏拉图所立，意为"对争论的爱好"或"对专业性讨论的爱好"，其相对应的修饰词为"*φιλόλογος*"，即"爱好论说者"（对应于"憎恶交谈者"），以此描述雅典是一座"乐于交谈的"城市（对应于斯巴达的那种沉默是金、不修文辞的偏好）。等到斯托拜乌（Stobaeus）撰述伯利克里的趣闻录时，采用"*φιλόλογος*"的新义，指"受过教育的"、"有教养的"，以对应"未受教育的（*ἀπαίδευτος*）"、"野蛮未化的"。按照耶格尔的理解，"*φιλόλογος*"一词在二世纪时就有了"受过教育的"、"有教养的"的含义了。

目　录

第一编　古风时代的希腊

第二编　雅典精神

中译本前言

三十年战争与古典人文理想

刘小枫

耶格尔(1888—1961)的三卷本《教化:形塑古希腊人》有很高的学术声誉,[①]我国知识界早闻其名,期盼中译本的读者不在少数。改革开放已经四十多年,中译本终于问世,除了应该感谢译者的辛劳,还应该感谢华东师范大学出版社六点分社持之以恒地组织译介大部头西学典籍的热忱。[②]

四年前,"六点(VI HORAE)"组织译介了法国古典学家马鲁(1904—1977)的《古典教育史》。就写作意图和篇幅而言,该书与《教化》颇为接近。如作者所说,他属于耶格尔"这代人",《古典教育史》写于"历史的某个断面",即"酝酿于二战中阴霾密布、最远离希望的日子",成书于战后在废墟中重建欧洲的日子(1948)。他们有一个共同信念:坚持古典人文理想,修复已然破碎的欧洲文明精神。

《古典教育史》印行第六版(1964)时,马鲁不无忧虑地问道:

---

① 书名及以下所引耶格尔《教化》,系笔者据德文版译出,与本书依据的英译本略有不同。

② 耶格尔,《教化:古希腊文化的理想》(三卷本),陈文庆译,上海:华东师范大学出版社,2021(以下随文注卷数和页码)。

如今这一传统该由谁来接替？这是年轻一代人需要回答的问题。①

1960年代的欧洲年轻一代不屑于回答这一问题，而是径直离弃古典人文传统。德语维基中的"耶格尔"词条说，《教化》把从荷马经柏拉图到德摩斯梯尼的古希腊教育思想"理想化（idealisierte）为西方文化的基础"。言下之意，其实古希腊并没有这样一个传统。毋宁说，这幅"古希腊精神世界的理想化图画（ein idealisierendes Bild）"掩盖了古希腊思想的真实历史面目。

不难设想，如今欧洲主流学界的古典学者会对"六点"的古典人文热忱感到不解，但会对"轻与重"译丛报以会心的微笑。

一

耶格尔的三卷本《教化》成书于1933至1943年，仅比马鲁的《古典教育史》早五年。可以说，无论是《教化》，还是《古典教育史》，都是二十世纪的那场欧洲大战的产物。

无论从哪方面来看，二十世纪的两次欧洲大战不过是同一场战争的两个阶段——史称二十世纪的"三十年战争"。与十七世纪的德意志三十年战争相比，两者的首要差异在于，介入西方基督教内战的域外政治单位增多了。若非大洋彼岸的美国介入，第一次欧洲大战的结局定会不同，而是否会有第二次欧洲大战——或者说，是否会有纳粹的崛起，也是未知数。数百年来，欧洲内战连绵不断，正是英属美洲殖民地的立国和跨洋介入，决定性地改变了欧洲内战的性质。

1911年，耶格尔在柏林大学古典系以研究亚里士多德形而上学获得博士学位，时年二十三岁。② 紧接着，他考订大约生活于公元五世纪

---

① 亨利-伊雷内·马鲁，《古典教育史·希腊卷》，龚觅、孟玉秋译，上海：华东师范大学出版社，2017，第2页。

② 耶格尔的博士论文用拉丁文写成（*Emendationum Aristotelearum specimen*，1911），正式出版为德文：Werner Jaeger，*Studien zur Entstehungsgeschichte der Metaphysik des Aristoteles*，Berlin，1912。

的基督教哲学家涅墨修斯(Nemesios)的传世文本，以此完成了任教资格论文(1913)。[①] 次年，欧洲大战就爆发了。

由于身体健康原因，耶格尔没有被征召入伍。他成功申请到巴塞尔大学古典系的教职，时年二十六岁。作为古典学家，耶格尔不会不知道，当年尼采到巴塞尔大学任教才一年多，普法战争就爆发了。[②] 尼采向校方申请离职，想要加入普鲁士军，中立的瑞士未予批准，尼采只好“作为战地救护人员上战场”，去了阿尔萨斯前线。尽管尼采仅战斗了一个星期就因染疾退下战场，但他在写给母亲的信中说，法兰西这只猛虎正在侵袭德意志文化，应该不惜代价打败它。可没过多久，战争进程又让这位血气方刚的古典学家醒悟到，德意志人的文化基础实际上不堪一击，普鲁士的获胜“对[德意志]文化来说是最危险的力量”。针对这一政治现实，尼采提出了具有新古典人文主义色彩的教育改革构想。正是在普法战争期间，尼采写下了《狄俄尼索斯的世界观》草稿，即《肃剧诞生于音乐精神》的雏形。[③]

1914 年爆发的欧洲大战与普法战争有直接关联，否则，战后的法国不至于用《凡尔赛和约》如此羞辱德国。德国智识人不得不反省：德国的战败仅仅是因为军事或政体方面的原因吗?

巴塞尔大学是德国年轻学人进入德国名校任教的跳板，耶格尔在这里仅待了一个学年，就获得基尔(Kiel)大学古典系的聘职，并返回德国。尽管没有上战场，而是继续自己的亚里士多德研究，但第一次世界大战让耶格尔深受震撼。对他来说，这场战争充分表明，基督教欧洲的文明传统已然崩溃。鉴于这场战争的惨烈程度在当时的欧洲人眼里史无前例，这种感受完全可以理解。[④]

---

① Werner Jaeger, *Nemesios von Emesa. Quellenforschungen zum Neuplatonismus und seinen Anfängen bei Poseidonios*, Berlin, 1914.

② 杰弗里·瓦夫罗，《普法战争：1870—1871 年德国对法国的征服》，林国荣译，北京：社会科学文献出版社，2020。

③ 施特格迈尔，《尼采引论》，田立年译，北京：华夏出版社，2016，第 12—13 页。

④ 比较罗伯特·莫厄特，《欧洲至暗时刻(1878—1923)：“一战”为何爆发及战后如何重建》，吴赵萍译，北京：华文出版社，2020。

战争结束后的第二年(1919)，耶格尔做了题为“作为传统和体验的古典人文主义”的学术报告，被视为第三波古典人文主义(Dritter Humanismus)兴起的标志之一。[①] 两年后(1921)，他获得了一份殊荣，到柏林大学接替维拉莫维茨(1848—1931)退休后空出的古典学教席，这让他有了更具影响力的学术地位来推动古典人文教育。

初到柏林大学的两年，耶格尔完成了《亚里士多德思想形成史的基础》，深度介入古典学界长期争论不休的柏拉图和亚里士多德的师徒关系问题，以此在自己所属的专业领域站稳脚跟。[②] 事实上，完成任教资格论文后，耶格尔也曾到意大利识读抄件，可见他对校勘古籍之类的古学专业同样兴趣浓厚。可是，德意志的政治成长所遭遇的困境以及基督教欧洲文明所面临的危机让耶格尔深切感到，古典学必须走出象牙塔，成为普通人文教育的基础。因此，到柏林大学古典系任教后，耶格尔随即与时任哲学系主任的斯普朗格(1882—1963)教授一同发起了一场古典人文教育运动——史称“第三波古典人文主义”，由此成为一名通识教育活动家。

斯普朗格早年在柏林大学跟从狄尔泰(1833—1911)和鲍尔森(1846—1908)学习哲学、教育学和史学。第一次世界大战爆发后，他希望像其他同龄人一样，拿起武器上战场，却因身体健康状况不及格未能如愿。但与耶格尔不同，在战争期间，斯普朗格就已是一名通识教育活动家，他热情投入青年人文教育的推广，甚至累得病倒。

战争爆发那年(1914)，斯普朗格发表过一篇长文《生命的诸形式》，把狄尔泰的文化类型说应用到教育学，提出了人的六种性情类型的区分：沉思人对真理感兴趣，经济人对实利感兴趣，审美人把获得生命的形式感视为人生的最高目的，社会人与共同体的人民心往一处想，政治人热衷于获得统治权力，宗教人则仅仅关心自己的灵魂与上帝的联系。

---

① Werner Jaeger,“Der Humanismus als Tradition und Erlebnis”(1919)，见 Werner Jaeger, *Humanistische Reden und Vorträge*, 2., erweiterte Aufl. Berlin/Leipzig, 1937，第 17—30 页。

② Werner Jaeger, *Aristoteles. Grundlegung einer Geschichte seiner Entwicklung*, Berlin, 1923.

战争结束后,斯普朗格将这篇长文发展成专著,问世后(1921)一时洛阳纸贵。①

在论及"审美人"时,斯普朗格把这种类型的人格成长与古典人文教育联系起来:"审美人"成型的标志是"内在形式"感的养成。

> 只有当存在的两个方面——印象和内心世界——完全平衡了,那才是"内在形式"的人,这种人具有真正的可塑性,我们或许可以将之称作"古典类型"的人。这种人能敞开思想,能很快融入生活印象之中:他们的内心是自我发展的。他们的特点是形成清晰的美感;这种感受必须与纯知识和技术才能区别开来。他们从自己的生活中创造出艺术作品。他们本身就是形式、美、和谐、均衡。甚至在其最初的倾向中,就带有一定的精神上的美;但它们经常是通过自觉的内心修养来完善自我的。②

斯普朗格的观点会让他的读者想起新古典人文主义者威廉·洪堡(1767—1835),正是这位普鲁士的政治人追随席勒和歌德把古希腊人视为"审美人",③并成功创设了古典人文中学教育体制,与旨在培养实用技术人才的学校各司其职。1921 年,斯普朗格做了一场题为"人文科学的当前地位与[中小]学校(Der gegenwärtige Stand der Geisteswissenschaften und die Schule)"的学术报告,并将讲稿献给了耶格尔。一年多后(1923),耶格尔着手撰写《教化》(德文版),他拟定的副

---

① Eduard Spranger, *Lebensformen. Geisteswissenschaftliche Psychologie und Ethik der Persönlichkeit*. 2., völlig neu bearbeitete und erweiterte Auflage, Halle: Niemeyer, 1921(英译本 *Type of Men, The Psychology and Ethics of Personality*, 1924/1928)。

② 斯普朗格,《审美态度》,见刘小枫选编,《德语美学文选》(下册),上海:华东师范大学出版社,2006,第 36 页。

③ Wilhelm von Humboldt,"Über das Studium des Altertums und des griechischen insbesondere"(1793),见 Albert Leitzmann 编,Wilhelm von Humboldt, *Gesammelte Schriften*, Band 1(1785—1795), Berlin, 1903,第 256 页;比较 Friedrich Paulsen, *Geschichte des gelehrten Unterrichts auf den deutschen Schulen und Universitäten vom Ausgang des Mittelalters bis zur Gegenwart. Mit besonderer Rücksicht auf den klassischen Unterricht*. 2 Bde., Leipzig, 1885。

标题“形塑古希腊人（Die Formung des griechischen Menschen）”明显与斯普朗格的提法相呼应。

斯普朗格到处做报告、搞学术演讲，在中学推行古典人文教育。至1933年纳粹上台前，他所做的学术报告多达近四百场。[①] 耶格尔则不仅到处发表演讲和谈话，还在1924年发起成立“古代文化协会（die Gesellschaft für antike Kultur）”，次年又发起了“德意志古典语文学家联盟（Deutschen Altphilologenverband）”。同年创办的学刊《古代文明》（*Die Antike*，1925—1944）和书评杂志《古遗物》（*Gnomon*），很快在古代史学界成为权威期刊。

1933年，《教化》第一卷脱稿，次年出版，与国社党获得政权碰巧同时。如果斯普朗格和耶格尔推动古典人文教育意在抑制当时的青年激进运动的话，那么，他们的努力明显失败了。1936年底，因抵制纳粹政权的“一体化（Gleichschaltung）”教育方案，加之第二任妻子有犹太血统，耶格尔流亡美国，任教芝加哥大学，欧战爆发那年（1939），又转到哈佛大学任教，成为该校古典研究中心的首任主持人，直至离世。

二

《教化》第二卷的英译本在1943年问世，当时，世界大战的各个战场都陷入胶着态势，战火炽热。第三卷的英译本问世时（1947），二十世纪的三十年战争已经落下帷幕，德国被美军和苏军一分为二，正在废墟中重建家园。德国在1918年战败后“开始实行议会民主制，对很多[德国]人而言，这是战胜国的政体，因而不属于德国”；与此不同，1945年的战败“几乎标志着德国民族史的终结”。[②]

考虑到英译本至少需要数年翻译时间，《教化》的后二卷大约脱稿

---

① 参见 Eduard Spranger，*Volk，Staat，Erziehung. Gesammelte Reden und Aufsätze*，Leipzig，1932；关于斯普朗格的生平及其时代影响，参见 W. Sacher / A. Schraut（Hrsg.），*Volkserzieher in dürftiger Zeit. Studien über Leben und Wirken Eduard Sprangers*，Frankfurt am Main，2004。

② 海因里希·温克勒，《永远活在希特勒阴影下吗？关于德国人和他们的历史》，丁君君译，北京：生活·读书·新知三联书店，2011，第106—107页。

于1940年代初。作为第三波古典人文主义的标志性作品,《教化》的诞生刚好连接起二十世纪的欧洲三十年战争的两个阶段。这让我们想到一个政治史学问题:古典人文主义与欧洲的政治成长有怎样的历史关联。事实上,斯普朗格在1921年的"古典人文中学之友大会(Versammlung der Freunde des humanistischen Gymnasiums)"上做报告时,首次使用"第三波古典人文主义"这个语词,明显意在呼吁再来一次十四至十六世纪的文艺复兴和十八世纪德意志新古典人文主义那样的精神运动。①

"文艺复兴"的意大利语原文含义是"重生/再生(Rinascimento/英文 Renaissance)",并没有"文艺"这个限定词。若我们把十四至十六世纪的Renaissance仅仅视为一场解放人性的文艺运动,只知道"美术三杰"和"文学三杰",那么,我们对Renaissance的理解难免会过于平面化。毋宁说,Renaissance是日耳曼蛮族成为政治民族的标志性历史时期。布克哈特讲述意大利Renaissance的大著非常有名,但书名若译作"意大利政治复兴时期的文化"恐怕更为恰切。毕竟,文化现象仅是意大利政治成长的表征之一,而且是最为表层的表征。

布克哈特说,"查理大帝所代表的那个文化,在七世纪和八世纪的蛮族面前,基本上就是一种Renaissance[政治复兴]"。毕竟,查理帝国的建立,实际标志着日耳曼蛮族成为了一个政治民族。十四至十六世纪时,古典人文主义不仅出现在意大利,也出现在西欧其他地方:英格兰人和法兰西人同样"有意识地和经过考虑地借鉴古典文化的某种成分",以此促进自己所属王国的政治成长。复兴古典的冲动在意大利尤为强劲而且普泛,"无论有学问的人还是一般人,他们的感情都自然而然地投向了整个古典文化",仅仅因为亚平宁半岛曾是罗马帝国的发祥地。②

与英格兰和法兰西不同,当时的意大利仍处于破碎的政治状态。

---

① B. Stiewe, *Der"Dritte Humanismus". Aspekte deutscher Griechenrezeption vom George-Kreis bis zum Nationalsozialismus*, Berlin, 2011,第4页(以下随文注页码)。

② 布克哈特,《意大利文艺复兴时期的文化》,何新译,北京:商务印书馆,1983,第167—168页。

由于未能形成统一的王国，虽然出现了强劲的“复古”冲动，甚至还出现了一批记叙意大利城邦政体成长的纪事书（史书），但意大利的城邦政治单位没有一个具有国际竞争力：

> 长期积弱，以及城邦国家的政治文化与民族[国家]统一的趋势之间的张力，是意大利最直接的问题。即便如此，这也不是一个纯粹本土性的问题，而是由于北方的民族国家的发展所致，它们作为权力单位在国际政治中拥有更强的竞争力。①

如今的文化史家习惯于将文化现象从政治生活中分离出来单独看待，以便突显文化的永恒价值，而政治生活或政体兴衰不过是过眼烟云。尽管这不无道理，但就认识历史而言，却让人容易忽略文化现象与政治生活的血脉关联。彼特拉克（1304—1374）有着“意大利人文主义之父”的美誉，他整理李维的《罗马建城以来史》，搜寻并校勘维吉尔、西塞罗乃至荷马的抄本，撰写了三卷本《论[古代]名人》。用今天的话来说，彼特拉克是古典学者。而恰恰是这位古典学者兼诗人，在1347年6月“号召意大利的所有城市派出代表进驻罗马”，以此“为一个统一的、神圣的意大利提供和平与安全的保障”。如今的史学家甚至觉得，这位“古文物研究者”有一个“极为怪诞的幻想”，即希望“通过重建罗马这个古代意大利的中心来实现整个意大利的统一”。②

彼特拉克的政治愿想被如今的史学家视为“幻想”而且还“怪诞”，显然是因为当时的意大利难以形成统一君主国。倘若如此，今天的一些史学家夸耀意大利的城邦政体——因为它是现代商业文明的先声，这样的政体能让公民享有充分的政治自由——恐怕会让彼特拉克或马基雅维利有苦难言。

英格兰和法兰西的绝对王权政体基本形成之后，巴黎和伦敦的知

① 沃格林，《政治观念史稿（卷六）：革命与新科学》，谢华育译，贺晴川校，上海：华东师范大学出版社，2019，第94页；比较沃格林，《政治观念史稿（卷四）：文艺复兴与宗教改革》，孔新峰译，上海：华东师范大学出版社，2019，第45—47页。

② 尼古拉斯·曼，《彼特拉克》，江力译，北京：中国社会科学出版社，1992，第48—49页。

识界爆发了“古今之争”,古典人文理想遭到“崇今派”的沉重打击,古典学家也分裂成了“崇今派”和“崇古派”。对某些古典学家来说,研究古典为的是与古代遗产决裂。毕竟,根据新的欧洲历史经验,要让自己所属的政治体富强起来并具有国际竞争力,就不能崇尚古希腊罗马的人文理想。

政治上尚未统一的德意志城市并未出现激烈的古今之争,反倒是像意大利那样,出现了史称“新古典人文主义(Neuhumanismus)”的文化运动(约1750至1820)。当时的德意志古典学名家分布于各个城市:哥廷根有格斯涅(J. M. Gesner,1691—1761),莱比锡有厄尔涅斯提(J. A. Ernesti,1707—1781),哈勒有赫伊涅(C. G. Heyne,1729—1812)和沃尔夫(F. A. Wolf,1759—1824)。但新古典人文主义的真正代表并非这些古典学家和古史学家,而是普鲁士的文化人温克尔曼(1717—1768)以及汉堡的莱辛(1729—1781)、魏玛的歌德(1749—1832)和图宾根的荷尔德林(1770—1843),他们无不把古希腊诗人视为教化德意志人的楷模(Stiewe,第44—51页)。古代诗人的天职是使人更高尚、更有德性,热衷考古的史学家或古典学家未必如此。

法国大革命爆发那年,威廉·洪堡周游法国的旅行碰巧抵达巴黎,这场正在改变欧洲甚至整个世界的政治事件让他深受触动。两年后,他给《柏林月刊》寄去了一篇文章,题为《关于国家宪法的想法——受新的法兰西宪制激发》(1791)。① 紧接着,他又写下了《尝试确定国家作用的界限》(1792,中译本名为《论国家的作用》)。直到威廉·洪堡去世,这部著作都未正式出版,如今则已被学界视为自由主义政治理论的重要典籍之一。据说,威廉·洪堡在书中一心想的是如何限制政府权力之类的自由主义问题。

若是不带先入之见来阅读此书,谁都不难看到情形未必如此简单。威廉·洪堡在绪论中以古今对比的眼光说,古代国家不仅看重整个民族的物质繁荣,更看重政治体的道德品质,因而也更重视人之为人的教

① Wilhelm von Humboldt,“Ideen über Staatsverfassung, durch die neue französisclie Konstitution veranlaßt”,见 Albert Leitzmann 编,Wilhelm von Humboldt, *Gesammelte Schriften*, Band 1(1785—1795),前揭,第77—85页。

育。与此不同，现代国家只看重物质繁荣，仅仅关注人的福利、财富以及职业能力。

> 我们感到在古代，吸引我们的首先是一个人的生命奉献精神的伟大，是想象力的生机勃发、精神的深邃、意志的坚强、整个言行的一致，而单单后者就给予人真正的价值。人，尤其是他的力量和教育，是激发任何活动的东西。在我们这里，过多的情况是涉及到一种整体思想，从这种思想出发，人们似乎忘记了各种个人，至少不是关心他们的内在天性，而是关心他们的安宁福利和幸福快乐。①

在接下来的第一章，威廉·洪堡就何谓人之为人发表了自己的看法，明显带有古典人文主义的理想色彩。他的"自由人理念"不是英国清教徒式的"个人权利"，而是人的德性品格的完善。在结束这一章时，威廉·洪堡以修辞性问句表达了自己关于自由人的理想：

> 难道不正是这个东西（[引按]指通过博雅教育养成的自由人格）把我们不可名状地吸引到希腊和罗马时代，并一般地把任何一个时代吸引到一个更加遥远和消失了的时代吗？这些人必须更加艰难地与命运作斗争、更加艰难地与人作斗争，不是好事吗？（同上，第 33 页）

显而易见，法国大革命让当时年仅二十四岁的威廉·洪堡想到的问题是，德意志若要成为一个自主的政治体的话，应该具有何种文明品质。继《尝试确定国家作用的界限》之后，也就是雅各宾专政那年，威廉·洪堡又写下《论古代研究——尤其是古希腊研究》(1793)一文（未刊）。②

---

① 威廉·洪堡，《论国家的作用》，林荣远、冯兴元译，北京：中国社会科学出版社，2016，第 28 页。

② Wilhelm von Humboldt，"Über das Studium des Altertums und des griechischen insbesondere"，见 Albert Leitzmann 编，Wilhelm von Humboldt，*Gesammelte Schriften*，Band 1，前揭，第 255—281 页。

对威廉·洪堡来说，古希腊人不仅是一个可通过史学研究来认识的远古民族，毋宁说，古希腊人的精神品质是值得德意志人学习的典范。

法国大革命让青年洪堡意识到，传统的专制君主国的政体形式已经难以为继，但新的政体尝试引发的大动乱又表明，要实现真正的宪制国家，必须关注政治体的德性教育，这得从基础教育做起。事实上，青年洪堡在《尝试确定国家作用的界限》中已经表达了自己的古典教育理想，即通过古希腊人文教育形塑德意志人的政治品格。他并非像如今的自由主义者以为的那样，只想着如何限制国家权力。毋宁说，他更多考虑的是国家应该如何使用好公共权力，以使国民具有高尚的文明品质。毕竟，基于私人化和个体权利化的政治体不可能造就出一种伟大的秩序，即便它拥有巨大的财富和强大的军事力量支配全球平衡，也只会引来无休止的围绕权力的无序争夺。

如果威廉·洪堡的政治理想仅仅停留于理念，没有落实在实际制度层面，那么，他在新古典人文主义运动中的地位就微不足道了。1809年2月，时年四十二岁的洪堡被任命为普鲁士枢密院成员和内政部属内的文化与公共教育司司长。虽然在这个重要位置上只有短短十六个月，但出于对自己所属民族的深切热爱和对德意志政治成长的责任，威廉·洪堡为普鲁士王国，或者说，为后来的德意志帝国做了一件大事：建立具有古典教育品质的人文中学（das humanistische Gymnasium）体制，设置小学、中学、大学三级学制以及大学任教资格考试，让古典语文进入中学课程。与创办一所具有人文研究性质的柏林大学相比，这些制度性成就更具历史意义。①

在历史给威廉·洪堡提供机遇做这件大事之前，他曾写下一篇长文《古希腊自由国家衰亡史》（未刊）。② 在威廉·洪堡看来，古希腊

---

① 贝格拉，《威廉·冯·洪堡传》，袁杰译，北京：商务印书馆，1994，第68—69，73—75页（以下随文注页码）。详参 H.-E. Tenorth, *Wilhelm von Humboldt. Bildungspolitik und Universitätsreform*, Paderborn, 2018。

② Wilhelm von Humboldt, "Geschichte des Verfalls und Untergangs der griechischen Freistaaten（1807—1808）"，见 Albert Leitzmann 编，*Sechs ungedruckte Aufsätze über das klassische Altertum von Wilhelm von Humboldt*, Berlin 1896；另见 Wilhelm von Humboldt, *Gesammelte Schriften*, Band 3（1799—1818），Berlin，1904，第171—218页。

城邦虽然衰亡了,但古希腊人实现人之为人的德性教养理想不会衰亡。

> 威廉·洪堡相信,通过扩大希腊语的教学以及用它来构成教育的基础,可以培养出温和的"类似希腊人的"德意志人,培养出一种完人。(贝格拉,第76页)

德国的史学家看得清楚,这并非仅仅是一种人文理想,更是一种政治理想。因为,威廉·洪堡的教育改革旨在让普鲁士王国"保住自己[的江山],并东山再起",最终"成为单一民族国家,且走得更远,成为民族主义的国家"。(贝格拉,第69—70页)①

三

耶格尔十六岁在人文中学念高中那年(1904),维拉莫维茨的《古希腊语读本》(*Griechisches Lesebuch*)就激发了他投身古典研究的生命热情。无论是维拉莫维茨,还是耶格尔,都是古典人文中学培育出来的"尖子"——可见,威廉·洪堡的教育改革确有成效。

第三波古典人文主义教育运动的倡导者明显意在继续坚持威廉·洪堡的古典教育理念,斯普朗格的任教资格论文以威廉·洪堡的古典式"人文品质理念"为题(1909)便是直接的证明。② 但是,我们切不可忽视,这两场古典人文主义运动的政治语境不可同日而语:德意志帝国的建立(1871)是明确的分水岭(Stiewe,第79—87页)。

新古典人文主义兴起之际,标志着普鲁士崛起的七年战争爆发(1756—1763)。这场战争不仅让整个欧洲陷入战端,而且波及北美洲、中美洲、西非海岸以及南亚的印度半岛和菲律宾群岛。丘吉尔(1874—1965)有理由说,这场战争算得上是现代的"第一次世界性大战",因为

---

① 比较曼弗雷德·盖耶尔,《洪堡兄弟:时代的双星》,赵蕾莲译,哈尔滨:黑龙江教育出版社,2016,第264—317页。

② Eduard Spranger, *Wilhelm von Humboldt und die Humanitätsidee*, Berlin, 1909.

它也是英国崛起为世界大国的国际性战争。[①]

随后爆发的法国大革命又引发了一场旷日持久的欧洲大战，从1792年第一次反法同盟战争算起，到拿破仑战争结束，历时长达二十三年。若与七年战争加在一起，德意志的新古典人文主义运动恰好与欧洲的第二次三十年战争平行，而英属美洲殖民地的“独立战争”(1775—1783)则将这两次“世界性大战”连成一线。

最初让德意志邦国形成统一政治单位的是拿破仑的军队，而非新古典人文主义运动，但威廉·洪堡设立古典人文教育制度的举措，又恰好在拿破仑走向战败之时，其政治成效的历史评价迄今难有定论。在当今德国的自由派史学家眼里，威廉·洪堡的古典人文教育最显而易见的成就是打造了一支强有力的普鲁士军队：

> 在1806年的耶拿-奥尔施泰特战役失利后，普鲁士是欧洲第一个实施义务服兵役和义务教育的国家。德国的士兵能够[在普法战争中]打败法国人的原因是，他们在接受严格训练的同时还在接受[人文]教育。[②]

这种说法让我们想起大半个世纪前伊莉莎·巴特勒(1885—1959)提出的一个观点。在这位英国小说家兼日耳曼学者眼里，新古典人文主义是“文艺复兴运动的整体重演，只不过舞台设置在德意志”。由于经历过十七世纪的那场三十年战争的“大灾难”，德意志人的古希腊主义“自然不同于欧洲其他地方”，其民族特色是“僵硬、诡异、危险、毛骨惊然，还有就是荒诞不经。所有这些都是那么异乎寻常”。[③] 她据此提出的观点迄今让一些政治人觉得不仅有吸引力，而且有说服力：德意志的智识头脑追慕古希腊的人文理想，无异于让古典人文理想对现实处

---

① 丘吉尔，《英语民族史(卷三)：革命的年代》，薛力敏、林林译，海口：南方出版社，2004，第109页。

② 勒佩尼斯，《德国历史中的文化诱惑》，刘春芳、高新华译，南京：译林出版社，2010，第13页，比较第117—118页(以下随文注页码)。

③ 伊莉莎·巴特勒，《希腊对德意志的暴政：论希腊艺术与诗歌对德意志伟大作家的影响》，林国荣译，北京：社会科学文献出版社，2017，第464页(以下随文注页码)。

境中的国民施行暴政：

> 在这场大复兴运动中，如果说古希腊人是暴君，那么德意志人便注定了是奴隶。这样一个古希腊深刻影响了现代文明的整体走向，古希腊的思想、标准、文学形式、意象、视野和梦想，只要是世人能够寻获的，都在这场运动中发挥出足够的威力。然而，在这一纵横四海的古希腊影响的潮流当中，德意志成为至高典范，以一己之身见证了这场古希腊精神暴政的大跃进。（巴特勒，第 8 页）

巴特勒因此认为，新古典人文主义运动是一出让她感到“令人极为怜悯”的“悲喜剧”（巴特勒，第 465 页）。这种不乏得意的“怜悯”感很可能来自英国成为世界霸主的成功经验：政治体不可能凭靠学习古希腊语和研读古代经典获得繁荣和富强，应该依从马基雅维利-霍布斯-洛克的教诲才对。在德意志，恐怕唯有康德算是明白人，他就不信新古典人文主义那一套。

勒佩尼斯把话说得更明：德意志的古典人文主义者“将文化视为政治的替代物，同时对政治嗤之以鼻”。他毫不掩饰地说，所谓“政治”指的就是“议会政治”。

> 文化作为政治的“高贵”替代物的观点，首先是全盛时期的魏玛古典主义提出的。这种以文化的名义远离议会政治的态度，是魏玛共和国为什么没能保持住其民众对它的广泛接纳与情感支援的根源。如果当时能够保持住民众的支持态度的话，那么，魏玛共和国便不会沦为纳粹的猎物。（勒佩尼斯，第 8 页）

言下之意，德意志在二十世纪遭遇大灾难，根源就在于新古典主义把德意志政治问题的解决引向了“特殊道路”——追求政治的“特殊德性”，以至于德意志智识人看不到政治的实情，没有“能够保持住民众的支持”。由于古典人文理想的“暴政”，德意志人丧失了对人世政治悲剧的感知力，让不着边际的哲学理想僭夺了本来应当交托给注重实际的政治人对人世政治生活的立法权和训诫权。威廉·洪堡是显著的例子，他“一身贵族气”，把“古典主义的教育大权独揽在手”，其改革行动“优劣参半”，以至于到了“1918 年，人们再也不能成功地对它们做出全面修正”(贝格拉，第 70 页)。

其实，在 1918 年的最后一个月，德国的自由主义法学家接受了议会政治原则，且不到一个月就草拟出了《魏玛宪法》。① 紧接着，韦伯(1864—1920)就在慕尼黑大学做了题为“以政治为业”的著名讲演(1919)，全面修正威廉·洪堡的古典人文理想。恰恰是这个模仿英美议会民主理想的魏玛民国宪法，成为从威廉二世的德意志帝国到希特勒的第三帝国的中介环节。②

1933 年，耶格尔曾向普鲁士的国社党当局提交过一份教改方案，理所当然遭到了拒绝。耶格尔与国社党的教育学家随后展开了一场口水战，在他看来，国社党所掌控的青年运动尽管具有激进性质，但其实带有很强的思想性。③ 巴特勒的大著出版于 1935 年，这个年份提醒我们，作者心目中的攻击对象是当时的第三波古典人文主义。毕竟，1924 至 1933 年间，尽管魏玛共和国的政局极为动荡，但第三波古典人文主义推行的古典人文教育仍有声有色，据说其教育理念包含着对西欧现代文明的蔑视：受过古希腊教化的德意志人才是欧洲的教育者(Stiewe，第 252 页)。换言之，德国虽然在 1918 年战败了，但在教化方面却战胜了敌人。由此可以理解，《教化》第一卷在 1934 年出版后，销路非常之好，次年(1935)即再版。

巴特勒在书中既没有提到耶格尔，也没有提到斯普朗格，而是以对具有超凡魅力的诗人格奥尔格(1868—1933)的漫画式描述结束全书。的确，虽然斯普朗格在 1921 年才明确提出“第三波古典人文主义”，但

---

① 彼得·考威尔，《人民主权与德国宪法危机：魏玛宪政的理论与实践》，曹晗蓉、虞维华译，南京：译林出版社，2017，第 65—71 页。

② Gustav Schmidt, *Deutscher Historismus und der Übergang zur parlamentarischen Demokratie: Untersuchungen zu den politischen Gedanken von Meinecke, Troeltsch, Max Weber*, Lübeck & Hamburg, 1964，第 22—26 页。

③ 比较 Beat Näf, *Von Perikles zu Hitler? Die athenische Demokratie und die deutsche Althistorie bis* 1945, Bonn, 1986，第 187—191 页。

这场古典复兴运动应该从格奥尔格推动的古典教育算起，时在第一次世界大战爆发之前——甚至还被具体确定为1888年。如今的史学家由此引出了一桩政治史学公案：德国的古希腊研究与激进民主有什么关系吗？经过美国的民主化再教育，如今的德国史学界甚至有人认为，"第三波古典人文主义"与"第三帝国"的"第三"含义未必是巧合，与约阿希姆（1135—1202）的"第三王国"观念也不能说没有关系（Stiewe，第3—4页）。

在巴特勒看来，格奥尔格提倡的古典教育带有一种由"尼采注入德意志希腊主义血脉当中的诡异、危险且幽暗的元素"，其源头来自十八世纪的温克尔曼（巴特勒，第448—460页）。言下之意，国社党的激进民主酵素，应该追溯到新古典人文主义中的"幽暗元素"。显然，巴特勒并不知道，十七世纪末至十八世纪初，英国人的议会政治立宪论已经带有"极权主义性质"，而洛克（1632—1704）的自主理性也已经包含浪漫主义"神话"的酵素。①

四

巴特勒的大著出版五年后（1941）的春天，也就是德国对苏联发起闪电式入侵大约三个月之前，莱因哈特（1886—1958）应朋友们的邀请，在一个小型聚会上就德国古典学的历史命运发表看法。作为维拉莫维茨的得意门生，莱因哈特比耶格尔仅年长两岁，两人几乎同时出道，但他没有参与第三波古典人文主义运动，算是一位局外人。因此，人们希望从他那里获得来自古典学内行的观察。

莱因哈特首先指出，1918年战败后，德国陷入政治崩溃，知识界出现了各种各样的内省和反思，第三波古典人文主义属于其中之一。莱因哈特表示，要澄清这场教育运动"在多大程度上与时代的大众倾向融合"并不容易，而他也不便于谈论这个话题。仅从古典学角度来讲，莱因哈特认为这场运动值得肯定，因为，在新古典人文主义的鼎盛期

① 沃格林，《政治观念史稿（卷六）：革命与新科学》，前揭，第187—189，211—212页。

(1800年前后),"古典"意味着学界的最高准则,而到了"1900年前后,这个意味几乎丧失殆尽"。第三波古典人文主义的出现,毕竟使得"古典"这个语词"重获自豪感"。①

从1800到1900年的一百年间,德意志的古典学研究取得了相当可观的学术成就。莱因哈特对这段古典学发展史了如指掌,为何他要说,到了1900年前后,"古典"不再意味着学界的最高准则?

莱因哈特的意思是,自十九世纪中期以来,德国古典学越来越走向狭隘的专业化,成了实证式古代史学的一部分。② 也就是说,由于古典学的史学化与古典学本身承载的人文教育理想背道而驰,古典学陷入了"古典人文主义的理想与历史主义现实之间的困境",古典人文理想在整个人文知识界的地位才远不如前。

> 在学术领导人物的指令下,所有学者开始做史学研究。大约在十九世纪中叶时,古典拉丁语文学以更加切合实际、更加彻底的身份夺取了领导权。工业创建者的精神到处蔓延,也渗透进学术领域。此后,在最辉煌的外表下,古典语文学的内心却是僵化的。十九世纪末,古典语文学研究举步维艰,如同一个机构臃肿、将自身掏空的企业,起初高涨的热情消失殆尽——不是因为麻木冷漠,而是因为清醒、禁欲、尽职和坚忍的英雄品质。(莱因哈特,第161页)

在莱因哈特眼里,自己的老师维拉莫维茨就是这种"清醒、禁欲、尽职和坚忍的英雄品质"的代表。古典学与史学越走越近,导致古典学"自我瓦解",正是青年尼采在普法战争期间觉察到的大问题。于是,尼采以《肃剧诞生于音乐精神》和《不合时宜的观察》对古典学的古史专业化取向发起攻击。随后发生的事情,业内人士都耳熟能详:尼采遭到自

---

① 莱因哈特,《古典语文学与古典》,见刘小枫编,《古典学与现代性》,陈念君、丰卫平译,北京:华夏出版社,2015,第150页(以下随文注页码)。

② 比较莫米利亚诺,《十九世纪古典学的新路径》,见刘小枫编,《古典学与现代性》,前揭,第45—70页。

己的人文中学校友维拉莫维茨的强硬回击。相反，格奥尔格受尼采激发，吸引了一批年轻的古典学者和古代史学者，致力于让古典学走出实证史学的藩篱，以文学化的形式表达古典人文理想。在格奥尔格看来，古典人文教育与任何追求专业化职能的古典学都不相干(莱因哈特，第152—153页)。

维拉莫维茨认为，格奥尔格圈子为了古典人文理想而放弃了古典学的专业品质，让古典学成了一种文学，而非真正的关于古代的科学。莱因哈特是维拉莫维茨的学生，这并没有妨碍他认为，自己的老师为维护古典学的史学传统实际上放弃了古典人文理想，成了"正处于终结时期的历史主义的杰出人物"(莱因哈特，第166、169页)。

> 旧式的古典人文主义语文学家们是专业人士、编辑、词语解释者、收集人、博学之士，但绝不是真正意义上伟大的古典人文主义者。(莱因哈特，第163页)

在这样的学术语境中，耶格尔出场了——莱因哈特说，他企图调和古典学与史学的内在不和，于是就有了《教化》。

> 耶格尔再次尝试从思想上使古典学以自身为准，将古典学与史学分开。但是，古典学又不应当丢弃其史学特征，所以，耶格尔的尝试最初还停留在要求上。(莱因哈特，第169页)

所谓"再次尝试"意指尼采已经做过这样的尝试。耶格尔出道时已经意识到古典学与史学不和，明确提出两者应该分门别户：古典学家是古典精神的守护者，而史学家则往往是古典精神的破碎者。因为，古典学的旨趣是理解古代文明中具有永恒性的理想，这关涉到古典学者的自我教化，而史学的旨趣仅仅是认识过去的事实。耶格尔选用"Paideia[教化]"这个古希腊语词作为书名，再配以副标题"形塑古希腊人"，不外乎要表明他关切的政治德性不是个人权利，而是古希腊的教化所追求的精神品格。

《教化》第一卷出版后，耶格尔明显感受到来自古典学界中的史学势力的压力，否则他不会在简短的德文第二版前言(1935)中特别申明：

> 我们几乎不必说，体现在本书中的这类史学，既无意取代，也不能取代传统意义上的史学，即事件的史学。但是，以下述方式描述历史并非没有必要，而且其合理性已经得到证明，这种方式就是，通过对开创性文献的阐释来解释人的生活——这些开创性文献是人的理想的代言人。(《教化》，第一卷，"德文第二版前言"，第1页)

不难设想，古典学界中的史学势力若要排斥《教化》，难免会拿历史文献及其阐释说事。耶格尔对此并非没有提防，在1933年的初版前言中，他明确说，"尽管已经有很多学者致力于描述古希腊的城邦、社会、文学、宗教和哲学的发展过程"，但还没有人尝试解释古希腊人的政治成长与智识成长的互动关系(《教化》，第一卷，"前言"，第1页)。换言之，耶格尔自己把《教化》视为一部史学著作。他并不像尼采那样，干脆离弃实证史学，否则，他很可能会像尼采那样，无法在业界继续立足。

目光敏锐的莱因哈特一眼就看出，耶格尔试图调和古典学与史学的内在不和，只会是一厢情愿。因为，十四至十六世纪文艺复兴时期的古典研究已经蕴含实证史学取向，而德意志的新古典主义才突显了古典研究的理想性。十七世纪以来，实证史学日益兴盛，古典学已经很难摆脱这种内在压力。基于这样的认识，莱因哈特对《教化》在现代古典学发展史中的地位作出了如下历史评价：

> 第三波古典人文主义似乎要么以《教化》一书站稳脚跟，要么以此衰落。在古希腊的教化之光重新照耀下，希腊人物形象以威严的风格登场而过。在这一光芒之下，许多从未显现的[东西]展示出来，其他事物因此而黯然失色。这本书的功绩在于，从统一的具有教育意义的视角提供了全景。(莱因哈特，第171页)

莱因哈特同时怀疑，耶格尔是否与古典学中的历史主义取向彻底断绝了关系。从今天的视角来看，莱因哈特所说的古典学与史学的内在不和已经消失，因为，借助社会-文化人类学的势头，实证史学早已全面而又彻底地清除了新古典人文主义的理想。按照人类学式的古典学家的看法，"教化"并非是古希腊文化的核心。即便古希腊人重"教化"，今人是否能感受到其中本质的东西，也大可怀疑。由于历史的巨大变迁，恢复古典式的教化也不会使得今人与古代的关系变得更直接。耶格尔的《教化》让今人隔着一层历史的面纱看待古希腊文明，人们得到的只会是一副被理想扭曲了的历史面目。

五

莱因哈特在小范围论及《教化》时，他的评论还留有余地，因为《教化》的后二卷尚未问世。不难设想，当莱因哈特看到第二卷后，他会为自己的评断感到满意。因为，仅仅从第二卷的长篇前言来看，耶格尔在古典人文主义与历史主义之间游弋的痕迹也已经展露无遗。

在第一卷的初版前言中，耶格尔曾提到《教化》的整体写作构想。第一卷描述古希腊文化在古风时代和古典时代的建立、成长以及所经历的危机；第二卷将记叙智识在柏拉图时代的复兴、与雅典城邦的关系，以及城邦文明向世界帝国的转变；第三卷将展现罗马崛起以及基督教兴起后，如何融入希腊人发展起来的教化进程。不难看出，这样的写作构想基于政治史的脉络。

在第二卷的前言中，耶格尔告诉读者，他的写作构想变了。第二卷和第三卷将共同构成"一个独立单元"，仅仅展示柏拉图时代的智识发展史，因此，第一卷"应该被看作柏拉图研究的一种导论"。原定计划中关于罗马帝国和早期基督教的内容，需要"筹划一部续作"（《教化》，第二卷，"前言"，第 1 页）。这无异于说，三卷本《教化》不再是记叙整个古希腊智识发展的史书，而是一部柏拉图研究或柏拉图主义形成史研究。

耶格尔甚至明确宣称，《教化》第二卷是全书核心，它以柏拉图哲学的形成为中心，探究某个哲学问题。在第三卷的前言中，他更为明确地告知读者，自己要探究的是“哲学如何从教化问题中诞生”——这听起来让人感觉到一种“肃剧从音乐精神中诞生”式的音调。

> 通过哲学在古典时代早期的渐次展开，即从苏格拉底令人心潮澎湃的问题——“（并非仅仅是技术意义上的）教育真的可能吗”——到柏拉图《王制》自然而然的高潮，第二卷追溯了哲学这一新的伟大力量在人类生活中的成长历程。（《教化》，第三卷，“前言”，第 1 页）

耶格尔的这些说法让人觉得，他已经义无反顾地离弃了古典学的史学取向及其历史主义品质。可是，人们在第二卷的前言中又看到，耶格尔仍然强调：

> 从本书一开始，我就在努力做一件与众不同的事情，即根据其历史背景来解释希腊文化理想的社会结构和社会功能。本着这样的宗旨，我以此两卷著作来处理柏拉图的时代；假如它们有什么价值的话，那就是它们特别有助于理解柏拉图的哲学。（《教化》，第二卷，前言，第 2 页）

这话听起来已经具有社会人类学式的古典学声调，莱因哈特看到这里，一定会觉得自己此前的判断没错——耶格尔意在调和古典学与史学的内在不和：既想要展示古希腊“教化”的历史语境，即“一种特定的思想氛围”，又想要揭示一个哲学真理，即“精神是历史中唯一持存的因素”，它能够“穿越千年，历久弥新”。一方面，他把苏格拉底与智术师的“竞争”视为“一出单一的历史剧”，另一方面，为了揭示这场“哲学的力量与反哲学的力量围绕文化主导权的竞争”，他又不可能不损害“迄今为止的人文主义史学的基本法则”，以至于不得不“打破这出历史剧”，不理会“严格的时间顺序”（《教化》，第二卷，前言，第 3 页）。

耶格尔还意识到，这样做在处理文献材料时难免会“遇到不少麻烦”，为此，他求助于一种所谓“真正史学意义上的文化形态学”。

> 古希腊精神所产生的每一种形式的德性，每一种新的道德准则，都必须从它起源的时空处境来研究——召唤古希腊精神前进并与之发生冲突的各种历史力量包围着它。(《教化》，第二卷，前言，第 4 页)

这已经是再明显不过的历史主义姿态，耶格尔不但没有掩饰，反而通过引用史学大家兰克(1795—1886)的说法承认了这一点：

> 如一位伟大的史学家所言，每个时代都“直接与上帝相联系”。每个时代都有因其自身之故而被赞扬的权利，其价值不仅在于它是产生另一个时代的工具。每个时代在历史的全幅图景中的最终地位，取决于它为自己时代的最高成就赋予精神和智力形式的能力。(《教化》，第二卷，前言，第 5 页)

耶格尔甚至还说：

> 史学家千万不要试图调和那些相互冲突的思想——它们是在伟大心灵之间的战斗中涌现出来的——或者试图对它们进行裁断。史学家的使命不是改进世界，而是理解世界。史学家所探讨的人物之间很可能相互冲突，从而相互制约。他必须将他们之间的对立问题留待哲学家解决。(同上)

既然如此，耶格尔又何以可能探究“哲学如何从教化问题中诞生”呢？他又何以可能说《教化》“特别有助于理解柏拉图的哲学”呢？尼采不会让古典学从属于史学，并用哲学的“锤子”解决必须解决的对立问题，而耶格尔最终让古典学从属于历史主义。他宣称不能“让精神的历史成为一种纯粹的相对主义”其实是一句空话，因为他承认，“史学家确实不应该承担决断谁拥有绝对真理的重任”。既然耶格尔最终让自己屈从于学界的实证主义和历史主义主流，放弃了热爱智慧的主权，那么，的确只有对严肃而又悬而未决的重大问题没兴趣的人才会觉得，《教化》是一部很好的文化史书。①

六

《教化》第三卷的德文文稿很可能在1943年以前已经杀青，因为，第三卷的英译本前言写于1943年10月，而耶格尔在第二卷英译本的前言中已经感谢过译者"对本书三大卷孜孜不倦的兴趣"(《教化》，第二卷，前言，第7页)。从第三卷的英译本前言中，我们不难看到，耶格尔显得让自己的古典学立场再次挪到了哲学一方。

耶格尔在这里说，"教化"的本质即"哲学为建立至高价值而进行的艰苦卓绝的斗争"，因为，这些至高价值"构成了人类的生活和教育的理想目标"。他还告诉读者，第三卷突显了一场历史冲突：当时的雅典城邦出现了另一种"重建自身的普遍趋势"，即"依靠实践经验和一般常识"而非依靠"第一原理(本原)"的力量来重建城邦，由此而来的是两种"文化理想的冲突"(《教化》，第三卷，前言，第1页)。如此看来，第二卷前言中的历史主义声调似乎已经销声匿迹。

其实，《教化》第二卷的长篇前言尽管不乏历史主义声调，但理想主义的声调同样高昂。耶格尔充满激情地写道："自由已逝，城邦不再，但理想长存"，人们应该"从一个超时代的维度来研究古希腊人的文化理想"(《教化》，第二卷，前言，第2页)。

当耶格尔写下第二卷英译本前言时(1943年7月)，欧洲的战场态势已经出现逆转。1943年5月，德军被盟军逐出北非，不得不退守希腊半岛和西西里岛，而盟军重返欧洲大陆已经指日可待。在东线战场，德军夺取斯大林格勒的企图遭遇完败时(1943年2月)，坚守列宁格勒的苏军第一次突破了德军长达十七个月的围困，高加索会战也出现明

① 施特劳斯讲疏，《修辞、政治与哲学：柏拉图〈高尔吉亚〉讲疏》(1963)，李致远译，上海：华东师范大学出版社，2017，第19页。

显不利于德军的转机，“所有的德军指挥官”都“对最高统帅部的战略丧失了信心”。①

作为史学家，耶格尔不会看不到，德国战败是迟早的事情。正是在这样的背景下，耶格尔宣称，他的《教化》旨在展示“一种能在国家和民族的生与死中幸存下来的理想”，因此，它是“一部源于史学沉思精神的哲学剧”(《教化》，第二卷，前言，第5页)。新写作构想要展示的主题是，古希腊城邦虽然在罗马的扩张中消亡了，它“失去了此世的一切——国家、权力、自由乃至古典意义上的市民生活”，但它仍然留下了历史永远无法剥夺的财富——教育(《教化》，第二卷，前言，第1页)。

不难想到，耶格尔写下这些话时，他的历史目光的眼底满是德国两次“失去此世的一切”的惨痛经历。② 倘若如此，这些话让人觉得有什么意味呢？难道耶格尔想说，他指望德国人成为古典人文理想的承载者的努力虽然失败了，但这不等于理想本身被历史剥夺？

耶格尔所要坚持的古典人文理想，并不仅仅是德意志的理想，而是整个基督教欧洲的传统文明理想。按照耶格尔原初构想的写作方案，《教化》要建构的历史图景以柏拉图为中心，经希腊化帝国时代的世界公民理想延展到古代晚期的基督教教父。由于希腊化时期的希腊教化向基督教教化的转变是《教化》的一大主题，所以《教化》的后两卷“还旨在弥合古典希腊文明和古代晚期的基督教文化之间的鸿沟”(《教化》，第二卷，前言，第4页)。

在《教化》的第三卷中，我们并没有看到耶格尔描述希腊精神和基督宗教如何在经历过长达数个世纪的竞争后最终走向了融合。这段历史留给了《教化》的续作：《教化》第二卷的英译本问世那年，耶格尔出版了《古典人文主义与神学》(*Humanism and Theology*，1943)，五年后又出版了《早期希腊哲人的神学》(*The Theology of the Early Greek*

---

① 李德·哈特，《第二次世界大战战史》，钮先钟译，上海：上海人民出版社，2009，第414—427，457页。

② 比较 Hans-Ulrich Wehler，*Deutsche Gesellschaftsgeschichte. Band 4: Vom Beginn des Ersten Weltkriegs bis zur Gründung der beiden deutschen Staaten* 1914—1949，München，2003。

Philosophers, 1948)，最后以《早期基督教与古希腊的教化》(*Early Christianity and Greek Paideia*, 1957)告别讲坛。[1]

耶格尔早年的任教资格论文已经显示出他对希腊教父的热爱，1939年转到哈佛大学任教并创办古典学研究中心后，他主持展开的第一项研究计划即整理希腊教父文献。凡此都让人想起意大利文艺复兴鼎盛时期的费奇诺(1433—1499)，以至于人们可以说，耶格尔是二十世纪的新柏拉图主义者。

战争结束之后，德国成了废墟，甚至整个欧洲都成了废墟，唯有美利坚帝国一片繁荣而且十分强大。身在美国波士顿的耶格尔能像修昔底德站在提洛岛人的古坟前那样想到，自己身在何处吗？如果他活到今天，他会看到自己创立的古典学中心已经完全人类学化。另一方面，虽然"盟国为战败了的德国制定的计划严厉而又残酷"，战后的最初几年"大概是十七世纪的三十年战争以后德国人民最困苦的时候"，但在美国管制下，德国很快实现了现代意义的市民生活理想，"一个信奉经济政治伦理的世界强国崛起"了。[2] 耶格尔本来相信，人世间的政体繁荣和强大此起彼伏，唯有成为高尚之人的古典人文理想永世长存，但他看到的是，自己信奉的古典人文理想在德国学界已经荡然无存，而新柏拉图主义也早已被人类学式的古典学埋进了历史坟墓。

莱因哈特说得没错，第三波古典人文主义并没有以《教化》一书站稳脚跟，而是以此衰落。但莱因哈特同样正确地看到，这并不意味着古典人文理想必然衰落。毕竟，第三波古典人文主义的衰落与三十年战争无关，而是与《教化》自身的内在矛盾相关——与耶格尔向历史主义妥协相关。谁要是相信古典人文理想，而非自愿做现实政治的奴仆，那么，他从耶格尔的失败中获得的教训应该是：古典研究必须切实返回迄今悬而未决的关涉人世生活的大是大非问题——这意味着，古典研究必须成为一种政治哲学和政治史学。

---

① Werner Jaeger, *Das frühe Christentum und die griechische Bildung*, Berlin, 1963.

② 埃德温·哈特里奇，《第四帝国》，国甫、培根译，北京：新华出版社，1982，第 II 页，比较第391—424页。

中译本导言

《教化》，德国古典人文主义的高峰与终结[①]

白　钢

耶格尔(Werner Jaeger)所著《教化》(*Paideia*)第一卷于1933年出版，借助古希腊语"paideia"所包含的诸多意味，以统一的视野考察了古希腊之全景，成为了那一时期德国乃至整体西方世界古典学界最具影响力的作品，为尚处于第一次世界大战惨痛经历-记忆中的德国乃至整个欧洲提供了某种具有古典高贵性的精神慰藉。1936年，第一卷的修订版问世。不久，耶格尔离开德国，远赴重洋执教于哈佛大学古典系，在那里，他为《教化》第一卷添加了内容颇为丰富的大量注释，这使得1946年所出的英译版相对于此前的德文版，具有独特的研究价值。1944年与1947年，《教化》的第二卷与第三卷相继出版。经历第二次世界大战，无论心境，还是外境，都发生了重大的变化，物非人亦非，第一卷出版时带来的那种精神震撼已不复有，但仍有由第一卷所开启的效果历史与精神影响的余波回响。由华东师范大学出版社六点分社组织翻译出版的《教化》三卷本，是这部古典学巨著(opus magnum)在汉语世界的第一次完整呈现。

---

① 本文所引耶格尔《教化》一书的内容主要根据德文版译出，与本书中译本依据的《教化》英译本有所差别，如同耶格尔在英译本第二卷前言所说，英译本已经超越单纯的翻译，而是一本真正的英文著作。

从结构而言，《教化》第一卷分两编，大体上对应于古风时代与古典时代，就涉及的题材而言，前者包含史诗（荷马、赫西俄德）、弦琴诗[①]（伊奥尼亚和爱奥利亚诗歌、泰奥格尼斯、品达）、哲学（前苏格拉底思想家）、政治思想（斯巴达传统与雅典传统），后者聚焦于以雅典为中心的悲剧（埃斯库罗斯、索福克勒斯、欧里庇得斯）、喜剧（阿里斯托芬）、智者派、史学（修昔底德）。耶格尔为学之博大精深、深刻敏锐，在此卷得以充分展现，希腊精神世界的整体图景与恢弘气象跃然纸上，该书遂成为莱因哈特（Karl Reinhardt）所言"第三次人文主义（dritter Humanismus）"的扛鼎之作，[②]进而成为这场人文主义运动命运的缩影。

德国人文主义的起源，可上溯到十八世纪中后期，至《教化》第一卷发表的时代，大致可分为三个阶段。以 1764 年温克尔曼（Johann Joachim Winckelmann）出版的《古代艺术史》为标志，德意志民族比其他欧洲民族更晚也更富于热诚地开启了将自我意识与希腊-罗马（特别是希腊）的古典世界紧密联系在一起、将其视作自我命运之核心组成部分的精神历程。1800 年，席勒的《希腊诸神》（*Götter Griechenlands*）修订版问世，是这场人文主义运动第一阶段的象征。黑格尔《哲学史讲演录》中有关希腊哲学的引言无法以人文主义加以涵盖，却在更深邃的精神层面上，流露出这种古典人文主义的内在气质："一提到希腊这个名字，在有教养（gebildet）的欧洲人心中，特别是在我们德国人心中，自然会引起一种家园之感（heimatlich zumute）"，"我们之所以对希腊人有家园之感，乃是因为我们感到希腊人把他们的世界化作家园；这种化外在世界为家园的共同精神（der gemeinschaftliche Geist der Heimatlichkeit）把希腊人和我们结合在一起"。[③] 这一阶段，古典语文学尚未与对

① Lyrik（lyrics）之传统译名"抒情诗"，无法充分展现这一题材所包含的丰富内涵，故取λύρα作为拨弦乐器之本意，译作"弦琴诗"。

② 莱因哈特，《我与古典学》，崔卫平译，崔嵬校，见刘小枫编，《古典学与现代性》，北京：华夏出版社，2015，第 169—172 页；Karl Reinhardt，"Die klassische Philologie und das Klassisch"，*Vermächtnis der Antike—Gesammelte Essays zur Philosophie und Geschichtsschreibung*，Herausgegeben von Carl Beck，Göttingen，1989，S. 348—350。

③ 黑格尔，《哲学史讲演录》（四卷本），贺麟、王太庆译，上海：上海人民出版社，2013，第一卷，第 157—158 页；Georg Wilhelm Friedrich Hegel，*Vorlesung über die Geschichte der Philosophie* I，Werke Bd. 18，Frankfurt/Main，1971，S. 173—174。

于古代希腊-罗马世界的哲学、艺术、历史的研究径然分离，它的存在更多是作为教养(paideia)的一部分而非专门性的学科研究(academia)，从而被寄予对整体民族进行教育的期待。

由于在人文主义的第一阶段，古典理想与古典语文学的结合是如此自然而深切，以至于伴随着十九世纪学科分化的不断展开，二者间的疏离显得如此突兀而难以置信，却又无可避免。伴随着基于各种分立的学科原则与方法论对于古代世界的研究，原本作为理想而存在的古典世界，被分解为无数细小的局部而失去其整体性；古典与现代之间的命运性精神纽带，被强调要与历史保持适当距离从而得以将历史作为客观对象加以考察的历史主义-实证主义态度所取代(尽管历史主义与实证主义二者间存在巨大的张力)。古典语文学受到古典理想破灭与专业性-工具性特征不断强化的双重影响，故而整体民族教育者的定位不仅在现实层面不复存在，作为学科的自我意识也变得越来越模糊。

正是处于这种疏离趋势的日益强化的背景下，作为对于学科分化、学术发展乃至历史理性与时代进步的反思与反动，似乎已经成为过去式的古典人文主义通过布克哈特(Jacob Christopher Burckhardt)的《希腊文化史》与罗德(Erwin Rohde)的《灵魂》(*Psyche*)，寻找到了新的展现形态，其深度理论表达则出现于尼采《不合时宜的沉思》之二《历史对于生活的利弊》序言中，作为厌倦于语文学家身份的哲人，他写道："古典语文学如果不是具有在我们的时代里不合时宜地(unzeitgemäss)起作用的意义，亦即反对时代(gegen die Zeit)，并由此作用于时代且但愿有益于一个未来时代(auf die Zeit und hoffentlich zu Gunsten einer kommenden Zeit)起作用的意义，它在我们的时代还会具有一种什么意义。"①尼采之于这一阶段的人文主义，无论是其深刻、敏感与距离感，正如黑格尔之于其第一阶段。相对于第一阶段，此时的人文主义不复拥有政治热情，而更坚决地转向文化与艺术。

---

① F. Nieztsche, "Vom Nutzen und Nichtheil der Historie für das Leben", (Unzeitgemäße Betrachtungen II), *KSA*(*Kritische Studienausgabe*) I, Herausgegeben von Giorgio Colli und Mazzino Montinari, Berlin/New York, 1988, S. 247.

作为尼采在古典学领域的毁灭性打击者，维拉莫维茨（Ulrich Friedrich Wichard von Wilamowitz-Moellendorf）是十九世纪七十年代以降最伟大的古典语文学家，他以近乎卓绝的学术能力，展现了古代希腊世界不同于人文主义理想的、极具张力的复杂面目与其背后的高贵伟大，将人文主义对于古典世界、古典作家、古典作品的虔诚转化为古典学家对于自我学术行为的虔诚（Andacht），从而标志着古典学研究中人文主义的终结。① 他对于普鲁士政治的高度认同，也与那一时期的人文主义的"非政治化"倾向清晰地区分开来。

经历了第一次世界大战与德国战败后十余年的荒乱岁月，维拉莫维茨于1931年辞世，留下了或许是他全部学术生涯中最具思辨性的两卷本遗稿《希腊人的信仰》。② 两年后，耶格尔的《教化》第一卷出版，标志着试图将古典理想与现代学术相结合、通过回溯古希腊的精神源头为深处危机的现代欧洲提供精神救赎的第三次人文主义的启航。

以古希腊语"paideia"一词作为全书的命名乃至第三次人文主义的象征，当然是深思熟虑的结果。"paideia"一词源自"*παῖς*[孩子]"及在此基础上构成的动词"*παιδεύειν*[教育]"，代表着孩子通过接受教育而摆脱精神上作为孩子之存在的辩证过程。由于在古希腊语境中，除"孩子"之外，"*παῖς*"一词还有"奴隶"之义，因而可以说，通过 paideia 所摆脱的，还包括亚里士多德意义上的"天然奴隶（*φύσει δοῦλος*，《政治学》I. ii. 7, 18）"状态。"paideia"一词包含着（或更确切地说，寄托着）彼此关联又各得其所的多重涵义，从而使古典与现代的精神世界得以通过这种意义综合体连接在一起。就大者言之，其意义域包含以下几个维度：

1. 德语 Er-ziehung，是拉丁语 e-ducatio（英语 education，法语 education 直接从其而来）之意译的产物，由表达强化含义的前缀（拉丁语 e-，德语 er-）与源自动词"引导，牵引"（拉丁语 ducere，德语 ziehen）的名词组合而成，遵循这种构词结构，在汉语中对应之义为"教导"。《教化》

---

① 莱因哈特，《我与古典学》，前揭，第166—168页；Reinhardt，"Die klassische Philologie und das Klassische"，S. 346—348。

② Wilamowitz-Moellendorff, *Der Glaube der Hellenen*, I/II, Berlin, 1931/1932.

第一章以"希腊人在人类教导史上的地位(Die Stellung der Griechen in der Geschichte der menschlichen Erziehung)"为题,可谓开宗明义。

2. 德语 Bildung,源自动词"bilden[构造,塑造]",对应于古希腊语"*τύπος* [类型]","*παράδειγμα*[原型,典范]",其本意为"(依照典范)塑造,铸造",引申为因塑造而成就的"教养"。《教化》(德文版)的副标题"形塑古希腊人"①正取此意,呼应于第一版序言所言"对希腊教养现象的本质认知(die Wesenserkenntnis des griechischen Bildungsphänomens)是当下每种教育知识与教育意愿的不可或缺的基础(eine unentbehrliche Grundlage)"。② 这一理念可上溯至柏拉图意义上灵魂的"*εὔπλαστον*[可塑造性]"(《王制》377b),哲人进入政治领域,会将塑造自己(*ἑαυτὸν πλάττειν*)的方式运用于塑造他人的品格(*ἤθη*)(《王制》500d)。在此意义上,耶格尔将柏拉图的学说称作是"人文主义",一种致力于实现人类的本质图像(Wesendbild des Menschen)的教育。③

3. 德语 Kultur,源自拉丁语 cultura,由动词"colere[耕种]"演化而来,cultura 意味着如同粮食或植物般被栽种、培育与收获。这一意味在汉语中正对应于"教育"。耶格尔将"Kultur"一词(在现代语境下,它通常被译作"文化"),视作古希腊语"paideia"的对应,④而英译本也将"古希腊文化的理想(the Ideals of Greek Culture)"作为《教化》的副标题。显然,他联想到了普鲁塔克《论儿童的教育》一文正是以农艺(agricultura,本意为"土地的培育")为例,说明教育中自然、学习、练习的三位一体关系。此文对于文艺复兴以降的人文主义传统影响极大,催生了"精神的培育(cultura animi)"式的人文主义教育理念。

4. 德语 Psychagogie,源自古希腊语"*ψυχαγωγία*[心灵感化]",其本

---

① 此处的"希腊人"没有用一般性的表达"Griechen",而是使用了"griechische Menschen"这样同时突出希腊(griechisch)与人(Mensch)的庄严用法,似乎是为了表达,通过 paideia,在希腊的人成为真正体现人之为人意义的希腊人。

② W. Jaeger, *Paideia. Die Formung des griechischen Menschen*, Band I, Berlin/New York 1936, Vorwort.

③ W. Jaeger, *Paideia. Die Formung des griechischen Menschen*, Band II, Berlin/New York, 1944, S. 360.

④ W. Jaeger, *Paideia*, I, S. 384.

意为召唤身处冥府的灵魂，在柏拉图那里，被用于描绘修辞学穿透人心、深达灵魂的力量（《斐德若》261a），这一意义上的 paideia，是本书译名“教化”最恰当的对应。

因而，作为 paideia 之汉语译名的“教化”，包含着体现“教”之精神的“导”、“养”、“育”、“化”四重内涵，归之于“教化”，以其堪为“教导”、“教养”、“教育”之共同作用的果实。然若以 paideia 对应中国传统之“教”，则《易・观》彖言之“神道设教”，《中庸》之“修道之谓教”，又非 paideia 所能涵摄。

以 paideia 的理念为核心线索，耶格尔希望通过对古代希腊世界的追寻和探索，为精神上处于风雨飘摇中的欧洲寻到某种稳固的不可动摇的基础，对他而言，精神漂浮不定属于尚未经教化的孩子，而稳定则是经由教化达到成熟的标志。因而，在《教化》第一卷中，充满着对于希腊精神之稳定性特征的寻找与论证。

面对荷马史诗，耶格尔将其中激烈的戏剧性冲突标示为它与其他类型的史诗作品的最大差别，盛赞荷马史诗中的每个人物都是完整的、活生生的个体，是高度真切的，令人仿佛可见可触，他们的思想与行为浑然一体地结合在一起（lückenlos in sich zusammenhängen），[①]却有意识地忽略了，荷马史诗中最深刻的戏剧性冲突，正是源于核心人物之思想与行为的矛盾而非其一致性：战死于特洛伊而获得不凋谢的声名（*κλέος ἄφθιτον*）与从战争中抽身安然返乡（*νόστος*）的矛盾，在《伊利亚特》第九书中通过阿喀琉斯的自我思考呈现出来（IX，412—416）[②]，此时的他从最初与阿伽门农决裂的意气冲动中摆脱出来，如同哲人般思考自身乃至人类的命运，构成了哈姆雷特式“生存还是毁灭”疑问的遥远先声；奥德修斯为了实现返乡的意愿，不惜拒绝了女神卡吕普索希望他成为其丈夫获得永生的诱惑，但有着如此强烈意愿的他却并未拒绝作为女神卡吕普索的伴侣生活多年，直至赫尔墨

---

① W. Jaeger, *Paideia*, I, S. 87.

② 关于“不凋谢的声名”这一表述的内在深度，参见白钢，《“不凋谢的声名”——论印欧语系早期诗歌语言的传承与创新》，见《东西古典语言与文明比较研究》，北京：社会科学文献出版社，2019，第 68—84 页，特别是第 72—73 页。

斯的到来，面对各种人，他无一例外地用谎言掩饰身份（从女神雅典娜的化身到他的儿子特里马库斯），甚至在杀死求婚者后依然伪装为外乡人，与妻子佩涅洛佩进行互相试探，这种复杂的人物性格，作为其思考和行动之内在矛盾的产物，正是《奥德赛》极令人着迷又令人困惑的特色所在。

耶格尔试图弱化乃至抹去这种矛盾，将荷马的作品界定为一个完整而独立的秩序世界，一种可供不断回溯的带有终极稳定性的典范（παράδειγμα）与起源（ἀρχή）。耶格尔与他所属的人文主义传统并非全然不承认史诗内部的矛盾，甚至会将某些矛盾描绘为其最具魅力之处，但却希望一切作为"变化与命运性发生（Wechsel und schicksalhaftes Geschehen）"的矛盾从属于他所理解与想象的"稳定与秩序（Dauer und Ordung）"，[①]而不愿接受超越这种理解与想象的矛盾（例如史诗中人物之思想与行为的矛盾），生怕这样会动摇其作为古典理想的存在，削弱通过这种典范形象所维系的"稳定与秩序"。

无独有偶，在讨论赫西俄德的《工作与时日》时，耶格尔特别强调了它所代表的希腊农民的精神状态，一种与荷马史诗所代表的贵族理想人格截然不同的存在，他将之称作"如土地般稳固的伦理（eine bodenständige Ethik）"，[②]而赫西俄德的全部天才与成就则被概括为"看到了他的社会生活和每一个同胞的生活赖以建立的不容动摇的基础（die unantastbaren Grundfesten）"。[③] 不论在荷马还是赫西俄德那里，在二者颇为不同的精神世界中，他都发现了希腊精神令人心仪的稳定性。

这种对稳定性的推崇与追求，也反映在他将ῥυσμός（ῥυθμός）的本意解释为"给运动变化加上锁链，给流动之物加上界限"，进而认为，"希腊人在音乐和舞蹈中发现的节律背后的原初概念，不是流动（Fließen），而是停顿（Halt），是对运动变化的坚决限定（feste Begrenzung der Bewegung）"，为此，他不惜否定"ῥυθμός[节奏，节律]"与动词"ῥέω[流动]"

---

① W. Jaeger, *Paideia*, I, S. 88.

② W. Jaeger, *Paideia*, I, S. 85.

③ W. Jaeger, *Paideia*, I, S. 111.

之间的意义关联，而试图寻找一种新的词源学解释。①

在描述希腊哲学的起源时，他又一次诉诸希腊精神的客观稳定特征，以一种黑格尔式的语调，判定东方的精神在其宗教诉求中直接沉入感觉的深渊，寻不到牢固的立足点（dort nirgendwo festen Boden findet），而希腊精神则通过认知外在宇宙的不变法则寻找灵魂的内在法则，最终达到对于内在宇宙的客观观察（gelangt zur objektiven Anschauung eines inneren Kosmos）。②

在另一处高度体现黑格尔风格的段落中，希腊被描绘为某种独特的无法取代也无法模拟的存在：作为一种古老的文明，希腊与同样古老或更为古老的东方文明相比，更富有自由的精神与主体性（通过个体观念与个体思想情感的张扬）；而相对于赋予自由与主体性以至高地位的现代性文明，即便最富于个人意识与思想感情的希腊表达，也并没有那种纯粹的主观性，"希腊的个体性获得其自由与自我意识的活动空间，并非通过简单地解除对主观性的束缚（einfach dem Subjektiven die Zügel schießen läßt），而是通过使其自身成为精神上客观的东西（daß es sich geistig objektiviert）"。③ 在此，古今之争与东西之别被同时触及。

在论及希腊城邦-国家（polis）与希腊文明的关联时，耶格尔极敏锐又极坚定地断言，城邦是希腊文明占据绝对统治地位的中心（das allbeherrschende Zentrum），描述希腊城邦便是描述希腊生活的整体，④进而，他将希腊式的古典和谐命名为"政治人文主义"，将《教化》一书的目的描述为"在希腊的所有历史时期中追寻这一观念的发展，并以二者之间的严重对立为终结"。有趣的是，"政治人文主义（political human-

---

① W. Jaeger, *Paideia*, I, S. 174—175; W. Jaeger, *Paideia*: *The Ideals of Greek Culture*, vol. 1: Archaic Greek. The Mind of Athens, translated from the Second German Edition by Gilbert Highet, Oxford, 1946, Chapter 7, Note 53。这一意见显然并未被后来的词源学研究所认可（ῥυθμός，古印欧语 * sreu-"流动"，* sru-dhmo-"流动者"）。参见 R. S. P. Beekes, *Etymological Dictionary of Greek*, Leiden/Boston, 2010, p. 1293。

② W. Jaeger, *Paideia*, I, S. 209—210.

③ W. Jaeger, *Paideia*, I, S. 163.

④ W. Jaeger, *Paideia*, I, S. 113—114.

ism)”这一对全书带有根本纲领性质的概念,却并未见于正文,而是作为 1946 年新版卷一的注释出现,①而正文中有关伦理和政治相结合是真正的教化的基本品格之一、高级教育与国家和共同体理念之间的紧密联系是古典希腊的本质特征之类的论述,②乃至第二卷中所言“柏拉图的人文主义原则上不是非政治性的(nicht prinzipiell unpolitisch),尽管如此,其政治态度不由经验的现实所摆布,而由它以为真正实在的理念所支配”,③倒更像是对它的注释。

这种“政治人文主义”,面对斯巴达与雅典时,呈现出颇为复杂的态度。斯巴达政体,对于柏拉图、色诺芬、亚里士多德而言,是由哲人王吕库古创设的、体现其远见卓识的伟大作品,在耶格尔笔下,却被描绘为“事实上是更早更简单的共同体生活阶段的一种遗存(Fortdauer),具有特别紧密的族群联系与有欠发达的个体性(von besonders zäher stammhafter Bindung und schwach entwickelter Individualisierung)”,④从而将斯巴达政体以及相应的理想归结为古典时代希腊哲学家的想象与创造。象征着种族团结、公民团结、压抑个人自由的“集体主义”斯巴达,被视作“持彻底个人主义立场”的雅典之对立物,在不经意间被映射到一战与二战之间的欧洲大陆,构成了对时代境遇的精神反思:相对于德国,俄国-苏联被认作斯巴达;相对于英法,德国被认作斯巴达。

这种古希腊在近现代欧洲的映射,绝非偶然。在品达与但丁、希腊僭主与美第奇家族(他们同样喜爱并资助思想家与艺术家,代表着新的政治力量)、智者派运动与文艺复兴乃至启蒙运动之间,耶格尔发现了某种隐秘而深刻的精神对应。特别是对于欧里庇得斯,他不但继承了将其描绘为启蒙时代作家的看法,更将资产阶级现实主义作为其作品的核心特质加以把握:当他将资产阶级化(Verbürgerlichung)之于欧

---

① W. Jaeger, *Paideia: The Ideals of Greek Culture*, vol. 1: Archaic Greek. The Mind of Athens, Chapter 5, Note 3.

② W. Jaeger, *Paideia*, I, S. 381.

③ W. Jaeger, *Paideia*. II, S. 360.

④ W. Jaeger, *Paideia*, I, S. 121.

里庇得斯时代的雅典与无产阶级化（Proletarisierung）对于他所处的欧洲相对比，并特别突出其降格（Entwürdigung）特征时，①古希腊的精神史与近代以来欧洲的精神史似乎融为了一体。当他把喜剧描绘为雅典的审查制度（Zensorenamt）时，②读者不禁要跟随他一起思考，是否有现代民主制度的审查制度，如果有，又该是如何实现的？

"雅典政治雄心最高的正当性证明——即使在他们失败之后——是教化（paideia）的理想，通过这一理想，雅典精神找到了它的最大安慰，即它自身永垂不朽的保证。"《教化》第一卷的结尾处，耶格尔表达了对经历伯罗奔尼撒战争失败的雅典的最高敬意，或许，在他心中，同时浮现的是经历第一次世界大战失败的德国。

在第一卷中，耶格尔部分地承继了黑格尔式的历史观，试图勾勒作为整体的希腊精神不断自我演化的规律。他相信，通过萨拉米斯海战获得对于波斯入侵之决定性胜利的希腊，特别是雅典，获得了一种全新的时代精神："在诗歌中所发生的现实的精神活动，都不是通过神话，而是以纯粹的思想性形式（in rein gedankenhafter Form）得到表达的。"③这种希腊精神"从神话（Mythos）到理性（Logos）"的演化进程，构成了德国人文主义之希腊认知-想象的核心。尽管事实上，神话非但在以肃剧与谐剧为代表的文学形式中，而且在最重要的希腊哲学作品中依然发挥着极其重要的、无法为"纯粹的思想性形式"所取代的作用，而公元前六世纪后以雅典为代表的希腊人的精神世界，也绝非由哲学思想（包括智者派的哲学）一统天下，包括狄奥尼索斯信仰与俄耳甫斯信仰在内的各种秘仪宗教，其影响力非但没有下降，反而较之此前更为强大活跃，阿里斯托芬的《蛙》与欧里庇得斯的《酒神的伴侣》，都是深浸着秘仪宗教精神的经典之作。多茨（E. R. Dodds）所著《希腊人与非理性》（*The Greeks and the Irrational*，Berkeley/Los Angeles/London，1951）一书，深刻揭示出这种希腊精神长期被忽略的真实维度，从而在根基上动摇了《教化》所表达的单向度线性演进的理性主义希腊观的有效性。

---

① W. Jaeger, *Paideia*, I, S. 433.

② W. Jaeger, *Paideia*, I, S. 459.

③ W. Jaeger, *Paideia*, I, S. 315。

当耶格尔写作第二、第三卷时，对于时代精神不断进步的信心已不复存在。在第二卷序言中，他通过引用米南德（Menander）的两处诗文，表达了 paideia 作为古典世界之最后精神寄托的意义，"在失去了此世的一切——国家、权力、自由乃至古典意义上的市民生活——之后"。① 这是经历两次世界大战后欧洲人文主义者的幻灭与坚持。《教化》第二卷与第三卷以柏拉图哲学为主要探究对象，却试图以修昔底德式的客观性标准，创作出源于史学沉思精神的哲学剧（philosophical drama），②作者似乎没有意识到在其推崇的方法与追求的目标之间的根本差别：修昔底德不曾想让自己的作品成为任何意义上的哲学或戏剧，而最能体现哲学剧精神的欧里庇得斯戏剧和柏拉图对话录，也绝不会采用修昔底德式的标准。透过他"史学家的使命不是改造世界，而是理解世界"③的自道，作为对于马克思那著名论断（"哲学家们只是用不同的方式解释世界，而问题在于改变世界"）的颠倒，异常清晰地透露出无力改变世界的无奈。

相对于第一卷所述内容之纵深广博，第二卷聚焦于苏格拉底与柏拉图，第三卷在继续讨论柏拉图作品之外，兼及医学、色诺芬与修辞学-政治演说。尽管依然延续了第一卷的学术水准，但无法掩饰整体结构的严重失衡：柏拉图的哲学，虽然对于希腊精神世界具有划时代的意义，是此前 paideia 的集大成者，但必须与亚里士多德的哲学结合，作为希腊古典哲学的成熟与完成形态，方堪与第一卷所勾勒的诸多传统（诗歌、哲学、宗教、政治、戏剧、史学）构成一种在精神之深度与广延上的真正平衡；而即便对于柏拉图的哲学，《教化》第二、三卷也未能提供一种整全的视野，第二卷所重在《王制》，第三卷所重在《法义》，对后世的宇宙论乃至自然科学有极大意义的《蒂迈欧》，表达其对于"一"与"多"关系之最深刻思考的《巴门尼德》，与后世灵知派和基督教思想深度关联、阐发灵魂不朽观念的《斐多》，以"什么（谁）是哲学家"为主题的《泰阿泰德》、《智术师》、《政治家》三部曲，都没有进行专门的讨论，于柏拉图之

① W. Jaeger, *Paideia*, II, S. ix。
② W. Jaeger, *Paideia*, II, S. xiii。
③ W. Jaeger, *Paideia*, II, S. xiii。

天人之学可谓只得其半，这使得全书结构失衡的问题显得更为突出。与之相比，沃格林在《秩序与历史》中，其卷二《城邦的世界》所涉及者大体对应于《教化》第一卷，卷三则以《柏拉图与亚里士多德》为题，在讨论柏拉图的部分，除了《王制》与《法义》的呼应之外，还以《斐德若》与《政治家》、《蒂迈欧》与《克里提亚》为呼应，其结构相较《教化》第二、三卷更为合理。①

《教化》第三卷中与修辞学和政治演说相关部分，重点讨论了伊索克拉底与德摩斯梯尼的思想，更以论德摩斯梯尼的章节作为全书的终结：德摩斯梯尼的政治演说被赋予了让自由城邦得以永恒的神圣光环，而他的自杀则被视作希腊古典时代终结的象征。无论是出于何种考量，这都使得整部《教化》结束得过于仓促与苍白。正如海德格尔所言，一切伟大者必有伟大的开端，也必有伟大的终结。② 无论怎样强调德摩斯梯尼的历史意义（特别是他对于“政治人文主义”的意义），③他都不足以成为希腊古典时代这一伟大者终结的真正象征。黑格尔在《哲学史讲演录》中将柏拉图与亚里士多德称作“人类的导师（Lehrer des Menschengeschlechts）”，④在一部以“paideia”为主题和根本宗旨的著作中，如果有一个人适合作为自荷马以降的全部希腊 paideia 传统的终结象征，那只能是亚里士多德。耶格尔在 1923 年出版过《亚里士多德：发展史纲要》⑤这

---

① 沃格林（Eric Voegelin），《城邦的世界》（秩序与历史卷二），陈周旺译，南京：译林出版社，2012；《柏拉图与亚里士多德》（秩序与历史卷三），刘曙辉译，南京：译林出版社，2014。

② “伟大者以伟大开端（Das Große fängt groß an），它仅通过伟大者的自由回转（freie Wiederkehr der Größe）而保持其状态，但只要它是伟大的，就也会走向伟大的终结（geht auch, wenn es groß ist, groß zu Ende）。希腊人的哲学就是如此，它以亚里士多德为其伟大的终结（Sie ging mit Aristoteles groß zu Ende）。”海德格尔，《形而上学导论》，熊伟/王庆节译，北京：商务印书馆，1996，第 18—19 页；M. Heidegger, *Einführung in die Mataphysik*, Gesamtausgabe Bd. 40, Herausgegeben von Petra Jaeger, Frankfurt am Main, S. 18。此处译文与中译本略有不同。

③ 耶格尔对德摩斯梯尼颇为重视，于 1939 年出版专著《德摩斯梯尼：政治家与其形成》（*Demosthenes: Der Staatsmann und sein Werden*, Berlin）。

④ 黑格尔，《哲学史讲演录》，前揭，第二卷，第 256 页；G. W. F. Hegel, *Vorlesung über die Geschichte der Philosophie* II, Werke Bd. 19, Frankfurt/Main: Suhrkamp, 1971, S. 132。与“人类的导师”相关联但又有所差异的，是毕达哥拉斯被称作希腊最早的“人民教师（Volkslehrer）”，参见 Hegel, *Vorlesung über die Geschichte der Philosophie* I, S. 225。

⑤ W. Jaeger, *Aristoteles, Grundlegung einer Geschichte seiner Entwicklung*, Berlin, 1923.

一专著，但他始终坚持将亚里士多德视作希腊化时代开启，而非希腊古典时代终结的象征。他没有意识到，希腊化时代在精神上的核心主线是广义的灵知派（Gnosis）运动，这与亚里士多德有着根本上的气质差异。在此意义上，他既没有为古典希腊时代寻到与其伟大相应的终结象征，又为希腊化时代设置了一个足够伟大但却并不十分相应的开端。

《教化》的这种显得有些突兀的结束方式，恰恰成为第三次人文主义命运的写照。第一次世界大战带来的重大创痛，令持续长达数个世纪的有关西方引领人类进步的想象受到严重冲击。斯宾格勒的《西方的没落》（*Der Untergang des Abendlandes*），构思于一战爆发的 1914 年，出版于战争出现决定性转折的 1918 年，以一种根本上有别于进步主义史观的文明论视野，将世界历史解释为诸文明体依各自的生命周期而升降演化的过程，用启示录式的语言，宣告了西方文明无可避免没落的命运，对于当时欧洲的精神世界造成了极深远的影响。《教化》第一卷的问世，试图通过回溯欧洲与希腊世界的命运性关联，为处于历史长河之惊涛漩流的欧洲精神寻到某种绝对稳固的岛屿，从而不陷入斯宾格勒所预言的没落。它以古典语文学为载体，其整体历史基调似乎近于黑格尔，但又由于迫切希望为欧洲找到精神归宿而失去了黑格尔历史哲学的精髓：黑格尔不会执着于寻找历史长河中不动的岛屿，而是会承认，在此长河中的一切岛屿自身也在漂浮。

因而，并不奇怪，《教化》第二、三卷从原有的历史观大步退却。坚持黑格尔的历史哲学，最大的挑战不在于思辨，而在于是否有足够坚定强大的内心。即便能够在理性上认知、接受带有典型黑格尔特征的历史原则——历史习惯于在曲折反复的过程中演进，真正的善是一种强大的能够自我实现的原则，它恰恰会借助各种恶的形态（包括人的一切恶的欲念、品行、习惯、实践）来实现自己——但置身于具体的历史时代，这种理性原则往往无法与自身的情感、体会、记忆、认同有效地融合，甚至会呈现无法调和的对立情态。本希望为第一次世界大战后的欧洲提供精神救赎的《教化》，当遭遇远比一战更为残酷惨烈的第二次世界大战后，只能退回到把对于古典希腊的研究作为自身的慰藉。尽管书中多次提到“*φιλοσοφοῦμεν ἄνευ μαλακίας*［我们思考哲学而不软弱］”

的理想，但终究未能免于软弱。不过，源自古典的慰藉虽未能让耶格尔的心变得足够坚强，却让其保持了基本的审慎与高贵，而未落入如福山"历史终结论"般对黑格尔主义的拙劣模仿。

由《教化》开启的古典学通过回溯希腊之为希腊的"精神"为欧洲（西方）的危机寻找救赎的道路，通过斯奈尔的《精神的发现》[①]得以延续和发扬光大，但不再是以古典人文主义的方式。斯奈尔在该书的序言中，明白地表达了这种差异："希腊性（Griechentum）的意义在这里将以不同于古典主义（Klassizismus）的道路加以探寻：我们想要追寻的不是一种完美的、无历史性的人类存在（Menschentum），而恰恰是希腊人所承担的历史性（Geschichtlichkeit）。"[②]《精神的发现》在1946年的出版，标志着德国语文学在二战后的重生，[③]也意味着以《教化》为标志的第三次人文主义的正式谢幕。

在《教化》与《精神的发现》之间一脉相承的对于希腊精神卓异于周边民族而纯然独立发展的假设与将"古典性"只局限于希腊-罗马世界的文明认同，又进一步被以布科特（Walter Burkert）与韦斯特（L. Martin West）为代表的具有更广阔视野的古典学学者所超越。布科特的《希腊宗教与文学的东方化时代》（*Die orientalisierende Epoche in der griechischen Religion und Literatur*，Sitzungsber. Heidelberg Philos.-hist. Klasse，1984）[④]与韦斯特的《赫利孔的东方面目：古希腊神话与诗歌中的西亚元素》（*The East Face of Helicon: West Asiatic Elements in Greek Poetry and Myth*，*Oxford*，1997）这两部里程碑式作品，通过展现早期希腊与古代西亚-北非文明在精神深处的紧密关联，突破了长久

---

① Bruno Snell, *Die Entdeckung des Geistes-Studien zur Entstehung des europäischen Denkens bei den Griechen*, Hamburg, 1955.

② Snell 1955, S. 11。

③ 布科特，《精神历史的微型复制——对布鲁诺·斯奈尔"精神的发现"的批判性回顾》，白钢译，见白钢编，《希腊与东方》（思想史研究第六辑），上海：上海人民出版社，2009，第85页。

④ 由布科特亲自参与的英译本，选择了一个更具有震撼性的标题："东方化革命：古风时代前期近东对古希腊文化的影响（The Orientalizing Revolution: Near Eastern Influence on Greek Culture in the Early Archaic Age）"，汉译本（《东方化革命：古风时代前期近东对古希腊文化的影响》，刘智译，上海：三联书店，2010）即承此而来。

以来作为古典学内核的希腊中心主义神话，从而令希腊的 paideia 传统在古典主义想象中被遗忘与隐藏的众多内容重新浮现出来。这里只需举一个简单的例子：当耶格尔将阿基罗库斯一首与自我对话的诗歌称作后世独白(Soliloquia)文体的胚胎时，①他显然并不知道，在处于中王朝的埃及，自我与灵魂对话这种体裁就早已产生了《一个厌世者与他灵魂的对话》这样成熟而深刻的作品，②它记述了一个对生活绝望的人与其灵魂巴(bȝ)的对话，他想要说服灵魂接受他结束生命，却被灵魂提醒自杀者不得入葬、不得举行葬礼，继而灵魂试图劝慰他，通过寻找感官快乐可以忘记烦恼，最终，灵魂向他保证，即便他决定自杀，灵魂也将与他同在；而在美索不达米亚、迦南与安纳托利亚的文学传统中，思考常被表述为发生在内心的对话。③

古典的非唯一性与作为复数之古典传统的关联互动，使得文明论意义上的古今问题与东西问题无法被置于单一古典传统中颇为常见的"文"-"野"对立范式(在中国、印度、希腊的传统中皆有体现)加以考察。这对于浸润于某一特定古典传统、对其产生深切认同并将之与自我认同融为一体的古典爱好者而言，往往并不那么容易接受。过去二十余年，西方古典学被较为系统地引介到汉语学界，并激发起学界强烈的研究兴趣与思想反应，这显然并非仅出于"思古之幽情"，而是始终伴随着对于中国自我文明传统的反思与问题意识：通过体会西方古典之博大

---

① W. Jaeger, *Paideia: the Ideals of Greek Culture*, Vol. 1: Archaic Greek. The Mind of Athens, Chapter 7, Note 44.

② 这一文本的整理、翻译与解读，参见 J. P. Allen, *The Debate between a Man and His Soul: A Masterpiece of Ancient Egyptian Literature*, Leiden/Boston, 2011。

③ 如苏美尔语"inim šagše ti[思考(直译：把话语放在心中)]"(如《伊南娜入冥府记》115)，阿卡德语"ana libbiša amata iqabbi[思考(直译：对着心说话)]"(如《吉尔伽美什》X i 11)，旧约希伯来语表达说话的动词"('mr 或 dbr)＋'el libbô[思考(直译：对着他的心说)]"(如《创世记》8. 21)，赫提语"Kumarbis-za ištanzani-šipiran memiškiwan dais[库玛尔比开始想(直译：对着他自己的精神说)]"(Ullikummi IA iii 15, 27)，它们构成了荷马史诗中"*εἶπε πρὸς ὃν μεγαλήτορα θυμόν*(《伊利亚特》11. 403)"或"*προτὶ ὃν μυθήσατο θυμόν*(《伊利亚特》17. 200)"[对着心说]这类表述的先声与背景。参见 W. Burkert, *The Orientalizing Revolution: Near Eastern Influence on Greek Culture in the Early Archaic Age*, translated by Margaret E. Pinder and Walter Burkert, Cambridge Massachusetts/London, 1992, p. 112(p. 212, Note 13); L. M. West, *The East Face of Hellicon: West Asiatic Elements in Greek Poetry and Myth*, pp. 198—199。

精深，中国古典之真正高明精微者也更清晰地浮现出来。伟大者之为伟大，恰需有其他伟大者的存在以作参鉴与砥砺。对于中国而言，无论希腊、希伯来，还是印度、伊朗、巴比伦、埃及，都是能让中国的古典精神更深切显明地回返自身、觉知自身、体证自身的伟大存在，都有着属于自我的 paideia。

“它的光辉依然闪烁，结局尽管苦涩，但依然与之保持和谐（Ihr Glanz leuchtet noch einmal auf, und das Ende ist trotz seiner Bitterkeit in Harmonie mit ihr）。”[①]《教化》第三卷结尾的话，也正适用于这部未能实现最初期待但依然保持自身价值的伟大作品，以及它所代表的古典人文主义。

---

① W. Jaeger, *Paideia. Die Formung des griechischen Menschen*, Band III, Berlin/New York, 1947, S. 374.

前　言

[ix]我呈献给大家的是一部历史研究的著作，它探讨的是一个迄今为止未曾探索过的主题。这部著作将教化(παιδεία)——希腊人的品格塑造——看作对作为一个整体的希腊文化(Hellenism)的一种新研究的基础。尽管已经有很多学者致力于描述希腊的城邦、社会、文学、宗教和哲学的发展过程，但似乎还没有人尝试过解释其历史进程和智识(intellectual)进程之间的互动关系——希腊人在其历史进程中形成了他们自己的品格，又在其智识进程中建构了他们的人格理想。当然，我着手探讨这一主题，并非仅仅是因为碰巧看到了还没有人以此种方法研究过希腊文化，而是因为我深信，对这一重大的历史和智识难题的解答，会使我们对希腊独特的教育天才有一种深层的理解，希腊的这种独特教育天才，正是古代希腊对后世产生不朽影响的秘密之所在。

本书第一卷旨在描述古风时代和古典时代的希腊文化的建立、成长和危机，古风时代是受英雄人格支配的时代，而古典时代则是受公民人格或政治类人格支配的时代。它以雅典帝国的崩溃而告终。第二卷会记录柏拉图时代智识的复兴，智识对文化和城邦的掌控，以及希腊文明向世界帝国的转变。我打算稍后再阐明罗马和早期基督教是如何被卷入到从希腊开始的文化进程之中的。

在我们为存续千年文明而奋斗的过程中，有许多人在寻求一条通往希腊的道路，所以本书不仅是为学者们准备的，也是为所有寻找这条道路的人而写的。在写作本书时，我既希望有一个总揽全局的通盘考虑，又迫切需要以其应有的深度和精确重新处理本书各个部分错综复杂的材料，要使二者都恰如其分是困难的。由此特定视角切入古代世界的研究，使我的注意力集中到许多新问题之上，过去十年间，它们一直是我教学和研究的兴趣之所在。不过，为了不破坏整体的累积效应，[x]我决定不以增刊的形式发表我的研究结果——这种形式会让整部著作不成比例地庞大。大体上，我的观点的证据由著作本身来提供——著作通常从阐释原始文本开始，把事实置于一种使其自身说明自身的相互关系之中。脚注介绍引自经典作家的相关段落和最重要的现代文献——尤其是那些在文化史上与此问题直接相关的文献。在详尽的阐释必不可少的地方，我很少以注释的形式作出阐释；因此，我以独立的专题论文形式出版了著作的相关部分（本书的脚注中也简短地提到了这些专题论文），并准备以后出版其余部分。本人的著作和专题论文可以构成一个不断地互相解释和互相支撑的整体。

在导言中，我努力从一个更广阔的视角，来描述希腊教育（παιδεία）的历史地位。我也简短地指出了，我们对希腊式文教（cultural education）的理解如何影响我们与早先数个世纪的人文主义的关系。今天，对这一问题的争论前所未有地热烈。当然，这一问题不可能通过此类历史研究得到解决，因为它涉及的是我们自身的问题，而不是希腊人的问题。不过，即使在今天，如果没有一种对希腊文化的一以贯之的基本把握，我们就不可能有任何教育目的或教育知识。正是此种信念催生了本人从事这一问题的科学研究的兴趣，并将其贯穿于全书之中。

W. 耶格尔

1933 年 10 月

德文第二版前言

《教化》第一卷的第一版出版一年半后，读者要求出版第二版，这一事实是一个鼓舞人心的信号，说明这本书很快赢得了诸多朋友。由于第一版和第二版之间的时间太过短暂，我不可能在文本上做任何大的改动，不过我也利用这次机会修正了一些失误。

[xi]然而，本书的性质如此，以至于它所引发的绝大多数批评与讨论，可以说是某个特定的历史概念在许多不同的头脑中所产生的影响的反映。本书也引发了一种关于历史研究的目的和方法的讨论，我不能在此继续此类讨论。它需要另一本书来为我对希腊历史的态度提供一种理论基础：不过，我更愿意让促使我采纳此种态度的诸多事实来为其合理性作出证明。我们几乎不必说，体现在本书中的这类历史，既无意取代，也不能取代传统意义上的历史，即事件的历史。但是，以下述方式描述历史并非没有必要，而且其合理性已经得到了证明，这种方式就是，通过对开创性文献的阐释来解释人的生活——这些开创性文献是人类理想的代言人。希腊历史中的好多个世纪（如古风时代）并没有为我们提供值得关注的其他类型的证据，除了这一事实之外，即使对于那些我们可以从其他资料知悉的历史时期，文献也是我们接近往昔精神生活的最直接途径。基于此，文献是本书的首要关注目标；本书旨在

描述希腊人的教育(paideia)，与此同时，也描述作为教育[成果]的希腊人自身。

W. 耶格尔
1935 年 7 月

英文第二版前言

《教化》第二卷和第三卷出版之后，有必要再出一个第一卷的新版。新版在文本上只做了一些小的纠正，但注释部分却得到了极大的扩充。为了使这三卷著作看起来更为统一，我们将注释都放在了每卷末尾。第一卷的新注释不像其他两卷那样是从德文翻译过来的，而是本人尝试直接用英文写的。我要感谢拉德克利夫学院(Radcliffe College)的艾琳·沃德(Aillen Ward)小姐，她通读了我的手稿，并帮助我将自己的思想最终贴切地表达出来。我还要感谢哈佛大学的詹姆斯·沃尔什(James Walsh)先生，他誊抄了难解的手稿，核对了注释中的参考文献，[xii]并为我分担了校对的重任。哈佛大学的惠特曼(Cedric Whitman)先生帮我做了本卷的新索引，在此也要感谢他提供的宝贵服务。

W. 耶格尔

哈佛大学

剑桥，麻省

1945 年复活节

英译者的话

本译文经作者审阅并认可，但如有疏漏，务请指正，不胜感激。

本译文的相关资料参考了《牛津古典文献》（*Oxford Classical Texts*），查阅不到的部分参考了托伊布纳（Teubner，《希腊罗马作家文库》[*Bibliotheca scriptorum Graecorum et Romanorum*]）。哲学方面的残篇引自第尔斯的《前苏格拉底残篇》（*Fragmente der Vorsokratiker*）第五版（经 W. 克兰茨修订，1934—1937）；抒情诗、抑扬格诗以及哀歌诗人的相关资料，引自恩斯特·狄尔（Ernst Diehl）的《古希腊抒情诗集》（*Anthologia Lyrica Graera*，Leipzig，I，1936，II，1925）。

出自古典作家的引文以诗歌或散文的形式呈现，这些引文偶尔也被压缩或简化，以便与德语原文的风格和规模相一致。在文本可能有多种不同诠释的任何地方，我当然都遵循耶格尔教授的选择。

吉尔伯特·海厄特[①]

① 译注：吉尔伯特·海厄特（Gilbert Highet，1906—1978 年），二十世纪著名古典语文学教师和古典学家、文学史家，W. 耶格尔的同道与好友。生于苏格兰的格拉斯哥（Glasgow），1938 年任哥伦比亚大学拉丁语和希腊语系主任，1950 年任拉丁语言与文学安东讲座教授（Anthon Professor）。海厄特一生致力于古典文化的教学与研究，主要著作有《荷马概论》（*An Outline of Homer*，1935）、《古典传统》（*The Classical Tradition*，1949）、《教学的艺术》（*The Art of Teaching*，1950）、《讽刺文学的解剖》（*The Anatomy of Satire*，1962）。

导言　希腊人在教育史上的地位

[xiii]每一个达到一定发展阶段的民族必然本能地从事教育实践。教育,是一个共同体保存和传播其身体特征和精神品格的过程。因为个体来了又去,而种类绵延不绝。代代相传的自然进程保证了动物和人的身体特征的延续;而人,只有通过锻炼自身的品质,才能传承自己的社会和智识本性——正是通过对自身品质(即理性和自觉意志)的锻炼,人创造了自己的社会和智识本性。通过对自身品质的锻炼,人博得了一种发展的自由,这种发展的自由,如果我们将物种史前变异的理论忽略不计,并将我们自己的思想限定在经验世界之内的话,那么,对其他任何生物来说,它都是绝无可能的。通过有意识的教育和训练,即使是种族的身体特征也会发生改变,并且获得一种更高层次的能力;而人的心智则更具有无限丰富的发展潜能。当人越来越意识到他自身的力量,就会通过向两个世界——在他之外的世界和在他之内的世界——学习更多的东西,努力为自己创造那种最好的生活。他特有的本性——身体和心智的一种结合——创造出一些特殊的支配其类型之保持和传承的环境条件,并且给他施加一整套特殊的塑造身体和智力的流程,这样的塑造过程,作为一个整体,我们称之为教育。教育,正如人类所实践的那样,是由同一种创造性的和引导性的生命力所激发的,这

种生命力促使每一个自然物种维持和保存自身的种类;只不过,人的知识和意志为达到一个已知目标所做的自觉努力,把这种自然的生命力升华成了远高于其他物种的力量。

从这些事实出发,可以推导出一些一般性结论。首先,教育不是一种只关乎个体的行为:它本质上是共同体的一种功能。[xiv]共同体的品格特征在组成这一共同体的个体那里得到体现;对于人这种*ξῷον πολιτικόν*[城邦的动物]来说,与其他任何物种相比,共同体更是所有行为的来源。共同体处心积虑,努力教育新一代个体,以便按照其自身的形象来塑造其成员,在这方面,共同体对于其成员的塑造性影响是一种最为持久的积极力量。每一个社会的结构都建立在维系这个社会及其成员的成文法或未成文法之上。因此,在任何一种人类共同体中(无论它是一个家庭,一个社会等级,一种职业,还是某种更广泛的综合体,如一个种族或一个国家),教育都是对该共同体的标准(standard)的积极意识的直接表达。

其次,教育与共同体的生活和发展同步,教育因为外部强加的变化及内部结构和智识发展的变化而改变。既然教育的基础是一种支配人们生活的普遍的价值意识,它的历史自然也会受到共同体内部流行的价值观的变化的影响。当共同体奉行的这些价值稳定时,教育的根基也是牢固的;当它们被取代或摧毁时,教育进程就会被弱化,直至无法运转,彻底失效。每当传统被粗暴地颠覆,或者遭受内部的崩溃时,就会出现教育的这种无能为力的状况。尽管如此,在教育领域,稳定性并非健康的确然征兆。衰朽的保守主义标志着一个文明的终结,在那样的时代,教育的理想常常是极端固定的——例如,中国在革命之前的儒家思想,希腊-罗马文明的晚期,犹太教的末期,以及教会、艺术和科学学派的一些特定历史时期。众所周知,古代埃及的历史不是数百年,而是数千年,它就是以一种令人恐怖的食古不化为标志的,这种僵化几乎成了化石。同样,在罗马,政治和社会高度稳定,几乎没有任何创新的愿望或需求。

希腊则属于一个特殊的范畴。从现在的观点看,希腊人是在伟大的东方民族基础之上的一种根本进步。他们为共同体生活建立了一套全新的原则。无论我们怎样高度评价比希腊更早的各民族所取得的艺术、宗教和政治成就，我们真正可以称之为文明的历史——文明就是对一种理想的深思熟虑的追求——只有到希腊才开始。

[xv]在过去的数百年间，现代学术研究已经极大地拓宽了历史的视野。希腊人和罗马人所知道的 oecumené，即"有人居住的"世界——二千多年来，它几乎被等同于整个地球——已经缩小为狭窄的核心部分；迄今为止，那些我们未曾探索的智识领域也已经向我们敞开。但是，有一点在今天甚至变得越发清晰了，那就是这种智识视野的拓展并没有改变这个核心的事实：即，就历史不仅仅是某个特定民族的历史，而是一群民族的历史而言——我们不仅在身体上，而且在智识上，都归属于这些民族——我们的历史仍然是从希腊人那里"开始"的。因此，我曾经把我们自己的这些民族叫作"以希腊为中心的（Hellenocentric）"[①]的民族。这里的"开始"一词，不仅仅指时间上的开端，而且还指精神上的ἀρχή[本原]，即精神源泉，每当我们到达一个新的发展阶段时，就必须不断地重提希腊，以便重新确定自己的方向。这就是纵观人类整个历史，我们总是要回到希腊的原因。当然，我们回归希腊，自发自愿地复兴这一传统，并不意味着我们无条件地永远承认希腊人在智识方面的伟大，也不意味着我们赋予他们一种压倒我们的权威——这种权威因为独立于我们自身的命运之外，所以是固定的和不可挑战的。恰恰相反，正是因为它满足了我们自身生活的某种需要，我们才总是回到希腊，尽管这种需要在不同的时代会相当不同。当然，每个"以希腊为中心的"民族都会感觉到，即便是希腊和罗马，在一些方面也与她自己格格不入：这种感觉一部分是基于血缘和感情，一部分是由于社会组织和智识观点的不同，还有一部分是因为各自历史的独特性。但是，在这种感觉和完全隔阂的感觉之间还是存在着巨大差异的，我们在面对东方民族时就会遇到那种完全隔阂的感觉，东方民族在种族和智识方面都与我们不同；毫无疑问，在历史观方面，用将西方民族与中国、印度和埃及分开的同一道栅栏将我们与希腊和罗马分开——正如一些现代

① 参见本人收录于《古代和现代》（*Altertum und Gegenwart*，2nd ed.，Leipzig，1920）II 中的导论性论文，该文再版于《人文主义演说集》（*Humanistische Reden und Vortraege*），Berlin，1937。

学者所做的那样——肯定是一个严重的错误。

尽管如此，我们与希腊的亲缘关系不仅仅是种族的，无论种族因素在理解一个民族的本性方面有多么重要。当我们说我们的历史是从希腊人那里开始时，我们必须确定我们赋予*历史*一词的意义。例如，历史可能隐含着[xvi]对陌生的一知半解的新世界进行探索的含义：希罗多德就是这样理解历史的。而在今天，如果我们对人类生活在其各个方面的形态有了深刻的洞察，我们甚至会以更大的注意力去研究距离我们最遥远的人们，并试图进入他们的精神世界。但是，这种准人类学意义上的历史，必须与建基于一种真实的起作用的精神亲缘关系的*历史*相区分，无论是在单个民族内部，还是在一群民族内部。只有在此种类型的历史中，获得对一个民族或一个时代的内在本性的真正理解，以及观察者和被观察者之间的一种创造性的接触，才是可能的。只有通过此种类型的历史，我们才能认识到我们的共同储备，社会方面和智识方面的成熟的形式和理想的共同储备，无论这些形式和理想在诸多不同种族——它们构成一个民族大家庭——中必然经历过多少次变异和中断、混合和冲突、消失和重生。无论是就个体，还是集体而言，这样一种社会的和智识的形式和理想的共同体，一方面，在某种特殊的意义上，在希腊和罗马之间存在着，另一方面，也在伟大的现代西方各民族中存在着。如果我们接受这一深层次的历史观——作为表达一个共同体的起源和理想的历史观——我们就永远不会把整个世界作为历史考察的对象；而且，无论地理学上的地平线扩展到多广阔，我们的历史的边界也永远不会远离在过去三千年间限定了我们的*历史性命运*的那些界线。谈论整个人类在未来某个时候是否会被一种上述类型的精神纽带联系在一起是不可能的，而且这个问题与我们目前的研究也没有关系。

希腊人在教育史上所具有的革命性的、划时代的地位，不是用几句话就能够说清楚的。本书的目的是陈述他们的文化，即他们的教育（paideia），并描述其独特的品格和历史发展过程。它不是一些抽象观念的总和，而是在其所有具体现实中的希腊历史本身。但是，如果希腊人没有将希腊历史的事实塑造成一种永久的形式——这种形式是他们的最高意志的表达，是他们抗拒变化和命运的表达——那么，希腊历史的事实早就湮没无闻了。在其历史发展的最初阶段，他们对此种意志行为的性质并没有清晰的概念。[xvii]不过，当他们沿着自己的历史道路进入更清晰的视野时，他们生活的永恒目标也变得越来越明确。那就是创造一种更高类型的人。他们相信，教育具体体现了人的全部努力的目的。他们认为，这既是个体存在，也是共同体存在的最终理由。在其历史发展的巅峰时期，他们就是这样解释他们的天性和使命的。有人认为，如果我们通过某种更高的洞察力，如心理的、历史的和社会的洞察力，来看希腊人，我们就能更好地理解他们，这种假设没有合理的根据。甚至希腊古风时代的恢弘著作也可以从这个角度得到最好的理解，因为它们是由同一种精神创造的。归根结底，希腊人是以παιδεία（即文化）的形式，将希腊思想的整个成就遗赠给古代其他各民族的。奥古斯都从希腊文化的角度来构想罗马帝国的任务。如果没有希腊的文化理想，希腊罗马文明就不可能成为一个历史统一体，西方世界的文化就永远不可能存在。

我们已经习惯于使用"文化"这个词，但不是在描述只有希腊世界才有的理想的意义上来使用，而是以一种更通俗、更普通的方式，来意指世界各民族——即使是最原始的民族——的某种固有品质。我们用这个词来意指使任何一个民族有其自身特征的全部生活方式和表达方式整体。① 如此，这个词就沉沦为了一个简单的人类学概念，而不是一种价值观，一种自觉追求的理想。在这种模糊的类比意义上，谈论中国、印度、巴比伦、犹太或埃及的文化是允许的，尽管它们之中没有一个民族有与真正的文化相对应的一个词或一种理想。诚然，每一个高度组织化的民族都有一套自己的教育体系；不过，以色列的律法和先知，中国的儒学，印度的佛法，在它们的整个智识结构上，与希腊的文化理想有着根本和本质的差别。归根到底，谈论许多前希腊的"文化"的习惯，是由将一切简化为同一种表达方式的实证主义爱好所创造的：它将欧洲世袭的类型甚至运用到非欧洲的事物之上，从而忽略了这样一个

---

① 关于接下来的讨论，参见拙文《柏拉图在希腊教育重建中的地位》(《Platos Stellung im Aufbau der grieschischen Bildung》，载《古代文明》[*Die Antike*]IV，1，Berlin，1928)，尤其参见第一部分"文化观念和希腊精神(Kulturidee und Griechentum)"对原则的阐释，第7页及以下；该文再版于《人文主义演说集》(Berlin，1937)。

事实，即把我们的观念应用于外在于它们的世界的任何企图，都会篡改历史的方法。[xviii]几乎所有的史学思想都容易犯的循环推理就是从这个基本的错误开始的。要完全清除这种错误是不可能的，因为我们永远不可能跳出我们与生俱来的思考方式，但是我们至少可以解决基本的历史问题，其中之一便是认识到前希腊的世界和从希腊开始的世界的根本区别——在由希腊开端的世界中，作为一种建构性原则的文化理想被首次建立起来了。

也许，说希腊人创造了文化的理想并不是一种很高的赞誉。在一个各个方面都对文明感到厌倦的当今时代，这样来描述希腊人可能甚至是一种贬抑。我们今天称之为“文化”的东西是一种苍白无味的东西，是希腊原创理想的最后变种。用希腊人的话来说，与其说它是一种文化（paideia），不如说是一大堆杂乱无章的、外在于人的生活器具（*κατασκευὴ τοῦ βίου*）。实际上，情况似乎是这样：今天的文化不能给予希腊原有的文化形式以任何价值，相反，为了确立它自己的真正意义和方向，它倒需要那种理想的启迪和改造。而这种对原型的认识和回归，意味着一种与希腊人非常相似的心理态度——一种在歌德的自然哲学中反复出现的态度，尽管歌德可能没有来自古代希腊的直接历史传承。在一个历史时期即将结束时，当思想和习俗日益顽固和僵化，当文明的经过深思熟虑的组织机制阻挠和压制人的英雄品质时，生命就会不可避免地从坚硬的外壳下再次苏醒。每当这些时候，一种根深蒂固的历史本能会驱使人们不仅回到他们自己民族的文化源泉中去，而且再次生活于那个更早的时代——那时，希腊的精神（他们与它有这么多共同之处）依然元气淋漓，充满活力，它正从热烈的生活中创造出将其激情和天才永恒化的形式。希腊不仅仅是反映当今文明的一面镜子，或者我们理性主义的自我意识的一个象征。任何理想的创造都被所有诞生的秘密和奇迹所包围；即使是最高的理想也会因日常使用而退化，随着这种危险的日益增长，认识到人类精神的深层价值的人，应该越来越多地转向那些首次在历史记忆和创造性天才的黎明时分代表此种理想的原初形式。

我们说过，希腊人作为教育者在世界范围内的历史重要性，[xix]

源于他们关于个体在共同体中的地位的新意识。当我们把希腊人与古代东方人相比较时，两者之间居然如此不同，以至于希腊人的理想似乎与现代欧洲的理想相一致。因此，很容易得出这样的结论，即希腊人的理想是现代个人主义的自由理想之一。在现代人对自身个体性的敏锐感觉和希腊之前的东方的自我-否定之间——这种自我-否定在埃及的金字塔与东方的陵墓和纪念碑的庄严肃穆中体现出来——存在着一种鲜明的对比，实际上，不可能有比这种对比更强烈的对比了。东方人将一位神人一体的统治者(God-king)远远地提升于任何自然比例之上(这种做法表达了一种与我们格格不入的形而上学人生观)，而将成千上万的民众压制在下(这是对君王的准宗教崇拜的必然结果)，与此相反，希腊历史的开端似乎是一种关于个体价值的新观念的开端。想要不把这种新观念与认为每一个灵魂自身就是无限价值的一个目的——在宣传在这一点上，基督教做得最多——的信念相等同，不与文艺复兴期间和文艺复兴之后宣告的理想(即每一个个体都是其自身的法则)相等同，是很困难的。如果没有希腊人对个性的价值的认可，我们又如何证明个人的价值和重要性呢?

历史地来看，我们必须承认，既然希腊人在其哲学发展的顶峰系统阐述了个体在共同体中的位置问题，并力图解决这个问题，因此，在欧洲，人格的历史必定发端于希腊。罗马文明和基督教各自对这一问题作出了贡献，而这三种影响的交融造就了现代个人完整的自我意识。不过，从现代的角度出发，我们不能从根本上搞清楚希腊思想在文化史上的地位，所以从思考希腊精神的独特品格来解决这一问题要好得多。

个体品格的多样性、自发性、丰富性和自由，似乎是让希腊人以如此众多的不同方式迅速发展的必要条件，从希腊历史的最早期到最晚期，每一个希腊作家身上的这些个性特征，都令我们深感震惊;[xx]但它们都不是现代意义上的那种刻意培养的主观品质。它们是自然而然的，与生俱来的。当拥有这些品质的希腊人有意识地去实现他们自己的个性时，他们是通过发现客观的标准和法则，间接地做到这一点的，而一旦他们辨认出了这些客观的标准和法则，它们就赋予他们一种新的思想和行动的确定性。希腊的艺术家们不是通过复制无数随意选取的人体姿势的外在过程，而是通过研究支配人体的结构、平衡和运动的普遍法则来巧妙地表现人体——在自由的、无拘无束的动作和姿态中的人体；从东方的立场看，要想理解这一点是不可能的。类似地，希腊精神中那种高贵的和自如的泰然任之[的人生态度]也来自他们对以下事实的清晰认知，即世界是受确定的和可以理解的法则支配的(这一事实对其他早期民族是隐匿不露的)。他们对自然的东西有一种天生的感觉。他们是第一批发展出自然(*φύσις*)概念的人，这一概念无疑是他们独特的思想方法的产物。远在他们孕育出这一概念之前，他们就已经以一种持久的凝视来看这个世界了，这种持久的凝视不是把世界的任何部分看作与其他部分相分离的东西，而是看作一个活生生的整体的要素，部分的地位和意义源于整体。我们把这种观点叫作有机的观点，因为它把个体事物看作一个活的整体的诸要素。对生命的这种自然的、成熟的、原初的和有机结构的感觉，与希腊人的天赋直觉——它发现和确切表达了支配实在的诸法则——紧密相联，希腊人的这种天赋直觉表现在生活的各个领域，表现在他们的思想、言说、行动和全部的艺术之中。

希腊人建造和看待一件艺术品的典型方法，首先且最重要的是一种基于简单的视觉行为的感性直觉(aesthetic instinct)，而不是刻意地把一个观念转移到艺术创造领域之中。希腊人将艺术观念化，并将一种理智的态度与自然的和感性的行为相融合，是在历史的较晚时期，即公元前五和前四世纪的古典时代。诚然，当我们说他们的审美感觉(aesthetic sense)是自然的和无意识的时候，我们没有解释，对造型艺术来说是真实的同一种东西，为什么对文学同样也是真实的，文学的艺术技巧不是靠视觉，而是靠语言和情感的相互作用。在希腊文学中，与在希腊雕塑和希腊建筑中一样，我们发现了同样的形式原则。我们同样可以谈论[xxi]一首诗或一篇散文的造型或建筑特性。不过，我们所说的文学作品的建筑特性不是一些结构上的价值——这些结构上的价值源于对雕塑或建筑的模仿——而是语言和语言结构中的类比标准。我们使用模仿和类比的隐喻，纯粹是因为我们可以从一件雕塑或一座建筑中更生动，从而也更迅速地把握它的结构原则。希腊人在一些简单的形式中用语言表达他们自己，他们把这些简单的形式转移到艺术及其风格的理想领域，希腊人使用的文学形式，连同其各种变体和精巧结构，都是从这样的转移中有机地生长出来的。演说艺术也一样，他们实现一个复杂计划和从诸多部分中创造出一个有机整体的才能——这种才能因磨练而不断提高——纯粹来源于对支配情感、思想和言说的法则的一种自然感知，这种自然的感知（变得越来越抽象和技术化）最终创造出了逻辑、语法和修辞。在这方面，我们有太多的东西要向希腊人学习，而我们从他们那里所学到的又只是一套固定不变的形式，它们至今仍然支配着我们的文学、思想和风格。

这种情况甚至适用于希腊精神最令人惊叹的创造，即对其独特结构的最雄辩的见证者——哲学。在哲学中，创造希腊艺术和思想的形式[①]的力量得到了最明显的展示。它是对潜藏于自然和人类生活之下的永恒规则的清晰洞察。每个民族都制定了一套法律规则；但希腊人总是寻求一条贯穿一切事物的法则（Law），并努力使他们的生活和思想与此法则协调一致。他们是这个世界的哲学家。希腊哲学的理论[性]（theoria），[②]与希

① 译注：在古代希腊，“形式”的含义比较复杂。形式是感性直观得到的“外观”、“范型”，形式还是理性静观到的事物内部的“结构”、“原则”和“法则”，因而也是“本原”，对该事物的being as being（存在之为存在/是之为是）具有本质的意义，如亚里士多德的“四因说”，在解释事物生成的“原因”时，把质料之外的其他原因最后都归结为“形式因”。

② 译注：理论，拉丁文 theoria，英文 theory，德文 theorie，都来自希腊文θεωρία。“θεωρία”一词由θεωρός和-ία结合而成，“θεωρός”一词又由θέα和ὁράω结合而成；θέα的意思是“看”，ὁράω的意思是“我看出、辨认出”，合起来的字面意思就是“在看的观看者”，所以θεωρός的意思就是“观众、观察员、观光者、各城邦派到（奥林匹亚等地）去求神谕或观看赛会的观礼员”，-ία表示状态和性质；所以θεωρία的意思首先是在场而不参与其中的“观看”、“静观”或“观照”；观看或观照之所见即对象之“形式”、“范型”或“法则”；然后是观看者的观看状态，因观看而进入“沉思”和“思辨”，其结果即“理论”。所以，这里所说的“希腊哲学的理论[性]”，可以理解为“希腊哲学的观看[性]”，或“希腊哲学的视觉[性]”。当亚里士多德说人的生活可以分为理论的、实践的、创制的三种时，理论的生活指的就是沉思的生活或思辨的生活，即在场而不参与的静观生活，亚里士多德还把这种生活推崇为“完美的幸福”、“最高的幸福”、“合乎神性的生活”（《尼各马可伦理学》10. 1178b）。所谓“教育就是按照一个理想来深思熟虑地陶冶人的品格”，可以理解为按照一个看（静观、观照）到的榜样（典范、法则、标准、模型、范式）来深思熟虑地陶冶人的品格的意思。而柏拉图的《理想国》（Πολιτεία，本书译为《王制》）中的“理想”二字，也不应当理解为乌托邦意义上的空想、臆想，可以将其理解为“根据理论”的意思，这个“理论”就是前述从“静观、观照”而来的“理论”，“根据理论”就是“根据理性的眼睛和视力看见的范型和标准”，所以，“理想国”的意思，大致上可以理解为“根据理性的眼睛和视力看见的范型和标准在言辞中创建的城邦”。

腊的造型艺术和诗歌艺术有着根深蒂固的内在联系；因为它不仅体现了理性思维——这是我们首先要考虑的因素，而且（顾名思义）还体现了观照（vision）——这种视觉观照把每一个对象都理解为一个整体，在每一事物中都看见型相（idea），也即可见的范式（pattern）。即使我们知道这样做有将事物普遍化的危险，或者有用后期的观念解释前期思想的危险，我们仍情不自禁地认为柏拉图的型相——希腊智力的一个独特产物——是理解希腊人在其他许多方面的思想方法的线索。尤其是，显示在全部希腊雕塑和绘画中的形式化倾向，与柏拉图的型相一样，来自同一个源头。其中的联系甚至在古代就已经被注意到了，①而且一直以来都受到关注；[xxii]这一点对希腊的演说术而言同样有效，事实上，对希腊人的基本理智态度自始至终都有效。例如最早的自然哲学家们，连同他们把宇宙看作一个受一种法则支配的整体的努力，与现代社会精于计算、注重实验的经验科学家完全相反。他们不是通过总结一系列孤立的结果并将它们系统化为一个抽象的结论而工作，而是走得更远，从一个一般概念——它能赋予作为整体之部分的部分以位置和意义——来阐述各个分离的事实。同样是这种形式化倾向建构了将希腊的音乐和数学与其他更早民族的音乐和数学——就它们为我们今天所知的而言——区别开来的普遍范式。

希腊文化（Hellenism）在教育史上的独特地位取决于同一种特有品质，即把每一个部分都看作一个理想整体的从属物和相关物的最高本能（因为希腊人把这种看待事物的角度贯穿于他们的生活和艺术之中）也取决于他们对普遍事物的哲学理解力、对人性最深层法则的感知和对标准的领悟——这些标准以支配个体和社会组织的精神生活的人性法则为基础。（正如赫拉克利特以其对思维本性的敏锐洞察所认识到的），那普遍者，也就是逻各斯，对所有的思维都是一样的，正如法律是城邦所有公民共同的东西一样。在处理教育问题时，希腊人完全信赖这种对支配人类生活的自然原则和人据以运用体力和智力的内在法

① 经典的段落是西塞罗的《演说家》(*Oratore*)7—10，这一段落来源于一份希腊史料。

则的清晰认知。① 在教育中把这种关于自然原则和内在法则的知识作为一种建构性力量来运用，并且通过它塑造活生生的人，就像陶匠用模具规范泥土和雕刻家将石块雕刻成预想的形式一样——这是一个大胆的创意，一个只有在希腊民族的艺术家和哲学家们那儿才能发展起来的理念。他们创造的最伟大的艺术作品是人(Man)。是他们第一个认识到了教育意味着按照一个理想来深思熟虑地陶铸人的品格。"手、脚、头脑都像正方形一样完美无瑕"——这是马拉松和萨拉米斯(Salamis)时代一个希腊诗人说的话，用来描述那种极为难得的真正德性的本质。只有这种类型的教育才配得上文化之名，对于此种类型的教育，柏拉图使用了一个陶冶(moulding)②品格的物理隐喻。[xxiii]德语词"Bildung[陶冶、教育、文化]"③清晰地指明了希腊柏拉图哲学意义上的教育的本质，因为它涵盖了艺术家的塑性成形行为(the act of plastic formation)，以及出现在其想象中的指导性范式，即型相或类型(typos)。纵观历史，每当这一观念再次出现时，它总是从希腊人那里继承来的；而且，每当人们放弃如训练动物去完成特定的外在义务那样去训练年轻人的想法，并回忆起教育的真正本质时，此种类型的教育理想总是会重新出现。不过，希腊人感觉到教育的任务是如此重大而艰巨，并且以一种无可比拟的力量和动力来从事这一事业，另有特别的原因。这原因既不能归结为他们的感性观照(aesthetic vision)，也不能归结为他们的"理论的(theoretic)"思维方法。从我们第一眼看到他们，我们就发现人(Man)是他们思想的核心。他们的与人同形同性的神灵；他们在雕刻甚至绘画中对表现人的形体的问题的全神贯注；他们的逻辑顺序——他们的哲学通过这种逻辑顺序从宇宙问题走向人生问题，且

① 参见本人的《古代文明与人文主义》(*Antike und Humanismus*)，Leipzig，1925，13；再版于《人文主义演说集》(Berlin，1937)。

② πλάττειν，柏拉图，《王制》377b，《法义》671c，以及其他一些地方。译注："πλάττειν"的本意是"(陶工)用模具定型"，引申为"用一种理想的范式来培养人格，乃至于'教育'和'文化'"；汉语中的"陶冶"本意也是"用模具陶铸、浇铸，金属的冶炼"，然后引申为"教化裁成、情操修养"。

③ 关于该词的英文对应词"culture"，参见本卷第 375、386 页，尤其可参考本卷"贵族与德性"一章，第 6 页，注释②、③。

在其中直至苏格拉底、柏拉图和亚里士多德那里达到顶峰；他们的诗歌——荷马及其之后的所有世纪，诗歌无穷无尽的主题就是人、人的命运和他的神灵；最后还有他们的城邦，除非我们把城邦看作塑造人和人的生活的力量，否则就不可能理解它——所有这些，都是源自同一个巨大光源的不同光芒。它们都是对以人类为中心的生活态度的表达，这种以人类为中心的态度，不可能从任何其他东西那儿得到解释，或者来源于任何其他东西，它渗透到希腊人感觉、创制和沉思的一切事物之中。其他民族造神灵，造帝王，造鬼怪：只有希腊人造人。

我们现在可以在与东方民族的对比中，明确界定希腊文化(Hellenism)的特殊品格了。通过发现人，希腊人不是发现人的主观自我，而是认识到人性的普遍法则。希腊人的智识原则不是个人主义，而是“人文主义(humanism)”，这里“人文主义”这个词是在其原初的和古典的意义上使用的。它来自于拉丁语“humanitas”：至少从瓦罗(Varro)和西塞罗时代以来，这个词除了具有“人的行为”这一早期的通俗意义(它与此处无关)之外，有了一种更高贵、更严格的含义。它意指将人培养成他真实的样子，并具备真正的、名副其实的人性的这一过程。[①] 这才是真正的希腊教育(paideia)，为罗马的政治家们作为一个模范所采用的教育。[xxiv]它从理想出发，而不是从个体出发。在作为一个部族成员的人之上，作为一个假定的独立人格的人之上，站立着一个作为理想的人；而这个理想的人，是希腊所有的教育家，连同希腊的诗人、艺术家和哲学家们目光贯注的范式。但是，这个理想的人是什么呢？它是普遍有效的人类模型(model of humanity)，所有个体注定都要模仿的模型。我们曾经指出，教育的本质是根据共同体的形象来塑造每一个个体；希腊人从根据那个公共模型[城邦共同体]塑造人的品格出发，越来越意识到这种教育过程的意义，最后，随着对教育问题的深入探讨，他们以一种比任何其他民族、任何其他历史时期都更可靠、更哲学的理解力把握住了教育的基本原则。

希腊人希望教育每个人达到的人格理想，不是一个存在于时空之外，空洞而抽象的样式，而是一个从希腊的土壤中自本自根地生长出来

---

① 参见格留斯(Gellius)，《阿提卡夜话》(*Noct. Att.*)XIII，17。

的活的理想，它与种族的前途命运共呼吸、共沉浮，它消化了希腊历史和智识发展的各个阶段。不过，比我们早几个世纪的古典学者和人文学者并没有认识到这一点——他们将历史忽略不计，把希腊或古典时代的人性(humanity)、文化(culture)或思想(mind)，理解为一个无时间性的抽象理想的表达。诚然，希腊民族在精神领域遗赠给了它的后继者们诸多不可磨灭的永恒发现，但如果我们把那种理想的标准设想为固定不变的和终结性的东西，那么这将是对我们所描述的希腊意志——即根据一个理想的标准来塑造个体的品格——的一个最危险的误解。欧几里得的几何和亚里士多德的逻辑即使今天也是思维运行的永恒原则，不可能将其弃之一旁。但是，即使这些普遍有效的、清除了时间内容的智识法则，也是由希腊科学所创造的；当我们以一种历史的眼光来看待它们时，它们是彻头彻尾的希腊的；它们并不排斥与其他思考和观察的数学和逻辑原则共存。希腊思想的其他作品更是如此，这些作品都带着创造它们的那个时代和民族的烙印，而且与特定的历史处境息息相关。

[xxv]那些生活于罗马帝国开端时期的希腊批评家，是首先在非时间性的意义上将希腊伟大时代的代表作描述为“经典(classical)”的人——一部分作为后世艺术家们模仿的正式典范，一部分则是后代追随的道德模范。在那个时代，希腊历史已经成了世界范围的罗马帝国的生活的一部分，而希腊人已经不成其为一个独立的民族了，他们唯一可以追随的更高理想，就是保存和敬仰他们自己的传统。因此，他们首先发展了思想的古典信仰(the classicist theology of mind)——对他们那种人文主义的独特类型的一个合情合理的描述。他们审美的静观生活(vita contemplativa)是现代人文主义者和学者们的生活的原初形式。二者的生活都建立在同一个原则之上，建立在一个抽象的、不受时间影响的、作为一种永恒的真和美的国度之上——这个国度超拔于任何一个民族的坎坷命运。与此类似，歌德时代的德国人文主义者，将希腊人看作一个独一无二的历史时期的真实人性的完美呈现——这是一种态度，与他们的信条实际遭遇的新历史观相比，这种态度更接近于“启蒙时代”的理性主义。

当古典主义衰落时历史研究兴盛了起来，一个世纪的历史研究使我们脱离了那种古典信仰。今天，如果我们遇到相反的危险——一种无穷无尽、漫无目的、把一切都看作历史的激情，一个所有的猫在其中都变成灰色的暗夜——即使回到古典时期的永恒价值，我们也不再可能把它们作为超时间的偶像树立起来。除非作为在一个特定的历史情景之内起作用的力量——正如它们在被创造出来的时代所起的作用一样——它们已不能展示其含义中隐含的标准，不能展示它们改变和塑造生活的不可抗拒的力量。我们再也不可能*孤立地*（in vacuo）阅读或写作希腊文学的历史——跟产生它以及它向之说话的社会相分离的历史。希腊思想将其强大的力量归功于这一事实：即它深深植根于共同体的生活。在其作品中呈现出来的全部理想，都是由那些创造它们并将它们归结为美的形式的人，从那种超个人的共同体生活中提取出来的。伟大的希腊人的著作所揭示的人是一种城邦的人（political man）。希腊的教育不是一系列旨在创造一个完美的独立人格的私人技艺的总和。[xxvi]直到这样的希腊城邦已经烟消云散、希腊文化（Hellenism）江河日下的衰落时期——现代教育学直接来源于这个时期——也没有人相信它曾经是。我们很容易理解为什么生活于一个非城邦时代的德国古典学者会遵循这一信念，而我们对城邦的兴趣也为我们打开了眼界，使我们看到这一事实，即在希腊的黄金时期，没有城邦的精神与没有精神的城邦同样是不可能的。希腊文化最伟大的作品都是一种独特的城邦意识的纪念碑，这种独特的城邦意识是从荷马史诗的英雄时代到柏拉图的教育型城邦连续不断地发展而来的——在柏拉图的城邦中，个体和共同体在哲学领域进行了最后的决斗。任何未来的人文主义都必须建立在所有希腊教育的基本事实之上，而所有希腊教育的基本事实是，对希腊人来说，人性永远包含着一个人类存在物的必不可少的品质，也即他的城邦特性。① 那些最伟大的希腊人永远觉得他们是

① 参见本人的《柏拉图时期的希腊国家伦理》（*Die griechische Staatsethik im Zeitalter des Plato*），亦可参见本人的演说集《古代的精神存在》（*Die geistige Gegenwart der Antike*），Berlin，1929，第 38 页及以下（《古代文明》v，第 185 页及以下）。译注：for the Greeks humanity always implied the essential quality of a human being，his political character，此处还有其他一些地方的 political，为明白起见均译为"城邦的"，而非"政治的"。人这种存在物，按其本性，是城邦生活的动物，凡不归属于任何城邦的，或自外于城邦的，不是鄙夫，就是超人，不是野兽，就是神灵，参见亚里士多德，《政治学》1253a。

城邦共同体的仆人，这一点是创造性的艺术生活和智识生活与共同体紧密联系的一个标志。这种态度在东方也广为人知：在生活是由一种准宗教的严格规定来组织的国家里，这种态度似乎是最自然而然的。然而，希腊的伟人们并没有站出来道说上帝之言，而是把他们自己所知道的教给人们，并清晰地表达他们的理想。即使是在以宗教启示的形式说话时，他们也把这些启示转换成了个体的知识和形式。尽管它在外表和目的上可能是个体的，但他们觉得它完全是社会的，无可置疑地是社会的。诗人、政治家和哲人(*ποιητής*, *πολιτικός*, *σοφοός*)的三位一体体现了希腊民族最高的领导理想。在那种精神自由的氛围中，希腊的创造性天才受深层知识的约束(就像受神圣法则的约束那样)为共同体服务，他们构想并实现了那种崇高的教育理想，这使它远远高于我们时代个人主义文明的那种肤浅的艺术和智识才华。正是那种崇高的教育理想把古典时代的希腊文学从单纯的审美范畴中提升出来——多少人曾经徒劳无益地设法在审美范畴中理解希腊古典文学，也正是那种崇高的教育理想，赋予了希腊文学对人性无法估量的影响——这种影响已经持续了数千年。

在那种理想对我们的影响中，希腊艺术——就像它在其最伟大的时期和最高贵的杰作中所是的那样——扮演了最重要的角色。实际上，我们需要一部希腊艺术史，[xxvii]一部被看作希腊人的理想——它不时支配希腊人的生活——的反映的艺术史。直到公元前四世纪晚期，那种理想一直是共同体精神的主要表达，这对希腊艺术和希腊文学来说都是真实的。例如，如果没有见过奥林匹亚赛会胜利者的塑像(它向我们展示了它的肉体前身)，或者没有见过诸神的形象(这些形象体现了所有希腊人认为人在身心两方面可能达到的完美境界)，那么，又有谁能理解诗人品达的胜利颂歌所召唤的体育理想呢？毫无疑问，多利安神庙是多利安人(Dorican)的品格和多利安人的理想——每个个别部分严格地从属于一个固定而紧密的整体——留给我们的最庄严伟大的纪念碑。它仍然具有一种使历史上已经销声匿迹的生活(它把这种生活永恒化了)和宗教信仰(它本身就是受此信仰启示的结果)重新呈现的巨大力量。不过，希腊人相信，教育(paideia)的真正代表并非这些无声无息的艺术家——雕刻家、画家和建筑师，而是诗人、音乐家、演说家(演说家意味着政治家)和哲学家。他们觉得，在某种意义上，立法者比造型艺术家更接近诗人；因为诗人和立法者都负有教育的使命。只有立法者可以要求雕刻家的美名，因为只有他塑造活生生的人。尽管希腊人常常将教育行为与造型艺术家的工作相比拟，尽管他们自己拥有艺术家的天性，但几乎从来没有想过，如温克尔曼(Winckelmann)所认为的那样，一个人可以通过观看艺术作品而受教育。他们认为，可以塑造灵魂的唯一真实力量是语言和声音，以及——就它们通过语言或声音或二者起作用而言——节奏与和谐；因为一切教育(paideia)的决定性因素是充满活力的能量，这种能量在精神文化中甚至比在锻炼身体的力量和敏捷性的赛会(agon)中更加重要。根据希腊人的设想，美术(fine art)属于另一个不同的范畴。整个古典时期，美术自始至终将自己固定在它所发源的宗教领域。实质上，一幅画或一座雕像就是一件献给神灵的艺术品(agalma)，一种装饰品。① 但这不适用于英雄史诗，希腊教育的能量从英雄史诗流进了其他各种类型的诗歌。即使在诗歌与宗教紧密相连的地方，它的根须也深深地扎在社会和政治生活的土壤之中；与诗歌相比，这一道理更适用于散文作品。因此，希腊文化的历史在所有要素上都与希腊文学的历史相吻合：[xxviii]因为希腊文学，从原初创作者的意图来说，就是对希腊理想形塑其自身的过程的表达。况且，在理解古典时代之前的数个世纪方面，除了诗歌，没有别的文字证据可以帮助我们，因此，即使对实际意义上的希腊历史而言，真正可以讨论的唯一主题只能是诗歌和艺术所描绘的这一过程。在那个时代的全部生活中，没有任何别的东西可以幸存下来，这是历史的意志。除了研究希腊诗歌和艺术所形塑和培育的理想，我们没有办法追踪贯穿那些世纪的希腊文化的历史。

这一事实决定了本书的方法和目的。在本书所要讨论的主题的选

① 译注：*ἄγαλμα*(agalma)，古希腊的“雕像”、“画像”，献给神的礼物，让神高兴的东西；*ἀγαλματο-γλύφος*，即“雕刻家”；*ἀγαλματο-ποιΐα*，即“雕刻艺术”。希腊人找来世界上最好的东西奉献给神，不论是原材料，还是表现人体形态的技艺，所以作者说，希腊的美术起源于宗教，而且，在整个古典时期，自始至终都属于宗教。

择上，以及各种情况下所要采取的立场方面，并不需要特别的理由。总的来说，它们必须证明它们自己，尽管作为个体，读者毫无疑问会对或此或彼的取舍感到遗憾。这是一个古老的难题，被以一种新的方式放置在这里：因为教育，从其最初的开端起，就与对古代世界的研究紧密相连。继之而来的世代总是把古典时期看作一个取之不尽的知识和文化的宝库——首先是作为一个外在的、有价值的诸多事实和艺术作品的集合，然后是作为可以模仿的理想世界。现代古典学研究的兴起改变了看待问题的基本视角。最近的历史思想主要被用于考察任何时候究竟发生了什么事情，以及它是怎么产生的。在看清过去的热切努力中，历史学家们渐渐养成了把古典时期仅仅看作一个历史片段的习惯（尽管是一个特别有兴趣的历史片段），而很少注意它对当今世界的直接影响。是否感觉得到这种影响成了历史学家的个人看法，评估其价值也留给了学者的个人趣味。但是，当这种对古代历史的百科全书式的、事实探究的研究方法越来越普遍时（尽管即使在这一理念的伟大实践者那里，所谓的客观和公正也不像他们所相信的那么多），很少有人看到某种类型的"古典文化"事实上仍然存在，始终保持着自己的地位。现代历史研究粉碎了古典主义者的历史观念，而古典学却没有为在一个新的基础上重建其理想做出努力。[xxix]但是，在这个节骨眼上，当我们的整个文明，由于被一种压倒性的历史经验所动摇而再次开始审查其自身的价值时，古典学必须重新评估古代世界的教育价值。这是古典学的最后课题，其自身的存在与否取决于对这一问题的回答。只有历史科学在历史事实的基础上才能回答这个问题。因此，古典学的职责，不是对希腊人作一种阿谀奉承的和理想主义的描述，而是通过研究他们的智识和精神本性来阐释他们不可磨灭的教育成就，以及他们给予后世的文化运动的指导性动力。

第一编　古风时代的希腊

第一章 贵族与德性

[3]教育是一种如此自然而普遍的社会功能，以至于许多世代以来人们只是接受和传承它，却不对它提出问题并进行讨论：因此，在文献中首次提到教育是相对较晚的事情。每个民族的教育内容也大致相同，既是关于道德的，也是关于实践的。这些教育内容一部分是由诸如敬畏神灵、尊敬父母、尊重外乡人这样的诫命组成；一部分是由古老的实践智慧准则和外在的道德建议组成；还有一部分是由那些希腊人称之为技艺的专业技能和传统组成（仅就可以世代相传的技能和传统而言）。有几个希腊城邦后来在它们的成文法中具体体现了尊敬神灵、父母和外乡人的基本准则：诚然，此种立法并未在法律和道德之间划出基本的界线。① 另一方面，大众智慧的丰富源泉和随之而来的许多古

① 荷马那里有很多诸如此类的段落，表示尊敬神灵、父母和外乡人这些规则的存在。尽管它们在荷马那里似乎不是作为一种三位一体的行为规范而发生，但荷马还是会经常提到这些诫命。在《劳作与时日》(*Works and Days*)第183行及以下，赫西俄德(Hesiod)将侵犯外乡人和亲戚的权利，以及蔑视神明，与其他征兆一同列为黑铁时代即将来临的特定符号。埃斯库罗斯(Aeschylus)的《乞援人》(*Suppl.*)第698—709行，达那奥斯(Danaids)向宙斯做了漫长而庄严的祈祷，祈求宙斯保佑其庇护者阿尔戈斯(Argos)人，在祈祷的最后，作者混入了一段尊敬神明、父母、外乡人的祈祷。这一加入的祈祷好像是某种独立的东西，而祈祷的其余部分，在形式上相当典型，将其与为雅典城邦向欧墨尼得斯(Eumenides)所做的类似祈祷相比较(《欧墨尼得斯》，第916行及以下)，(转下页注)

老行为准则，以及诸多来源于古代迷信的箴言，首次在赫西俄德的格言诗中大白于世。① 不过，正如我们在希波克拉底(Hippocrates)团体的医生职业誓言②中看到的那样，技艺和手艺自然拒绝在写作中暴露其秘密。

我们必须把上述意义上的职业训练和青年培养与文化教育区分开来，后者志在实现一个人应当成为的理想。在这样一个理想范型中，功利因素是被忽略的，或者至少是退居幕后的。不可或缺的要素是 *τὸ καλόν*[美]，即作为一种决定性的理想的美。③ 在整个历史中，我们都

(接上页注)或者与老加图(Cato)在《农业志》(*De Agri Cultura*)中所描绘的古罗马奉献三牲(Suovetaurilia)时所做的祈祷——在那里，尊敬神明、父母和外乡人的祈祷消失不见了——相比较，就可以看出来；见《欧墨尼得斯》第 490 行及以下，尤其是第 534—549 行。同样的三重诫命出现在复仇女神厄里倪厄斯反对侵犯她们的权利的庄严抗议中。在那里，阿伽门农(Agamemnon)之子俄瑞斯忒斯(Orestes)弑母是对敬重父母(*τοκέων σέβας*)这一传统的威胁，而在《乞援人》中，外乡人的生命权利则存亡未决。在这两段文本中，尊敬神明、父母和外乡人，都被看作是正义女神狄刻(Diké)的习惯法(*θεσμοί*)(见《乞援人》第 708 行，《欧墨尼得斯》第 491、511、539 行)。佩里(Paley)对《乞援人》的评注提供了进一步的证据。欧里庇得斯(Euripides，《安提奥普》[*Antiope*]，残篇 38)对此三重行为规范了然于胸，因为当他为敬畏神明、尊敬父母加上"尊重希腊人共同的习俗"时，也即加上关于对待其他希腊城邦公民的未成文法时，他只是为"尊敬外乡人"这一古老规则给出了一个更加现代、更加理性化的形式(同样的措词，参见欧里庇得斯，《乞援人》第 311、526、671 行)。品达(Pindar)的《皮托颂》(*Pyth.*)VI，33 省略了外乡人这一条，因为这对其诗歌的目的无关紧要，亚里士多德(《尼各马可伦理学》[*Eth. Nic.*]8.14.1163b16)和其他一些提到敬畏神明、尊敬父母的作家亦然。品达将此三重准则追溯至半人马喀戎(Chiron the Centaur)的教导——喀戎是阿喀琉斯(Achilles)和其他许多伟大神秘英雄的导师；换言之，这对品达来说，代表着一种土生土长的、原始的教育传统的内核。也许，他在教谕史诗《喀戎的忠告》(*χίρωνος ὑποθῆκαι*)中读到过它，他在其他地方也提到过这部说教史诗。埃斯库罗斯的《乞援人》第 708—709 行证实，这一箴言，甚至以某种形式被吸收进了成文法中(*ἐν θεσμίοις Δίκας γέγραπται*)，其实，艾利安(Aelian)在《万物的历史》(*Var. Hist.*，VIII，10)中告诉我们，这一行为规范经过修正成了"德拉古(Draco)法"——人们称它为"习惯法"(*θεσμοί*)——的一部分。这一情形可能在其他希腊城邦中亦然。

① 参见本卷论"赫西俄德"一章。

② 参见本书第三卷，第十章。

③ 从荷马史诗到柏拉图、亚里士多德的哲学著作，"*καλόν*"(即"美[the beautiful]")这个词代表了个体价值的一个最重要范畴。与此相对应的词如*ἡδύ*或*συμφέρον*，意为"令人愉快"或"有用"，而*καλόν*则指理想。友谊或友爱不是建立在"令人愉快"或者"对我有利"的基础上，而是建立在*καλόν*的基础上，即它是一种对人格价值的仰慕的产物，诸如此类的人格几乎都建立在一个共同理想的基础之上。一个行为由于*καλόν*而发生(*διὰ τὸ καλόν*)，不是因为它有利于另外的目的，而仅仅是因为它因其自身之故代表了一种人的理想。"美善(*καλὸς κἀγαθός*)"一词并非来自荷马，它必定非常古老。如果梭伦的对句是自己原创的话，那么梭伦《残篇》I 39—40 应该是该词作为一种理想为我们保存下来的(转下页注)

可以看到这两种教育观的对比，因为这是人性的一个基础部分。我们选择用什么样的词语来描述它们无关紧要，不过，我们也许可以用“教育”一词来指示前者，用“文化”一词来指示后者。显而易见，教育和文化具有不同的起源。文化体现在整个人身上——既体现在其外表和行为中，也体现在其内在本性中。人的内外两个方面都是[4]通过有意识的选择和训练而精心陶铸的产物，柏拉图将此比作良犬的培育。最初，这一过程仅仅局限于城邦的一个狭小阶层，即贵族阶层之内。在古典希腊，kalos kagathos[美善]①的贵族起源与英国绅士一样一清二楚。二者的称号都将我们带回到骑士贵族的理想。不过，当这两种类型的贵族称号被新兴的有产阶级接收之后，激励他们的理想就普遍化了，并最终影响到整个民族。

这是文化史上的一个基本事实，即所有比较高级的文化都发源于社会阶层的分化——这是由人与人之间的身体和智力的自然变化产生的一种分化。即使当这种社会分化导致一种固定的特权阶层的产生时，支配它的世袭原则也会被从较低阶层注入的新鲜力量所平衡。即使这个统治阶层由于某种剧烈的社会变革而被剥夺了一切权利，或者被摧毁殆尽，新的领导者也会转而迅速地成为一个贵族(aristocracy)。

(接上页注)最古老的文字。当“*καλὸς*”一词运用在某人身上时，正如此段文章以及其他段落所显示的那样，它意指某人身形伟岸、相貌俊美，而非某人的一种人格价值(areté)；因此，为了表达早期希腊社会所孕育的一种完美的人格理想，加上“*κἀγαθός*[善]”一词是必要的。它既意指一个人相貌堂堂(*ἀγλαὸν εἶδος*，参见提尔泰奥斯[Tyrt.]，残篇7，9)，也包含了与此相得益彰的真正的德性。如果有人因其卑鄙行径败坏了他的德性，也就“辜负了其堂皇的外表”，正如其“辱没了列祖列宗”一样。人们认为二者的同时并存是正常且自然而然的。*εἶδος*或外在形式的俊美，作为整个人格及其理想价值的外在呈现而得到接受和尊重。忒尔特提斯没有德性，因而荷马将其描述为一个滑稽可笑的丑陋人物(《伊利亚特》[*Iliad*] II，216：*αἴσχιστος δὲ ἀνὴρ ὑπὸ Ἴλιον ἦλθεν*[在所有来到伊利昂的阿尔戈斯人中最丑陋不过])。

① 译注：见上一注释。这个词的希腊原文是*καλὸς κἀγαθός*，kalos kagathos 是拉丁文转写。“善(好)”的希腊文是*ἀγαθόν*(形容词形式即*ἀγαθός*)，有以下几层意思：1. 针对人而言：出自好的家族或血统，有贵族风范、勇敢、有才能、道德品质优良；2. 针对东西而言：品质好、美观。“kai”是连词。“美”在希腊文中写作“*καλόν*”(形容词形式即*καλὸς*)，有多个意思：1. 美丽、外观好；2. 事物的品质好；3. 道德上的“好”。这个词最初写作“kalos kai agathos”，缩写即为“kalos kagathos”。“美善”是希腊贵族的教育理想和人格理想，也即文化理想。

在形成一个民族的文化方面，贵族阶层（nobility）①是首要的推动者。希腊文化——希腊民族品格形成的重要方面——的历史，连同一种完人（human perfection）的确定理想的创造，实际上就是在早期希腊的贵族世界开始的；按照这一完人的理想，这个种族的精英不断地得到训练。② 既然最早的文献证据向我们显示了一个超越于大多数普通民众之上的贵族文明，我们的历史研究就必须从对这个文明的描述开始。所有后来的文化，无论其智力水平达到了何种高度，也无论其内容发生了多大变化，仍然携带着其贵族起源的印记。文化，就是一个民族的贵族理想，一个日益理智化的贵族理想。③

---

① 译注："aristocratic"、"aristocracy"等词来源于希腊文"ἀριστεύς"和"ἀριστεία"，前者意为"（作战）最勇敢的人，（出生、地位）最高贵的人，首领"，后者意为"战功、英雄业绩"，因此，从此历史起源说，"贵族"就是那些出生高贵、作战勇猛、战功卓著的人，以及这些人组成的团体，即贵族阶层；所以"aristocracy"即"贵族、贵族品质、贵族统治的国家"之意；"nobility"则侧重于就贵族阶层的道德品性而言，有高贵、高尚之意。

② 参见前述两种文化的区分：一种是单纯的人类学意义上的文化概念，它意指人的整个生活方式或者一个特定民族的特征，另一种是完人理想的有意识培养的文化概念。"文化"这个词在下述段落中所使用的人文含义，正是就后者而言的。"文化理想"（用希腊语表示，就是ἀρετή和παιδεία）是希腊精神的特殊创造。人类学意义上的文化概念是这一原创概念的现代延伸；但是，这个词已经从一种价值观念中获得了一种单纯的描述性范畴，它可以应用于任何民族，甚至应用在"原始人的文化"上，因为它已经完全丧失了其真正的应有含义。阿诺尔德（Matthew Arnold）将文化定义为"古往今来人们所思所说之最佳者"，即使在他的定义中，该词原初的教育含义（作为完美的人的理想）也已经难寻踪迹。它倾向于将文化装进某个博物馆，也就是说，当它被用来意指"学问、学术"时，指亚历山大里亚时期意义上的那种"教化（paideia）"。

③ 读者切勿将这个句子理解为我们强加于历史或者我们由某种政治理想得到启示的教条。它只是对早期希腊传统文献为我们所呈现的事实，以及得到许多其他民族（它们都拥有一个漫长的有机的文化发展过程）的事例所证实的事实的单纯陈述。当然，从来就未曾有过一个脱离其他人群而孤立存在的真正"代表性"阶级；作为诸如早期希腊贵族这样一个社会群体的文化，是一个更广泛的、无意识的、由来已久的传统（它在宗教崇拜、组织结构和风俗习惯等方面与整个社会有机体相一致）的果实。参见上一注释就两种文化概念所作的区分，即作为一种有意识的完人理想（areté）意义上的文化概念，与一种更广泛的人类学意义上的文化概念之间的区分。艾略特（T. S. Eliot）在其《对一个文化定义的札记》（*Notes Toward a Definition of Culture*）中强调了这二者之间的联系，该文再版于《党派评论》（*Partisan Review*），1944，No. 2。在早期希腊文献中，倾向于人类学意义上的文化概念首次为人们所知是在波俄提亚的农民诗人赫西俄德那里（见本卷第四章）。尽管如此，我们所谓"一种有意识的完人理想"这一特定意义上的文化——反应在荷马诗歌之中的文化——仍然是一个有限的社会人群（也即贵族阶层）的所有物。

这一事实绝不意味着它与后来世纪的高贵观念处于无可救药的逻辑冲突（转下页注）

对我们来说，将"教化（παιδεία）"一词的历史作为希腊文化起源的一个线索，看来是理所当然的。不过，我们不能这么做，因为这个词直到公元前五世纪才出现。① 那当然只是一个偶然的传达，如果有新的资料发现，我们就可以找到它在更早时期存在的证据。不过，即使如

（接上页注）之中——这种观念认为，所有人生而平等；因为"人人生而平等"这一自明之理并不是想要作一种历史陈述，而毋宁是想要表达一种形而上学的信念，当我们接受此种信念时，它会产生重大的实践效果，但不会改变过去的历史现实。人文教化意义上的"文化"原初地局限于一个特定的贵族阶层，这一事实也从未阻止后来者要求更多的人分享好处。伯利克里（Pericles）时期的雅典民主文化就是早期希腊贵族传统长期而缓慢的变化和延展的最后成果。描述这一独一无二而又具有普遍意义的历程在公元前五和前四世纪的状况，是本书最重要的使命之一。

这一历程的重要意义在于它极大地拓展了文化的边界，使得整个城邦和民族有机会一亲芳泽，雨露分沾；在此期间，新的城邦共同体精神，无论政治方面，还是文化方面，都在希腊天才们创造的每一项重要成果上留下了印记。从古代贵族的生活方式到伯利克里时期民主政治的形变，不能只按照政治权利从少数人扩展到大多数人的角度来理解。当希腊文化自本自根地生长，从独家专享成为某种普遍的人文之物时，它同时是在遵循自身的固有发展倾向。因为此种文化的特有形式，从其开端就隐含着一种生机勃勃的普适性和合理性要素，这一要素促使并注定它突破其阶级限制，成为整个希腊的文化，并最终发展为一种世界性的文明。如此这般，通过脱胎换形以适世变而非屈身降志放弃本质的方式，希腊"文化"征服和洞穿了这个世界。

潜藏于这一转变之下的人文主义观念，是这样一种假定：如果文化可以被设想为是由于"高贵的出身"而来的一种"特权"，那么对于这样一种特权，就不可能有比"它内在于作为理性存在物的人的本性之中"更高的要求。如此这般，希腊文化的发展，不是通过将高贵的东西庸俗化，而是通过为人类更高级的生活方式（也即理性的生活）提供一套程序，从而使得整个人类变得高贵。不仅如此，后来世纪的新的自治社会越来越意识到这样一个事实，即这一程序的实现不仅仅依赖于文化的广泛延伸，同时也有赖于一种高质量的人类教育活动的持久保持。如果对其最卓越、最具价值的社会成员——即使在"他们属于土地贵族的一个特权阶层"这一点不再被认为是理所当然的时候——不进行一种精心的、有意识的教育，那么没有一种社会形式可以常存于世。在理性的范围内，由一个世袭阶层来管理的唯一选项，就是最能干的公民的治理，他们是教育活动训练和挑选出来为公共利益服务的。但是，当我们看到希腊古典时期的哲学如此急迫地关切挑选和教育的使命之时，难道它不就是我们在希腊文化的开端处所遭遇的同一问题吗（只不过是以一种不同的形式出现而已）？至少，这是希腊后来的教育者和文化引领者们看待问题的方式。他们不是根据"特权"而是根据"德性"来思考问题，从而将"高贵"归结到其真正的意义之上。当文艺复兴时期的人文主义者们复活古典世界的精神遗产时，他们连同古典文化理想一起接受了此种关于人的高贵和尊严的观念，而此种激发文艺复兴的人文主义观念，正是现代文明的根基之一。毫无疑问，此种包含在希腊文化理想之中的高贵概念，对现代民主政治问题具有令人关切的意蕴；不过，发掘这种意蕴并不是我们这类历史研究著作的目的。

① 这个词最早见于埃斯库罗斯的《乞援人》第 18 行，在那里，它仍然是"幼儿的养育"的意思，参见本卷论"智术师"一章，第 356 页，注释①。

此，我们还是毫无所获；因为这个词最早的使用例子表明，[5]在公元前五世纪开始时，它仍然只有“幼儿的养育”的狭隘意义，几乎没有任何后来的那种高级含义。我们可以在德性（ἀρετή）观念的历史中，为希腊文化史找到一个更加自然的线索，“德性”一词可以追溯至远古希腊的最早时期。在现代英语中，找不到一个与希腊语“areté[德性]”一词完全匹配的词：其最古老的含义，是自尊自重和雍容有礼的道德与勇猛尚武的一种结合。不过，德性观念是早期希腊贵族教育的精髓所在。

如果我们可以将“荷马”这个名字使用在两部伟大史诗《伊利亚特》和《奥德赛》之上的话，那么，描写早期希腊贵族的首先就是荷马。在荷马史诗中，我们既找到了那个时代的生活的历史证据，也找到了其理想的永恒的诗性表达。我们必须从这两个方面研究荷马。首先，我们应该利用他来逐步建立贵族世界的画面，然后，考察那个世界体现在他的英雄人物身上的理想。因为在荷马史诗的伟大人物身上，贵族理想达到了一种文化的重要性，它比原初狭隘的有效范围远为广泛。实际上，除非我们把目光落实在实际历史发展的潮涨潮落之上，同时也锁定在使此理想（它是每个创造性时代的最高表达）不朽的艺术奋斗之上，否则就不可能追踪希腊文化的历史。

在荷马那里，与在别的地方一样，“德性”是一个经常被广泛使用的词，不仅被用来形容人的卓越，而且也被用来描述非人事物的长处——诸神的大能，以及高贵骏马的精神和速度。① 但是，一般人并不拥有德性；每当奴隶身份占有了一个高贵种族的男性后裔，宙斯就拿走他一半的德性——他就不再是原来的那个他了。② 德性是贵族名副其实的品质。希腊人总是相信过人的勇力和非凡的技艺是领导权的天然基础：领导权和德性不可分离。“德性”这个词的词根与“ἄριστος[最优秀的]”③一词的词根相同，后者表示最优秀的能力和出类拔萃；“ἄριστος[最优秀的]”一词的复数形式被不断地用来形容贵族阶层。希腊人将

---

① 《伊利亚特》XXIII，276 和 374 提到马的德性。柏拉图《王制》(*Rep.*)335b 谈到狗和马的德性，353b 谈到眼睛的德性；关于诸神的德性，参见《伊利亚特》IX，498。

② 《奥德赛》(*Odyssey*)XVII，322。

③ 译注：ἄριστος，作为ἀγαθός的最高级，是“最勇敢的、最优秀的、最高贵的”的意思。

每个人根据其能力分为不同等级,①因此,他们把同一个标准运用在世界的一般事物上也是自然而然的。这就是为什么他们会将"德性"一词运用到非人的事物和存在之上的原因,这也是该词的含义后来变得越来越丰富的原因。因为一个人的能力可以从不同的标准得到赞扬,[6]并根据他所要履行的义务而变化。只有在相对较晚的诗卷中,荷马才偶尔用德性来形容道德或精神品质。② 在其他任何地方(与希腊的原初观念相一致),它表示的是纠纠武士或体育健儿的力量和技艺,且首先是他的英雄气概。但是,这种英雄气概不是现代意义上被看作与勇力不同的道德品质;它总是与身体的力量紧密相连。

在荷马史诗形成的时代,"德性"一词在人们实际的言谈中,不太可能只有荷马使用它时的那种狭隘意义。史诗自身也承认德性之外的标准。《奥德赛》不断歌颂人的心智能力——尤其是在英雄奥德修斯身上,他的勇敢通常被排在他的聪敏和狡诈之后。在荷马时代,与英勇和力量不同的优长可能包含在德性观念中:除了上述例外,我们在早期诗歌的其他地方也发现了这样的延伸使用。显然,日常交谈赋予这个词的新义为其在诗歌语言中开辟了道路。不过,作为对英雄的力量和勇气的一种特定描述,德性其实已经牢牢扎根于英雄史诗的传统言谈中,并且保留了很长一段时期。在民族大迁徙的尚武好战时代,男子首先应该从他们在战斗中的英雄气概得到评价,这是自然而然的:在其他国家也有类似的事例。再者,与名词"德性"相对应的形容词"ἀγαθὸς[优秀的]",尽管它来源于另一个词根,但也逐渐有了在战争中的高贵和勇

---

① 希腊人觉得,德性首先是一种权能(power),一种做某事的能力。力量和健康是身体的德性,聪明和颖悟是心灵的德性。从这个角度看,我们很难接受对该词的那种现代主观解释,这种解释来自"ἀρέσκω"一词,意思是"取悦、讨好",参见霍夫曼(M. Hoffmann),《荷马、赫西俄德以及古代哀歌和抑扬格诗歌中的道德术语》(*Die ethische Terminologie bei Homer, Hesiod, und den altern Elegikern und Iambographen*),Tübingen,1914,第 92 页。确实,"德性"一词常常包含一种社会认可的因素——其含义后来变为"敬重"和"尊敬"。但是,它只是第二层次上的意义,是由早期人的价值的高级社会性质所创造的。"德性"一词原初必然是对其拥有者的价值、对专属于此拥有者的能力的一种客观描述,这种能力使他成为一个完整的人。

② 这种情况发生在《伊利亚特》XV,641 ff.,在那里,作者在"所有类型的德性"的总名目下,连同身体的力量和骁勇善战一起,提到了智力。这一点意义重大,从此之后,"德性"这个词时而在更广泛的意义上被用于《奥德赛》中,而《奥德赛》是较晚时期的诗歌。

武之结合的含义。它有时是“高贵的”的意思，有时是“勇敢的”、“有能力的”的意思；但它很少具有后来的那种“善（好）”的意义，更不用说德性具有“道德上的美德”的意思了。这种古老的意义，在“他像一个勇敢的英雄那样死去”①这样的正式表达中，存续了很久；而且经常可以在墓志铭和战斗叙述中发现其身影。

尽管这些词②的军事含义在荷马那里占据了主导地位，但它们也包含一种更普遍的道德意义。两种意义都来源于同一个词根：二者都指向那些拥有普通民众所不具备的德性标准（无论是在战争还是日常生活中）的贵族君子。贵族阶层的行为规范对希腊教育有双重影响。首先，城邦在其道德系统中从它那里继承了最好的要素之一——勇敢的责任。（在城邦中，勇敢被称为男子气概，它是[7]荷马将勇气和男人的德性相等同的明显印记。）其次，城邦高级的社会标准来源于贵族阶级的实践；与其说它显示在商人阶级市民道德的特定箴言中，还不如说是在贵族阶层慷慨与大方的一般观念和行为规范中。③

在荷马那里，一个贵族的真正标志是他的责任感。人们总是用严格的标准来判断一个贵族，他也乐于这样被判断。贵族通过为他人提供一种永恒的理想——他们有责任遵循这种理想——来教育人们。贵

① *ἀνὴ ἀγαθὸς λενόμενος ἀπέθανε.*

② 除了“*ἀγαθὸς*[优秀的、勇敢的、高贵的]”之外，“*ἐσθλός*[勇敢的、高贵的]”一词也主要使用于这种关联中，它们的反义词是“*καλὸς*[坏的、不中用的、不幸的]”。从泰奥格尼斯和品达所使用的词汇中，我们可以看到这些词是如何保持它们与贵族阶层的高贵身份的联系的，尽管随着希腊文明的发展，它们的含义发生了改变。“德性”一词在荷马时代应该局限于贵族阶层，这是自然而然的，但这种限制不应该在后世同样有效，尤其是在这一古代理想从一个全然不同的角度被修正之后。

③ 一篇由梅森(Cora Mason)女士撰写的拉德克里夫(Radcliffe)学院的博士论文(1944)的主题，就是关于荷马史诗中的“慷慨(*ἐλευθεριότης*)”与“大方(*μεναλοπρέπεια*)”这两种德性，在经济条件发生变化的情况下，从当时到品达时代的发展。关于此点也可参见希默里克(J. Himerlrijk)的另一篇论文：《财富中的贫穷》(*Πενία en πλοῦτος*)，Utrecht，1925。早期希腊贵族社会的这些理想目标仍然存在于亚里士多德的哲学讨论中(《尼各马可伦理学》4.1—6)。亚里士多德的“慷慨(*ἐλευθεριότης*)”和“大方(*μεναλοπρέπεια*)”，并非与“*φιλανθρωπία*[乐善好施]”和“*φιλοξενία*[殷勤好客]”一样来源于怜悯之心或对于穷人的同情，后者在早期基督徒的生活与文献中起着极大的作用。不过，这并不能证明早期希腊的理想缺乏社会同情，它只是说明了早期希腊的这种慷慨和大方是另一种不同的情感。它是一种完全客观化的情感，在荷马那里，它导致这样一种行为，按照合适的社会等级，根据 *τιμή*[价值，比喻在贵族社会中“受到的尊重，尊严”]给出各自的贡献。

族的责任感是一种 aidos[羞耻感]。在诉求于羞耻感方面,每个人都是自由的。如果这种羞耻感被蔑视了,那么这种蔑视就会在他人心中唤起类似于 nemesis[应得的惩罚、敬畏]的情绪。[①] "aidos[羞耻感]"和"nemesis[应得的惩罚、敬畏]"都是荷马贵族理想的本质部分。贵族对高贵种族和远古成就的自豪,与一种自我认知相伴而生:即他的出类拔萃只能由他赢得的德性来保证。aristoi 以此名义而与普通民众相区别:尽管有许多 aristoi,但他们还是为了德性的奖赏而互相竞争。希腊的贵族们相信,男人的德性的真正考验是战场上的胜利——不仅仅是在身体上征服一个对手的一种胜利,而且是来之不易的德性的证明的一种胜利。这种观念十分适合 aristeia[英雄业绩]这个词,这个词后来用在荷马史诗中一个单枪匹马的冒险英雄身上。[②] 英雄的全部生活和努力就是一场为获得头奖的竞赛,一场为压倒同辈而进行的持久斗争。(因此,人们总是对史诗描述的这些英雄业绩津津乐道。)在和平时期,武士们也在战斗游戏中互相比拼他们的德性:在《伊利亚特》中,我们看到,即使在短暂的战斗间隙,他们也在帕特洛克罗斯(Patroclus)的葬礼上相互比赛。正是这种具有武士精神的较量打磨出了数个世纪的骑士格言:[③]

> *αἰὲν ἀριστεσιν καὶ ὑπειροχον ἔμμεναι ἄλλων.*
>
> 要永远成为世上最勇敢、最杰出的人,超越其他将士。

(这一所有时代的教师都拿来送给学生的格言,现在被现代教育的"校

---

① 关于"*αἰδώς*[羞耻]"和"*νέμεσις*[惩罚、报应,以及由之而来的敬畏]",参见霍夫曼(M. Hoffmann)著作注释 10 的引述,尤其是埃尔法(F. C. E. von Erffa)的专论《荷马以迄德谟克利特的羞耻观念及其同源概念》(ΑΙΔΩΣ und verwandte Begriffe in ihrer Entwicklung von Homer bis Demokrit),载《语文学》副刊(Beihefte zum *Philologus*),增刊,第 30 卷,第 2 页。参见亚里士多德在《尼各马可伦理学》2. 7. 1108a31 及以下中对"*αἰδώς*"和"*νέμεσις*"这两个词富有启发性的评论,以及在 4. 15 中对"*αἰδώς*"的专门处理。不过,关于"*νέμεσις*"一词的评论在我们的现存版本中并不存在,可能是在第四章的末尾遗失了。

② 亚历山大里亚的文法学家们常常将"aristeia[英雄业绩]"一词与一个特殊英雄的名字结合在一起,作为荷马时代的诗歌的题目。

③ 《伊利亚特》VI,208。

平机”第一次抛弃了。)诗人在这个句子里浓缩了贵族阶级的全部教育观念。当格劳库斯(Glaucus)在战场上与狄奥墨德斯(Diomede)相遇时,他首次(以荷马的方式)[8]叙说了自己声名卓著的先祖,然后接着说:“希波洛库斯(Hippolochus)生了我,我来自他的血统。是他把我送到特洛伊,再三告诫我,要永远成为世上最勇敢、最杰出的人,超越其他将士。”这或许是激励英雄奋力搏杀所能作出的最好表达:《伊利亚特》第十一卷的作者对此烂熟于心,他让佩琉斯(Peleus)也对其儿子阿喀琉斯作出了同样的忠告。①

《伊利亚特》还有另一种途径见证了早期希腊贵族的高级教育理想。它表明,德性作为刚勇尚武的旧观念尚不能满足新时代诗人们的要求:他们关于完人的新理想,是那种将行为的高贵和心智的高贵相统一的品格。这种新观念是由菲尼克斯(Phoenix)提出的,他是阿喀琉斯的年长顾问和导师、希腊英雄的典范;注意到这一点很重要。在面临决断的危急关头,他提醒他的学生阿喀琉斯,告诉他由之铸造的理想范型:“成为一个会发表议论的演说家,会做事情的行动者。”②后来的希腊人正确地认为,这句诗是希腊教育理想及其努力传达人的全部可能性的最早公式化表述。③ 后世的修辞学和诡辩术经常引用这句话,将已逝的敏于行动的英雄世界和当时的言辞滔滔而行动迟钝作对比。不过,这句话可以作另一种解释,因为它表明了贵族阶层的整个精神境界。他们相信掌握言辞意味着理智的统治力量。当阿喀琉斯阴沉着脸接见希腊联军统帅阿伽门农派来的使者时,菲尼克斯把这句话说与了阿喀琉斯。诗人将口若悬河的奥德修斯和言辞简洁的埃阿斯(Ajax)两人与阿喀琉斯自己作对比。通过这种对比,诗人将最伟大的希腊英雄阿喀琉斯的人格——是阿伽门农的第三个

① 《伊利亚特》XI,784,此处的这句格言无疑是间接引发的,是对 VI,208 中格劳库斯和狄奥墨得斯遭遇时相同话语的重复。

② 译注:《伊利亚特》IX,443。理想的英雄是内在思想(Logos/speech)与外在行动(ergon/action)的统一。

③ 这是一个希腊作者的观点,西塞罗的《论演说家》(*De Oratore*)III,57 这部分来源于这位希腊作者,他引用了《伊利亚特》IX,443 中的诗句。作为书写教育史的一个早期尝试,西塞罗的整段论述富有启发意义。

使节菲尼克斯把阿喀琉斯培养成了这样——作为高度发展了的人性的最高理想来强调。“德性”一词的原初含义是刚勇尚武，但很显然，我们可以看出，后世在将高贵的观念转化成适合于自己的更高理想方面并无困难，而“德性”一词本身也获得了一种更为宽泛的意义，以适应这种发展了的理想。

德性的一个重要伴生物是荣誉。在原始共同体中，荣誉与一个人的长处和能力是不可分的。亚里士多德曾经很好地将荣誉描述为一个人实现了一半德性的[9]一个自然标准。他说：“人们似乎是为了肯定他们自身的价值——即他们的德性——而追求荣誉；他们追求贤达之人和有识之士的夸奖，也就是为了德性而追求赞誉；所以，他们显然认为德性要优于荣誉。”①因此，后世的哲学教导人遵守一种内在的价值标准：把荣誉看作自己内在价值的外在形象，看作同伴评价的反映。不过，荷马时代的人的价值，完全是由他所属的社会共同体的标准来衡量的。他是他那个阶级中的人：他通过别人对他所持的意见来衡量自身的德性。后世哲学时代的人可以摒弃这种外在的认可，尽管（正如亚里士多德所言）他不可能完全对其无动于衷。②

荷马和他那个时代的贵族阶层相信，对一个人应得的荣誉的否定是最大的悲剧。英雄们以始终如一的尊敬相待，因为他们的整个社会系统都建立在这种尊敬之上。他们对荣誉有一种永不满足的渴望，这种渴望本身就是一个英雄的一种道德品质。对一个伟大的英雄和一个强大的王室男性成员来说，要求一种高而又高的荣誉是自然而然的。当荷马时代的人做了一件英勇壮举，他会毫不犹豫地要求作为应得之奖赏的荣誉。这首先倒不是一个应该给予的报偿的问题，荣誉和耻辱关乎ἔπαινος[赞扬]和ψόγος[责备]。不过，后世哲学的道德体系把这种赞扬和责备看作社会生活的基础和客观社会标准的表达。③ 今天的我

① 亚里士多德，《尼各马可伦理学》1.5.1095b26。

② 参见亚里士多德致安提帕特（Antipater）的信（残篇666[罗斯编]）中关于他对德尔菲居民的敌对态度的反应的相关段落；德尔菲地区的居民，在亚历山大死后，取消了这位伟大学者的荣誉，这荣誉是他们因为这位学者将德尔菲赛会中的胜利者载入编年史的工作而曾经授予的；显然，这位学者的工作是因为得到了马其顿国王的支持才成为可能。

③ 亚里士多德，《尼各马可伦理学》3.1.1109b30。

们会发现，要想象一个希腊人的道德意识(conscience)有多么公开是很困难的。(实际上，早期希腊人从未设想过有一种类似于现代社会的个体道德意识的存在)。① 但是，在能够领会通过荣誉他们意指什么之前，我们必须尽可能认可这一事实。基督教的观点肯定会把任何对荣誉的要求，以及任何推高自我的要求，看作一种自大之罪。但无论如何，希腊人相信，此种建功立业之心是个体接近理想和超个人领域的一种强烈渴望——只有在那个超个人的社会领域中，个体才有其真正的价值。因此，在某种意义上，说一个英雄的德性只有在他的死亡中才能得到完成是正确的。德性存在于必有一死的人身上。德性就等同于必有一死的人。但是，德性比必有一死者活得长久，它继续存在于他的荣耀中，继续存在于[10]他的德性理想中——他的德性理想伴随他度过一生，并引导他的生命方向。② 诸神也要求他们应得的荣誉。他们为任何对荣誉的冒犯而嫉妒地复仇，也为崇拜者由于他们的行为而给予他们赞扬感到骄傲。荷马的诸神是一个不死的贵族阶层。希腊人的宗教崇拜和虔敬的本质，在于将荣誉归于神："成为虔敬的"的意思就是"荣耀神"(honour divinity)。③ 因为诸神和人的德性而尊敬他们是一种原始的本能。

在此基础上，我们才能全面领会《伊利亚特》中阿喀琉斯的悲剧

① 参见祖克(F. Zucker)，《是非之心-良知》(*Syneideis-Conscientia*)，Jena，1928(Cf. p. 326)。我们可以说，在荷马时代，代替个体良知之位置的是羞耻和惩罚的情感，但这完全依赖于一个总是呈现在个人脑海中的客观社会规范；他必须遵从那个理想的行为规范。

② 这在希腊人的正式名字的系统中尤其明显。他们的名字常常来自社会理想领域，因而常常指向诸如荣誉、声望、名声等观念，另外，他们的名字总是与表达这样一种名声和声望的程度或理由的另一些词语结合在一起(比如伯利克里和第米斯托克利([Themistocles])，等等)。名字预示着被命名者将来的德性；可以说，名字为他的全部生活树立起了理想的范型。这一点使得希腊人的名字与希伯来人或埃及人的名字相区别，关于其性质可参见兰克(Hermann Ranke)，《埃及命名理解原则》(Grundsaetzliches z. Verstaendnis d. agyptischen Personennamen)，载《海德堡科学院会议报告》(*Sitz. d. Heidelberger Akad.*)，XXVII，3. Abh.，1937。

③ *τὸ θεῖον = τὸ τίμιον par excellence*[神＝最卓越的受尊重者]，参见亚里士多德，《尼各马可伦理学》1.12，尤其是1102a4。当用希腊语说话和思维的世界被基督教化之后，希腊宗教精神的这种根本态度反过来对基督徒的思想和习惯产生了深刻影响，正如一世纪时希腊语基督教文献和崇拜所显示的那样。基督教的祈祷书、布道书和赞美诗会揭示更多这方面的内容。

冲突。阿喀琉斯对同伴的愤慨以及拒绝给予帮助,并非来自他过分膨胀的个人雄心。对希腊人的情感和思想而言,雄心壮志是一个伟大英雄的品质。当英雄[阿喀琉斯]的荣誉被冒犯时,希腊联军对抗特洛伊的真正基础就动摇了。侵犯他人荣誉的人[阿伽门农]忽视了真正的德性本身。此种困境在现代会因为爱国主义精神而得到缓和,但古代希腊贵族的世界对爱国主义非常陌生。[①] 阿伽门农只能诉诸他的专制权力;而这样一种诉求同样外在于贵族的精神观念,他们只在同伴中的居首者(primus inter pares)的意义上认可其权力。当阿喀琉斯被剥夺了已经得到的荣誉时,他感到自己是一个遇到了暴君的贵族。但这还不是问题的关键所在。首要的冒犯是,一种卓越的德性被剥夺了应得的荣誉。[②] 埃阿斯之死是第二大悲剧,阿喀琉斯死后,埃阿斯是最勇敢、最高贵的希腊英雄。阿喀琉斯的武器被赏给了奥德修斯,尽管埃阿斯做得更多更好,本来是他的应得。埃阿斯的悲剧以疯狂和死亡结束;[③]阿喀琉斯致命的愤怒将希腊联军带向深渊的边缘。荷马几乎不说一旦荣誉受到侵害,是否可能得到纠正。菲尼克斯提醒阿喀琉斯,不要逼人太甚,为了苦难中的战友,应该接受

---

① 尽管如此,对希腊人的"祖国(*πατρίς, πάτρα*)"观念的历史发展的概述仍然必须从荷马开始。但是,这方面代表性的典型人物,并非《伊利亚特》中著名的希腊英雄,而是特洛伊的赫克托尔:特洛伊人民的挚爱之人与特洛伊城邦的捍卫者(参见他的名言,《伊利亚特》XII,243,*εἷς οἰωνὸς ἄριστος ἀμύνεσθαι περὶ πάτρης*[最好的征兆只有一个——为国家而战])。爱国主义情感不是起源于古代的伟大帝国或者荷马的贵族阶层,而是城市国家崛起的一个结果,这在前引的诸如此类的史诗段落中首先得到了反映。这种情感与那种作为被选之人的观念迥然不同,现代世俗民族主义从古代以色列人的宗教民族主义那里继承了这一点,这种形式的爱国主义要么是一种宗教,要么是一种宗教的替代品。

② 《伊利亚特》I,412,II,239—240,IX,110 和 116,XVI,59;但尤其是 IX,315—322。当希腊联军的使团恳求阿喀琉斯回归战场,接受阿伽门农的妥协条款时,阿喀琉斯直截了当地拒绝了他的开价:"我看阿特柔斯的儿子阿伽门农劝不动我,其他的达那奥斯人也不行,因为同敌人不断作战,不令人感谢,那待在家里的人也分得同等的一份。胆怯的人和勇敢的人荣誉同等,死亡对懒惰的人和非常勤劳的人一视同仁。我心里感到很大的痛苦,舍命作战,却没有一点好处。"(译注:本书荷马史诗《伊利亚特》《奥德赛》相关译文,均参考罗念生、王焕生译本,人民文学出版社 1997 年版,偶有改动。)在这里,荣誉(*τιμή*)是对一个为了整个共同体作出卓越贡献的人表示公开谢意(*χάρις*)的客观显现,对此,没有任何物质补偿可以弥补。

③ 一部循环史诗《小伊利亚特》(Little Iliad)描述了埃阿斯之死;索福克勒斯的《埃阿斯》(*Ajax*)中的情节即取材于此。

阿伽门农作为补偿的礼物。不过，原初传奇中的阿喀琉斯拒绝阿伽门农提供的补偿，不仅仅是因为他的冥顽不化：正如埃阿斯的相同事例再次表明的那样；当埃阿斯与他的前敌人奥德修斯在冥府相遇时，面对奥德修斯的友好话语不发一言，“却转身同其他魂灵一起走向幽暗的冥府”。[①] 阿喀琉斯的母亲忒提斯（Thetis）这样恳求宙斯：[②]“你要尊重（honour）我的儿子，[11]他命中注定比别人早死。阿伽门农侮辱了他，抢走了他的荣誉；奥林匹斯的智慧神，请你为他报复，暂且给特洛伊人以力量，使亚该亚人（Achaeans）尊重我的儿子，给予他应得的赔偿”；而至高无上的宙斯对阿喀琉斯慈悲为怀，令失去了阿喀琉斯帮助的亚该亚人被特洛伊人打败；从而使他们看到，欺诈最伟大的英雄的荣誉，其行为是何等不义。

后世的希腊人并不把热爱荣誉看作一种美德：它逐渐与我们现在所知道的“雄心勃勃”相当。不过，即使在民主政治时代，我们也可以看到，在个人之间和城邦之间的交往中，热爱荣誉也被认为是正当的。[③] 思考以下亚里士多德对自重（*μεγαλοψυχία*[④]，即高傲或自视甚高）之人的描述，我们就能对道德高贵的观念得到最好的理解。[⑤] 在许多细节方面，柏拉图和亚里士多德的道德学说都建立在早期希腊贵族的道德体系之上：实际上，更有必要对我们认为属于柏拉图和亚里士多德的那些观念的起源、发展和传播（从德性的角度）做一番历

---

① 《奥德赛》XI，543 ff.。

② 《伊利亚特》I，505 ff.。

③ 亚里士多德的《尼各马可伦理学》4.4 试图将“*φιλοτιμία*[热爱荣誉]”区分为“好的”和“坏的”两种意义。色诺芬的《回忆苏格拉底》（*Mem.*）2.3.16，《经济论》（*Hipp.*）2.2，以及其他一些段落，都是在“好的”意义上使用该词，伊索克拉底亦如是。

④ 译注：*μεγαλοψυχία*（megalopsychos），直译为“巨大的灵魂”，在荷马那里，其本意是“自尊自重”，但越过分寸，就有了自大自负之意；亚里士多德在《尼各马可伦理学》6.7 中说：“一个人以自己为重大，但这种评价与实际不符，就成了虚荣——对自己评价不足的人是自卑的；所以，自重仿佛德性中的一颗明珠，它使诸德性变得伟大，而离开诸德性，它也不能生成。这样看来，做一个真正自重的人是困难的，因为他必须高尚且善良俱全”；“一个自重的人与荣誉和耻辱的关系极为密切”，它与下文的“自视甚高”（high-mindedness）是同一个意思。

⑤ 亚里士多德，《尼各马可伦理学》4.7—9。参见拙文《自大》（Der Grossgesinnte），载《古代文明》VII，第 97 页及以下。

史的研究。当哲学将古代理想净化和普遍化之后，这些古代理想的阶级局限就被消除了，它们的永久真理和不可磨灭的理想性（ideality）通过这一过程，却反而得到了肯定和强化。诚然，公元前四世纪时希腊人的思想要比荷马时代希腊人的思想远为深思熟虑和精雕细琢。我们不能指望在荷马那里发现前四世纪的观念甚或它们的精确对应物。但是，在许多方面，与所有时代的希腊人一样，亚里士多德将目光紧紧盯在荷马的人物身上，并追随英雄时代的理想范型发展出了他自己的理想。这足以表明，亚里士多德远比我们更能理解早期希腊人的想法。

当我们发现高傲或自视甚高（pride or high-mindedness）被认为是一种美德时，一开始，我们会感到吃惊。值得注意的是，亚里士多德不认为它与其他德性一样是一种独立的德性，而是这样一种德性：它以其他德性为先决条件，“在某种意义上是它们的一种点缀”。① 除非我们承认，亚里士多德在这里，在他的道德意识分析中，是想把正确的位置分配给古代贵族道德的高贵德性，否则，我们就不能理解他的上述说法。在另一个语境中，亚里士多德说，他是把阿喀琉斯和埃阿斯作为自重这种品质的理想范型来考虑的。② 自重本身并没有什么道德价值，甚至十分可笑，除非它得到完满德性（full aretē）的扶持，完满的德性是所有德性的最高统一，柏拉图和亚里士多德都毫不犹豫地将之[12]描述为“美善（kalokagathia）”。③ 雅典的伟大思想家们坚持认为，除了在自重的人（high-minded man）那里之外，德性不可能达到真正的完美，

① 亚里士多德，《尼各马可伦理学》4.7.1124a1。

② 《后分析篇》（*Analyt. Post.*）2.13.97b15。

③ 关于“kalokagathia”的起源和意义，参见本章第4页，注释③。亚里士多德的《尼各马可伦理学》IV，7，1124a4将其与自重（high-mindedness）紧密相连，后者应该以拥有完满的德性为基础。“kalokagathia”一词（作为柏拉图称呼“πᾶσα ἀρετή［完美德性］”的一个术语）在《尼各马可伦理学》中没有得到讨论，或者说没有其他别的用法（但X，10，1179b10中简单地提到过它）。在《尼各马可伦理学》的早期形式《欧德谟伦理学》（*Eudemian Ethics*）VIII，15中，亚里士多德仍在柏拉图的意义上使用这个词，作为各种特殊德性的总和（*αἱ κατὰ μέρος ἀρεταί*）。在柏拉图的时代，*οἱ καλοὶ κἀγαθοί*一般指富有的人（参见《王制》569a）；但柏拉图试图通过将其从阶级特权的含义中解放出来，恢复其古老的含义。

这就证明了他们的哲学的贵族起源。通过将其建立在配得上荣誉的德性之上，[①]亚里士多德和荷马都证明了他们的信念：即自重（high-mindedness）是精神和道德品格的最佳表达。"因为荣誉是德性的奖品；它是奉献给优秀者的贡品。"因此，高傲是对德性的促进。不过，亚里士多德也确定了，要达到真正的自重、真正的气度恢弘，是人所有任务中最困难的。

因此，我们可以从这里领会到，早期贵族道德对塑造希腊人的品格有着至关重要的意义。显而易见，希腊人关于人及其德性的观念是在希腊历史过程中沿着一条连贯的线索发展而来的。尽管它在随之而来的世纪中得到了丰富和改造，但也仍然保持着从贵族阶层的道德准则那里得到的形状。希腊文化理想的贵族品格永远建立在此种德性观念之上。在亚里士多德的引导下，在此，我们可以探讨一下德性观念的某些深层含义。亚里士多德解释说，人类追求完美德性的努力，是一种高尚的自爱，即*φιλαυτία*[爱自己]的产物。[②] 这一学说可不只是抽象思辨的任意随想——如果它仅仅是一种胡思乱想，那么，将它与早期希腊人的德性观念相比较，就是一种误导了。亚里士多德是在为一种具有充分理由的理想辩护，以此来反对他那个开明、"利他"时代的流行信念；在这么做的时候，他揭示了希腊道德思想的一个基础。实际上，他赞赏自爱，正如他赞扬高贵或自重，以及对荣誉的追求，因为他的哲学深深植根于古代贵族的道德准则之中。我们必须理解，这里的"自我"并非身体的自我，而是那个激励我们前进的理想，那个每一个高贵的人终其一生都要努力实现的理想。如果领会了这一点，我们就会明白，是最高类型的自爱使人向至高的德性伸出双手：通过这种至高的德性，他"拥有了美"。[③] 最后一个词语[④]完全是希腊的，几乎不能翻译。对希腊人来说，*τὸ καλόν*[美]也意味着高贵。以*τὸ καλόν*[美]自居，拥有*τὸ καλόν*[美]，意味着不忽略任何赢得最高德性的奖赏的机会。

---

① 亚里士多德，《尼各马可伦理学》4.7.1123b35。

② 亚里士多德，《尼各马可伦理学》9.8。

③ 亚里士多德，《尼各马可伦理学》9.8.1168b27。

④ 译注：即前面说的"美（*τὸ καλόν*）"。

[13]不过，亚里士多德的τὸ καλόν[美]意指什么呢？我们的思想马上就会转向后世复杂精妙的观念——对个体的崇拜，启蒙时代的人文主义，以及对感性自我和精神自我的发展的迫切渴望。不过，亚里士多德自己的话非常清楚，这些话表明，他主要是在思考道德英雄主义行为。一个热爱自我的人（亚里士多德认为），总是随时准备为朋友、为祖国牺牲自己，为“拥有τὸ καλόν[美]”而放弃财富和荣誉。① 这个奇特的词语再次被重复：我们现在就能明白，为什么亚里士多德会认为，为了一个理想的最大牺牲，是一种高度发展了的自爱的确证。他说：

> 因为这样一个人宁愿短暂而强烈的快乐而非长久而平淡的时日，宁愿一年的高尚生活而非多年的平庸时光，宁愿完成一次伟大而高贵的行动而非许多鸡毛蒜皮之事。（《尼各马可伦理学》9. 8. 1169a 22—24）

这些句子揭示了希腊人生观的核心——英雄主义精神，通过这种英雄主义精神，我们感到他们与我们是如此血肉相连。经由这一线索，我们就能理解整个希腊历史——这是希腊心灵短暂而光荣的 ἀριστεία [英雄业绩]的心理学诠释。希腊德性的根本动机包含在“拥有τὸ καλόν[美]”之中。在将其身体自我臣属于一个更高目标（即τὸ καλόν[美]）的追求方面，一个荷马时代的贵族鄙视死亡的勇气，远胜于一个狂暴的蛮族人。因此，一个为了赢得τὸ καλόν[美]而献出自己生命的人会发现，其自我肯定的天然本能在自我牺牲中找到了它的最高表达方式。在柏拉图的《会饮》中，狄欧蒂玛（Diotima）的演说将立法者的努力和建造精神纪念碑的诗人相比拟，古代的英雄们有一种巨大的愿望：为了赢得不朽的英名，全都不避风险，甘愿倾家荡产，不屈不挠地付出全部辛劳，直到牺牲性命。立法者和古代英雄争取英名的努力，都被解释为推动终有一死的凡人追求自我不朽的强大本能的具体例证。这种追求不朽的

① 亚里士多德，《尼各马可伦理学》9. 8. 1169a18。

本能，被描述为人间雄心壮志的悖论[①]的形而上学基础。[②] 亚里士多德本人为其朋友赫尔米亚斯（Hermias）的不朽德性作了一首颂诗；赫尔米亚斯是阿特纽斯（Atarneus）的王子，为了忠于自己的哲学和道德理想而献出了自己的生命；在那首颂诗中，亚里士多德明确地将其哲学的德性观念，[14]与荷马的德性相联结，与荷马时代的英雄理想阿喀琉斯和埃阿斯相联系。[③] 显然，亚里士多德对自爱的描述，有很多特征来源于阿喀琉斯的品格。古代希腊德性理想的生命延续，使荷马的诗歌和雅典的大哲们血脉相连。

---

① 译注：此处"悖论"一词，指与诸神相比较而存在的人间凡人，"必有一死"却又想拼死一搏以争"不朽"。

② 柏拉图，《会饮》（*Symposium*）208—209。

③ 参见拙著《亚里士多德：发展史纲要》（*Aristotle：Fundamentals of the History of His Development*），罗宾逊译，Oxford，1934，第 118 页。

第二章　荷马时代贵族阶层的文化和教育

[15]德性是全部希腊文化的核心理想。通过概览原初希腊贵族阶层的生活——如“荷马时代的”史诗所描述的那样——我们可以补充和说明我们关于德性的已有知识。我们会发现这种概览可以证实我们已经得到的观点。

在将《伊利亚特》和《奥德赛》作为早期希腊文明的历史证据来考虑时，我们不能把它们当作一个统一整体，好像它们是单个诗人的独立作品。实际上，我们确实还在继续谈论“荷马”；古人也是这样做的，他们最早把许多其他诗歌归在同一个名字之下。① 古典时期（其时，历史意识还没有发展出来）的希腊人首次将《伊利亚特》和《奥德赛》从其他史诗文集中分离出来，并且认为其他诗歌配不上荷马之名，而将它们抛弃了。但是，他们的选择并不影响我们的判断，且对我们称之为历史传统的东西也并无有效性。从历史的角度来说，《伊利亚特》是一部比《奥德赛》更为古老的作品，《奥德赛》则描述相对较晚阶段的文明，这是显而易见的。

如果我们承认这一事实，那么把每部史诗纳入创作它们的世纪就

---

① 温尔克(F. G. Welcker)在其《史诗的循环》(*Der epische Cyclus*，Bonn，1835)中首次强调了这一事实，他试图完整地重构希腊早期的英雄传奇叙事文学。

非常重要了。不过，我们可以大胆地断言，这个问题只有通过考察史诗本身才能得到解决；所有花费在这一考察上的智力劳作都导致普遍的怀疑和不确定。过去五十年的考古发掘极大地丰富了我们关于希腊史前史的知识，尤其是为我们提供了一个更加清晰的、关于古老的英雄传奇传统的历史基础的观念。不过，我们不能因此就真的肯定它们已经帮助我们确定了《伊利亚特》和《奥德赛》的创作时期，因为它们的创作要比作为史诗核心的英雄传奇晚上好几个世纪。

因此，对史诗本身的分析就成了我们确定其创作日期的主要向导。但是，这种分析并非一开始就是指向这一目的的。[16]史诗的最后修订完成于相对较晚的时期，毋宁说是受到古代传统的启发——这一传统激发了对更早的历史阶段（在此历史阶段，史诗作为无数独立的叙述故事的民歌流传于民间）的想象性重建。① 起初，这种分析是在纯粹逻辑和审美的基础上行进的，做这一工作的主要是维拉莫维茨（Wilamowitz），他把这种分析同我们关于原初希腊的历史知识联系了起来。② 现在，真正的问题是：我们是把历史分析局限在对作为一个整体的《伊利亚特》和《奥德赛》的考察之中（这等于是放弃了这种考察），还是将这种考察适当延伸，从而不可避免地进行一种假设性尝试，即在史诗内部区分不同年代和不同人物的层次？③ 这个问题并不影响那种可以证明

---

① 这一争论始于沃尔夫（F. A. Wolf）1795 年出版的名著《荷马导论》（*Prolegomena ad Homerum*）。古代亚历山大里亚关于初期口传叙事诗和后期批判传统的理论，经由在荷马最古老的威尼斯原稿中发现的评注——它由维卢瓦松侯爵（Marquis de Villoison）在 1788 年首次出版——流传到我们现代世界；沃尔夫 1795 年的《荷马导论》几乎是直接随着这种理论而来的。

② 维拉莫维茨对荷马问题所做的所有贡献，从他的早期著作《荷马研究》（*Homerische Untersuchungen*）到他的大作《荷马和〈伊利亚特〉》（*Homer und die Ilias*），以及专题论文《奥德修斯之返乡》（*Die Heimkehr des Odysseus*），都表明了这一新的历史趋势。他试图整个地将史诗的发展与考古学遗迹作对比，与我们所知甚少的早期希腊史诗的历史背景作对比，亦可参见其《讲演和报告》（*Reden und Vortraege*，Bd. 1）中的讲演《荷马时代的口传史诗》（Das homerische Epos）。贝蒂（E. Bethe）和施瓦茨（Ed. Schwartz）关于荷马的著作都遵循这一路径。不过，同样的倾向也盛行于当代考古学家施里曼（Schliemann）、德普费尔德（Doerpfeld）和伊文斯（Evans）及其后继者之中，他们都试图通过考古发掘所提供的新证据对史诗问题有所发明。

③ 诸如多恩赛夫（Dornseiff）的《远古神话传说》（*Archaische Mythenerzahlung*，Berlin，1933）和雅可比（Jocoby）的《〈奥德赛〉的精神面貌》（*Die geistige Physiognomie* （转下页注）

为正当但并不令人满意的主张:即诗歌首先应当作为一个艺术整体来看待。当然,这种在史诗内部区分不同层次并对其加以考察的理想会影响任何关于荷马诗歌价值的讨论;尽管如此——打一个比方——如果《奥德赛》中最合乎考察目的的诸部分是在公元前六世纪中期创作的话,那么把这部作品作为希腊原初贵族的一种历史描述来考察就是不可能的了。① 简单的怀疑态度并不能反驳这一观点。我们必须通过合理的反驳来解决它,或者就全盘接受它的一系列推论结果。

我当然不能在本书中对史诗各部分的创作年代作出自己的分析。尽管如此,我相信自己已经令人满意地证明了《奥德赛》的第一卷(自基尔霍夫以来的批评家们都将其看作是最后插入诗中的一个部分)不仅被梭伦,而且还很可能被梭伦担任执政官(公元前 594 年)之前的希腊人认为是荷马的作品。也就是说,它至少是在前七世纪时就被认为是荷马的作品了。② 在维拉莫维茨关于这一主题的最后著作中,他

(接上页注)*der Odyssee*,载《古代文明》IX,159)等现代著作,表现出了放弃对荷马诗歌[内部层次]进行分析的鲜明倾向。在英语世界的学者中,这一倾向一直非常强烈。这一倾向最近的代表人物是美国的司各特(J. A. Scott)和巴塞特(S. F. Bassert),他们在“萨瑟古典丛书(Sather Classical Series)”中为人熟知的著作,在根本原则上,与近世荷马学的分析精神背道而驰。卡尔霍恩(G. M. Calhoun)的文章也必须列入其中。

① 现代主要学者如施瓦茨在其《奥德赛》(Munich,1924,第 294 页)和维拉莫维茨在其《奥德修斯之返乡》(Berlin,1927)中,都持此种观点;维拉莫维茨在其著作(第 171 页及以下)中评论说:“任何对荷马诗歌内部的语言、宗教和伦理道德不作层次区分的人,任何追随亚利斯塔库斯(Aristarchus)在它们和荷马之后的新诗人(*νεώτερον*)之间画出一条不可逾越的界线的人,都丧失了一切严肃思考的权利。”

② 参见本人的论文《梭伦的〈欧诺弥亚〉》(Solons Eunomic),载《柏林科学院会议报告》(*Sitz. Berl. Akad.*),1926,第 73 页及以下。在文中,正如本人毫无疑问地认为的那样,本人已经证明了,梭伦在其哀歌《城邦的尺度》(*Ἡμετέρα δὲπόρις*)中对《奥德赛》第一卷宙斯在诸神聚会上说的话进行了反思。(译注:《奥德赛》第一卷刚一开场,荷马笔下的宙斯就说:“唉,世人总喜欢埋怨天神,说什么灾祸都是我们降下的;实际上,他们总是由于自己糊涂,才遭受命数之外的灾祸。”梭伦的哀歌则起首就说:“我们的城邦绝不会因宙斯的命定而毁灭,也不会因为有福分的、不死诸神的安排而毁灭,因为雅典娜在天上悉心护佑着它。毁掉这伟大城邦的只会是雅典人自己的愚蠢,因为他们贪恋钱财,民众领袖的心是不义的,他们注定要因胆大包天的肆心[hubris]而吃尽苦头。”故耶格尔认为梭伦的哀歌必是对《奥德赛》中宙斯这段话深思熟虑的结果,且梭伦在当时即已认定《奥德赛》第一卷是荷马的作品,而非史诗“编纂时期”后世诗人的插入。参见耶格尔论“梭伦”章。)梭伦的这首哀歌与当时雅典社会的动荡不安紧密相连,他试图通过其改革(公元前 594 年)解决这一问题。因此,《奥德赛》第一卷必然涉及到梭伦之前的那个时代,因而(转下页注)

不得不相信，公元前七和前六世纪的智力大发展运动对《奥德赛》根本就没有什么影响，它只是一个假设、一个即使是他自己也对后期狂想曲(rhapsodic poetry)的描述无法解释的假设——他认为后来的狂想曲是学究式的且远离生活。① 另一方面，《奥德赛》现存形式中很高程度的道德和宗教理性主义必定发源于伊奥尼亚的一个更早时期，因为米利都城邦的自然科学在公元前六世纪开端时已然兴起，这一现象既不能与《奥德赛》中描述的社会情形相一致，也不能与它的地理和政治观念相协调。② [17]本人确信，在赫西俄德之前，《奥德赛》实际上已然以目前的形式存在了。另一方面，我也确信这一点：关于史诗的起源，语言学分析已经有了一些基本的发现，即使我们的逻辑和想象永远无法揭开全部秘密，这些基本的发现也仍然有效。学者总想知道比他能够知道的更多东西，其雄心壮志可以理解，但这经常使他的著作名誉扫地。时至今日，一本关于《伊利亚特》的“早期”层面和“晚期”层面的著作（如维拉莫维茨的这部著作所做的那样），必须要有证明其主张的新论据。我相信自己能提供这样的新论据，尽管我不会在这里把它们摆出来。

（接上页注）为我们呈现了《奥德赛》的现有形式在公元前七世纪的转折点上最有价值的线索。因此，为梭伦时代所知的《奥德赛》，已经包含了史诗中那些被基尔霍夫（Adolf Kirchhoff）这样的批评家看作最后插入，并将其从中区分出来的部分，即关于忒勒马科斯的部分以及第一卷。基尔霍夫对《奥德赛》的分析，对维拉莫维茨和施瓦茨这样的学者来说，在逻辑上似乎是如此决然无疑，以至于他们将自己的分析成果基本都建立在其结论之上。他们推想《奥德赛》第一卷属于一个比它现在在梭伦的哀歌的模仿中所显示的晚得多的时期。按照我们上述提到的事实，他们的结论必须得到修正，这一点已经得到了学术界的迅速认可：见菲佛（Rudolf Pfeiffer）在《德意志文学报》（*Deutsche Literaturzeitung*，1928，pp. 2364，2365）中对维拉莫维茨和施瓦茨关于《奥德赛》的著作所作的富有洞察力的评论。雅可比发表在《古代文明》IX，159 的论文，为我们相信《奥德赛》甚至有一个更早的“终止期(terminus ante quem)”增加了理由。

① 维拉莫维茨，《奥德修斯之返乡》，第 178 页。译注：维拉莫维茨认为《奥德赛》的创作受到公元前 7 至前 6 世纪的智力发展运动的影响，其中忒勒马科斯部分和整个第一卷可能是公元前 7 至前 6 世纪的产物，是后世的诗人插入进去的，而非荷马的作品。维拉莫维茨最后不得不相信，这种说法只是一个假设；他将所谓“后来插入的”狂想曲（即第一卷）描述为学究式的且远离生活，但他的这种描述也无法解释他自己的假设。

② 维拉莫维茨（《奥德修斯之返乡》，第 182 页）认为奥德修斯之子忒勒马科斯这个人物是在希腊大陆创造出来的（这个观点与其在《荷马研究》第 26 页中的论证相抵触），而且谈到一个“科林斯文化圈”。他的推论并不能使本人信服，雅可比也反驳了他的观点，参见《〈奥德赛〉的精神面貌》，第 161 页。

整体上，《伊利亚特》给人一种比《奥德赛》远为古老的印象，但这并不意味着它形成最终版本的时间要比它的姊妹篇早很多。诚然，它是后世史诗据之以布局谋篇的原型；不过，史诗原型自身也是一个特定时代的产物，而且须要很快与其他材料相适应。还要说明一点：那些认为较晚时期的史诗在审美上要比较早时期史诗差的人，是受了浪漫时代产生的一种偏见及其特殊的“民间诗歌”观念之累。他们低估了“编纂时期”（它结束了史诗的发展）的诗歌的价值——不仅如此，他们还有意识地贬低它，而不是努力理解其艺术意旨和方法。这种偏见造成了极大的怀疑和不信任，“常识”就用这种不信任来看待学术和学术批评：这种不信任总是把自己建立在不同学者的发现的差异之上。尽管研究这一主题的学者们现在已经不像前几代人那样志存高远了，但在此种重大问题的研究中——在此，学术研究必须不断地反身而诚，检验自己的假设——决不能由怀疑主义一锤定音。

在相对更古老的《伊利亚特》中，我们看到了一个战争的世界：我们必须假定，在希腊民族大迁徙期间，战争是连续不断地发生的。《伊利亚特》讲述的是一个几乎完全由古代德性的英雄精神统治的时代；它在其每一个英雄身上具体体现了德性的理想。它将古代诗歌中传奇英雄的形象和当时贵族阶层的鲜活传统融合成了一个不可分离的整体——当时的贵族阶层（正如诗人对赫克托尔和特洛伊的描述所显示的那样）已经知道了有组织的城邦生活。[18]纵观整部史诗，英勇无畏的人是贵族，是有社会地位的男子。战斗和胜利是他的最高殊荣，是生活的真正意义之所在。诚然，史诗的素材迫使《伊利亚特》首先要描述尚武好战类型的生活；《奥德赛》则很少有机会描写英雄在战场上的骁勇善战。不过，如果有什么关于史诗起源的事实得到确证的话，那就是最古老的英雄诗歌原是对战场厮杀和英雄气概的颂扬，而《伊利亚特》则从此种类型的古老诗歌中得到原料。① 《伊利亚特》的故事被贴上了年代久远的标签。史诗中的英雄们不仅仅以他们的尚武好战和对荣誉的渴求证

---

① 《伊利亚特》IX，189 用*κλέα ἀνδρῶν*（字面意思是“人的美名”）这个短语，来表示被吟游诗人们传唱的英雄“赞歌”，充分显示了所有史诗的英雄赞歌起源，参见奈驰（G. W. Nitzsch），《希腊的传奇诗歌》（*Sagenpoesie der Griechen*），Braunschweig，1852，第 110 页。

明了他们自己的高贵，而且以他们的崇尚勇力和具有一个贵族显而易见的弱点等通常举止——虽有这些弱点，但他们仍然保持着贵族气派——证明了自己的高贵。我们无法相信他们生活于和平之中：他们以征战沙场为生。除了战斗，我们只在战斗间隙的短暂休息、吃饭、献祭和会议中瞥见他们的身影。

《奥德赛》提供了一个不同的画面。"返乡（Nostos）"，即"英雄之回归"的传奇故事，自然而然地成了特洛伊战争传奇的补充作品；这很容易导致诗人对他们的和平生活的描绘。"回归"传奇非常古老。不过，一个相对较后的时代——这个时代发现自己的主要兴趣在于英雄生活中人性的一面——对《伊利亚特》的血腥厮杀感到厌恶，希望在古代传奇所描述的人物和事件中反映自己的生活。当《奥德赛》描写英雄们战后的生活方式，描写他们的冒险之旅和他们在家人亲友间的居家生活时，无疑是受到了那个时代的贵族生活的启发，把一种天真的写实主义投射到了一个更原始的世代之中。因此，它是我们关于早期希腊贵族文明性质的主要证据。此种文明属于伊奥尼亚文明（《奥德赛》肯定是在伊奥尼亚创作的），不过，在所有使我们感兴趣的方面，它都可以被看作是典型的希腊的。我们可以清晰地看到，对于《奥德赛》中的那种贵族生活，诗人不是将其作为来源于古代传奇的诗意细节的一种堆砌，而是作为有些是真实事件、有些则来自当代观察的记录的一种融合，来描述的。英雄诗歌传统只能为家庭生活场景的描写提供很少的原型，它们关注英雄及其壮举，却并不在意日常生活的描述。[19]和平生活的新主题，不仅是由返乡故事引起的，而且是与故事本身一起作为一个时代选择的结果——这个时代更喜欢一种沉思、享乐、和平的生活。

通过把一个完整的社会阶层（即居住在他们的土地和庄园中的那个贵族阶层）的文化看作一个活的整体并加以描写，《奥德赛》在对生活及其问题的艺术观察方面，标志着一种决定性的进步。它由一首叙述史诗转变成一部小说。史诗的周边世界，全方位地汇合进英雄传奇和诗人大胆想象的缥缈仙境；但史诗的中心，却被强烈的现实之光所照亮。即使史诗对家居生活的描绘有时包含着让人难以置信的因素，这一点也是正确的——斯巴达王墨涅拉奥斯（Menelaus）的雄伟宫殿和费阿刻斯王(Phaeacian King)的豪华住宅,与奥德赛简朴的乡村庄园形成生硬的对比,而且显然受到伟大的迈锡尼王朝宏伟壮丽传统的启发,也许还受到了当时东方庄严华丽传闻的影响。①

然而,《奥德赛》中的贵族生活画面由于其生动的写实主义,所以还是与《伊利亚特》所描绘的画面不同。正如我们已经表明的那样,《伊利亚特》提供的是一幅在很大程度上被理想化了的贵族生活画面,一种富有想象力的描摹——它体现了许多从古老的英雄歌谣中直接提取出来的特征。塑造古代英雄传统的人生观——即对古代英雄的非凡德性的仰慕——支配着《伊利亚特》的创作;而那种现实主义的政治态度,在《伊利亚特》中只有少许痕迹,由此透露出一个相对较晚时期的消息——这个时期见证了《伊利亚特》现存形式的创作。忒尔西特斯(Thersites)的插曲就是其中之一,正如他对贵族们说话时用的那种放肆语气所表明的,他是"一个舌头不羁的人"。② 在荷马的整部著作中,忒尔西特斯是唯一一个心怀恶意的滑稽小丑。但是,一切都表明,当新时代开始对旧政制发动诸如此类的攻击时,贵族的地位仍未动摇。确实,《奥德赛》中不存在类似的政治革新痕迹。伊萨卡岛(Ithaca)的社会共同体,在君王不在其位的情况下,由贵族领导下的公民大会所控制;而费阿刻斯人(Phaeacian)的城邦,则是伊奥尼亚城邦的一个忠实模板,由一位国王统治。③ 不过,诗人显然觉得,贵族统治是一个社会问题和心理问题:他饶有兴趣地看着它,以一种多少有点超然的态度。④ 因此,诗人能够对贵族阶层作出客观的、完整的描述;尽管他对恬不知耻的贵族也提出尖锐的批评,但仍流露出对真正的贵族气质和贵族文化的确然仰慕——对于从事历史研究的学者而言,[20]这已经

---

① 关于反映在荷马诗歌中的绝对王权的前荷马特征,参见尼尔森(M. P. Nilsson),《荷马时代的君主政体》(*Das homerische Koenigtum*),Berlin,1927,第 23 页及以下。关于荷马诗歌中前荷马的迈锡尼艺术的回忆,则在考古学文献中得到了讨论,也可参见芬斯勒(G. Finsler),《荷马》,第二版,Leipzig,1914—1918,p. 130f. 。

② 《伊利亚特》II,211。

③ 关于伊萨卡,参见《奥德赛》II;关于费阿刻斯,参见《奥德赛》VI—VIII。

④ 史诗的吟唱者们几乎从来不可能有贵族血统:不过,在抑扬格诗、抒情诗和挽诗领域,有相当一部分贵族诗人,参见维拉莫维茨,《奥德修斯之返乡》,第 175 页。

使诗人的证词变得如此不可或缺。

在《奥德赛》中，贵族阶层是一个排他性的社会等级，对自己的特权、居高临下的权威、自己生活方式和行为举止的优雅高贵，都具有强烈的自觉意识。我们在较晚的《奥德赛》中所看到的是一大批日常生活中的人物，而不是《伊利亚特》中的那种崇高的激情、悲剧的命运以及伟岸的形象。《奥德赛》中的每个人物身上都有某种程度的人情味，多少都有可爱之处。他们的言行举止充满了后世修辞学批评家们称之为风俗习惯（ethos）的东西。他们在相互交往中表现出极高的优雅礼仪：例如，当奥德修斯因船只失事漂流到费阿刻斯，费阿刻斯王的女儿纳西卡娅（Nausicaa）在看到赤身裸体的奥德修斯请求她保护时；在忒勒马科斯（Telemachus）与他父亲的门客门特斯（Mentes）交谈时，他在涅斯托尔（Nestor）和墨涅拉奥斯（Menelaus）的宫廷中享受亲切舒适的招待时；在费阿刻斯的阿尔基努斯王（Alcinous）给他闻名遐迩的客人提供心怀敌意的接待时；在奥德修斯与阿尔基努斯及其王后彬彬有礼地分别时；更不用说，当奥德修斯的老猪倌欧迈奥斯（Eumaeus）遇见扮作乞丐的主人时，以及在他对待主人年轻的儿子忒勒马科斯时所表现出的彬彬有礼。所有这些场景所展现的深厚精神教养，使其他场合得体的礼仪形式更加完美无缺——此种得体（formal correctness），往往是一个崇尚彬彬有礼的谈吐和温文尔雅的举止的社会的特征。即使是冷酷傲慢的求婚者和忒勒马科斯之间的交谈，尽管夹杂着政治团体之间的仇恨，也是以一种无可指摘的文雅和客气来完成的。这个社会的每一个成员，无论是贵族，还是平民，都接受了它的一个不变印记，一个在任何情况下都表现得教养良好和端庄得体的印记。求婚者的无耻行为不断地使他们自身及其所属阶级蒙受耻辱。所有见到他们无耻行为的人无不义愤填膺；最后，他们的无耻遭到了严厉的惩罚。尽管如此，他们还是被叫作"高傲的"求婚者、"杰出的"求婚者、"勇敢的"求婚者，其频率与他们因其令人无法忍受的行为而受的谴责相当：诗人总是想起，他们在社会等级和出生血统上是贵族君子。他们受到的惩罚非常严厉，因为他们的罪行倍加严重。尽管他们的弱点是贵族等级铭牌上的一个黑暗污点，但这个污点为主要人物闪闪发光的礼仪教养所掩盖，史诗用全部能够想象得到的艺术魔力和深广同情来描写其中的主要人物。求婚者并没有减少诗人对作为一个整体的贵族阶层的仰慕。[21]他热爱他所描绘的男男女女:在每一诗行中,我们都可以发现诗人对贵族阶层的文化和高贵教养的钦羡。在如此这般赞扬他们的同时,诗人有他自己的教化意图,这是确定无疑的。诗人将贵族英雄们的殷勤好客和彬彬有礼作为一种最高价值来展示:不仅是作为生活的一种无关紧要的背景,而且还是其优越性的一种名副其实的要素。对诗人来说,贵族生活的礼仪形式和繁文缛节与他们的行为举止密不可分。彬彬有礼是他们生活的盛开之花,馈赠给他们一种特有的卓尔不凡,他们以显赫高贵的业绩,也以无论幸福与否都同样无可指摘的行止,来确证这种独特的卓尔不凡。根据神的旨意,他们比所有人都更受宠爱;诸神珍爱并保护他们;他们作为终有一死者的价值,在他们的高贵生活中闪耀光芒。

贵族文明的前提,是某个地方的固定居所,拥有土地,①尊重传统。这些都是允许一整套生活方式一代代完整无缺地传承的要素。不过,对他们来说,还必须加上"良好的养育"——一种有目的、有意识的教育:把年轻人按照贵族的理想来培养,博之以文,约之以礼。尽管《奥德赛》展现了可以延伸到每个普通人甚至是门口乞丐身上的一种亲切友好的彬彬有礼,尽管它没有在贵族和平民之间划定鸿沟,尽管在主人和奴隶之间存在着一种家长式的友谊与合作关系,但是在贵族阶层的上流社会之外,不存在任何有意识的教育和文化的痕迹。贵族,无论在什么时代,无论是什么民族,都是以训导(discipline)为标志的,即通过明智的引导和持久的忠告,深思熟虑地培养人的品格。贵族阶级是唯一可以声称自己生产完美的人的阶级——如果不是按照那种完美的目标来培育人的所有基本品质,这种声称就得不到确证。年轻人仅仅"像一棵树那样安静"地在他们祖先的社会和道德规范之中成长是不够的。

---

① 在第一版中,我在这段文章的一个注释中说,关于荷马世界中财产和德性之关系的发展的一种特定研究,尚有余地。从那时起,我在麻省剑桥拉德克利夫学院的一个学生梅森女士,在其名为《财富伦理学》(*The Ethics of Wealth*,1944)的论文中承担了此项研究任务,她通过荷马史诗和后荷马时代到品达为止(包括品达)的诗歌,追踪了德性与物质财产之关系在希腊早期诗歌中的发展过程,另可参见其专题论文所引的关于这一问题的现存文献。

优秀的等级和配得上贵族的称号意味着一种责任，一种将其成员在其年轻可塑时按照既定的贵族理想来塑造的责任。正是在这一过程中，教育第一次变成了文化：也就是说，教育成了这样一种过程，通过教育，整个人格按照一个既定的模型(pattern)得到陶铸。在任何类型的文化发展过程中，希腊人总是感觉到这样一种模型的重要性。① 实际上，在任何贵族阶级的文明中，[22]无论其理想是否是希腊人的*καλὸς κἀγαθός*[美善]，中世纪骑士的风度(cortesia)，或社交礼仪的优雅，即像十八世纪肖像人物的那种固有微笑，[对贵族之为贵族而言]都是本质性的。

在《奥德赛》中，与在《伊利亚特》中一样，男子气概的最高标准是尚武好战的传统理想。不过，《奥德赛》也颂扬心智和社会美德。其中的英雄永远不会因为要说一句得体的话，或是想出一个巧妙的计划，而感到不知所措。他的主要长处是狡黠多智——他有丰富的实践智慧可以拯救他的生命，可以穿过潜在的危险，打败强劲的敌手，赢得归家之路。希腊人自己，尤其是那些生活在陆地上的希腊人，并不是毫无争议地接受这种理想，但这种理想也并非任何诗人个人的任意创作，而是长达数个世纪的历史经验的产物——因此，其中常有意见不一之处。② 这个足智多谋的、在暴风雨中船只失事的冒险家奥德修斯，是那个时代的产物——那时，伊奥尼亚的水手们在浩渺和遥远的海上漫游。奥德修斯

---

① 后来的希腊人对教育本质的反思，即使像智术师和柏拉图这些人在这一过程中明显感觉到个体的自发因素时，也会把强调的重点放在“*τύπος*[模型、模范]”和“*τυποῦν*[模型、模范]”的概念上。这一概念是希腊早期贵族的教育理想的遗产。不用说，后来柏拉图心中的人格理想与早期希腊贵族世界的人格理想有很大不同，但是，如此这般的教育过程仍然是用相同的“陶铸”这一术语来构想的。

② 诗人品达就不喜欢奥德修斯这个人物。索福克勒斯的肃剧《埃阿斯》(*Ajax*)和《菲洛克忒忒斯》(*Philoctetes*)清楚地反映了不太赞同这位伟大英雄的意见；在柏拉图的《小西庇阿斯》(*Hippias Minor*)中，智术师对奥德修斯这个人物表达了同样的怀疑，但柏拉图让我们认识到，在这方面，西庇阿斯只是在追随普遍的思潮；因为苏格拉底记得，他曾经从阿佩曼托斯(Apemantos)——他是对话中不太为人所知的一个年轻对话者的父亲——那里，也就是从上一辈那里听到过同样的批评。在最后的分析中，对奥德修斯的这种态度又回到了《伊利亚特》，《伊利亚特》将奥德修斯的这种*πολύτροπος*[足智多谋，多才多艺]与阿喀琉斯的简单率直的性格作对比，甚至《奥德赛》(VIII，75)本身也反映了关于两大英雄对比的古老传统。

与特洛伊传奇的关联，首先是他参与摧毁伊利昂(Ilium)一事，这使得赞美他的品格成为必要。① 归诸奥德修斯的优雅风度是当时的社会环境施加给他的，史诗把他放置在那个社会环境之中。在其他人物身上，诗人强调得更多的也是他们的人性品质，而非英雄气概：他们智力和精神方面的品质通常占据着主导地位。比如，诗人经常把忒勒马科斯叫作"审慎的"和"明智的"；墨涅拉奥斯的妻子夸赞他，无论是心智，还是体格，都不乏卓越之处；费阿刻斯的公主纳西卡娅，诗人说她"不缺乏正确的理解力"；而对于奥德修斯的妻子佩涅洛佩(Penelope)，诗人称之为"聪明的"和"审慎的"。

再说一下妇女在这个文明中的教育影响力问题。妇女真正的德性是美——这很自然：男人的价值在于他们的智力和体格的卓越。这个时期的希腊对女性之美的崇拜与各骑士时代的优雅风度相当。不过，妇女不仅是情爱仰慕的目标和理想(如海伦和佩涅洛佩)，作为家庭的女主人——稳健持重的品格和操持家务的审慎是她们的美德——她们同样还有一种稳定的社会和法律地位。佩涅洛佩因其智慧、贞洁和善于操持家务而得到高度赞扬。[23]而给特洛伊带来如此灾难的海伦之美，惊鸿一瞥就足以使特洛伊长老们怒气顿消：当他们把目光投向这种稀世之美时，他们就决定将自己的全部不幸只归咎于诸神。② 特洛伊陷落之后，海伦跟随她的首任丈夫回到斯巴达；在《奥德赛》中，她是所有杰出女性的榜样，社会优雅风度的典范。她带头与年轻的客人忒勒马科斯交谈——甚至在他出现在她面前之前，她就与墨涅拉奥斯优雅地谈到了他与他父亲奥德修斯的惊人相似，通过她的机敏老练，她显示了自己炉火纯青的社交艺术。③ 没有一个高贵得体的主妇会在没有纺锤的情况下现身：每当海伦在男人的华屋中就座时，侍女就把它放在她面前；不过，海伦用的是银提篮和金纺锤：它们是大家闺秀(the great lady)才有的装饰性标志。④

---

① 在《奥德赛》(VIII，487—498)中，奥德修斯本人喜欢自己这方面的业绩，远胜于对其他任何功绩的喜欢，因此，在费阿刻斯的王宫中，他请歌手吟唱特洛伊木马的故事，而不是其他什么故事。

② 《奥德赛》III，164—165。

③ 《奥德赛》IV，120 ff.，尤其可参见第138行及以下的话。

④ 《奥德赛》IV，131。

在希腊历史上，妇女在荷马式骑士精神的终结期比在其他任何时期都具有更高的社会地位。阿瑞特(Arété)，这位费阿刻斯的王后备受敬重，人民视她为神明。她的出现足以平息他们的争议，她的建议可以改变丈夫的深思熟虑。① 当奥德修斯需要保护，而且想转道返回自己伊萨卡(Ithaca)的家园时，按照纳西卡娅的建议，他没有向她的父亲国王求助，而是抱住王后的双膝请求；因为只要获得王后的喜悦和欢心，他“就有希望见到自己的亲人，回到建造精美的家宅和故乡的土地”。② 佩涅洛佩，这位丈夫未归、孤苦无助的主妇，以完美的信心在喧嚣嘈杂的求婚者中间周旋，她将受到一个妇女应有的所有敬重。③ 荷马时代的贵族君子对待妇女的彬彬有礼，是那个古老文明和高度发达的社会教育的产物。对妇女的尊敬和敬重不仅仅是因为妇女所做的工作有用(如赫西俄德对于农夫的生活所描述的那样④)，也不是由于她作为传承家族姓氏的孩子的母亲的法定地位(如后世希腊人的城邦生活所显示的那样)，尽管一个为自己的纯正血统而骄傲的贵族，必定也会尊敬那些作为下一代母亲的妇女。⑤ 荷马时代的贵族阶层尊敬妇女，视妇女为高尚道德和古老传统的宝库。这才是她真正的精神上的尊严，这种尊重甚至对男人的情爱行为也有影响。在《奥德赛》第一卷中(在道德观念上，这一卷比史诗中较古老的部分有了极大提高)，有一个可以说明当时两性道德的细节。当欧律克莱娅(Eurycleia)这位奥德修斯家中值得信任的老仆，举着火炬给忒勒马科斯引路，让他回卧室休息时，诗人以史诗的方式简短地叙说了她的生平故事。[24]他说，拉埃尔特斯(Lae-

---

① 《奥德赛》VII，71—74。

② 关于纳西卡娅的建议，参见《奥德赛》VI，310—315；VII，142ff.。雅典娜也告诉奥德修斯，费阿刻斯王阿尔基努斯及其孩子对阿瑞特的尊敬。

③ 《奥德赛》I，330f.；XVI，409—451；XVIII，158；XXI，63f.。

④ 在赫西俄德《劳作与时日》第405行中，一房一牛一女人，是农夫生活的三个基本要素。(亚里士多德《政治学》[*Pol.*]I在其关于经济的著名讨论中，引用了这个观点。)纵观赫西俄德的全部著作，不仅在他的潘朵拉故事中，而且在他关于爱情、求偶和婚姻的规诫中，他都是从经济生产的角度来看待妇女的存在的(《劳作与时日》373，695ff.，《神谱》[*Theog.*]590—612)。

⑤ 在献给古老家族的英雄世系的目录表中，希腊的“中世纪”最明显地显示了对这方面问题的兴趣，其中绝大多数女英雄的目录来自这份目录表，比如以赫西俄德的名义得以保存的'*Hoῖαι*[时序女神]。

rtes)在她还是个小女孩时,高价[①]将她买来,在家里尊重她如同尊重他自己的妻子,但从来没有碰过她的卧榻,因为他害怕他妻子生气。[②]

出现在《伊利亚特》中的观念远未经过提炼。当阿伽门农俘获了作为战利品的克律塞伊丝(Chryseis)时,他决定把她带回希腊,并在一次军队集会上当众宣告,他很想把她留在自己家里,他喜欢她甚至胜过他的妻子克利泰涅斯特拉(Clytaemnestra),因为就美貌、身材、智慧和手工而论,她并不比她差到哪里。[③] (古代评论家们曾经评论说,这句诗描述了一个妇女的所有德性。)确实,这一专横的决定可能是阿伽门农个人品格的一部分。不过,阿伽门农的这种睥睨一切的语气——他在这里将所有顾虑都弃置一旁——并非没有在诗歌的其他地方受到清算。菲尼克斯(Phoenix)的父亲阿明托尔(Amyntore)为他的侍妾与儿子争风吃醋,为了侍妾,阿明托尔离开了妻子;妻子恳求儿子去向侍妾示爱,使她与阿明托尔疏远。[④] 请注意,此事发生在和平时期:它并非是被战争激怒的战士的反常行为。

《奥德赛》的道德准则普遍建立在一个更高的层面上。在奥德修斯和纳西卡娅精彩绝伦的对话中,当阅历丰富的男子与纯洁无瑕的少女简明而理智地交谈时,我们看到了我们的英雄是以什么样的温和亲切与优雅风度对待一个女性的。[⑤] 在那里,真正的文化因其本身之故得到了描绘,它就像阿尔基努斯的美丽果园和壮丽王宫那么楚楚动人,或者像卡普吕索(Calypso)的孤岛那样令人伤感。整个场景必不可少的良好教养,是妇女的教育影响力作用于一个严苛好战、充满阳刚之气的社会的结果。最后,英雄与他的神圣伴侣和朋友雅典娜女神的密切关系,是阴柔力量的一种最佳表达——它启示和引导英雄穿越尘世间的种种考验。

---

① 译注:即 20 头牛,参见《奥德赛》,罗念生、王焕生译本,北京:人民文学出版社,1997,第一卷,第 431 行。

② 参见帕斯夸利(G. Pasquali),《古代希腊道德观念的发现》(La Scoperta dei Concetti Etici nella Grecia Antica),收录于《现代文明》(*Civiltà Mod.*)I,1929,第 343 页及以下。

③ 《伊利亚特》I,113ff.。

④ 《伊利亚特》IX,447—453。

⑤ 《奥德赛》VI,149f.。

在研究荷马时代的贵族阶级的文化状态时，我们不必完全依赖史诗对优雅风度和高尚道德的偶然描写所提供的证据；史诗还包含了对年轻贵族的教育的生动描述。在此，我们应该尽量把《伊利亚特》的较晚部分与《奥德赛》合在一起；因为，在教育问题上的一种自觉兴趣，如上述提到的对道德提升的强调，[25]被限定在史诗的较新层面。除了忒勒马科斯的教育——这是我们现在要讨论的，有关这一点的主要证据见于《伊利亚特》第九卷。将年长的菲尼克斯安排在年轻的英雄阿喀琉斯身旁作为他的导师和劝告者的想法，导致了史诗中最美的一幕——尽管此种教育观念本身当然要晚于诗歌的主体部分。归根到底，除了成熟的武士之外，要想象《伊利亚特》中的英雄们是什么样子是相当困难的。很少有读者会问他们自己，这些人是如何成长的，他们的父母和老师的远见卓识是如何引导他们从童年走向伟大壮举和英雄本色的。毫无疑问，原初的传奇故事很少思考诸如此类的问题。不过，封建制度的精神，通过对伟大英雄们的血统世系的无穷兴趣，创造出了史诗学的一个新分支，同时也设法构造出了青年的成长史和古代伟大人物的教育过程。

英雄们最卓越的导师，是聪明的半人马喀戎（Chiron），他居住在色萨利（Thessaly）的佩利翁山（Mount Pelion）树木茂密的峡谷中。[①] 根据传统的说法，许多著名的英雄曾经是他的学生；被妻子忒提斯（Thetis）遗弃的佩琉斯（Peleus），使喀戎成了他儿子阿喀琉斯的守护者。他的名字在早期被附属于一首以叙事诗形式写的教谕诗《喀戎的忠告》：它是用韵文写就的一系列格言警句，可能来源于贵族阶层的传统。[②] 该教谕诗说教的对象显然是阿喀琉斯本人，它包含了大量众所周知的谚语，古人认为这些谚语属于赫西俄德。保存下来的诗行太少，不足以让我们对其作出任何确定的描述，但

① 许多编辑者根据拜占庭抄本的正字法把半人马喀戎的名字拼写为 Cheiron，本人倾向于被保留在一个古代花瓶铭文上的那个名字的写法，参见克雷奇默（Kretschmer），《古代希腊的花瓶铭文》（*Die Griechischen Vaseninschriften*）131ff.；另见拉什（A. Rzach）编，赫西俄德，《神谱》V1001。

② 拉什将此诗的残篇和其他著作的残篇一起收集在他关于赫西俄德的小册子中（第三版，Leipzig，1913，第 196 页及以下）。

品达对其的关注[1]充分证明了其内容是关于贵族的。品达本人代表了关于教育与天赋能力之关系的一种深刻的新观念：他认为，单纯的教学与英雄德性的形成关系不大。不过，他对英雄传奇传统的虔诚信仰使他承认，古代的伟大人物必定从他们那些对英雄精神满怀敬爱的老师那里受到了教导。他时而承认这一事实，时而又想否定这一事实；不过，有一点是可以肯定的，那就是他发现了这个根深蒂固的传统，这个传统显然比《伊利亚特》更加古老。尽管《伊利亚特》第九卷的创作者用菲尼克斯代替喀戎作为阿喀琉斯的教导者，但在另一段诗文中，[2][受伤的欧律皮洛斯(Eurypylus)吩咐]帕特洛克罗斯给战士的伤口敷上治疗的膏药，帕特洛克罗斯的这一技术是从阿喀琉斯那里学来的，[26]而阿喀琉斯则是受到了最正直的半人马喀戎的指点。喀戎在这里所传授的仅限于医术——他当然是阿斯克勒庇厄斯(Asclepios)的导师。[3] 不过，在捕猎以及其他所有贵族的高级技艺方面，品达都把他称为阿喀琉斯的老师；显然，这才是古人原初的想法。[4] 派遣使团前往阿喀琉斯处请求和解的诗人，不可能让一个野蛮的半人马与奥德修斯和埃阿斯同行；他肯定认为，只有一个高贵的英雄才配做那些最伟大的英雄们的导师。(诗人在没有合理的理由的情况下，是不可能改变英雄传奇的传统的：因此，他必定根据自身经验的吩咐做出了改变。)他选择菲尼克斯代替喀戎，菲尼克斯是阿喀琉斯之父佩琉斯(Pelus)的下属、多洛普斯(Dolopians)王子。[5]

学者们对使团场景中菲尼克斯演说的原创性，实际上也是对菲尼克斯整个人物——他在《伊利亚特》中再也没有出现过——表示严重质疑。有显著的证据表明，必定曾经存在一个这一场景的较早形式：在此较早形式中，阿伽门农派往阿喀琉斯的使节只有奥德修斯和埃阿斯两人。不过，仅仅通过删除菲尼克斯的这一伟大的劝告性演说来重建这

---

① 品达，《皮托颂歌》VI，19ff.。
② 《伊利亚特》XI，830—832。
③ 品达，《皮托颂歌》III，5ff.。
④ 品达，《尼米亚颂歌》(*Nem.*)III，43ff.，58。
⑤ 《伊利亚特》XI，480—484。

一幕的较早形式是不可能的——就像绝大多数诸如此类的重建是不可能的一样，即使在那些修改和此处一样明显的地方。① 在史诗的现存形式中，年长的教师这个人物与两个使节关系密切。正如我们已经表明的，②埃阿斯体现了菲尼克斯教育理想的行动要素，而奥德修斯则体现了其中的言辞要素：只有阿喀琉斯把它们统一在了一起：他实现了身体和心智两个方面最高力量的真正和谐。菲尼克斯演说的任何介入都注定要影响其他两个使节的讲话，从而破坏这一幕的整体艺术结构。

我们可以用另一种方式证明诸如此类的评论的荒谬。关于菲尼克斯的劝告演说是后来插入的通常解释，误解了诗人这一幕的目的。菲尼克斯的演说确实超乎寻常地冗长：洋洋洒洒一百多行，其高潮（而且，对一个粗心大意的读者来说，其主要目的）是墨勒阿格尔（Meleager）的

---

① 在对阿伽门农派出使团前往阿喀琉斯的帐篷求和的描述中，自从阿里斯塔库斯（Aristarchus）用“正如这段文字所表明的，对偶形有时候可以代替复数”这段委曲求全的话（the resigned remark）使自己的语法良心得到平静以来，备受讨论的对偶形（dual forms）（《伊利亚特》IX，182 ff.）已经被辩解了成百上千次；另一种解释也建立在《伊利亚特》第九卷中的这一场景与第一卷第 332 行及以下之间的平行之上——在第一卷那里，为了把布里塞伊斯从阿喀琉斯处带走，阿伽门农的使者也沿着相同的道路来到阿喀琉斯的帐篷。这种平行太过明显，不可能被视而不见，它显然是对涅斯托尔在第九卷第 106 行所说的话的暗示。在第一卷第 332 行及以下中，同样的对偶形肯定是真正的对偶（dual），而不代表复数（plural）形式。第九卷派往阿喀琉斯处准备归还布里塞伊斯的使节对应于第一卷被派往阿喀琉斯处的两个传令官。虽然是对偶形，但总共有三个使节，外加两个传令官。数十年前，弗朗兹·博尔（Franz Boll）在《奥地利人文（学校）杂志》（*Zeitschrift f. österr. Gymn.*，1917，1920）中争辩说，有意识的平行结构可以为第九卷三个使节身上的对偶形的使用找到理由：为了让我们想起第一卷中的场景，诗人故意运用了对偶形。不过，如果那里实际上不是两个而是三个或者更多的人，那么，我不明白，这种对偶形的重复是否适合于产生这种效果。在我看来，这样理解似乎更有道理，即保存在我们手抄本中的对偶形（duals）来自另一个更古老的变本——一个要么是口传的，要么是成文的、更古老的史诗传统——这个变本只展现两个使节，这两个人可能是奥德修斯和埃阿斯，菲尼克斯是一个次要人物，当时尚不为人知，他显然是为了这一目的而被创造出来的，性格也与前面两人完全不同。他是教师，作者选他来向阿喀琉斯传达他的道德教训——这一道德教训包含在完全不成比例的冗长谴责之中。不过，如果想要通过删除菲尼克斯此处的冗长发言，以及其他几处对他的提及，来“恢复”史诗叙述的原初形式，那未免显得太过头脑简单。从理论上说，我们必须承认这两个平行的使团版本的存在——在我们手上的《伊利亚特》的文本中，这两个版本以再也不可能分开的方式被融合在了一起，教育者菲尼克斯及其劝导性演说的塑造，比任何其他东西都有助于我们手中的诗歌文本的统一；因此，要想在不毁灭作品本身的前提下，回到诗歌的最后变形之前，实际上是不可能的了。

② 参见本卷第 12 页。

忿怒。因而，评论家们就认定，诗人按照早先墨勒阿格尔的忿怒故事仿制了阿喀琉斯的忿怒，而且在这段诗文中，[27]诗人是在引证其资料来源(以希腊的方式在做一种文学引喻)，并从古代叙事诗中提炼一段摘录。① 我们可以相信在《伊利亚特》第九卷的创作时期，有一个墨勒阿格尔传奇的诗歌版本存在，我们也可以不相信它的存在，认为诗人只是借用了一个纯粹的口头传统。无论何种情况，菲尼克斯的演说都是老师对学生发表劝告性讲话的典范，而对墨勒阿格尔的忿怒及其灾难性后果的冗长叙述，则是时常发生在《伊利亚特》和《奥德赛》的演说中的神话范例之一。② 每一种不同的教导性演说的主要特征，都是对一个有教育意义的范例的介绍。在年长的菲尼克斯口中，墨勒阿格尔是最合适不过的告诫范例，阿喀琉斯毫不怀疑菲尼克斯无私的忠诚和奉献，菲尼克斯可以说出奥德修斯不敢说的真理。这场从菲尼克斯而来的、试图消除阿喀琉斯顽固意志的持久劝告，有一种更加严肃和深刻的意义：因为它的失败，将悲剧的高潮作为阿喀琉斯自己的忿怒和固执的严酷结果表现了出来。

这段诗文比《伊利亚特》任何其他诗句都更有力地确证了柏拉图对荷马的描述：他是悲剧诗人的祖师爷。③ 古人自己也觉察到了这一点。因为这一幕使整部史诗的故事情节发生了一种道德和教育上的转向；墨勒阿格尔这个范例在其中得以表达的形式，突出地强调了惩罚女神涅墨西斯(Nemesis)的基本道德原则。④ 它迫使读者领会阿喀琉斯的决断的全部意义——希腊军队的命运，好友帕特洛克罗斯的命运，还有他自己的命运，都依赖于这一决断。通过它，诗人引导我们把阿喀琉斯的忿怒作为一个普遍问题来思考。把现存完整形式的《伊利亚特》留给我们的诗人，在这一幕中唤起了强大的蛊惑女神阿忒(Até)的宗教观

① 参见恩斯特·霍华德(Ernst Howald)，《莱茵古典语文学杂志》(*Rheinisches Museum*)LXXIII，1924，第405页。

② 甚至古代评注家们也指出了这一点。现代评论家贝蒂在《莱茵古典语文学杂志》LXXIV(1929)第129页强调了菲尼克斯把墨勒阿格尔的愤怒作为一个范例来叙述的特征，并将其与菲尼克斯的演说的劝告性目的相联系。

③ 柏拉图，《王制》595C。

④ 《伊利亚特》IX，523。

念，即“毁灭的疯狂（the madness of doom）”：它像一个不祥的幽灵，若隐若现地跟随在祈求女神利泰（Litai）令人信服的道德讽喻后面，在人类冷酷无情的内心深处顽固地升起。①

这整个观念在希腊教育中具有极其重要的意义，向我们展示了古代贵族教育的常规模式，也即古代贵族教育的潜在理想。在阿喀琉斯年少懵懂，既不懂恶毒的战争，也不懂使人成名的演说艺术时，他父亲佩琉斯就派自己最信任的部下做他的陪护，无论是在王宫中，还是在战场上，都形影不离，按照男子气概的传统模式塑造他。② 由于菲尼克斯对阿喀琉斯经年累月地竭尽所能，[28]所以被选来担任这一任务：菲尼克斯忠心耿耿的服务是一种父爱的延续，一种注定只能给予年轻的英雄的父爱。在一段动人的诗文中，他提起阿喀琉斯的童年，那时，阿喀琉斯不愿同别人一起用餐，菲尼克斯把他抱起放在膝头，给他吃饱先切出来的肉，喂他喝酒，“可怜的傻孩子，你常常难受地吐出酒来，打湿我胸前的衣衫”。③ 实际上，菲尼克斯总把阿喀琉斯看作自己的儿子，是因为由于他父亲的诅咒，众神不允许他有自己的儿子，所以他在晚年仍忠心耿耿地照看阿喀琉斯。不过，他不仅仅是阿喀琉斯的师傅和半个父亲似的朋友，在道德自律的这一深层方面，他还是阿喀琉斯的导师。在此类教育中，古代英雄传奇中的不朽人物是活的模范。他们不仅是具有超人的力量和勇气的英雄，也是被新的和日常不断深化的经验之流所激励和鼓舞的人——此种经验之流流经高贵的旧传统，并从中获取一种前所未有的新意义。

显然，诗人羡慕崇高型的教育，他把这种类型的教育在菲尼克斯这个人物身上永恒化了。不过，正是出于这个原因，他发现，阿喀琉斯这个无可指摘（sans reproche）的英雄的命运是一个难题。面对蛊惑女神阿忒巨大的非理性力量，任何教育资源和任何形式的忠告都无济于事。不过，诗人将这种观念和高级理性的诉求，人格化成了半神式的人物，她们步履蹒跚地追赶蛊惑女神阿忒飞驰的脚步，修补后

① 《伊利亚特》IX，502ff.。

② 《伊利亚特》IX，438。

③ 《伊利亚特》IX，490ff.。

者留下的创伤。① 她们就是伟大的宙斯的女儿们。当她们到来时，人们必须尊敬并听从她们，而她们对那些听从自己的人友好相待，并帮助他们。不过，如果一个人拒绝这样做，顽固地硬起心肠，她们就会去请求克洛诺斯(Chronos)的儿子宙斯，让阿忒跟随这个人，而这个人则要以自己的毁灭作为代价。② 诗人生动具体地展现了好神和坏神为赢得人心而进行的不平等竞争，表达了盲目的激情和深刻的洞见之间的内在冲突，这种内在冲突是一切教育最真实且最深层次的问题。在此，我们切不可引入自由意志、选择、犯罪等现代观念。古代的观念更加广泛，更具悲剧意味。问题的关键不在于犯罪和责任，如《奥德赛》开头所示的那样。③ 实际上，我们发现，[29]古代贵族乐观务实的教育理念，甚至在《伊利亚特》中就已经汇入到一种关于一切类型的教育之局限性的严肃意识中(这种严肃意识在《伊利亚特》中首次出现)。④

冷酷顽固的阿喀琉斯的反型是温和顺从的忒勒马科斯。在《奥德赛》第一卷中，我们可以看到有关其教育的一些内容。与阿喀琉斯拒绝菲尼克斯的教诲从而招致自己的毁灭命运相反，忒勒马科斯甘愿听取雅典娜女神——她扮作他父亲的朋友门特斯——对他的忠告。⑤ 不过，门特斯的建议和忒勒马科斯内心的驱动若合符契。忒勒马科斯实际上是那种温顺易教的青年的范型——由于接受一个阅历丰富的朋友的忠告，他被引上了荣誉之路。在荷马的信念中，雅典娜是启示人走向幸运之途的女神，在第二卷中，她幻化成他父亲的另一个老朋友门托尔(Mentor)，⑥陪同忒勒马科斯前往皮洛斯(Pylus)和斯巴达。这种想法可能来自一种习俗：当一个年轻贵族离家远行时，派遣一个护卫随行。门托尔寸步不离地照看着他的学生，在每一个关键时刻，以亲切的话语和理智的建议帮助他。每当他陷入新的困境时，门托尔都谦恭有礼地

---

① 关于这种类型的教育和神话范例在诗歌演说中的劝告性使用，参见本卷第 45—47 页。
② 《伊利亚特》IX，502—512。
③ 参见本卷第 45 页。
④ 无论如何，我们都不应该忘记本卷第 36 页注释①所证明的东西。
⑤ 《奥德赛》I，105，180。
⑥ 《奥德赛》I，401。

谆谆训导。他教他怎样与涅斯托尔(Nestor)和墨涅拉奥斯这样年长的贵族说话，教他怎样向他们提出请求以确保成功。自从费奈伦(Fénélon)的《忒勒马科斯》(*Télémaque*)一书面世以来，门托尔这个名字就成了一名年长而忠心耿耿的师傅、哲学家和朋友的代名词。他对忒勒马科斯的爱体现了一个老师对其学生的爱。

我们有必要对这一贯穿整个忒勒马科斯故事的教育主题①做进一步的考察。诗人的目的显然不只是从高等阶级的生活中记录几幕场景。诗人动人叙述的核心，是如何将奥德修斯的年轻儿子转化成一个深思熟虑的人的问题——他的崇高目标应该以高尚的成就作为终结。阅读《奥德赛》而对此种深思熟虑的教育观念毫无感觉是不可能的，尽管诗歌的许多部分没有显示出类似的痕迹。这种印象来源于精神的冲突和发展的普遍样态——它与忒勒马科斯故事中的外在事件的发展并驾齐驱——实际上，[30]这种精神的冲突和发展才是真正的故事情节，它将他们引向真正的高潮。

在关于《奥德赛》的起源的关键性讨论中，有个值得注意的问题必须提出来。那就是，是否曾经有过关于忒勒马科斯故事的独立诗篇？或者，本来就是我们现在所看到的样子，是诗人为史诗专门创作的？我们可以先把这个问题搁置一旁。② 即使确实有一个独立的"忒勒马科

---

① 爱德华·施瓦茨在其《奥德赛》(Munich，1924)一书中，已经对忒勒马科斯故事中的教育主题做了特别的强调。

② 基尔霍夫的《荷马的〈奥德赛〉及其起源》(*Die homerische Odyssee und ihre Entstehung*，Berlin，1859)和《〈奥德赛〉的编撰》(*Die Composition der Odyssee*，Berlin，1869)两书的主题思想是，《奥德赛》中被称为"忒勒马科斯篇"(第一章到第四章)的部分原来是独立的诗篇。从沃尔夫的《荷马导论》(1795)到十九世纪中期，对荷马史诗的研究和分析的第一个发展阶段围绕着《伊利亚特》展开，这个阶段的研究充满了各种重大问题，之后，上述两部著作的研究重点就转移到了奥德修斯身上。诸如维拉莫维茨(《荷马研究》，Berlin，1884；《奥德修斯之返乡》，Berlin，1927)、施瓦茨(《奥德赛》，Munich，1924)、杰布(R. Jebb，《荷马》，第一版，1886)这些现代批评家，把基尔霍夫关于忒勒马科斯部分的分析作为经过明确证明的结论来接受。问题转移到了《奥德赛》第一卷第252—305行雅典娜对忒勒马科斯的漫长劝告演说——在此演说中，雅典娜建议忒勒马科斯到皮洛斯和斯巴达做一次第二卷到第四卷所描述的旅行——这真的是写作第二卷到第四卷的同一个诗人的作品，还是我们必须将其看作出于一位编订者之手的画蛇添足呢？——这位编订者想把较晚且独立成篇的忒勒马科斯史诗整合进较早的关于奥德修斯之返乡的大型史诗之中。

斯”诗篇曾经存在过，也只有听众的兴趣才能解释这个部分的独立成篇。一个对教育问题思考深入的时代会引发对传统资源的研究和发展——这些教育问题在传统资源中有其具体体现和实现。除了忒勒马科斯的出生和家庭，传统没有为创造性想象提供任何具体的核心事实。不过，诗人在忒勒马科斯故事自身的逻辑基础上发展了忒勒马科斯年轻时代的故事，用一种巧妙的艺术手法将其置入《奥德赛》之中——逐步将两个分离的人物合为一体：一个是奥德修斯，远在四面环海的卡吕普索孤岛，另一个是无所事事地在家中等待父亲归来的忒勒马科斯，即奥德修斯的儿子。两个人物同时相向而行；英雄返乡回到那个早已在等待着他到来的家中。这一情节本身与当时的贵族生活背景相悖。首先，忒勒马科斯只是一个年轻人，一个在那些追逐其母亲的傲慢求婚者面前的无助青年。他眼看着这些求婚者的无礼行为而选择默默忍受，没有勇气和力量做出独立的决断来结束这一切；其次，一个温和却不足以支撑门户的年轻人，他内在的高贵甚至使他不可能反抗那些正在蹂躏自己家园的求婚者，更遑论用暴力行为来确证自己的权利了。一个温和软弱、逆来顺受、孤独无助的抱怨者，作为正在返乡、即将要与自己妻子的求婚者做一了断而报仇雪耻的奥德修斯的同伴，是毫无用处的。因此，雅典娜女神要将忒勒马科斯培养成为一个有强大决断力的男人，一个随时准备出击的男人，一个在复仇的最后一战中配得上他父亲的战友之名的男人。

我们已经努力表明，诗人在《奥德赛》前四卷中对忒勒马科斯这个人物的描写，服务于一个深思熟虑的教育目的。曾有人反对这一观点，认为希腊史诗没有展示人物性格的内在发展过程。① 诗篇“忒勒马科斯”当然不是一部关于教育问题的小说，忒勒马科斯人物性格的转变不能按照现代意义上的人物性格发展得到描述。[31]古人只能将其设想

---

① 维拉莫维茨(《奥德修斯之返乡》)也这样认为。另外，还可参见菲佛在《德意志文学报》(*Deutsche Literatur Zeitung*，1928)的文章。不过，无论如何，我都不能同意他的观点——他认为，在忒勒马科斯的转变过程中，对神的指引的强调多于对贵族教育的标准的神圣起源的强调。另一方面，雅典娜的特殊教育功能，不能通过仅仅指出她不断介入整部《奥德赛》的情节“因而”是史诗诗人的一种方便手段而被否定：如雅可比在《古代文明》IX，169 中反驳菲佛时所断言的那样。神对人类生活的影响以各种不同的方式显现。

为神圣感示(divine inspiration)的结果。不过,对忒勒马科斯来说,这种神圣感示并不是以一种通常的史诗方式出现的,比如一个神圣的命令或者一场由神灵营造的梦境。这种感示不是一种死板的机制或者一种匪夷所思的魔术。神灵的恩宠是通过一种自然而然的日常生活方式,以一种对他的意志和理智施加有意识的影响的形式,并借助对年轻人的精神进行一种有意识的教育,从而显示给他的。在接受了这种教育之后,除了外在因素的决定性驱动之外,他不再需要任何其他东西来给予他主动性和积极性以完成他的使命。诗人在影响忒勒马科斯的不同因素之间打造了一种精致的平衡:他自己的六神无主和软弱无力,他良好的自然禀性,雅典娜女神对他的恩宠和帮助,以及最终促使他放手一搏的神圣指引。这种微妙的平衡,是诗人对自己所面临的问题有深刻透彻的理解的证明。传奇叙事诗的原则使诗人有可能将雅典娜女神的神圣干预,与教育对年轻的忒勒马科斯的自然影响相等同——通过让雅典娜伪装成忒勒马科斯父亲的门客门特斯来对他说话,也就是对他进行教育。诗人的这种巧妙方法,由于那种我们在阅读史诗时至今仍然在说服我们的普遍感受而变得更加令人信服,这种普遍感受就是,教育行为本身就是一种神圣的动力,一种自然的奇迹,它打落束缚灵魂的枷锁,释放一个年轻灵魂的力量,并引导这个灵魂走向快乐的行动。当阿喀琉斯年迈的导师最终没能说服命中注定要英年早逝的英雄改变自己的意志时,荷马将其失败归结为一个邪恶神灵的反对;而在忒勒马科斯从软弱的青年到一个真正的英雄的幸福转变中,荷马承认这是神圣恩宠的结果。在希腊人所设想和实现的每一个伟大教育理想中,我们都看到了他们对那种深不可测的神圣力量的充分意识。对于这一点,在品达和柏拉图这两个贵族身上,我们将会看得更加清楚。

在《奥德赛》第一卷中,当雅典娜幻化成门特斯的模样,给予忒勒马科斯指导时,雅典娜本人明确地将她的建议说成是“教育”。① 雅典娜的建议旨在使忒勒马科斯变得成熟而果断。忒勒马科斯决定申明自己的

---

① 《奥德赛》I,279。ὑποτίθεσθαι[教育]是ὑποθῆκαι[忠告]的动词形式,它是“教导(teaching)”的准确翻译,参见弗里德伦德尔(P. Friedlaender)的文章(《赫尔墨斯》[*Hermes*],XLVIII,1913,第571页)。

权利，将这些求婚者召集起来开会，公开反抗这些求婚者，他需要帮助，以便出发去寻找漂泊在外的父亲。① 他的第一个计划失败了：公民大会冷漠无情，众人无动于衷；他决心要将事情掌握在自己手中，秘密地开始那次最终使他成为男子汉的冒险之旅。[32]这个决心和这次冒险之旅就是 Telemachou paideia，即忒勒马科斯所受的教育(schooling)。在其中，所有的教育因素都在忒勒马科斯的灵魂中一起发挥作用。一位阅历丰富的长者引导着他，随时为他提供建议。他感觉到了母爱的温柔力量；不过，尽管她心中牵挂唯一的儿子的安危，他却不能在此关键时刻询问母亲的意见，因为她不会支持他的贸然决定，只会由于恐惧而阻止他

① 在第二卷中，忒勒马科斯在伊萨卡的公民大会上公开表达了自己的关切，他最后一次呼吁求婚者公平竞争；伊萨卡的公民大会在《奥德赛》的创作中有一个特殊的目的：它把故事的悲剧性结局，即求婚者的被杀完全归咎于受害者自己。写作《奥德赛》第二卷的诗人和雅典娜建议忒勒马科斯召开大会的话(I，252ff.)，是想为古老的传奇故事提供一种能够为他同时代的理性头脑所接受的道德辩护和法律辩护。在我看来，作者似乎是有意在忒勒马科斯离开伊萨卡开启冒险之旅前，把这一召集公民大会的建议借雅典娜之口说出。这一特写给了忒勒马科斯的行动一种神圣的核准，并强调了会议的召集作为严正的警告行为的特征——这一警告将求婚者拒绝接受一种更合理的求婚路线而导致的悲剧结局的责任全部放在了求婚者自己身上。雅典娜的话(《奥德赛》I，252 ff.)甚至因为以下事实而赢得了更大名声：她宣布了向忒勒马科斯提出这一建议的想法，即诸神在奥林匹斯山召开会议之前，建议忒勒马科斯预先召集公民大会并在全体人民面前谴责求婚者(《奥德赛》I，90)。这一步骤使雅典娜是代表诸神和宙斯本人而采取行动这一点一目了然，宙斯不仅批准了她的全盘计划，而且还同意她实现这一计划的方法。当雅典娜警告求婚者们他们这种行事方式的后果时，她是在运用宙斯本人在其讲话中宣告的原则(《奥德赛》I，32)，即有死的凡人要为他们自己遭受的苦难负责。他提到的埃癸斯托斯(Aegisthus)的例子强调了以下事实，即因为埃癸斯托斯不顾神的警告而做错事，所以得到了正确的惩罚。我必须承认，对这些事实的观察一直以来是我接受基尔霍夫的基本论点的最大障碍，基尔霍夫认为，雅典娜在《奥德赛》第一卷中所说的话，不是后来在第二卷到第四卷中描写忒勒马科斯如何实施她的建议的同一位诗人所作，而是某个想要把已经存在的独立成篇的忒勒马科斯诗篇整合进《奥德赛》的二流作者的手笔。这一观点意味着，除了接受眼前的目的之外，会议的召集原本没有任何真正的意图，我们前面已经解释过这种眼前的目的(警告求婚者)，这种目的只有在第一卷的修订者将独立的忒勒马科斯诗篇整合进《奥德赛》时才有。基尔霍夫似乎只看到了以下事实，即会议的召集对当前完全无关紧要，因为求婚者们当然不会采纳忒勒马科斯让他们各自回家的建议；但精明的批评家忽略了：第一，雅典娜的话作为对求婚者们最终惩罚的一种道德教育动机的作用；第二，第一卷的作者对神灵派送的不幸和人类自己造成的灾难之间的区别的强调。公民大会和第二卷到第四卷的忒勒马科斯冒险之旅，只有在第一卷建立的诗歌整体框架中才呈现出其全部意义。没有这一框架，它们就都只是真空中的一段插曲。这似乎是在推荐这样一种解释：即作者一开始就是把它们作为对整部《奥德赛》的道德和法律处境的一种说明来写的。

的冒险之旅;父亲的伟大身影浮现在他的记忆中。他离家远行,游历到一个友好的宫廷,看到了世界和他人的生活。他受到了那些伟大人物的鼓励和友好相待,他们的建议和帮助正是他所寻求的。他结识了新朋友,找到了新的支持者,同时也得到了保护,一位仁慈的神灵安排他的生活,在他身处险境时,和他站在一起,为他铺平道路。作为一个小地方长大的绅士,一个希腊边境小岛的王子,当他走进一个未知世界,并受到高贵的王子们的热情款待时,我们看到了他的窘迫之态。通过描述忒勒马科斯每到一处都受到的同情和享有的招待,诗人表明了,即使在一个陌生和危险的处境中,主人公的良好训练和教养都没有抛弃他,而他父亲的良好名声则仍然能够使他的艰难之途变得相对轻松。

在此,有一个要点,我们必须予以特别注意,它在任何关于贵族文化知识观念的讨论中都尤为重要,这就是榜样在教育中所扮演的角色。在人类的早期时代,既没有法律规范,也没有道德体系,生活中唯一的行为准则只限于一些宗教禁令和一些世代相传的谚语中的智慧。除此之外,个体在困境中最有力量的指导也只能由昔日英雄模范的生活来提供。在忒勒马科斯和纳西卡娅这两个人物身上,我们可以看到环境的直接影响,尤其是父母的榜样力量的影响。① 但是,比环境更有力的一种影响,是传统的传说所描述的为数众多的模范-生活(pattern-lives)。诸如此类的传统在原初社会中所起的作用,与历史(包括圣经中的历史)在现代世界中所起的作用相当。古老的英雄传奇包含着一切精神财富,它们是每一个新世代的精神遗产和灵感来源。《伊利亚特》中,阿喀琉斯的导师在其伟大的演说中提到了榜样墨勒阿格尔的警告意义;②[33]而《奥德赛》中的忒勒马

① 关于奥德修斯作为忒勒马科斯的榜样,可参见《奥德赛》I,255以及其他一些段落。在纳西卡娅的例子中,作者没有明确表达她母亲就是她的榜样,但这在荷马的世界中被视为理所当然之事,参见《奥德赛》VII,69—70。在《奥德赛》VI,25中,雅典娜略带嘲讽地表示,她很想知道纳西卡娅的母亲怎么会生出这么一个对自己的衣着如此粗枝大叶的女儿。

② 《伊利亚特》IX,524。菲尼克斯诉诸古老的κλέα ἀνδρῶν[人的美名]的权威,他说,这是我们从前辈那里世代相传而来的榜样。为了给阿喀琉斯的处境找一个类似的例子,也为了给阿喀琉斯提供一个他可以坚持要求他做到的正确行为的标准,他把它们作为忿怒(μῆνις)的特殊例子来提及。这就是墨勒阿格斯尔的例子,为此他讲了一个很长的故事。

科斯在其被训练成人期间，也有一个易于模仿的榜样。显然，忒勒马科斯学习的榜样是奥瑞斯特斯（Orestes），他为父报仇，杀死了谋杀父亲的埃癸斯托斯（Aegisthus）和克吕泰涅斯特拉（Clytaemnestra）。[①] 这一幕也是英雄回归悲剧中的无数插曲之一。阿伽门农从特洛伊回归之后马上被杀死，而奥德修斯则在返乡途中耗费了二十年之久：其中的时间差异足以让诗人将奥瑞斯特斯在福基斯（Phocis）的流放及其复仇安排在《奥德赛》开始之前。这一幕是新近发生的，但其名声早已传遍全希腊，而雅典娜也对忒勒马科斯盛赞这段往事。[②] 绝大多数依据传统的榜样都从他们令人尊敬的古代先辈那里获得权威——菲尼克斯对阿喀琉斯说，希望他尊敬古老的世代及其英雄[③]——而奥瑞斯特斯的处境与忒勒马科斯的处境又是如此接近和类似，所以对忒勒马科斯来说，奥瑞斯特斯更是一个不可抗拒的追随榜样。

诗人显然赋予了这一主题尽可能重要的意义。雅典娜女神对忒勒马科斯说：

> 你不可再稚气十足，你已非那种年纪。
> 难道你没有听说神样的奥瑞斯特斯
> 因为杀死杀父仇人，奸诈的埃癸斯托斯
> ——他谋害了他显赫的父亲，
> 而在人间赢得了荣誉？
> 我的朋友，你也一样，
> 我看你长得也英俊健壮，
> 你也必须英勇果决，赢得后代的称誉。[④]

---

① 译注：奥瑞斯特斯是阿伽门农之子，阿伽门农为妻所杀，后来子报父仇，杀死了母亲克吕泰涅斯特拉及其情夫埃癸斯托斯。后埃斯库罗斯将这一传奇故事改写为悲剧《奥瑞斯特斯复仇记》，成为希腊文学继《伊利亚特》《奥德赛》之后的伟大文学成就。

② 《奥德赛》I，298—302。

③ 参见上页注释②。

④ 《奥德赛》I，296ff.。

如果缺少奥瑞斯特斯的榜样，雅典娜的忠告就会失去分量和信念的支柱。在关于使用暴力反抗求婚者的艰难决断中，为了使忒勒马科斯稚嫩柔软的心信服，雅典娜有双重的必要求助于一个声名远扬的榜样。在史诗开头诸神的聚会中，诗人让宙斯提到了报应的道德正当性问题，[①]引用了埃癸斯托斯和奥瑞斯特斯的事例。诗人由此也证明了，即使对最敏感的心灵来说，雅典娜后来向忒勒马科斯提到这一事例的合理性。随着情节的发展，这一活生生的榜样一次又一次被用来教育和影响忒勒马科斯去完成他命中注定的使命。例如，涅斯托尔告诉忒勒马科斯阿伽门农及其家人的命运，[②]没有明说奥瑞斯特斯是忒勒马科斯可以模仿的一个模范，而忒勒马科斯回答说：

> 是的，他彻底报了父仇，
> 亚该亚人会传播他的伟名，
> 后代人也会称颂他的事迹。
> 但愿神灵们也能赐给我同样的力量，
> 报复那些求婚者的严重僭越。

[34]在涅斯托尔叙述的结尾，他再一次提到了奥瑞斯特斯的事例。[③]涅斯托尔两次提到奥瑞斯特斯这个榜样，语重心长，明确地指向忒勒马科斯自身的处境。

这一重复当然意味深长。诗人考虑到，诉诸著名英雄的榜样和传统的事例，是所有贵族道德和教育的一个不可或缺的部分。为了表明它是如何帮助我们理解叙事史诗的，它又是如何植根于原初社会的根基之中，我们在后面还会回到这种一贯做法。不过，后来的希腊人也坚持把范型（paradeigma），模仿的榜样（example），作为生活和思想的基本范畴。[④] 我们只要想一想品达对神话榜样的运用就明白了，神话榜

① 《奥德赛》I，32—47。
② 《奥德赛》III，195—200。
③ 《奥德赛》I，306—316。
④ 我想对“范型”在希腊文学史中的发展历史做一个独立的研究。

样在品达的胜利颂歌中是一种具有本质意义的要素。[①] 这种一贯做法贯穿于所有希腊诗歌之中，也贯穿于部分希腊散文之中。[②] 不过，如果我们仅仅将其作为一种文体上的花招来解释的话，那就大错特错了。它是古代贵族道德真正的本质性部分，其教育重要性仍然影响着它在早期诗歌中的运用。有时，我们可以在品达的诗歌中看到神话榜样的真正意义。如果我们记得，柏拉图的整个哲学建立在模型概念之上，并且将型相(ideas)描述为“设立在存在(being)王国中的模型”，[③]我们就很容易看到这一范畴的起源。“善”的型(或者，更准确地说是ἀγαθόν的型)，即那个普遍适用的样式，[④]直接来源于英雄德性的模范(models)，这种英雄德性的模范是古代贵族阶层道德行为准则的组成部分。在原初时代的教育原则与品达和柏拉图之间，我们可以看到一种连续的、有机的、必然的发展线索。它不是一种进化——历史学家们经常使用的那种半科学意义上的进化——而是一种本质性要素在希腊精神最早形式中的逐步展开，这种本质性要素在整个希腊历史的变迁中保持着基本的同一。

---

① 参见本卷第 276—279 页。

② 厄勒(R. Oehler)在其学位论文《古代希腊诗歌中的神话范例》(*Mythologische Exempla in der aeltern griechischen Dichtung*, Basle, 1925)中，探讨了希腊早期诗歌中的这一做法。

③ 柏拉图，《泰阿泰德》(*Theaet.*)，176e。

④ 关于柏拉图的“善”的型作为哲学王灵魂中的范型，可参见《王制》472c，484c，540a，以及本书第二卷，第 343—344 页。

第三章　教育者荷马

[35]柏拉图告诉我们，在他那个时代，许多人相信荷马是全希腊的教育者。[①] 从那之后，荷马的影响远远超出了希腊的边界。柏拉图对诗人充满激情的哲学批判成功地表明了，诗歌的教育影响力远没有人们相信的那么广泛。[②] 但是，柏拉图对荷马的所有攻击都不会动摇荷马至高无上的地位。希腊人永远认为，诗人是最广泛、最深刻意义上的教育者。[③] 荷马只是这种普遍观念的最崇高典范，实际上可以说是古典的典范。如果我们用现代"为艺术而艺术"的信念取代古希腊的这种普遍观念，不认真地对待希腊人的想法，把我们对希腊诗歌的理解局限在诗歌自身之内，那我们就大错特错了。那种"为艺术而艺术"的信念，尽管是某种类型、某个时期的诗歌和纯粹艺术的特征，但它并没有出现在伟大的希腊诗人们中间。因此，我们不能将其应

---

① 柏拉图是在谈论"荷马的赞颂者"时说这话的，他们不仅从审美愉悦方面阅读荷马，而且还从荷马那里寻求生活的指导。同样的观念还出现在塞诺芬尼（Xenophanes）那里（残篇 10，狄尔[Diehl]编）。

② 参见本书第二卷，第 242 页及以下和第 413 页及以下。

③ 在希腊诗歌的所有现代阐释者中，维拉莫维茨最清楚明白地识别出了希腊早期和古典时期荷马在希腊诗人中的这一角色和崇高地位，而且一再强调这一重要事实。

用于希腊诗歌的研究。[1] 在早期希腊思想中，并不存在伦理学和美学的区分，这种区分是在相对较晚时期才发生的。柏拉图认为，如果荷马诗歌并非真理的证明，那么它的价值便会立即等而下之。[2] 诗歌对生活无用的观念首先出现在古代诗学理论家中；[3]最后告诉人们诗歌只能从纯粹审美的标准得到评价的是基督徒——这种审美标准使他们把古典诗歌中的绝大多数道德和宗教教导作为虚假的、不敬神的东西弃之不顾，而把诗歌中的形式要素作为有益的、能给人审美愉悦的东西来接受。[4] 从那时起，许多诗人曾使人想起异教神话中的诸神和英雄，但我们现在却只是把它们作为诗性想象的模糊玩偶来看待。我们很容易用同样狭隘的观点来看待荷马；不过，如果我们真的这么做的话，那么就永远不可能理解，对希腊人来说，神话和诗歌的真正意义是什么。当希腊化时期的哲学批评用一句赤裸裸的、理性主义者的以寓言为教

---

① 当然，这只对希腊诗歌的伟大时期才真实有效。希腊化时代的诗人，诸如卡里马库斯(Callimachus)和忒奥克里托斯(Theocritus)，不再要求诗人作为全民族的教育者的权利。他们是现代意义上的艺术家，生活在一个他们自己的艺术世界之中。对他们来说，文化就是文学上的精致和风雅。他们确实仍会声称自己是当代教育最高级别的权威人士，但对他们来说，这首先且最重要的是指文学欣赏的趣味和关键性的判断。因此，他们已经退回到了那个柏拉图对诗歌的哲学批判曾经贬黜的领域。

② 柏拉图对诗歌的批判主要是指诗歌缺乏哲学的真理，因为诗歌作为教化(paideia)的尊严和价值似依赖于其真理。但是，在否定诗歌作为教化的这一权利时，柏拉图在古典希腊比任何人都更多地划定了我们称之为审美价值现象的确切范围。在这个范围之内，哲学家并不质疑诗歌的胜任能力。柏拉图想把我们与诗歌的关系限制在审美享受之内。因此，说柏拉图只用道德和哲学的标准来衡定诗歌的价值是不准确的。柏拉图用这一标准所衡量的不是诗歌，而是诗歌作为教化的传统称谓。我们从值得信赖的传统得知，柏拉图保护了其他诗人中最具新式风格的诗人科罗丰的安提马库斯(Antimachus of Colophon)的全部著作，我们现在就以安提马库斯为希腊化时期文学的开端。参见柏拉图的学生赫拉克利德斯·彭提乌斯(Heraclides Ponticus)的记述，以及维斯(B. Wyss)的《科罗丰的安提马库斯的遗著》(*Antimachi Colophonii Reliquiae*，Berlin，1936)。

③ 这一问题尤其可参看伊壁鸠鲁学派的讨论，所有伟大的诗歌是否都应该将“有用”(utile)和“使人愉快”(dulce)两种效果相结合，参见克里斯坦·詹森(Christian Jensen)，《菲洛德穆论诗歌：第五卷》(*Philodemos ueber die Gedichte fünftes Buch*)，Berlin，1923，第110页及以下。正如伊壁鸠鲁派哲学家根据塞克斯都·恩披里柯(Sextus Empiricus)在《驳数学家》(*Adv. Math.*)I，298所说的那样，诗歌是“人类情感的堡垒”(Bekker，第668页)，“诗人的很多著作不仅无用，而且危害极大”。诗歌的本质不能从其提供的道德或科学助益来判断。

④ 例如，参见大巴西略(Basil the Great)献给青年基督徒的关于希腊古典文学的用处的著名论文。

(fabula docet)来概括荷马对教育的影响时，①或者当他们追随智术师，[36]把古希腊的伟大史诗仅仅当作艺术和知识的一部百科全书时，②我们就自然而然地被拒之门外了。不过，那种学院式的观念只是真正的真理的一种堕落形式——就像所有的真和美一样，被粗糙的手庸俗化了。我们的审美感觉对此种赤裸裸的实用主义产生厌恶是正确的，但有一点依然是确定的，即荷马（与所有其他伟大的希腊诗人一样）不是文学史上的一个一般人物。荷马是希腊生活和希腊品格的第一个，也是最伟大的一个创造者和塑造者。

此时此刻，我们必须讨论希腊诗歌的教育影响，特别是荷马。只有当诗歌表达出人类所有审美和道德的潜在可能性时，它才能起到教化作用。但是，诗歌中审美要素和道德要素的关系，不仅仅是本质性的形式与几乎是偶然性的素材之间的关系。一部作品的教育内容与其艺术形式相互作用，彼此渗透，实际上，它们都同出一源。我们将阐明，艺术作品的理智和精神内容直接渗透到作品的风格、结构和形式的审美效果之中，并对其有重要影响。诚然，要把这一点作为一种普遍的艺术规律确定下来是不可能的。有一些，而且总会有一些类型的艺术，越过生活的核心问题，纯粹依靠其形式产生作用；实际上，有些艺术家故意嘲弄每一个高大上的主题，或者显示他们在选择主题方面的无可无不可。这种轻佻的艺术诚然也有它的道德影响，它无情地揭露习俗的虚伪，从而纯化它那个时代的道德和审美观点。但是，诗歌，除非它植根于人们的灵魂深处，除非它具体体现一种道德信念、一种高度的精神激情、一种宽广的令人向往的人性理想，否则就不可能真正起到教化作用。希腊诗歌的最伟大之处，不仅仅是表现了一个随意截取的生活的横断面，而是道出了真理，只不过，它是按照一种确定的理想来选择和呈现其

---

① 斯多亚派和逍遥学派关于诗歌的“教化”价值所说的，绝大多数都建立在荷马的诗歌之上，参见上页注释③提到的菲洛德穆（Philodemus）的《论诗歌》（*Περὶ ποιημάτων*），在该书中，他罗列并批评了他的前辈们的诗学观点。

② 智术师们把荷马看作技术知识（*τέχναι*）的一切学科的源泉，普鲁塔克的《论荷马的生命和诗歌》（*De vita et poesi Homeri*）代表相同的观点，我们很早就知道，普鲁塔克的观点只是间接地来自柏拉图在《王制》或《伊翁》（*Ion*）中对它的辩驳。但是，在普鲁塔克那里，我们发现了这一观点的所有细节，参见本书第二卷，第 415 页。

真理。

另一方面，最高的价值一般是通过优美的艺术表达来获得其永恒的意义和感动人心的力量。在改变人的灵魂方面，艺术具有无限的能力——一种希腊人称之为*心灵感化*(psychagogia)的能力。因为只有艺术拥有教育感化的两种本质要素——普遍的意义和直接的感染力。[37]通过将这两种影响心灵的方法统一在一起，艺术既超越了哲学思想，又超越了实际生活。实际生活有直接感染力，但生活中的事件缺乏普遍意义：它们充满了太多的偶然性因素，以至于无法造就一种真正深刻而持久的灵魂烙印。哲学和抽象的思想确实达到了普遍意义的水准：它们处理事物的本质；不过，除了对那些能够用个体生命中生动而强烈的切身体验激活它们的人之外，它们影响不了任何人。因此，诗对抽象理性的普遍教导和个体经验的偶然事件而言，都具有优越性。诗比生活哲学化(如果我们可以在一种更广泛的意义上使用亚里士多德的著名警句的话)，但同时又比哲学生活化，因为它聚精会神于精神的现实存在。

这些意见当然并不适用于所有时代的诗歌，甚至不适用于希腊诗歌整体，尽管它们的意义不仅局限于希腊诗歌。但是，因为它们建立在希腊诗歌之上，所以它们与希腊诗歌的关系远比与其他民族的文学的关系要紧密。实际上，它们只是再现了在柏拉图和亚里士多德时代发展起来的看法，那时，希腊人的审美感觉在它最后认知其能力和领域时，开始研究希腊诗人的伟大成就。尽管有许多细节上的变化，但甚至是晚一个世代的希腊人也仍然保留了此种关于艺术的一般观点；因此，在他们对诗歌仍然敏感，尤其是对诗歌的希腊特质仍然敏感时，这种观点就会出现，为了历史的正确性，我们必须探究这种艺术观点在何种程度上适用于荷马。

通过荷马的艺术，荷马时代的观念达到了一种更为深入的持久性和普遍性，因而也达到了一种比其他世代的艺术更为广泛和持久的文化影响力。荷马的两部伟大史诗，比任何其他类型的诗歌都要清晰地表明了希腊文化理想绝对的独特性。希腊文学创造的绝大多数文学形式，很难在任何其他语言和文明中找到对应物。肃剧，谐剧，哲学论文，对话，科学手册，历史批评，人物传记，法庭上的、政治活动中的、纪念仪式上的演说，旅行笔记，回忆录，书信集，自传，怀旧，以及随笔——所有这些文学类型都是希腊人创造出来并遗赠给我们的。[38]不过，处于相同发展阶段的其他民族，在其社会结构、贵族理想和拥有表达这种理想的本土英雄史诗诸方面，都类似于早期希腊。而且，与希腊人一样，许多其他民族：印度人、德国人、罗马人、芬兰人，以及许多中亚的游牧部落，都从他们原始的叙事歌谣（ballad-poetry）中创造出史诗。因此，通过比较许多不同种族的史诗和文明，我们可以更好地辨别希腊史诗的独特性质。

人们经常注意到，所有这些诗歌，由于它们是在相同的文化发展阶段被创造出来的，所以有着许多相似之处。最早的希腊史诗的原始面貌与其他民族类似，但也仅仅局限于面貌，局限于那些外在的和暂时的东西，而不涉及人性的丰富和艺术的完美。希腊史诗以一种无可比拟的渊深和丰盈，道出了英雄时代创造的真理和命运的永恒知识——英雄时代是一个不能被任何资产阶级的“进步”所摧毁的时代，甚至日耳曼的史诗，连同它的全部高贵品质，也不能在深刻和持久上与《伊利亚特》和《奥德赛》相提并论。荷马影响了希腊文明整整千年，而德国和法国的中世纪史诗在骑士制度衰亡后很快就湮没无闻，这一事实表明了中世纪史诗与荷马史诗之历史地位的天差地别。在众人勤奋好学的希腊化时代，荷马的史诗仍然脍炙人口，并产生了一门全新的学科：古典语文学，它旨在发现史诗的起源与传承的秘密，并从诗歌自身不可磨灭的活力中汲取其生命力。但是，直到现代学术研究长期从事中世纪史诗《罗兰之歌》（*La Chanson de Roland*）、《贝奥武夫》（*Beowulf*）、《尼伯龙根之歌》（*Nibelungs*）的工作之后，它们才从古手抄本的尘埃中被抢救出来。中世纪成为人们生活的一部分的唯一史诗是但丁的《神曲》，因为与荷马史诗相同的原因，《神曲》不仅属于它自己的民族，而且属于全人类。尽管《神曲》说的是它自己时代的方言，但其深刻的人性和丰富的知识将其提升到登峰造极的境界，直到英国的莎士比亚和德国的歌德出世之前，无人可望其项背。每一个民族的原初诗篇都标志着这个民族的个性特征，而且必然强烈地标志着这个民族的个性特征；因此，其他民族和后来的世代要想完全领会其含义，是很困难的。[39]早期的本土诗歌在其到达和吸收最广阔的人性之前，难以企及一种普遍的意义。希腊人具有一种识别和复制真实而全面的人生要素的独特力量：荷马站在希腊历史的开端之处，成为所有人的教师。

对我们来说，荷马是早期希腊文明的代表。我们已经讨论过荷马作为最古老的希腊社会的历史证据的价值；不过，他关于古代武士精神世界的不朽画像，不仅仅是艺术对现实的一种不经意反映。荷马在贵族阶层连同其高贵传统和严苛标准那里，发现了一种对高级的精神生命的表达；史诗本身正是通过这种高级的精神生命得以生存和发展的。《伊利亚特》的精神血脉在于英雄与命运抗争的在劫难逃的毁灭结局，及其令人产生无限悲悯与共鸣的动人力量（pathos）；呈现在贵族阶层的文化和道德中的人的品格激发了《奥德赛》的灵感。产生这种精神生命的社会本身已然消逝，在历史云烟中渺无踪迹；但是，由荷马的艺术创造出来的生动画像，仍然是一切希腊文化的理想的基础。荷尔德林曾经说过，“诗人的工作乃是那持久的东西”，他的话道出了支配希腊教化历史的本质规律，是诗人们创建了它的生长结构。一代又一代，随着希腊诗歌风格确定性的不断增长，希腊诗歌认知并实现了自己的教育目的。在前述对阿喀琉斯的信使和忒勒马科斯部分（第一卷和第四卷）的分析中，我们已经举出了具体的例子，来证明这些段落中存在着一种根深蒂固的教育目的。但是，荷马的教育价值是一种更为普遍的东西：它不仅仅局限于对这个或那个教育问题的郑重讨论，或者局限于那些追求产生道德影响的诗歌段落。荷马史诗是宏大广阔而复杂的精神作品，我们不能用一个单独的原则来估量它的价值：除了那些对教育显示出直接兴趣的较晚部分之外，还包括那些性质完全不同的段落，即那些诗人的眼睛如此坚定地紧盯着他所描写的对象，以至于我们认为根本不存在一个潜在的道德教育目的的段落。《伊利亚特》的第九卷和《奥德赛》的忒勒马科斯部分并非受到客观的理智和精神态度的启示；[40]它们是如此有意识地旨在产生教育效果，以至于非常接近哀歌体诗歌。我们必须把这些有明显教育意图的段落和可以称之为起客观的教育作用的段落区分开来：也就是说，我们必须把有意识的教育段落和那些诗人本人并没有想到，但却内在于史诗本性的教育作用区分开来。对这些教育作用的思考会将我们带回到英雄史诗的出发点。

荷马为我们描绘了好几个古代吟游诗人的画像，荷马史诗正是从他们的工作中而来的。吟游诗人的使命是为后世保存"凡人和诸神的英雄业绩"。① 荣誉，连同其保存和增添，是英雄史诗的真正目的；在许多诗行中，荷马多次将英雄史诗描述为"凡人引以为荣的事迹"。② 荷马偏爱有含义的名字，在《奥德赛》第一卷中，他把吟游诗人叫作费弥奥斯（Phemius），即"传闻的传播者"和"美名的言说者"。费阿刻斯的吟游诗人的名字"德摩多科斯（Demodocus）"，包含着对他所记述的传闻的一种暗示。因为吟游诗人到处称扬英雄的美名，故而在社会中有稳固的地位。柏拉图把诗人的迷狂（ecstasy）看作缪斯女神的癫狂的美妙效果之一，并如此描述诗人的入神状态（rapture）：

> 缪斯女神和神圣的癫狂掌握了一个轻柔贞洁的灵魂，唤醒了这个灵魂，以抒情诗和所有类型的诗歌使它心醉神迷；通过赞誉古人数不尽的英雄业绩，来教化子孙后代。③

这正是希腊诗歌的原初理想。它建立在诗歌和神话故事（它是古人伟大事迹的传统）自然而不可分割的联系之上，它从那里引出了诗人作为教育者的社会功能——在某种意义上，诗人是他的社会共同体的缔造者。柏拉图不认为吟游诗人想要有意识地对他的听众施加影响：诗人毋宁是通过将逝去的荣誉[英雄引以为荣的事迹]保存于诗歌中的行为来教育听众的。

在这里，我们必须回顾一下榜样在荷马贵族道德中的重要性的讨

---

① 《奥德赛》I，338。

② 《伊利亚特》IX，189，524。《奥德赛》VIII，73。

③ 柏拉图，《斐德若》(*Phaedrus*)245a，这段话牢固地建立了诗歌与显示在凡人引以为荣的事迹中的德性之间的联系。

论。我们已经指出了引自神话的榜样的教育意义——菲尼克斯将其展示给阿喀琉斯，雅典娜将其展示给忒勒马科斯，或警告，或鼓励。① 即使在榜样和类似人物不是从神话中精心挑选出来的时候，神话故事也有一种自然而然的、潜移默化的影响。它作为一种生活的样式(pattern)而起作用——主要不是因为它提供了一个类似于日常生活事件的传统事件，而是因为它自身的性质：[41]过去的传统是由荣誉、由关于伟大人物及其高贵行止的记述组成的，而不是由一些偶然事件组成的。卓尔不凡具有一种不可抗拒的力量，即使它仅仅是一种被描述和认可的卓尔不凡。但是，吟游诗人不仅仅只是描述这种卓尔不凡：他还赞扬世上一切值得称道之事。与荷马诗歌中的英雄一样——他们终其一身都坚持接受和偿还应得的荣誉的奖赏——每一个真正的英雄行为都渴望永恒的荣誉。② 神话和英雄史诗是希腊民族取之不竭的榜样宝库：神话和史诗为日常生活提供了理想和标准。荷马在所有的情境中都使用传统的榜样来表明神话和史诗的这种联系，在史诗中，一个人通常用传统的榜样来劝谕、提醒、告诫、鼓励或命令另一个人。史诗不是在叙述中，而总是在言说中运用诸如此类的榜样，这一点意味深长。其中的人物把神话作为权威事例的一个集合来求助。③ 也就是说，神话具有普遍的适用性。它不仅仅是事实的堆积，尽管它毫无疑问是历史事件的余音和回响——这些历史事件在后代子孙的想象中经过长久的留存和传承，已经达到了一种英雄气概(heroic magnitude)的地步。这就是我们必须用以解释诗歌和神话的紧密联系的方式，它们之间的内在联系是贯穿整个希腊文学史的一条不变法则。这一法则来源于诗歌的英雄传奇起源，来源于荣誉的理想，来源于对杰出英雄人物的赞美和效仿。它对其他诗歌领域也不

---

① 参见本卷第 45 页及以下。

② 品达关于遵循这一传统的真正诗歌的本质的崇高理念，参见本卷第 265 页及以下。

③ 参见厄勒，《古代希腊诗歌中的神话范例》，他收集了早期希腊诗歌中的神话范例，但也许没有充分强调荷马提到的这些神话范例的规范性特征。在之后的世纪中，神话范例成了文学风格的一种单纯的装饰性要素，当其被用于辞藻华丽的雄辩时尤然。不过，将范例作为一个论据运用于论证性目的的做法一直贯穿于希腊文学的所有时期。修辞学戒律和作者们的实践越来越清楚地表明，由于后世思想越来越明显的理性化特征，神话范例越来越被实际的历史事例所取代，换句话说，理想的范例让位给了经验的事例。

例外;我们发现,其他种类的诗歌(比如抒情诗)也到处引入神话要素,以便使平凡的材料变得高贵和理想化。不过,史诗整个地是一个理想世界;而神话,对早期希腊人来说,则是至高无上的理想化要素。

在史诗的风格和结构的每个细节中,我们都可以看到神话的影响。例如,史诗的语言都以传统的修饰性词语的运用为特征。这种用法直接来源于歌颂古人的美名(*κλέα ἀνδρῶν*)的原初精神。伟大的史诗是英雄传奇长期演进的高峰,这些词语在史诗中的运用常常被固定化;不过,它们的运用是英雄叙事诗惯例加给它们的。分离的修饰语一般不用来传达一种真正独立的意义,它们主要是修饰性的。尽管如此,在数个世纪之久的史诗传统中,它们都是一个必不可少的因素——即使在这一因素无关紧要或者实际上有害时也非常强大。它们是那个理想世界的部分构件,史诗将它接触到的任何事物都提升到这个理想世界中。[42]史诗的风格,连同其颂扬、推崇和美化的力量,影响的不仅仅是修饰性词语的运用:相同的高贵风格出现在史诗的描述和刻画中。一切低级的、可鄙的、丑陋的东西都被排除在史诗的世界之外。古人自己也在研究荷马是如何把一切事物——即使是日常事物和普通事件——搬到一个更高级的平台之上的。修辞学教师普鲁萨的狄翁(Dio of Prusa)对美德的颂扬和史诗的高贵风格之间的深刻而必需的联系不太可能有充分的意识,他将荷马与吹毛求疵的阿基罗库斯(Archilochus)作比较,而且评论说,与颂扬相比,人们更需要责备。① 他的意见在此与我们不甚相干,因为它表达了一种悲观主义的人生态度,这种态度与古代贵族的教育原则及其对伟大楷模的热烈崇拜截然相反;我们后面会有机会研究他的社会理想,它与荷马时代的贵族的社会理想大相径庭。不过,他在审美方面有一种精致的趣味;他曾经欣羡地描述过史诗风格的实际性质,以及史诗修饰它所涉及的一切事物的倾向。"荷马",他说,"几乎赞扬一切事物——动物和植物,江海和大地,武器和马匹。他不放过任何可以颂扬的事物而不颂扬。即使是他所辱骂的那个人,忒尔西特斯(Thersites),他也称其为'一个发音清晰的说话者'"。因此,

---

① 普鲁萨的狄翁(Dio Prusensis),《演说集》(*Or.*)XXXIII,II。

英雄史诗因其理想化倾向(这与它起源于古老的英雄叙事诗相关)而与所有其他文学类型相区别;从而,史诗从这种理想化倾向中获得了希腊教育史上的主导地位。一切文学类型都发源于人类自我表达的自然形式。因此,抒情诗诞生于民间歌谣,它将民歌的原始形式进行改造、提炼、完善;抑扬格诗歌是从狄奥尼索斯节日上到处被滥用的仪式中产生的;颂歌和祭祀大典上的颂诗则是由宗教仪式发展出来的;婚曲来源于公众的婚礼庆典,谐剧来源于狂欢节目(komos-revel)。[①] 后来的诗歌种类由之发展而来的原型可以分为关乎神灵崇拜、关乎个人生活和关乎共同体生活这三种。首先,那些来源于个人生活和宗教应用的诗歌类型,与教育不甚相干。[43]另一方面,英雄史诗则自然而然地致力于一种英雄理想的创造和延续;其教育目的和影响力远远大于所有其他类型的诗歌,因为它提供了生活的一个客观画面(它是一个整体),描绘了命数手中的人,为赢得一种高贵的奖赏而奋力拼搏。教谕诗和哀歌则沿着史诗划出的道路发展而来,二者在形式上都与史诗十分类似。它们从史诗那里继承了教育精神,之后又传递给其他类型的诗歌,即抑扬格诗歌和合唱诗。肃剧也一样,它的传统素材和道德教育精神都受惠于史诗,而不是得益于它自己的狄奥尼索斯起源。如果我们想到那些最有教育影响力的散文文学类型(诸如历史和哲学著作)是由各种思想观念和英雄史诗的哲学假设之间的冲突所创造的话,那么就会觉得自己在断言史诗是希腊一切高级文化的根源方面得到了有力的确证。

要表明在史诗的内部结构中起作用的教育因素,有两条接近问题的道路。一条是如史诗的现有样子来考察它们,将它们当作一个完整的整体,忽略科学的批评得到的结论和提出的问题。另一条道路是几

---

① 译注:komos-revel,古希腊有一个节目,叫作 komos,这一天,人们载歌载舞,尽兴狂欢,一直到晚饭后以火把游行而告结束。这种喜庆活动是多利安人发起的,他们是古希腊人的一支,主要居住在伯罗奔尼撒半岛、克里特岛等地,以粗犷放荡闻名。因此,早期的狂欢活动大都是些放荡的内容。参加活动的主要歌手当时叫 komoidos,即现在的"comedian",英语的"comedy"就是从"komoidos"这个希腊词来的,肃剧则来源于酒神赞歌,古希腊的吟游诗人叫 tragoidos,这里的 trago 就是"goat,山羊",oidos 即"singer",英语的 tragedy 就是从 trago,即"山羊"演变来的,因为当时的悲歌是为向古希腊的戏剧之神狄奥尼索斯(Dionysus)献祭的山羊而唱的。

乎毫无希望地被一大堆关于诗歌起源的假设所堵塞。两条道路都是行不通的，我们必须选择一种允执厥中的方法。我们应该认真对待史诗的历史发展，但没有必要觉得必须讨论这种历史分析的结果对研究的每一个细节的影响。① 即使是彻底的不可知论者也一定会承认那些显而易见的史前事实和史诗的起源；此即我们不同于古人的地方，古人在谈论荷马的教育价值时，总是把《伊利亚特》和《奥德赛》作为一个整体来考虑，②当然，现代的诗歌批评家们必定打算把它们作为整体来考虑，即使历史的分析表明这些整体只是后来的创造，是一代又一代的诗人在取之不竭的传统素材的基础上创造出来的。不过，我们必须永远接受这种可能性：即史诗不仅在它们的成长过程中吸收和改造了传奇故事的古老版本，而且，当它们完成之后，它们仍然允许后来发生的整段文章的插入。[44]因此，我们必须努力使诗歌的成长和完成的各个阶段尽可能地清晰和可理解。

我们关于原初英雄传奇的性质的想法，自然会影响我们对史诗发展历史的研究。如果我们假定史诗是从古代英雄歌谣中生长出来的——而英雄歌谣在许多民族那里是第一个出现的文学类型——那么，我们很难不认为，史诗最古老的形式是英雄业绩(aristeia)，即英勇非凡的传奇

---

① 我们可以简单地提一下关于荷马问题的一些杰出的现代著作，诸如维拉莫维茨的《〈伊利亚特〉和荷马》(*Die Ilias und Homer*, Berlin, 1916)，贝蒂的《荷马，史诗和传奇》(*Homer, Dichtung und Sage*, 2 vols., Leipzig, 1914)，莫莱(Gilbert Murray)的《希腊史诗的起源》(*The rise of the Greek Epic*，第二版，Oxford, 1911)。持整体一元论的作者，我们引用了司各特(J. A. Scott)的《荷马的统一性》(*The Unity of Homer*, Berkeley, 1921)，巴西特(S. E. Bassett)的《荷马的诗歌》(*The Poetry of Homer*, Berkeley, 1938)。理查德·杰布爵士(Sir Richard Jebb)在其著作《荷马》(*Homer*，第一版，1886)中就荷马问题及其在19世纪的发展写了一个导论。芬斯勒(Georg Finsler)的《荷马》(第二版，Leipzig, 1914—1918)里有一章关于荷马问题之历史的论述。关于《奥德赛》的分析参见本卷第40页，注释②，亦可参见鲍勒(C. M. Bowra)，《〈伊利亚特〉中的传统和设计》(*Tradition and Design in Iliad*), Oxford, 1930。

② 我们暂时不考虑亚历山大里亚学派的那些较晚的古代批评家，他们是第一批将历史分析方法运用到史诗研究之中并将他们认为是后世添写与插补的部分(χωρίζοντες)(例如《伊利亚特》第十卷的Δολώνεια[夜探敌营])从史诗中删除的人。另外一些人否认荷马是《伊利亚特》和《奥德赛》的作者。参见沃尔夫，《荷马导论》，Halle, 1795, clviii。亚历山大里亚学派关于荷马问题的分析方法，亦可参见莱尔(K. Lehr)的杰作《阿里斯塔库斯的荷马研究》(*De Aristarchi studiis homericis*)。

故事(the Tale of Prowess)——在其中,一个著名的英雄与一个强大的对手决斗并击败对手。[①] 与普通的战斗场景相比,一名单打独斗的勇士的英雄业绩更能激发我们的深层兴趣,前者会很快变得黯淡和模糊,它只有在那些由伟大的英雄人物所主导的片段中,才能变得真正令人激动。一场决斗比一场战斗更能唤起我们的同情和共鸣,因为勇士之间的决斗更富个人色彩,更清晰地显示出人物之间的相互作用,因为它的各种不同的冲突和动机构成了一种远为深刻的统一。对一名伟大勇士的英勇壮举的描绘永远具有一种强烈的指引作用。建立在史诗原型基础上的类似片段,后来出现在历史著作中。在《伊利亚特》中,英雄业绩是故事情节的高潮。它们的存在,自身就是完整的一幕,是在某种程度上独立于史诗的主要故事情节——这表明它们曾经完全独立于史诗,或者是在分离和独立的民谣基础上被塑造出来的。因此,《伊利亚特》的作者将特洛伊城下的战斗故事打碎,再糅合成阿喀琉斯的致命忿怒及其结果的故事,以及一系列重要片段——狄奥墨得斯(第五卷)、阿伽门农(第十一卷)、墨涅拉奥斯(第十七卷)的英雄业绩(aristeiai),以及墨涅拉奥斯和帕里斯(第三卷)、赫克托尔和埃阿斯之间(第七卷)的决斗。这一幕幕场景是英雄歌谣吟唱的民族的荣耀和欢乐:它们是民族理想的反映。

史诗的新艺术成就在于,将许多片段整合成一个统一的行动过程。通过把所有著名的英雄呈现为一场大剧的演员,史诗超越了古老的英雄歌谣(英雄歌谣只有关于故事情节的大致知识,只叙述单个的片段)。[②]

---

① 这一观点是由其中一个批评家奠定的,他对荷马问题的现代分析方法持一种怀疑态度,参见奈驰(G. W. Nitzsch),《希腊叙事史诗的历史贡献》(*Beitraege zur Geschichte der epischen Possie der Griechen*),Leipzig,1862,第57、356页。

② 古老的叙事歌谣或者*οἴμη*常常在一个序曲之后从一个选定的出发点开始:*ἔνθεν ἑλών ὡς οἱ μὲν ἐυσσέλμων ἐπὶ νηῶν/βάντες ἀπέπλειον*[他这样说完,随后歌者受神明启示演唱](《奥德赛》VIII,500)。不过,不仅仅是费阿刻斯的吟游诗人德莫多科斯(Demodocus)以这种方式开始吟唱;即使是《奥德赛》序曲的诗人,当他请求缪斯女神歌唱奥德修斯的返乡及其同伴们的命运时,也仍然遵循这一古老的技艺,从她喜欢的任何一个出发点开始:*τῶν ἁμόθεν γε, θεά, θύγατερ Διός, εἰπὲ καὶ ἡμῖν*[女神,宙斯的女儿,请随意为我们述说](*ἁμόθεν γε*[从某处]与*ἔνθεν ἑλών*[随后]相对应)。指示出发点的另一种形式,是*ἐξ οὗ*[从],如《伊利亚特》(I. 6)的序曲那样:*Μῆνιν ἄειδε, θεά, Πηληιάδεω Ἀχιλῆος ... ἐξ οὗ δὴ τὰ πρῶτα διαστήτην ἐρίσαντε...*[女神啊,请歌唱佩琉斯之子阿喀琉斯的致命的忿怒……从最初在争吵中分离时开始吧……]。

诗人将早期歌谣传诵的许多人物和事件整合成一个庞大的整体，一个特洛伊战争的英雄传奇。荷马的著作表明了他所持的信念：那场战争是终有一死的英雄为了最高贵的德性的拼死一搏。不仅仅是希腊的英雄：[45]还有他们的敌人，也是一个为了拯救祖国和自由而做出非凡努力的民族。“最好的征兆只有一个——为祖国为战”，①这是荷马放在最伟大的特洛伊英雄，而不是一个希腊英雄的嘴边的一句话，特洛伊英雄赫克托尔似乎更是一个真正的人，因为他为特洛伊而血洒疆场。伟大的亚该亚的勇士们是另一种英雄气质。对他们来说，爱国家，爱妻儿，并非不可抗拒的强大动力；史诗随处暗示他们为特洛伊人诱拐海伦一事复仇的目的；他们试图以理智的外交谈判来终止这场全方位的杀戮，让海伦回到她的合法丈夫身边。不过，这种公正并无真正的意义。对于亚该亚的军队，诗人真正感兴趣的不是其事业的正义性，而是各路英雄的辉煌业绩。

在搏斗、豪迈和死亡的变幻背景中冉冉升起英雄阿喀琉斯的悲剧命运。阿喀琉斯的故事是诗人将一系列战斗整合成一个诗歌整体的关键。阿喀琉斯的悲剧使得《伊利亚特》不仅仅是一处值得敬仰的古代遗迹和一场遥远的战斗，更使它成为了人类生活和苦难的不朽丰碑。史诗不仅在艺术构思上是一个规模宏大、结构复杂的统一体，并且取得了巨大的进步；它还包含着关于人类生活及其困境的一种新颖深刻的观点，包含着一种更为强烈悠远的沉思，这种沉思使得英雄诗歌远远超越于其原初领域之上，并赋予诗人一种作为最高意义上的教育者的新地位。现在，他不再是没有感情色彩的*美名的言说者*(Speaker of Fame)，只称扬悠悠往事及其伟大事迹。他是一个完全意义上的诗人，因为他创造和诠释了他所传承的故事。

归根结底，艺术创造和精神诠释是同一回事。我们很容易看到，希

---

① 《伊利亚特》XII，243。译注：特洛伊将领波吕达马斯(Polydamas)在阵前看见一只老鹰“用爪紧紧抓住一条血红色的巨蛇，活着的巨蛇拼力挣扎，不忘厮斗，扭转身躯，对准紧抓不舍的老鹰颈旁前胸一口，老鹰痛得松开爪子，把蛇抛下，落在那支队伍中间，它自己大叫一声，驭气飞逸”，以为是不祥之兆，临阵怯战，向赫克托尔建议退兵，所以赫克托尔回答说：“最好的征兆只有一个——为祖国而战。”

腊史诗在建构一个统一整体的艺术上的巨大优势和独创性，与它强大的教育力量有着共同的根源——都来源于它对人类生活及其问题的更深认识。在史诗发展的最后阶段，无论是其他民族，还是希腊民族，它们的共同特征是因为掌握了巨大的物质财富而欢乐俱增；不过，这种财富带来的欢乐并不必然导致伟大的史诗艺术。即使在那个时候产生了一首长诗，它也很容易蜕变为结构凌乱的历史浪漫传奇，以“勒达（Leda）和她的蛋”[①]开始讲起，[②][46]从英雄的出生到一连串乏味的传统故事。[③] 而荷马史诗则是聚焦的、生动的、戏剧性的故事，它开门见山，直奔主题（in medias res），把主要的故事情节放在铁砧上，一刻不停地急促敲打，反复锤炼。史诗因其令人惊异的洞察力，没有选择叙述整个特洛伊战争的历史，或者阿喀琉斯的全部生涯，而只显示了一个决定性的、具有代表性的危机时刻，它在一个短暂的时间场景中，引出十年的战争，连同所有的战斗以及过去、现在和未来的命运变幻。古代的批评家们指出了这种匠心独运的剪裁，而且对之赞赏有加。亚里士多德和贺拉斯（Horace）正是因此之故，都称荷马不仅仅是卓越的史诗诗人，而且是精通诗艺的最高典范。荷马因为此种剪裁而脱离了单纯的历史叙述；他将事件从实际材料的硬壳中剥离出来，加以熔铸再造，把问题是如何由于其自身的内在要求而发展呈现给我们看。

《伊利亚特》开端于一个伟大时刻。阿喀琉斯因暴怒而离开战场。希腊人心情十分压抑。就在他们要拿到多年辛苦征战的奖赏时，因为人自身的愚蠢和错误而失去了这一奖赏。在失去了他们最伟大的勇士之后，希腊其他的英雄们前所未有地英勇征战，充分显示了他们的勇武顽强。而敌人，因为阿喀琉斯的脱离战阵而信心大增，他们把全部力量压向亚该亚人，欢欣鼓舞地把希腊人赶离战场，并前所未有地压倒了他

① 译注：传说斯巴达王后勒达非常美丽，宙斯醉心于她的容貌，趁她在河中洗澡之机，化作一只天鹅与她交媾，于是她生下两个金鹅蛋，一个孵出了绝世美女海伦，一个孵出了德奥古利兄弟。

② 贺拉斯，《诗艺》（*Ars Poet.*）147。

③ 这是亚里士多德与贺拉斯在他们的诗学著作中所描述的循环史诗的叙述方式。《尼伯龙根之歌》的开头就是同一种方式：它从讲述其最伟大的英雄齐格弗里德（Siegfried）和克里姆希尔特（Kriemhild）的青年时代开始。

们，直到他们的艰苦处境感动帕特洛克罗斯前来帮忙。尽管阿喀琉斯不为希腊人的恳求和阿伽门农的高额赔偿所动，但帕特洛克罗斯死于赫克托尔之手最后赢得了阿喀琉斯的介入。为了给死去的挚友复仇，阿喀琉斯重返战阵，披挂出战，手刃赫克托尔，拯救了濒临毁灭的希腊人，以野蛮的古代哀悼仪式埋葬了帕特洛克罗斯，也从其挚友身上看到了即将加于自身的相同命运。当普里阿摩斯(Praim)在他面前卑躬屈膝，请求归还儿子赫克托尔的遗体时，阿喀琉斯的铁石心肠终于融化，并潸然泪下：他想到了自己年迈的老父，像普里阿摩斯那样失去儿子之后的悲伤情境——尽管他儿子现在暂时还在人世。

阿喀琉斯致命的忿怒是整个结构严密的故事的核心，这一怒火在盲目的光芒中燃烧，通观全诗，怒火之光笼罩了阿喀琉斯的整个身影。他是一名拥有超人的力量和勇气的青年英雄，他面临着英年早逝的注定结局。他有意选择了短暂而崎岖的人生道路，通向英雄之荣耀，而不是过一种漫长又可鄙的和平享乐生活。[47]他是真正的巨大灵魂(megalopsychos)，即一个自视甚高之人(the high-minded man)；缘此之故，他不向强大的对手屈服：他的对手阿伽门农剥夺了他征战沙场的唯一奖赏——他作为一个英雄的荣誉。① 史诗开始时，阿喀琉斯闪亮的脸庞随着心中的忿怒阴沉下来；即使是史诗的结尾，也不像通常的英雄业绩那样以庆祝胜利而结束。打败赫克托尔，手刃仇敌，阿喀琉斯并没有感到胜利的欢乐；在阿喀琉斯无可告慰的悲伤中，在希腊人对帕特洛克罗斯和特洛伊人对赫克托尔的阴森哀悼中，在胜利者对自身不可避免的毁灭结局的暗淡预知中，伟大的传奇故事缓缓拉上了帷幕。

一些批评家情愿砍掉诗的最后一卷，或者为之续貂直到阿喀琉斯之死。他们相信，实际上，《伊利亚特》原本是，或者现在应该是《阿喀琉斯纪》(*Achilleid*)。不过，他们毋宁是从历史的角度，而不是从审美的角度来读《伊利亚特》，他们研究的，与其说是它的形式，以及它所面对

① 按照亚里士多德《尼各马可伦理学》4.7 的理解，一个“巨大的灵魂”(*μεγαλόψυχος*)就是 *ὁ μεγάλων ἑαυτὸν ἄξιος ὤν*，即一个“自认为重大且确实重大的人”；阿喀琉斯被剥夺的是真正的德性应得之首要荣誉。关于阿喀琉斯作为亚里士多德心目中自重之人的典范，参见本卷“贵族与德性”一章，第 17 页，注释②。

和要解决的问题，不如说是它的内容。《伊利亚特》，这部颂扬特洛伊战争——阿喀琉斯击败强大的赫克托尔——最伟大的英雄业绩的诗歌，把注定要毁灭的英雄的悲剧和他们互相之间的争斗，以及他们与命运抗争的哀伤，融合在了一起。一个真正的英雄业绩宣告的是英雄的胜利，而不是英雄的陨落。阿喀琉斯知道，如果他决心为死去的帕特洛克罗斯向赫克托尔复仇，他自己注定也会在此后马上魂归黄泉；因此，在阿喀琉斯的此种决心中蕴含着深刻的悲剧；但此种悲剧不会演变成灾难。在《伊利亚特》中，这一悲剧被用作引发阿喀琉斯辉煌胜利的暗淡背景。阿喀琉斯的英雄行为不是古代武士的蛮勇，因为它是对一种壮举的深思熟虑的选择，以他自己的生命为代价而告终。所有后来的希腊人都同意这种对阿喀琉斯的性格的看法，并将其作为证明诗歌的道德和教育价值的证据。请注意，阿喀琉斯英勇决心的全部悲剧，只有在与他致命的忿怒、与希腊人和解努力的失败[①]交织在一起才出现；因为正是阿喀琉斯的愤怒拒绝，迫使好友帕特洛克罗斯杀入战场，并在希腊联军惨败的低谷中壮烈牺牲。

因此，我们必定会得出这样的结论：《伊利亚特》有一种道德上的设计。我们没有什么地方花费在这种研究上，而为了表明诗歌这一计划的每一个细节，这种研究是必要的。但是，即使我们在全诗中追寻此种计划（从而假定它作为一部艺术作品的统一性），[48]我们也不会因此就解决或者摒弃了荷马史诗的成长问题。[②] 尽管如此，如果要证明和强调史诗建立在一个单一的道德计划之上这一事实，就像我们在此研究中必须做的那样，那么，我们就要做很多事情来制止那种过度分析和过度解剖的学术倾向。我们不必问是哪个设计师设计了这一道德计划。无论它是属于诗歌的原初观念，还是后来的诗人补加给它的，要想对这种道德考量在既成作品中的存在视而不见是

---

① 译注：指希腊联军与特洛伊方和解的失败。

② 赫肯拉特（Roland Herkenrath）的《〈伊利亚特〉和〈奥德赛〉的道德设计》（*Der ethische Aufbau der Ilias und Odyssee*，Paderborn，1928）已经从伦理道德角度对二诗进行了充分的分析，作者认为伦理道德角度是对史诗的统一创作及其艺术的真正欣赏的最佳切入角度。赫肯拉特的著作包含许多有价值的评论，但他走得太远，过分强调了史诗起源问题的重要性。

不可能的；如果对此懵懂不觉，就会发现我们不可能领会《伊利亚特》的目的和效果。

在此，几个最重要的事实即可表明此种道德设计的存在。在《伊利亚特》第一卷中，当诗人叙说阿喀琉斯和阿伽门农的冲突，是如何因为后者侮辱了阿波罗的祭司克律塞斯(Chryses)以及神灵的愤怒而开始时，诗人自己的看法非常清楚。他不偏不倚，态度中立。他完整客观地叙说了双方在争吵中的态度，但也直率地表明了，在他们双方将自己的要求推向极端时，都犯了错误。在他们中间站着希腊的贤明长老涅斯托尔——自制(sophrosyné)和适度的化身。他阅历过三代有死的凡人；他现在看起来高蹈于纷乱的局面之上，不停地劝说以抚慰阿喀琉斯狂暴的激情。涅斯托尔是整场戏剧的平衡点。即使在诗歌的第一片段中，我们也可以听到蛊惑女神阿忒的主乐调(leit-motiv)。当阿伽门农第一次犯罪时，他被阿忒迷惑了；而在史诗第九卷中，又轮到阿喀琉斯被蛊惑女神所蒙蔽。[①] 阿喀琉斯"不懂得如何妥协"；[②]而是死死纠结于自己的忿怒不能自拔，从而越出了有死的凡人应有的限度。忿怒的后果超乎想象。他无比痛悔地诉说自己的盲目犯罪，诅咒阴暗的怨恨，正是这种阴暗的怨恨导致他背叛了自己的英雄使命，袖手旁观，枉然断送了挚友的性命。然而，所有的悔恨都为时已晚。[③] 当阿伽门农最后与阿喀琉斯重归于好时，他以同样的方式，滔滔不绝地抱怨蛊惑女神的毁灭性力量。[④] 与对待命运女神莫伊拉(Moira)一样，荷马以一种彻底的宗教眼光来展现蛊惑女神阿忒。她是一种凡人的力量很难逃避的神圣力量。荷马还表明了(尤其是在第九卷)，如果说人不是他自身命运的主宰，那么在一定意义上，他是钩织此种命运的一个无意识的同谋者。正是通过此种深刻的精神必然性，[49]希腊人——他们认为英雄壮举是人最高的自我表达——强烈地感受到了

① 参见《伊利亚特》I，411—412，阿伽门农受阿忒女神蛊惑的情节；在 IX，116 中，阿伽门农承认自己受到了阿忒的蛊惑；在 IX，510—512 中，菲尼克斯告诫阿喀琉斯不要受阿忒女神的蛊惑。

② 贺拉斯，《赞歌集》(*Od.*)I，VI，6。

③ 《伊利亚特》XIX，56 ff.。

④ 《伊利亚特》XIX，86ff.，137。

执迷不悟(infatuation)的这种魔鬼般的力量,并且看到了它植根于人的意志及其行为之间的永恒冲突;而亚洲的宿命论智慧则从此种魔鬼般的力量退缩,在对神圣的无为和寂灭的意志的赞美中,找到了安身立命的庇护所。希腊人认识命运问题的漫长进程,在赫拉克利特的箴言"ἦθος ἀνθρώπῳ δαίμων[性格即命运]"①中臻于极致;但其开端却在创造阿喀琉斯这一人物的诗人荷马那里。

荷马的作品整个地得到了一种包罗宏富的哲学的启示,这是一种关于人性和世界-进程的永恒法则的哲学,这种哲学看到并衡量人生中的每一个本质要素。荷马根据潜在于事物之下的普遍知识和永恒真理来思考每一个事件和每一个人物。希腊诗歌对说教式表达方式的爱好,用一种普遍的标准来衡量每一件事情以及从一般到特殊的推理的倾向,将传统榜样作为普遍类型和理想的频繁使用——所有这些都来源于荷马。史诗关于希腊人生活的最佳表达,是阿喀琉斯盾牌上的画像,《伊利亚特》第十八卷(第 478 行及以下)对此有全面的描述。

赫菲斯托斯(Hephaestus)在盾牌上绘制了大地、天空和大海,不知疲倦的太阳和一轮满圆的望月,以及密布天空的星座。他又在盾牌上造了两座美丽的人间城市。一座城市里正在举行婚礼和宴饮,人们在火炬光芒的照耀下正把新娘从闺房送到街心,唱起响亮的婚曲,青年们纵情起舞,长笛竖琴奏响美妙的乐曲,在人群中间回荡,妇女们站在各自门前惊奇地观赏。另有许多公民聚集在城市广场,那里发生了争执,两个人为一起命案争讼赔偿。长老们坐在光滑的石凳上,手握传令官的权杖,双方向他们诉说,他们依次作出裁决。

另一个城市正受到两支军队的进击,武器寒光闪耀,但意见还不统一:是否要把美丽的城市彻底摧毁。不过,居民们不愿投降,而是准备

① 译注:希腊人说的"ἦθος(ethos)",原义是指生物的长久栖居之地,"地"意味着动植物的成长环境和成长方式;于人而言,就是人所生活的自然和社会环境,因此它又指城邦社会的共同生活经验和风俗习惯;这种生活经验和风俗习惯自然而然地塑造"城邦公民"的习惯、气质和性格,所以这个词就有了"习惯、气质、性格"的意思;共同的生活经验和风俗习惯又形成共同的社会风气、精神品性、道德风貌和道德观念,关于它的系统思考,即伦理学(ethics)。

前行阻击，[50]城市交由他们的妻儿老小守卫。当他们来到准备设伏的地方——那是他们遛牛饮水的一处河岸，敌人蜂拥而前，一场激战沿着河岸爆发。投枪交掷：纷争(Eris)和恐怖(Kydoimos)这两个战争的恶魔，当他们战斗时在他们之间来回穿梭，人类的鲜血染红了死神(Kér)的衣衫，他正在混乱的人群中拖拉死伤的凡人。

赫菲斯托斯还绘制了宽阔的田野，有许多农人在地里赶着耕牛往返耕地，当他们转身耕到地的另一头，立即有人迎上去把一杯甜蜜的美酒递到他们手中。赫菲斯托斯还另外绘制了一处金秋时节的王家庄园。割麦人手握镰刀，割下的麦禾一束束地躺在地上，又被捆麦者一束束地捆起；庄园的主人(国王)也在他们中间，心中满是无言的喜悦；而他的侍从们正在远处的橡树下准备午饭。赫菲斯托斯还绘制了一片藤叶繁茂的葡萄园，有个少年弹奏竖琴，大家欢快地跟着他，和着他的节奏跳起葡萄收获季节的舞蹈；他又在盾上添上了一群肥壮的直角牛，以及守护牛群的牧人和奔跑敏捷的猎狗；优美的山谷间有一个大牧场，放牧着一群绵羊，还有牧羊人和羊圈。还有一处跳舞的地方，许多青年正和动人的少女手挽手翩翩起舞，而一位吟游歌手则和着竖琴曼妙地歌唱——所有这一切组成了人类生活的广阔画面。盾牌的边缘环绕着海洋，包围着整个世界。

这种人与自然之间的深刻和谐感——它是荷马对阿喀琉斯的盾牌进行描述的灵感源泉——在荷马的世界观中占据着主导地位。一种伟大的节奏渗透进运行不息的整体。诗人没有忘记告诉人们，每一个充满人类努力的日子，太阳如何在喧嚣和骚动之上升起又落下，继白天的劳作和战斗而来的是宁静和安眠，而夜晚又是如何在睡眠中放松人们的四肢，拥抱所有终有一死的人类。荷马既不是一个自然主义者，也不是一个道德主义者，他既不在生活的汹涌波涛中毫无立场地随波逐流，也不是一个站在岸边的冷眼旁观者，对他来说，自然的力量和精神的力量同等真实。对于人类的各种情感，他有一种锐利的客观的洞察。他知道他们的暴烈激情的巨大力量，这种暴烈的激情可以压垮人类自身，使人脱离他们自己的掌控。不过，尽管这种力量好像经常溢出自身的堤坝，但它永远为更远处的强大壁垒所控制。对荷马来说，一般地对希腊人来说，[51]道德的终极边界不只是人的道德义务的规则，而且还是存在(Being)的基本法则。① 荷马史诗的巨大影响力，归功于荷马这种对终极实在的感觉，这种对世界之意义的深层知识——与之相比，一切单纯的“现实主义”都是单薄和片面的。

在荷马看来，人的生活是由宇宙法则支配的；职是之故，荷马才是一个至高无上的艺术家。他不是被动地接受传统：他不是把历史事件作为单纯的流水账来记录，他设计了一个故事情节，这个情节按其自身的要求，在不可分割的因果关系的支配下，从一个阶段发展到另一个阶段。从第一行开始，史诗的剧情叙述就不间断地朝着合乎逻辑的目标展开了：“缪斯啊，请歌唱阿喀琉斯致命的忿怒，和他与阿特柔斯(Atreus)之子阿伽门农的争吵。是哪位神灵使他们相互争吵？”这一问题像射出的箭矢直奔目标。随之而来的是阿波罗的愤怒，阿波罗的愤怒只提供引起悲剧的关键因素：它被置于史诗的开头，就像修昔底德的《伯罗奔尼撒战争史》开头的原因说明一样。故事情节不是按照松散的年代顺序发展，而是全部按照充足理由来发展，每一个行动在其人物身上均有其根源。

不过，荷马不像现代作家那样，从人物内心来看他的行为，将其看作一种人的意识现象。在荷马的世界中，没有什么重大事件的发生不是某种神力帮助的结果。讲述故事的诗人必然是全知的。现代的作者会谈论每一个人物最隐秘的情感，仿佛他们自己走进了人物的内心世界。另一方面，荷马描述每个人物的行为都是受到神灵的指引，要划出一条界线是不容易的——越过这条界线，这种叙述方法就成了一种单纯的艺术手法；不过，如果有人坚持认为，诸神的介入无非是史诗艺术风格的一种技艺而已的话，那么肯定是错误的。因为荷马不是生活在一个合理化了的世界中，不是生活在一个充满陈词滥调、仅仅为诗意幻

---

① 以*αἰδώς*[羞耻]，*νέμεσις*[惩罚、报应]，*καλόν*[美、高贵]，*αἰσχρόν*[丑、卑劣]等形式出现的道德义务意识，当然在荷马那里也存在。它是道德的主观方面。但与此同时，人的道德本性，无论是在史诗，还是在后来的诗歌对这一问题的反映中，都以与客观实在的内在结构相一致的面貌出现。至于梭伦关于“正义(Diké)”的观念，参见本卷第179页及以下；阿那克西曼德自然哲学中的狄刻，参见本卷第205—206页；智术师的道德观及其与“自然法”之关系，参见本卷第396—402页；索福克勒斯的“和谐”，参见本卷第341页及以下。

想的画面所伪装的世界中。如果我们研究史诗中诸神介入人间事务的事例，我们就会发现一条从诸神偶然的外在干涉(这肯定是属于最早期的史诗风格的一个主题)到神灵对一个伟大人物的持续精神指引的发展线索，就像奥德修斯为雅典娜女神的长久感示所指引那样。①

[52]古代东方人不仅在诗歌方面，而且在宗教和政治方面，都相信神灵是这个世界的主要角色，在波斯、巴比伦和叙利亚的皇室铭文中，以及在犹太人的预言和历史故事中，神灵都被描述为人类一切行为和苦难的真正责任者。神灵总是对人间事务饶有兴趣。为了表明他们的喜好或者主张他们的权利，他们偏袒一方。每一个人都认为他的神要为降临在他身上的好和坏负责，是他的每一个灵感和每一次成功的主人。在《伊利亚特》中也一样，诸神分为两大阵营；毫无疑问，这是一种古老的观念；不过，某些发展中的特征是后来才有的——比如，诗人坚持主张，除了由特洛伊战争在天庭中制造的仇恨之外，存在着诸神之间的相互忠诚，诸神权力的统一及其神国的现实。任何事情的终极原因都是宙斯的意志。荷马认为，即使阿喀琉斯的悲剧也是宙斯意志的实现。② 诸神被用来确证每一个个体的动机在故事情节中的发展。这种情况并不与正常的心理动机相冲突，每一个事件中的心理学方面和形而上学方面都不互相排斥：相反，荷马认为它们是相辅相成的。

这种情形给了史诗一种奇怪的双重特征。听众必须从两个角度来看待每一个行为——因为它同时发生在人间和天上。表现戏剧的舞台有两个层次，我们同时要在人的目的和行为中，以及掌控世界的诸神的更高目的中了解故事情节。自然，这向我们表明了人类行为的十足局限和短视，它依赖于一种不可预测的超人力量的裁决；剧中的人物不像

---

① 我们断不能说，诗人在《伊利亚特》和《奥德赛》中使用的神的动力(divine motivation)，从一开始就是，或者逐渐成了，一种单纯的史诗技艺的机械装饰。当然，史诗中也有一些段落，在那里，神的动力就像一个外在的机械神(deus ex machina)那样运作(例如，在雅典娜为了伪装的目的将奥德修斯变成一个年轻人或乞丐时)；但是在整体上，《奥德赛》显示出一种有意识的努力，力求赋予这一传统的史诗形式以新的宗教意义。因此，神的指引的原则在《奥德赛》中的运用甚至比在《伊利亚特》中的运用更加彻底。

② 《伊利亚特》I,7：*Διὸς δ' ἐτελείετο βουλή*[就这样实现了神的意愿]；这里，宙斯的意志在诗歌的开端是作为事情的终极原因来强调的。

诗人那样知道这些神灵的要求。如果我们思考一下中世纪用德文和拉丁文写作的基督教史诗,回想它们如何将神灵排除在故事情节之外,因而只从主观方面把每一个行为仅仅作为人的行为来描述,那么我们就会认识到它们与荷马史诗深刻的现实感之间的巨大距离。荷马认为人类的每一个行为和苦难都与诸神有关,这一事实迫使希腊的诗人看到人的一切行为和命运中的永恒意义,在一个普遍的世界图景中找到它们各自的位置,并且用最崇高的宗教和道德标准来衡量它们的价值。[53]因此,希腊史诗比中世纪史诗,有一种远为丰富和客观的人生观。再者,在洞察深邃方面,只有但丁堪与荷马相伯仲。① 荷马史诗包含着全部希腊哲学的坯胎,②我们可以在其中清楚地看到希腊思想的人类中心论倾向,这种倾向与东方神形态的哲学(theomorphic philosophy)形成强烈的对比,东方哲学将神看作独一无二的演员,而把人仅仅看作道具或者神的行为的对象。荷马坚定地把人及其命运置于前台,尽管他从永恒的角度(sub specie aeternitatis),即从最崇高的普遍理想及所面临的问题的角度来看待他们。③

《奥德赛》甚至比《伊利亚特》更显示出英雄史诗的这种结构特征。这是一个时代的作品,这个时代将其信念系统化和理性化了;至少我们现在所拥有的诗歌是在这样一个时代完成的,并打上了这个时代的清晰烙印。当两个民族发生战争,并以祈祷和牺牲向他们各自的神灵求助时,诸神被置于一种窘迫之境中——如果它们的崇拜者相信它们的

---

① 参见本卷第 52 页。

② 荷马史诗与希腊哲学的一致之处在于这一事实:二者都呈现实在(reality)的整体结构,尽管哲学的呈现是以理性的形式,而史诗的呈现则是以神话的形式。"人在宇宙中的地位"这一主题——它也是希腊古典哲学的主题——在荷马那里已经时刻不停地出现,而荷马也从未有一刻忘怀于它。参见本章对阿喀琉斯的盾牌的描述,它是荷马关于人的生活和德性的看法的普遍性和彻底性的完美说明。

③ 以东方哲学关于人的观念作为参照背景来看,荷马的观念是人类中心论的和人文主义的。但是,另一方面,必须强调的是,它绝不是片面的人类中心论,当我们将其与后世主观主义的人类中心论对比时,例如与公元前五世纪时的智术师对比时,荷马的观念就断然是以神为中心的。在荷马那里,人的任何事情都涉及到一种无处不在的神圣力量和规范。柏拉图认识到了这一点,并在其哲学中恢复了二者之间的平衡。参见拙著《人文主义和神学》(*Humanism and Theology*),阿奎那(Aquinas)讲座,Marquette University Press,1943,第 46 页及以下,第 54 页及以下,以及本书第二卷。

全能和公正的话。因此，我们可以在《伊利亚特》连带其相对比较进步的道德和宗教信念中，发现一种调和的努力：一种不可分割的、有智慧的神圣权力的理想，与绝大多数神灵作为局部的和专门化的神祇的原初观念之间的调和。希腊的神祇极富人性，与人类很亲近。诸神的人性特征使希腊贵族(他们自觉地为自己的神圣世系感到骄傲)误以为天庭中的掌权者的行为和生活与他们自己地上的生活没有什么不同。在整部《伊利亚特》中，这种信念——它经常遭到后世抽象的观念论哲学的攻击——一直都在为一种关于天庭权力、尤其是关于最高神祇的深刻宗教观让路，这种宗教观是后来的希腊艺术和希腊思想的最高理想的坯胎。不过，直到《奥德赛》之前，关于诸神的权力问题，我们一直没有发现一种更合乎逻辑、前后一贯的观点。

《奥德赛》第一卷和第五卷开头部分天庭中集会商议的想法，自然是从《伊利亚特》中借来的；不过，在《伊利亚特》诸神喧嚣嘈杂的争吵与《奥德赛》庄严肃穆的会议之间，存在着强烈的对比。在《伊利亚特》中，宙斯通过身体暴力的威胁要求至高无上的权力；[①][54]而其中的一个神灵会使用非常人性化的手段欺骗另一个神灵，或者使其权能无效。[②]但是，在《奥德赛》中，主持天庭会议的宙斯将世界-良心(world-conscience)的一种更高哲学观念人格化了。通过对人的苦难的问题以及人的错误与命运之间不可分割的联系问题的一般讨论，宙斯开始了关于奥德修斯的命运的讲话。[③] 整部诗歌充满了相同的目的——为神对待人的方式辩护。[④] 诗人认为，最高的神祇是一种全知的力量，远远高于必有一死的人类的一切思想和努力：这是一种精神力量，其本质是思想；这种力量无限地优越于那种盲目的激情——盲目的激情使人犯罪、使他们陷入蛊惑女神阿忒之网罗。此种道德和宗教理想支配着整个奥德修斯的苦难故事和佩涅洛佩的追求者们的狂妄自大，后者的傲慢无礼只有他们的死亡才能补偿：问题清楚地摆出来了，它在同一个观念的

---

① 这方面最令人困惑的例子是《伊利亚特》VIII，5—27 中宙斯的威胁。

② 最著名的例子是《伊利亚特》XIV 中宙斯的受骗(Διὸς ἀπάτη)。

③ 《奥德赛》I，32ff.。

④ 参见本卷第 182 页，以及拙文《梭伦的〈欧诺弥亚〉》对《奥德赛》I，32ff. 的阐释。

支配下一直发展到终点。

支配整个故事并在最后将故事带向一个公正和幸福的结局的神圣意志，自然而然地出现在故事的危机时刻——它的出现总是水到渠成而且行事全能。因为诗人将一切偶然事件系统化了，以与他自己的宗教信念相协调。因此，剧中的每一个人物都是前后一贯且恰如其分的。这种严密的道德安排可能属于《奥德赛》文本发展的最后阶段。[①] 荷马的批评家们尚未解读出其中的进程——通过这一进程，这种严密的道德安排被置于传统的奥德修斯传奇的早期版本之上。总体宗教和道德结构支配着整个最后版本的《奥德赛》，除此之外，史诗还包含着许多欢乐的小主题——田园牧歌、英雄传说、冒险故事、妖怪传言。不过，《奥德赛》的魅力主要还不在于它们；《奥德赛》核心结构的严整统一和直截了当为所有的世代所称道和羡慕，这应该归功于一个核心的道德和宗教问题的广泛而全面的发展。

上文所述只涉及荷马史诗影响深远这一现象的一个方面。正如荷马将人和国家的命数分派给它们在一个明确的道德世界内的应得位置，同样，他也将他的每一个人物安置在他自己的适当世界中。他从来没有把抽象的人、纯粹精神的人显示给我们。荷马史诗中的男人和女人都是完整的、活生生的个人。他们不是缺乏真实性的人物（lay-figures），进入某个引人注目的乐队或者陷入某种剧情态度，然后纹丝不动。[55]他们有他们自己的生活：他们是那样真切，几乎触目可见，伸手可及；他们的各种行为是和谐一致的，他们的生活与真实世界的生活相一致。请想象一下奥德赛的妻子佩涅洛佩。她本可以被迫表达一种更加强烈奔放的感情，对更激烈的喜怒哀乐姿态感到兴奋；不过，在整部史诗中，剧中人物和听众都不支持这种情感的放纵。荷马的人物总是自然而然的；他们每时每刻都在表达着自己的全部本性；他们是被全方位地想象出来的，是以一种无比的亲密和生动的质感造成的。佩涅洛佩在她的房子里是家庭主妇，在傲慢无礼的求婚者中间，则是为失去

---

① 关于史诗现存形式中的《奥德赛》设定及其起源，试比较本卷第 40 页及以下，尤其是注释。

的丈夫而祈祷的弃妇；佩涅洛佩是她的侍女们——无论是忠诚的，还是不忠诚的——的主人，是她珍爱的独子的母亲：她没有人可以求助，除了忠实的老猪倌和奥德修斯的父亲——他已经弯腰驼背，远离城市，在他自己的一个小农场里工作；她自己的父亲又远水解不了近渴。一切都是那么单纯而合乎逻辑；她的性格特征涉及到了生活的方方面面，从而以一种静悄悄的必然性发展成一个真正的雕塑整体。荷马的雕刻力量的秘密在于，他有着把每一个人物置于属于他（她）自己环境中的天赋才能，就像数学家在一个几何系统中确定一个点那样清晰和准确。①

归根到底，是希腊精神，连同它对形式的清晰性的天赋热情，使荷马创造出一个完整而独立的秩序世界，其中的变化与命运性的发生总是为一种稳定和秩序的要素所平衡。我们今天来研究他，当我们看到希腊文化特有的全部力量，看到通过希腊历史发展出来的、已经呈现在荷马作品中的精神趋向时，我们只能拍案惊奇。当然，如果我们只阅读这两部史诗本身，这种惊奇赞叹之感不会那么明显；不过，当我们以一种广阔的视野来思考荷马以及后来的希腊人时，我们就必然会看到精神的潜在同一性。这种同一性的最深基础在于遗传、血统和种族的未经解开的秘密。当我们研究它们时，既感到它们与我们如此亲近，又感到它们与我们是如此遥远；这是对同一种类不同成员之间必要差异的确认——这种必要差异正是我们与希腊世界交往的真正受益之处。[56]我们可以凭直觉，而不是凭逻辑，感觉到种族和民族性的因素仍然以一种奇妙的永恒性，在精神的全部历史变迁中、在命运变化的大潮中继续起作用；不过，在思想方面，我们一定不能低估荷马创造的完整的人文世界对后世希腊的无可估量的影响。荷马的世界是泛希腊精神的第一个作品：它使希腊人第一次意识到他们属于一个民族；从而给所有后来的希腊文化打上了不可磨灭的印记。

---

① 特别是在此情景之下，我突然想起有一本关于荷马的书还没有写，这本书就像理查德·海因策（Richard Heinze）的《维吉尔的史诗技艺》（*Vergils epische Technik*），或者就像普雷斯科特（H. W. Prescott）的佳作《维吉尔的艺术》（*Vergil's Art*）——他的这部著作是受海因策的启发而作。不过，巴西特的《荷马的诗歌》（*The Poetry of Homer*, Berkeley, 1938）里面也有这方面有价值的评论。

第四章　赫西俄德:农夫的生活

[57]希腊人称波奥提亚(Boeotia)的赫西俄德为荷马之后最伟大的诗人,他描绘了一个与荷马的贵族世界截然不同的世界。他的《劳作与时日》(它晚于他的另一部著作《神谱》,比后者更是希腊土壤原汁原味的产物)生动地记录了约公元前八世纪末希腊大陆的农夫生活,荷马对早期伊奥尼亚普通人的生活只是偶然提及,赫西俄德的诗作是不可或缺的补充。不过,在对希腊文化发展的研究中,《劳作与时日》也是一部具有特殊意义的作品。荷马的诗歌说出了一个基本的事实:即一切文化都起源于一种贵族理想的创造,此种贵族理想是通过对适合于一个贵族或英雄的品质的精心培育来造就的。赫西俄德则为我们道出了文明的第二个基础:劳作。当后来的希腊人给赫西俄德的教谕诗以《劳作与时日》之名时,他们显然认识到了这一点。英雄主义和具有永恒价值的德性,不仅仅从武士与其敌人的殊死决斗中发展而来,而且还从劳动者对抗各种自然力和坚硬土地的持久而无声的战斗中发展而来。希腊作为文明的摇篮,把劳作高列于诸美德之中,不是无足轻重的。我们决不能被荷马式贵族无忧无虑的生活所蒙骗,以至于忘记了希腊的土地永远需要其人民艰苦而持久的耕作。通过将希腊与其他富裕民族的比较,希罗多德证实了这一点。他笔下的一个人物说道:"希腊的国土

天生贫瘠，但由于智慧和严格的法律，希腊人自己却得到了勇气；而希腊便利用这种勇气，驱除了贫困和暴政。”[①]希腊是一个山地国家，山脉将国土割裂成许多狭长的峡谷和偏远的区域。它几乎没有任何像北欧那种广阔的易于耕作的平原；希腊的居民战天斗地，土地的全部产出仅够维持生存。他们一直相信，畜牧和农耕是最真实、最重要的劳动方式，而[58]航海只是在后来的沿海地区才成为最重要的劳动。[②] 在早期，希腊主要是农业国家。

不过，赫西俄德不仅仅是一个希腊的农事诗人。在他的作品中，我们还可以看到一种贵族文化及其智力酵素(即荷马史诗)，是如何影响希腊社会下层阶级的。希腊文化不只是上层社会将自己的行为举止和道德风尚强加于社会的其他阶层而已；每一个阶层都为希腊文化做出了自己的贡献。即使是粗鄙迟钝的农夫，也因与贵族阶层高雅文化的接触而受到了深刻的影响。在那个时代，引用荷马诗歌的吟唱诗人是上层生活的信使。在《神谱》的著名序曲中，赫西俄德说明了他是如何成为一个诗人的：当赫西俄德在神圣的赫利孔山下放牧羊群时，缪斯女

---

① 希罗多德，《历史》7.102。

② 贺拉斯的著名颂诗《装备有橡木和三层铜甲的肝胆》(Illi robur et aes triplex circa pectus erat)(译注：参见《贺拉斯诗选》[李永毅译，中国青年出版社，2015 年版]，“颂诗”第三首：“最先把蜉蝣似的小船，托付给凶蛮大海的人，必定有橡木和三层铜甲的肝胆”)，是早期希腊人恐惧海洋的一个迟到回响(其他拉丁作家也表明了海洋的危险)。贺拉斯显然是在借鉴一首已不为我们所知的希腊抒情诗。即使在赫西俄德时代，海上贸易与扬帆远航仍被认为是违背诸神的意志的[冒险]。确实，我们在《劳作与时日》中发现了一整段插入的文字，是描写海事(*ναυτιλίη*)的格言，第 618—694 行，它说的是，无论如何，海事应该仅限于一年中最适合航海的季节，例如夏末和初秋，这个季节狂风暴雨与船毁人亡的危险不是很大，但是海员们被警告说，不要在“新鲜葡萄酒上市、秋雨季节以及南风神的可怕风暴来临时”扬帆离岸。春天是海员们的另一个季节，而尽管许多人确实在春季扬帆出海，但是诗人并不赞同。原稿的文本在《劳作与时日》第 682 行处必定有错乱，因为“*εἰαρινός*[春天，春季]”一词是第 678 行中同一个词的弱重复。海尔(Heyer)推测，第 682 行中的词是“*ἀργαλέος*[可怕的，令人烦恼的]”，作为一种猜测，这看起来令人满意。诗人不喜欢春季的*πλόος*[有利于航海的时机]，因为它是*ἁρπακτός*[一下子抓住的，抢来的]，是另一个困难的但显然是真实的修饰语——这个修饰语必然意味着人们从诸神手中夺取春季虽早但充满危险的航海机会：*ἁρπάξουσι πλόον*[抢夺来的有利于航海的时机](参见第 320 行；译注：“财富不可暴力抢夺，神赐的财富尤佳”)。参见本人关于圣保罗的《腓立比书》(*Epistle to the Philippians*)中的*ἁρπάξειν*[劫掠]和*ἁρπαγμός*[掠获物]的文章《赫尔墨斯》L，1915，pp. 537—553。我们应该注意到，赫西俄德的正义城邦中的居民根本就没上船，参见《劳作与时日》，第 236 行；《神谱》，第 869—877 行。

神教给他一支光荣的歌，而且给了他吟唱诗人的奇妙树枝。① 不过，阿斯克拉（Ascra）的吟唱诗人带给乡下听众的不只是荷马诗歌的激情与火焰。他的思想和情感深深植根于原始农耕生活的肥沃土壤；广阔的经历使他超越于一个单纯的荷马式诗人的角色，也使他因其自身之故而成为一个诗人，缪斯女神让他从农夫的劳作和生活理想中创造出永恒的诗篇，并将它们置于希腊的全部精神遗产之中。

赫西俄德为我们展示了希腊陆地平原生活的一幅清晰画面。尽管一个民族的这部分生活与另一部分如此不同，以至于我们不能根据诗人对波奥提亚生活的叙述而任意普遍化。不过，一般而言，在很大程度上，这是典型的希腊生活。权力掌握在土地贵族手中，文化也由土地贵族传承。但是，农夫们有他们自己的生活，一种具有相当的智力和法律独立性的生活。他们是自由的农夫和牧人，依靠自己的劳动所得而生存：在此，我们没有听说农奴的身份处境；②没有任何迹象表明，农夫们是大迁徙期间（像拉科尼亚的奴隶那样）从一个被征服的种族转化而来的。他们每天聚集在市场或者*λέσχη*［闲谈和打听消息的聚集场所］，讨论公共和私人事务。③ 他们自

① 赫西俄德，《神谱》，第22—34行。序曲第1—21行以对赫利孔山的缪斯女神的赞颂开始，然后继续："曾经有一天，当赫西俄德正在神圣的赫利孔（Helicon）山下放牧羊群时，她们教给他一支光荣的歌，这些话是女神们对我说的"；他引用了女神们的这些话，说她们怎样摘了一根树枝并给了他（"我"），并用歌声鼓励他。从第三人称突然转换为单数第一人称，有人由此得出结论，赫西俄德必定是一个与下述诗行中把他自己叫作"我"的人不同的人。这会导致我们把赫西俄德看作在时间上先于《神谱》的作者的另一个著名诗人。例如，伊夫林-怀特（Hugh. G. Evelyn-white）在其为"洛布古典丛书"编辑赫西俄德的相关内容（London，1936，p. xv）时已经得出这样的结论。伊夫林-怀特在古典时代就已经有了一些先行者，因为泡撒尼阿斯（Pausanias）（IX，31，4）评论说，一些学者认定《劳作与时日》是赫西俄德的唯一诗作。本人对此不敢苟同，在我看来，这是一种误解，在一本必须说出作者姓名的书的开场白中，说话者从第三人称到第一人称的转换是一种相当自然的变化。他当然不能说"我是赫西俄德"，即使在公元前五世纪，一个作者也会在一个完整的句子中以第三人称说出他的名字："雅典的修昔底德写下了历史，等等"，但在此之后，他会继续说，"（至于更早的时代），我并不认为它们非常重要（*οὐ μεγάλα νομίζω γενέσθαι*）"。

② 农夫们有自己的雇工（*δμῶας*），参见《劳作与时日》，第597行等；但在第602行，赫西俄德也谈到了只在收获时节被雇佣、事后被打发的劳动者，参见维拉莫维茨，《赫西俄德的〈劳作〉》（*Hesiodos Erga*），Berlin，1928，第110页。

③ 赫西俄德，《劳作与时日》，第393、501行；诗人在此处提到了"拥挤的休息室"（*ἐπαλὴς λέσχη*）是懒汉们喜欢的地方，尤其是在严寒的冬天，当严寒使他们远离田野劳作的时候。

由自在地批评同伴甚至是贵族的行为。“人言”，即φήμη[蜚短流长]，[59]深刻地影响着普通人的名誉和成败：因为他只有成为人群的一部分才能赢得地位和尊敬。①

赫西俄德写作《劳作与时日》的外在机缘，是他与他那个懒惰、贪婪、好争的弟弟佩尔塞斯(Perses)之间的诉讼。佩尔塞斯挥霍了他自己的那部分遗产；之后，通过贿赂法官，他打赢了分享赫西俄德那部分遗产的官司，现在来向他哥哥提出新的要求。② 诉讼其实是一场势力和权利之间的较量；但是赫西俄德没有提到这一点，似乎这只不过是一个特例。他表达了绝大多数农夫们的普遍心情。即使如此，他还是直言不讳地批评了受贿的贵族及其对权力的恶劣滥用。③ 这显然是一种与荷马史诗中由家长制贵族主导的生活不同的生活。在赫西俄德之前，确实存在着这种贵族专制和群众的不满：不过，赫西俄德相信，荷马的英雄们生活在一个完全不同的世代——一个比“黑铁时代”好得多的世代，赫西俄德在《劳作与时日》中把黑铁时代描绘得暗淡无光。④ 没有任何别的东西像赫西俄德对人类五个时代的叙述那样，表达出了劳动人民的彻底悲观，从克洛诺斯(Kronos)统治的黄金时代开端，逐渐堕落为现在的黑暗时代，正义、道德和幸福都降到了最低点：

> 羞耻[Aidos]和敬畏[Nemesis]两女神以白色长袍裹着绰约多姿的身形，离开道路广阔的大地去往奥林匹斯山，抛弃人类加入永生神灵的行列。人类陷入深重的悲哀之中，面对罪恶无处求助。⑤

---

① 参见赫西俄德，《劳作与时日》，第760、761、763行，关于“人言(φήμη)”重要性的各种谚语。

② 赫西俄德，《劳作与时日》，第27—39、213—214、248、262行。

③ 赫西俄德，《劳作与时日》，第39、221、264行。

④ 赫西俄德遵循传统，把人类分为黄金时代、白银时代、青铜时代和黑铁时代，不过，他在青铜时代和黑铁时代之间，插入了英雄时代，即荷马所描绘的时代。他将英雄时代看作他自己的时代(也即黑铁时代)之前的那个时代。显而易见，这是一个次生的创作，目的是为了将荷马世界的画面带进诗中，对赫西俄德来说，荷马的世界像他自己的时代那么真实无疑。赫西俄德所插入的英雄时代不适合按年代顺序逐渐退化的金属建构。赫西俄德经常将各种神话故事混合在一起或者自己凭空增补。

⑤ 赫西俄德，《劳作与时日》，第197—201行。译注：本书《劳作与时日》相关引文均参考张竹明、蒋平译本，北京：商务印书馆，1996，略有改动。

那种荷马式贵族统治的幸福世界所创造的纯粹文化理想，是不可能由这样一种严酷的田野生活创造出来的。因此，搞清楚普通百姓在将贵族理想发展成为一种覆盖全民族的文化类型方面做出了什么贡献，是非常重要的。对这个问题的回答的关键在于这样一个事实，即那时的农村尚未为城市所征服。古老的封建文明主要植根于土地。农村生活还不是智力未开的同义词；它还没有被按照城市生活的标准来衡量。“农夫”一词还没有“未受教化”(uncultured)的含义。[①] 那时，即使是城市(尤其是那些希腊大陆的城市)大多还是一些乡村市镇，而且大部分保持不变。[60]土生土长的道德、思想和信仰稳步成长，就像大地出产的谷物百草真正是土地的产物那样。[②] 城市的压路机还没有将乡村民谣中所有不同寻常的或者富有个性的东西压成扁平。

在乡村，土地贵族是高级精神生活的领导者，这是自然而然的。正如《伊利亚特》和《奥德赛》所显示的那样，荷马史诗首先是由那些流浪的吟游诗人在贵族庄园中歌唱的。不过，赫西俄德本人，在他成为一个职业的吟唱诗人之前，是一个在农村生活环境中劳作成长的农夫。他为之写作的公众首先且主要的是农夫，尽管如此，他仍然认为他们会理解他所使用的荷马风格的语言。农夫学习荷马史诗时所开启的精神进程在赫西俄德本人的诗歌结构中得到了最佳显示，因为这些诗歌反映了赫西俄德自己朝着文化的进步。所有他不假思索地处理的题材都进入了已经固定的荷马诗歌范式，词组、短语、诗句，甚至是整段诗行，都借自荷马。赫西俄德使用的理想化的史诗修饰词来自荷马。这种借用在新诗的风格和内容之间产生了一种鲜明的对比。尽管如此，对于植根于土地的平实农夫们来说，在他们能够将自己一知半解的思想和灵

---

① “未受教化”是希腊语“*ἀγροῖκος*”一词后来产生的意义。参见泰奥弗拉斯托斯(Theophrastus)的《人物志》(*Characters*)IV 这一名称之下的人的类型。

② 我们已经表明，即使城邦认为“乡村生活”与“没有文化”是一回事的时候，色诺芬仍在其著作(尤其是《家政论》[*Oeconomicus*])中表达了一种截然不同的看法。但是，地主乡绅的乡村观念不是平原地区的农民和牧人的乡村观念，后者才是赫西俄德在《劳作与时日》中要揭示的。让色诺芬与赫西俄德一致，并将他们与后来希腊化时期的田园诗区分开的，是平淡无奇的现实生活，对他们来说，这种平淡无奇是农夫们的那种生活方式所具有的。参见本书第三卷，第 209 页及以下。

感带给那种深思熟虑的明晰和道德信念之前(只有这种深思熟虑的明晰和道德信念才能让他们找到一种满意的表达),先适应一个高等社会的陌生措辞和理想,是必需的。当赫西俄德时代的农夫逐渐熟悉荷马的史诗时,他们获得了一个表达方式的大宝库。但这还不是全部。他们同时也发现,荷马(尽管他那英雄主义的、激情飞扬的语调与他们自己的朴素生活是如此不同)尖锐而清晰地表达了人类生活的最大问题(这告诉他们如何从日常生存的狭隘斗争上升到一种高级而纯粹的精神境界)。①

赫西俄德的诗歌也相当清晰地告诉我们,除了荷马,还有其他什么精神遗产在波奥提亚的农夫们中间世代相传。《神谱》中传奇材料的丰富宝库包含着许多我们从荷马那里就熟知的故事,同时也包含了许多其他地方没有的古代传统。[61]当然,我们并非总是能够将已经揉进诗歌的神话故事从那些口耳相传的材料中区分出来。在《神谱》中,赫西俄德最清晰地显示了他作为一个创造性思想者的能力。《劳作与时日》更接近于农夫的真实生活;不过,即使在《劳作与时日》中,为了确保让听众开心,赫西俄德会突然打断自己的思路而讲述一个长长的神话故事。② 平民百姓与贵族一样对神话故事兴趣盎然:神话将他们唤醒,并将他们带入长久的思考和故事之中;神话概括了他们全部的生活哲学。但是,赫西俄德对神话的本能选择,反映了农夫的独特见解。显然,赫西俄德更青睐那些表达农夫对生活的真谛产生悲观看法的神话故事,或者那些描写使他烦恼的社会难题的起因的神话故事。比如普罗米修斯的神话,赫西俄德在其中找到了解决人类生活之艰难和困苦的方法;比如他对世界的五个时代的描绘,解释了农夫的实际生存与荷马世界的辉煌生活之间的巨大差异,反映了人们对一个更加美好的世界的恒久怀恋;比如潘多拉神话,它表达了令人讨厌的朴素信念(这是

---

① 参见荷马对哀歌与抒情诗的形式和语言产生影响的类似现象,参见本卷第114—115页及以下,第149—150页,第156—158页。

② 那些认为《劳作与时日》和《神谱》是两个不同诗人的作品的人(参见本卷第75页,注释①)肯定是对这一事实视而不见:即《劳作与时日》只有在《神谱》那种活生生的神学思想的背景之下才能得到理解,《神谱》不再表达荷马对于神话传统的那种纯粹客观的态度,而是以一种新的、几乎是哲学的精神渗透到神话传统之中。

荷马世界中的骑士所没有的)，即女人是万恶之源。① 我们可以大致不差地断定，赫西俄德肯定不是第一个在乡野村夫中间传播这些故事的人，尽管毫无疑问，他是第一个将其牢固地置于鸿篇巨制的广阔的社会和哲学框架之中的人。举个例子，赫西俄德讲述普罗米修斯神话和潘多拉神话的方式，就预设了他的听众对这些故事早已耳熟能详。② 对这些神话故事的宗教意义和社会意义的普遍兴趣，在赫西俄德那里，完全压倒了对英雄传奇的热爱，而后者是荷马所青睐的。一个神话就是对一种生活的根本态度的表达。基于此，每一个社会阶层都有自己的神话故事。

除了这些神话故事，一般的民间艺术也是古代实践智慧的宝藏，它是由远古时代无数籍籍无名的劳动者贮存起来的。这种实践智慧部分是由农业和其他职业的知识组成，部分是由道德准则和社会规则组成，它们全部被压缩成了简短扼要的格言警句，扎根于人们的记忆深处。赫西俄德的《劳作与时日》包含了诸如此类的丰富传统；尽管研究赫西俄德的性格特征和生平历史及其思想发展的学者们，对诗歌第一部分的深刻哲学思考抱有更浓厚的兴趣，但是，一些最佳的篇章却见于简洁紧凑的格言警句，[62]其中许多是以原始的形式传承下来的。《劳作与时日》的第二部分囊括了农夫生活的全部传统——关于娶妻生子成家立业的古训，关于一年四季田野劳作的告诫，以及关于时令节气之变化的指导，连带着四季服饰更换和海上航行的建议。这一切都是以简明扼要的道德诫命或禁令作为开端和结尾。谈到赫西俄德的诗歌成就，我们已经略有提及：此处的任务只是分析农夫们的文化，赫西俄德的诗歌是为农夫们写的。但是，诗歌的第二部分显示，这种文化是如此平淡

---

① 赫西俄德，《劳作与时日》，第 81 行及以下；《神谱》，第 585 行及以下，第 591 行及以下。

② 参见作者讲述潘多拉的盒子(πίθος)这个神话故事时的松散方式。赫西俄德并不是真的在讲故事，而是理所当然地认定其听众对故事细节耳熟能详。以前的批评家们曾经由此得出结论说，关于πίθος的整个部分必然是一个漏掉了故事的这个部分的吟游诗人后来插入的。不过，本人希望他们不再在现代找到追随者。类似地，宙斯愤怒的原因，即普罗米修斯在科涅的祭肉一事上将诸神出卖给人类，也不是在《劳作与时日》第 48 行里讲述的，只是简短地提到了一下。在《神谱》第 535 行及以下，故事的这个部分得到了完整的讲述；因此，与《劳作与时日》的其他段落一样，另一首诗中的提示也指向《神谱》，参见本卷第 82 页，注释②。

无味，以至于我们根本没有作分析的必要。它的内容、形式、结构都清楚地表明，它们均为普通民谣的组成部分。这与贵族阶层的文化形成完全的对比。在思考教育和为人处世方面，赫西俄德笔下的农夫完全不敢想象一种贵族理想的完整人格：身心和谐，在战斗和言说、歌唱和行动中坚定不移。① 相反，它赞赏古老的道德规范，它的力量在于农夫如土地般稳固的伦理，以及坚韧不懈的日常劳作。这种道德规范更接近土地，尽管它缺乏一种高级的理想。

正是赫西俄德将正义的理想作为一切要素的焦点引入进来，且使这些要素都集结于正义的理想成为可能。从对抗其兄弟的权力扩张和法官的腐败中，从对自身权利的保护中，诞生了赫西俄德对正义的热切信仰，这一信仰激发了他最富个性的诗篇《劳作与时日》。这部作品的重大创新在于作者以第一人称说话。赫西俄德抛弃了传统史诗的客观陈述，亲自走到前台宣扬对正义的祝福，对非正义的诅咒。刚一开始，他就通过诉说自己与弟弟的争端，为这种风格创新提供了一个契机。他直接对佩尔塞斯讲话，把警告送给他弟弟。② 赫西俄德用种种方法，竭力使佩尔塞斯相信，即使世间的法官摒弃了公正，天庭的宙斯也会保留正义，非法获得的谷物不会生根发芽。之后，赫西俄德转向法官，转向那些贵族老爷，③[63]向他们讲述了鹞鹰和夜莺的故事，或者以其他方式与他们辩论。为了让读者真实感受这场诉讼，他如此生动地再现了判决前的那一刻，以至于很容易让读者产生这样的错觉，即他确实是在做现场实录，而《劳作》(*Erga*)无非是一首特定情境下的即兴之作。许多现代编校者错误地认定这就是实际情况：而他们的这种认定似乎合乎赫西俄德从未谈论其诉讼结果这一事实。如果这场诉讼确实做出了判决，他就肯定不会让他的听众模棱两可了吗？为了在诗歌内部发现诉讼实际结果的证据，追溯赫西俄德在自身立场上的一些重要变化，研究者们已经做了许多尝试。在相信他们已经发现了这样一些变化的基础上，学者们分析

---

① 参见本卷第10—11页。关于赫西俄德自己的正义观念，参见本卷第90页。

② 赫西俄德，《劳作与时日》，第27行及以下。

③ 赫西俄德，《劳作与时日》，第202行及以下。

作品并将其划分为按时间先后顺序排列的“对佩尔塞斯的劝告”系列。[①] 实际上，他们是将拉赫曼（Lachmann）的叙事诗理论——荷马的史诗就是按照这种叙事诗理论创作的——转移到了对赫西俄德的教谕诗的批评上。不过，要将这种信念运用到《劳作与时日》的那些长篇段落之中是很困难的——这些长篇段落纯属教谕性质，与真正的诉讼毫不相干，但仍然是在对佩尔塞斯说话；例如，海员和农夫的劳作日程表，以及随之而来的两组道德箴言。[②] 诗歌第一部分中关于正义和非正义的一般宗教和道德原则是如何影响一场真实的财产诉讼的呢？这场诉讼在赫西俄德的生活中显然是一个重要事件；但赫西俄德以具体事实开场无非是为了赋予其教谕某种艺术形态，为了让它看起来是如此真实和迫在眉睫。没有这些，他自己的现身说法及其第一部分的戏剧效果就没有可能了。[③] 这当然是一个几乎必不可免的艺术手段，因为在赫西俄德为正义而做的斗争中，他已经感受深刻，有了切肤之痛。不过，他并没有描述诉讼的结果，因为对于他要教导的教义（它激发诗歌的灵感）而言，实际诉讼结果并不重要。[④]

正如荷马将英雄们的争斗和苦痛编织进在天上和地上共同上演的一幕戏剧，赫西俄德也将这些小争讼戏剧化为天上和人间以正义为赌注的一场战斗，因而将一件无足轻重之事上升到了史诗的永恒和尊严的高度。他不可能如荷马所做的那样，向他的听众显示诸神的全部商议和行动；因为没有一个有死的凡人能知晓宙斯本人的意志。[64]他只能祈祷宙斯捍卫自己的权利。因此，《劳作与时日》以一首颂诗和一

① 这是基尔霍夫的名著《赫西俄德对佩尔塞斯的劝告》（*Hesiodos'Mahnlieder an Perses*，Berlin，1889）的题目，在书中，他将前面提到过的分析《奥德赛》的同一种理论运用到了赫西俄德的作品中。

② 诗歌的这个部分从第 298 行开始，也即从那些关于德性和获致这种德性的最佳方式的著名话语（第 286—297 行）之后开始；它们构成了一种可以说是第二开场白的东西，或者表示一种转换的东西——从这里开始，诗歌转向《劳作》（*Erga*）纯属教谕的第二部分。

③ 在泰奥格尼斯（Theognis）的诗集中，我们发现了相同形式的古风时代的创作方法，从对诗人所处时代的麦加拉（Megara）的政治处境的一般描写开始，然后给这个简短的第一部分加上一连串漫长的道德箴言，后者构成作品的主体部分，参见本卷第 250 页及以下。

④ 对《劳作与时日》结构的理解的关键一步，且将其理解为一个统一整体的工作，是由弗里德伦德（P. Friedlaender）在《赫尔墨斯》XLVIII，558 中完成的。他随后在《哥廷根学报》（*Gott. Gel. Anz.*，1931）所作的分析，直到这一章完成之后才出现。

个祈祷开端。诗人诉诸宙斯，因为宙斯能轻易地贬抑高傲者、抬高卑微者，能使法官的裁决由曲变直。① 同时，赫西俄德自己也积极参与地上的事务——他会把真理告诉他那个做错事情的弟弟，并引导他远离那条不义与争斗的毁灭之路。他说，厄里斯(Eris)其实是一位不和女神，对她，"人类不得已而崇拜这种粗粝的不和女神"。不过，除了这种坏的不和女神，还有一位好的不和女神，她不是激励人类争斗，而是激励人类竞争。② 宙斯将她安置于大地之根。③ 她刺激怠惰者劳作，因为一个人看到别人因勤劳而致富，他会因羡慕而变得热爱工作，邻居间相互攀比，争先致富。然后，赫西俄德警告佩尔塞斯注意那位乐于伤害的不

---

① 泡撒尼阿斯的《希腊志》IX，31，4 告诉我们，他在赫利孔山上的泉水边看到一块古老的铅板，上面镌刻着赫西俄德的《劳作与时日》，但是序曲中向宙斯祈祷的部分消失不见了。那种文本形式可能是从一些希腊化时期编辑的版本中得来的；逍遥学派的学生泰奥弗拉斯托斯(Theophrastus)、普拉克西芬尼(Praxiphanes)，以及阿里斯塔库斯与珀伽蒙的克拉特斯(Crates of Pergamon)两位批评家，都持这种观点：即序曲中向宙斯祈祷的部分是后来加上去的。参见拉什(Rzach)的《校勘本》(*editio maior*)第 127 页中的文献记述。现代的一些批评家也加入了他们的阵营。齐格勒(Konrat Ziegler)在《宗教学档案》(*Archiv fur Relig.*)XIV(1911)，第 392 页及以下，甚至试图证明，《劳作》的序曲是用公元前五世纪修辞学的特有风格，连同其所有的修辞手法——对比(antithesis)、对仗(isokolon)、对偶(isoteleuton)——写成的，这些修辞手法的结合使用通常都被归诸高尔吉亚(Gorgias)。但是，这一论证应予推翻，因为我们在赫西俄德的序曲中所具有的是一首真正古体结构的规则颂歌，它与高尔吉亚的修辞学风格的相似只是肯定了这样一个传统：即修辞学在开始时试图在形式方面与诗歌一争高下，参见亚里士多德，《修辞学》(*Rhet.*)III，1，9。确切一点，我们可以说，高尔吉亚的修辞学紧紧追随颂歌的旧形式。赫西俄德的序曲是我们所拥有的此种文体类型的少数传统文献之一。正如我在《梭伦的〈欧诺弥亚〉》(载《柏林科学院会议报告》，1926，第 83 页)一文中所表明的，公元前六世纪初，梭伦在其政治诗《我们的城邦》(*ἡμετέρα δὲ πόλις*，或译《致城邦》)中模仿了这种形式，因为在诗歌的第二部分，梭伦的哀歌就在对一种真正的*Εὐνομία*[欧诺弥亚]的歌颂中达到了高潮，欧诺弥亚显然被认为是一个强大的女神，就像诗歌第一部分中的正义女神*Δίκη*[狄刻]一样。在赫西俄德的《神谱》第 902 行中，这两位女神是姐妹。《劳作与时日》的序曲是对正义女神狄刻及其保护者宙斯的一首赞歌。正如李斯科(Lisco)和李奥(Leo)很久之前已经令人信服地证明的那样，序曲所在的位置是至关重要的。

② 引进第二个(好的)不和女神与传统的坏的不和女神作对比，只能被解释为诗人的一种自我纠正，即某种类型的(取消或放弃原作中的某些内容的)翻案诗(Palinode)，如斯特西克鲁斯(Stesichorus)的那首著名的颂诗。赫西俄德显然是指《神谱》第 226 行，在那里他只知道坏的不和女神。开头"*οὐχ ἄρα μοῦνον ἔην Ἐρίδων γένος*[不是只有一个纷争女神]"的形式明确地将对一个好的不和女神的存在的新认识，与现在必须改变的前一阶段的认识相联系。荷马经常在这个意义上使用带未完成式的"*ἄρα*[疑问小品词]"这个词。

③ 关于《劳作与时日》第 19 行对大地之根的解释，参见本卷第 202 页，注释③。

和女神。只有富人才有资格把时间花费于徒劳的争斗，一个人如果还没有把一年的粮食、大地出产的物品和谷物及时收储家中，是没有时间关注法庭诉讼的：只有谷物满仓不用为生计担忧的人才能在法庭上花费时间，挑起诉讼，以谋取他人财物。赫西俄德劝他弟弟不要重蹈覆辙，放弃诉讼，与他握手言和：因为他们已经分割过遗产，而佩尔塞斯通过贿赂法官拿走了较大的一份。“这些傻瓜，他们不知道一半比全部多多少，也不知道以最便宜的植物草芙蓉和长春花为生有什么幸福。”① 诗人以这种方式不断拓宽他对弟弟的忠告，从具体事实到一般真理。即使就这一开场白而言，我们也可以看到，赫西俄德是如何将其诗歌的第一部分与第二部分连接起来的，连接的纽带就是整部作品的主旋律。② 好的不和女神，因其在工作中和平竞争，是世上化解嫉妒和争吵之压迫的唯一力量。对人类来说，劳作是必然的艰辛，它无可避免。一个人，即使他的劳动只为他提供了少量生存之需，他得到的赐福也比那些贪得他人财物的不义之徒要多。

赫西俄德将其人生哲学建立在永恒的宇宙法则之上，建立在他本人用宗教语言和神话背景阐明的法则之上。③ [65]甚至在荷马那里，我们就已经可以看到，用一种普遍的哲学来阐释不同神话的尝试。然而，却是赫西俄德，在其另一部伟大作品《神谱》(或《诸神的世系》)中，首次大胆尝试将所有的神话故事排列成一个哲学的系统。他当然不能以英雄传奇为资料进行宇宙论的和神学的思辨，但他可以且自如地运用了诸神的传奇故事。要为每一个事件寻找一个适当的原因，这是一种觉醒了的强烈冲动，这种冲动促使赫西俄德为所有天上地下的居民建构了一个匠心独具的谱系之树。在他关于卡俄斯(Chaos)(混沌，撕开茫茫虚空)、关于大地(Earth)和天空(Heaven)(世界万物的根基和顶部，为混沌所分开)、关于厄洛斯(Eros)(创造生命的宇宙力量)的神话描述中，我们不难看到一种理性宇宙论的三个本质要素。天地是任何一种诸如此类的宇宙叙述不可或缺的要素，而同时也出现在北欧神

---

① 赫西俄德，《劳作与时日》，第 40 行。

② 对劳作(ἔϱγον, ἐϱγάξεσϑαι)的赞美开启了《劳作与时日》的第二部分，即第 298—316 行。

③ 荷马关于人类生活与宇宙法则的和谐，参见第 50、52 行。

话中的卡俄斯显然是印欧语系种族的本土观念。① 不过,赫西俄德的厄洛斯却是属于他自己的一个哲学观念:一个对后来的哲学思考发生了深刻的刺激作用的新观念。② 在与提坦巨神的战斗中,在诸神朝代更替的历史中,赫西俄德像一个创造性的神学家那样写作,他提升了一种关于世界发展的简单易懂的解释,在他的解释中,道德力量让位于大地的自然力。也就是说,他不满足于对人类膜拜和献祭的各种不同神祇之间相互关系的描述,也不满足于运用当时宗教的传统资料。他更愿意在最广泛的意义上,把宗教事实——各种崇拜、神话故事和心理体验的事实——经过理性和想象的共同作用,焊接为一个关于世界起源和人类生活之肇始的历史整体。因此,他将每一种积极生动的力量描绘成一种神的权能——对于早期人类思想史而言,这是一种适宜的态度。正如我们在赫西俄德为之发明的原创性极强的诗歌形式中所读到的那样,他的哲学仍然是一个关于神话故事和活生生的神祇的体系。但是,赫西俄德的神话体系是一个由理性所构造和控制的体系:因为它包含的神祇要比荷马和祭仪崇拜所知道的要多得多;它不局限于宗教传统的简单目录和家族谱系,而是包含了一种对旧神祇的创造性新阐释,[66]并且自由地引入了新的化身(personifications)以满足抽象思维的新要求。③

---

① 希腊人的 Chaos 是北欧神话传奇中的 gingargap。Chaos 来源于χάσκω[裂开],它与日耳曼语的 Gapen 相对应。

② 赫西俄德关于厄洛斯(Eros)的思考被埃斯库罗斯(《达那俄斯姐妹》(*Danaides*),残篇 44)和诸如巴门尼德和恩培多克勒这样的前苏格拉底哲学家所吸收。恩培多克勒把同一种力量叫作Φιλία[友爱]和Ἀφροδίτη[阿芙罗狄特]。柏拉图在《会饮》(*Symposium*)中也让自然哲学家和科学家厄里克希马库斯(Eriximachus)讲述了一种宇宙本原的存在,且将厄洛斯的名称和本性赋予了这种宇宙本原。在亚里士多德的《形而上学》中,为了在质料自身中实现亚里士多德称之为神(God)的非质料的形式,出现了一种质料化了的形式的厄洛斯。卢克莱修(Lucretius)在一种更自然主义的意义上,在其《物性论》(*De Rerum Natura*)第一卷的序诗中,以恩培多克勒的维纳斯(即Ἀφροδίτη)之名使用了"本原"一词。从柏拉图和亚里士多德的厄洛斯观念,有一条直线贯穿到新柏拉图主义者和基督徒神学家伪狄奥尼修斯(Pseudo-Dionysius the Areopagite),他试图调和异教的 Eros[爱欲]和基督教的 Agape[基督之爱],将二者都阐释为一种神圣的宇宙力量。宇宙的厄洛斯理论经由这些思想家到但丁和经院哲学家,再到十九世纪的诗人,这些诗人使厄洛斯观念获得了重生。

③ 赫西俄德的思想值得比它迄今为止所得到的一种新的更连贯一致的阐释。他自己对在其作品中出现的神话传统的贡献必须得到更清晰的界定。亚里士多德在其《形而上学》第四卷,1000a 18 中,将其称为"σοφίζονται μυθικῶς[有智慧的神话学家]之一",这是对赫西俄德最佳的特征刻画。

在《劳作与时日》中，赫西俄德用神话故事来解释人类生活中劳苦和烦恼的无可避免，以及世界上存在邪恶的必然性，因此，我们的评论必须足以描述这些神话故事的背景。由此，我们能够看到——正如我们在关于好的和不好的纷争与不和女神（Erides）[①]的介绍性描述中所看到的——《神谱》与《劳作与时日》，尽管主题不同，但它们在诗人的头脑中是不能分离的。赫西俄德的神学渗透进了《劳作与时日》中的道德体系，而他的道德信念也染上了《神谱》的神学色彩。两部作品反映了同一个人一以贯之的世界图景。《神谱》充满了因果关系观念；赫西俄德将同一种观念运用在《劳作与时日》的普罗米修斯神话中，以解决劳作的实践问题、道德问题和社会问题。劳作和痛苦肯定是在某个时候来到这个世界的，但它们不可能是神最初完美计划的一部分。赫西俄德以一个道德家的身份说，它们是普罗米修斯盗取天火的灾难性行为带来的。[②] 为了惩罚这种行为，宙斯创造了第一个女人，诡计多端的潘多拉，这位所有女人的母亲；从潘多拉的盒子里跑出来疾病和衰老的恶魔，还有已栖居人间的一万种不幸，遍布大地和海洋。[③]

把这个神话故事安排在这样一种核心位置，并且赋予新的哲学阐释，是赫西俄德的大胆一笔。潘多拉神话在《劳作与时日》的总体方案中的运用，相当于神话故事在一个荷马式演说中的运用——在荷马式演说中，神话故事作为一个典范（即一个来自传统的起鼓励或警告作用的榜样）而存在。[④] 学者们没有认识到《劳作与时日》中的这两个伟大神话“插曲”或“离题”的真正原因是什么，尽管如果我们能够同时理解诗歌的风格和内容的话，它实际上非常重要。《劳作与时日》是一首长篇教谕诗，是一种劝告式表达：就像提尔泰奥斯（Tyrtaeus）和梭伦的哀歌一样，无论诗歌的风格还是语调，都直接来源于荷

---

① 参见本卷第 82 页。

② 赫西俄德，《劳作与时日》，第 41 行及以下。

③ 关于创造第一个女人的计划和实施过程，参见赫西俄德，《劳作与时日》，第 56—105 行。关于普罗米修斯盗火之前的没有劳作和邪恶的世界，参见赫西俄德，《劳作与时日》，第 90—92 行。

④ 参见本卷第 37 页，第 44 页及以下。

马史诗的说话方式。[①] 在这样一种说话方式中，神话事例是十分恰当的。神话也像一个有机体一样，经历着不断的变形和更新。诗人完成了这种变形，但诗人不是简单地凭自己的奇思怪想完成这种变形；因为正是诗人为他的时代创造了一种新的生活方式，所以诗人要重新诠释神话，[67]使之与他关于此种生活方式的知识相一致。只有经由其核心观念的不断变形，神话才能拥有持久的活力；不过，新创造的观念必须整合进神话自身的永久体系中。这也能解释荷马史诗中的神话和诗人的关系。不过，这一点在赫西俄德这里更加清楚：在他的诗作中，我们能更清晰地发现他自身的人格和信念的影响。因为在《神谱》与《劳作与时日》中，诗人毫无伪装地现身，明显地熔铸其素材，把神话作为自己的智慧和意志的工具来使用。

赫西俄德对神话的劝告性运用，在《劳作与时日》第二部分的两个神话的讲述方式中，显得尤为明显。在讲述了普罗米修斯的神话之后，他马上描述了世界的五个时代，用一个简短的对句（虽然几乎完全缺乏时髦风格，但具有深刻的独特含义）表示出其中的转换，"如果你愿意"，他说，"我会简短地再说一个故事，你必须把它牢记在心！"[②]从而，在由第一个故事转向第二个故事时，赫西俄德再次对佩尔塞斯说话，以提醒听众，这两个神话故事虽然表面相距遥远，但具有同样的教谕意图。黄金时代的历史和人类在后来四个世代的堕落旨在表明，人类原初比现在生活得要好，他们像神灵那样生活，没有内心的悲伤，没有劳苦和忧愁。它用作对普罗米修斯神话的一个解释。赫西俄德忽略了这两个神话不能同时为真的事实，这表明了他只是把它们看作同一种思想的两种不同反映。赫西俄德指出，不再敬畏神灵、战争和暴力，是人类不断更加不幸、不断愈发自大和愚蠢的原因。在第五个世代，即黑铁时代（作者抱怨他自己不得不生活在

① 编辑者们未曾注意到，《劳作与时日》的开端（在预先对宙斯祈祷之后，以"佩尔塞斯啊，我将对你述说真实的事情"结束）表明，其特有的开头"*οὐχ ἄρα μοῦνον ἔην*[不是只有一个]"是模仿荷马话语的开头创作的。然而，理解这一点就是理解整部诗歌的计划。这是一种独立的劝告"演说"，扩大到了史诗的维度。《伊利亚特》第九卷菲尼克斯漫长的劝告性演说与此非常相似。

② 赫西俄德，《劳作与时日》，第106行。

这个世代)，也许只有孤独地生存才是正确的选择。在这样一个世代，只有那些作恶者才能维持自己的生存。然后，赫西俄德讲述了第三个故事：鹞鹰和夜莺的故事。这是直接对法官们，对那些强暴的贵族们说的。鹞鹰用利爪生擒了一只夜莺，当夜莺因鹰爪的刺戮而痛苦地呻吟时，鹞鹰回答夜莺的可怜哀求说："不幸的人啊，你干嘛呻吟呢？你现在落入了比你强得多的人之手，你得去我带你去的任何地方，尽管你是一个歌手。只要我高兴，可以以你为餐，也可以放你远走高飞。"①[68]赫西俄德将这种动物故事叫作"ainos"，即一个寓言故事。② 这种寓言故事在平民百姓中间总是非常流行，就像史诗中的演说者利用神话事例一样，他们利用寓言故事体现一种普遍的真理。荷马和品达甚至用"ainos[寓言故事]"来称呼他们的神话事例。"ainos"一词到后来也不再局限于动物寓言的范围；它包含着我们前述强调的劝告意义。③ 因此，不是只有鹞鹰和夜莺的动物寓言是 ainos；它只是赫西俄德讲给法官们听的一个例子。其实，普罗米修斯传奇和五个世代的神话也是真正的 ainos。

诗歌接下来的部分是一幅具有强烈宗教效果的画面，一幅关于正义城市和不正义城市的画面：基于正义审判的赐福事例以及随着不义而来的诅咒。④赫西俄德又一次对审判者和佩尔塞斯双方说话。⑤ 在

---

① 赫西俄德，《劳作与时日》，第 207 行及以下。

② 赫西俄德，《劳作与时日》，第 202 行。

③ "*αἶνος*[寓言故事]"意味着"称扬"(=*ἔπαινος*)，这个含义出现在荷马和品达那里。埃斯库罗斯《阿伽门农》(*Ag.*)第 1547 行和索福克勒斯《俄狄浦斯在科罗诺斯》(*O. C.*)第 707 行，也在这个意义上将这个词用在其肃剧的抒情诗部分之中。从"称扬"这个含义中区分出"故事，传说(story，tale)"的含义——这种含义也出现在荷马和诗人们的肃剧中。实际上，正如我们在前面已经证实过的(见本卷第 54 页)，由诗人和民间的吟唱歌手说出的"故事(tales)"的原初意义，就是"对凡人和诸神的英雄业绩的称扬"。这一点甚至必须延伸到人们的普通故事：故事的目的就是赞扬，经常是一种包含着道德意义的赞扬。因此，他们可以把它叫作"*αἶνος*"。人们像喜欢神话故事那样喜欢寓言故事，甚至更喜欢寓言故事。它们与神话故事有一个共同之处，即都包含有一个范型(paradeigm)，因此，在都是一种"称扬"的意义上，它们也被叫作"*αἶνος*"。

④ 赫西俄德，《劳作与时日》，第 219 行及以下。关于正义的城市，参见第 225 行及以下；关于不正义的城市，参见第 238 行及以下。

⑤ 对佩尔塞斯说话，参见《劳作与时日》，第 213 行；对王公们说话，参见第 248 行。在诗歌第一部分的第 27 行，以同样的方式对佩尔塞斯说话，整个普罗米修斯的故事(转下页注)

此，赫西俄德将狄刻（Diké，即正义女神）描绘成了一个独立不依的神祇。她是宙斯的女儿，当人们行罪恶之事时，她就坐在乃父宙斯的身旁，数说这些人的罪恶灵魂，从而宙斯可以让他们遭到报应。宙斯的眼睛无幽不烛，他正看着赫西俄德自己的城市，看着那里正在进行的诉讼；他不会允许不义战胜正义。然后，赫西俄德再次将话语转向佩尔塞斯：

> 你要记住这些事：倾听正义，彻底忘却暴力。这是宙斯已经为人类定下的行事方式。鱼和飞禽走兽可以互相吞食，因为它们之间没有正义。但是，宙斯已把正义送给了人类，它是一切善中最高的善。①

这里的人禽之分显然是与鹞鹰和夜莺的比喻相联系的。人，赫西俄德认为，永远不应与鹞鹰之于夜莺一样，诉诸强者的权力。

诗歌的整个第一部分为一种宗教信念所激励，这种宗教信念将正义观念置于人类生活的核心地位。显而易见，“正义”这一哲学概念并不是由淳朴的农夫创造的，我们在赫西俄德的诗歌中看到的正义的形式甚至并非起源于希腊。与创造出《神谱》系统的理性主义理想一样，这里的正义，也是以城邦文明和伊奥尼亚的先进思想为基础的。就本人所知，荷马是此类观念的最早源头。我们在他那里发现了正义的第

（接上页注）和世界五个世代的神话都是指向佩尔塞斯的；然后，鹞鹰和夜莺的寓言故事是对审判者们说的。因此，赫西俄德在诗歌的第一部分中轮流对两边说话。这种方式在诗歌的第二部分就不可能了，因为在那里正义问题被弃置一旁，关于劳作的格言诗出现了，这些只是对佩尔塞斯一个人说的，因为劳作就是对他的不义的救赎。

① 赫西俄德，《劳作与时日》，第 274 行及以下。此处第 276 行的“νόμος［行事方式、生活方式］”一词仍然还没有“法则”的含义，“法则”的意义是后来才有的（译注：张竹明、蒋平的译本［北京：商务印书馆，1996，第 9 页］将该词译为“法则”：“克洛诺斯之子宙斯已将此法则交给人类”；吴雅凌则将其译为“规则”：“克洛诺斯之子给人类立下规则”［《劳作与时日笺释》，北京：华夏出版社，2015，第 147 页］），参见维拉莫维茨，《赫西俄德的〈劳作〉》，第 73 页。“法则”的含义在此毋宁是用“δίκη［正义］”一词来表示的。即使是最早的伊奥尼亚哲学家——他们发现了我们所说的“自然的法则”——也只说δίκη，而不说νόμος。赫西俄德在禽兽的生活和人的生活之间所作的明确区分，后来在智术师时代，被那些将人和禽兽放在同一水准之上，并认为他们都服从于“为生存而奋斗”这一相同的最高准则的人抛弃了。然后，所有法律都成了一种人为的习俗，而动物之间的相互争斗被叫作“φύσει δίκαιον［自然正义］”。

一首颂歌，尽管在《伊利亚特》中，正义理想还远没有像在《奥德赛》中那样显著，《奥德赛》在时间上更接近赫西俄德。[69]在赫西俄德身上，我们看到了这样的信念：诸神是正义的守护神，如果他们的法则不能使正义最终战胜不义，那么他们的法则就不可能是真正神圣的法则。这一前提假设贯穿《奥德赛》的整个情节。甚至在《伊利亚特》中，帕特洛克罗斯故事中的一个著名明喻也包含着这样的信念：当人类在世间不公正地裁断、排斥正义时，宙斯就将狂风暴雨向大地倾泻。① 不过，《伊利亚特》和赫西俄德之间的遥远距离，将诸神若隐若现的道德观念，甚至支配《奥德赛》的那种信念，与赫西俄德的宗教热情分隔开了；赫西俄德是正义的使者、种族中一个淳朴的人，他对宙斯是正义守护者的坚固信任使他站出来对抗他那个时代的人们，千载以来，这种牢不可破的信任仍然以它的悲情和力量打动着我们的心。他从荷马那里借用了其正义观念的内涵，甚至一些用来描写正义观念的独特短语。不过，赫西俄德是一个热忱的改革者，凭借着这种热忱，他体验到了正义不可遏制的力量，以及正义在他关于天道的法则和人类生活之意义的观念中的支配地位，这些都标志着他是新时代的先知——在这个新的时代，人们将建造一个更加美好的社会，一个建立在正义基础之上的社会。当赫西俄德将宙斯的意志与正义概念相等同时，当他创造了一个新的神祇——狄刻女神，并让她紧挨着至高无上的宙斯身旁而坐时，②赫西俄德是受到了燃烧的宗教和道德

① 《伊利亚特》XVI，384—393。注意，宙斯作为一种捍卫正义的道德力量的思想，在这个明喻中比在《伊利亚特》的其他任何地方都得到了更加清晰的表达，荷马的明喻，与其严谨的史诗风格相对照，经常透露出诗人自己时代的真实生活的讯息。

② 赫西俄德，《劳作与时日》，第256—260行。与狄刻女神在神圣王国中的核心位置紧密相连的，是赫西俄德关于宙斯有三万个守护神的观念：他们作为一种天庭的警卫力量，监视着人间正义的维持（第252行）。这种现实主义的态度使荷马"宙斯无所不见、无所不闻"的想法变得更加触手可及。赫西俄德这位神学家自然对这个问题感兴趣：那拣选来为宙斯服务的三万个不朽的神灵是谁呢？他在人类的五个世代的故事里说，他们是黄金时代的人，他们在生前就与神明相似，死后就成了"好的神灵"，作为有死的凡人的守护神生活在大地上（《劳作与时日》，第122行及以下）。在赫西俄德相信神圣正义的宗教现实主义信念与梭伦关于狄刻的理想主义观念之间存在着一种鲜明的对比，参见本卷第177—179页。后世希腊人的鬼神学（daemonology）就是从赫西俄德的守护神观念发展而来的，它最终与基督宗教的天使学（angelology）相混合。赫西俄德的观点显然是对神灵的一种古老信念，但用他自己的神学和道德思想对其进行了阐释。

热情的鼓舞——凭借这种燃烧的热情，正在崛起的农民和市民阶层把这种新的“正义”理想作为救世主来赞扬。

不过，波奥提亚的农村人当然从来没有像伊奥尼亚海边的人们那样，在思想上走得那么远。因此，赫西俄德不可能成为构想此种理想和表达此种热情的第一人。他不是第一个：不过，由于他比其他任何人都感受深刻，所以他成了大先知（arch-prophet）。赫西俄德在《劳作与时日》中，讲述了他的父亲是如何为了逃避穷困而从爱奥利亚（Aeolian）的库莫（Kyme）迁徙到波奥提亚的，[①]我们可以合理地断定，在赫西俄德之前，他的父亲已经感受到了这个阴冷新家苦多欢少的特征。他们在阿斯克拉这个贫穷的村落中从未感受过家的温暖。赫西俄德说，“这地方冬季寒冷，夏季酷热，风和日丽之日从未见过”。显然，从他的青年时代起，他就从父母那里学会了以一种批判的眼光看待波奥提亚的社会和生活。他是第一个将正义观念带到这里的人。[70]即使在《神谱》中，赫西俄德也明确地描述了狄刻女神。在那段文字中，他将时序三女神荷赖（Horai），即秩序女神欧诺弥亚、正义女神狄刻以及和平女神厄瑞斯（Eiréné），安排在命运三女神（Moirai）和美惠三女神（Charities）旁边：[②]这个位置肯定是赫西俄德特意挑选的。正如在赫西俄德叙述风神诺托斯（Notos）、波瑞阿斯（Boreas）和驱赶乌云的泽费罗斯（Zephyr）的谱系时，他详细描述了另一种狂风给水手和农人带来的毁灭一样，[③]他也赞扬正义女神、秩序女神以及和平女神“关心凡人的工作”。在《劳作与时日》中，赫西俄德的正义观念贯穿了农夫生活和思想的所有方面。通过将正义和劳作相联系，赫西俄德成功地创作了他的诗歌——根据一个占据主导地位的教育理念，这首长诗阐明了农夫的劳作和理想。现在，我们必须通过这首诗的结构简要地追溯这种教育理念。

就在结束《劳作与时日》第一部分的警告——倾听正义，彻底放弃暴力——之后，赫西俄德再次对佩尔塞斯说话。这些著名的诗行，千百年来，一次又一次地被引用，这些诗行本身就已经足以让诗歌永垂不朽

① 赫西俄德，《劳作与时日》，第 633 行及以下。

② 赫西俄德，《神谱》，第 902 行。

③ 赫西俄德，《神谱》，第 869 行及以下。

了。“佩尔塞斯，你这个愚蠢的孩子，让我的真知告诉你”，他以一种父辈的权威语气说道，尽管他的话语温和而迷人：

> 穷困很容易为人类所沾染，并且是大量地沾染，通向它的道路既平坦，又不遥远。然后，永生神灵在成功和我们之间放置了汗水，通向它的道路既遥远又陡峭，出发处路面崎岖不平；但是，一旦到达其最高处，那以后的路就容易走了，尽管还是会遇到困难。①

“穷困（misery）”和“成功（success）”这两个词没有充分表达出希腊词语“*κακότης*”和“*ἀρετή*”的全部意义；不过，这些翻译表明，这些希腊词并不如后来的希腊人和罗马人所认为的那样，意味着邪恶和善德的道德含义，它的意思是说，劳作是贫富穷达的桥梁。② 这段诗行使我们想起诗歌第一部分关于好的不和女神和不好的不和女神的开场诗。③ 在诗歌的第一部分，赫西俄德使他的听众感受不和女神的诅咒；现在，他必须让他们看到劳作的价值。他称扬劳作是达到德性的唯一道路，尽管它很艰难。德性的观念既包括个人的能力，也包括其产出——财富、成功和名声。④ 它既不是贵族武士的德性，也不是封建地主阶层建立在财富之上的德性，而是劳动人民的德性，为一种适度的能力所拥有。德性是诗歌第二部分——真正的劳作（Erga）——的眉题。[71]劳作的目的是普通人所理解的德性。赫西俄德希望在德性上有所成就，他所致力的并不是为了武士的英勇和赞誉而进行的雄心勃勃的对抗，那

---

① 赫西俄德，《劳作与时日》，第286行及以下。

② 维拉莫维茨，《萨福和西蒙尼德斯》（*Sappho und Simonides*），Berlin，1913，第169页。这个观点一直受到一些批评家的徒劳质疑。《劳作与时日》第312—313行至关重要：“如果你劳动致富了，懒惰者立刻就会忌羡你：因为德性和声誉与财富为伍（*πλούτῳ δ' ἀρετὴ καὶ κῦδος ὀπηδεῖ*）。”从《劳作与时日》第383行开始，赫西俄德为农夫给出的一切具体训诫，都显然隶属于第381—382行的一般观念：“你若满心满怀地向往财富（*πλοῦτος*），你就这么做，劳作，劳作再劳作。”赫西俄德的事物秩序是这样的：劳作——财富——德性。

③ 赫西俄德，《劳作与时日》，第63行。

④ 参见本页注释②，在赫西俄德看来，德性、社会地位和声誉是联系在一起的。在这里，“*κῦδος*[声誉]”的意思与“*δόξα*[名声]”相同，后者在散文中使用。参见梭伦残篇1，34，“*ὄλβος*[幸福、财富]”和“*δόξα*[名声]”两个词的关联。

是与贵族阶层的行为准则相关的领域，而是在劳作方面的与自然的顽强对抗。只有汗流浃背才有饭吃——不过，这不是诅咒，而是祝福。只有额头的汗水才能为他赢得德性。在这里，赫西俄德显然是有意把荷马英雄的贵族培养与劳动阶级的教育理想相参照，这种教育理想建立在普通人的德性之上。正义和劳作是德性的根基。

但是，德性可学吗？在每一个道德和教育体系的开端都会产生这一问题。赫西俄德在提到"德性"这个词的第一时间就作出了回答。他说：

> 亲自思考一切，并看到最终什么是正确的人是最好的，能听取良言相劝的人也不错。既不为自己去理解，又不用心记取他人忠告的人是无用之徒。①

意味深长的是，这些话是在赫西俄德说出劳作的目的即德性之后、马上要给出那些独立的训诫之前说的。佩尔塞斯，以及其他听说了诗人话语的人，如果不能在心中确知什么对他有益、什么对他有害，那么就会非常希望得到赫西俄德的指导。这些话正是赫西俄德全部教导的理由和意义。后世的一位哲学家把这些话语作为其伦理和教育体系的首要先决条件。亚里士多德在其《尼各马可伦理学》的序文关于伦理教导的正确基础(ἀρχή)的讨论中，全文引述了赫西俄德的这些诗句。②这一事实，对我们理解这些诗句在《劳作与时日》总体结构中的作用有很大的帮助。在那里，"理解"的问题也是非常重要的。佩尔塞斯本人并不拥有这些洞见，但是诗人必须假定他是可教的，而且，当赫西俄德试图将自己的信念与他分享并指导其行为时，他是会"理解"的。诗歌的第一部分已经为第二部分的播种准备了土壤——它扫除了可能阻碍对真理不断增长的认识的偏见和误解。人不能通过暴力、争讼和不义达到目的。如果他想要从中获益的话，他的一切努力必须与主宰宇宙

---

① 赫西俄德，《劳作与时日》，第293—297行。

② 亚里士多德，《尼各马可伦理学》1.2.1095b10。

的目的相一致。[72]一旦一个人将此铭记在心，另一个人就能教导和帮助他找到正确的道路。

在这些一般性议论之后，是赫西俄德的一些独立的实践准则，①它们现在自然而然地进入了序言所建立的背景之中。它们是以一系列赞扬劳动的格言开始的。然后，他说：

> 所以，上天之子佩尔塞斯，请记住我的忠告，无论如何你得努力工作，这样，饥饿或许会憎恨你，头冠漂亮、谦逊的谷物和丰收女神或许会喜爱你，用粮食填满你的谷仓……活着而无所事事的人，神和人都会痛之恨之，因为其禀性有如无刺的雄蜂，只吃不做，白白浪费工蜂的劳动。愿你注意妥当地安排农事，让你的谷仓及时填满粮食。②

他接着说：

> 劳动不是耻辱，懒惰才是耻辱，如果你劳动致富了，懒惰者立刻就会嫉羡你，因为尊崇和美名与财富为伍。如果你把误入歧途的心从别人的财富移到自己的工作和生计上，留心从事如我嘱咐你的劳作，不论你运气如何，在你的位置上，劳作对你都是上策。③

然后，赫西俄德谈到伴随穷人的令人痛苦的耻辱，谈到神赐的财富和巧取豪夺的不义之财；转而又谈到一系列独立的格言：对诸神的义务、虔敬和财产。他谈到一个人与朋友、敌人，尤其是亲近的邻居应该有的正当关系，谈到给予、夺取和储蓄；谈到信任和不信任，尤其是关于女人；谈到遗产的继承与合适的家庭规模。随着这些独立的实践准则而来的，是赫西俄德关于农夫和水手应尽义务的不间断描述：这些描述本身

---

① 关于赫西俄德《劳作与时日》的这种写作形式，以及泰奥格尼斯教诲诗的平行结构的写作形式，参见本卷第 81 页，注释③。

② 赫西俄德，《劳作与时日》，第 298—307 行。

③ 赫西俄德，《劳作与时日》，第 311 行及以下。

又是以另一堆格言警句作为结束。所有这些的最终结束是时日,幸运的、不幸运的时日。我们无需分析这些部分的内容。尤其是,对农夫和水手的教导是如此详尽和细致,以至于我们在此不能一一细述——尽管赫西俄德对日常生活和劳作的描述充满魅力。不过,赫西俄德描述的整个生活渗透着一种特别的优美和节奏,这种优美和节奏应该归功于它与稳定不变的自然之流的紧密联系。在诗歌的第一部分中,通过从宇宙秩序推导出这些事实,赫西俄德为社会对正义和诚实的需要作了证明,[73]对不义将导致的毁灭作了描述。因此,在第二部分中,劳动阶级的道德建立于他在其中劳作的世界的自然秩序之上,一切力量都来源于自然秩序。赫西俄德没有区分二者;在他眼里,道德秩序和自然秩序都来源于神,而人所做的一切无论是人的日常劳作,还是他与他人和神灵的关系,都是一个神学整体的组成部分。

我们已经指出,流经此部分诗歌的人类经验的丰富源泉在于深厚的古代民间传统。在《劳作与时日》中,平静而强劲的河流,经过数个世纪的潜流不息,终于破地而出,得见天日。正是这种破地而出的显露使诗歌如此深刻感人。诗歌从那里得到了一种活力和能量,这种活力和能量远远超过《伊利亚特》和《奥德赛》许多部分的传统诗意。在此,《劳作与时日》为我们揭示了一个新的世界,盈满眼帘的是一派自然和人类生活的美好情景,这种美好情景在史诗中——在少量比喻中,或者在如阿喀琉斯之盾这样的一个描述性段落中——我们只得零星一瞥。[①] 在这里,我们却可以充分享受新耕土地的芬芳;布谷鸟从树丛中叫唤农夫下田耕作。这与希腊化时代的学者和城市诗人们所描写的洛可可式的田园生活完全是两回事。赫西俄德确实为我们呈现了整个农村生活。在农村生活和劳作的农人世界之上,赫西俄德建立起了他的正义理想,他又在此正义理想的基础上,建立了整个社会结构。因而,通过向农夫表明他的这种单调乏味、艰辛繁重的生活是如何根据一种更高的理想改造而来的,赫西俄德保留、强化并再造了这个农夫的世界。从此之后,农夫再也不必羡慕享有特权的贵族阶层了——这个阶层曾经给了

---

① 参见本卷第 65 页。

他生活和文化的全部理想。现在，他可以在他自己的社会中和他自己的活动中，甚至是在他自己的辛劳中，找到一种更高的意义和目的。

如此这般，赫西俄德的诗歌向我们展示了一个社会阶层，一个迄今为止被排除在文化和教育之外，事实上却实现了其潜能的阶层。在此过程中，这一社会阶层利用了上流社会的文化和贵族诗歌的文体媒介；但其真正内容和精神气质来源于其自身生活的深处。荷马史诗之所以能帮助不同阶层的人们创造他们自己的文化，发现他们自己的生活的目的，并找到它内在的规律，[74]是因为它不仅是一个阶级的诗歌，而且还已经从贵族理想的根部长成了一棵覆盖所有人的大树。这是一个伟大的成就。不过，更为重要的是，通过如此这般认识自身的力量，农夫摆脱了自身的孤立状态，在希腊诗歌的其他要素中占据了自己的一席之地。正如贵族阶层的精神能量在荷马那里得到强化之后，贵族文化影响到社会的每个阶层一样，农夫的理想，经由赫西俄德的阐释，远远超出了农夫生活的狭窄边界。就算《劳作与时日》的大部分内容只对农场主和农夫来说真实和有用，诗歌仍然为农夫生活的根本理想提供了普遍的意义。这并不是说，希腊生活的类型将要由农耕文明所规定。实际上，直到城邦崛起之前，希腊的理想还没有接受其最终的独特形式，只受到农夫淳朴文化相对较小的影响。不过，正因为如此，这一点格外重要，即统观整个希腊历史，赫西俄德一直是劳作和正义理想的先知，这种劳作和正义的理想在农民阶级中形成，并在一个相当不同的社会结构之内保持其力量和意义。

赫西俄德之所以是一名诗人，是因为他是一个教师。他的诗歌的力量既非来自他对史诗风格的把握，也非来自其素材的性质。如果把他的教谕诗只当作在后世看来“没有诗意”、只是或多或少用熟练的荷马语言加以处理的题材，那么我们就会开始怀疑它到底算不算诗歌。（古代的学者们对后来的教谕诗抱有同样的疑问。①）无论如何，赫西俄德自己当然觉得，他作为诗人的使命就是在希腊人中做一个教师和先知。赫西俄德的同时代人认为荷马首先是一名教师，他们想象不出比诗人更大的精

---

① 参见贝克(Bekker)编，《希腊佚事》(*Anecdota Graeca*)733，13。

神影响力了。一名诗人，除非他使用荷马的高贵语言——每一个希腊人都感觉得到并且认可荷马的教育影响力——就不足以教人。当赫西俄德继荷马而起，[75]他一劳永逸地定义了诗歌（不仅仅是教谕诗）在社会建构和文化意识方面的创造性力量。诗歌的这种创造性力量，这种远远大于给予道德或事实指导的驱动的力量，来源于诗人寻找事物真实本性的决心——一种建立在对全部世界的深刻理解之上的决心，这种力量为它所触及的一切事物带来了新的生命。赫西俄德洞察到，纷争和不义正在威胁古代社会秩序的存续。经由这种洞察，赫西俄德看到了他所处的社会和每一个同胞的生活所赖以建立的不容动摇的基础。正是此种洞穿生命原始意义的深刻理解造就了诗人。对这一视野而言，没有任何一种题材本身天然就"没有诗意"或"富有诗意"。

赫西俄德是第一个以第一人称对他的同时代人说话的希腊诗人。[①] 凭着这一事实，他突破了吟唱诗人（即"美名的称扬者"）和传奇传统的阐释者的藩篱，直接抵达当代生活的纷争和现实。显然，赫西俄德觉得史诗英雄的生活无非是一个曾经的理想，这一点从他关于五个世代的神话故事中可以看出；因为在此神话故事中，他将英雄生活的黄金时代与现在的黑铁时代作对比。[②] 在赫西俄德的时代，诗人力图直接影响生活。赫西俄德没有把自己的领导权建立在高贵的出身或担任公职之上，他是第一个以此种方式树立起自身领导地位的人。赫西俄德与以色列先知的对比是显而易见的，经常有人进行这种对比。赫西俄德是第一个以对自身卓越洞察力的确信跟自己的共同体说话的希腊诗人，当我们倾听他的声音时，可以辨认出他的不同之处——它标志着希腊文化进入了社会历史的一个新纪元。通过赫西俄德，我们看到了精神领导的开始，这种精神领导是希腊世界的独特标志。当缪斯女神在赫利孔山脚下给诗人以灵感时，诗人所感受到的是那种原初意义上的精神——spiritus，即神的呼吸；诗人将缪斯女神的降临，描述为一种实际的宗教体验。缪斯女神自身，当她们召唤赫西俄德成为一个诗人

---

① 赫西俄德，《劳作与时日》，第174、633—640、654—662行；《神谱》第22—35行。

② 赫西俄德，《劳作与时日》，第174行。

时，如此解释她们的灵感赋予能力："我们知道如何讲述貌似真实的虚构故事，但是如果我们愿意，我们也知道如何述说真理。"①在《神谱》序曲中，她们是这样说的。而在《劳作与时日》的序曲中，②赫西俄德向其兄弟宣称，他将告诉他真理。[76]那种有意述说真理的目的是一种新东西，一种在荷马那里找不到的新东西，而赫西俄德诗歌的第一人称形式多少都与此相关，他自己的话语高贵地把他描绘成希腊的诗人-先知——通过对这个世界的计划的深刻洞察，他力图将误入歧途的人类引上正道。

① 赫西俄德，《神谱》，第27行。

② 赫西俄德，《劳作与时日》，第10行。参见路德（Wilhelm Luther），《古代希腊的真理和谎言》（*Wahrheit und Luege im aeltesten Griechentum*），Borna-Leipzig，1935。

第五章　斯巴达的城邦教育

一种新的文化范式：城邦及其类型

[77]希腊文化首先在城邦（或城市国家）中呈现出其古典形式。① 古老的贵族社会和乡野农夫的生活并未被这种新的社会范式完全取代：土地和封建秩序的许多残存形式仍然出现在早期城邦之中，有人甚至认为，这些古老的社会形式一直存在于城邦后来的各个发展阶段。不过，现在，城邦文化已经取代了希腊的精神主导权。即使在城邦部分地或者全部建立在古代贵族社会和农耕系统之上时，它也是一种新的社会理想，一种更牢固、更完全的共同体类型，比人类其他类型的共同体都更充分地体现了希腊的理想。近代每

---

① 参见齐默恩（Alfred Zimmern）的《希腊共和国》（*The Greek Commonwealth*，第五版，Oxford，1931），以及盖尔泽（Matthias Gelzer）的论述，收录于《古典问题》（*Das Problem des Klassischen*）发表的瑙姆堡（Naumburg）古典学学会上的八篇报告，耶格尔编，Leipzig，1931。可以这么说，为支持"城邦是古典希腊主要的国家形式"这一论点，希腊古典时期的哲学家们对其他任何类型的政治形式都不做严肃认真的思考。这一时期，即使希腊人在试图构建更大规模的共同体或联盟时，也把城邦作为集体单位的常规存在预设为前提条件。

一种欧洲语言都有“政治(politics)”和“政策(policy)”这两个词,它们均来源于“城邦(polis)”一词。这些足以提醒我们,希腊的城邦是国家的首要范例——因此,我们必须根据这个词的内在含义,用“国家(state)”或“城市(city)”,或者用折中的“城市-国家”来翻译这个词。从封建时代末期到亚历山大创立马其顿帝国为止,城邦实际上一直与国家相终始。即使在古典时代,也有许多疆域辽阔的国家类型,但它们或多或少都是城市-国家的相似物。城邦是古典时代希腊历史的聚焦点,是国家发展的最重要阶段,因而也是历史兴趣的核心。① 如果我们接受对人类社会各领域的传统划分,并试图离开政治,到法律领域的律师和历史领域的史家中去研究希腊人的智识和精神生活的话,我们就会发现,想要理解希腊的历史是不可能的。毫无疑问,在某个历史时期的许多年内,我们可以在不关注政治的情况下,写出一部德国文化史:德国人的政治生活直到最近才对其文化发生一种基础性影响。[78]这就是长久以来,德国学者主要从美学角度来研究希腊及其文明的原因。不过,这是研究重点的严重偏离。希腊生活的重心在城邦,是城邦囊括和规定了希腊社会生活和智识生活的方方面面。在希腊历史的早期,希腊智识生活的每一根枝条,都是直接从共同体生活这同一个树根中生长出来的。或者,也许我们可以换一个比喻,希腊人的一切智识活动就像无数条大河细流,百川归海,都流向城邦生活这个海洋核心,而这个海洋核心又通过许多看不见的地下通道回灌各个源头。因此,描述希腊城邦,就是描述整个希腊生活。这是一个事实上无法做到的理想目标——至少,按照历史年代次序叙述具体历史事实这种通常方法是无法做到的。但是,每一个研究分支都将从对希腊生活的本质统一性的认识中获益。城邦,是整个希腊文化史的社会框架;从这个框架出发,我们可以着手安排希腊各类“文献(literature)”的成就,直到

---

① 参见古朗士(Fustel de Coulanges)的《古代城市》(*La cité antique*,第十六版,Paris,1898),格罗茨(Gustave Glotz)的《希腊城市及其制度》(*The Greek City and its Institutions*,London,1929),以及布克哈特(Jacob Burckhardt)的《希腊文化史》(*Griechische Kulturgeschichte*,第一卷,Berlin,1898)。

伟大的雅典时代结束。①

当然，我们没有办法探究希腊城邦生活的各种形式，也无法考察十九世纪的政治史家们收集并研究的各种城邦形式。我们的观察受到证据的性质的限制，这些证据包含具体城邦体制建构的许多重要细节，但关于城邦的社会生活，却极少提供生动画面。② 更无可奈何的是这一

---

① 黑格尔是充分认识到城邦在希腊精神生活中的重要意义的现代学者之一。不过，城邦是希腊生活的核心这个观念，不是来自黑格尔自己的哲学以及他在其哲学中给予城邦的地位；恰恰相反，这个观念来自他对希腊城邦真正的历史性理解，希腊城邦影响了他的哲学。黑格尔钦羡希腊生活围绕共同体生活进行的整体性与和谐一致。十九世纪其他一些伟大的人文主义者，诸如古朗士和布克哈特，以一种十九世纪个人自由主义的怀疑眼光来看待希腊古典时期城邦的无所不能。不过，在古代希腊城市国家支配希腊生活的方方面面这一历史事实上，他们与黑格尔并无二致；在他们描绘的希腊文明画面中，他们比黑格尔更清楚地强调了这一历史事实，因为他们害怕国家对个人生活的全面支配。另一方面，当人们将一般所谓的文化从政治中分离出来并将其限制在审美和道德理想的范围之内时，黑格尔试图将人作为一种政治存在物的古代观念吸收进十八世纪的人文主义理想之中。黑格尔回到意大利文艺复兴的那些人文主义者（如马基雅维利）那里，将公共事务（respublica）视为人类生活的核心。但是，通过将"绝对（the Absolute）"作为国家的精神之锚赋予国家，黑格尔也试图将伦理道德的高贵和尊严归还给这一观念，在柏拉图和亚里士多德的哲学中，城邦作为生活的核心具有一种道德上的高贵和尊严。怀疑论者布克哈特，则试图挽救个人的自由（对他来说，这是最高的人文价值），他看到个人自由受到了隐藏在强大的现代国家背后的集体力量的威胁。他认为，甚至是争取政治自由的普通运动都将最终导致民众对真正的精神自由的专制统治，因此，他激烈地拒绝黑格尔对城邦理想的信念，拒绝黑格尔对希腊城邦生活方式的全盘接受。因此，自相矛盾的是，当布克哈特崇拜希腊的艺术和思想时，他却用最阴暗的色调来描画希腊生活的政治现实，即使是其最自由的政治生活形式。无论这些观点的真实性如何，城邦贯穿希腊生活的所有其余方面这一点，仍然是一个历史事实；谁要想描述城邦的真正结构，都必须把这个因素考虑在内，尤其是希腊历史的早期和古典时期。个人主义，布克哈特和十九世纪的人文主义以一种过度提炼的方式设想的个人主义，是人和城邦共同体的古典和谐消解之后的最终产物，我们必须对其作如是之理解。本书对这一问题不抱一种教条武断的态度，无论是黑格尔意义上的，还是布克哈特意义上的。我曾经将古典和谐称之为"政治人文主义"，因为这个词语在希腊人与其时代的社会生活紧密相连方面指示着他们的文化理想。但是，我并不想只在其有利方面显示这种关系；因为本书的目的是在希腊的所有历史时期中追寻这一观念的发展，并以二者之间的严重对立为终结：希腊人在后来的世纪看到了自己所遭遇的严重对立，这种对立导致了希腊文化和政治生活的最终分裂。参见本书第二卷和第三卷对这一历史进程的分析。译注：本文凡涉及"政治"、"政治的"的地方，读者应首先将其理解为"城邦"、"城邦的"，例如"政治存在物"，应先作"城邦存在物"解。

② 这方面的最大损失，是亚里士多德学派的巨著，即158个国家的《政制》（*Constitutions*）或《城邦政制》（*Politeiai*）的毁灭，包括希腊的和蛮族的，其中重新发现的《雅典政制》（*Constitutions of Athens*）是杰出典范。这一重大著作集的其余卷册残篇收录于罗斯（Valentin Rose）编，《亚里士多德残篇》（*Aristotelis Fragmanta*），Leipzig，1886。

事实：希腊城邦的精神，首先是在诗歌，其次才是在散文文献中得到最终的和决定性的表达，并且因此将其理想烙印在希腊人的精神生活中。因此，文学和历史两方面的证据都引导我们将注意力集中在主要的、具有代表性的希腊城市-国家类型之上。在《法义》中，柏拉图也将其研究建基于诗歌之上，试图发现和记录早期希腊政治思想的主要观念。柏拉图发现，诗歌中存在着两种基本的国家类型，在此两种类型之间包含着一切希腊政治文化。这两种类型就是宪政国家（它最早起源于伊奥尼亚）和斯巴达军事国家。因此，我们必须集中精力考察这两种国家类型。①

这两种国家类型代表两种正相反对的精神理想。在希腊政治史中，这种对立是一个显而易见的基本事实。[79]更有甚者，即便在希腊精神史上，这也是一个基本事实。如果不能充分认识希腊政治理想的分裂和不一致，我们就不能全面把握希腊文化的本质及其剧烈的内部冲突——这种冲突最后在一种更成功的一致中得到了和解。在研究伊奥尼亚的贵族和波奥提亚的农夫（如荷马和赫西俄德所描述的那样）时，我们没有必要讨论他们的种族特征；因为，我们没有将这两种社会与同时代其他部落进行比较的方法。史诗的语言由多种方言混合构成，这一事实表明，荷马的诗歌是众多不同种族的艺术成就，众多不同种族共同完善了诗歌的语言、格律和传奇素材。但是，与那些一直想从史诗中分析出完全是爱奥利亚语诗歌的学者们相比，我们从《伊利亚特》和《奥德赛》出发去发现那些塑造不同种族的精神差异，并不具有更大的成功可能性。不过，无论如何，多利安类型和伊奥尼亚类型之间的政治和精神差异，在城邦中有非常明显的标记。这两种类型最终在公元前五和前四世纪的雅典得到了统一。因为在那一时期，雅典人的政治生活是在伊奥尼亚

① 参见柏拉图，《法义》I—III。在将这两种城邦类型作为其哲学分析的基本类型时，柏拉图遵循希腊的实际历史发展进程。从雅典在希波战争之后作为民主政治的领导力量时起，希腊就分裂为雅典和斯巴达这两个阵营了。因此，斯巴达是在伯罗奔尼撒战争的影响下由修昔底德首次呈现出来的。希腊的政治画面在希罗多德那里比在修昔底德那里要复杂多样，但对于各个希腊城邦及其组织形式的具体画面，后世默认的是修昔底德的简单化观点，而不是希罗多德的或亚里士多德的观点。

类型的基础上得以塑造的，而斯巴达的理想又在智识生活领域得到了重生，经由阿提卡哲学贵族气质的影响，最终在柏拉图的文化理想中，在一种更高的统一中，与伊奥尼亚和阿提卡法治国家的基本学说相结合。①

斯巴达的历史传统和哲学的理想化

在哲学史和艺术史上，斯巴达均处于从属地位。例如，伊奥尼亚各族引领了哲学真理和道德真理的追求，但在希腊道德家和哲学家的长篇画卷中，没有一个斯巴达的名字。② 然而，在教育史上，斯巴达却拥有无法撼动的地位。斯巴达最独特的成就是她的国家，斯巴达是第一个在最广泛意义上可以被称为一种教育力量的国家。

不幸的是，我们关于斯巴达这一闻名的教育机制的相关了解，其得以确立的证据大部分已经湮没无闻了。[80]不过，幸运的是，具体体现在斯巴达教育细节上的核心理想，在提尔泰奥斯③的诗歌中得到了清晰的揭示。斯巴达教育的此种理想，如果没有提尔泰奥斯如此强劲有力的表达，也许就永远无法摆脱其自身起源的时空限制，从而如此深刻而持久地影响子孙后代。不过，提尔泰奥斯的哀歌仅仅是一种理想的宣告。除了了解那种激励他们的理想的性质之外，我们不能从他那里知道别的什么了，在这一点上，提尔泰奥斯的诗与荷马和赫西俄德的诗是不同的。我们不可能用他的诗来重建此种理想的历史背景；因此，我

---

① 参见本书第二卷和第三卷，尤其是探讨柏拉图对斯巴达理想的态度问题的段落；亦可参见修昔底德的《伯罗奔尼撒战争史》中，伯利克里在雅典阵亡将士葬礼上的演说，以及演说中关于雅典城邦的复合观念——雅典城邦是其自身与各种对立面的复合。

② 在《普罗泰戈拉》（*Prot.*）342 B 中，柏拉图反讽性地让苏格拉底说，所有斯巴达人（和克里特人）都是哲学家，而他们的哲学天性的独特形式就是他们号称的简洁说话方式；但斯巴达人却假装是未经教化的野蛮人。

③ 在《法义》629a 和 660e 中，柏拉图选择提尔泰奥斯作为斯巴达精神及其德性理想的杰出代表，他通过引用提尔泰奥斯的诗歌来证明这一点。柏拉图时代普遍接受提尔泰奥斯是斯巴达德性的传播者，而在斯巴达，所有人都浸润在提尔泰奥斯诗歌的德性理想之中；另可参见本书第三卷，第 268 页及以下。

们必须求助于后来的证据。①

主要的资料来源是色诺芬(Xenophon)的《斯巴达政制》(*State of the Lacedaemonians*)——公元前四世纪时的一部政治和哲学的浪漫主义作品,此书认为斯巴达政制来自上天的启示。② 亚里士多德的《斯巴达政制》(*Constitution of the Lacedaemonians*)现在遗失了,只能根据后来大量利用了该书丰富资料的辞典编纂家们的记录,来部分恢复该书的内容。毫无疑问,该书的目的与亚里士多德《政治学》第二卷对斯巴达的批评是相同的:③对斯巴达作出一种清醒的判断,以平衡当时哲学家们给予它的过分赞美。色诺芬至少对斯巴达相当了解,并生活在那里,而同样浪漫的普鲁塔克(Plutarch),也即吕库古(Lycurgus)的传记作者,只是一个图书馆式的历史家,他使用了大量可信度不同的资料。在估量色诺芬和普鲁塔克的价值时,我们必须牢记,他们都有意无意地受到反对公元前四世纪新文化思潮的激发。他们钦羡斯巴达这一"美丽的野蛮民族(belle sauvage)"的古代政制,他们(常常年代错乱地)相信,斯巴达克服了其时代的各种邪恶,也相信斯巴达解决了实际上从未出现在"圣贤吕库古"面前的诸多难题。在色诺芬和阿格西劳斯(Agesilaus)时代,要想确定斯巴达体制有多古老,是根本不可能的。

斯巴达伟大且古老的唯一保证是其严格的保守主义的巨大声誉——保守主义的信条使斯巴达成为贵族阶级的理想,以及一切民主派深恶痛绝的对象。然而,即使保守如斯巴达,有时也是在变化的;尤其是在斯巴达的相对晚期,我们在其教育系统中发现了许多革新。

认为斯巴达教育无非是一种精心打造的军事训练学校的看法,来

① 提尔泰奥斯的诗集只包含少量涉及到他那个时代的实际状况这一事实,一直被现代学者们用来作为质疑其诗歌真实性的证据;施瓦茨在他著名的《提尔泰奥斯》一文中也质疑其真实性(《赫尔墨斯》XXXIV,1899,第428页及以下);亦可参见维罗尔(Verrall),《古典评论》(*Classical Review*),XI(1897),269,以及XII(1898),第185页及以下;维拉莫维茨,《希腊抒情诗人的文本历史》(Textgeschichte der griechischen Lyriker),收录于《哥廷根学会文集》(*Abh. d. Goett. Ges. D. Wiss.*),N. F. IV(1900),第97页及以下。

② 参见本书第三卷,第201—207页对该书的论述。

③ 亚里士多德,《政治学》(*Pol.*)2.9。

源于亚里士多德的《政治学》(*Politics*)和柏拉图的《法义》,[81]柏拉图在《法义》中描述了吕库古政制的精神。① 我们必须根据其赖以产生的新时代的环境来评估这种看法。在伯罗奔尼撒战争胜利后,斯巴达无可争议地成了全希腊的领袖;但是,在三个十年之后,斯巴达的霸权在留克特拉(Leuctra)战役的灾难中被摧毁了。数个世纪以来,希腊人一直钦羡斯巴达的良好秩序(eunomia),不过,现在,他们的钦羡开始剧烈地摇晃。由于斯巴达被自己对权力的贪欲所压倒,丧失了赋予其古老纪律以活力的理想,他们开始不约而同地厌恶斯巴达的压迫。钱财,这个曾经几乎不为斯巴达所知的东西,如今在这个城邦中泛滥成灾:而一个警告斯巴达的古老神谕,现在突然被"发现"了,这个神谕说,贪婪,只有贪婪,才能毁灭斯巴达。② 按照莱桑德(Lysander)精明的扩张政策,当一个暴虐的斯巴达军事统治者占领了几乎每个希腊城市的卫城时,当几乎所有自治城邦的政治民主派都被摧残殆尽时,古老的斯巴达纪律似乎只是马基雅维利式的征服者的力量的推动力而已。

我们对早期斯巴达知之甚少,以至于很难理解其国家精神。现代学者试图证明,斯巴达古代政制,即吕库古的世界,是由一个相对较晚的时期创造的,但这只不过是一个假设。杰出的穆勒(Karl Otfried Muller),是首位希腊种族和城邦的历史学家,他对多利安人的高贵道德的热爱,促使他在人们对雅典的传统钦羡面前为斯巴达的伟大而抗争;他认为——也许他是对的——斯巴达的尚武精神,是多利安历史中极其古老世代的一种遗存。③ 他相信,起源于某种特定情境的斯巴达政制,是在民族大迁徙和对拉科尼亚(Laconia)的早期占领时期建立起来的,之后数个世纪保持不变。希腊人从未丧失多利安大迁徙时期的传统。这次大迁徙是那些从巴尔干半岛向南的人口移动中的最后一

---

① 亚里士多德,《政治学》2.9.1271b1 ff.,他为这一表述引用了柏拉图,《法义》625c ff.。确实,他这部分的批评来自柏拉图的著作。

② 亚里士多德在其已经遗失的《斯巴达政制》(*Constitution of the Lacedaemonians*)中提到了"*ἁ φιλοχρηματία Σπάρταν ὀλεῖ, ἄλλο δὲ οὐδέν*[只有贪婪,才能毁灭斯巴达]"这个神谕,参见亚里士多德残篇 544(罗斯编)。神谕的真实性受到迈尔(Eduard Meyer)和其他现代学者的质疑。

③ 穆勒,《多利安人》(*Die Dorier*),1824。

次，起源于中欧的许多种族借此进入希腊，并与另一个早已建立的地中海族群融合，产生了历史上的希腊人。在侵入者的各个种族中，斯巴达保持得最为纯粹。多利安种族向品达提供了一种血统高贵的金发武士的理想形象，品达不仅用这一理想来描述荷马史诗中的墨涅拉奥斯，而且还用它来描绘最伟大的希腊英雄阿喀琉斯，[82]实际上，是用它来描述所有英雄时代的"金发的多利安人"。①

关于斯巴达的第一个事实是，斯巴达人自己只不过是一小群比大多数人起源更晚的统治阶层。在斯巴达人之下的是自由民，即皮里阿西人(perioikoi)，以及被征服和奴役的希洛人(helots)，希洛人是没有实际法定权利的农奴，关于斯巴达的早期记载将斯巴达人描述为居住在一个永久性的武装军营中的人。不过，这种生活方式更多地是由于共同体特殊构成方式的需要，而不是出于任何征服的欲望。自称为大力神赫拉克勒斯(Heraclid)后裔的斯巴达二王，实际上在平时没有什么政治权力，他们只在特定的军事行动中履行职责，恢复其原初重要性。斯巴达的双王制是多利安民族大迁徙时期古老的军事酋长制的遗留，也许起源于两个入侵的不同游牧部落之间的力量平衡。斯巴达人的公民大会也无非是古老的军队召集，②并不参与讨论，只是对长老会议摆放在其面前的提案喊"是"或"不"。后来，公民大会扩大了权利，可以对摆放在其面前的提案进行补充和修正。长老会议有权解散公民大会，或者撤回自己的提案，如果这些提案没有获得人民裁决的同意的话。③ 整个国家最有权

---

① 品达，《尼米亚颂歌》VII，28：*ξανθὸς Μενέλαος*[金发的墨涅拉奥斯]；《尼米亚颂歌》III，43：*ξανθὸς Ἀχιλεύς*[金发的阿喀琉斯]；《尼米亚颂歌》IX，17：*ξανθοκομᾶν Δαναῶν ἔσσαν μέγιστοι*[是金发的希腊人中最伟大者]。甚至是雅典娜女神和美惠三女神，在品达的想象中，也是金发女郎，参见《尼米亚颂歌》X，7 和 V，54。

② "*στράτος*"一词的意思是"军队"，在斯巴达早期(以及在诗歌中，尤其是在公元前五世纪的诗歌中)也有"人民"的意义，因而，这个词为我们保存了我们称之为自由政体的斯巴达体制的起源的宝贵线索：一个古代城邦的公民的政治权利起初来源于他对保卫自己国家的参与。因为重大事情的决断，必须问询*στράτος*[军队]。参见品达和埃斯库罗斯对该词并不鲜见的使用事例。

③ 在波吕多洛斯(Polydorus)和泰奥彭普斯(Theopompus)王的大法中，这是事情的先决条件：*αἰ δὲ σκολιὰν ὁ δᾶμος ἕλοιτο, τοὺς πρεσβυγενέας καὶ ἀρχαγέτας ἀποστατῆρας ἦμεν*[但若民众被带入歧途，则元老院与国王有权力加以纠正]。参见普鲁塔克，《吕库古传》(*Lyc.*)6。据说，斯巴达公民有审查和批评长老会议的提案的权利，人们可以对提案进行整补或否决。

力的是斯巴达每年民选的五监察官(ephorate),他们在和平时期拥有国王的政治特权。他们通过给予民众和领导者双方最低限度的权威,并保留传统政制的权力特征来解决难题。值得注意的是,五监察官作为斯巴达政制体系的组成部分,并非毫无异议地被归因于吕库古立法。①

希腊人称之为吕库古立法的,是他们通常意义上的立法的反面。它不是由几个独立的民法和宪法构成的法典编撰,而是一种 nomos,即该词本意上的“习俗、惯例”——它使用的是当时的口述传统。只有其中少数基本的法律获得了庄严的通过,并以成文法的形式固定下来——这就是公约或大法(rhetrai),其中有普鲁塔克记载下来的描述公民大会特征的法律。② 这一事实与公元前四世纪时困扰民主国家的难以抑制的立法冲动形成鲜明的对比,对当时的观察者来说,这似乎不是斯巴达原初生活的一种残存,而是吕库古深谋远虑的智慧的一个典范;[83]吕库古与柏拉图和亚里士多德一样,相信教育的力量,相信社会意义的创造远比任何成文法生动有力。这在某种意义上是正确的,因为口述传统和教育的影响随着要求逐步高涨的正规立法(通过机械强制来规范生活的各个细节)的吁求而衰减。不过,吕库古作为斯巴达的导师(school master)的观念,基于后来哲学家对斯巴达生活的一种理想化,他们用当时的文化理论来阐释吕库

① 普鲁塔克将监察官制度归之于泰奥彭普斯王,但提尔泰奥斯并没有提到监察官——提尔泰奥斯在其诗中描述了斯巴达政体“良好秩序”的各种要素,他非常钦佩泰奥彭普斯王。另一种说法,最早的见证是希罗多德,他说监察官是吕库古设立的(《历史》1.65)。当然,这不是明确的传统,但是,将监察官制度的设立归之于著名立法者,不过是因为在斯巴达,一切都被认为是吕库古的创造。参见雅克比,《希腊史家残篇》(*Apollodors Chronik*:*Eine Sammlung der Fragmente*),第 140 页及以下,古代作家关于各种编年史传统的残篇。根据索希克拉底(Sosicrates)的说法,存在着一个传统,这个传统将第一个监察官的日期确定为晚至执政官欧绪德谟(Euthydemus)时期(公元前 556 年)(第欧根尼·拉尔修[Diog. L.]I,68)。

② 参见普鲁塔克,《吕库古传》6 和 13。在第十三章中,普鲁塔克引用了吕库古的一项 rhétra[大法]:*μὴ χρῆσθαι νόμοις ἐγγράφοις*[不许制定成文法]。相应地,我们必须将 rhétra 理解为并非原初就以成文的形式固定下来的法律;但是,普鲁塔克在拉科尼亚人的对话中引用了其中一些 rhétra,这一事实证明,它们最终是以成文法的形式保存下来的。普鲁塔克在《吕库古传》6 中所引用的作者必然在斯巴达某处看到过 rhétra 的文本。

古立法。①

他们将斯巴达政制与后来阿提卡民主政治令人悲伤的堕落相比较，以至于相信斯巴达体制是某个立法天才的精心创造，他们误入歧途了。远古时期的斯巴达男人过着这样的集体生活：他们生活在兵营里，在公共的食堂饭桌上吃饭，公共生活具有对私人生活的绝对优先性，男女青年接受集体共同教育，勤劳的土地贱民（canaille）与自由的斯巴达统治阶级——他们不事劳作，只从事狩猎和战争，参与公共事务——尖锐对立，整个斯巴达体制看起来好像是哲学家们深思熟虑的教育理想的完美实现，比如柏拉图在《王制》中所描述的理想。实际上，柏拉图的理想，尽管其精神是新的，但与其他教育理论一样，大部分都是根据斯巴达模式而来的。② 后来希腊所有教育者的重大社会难题，就是要确定个人主义可以得到怎样的压制，以及每一个公民的个性在一个共同生活模式中可以得到怎样的发展。斯巴达城邦，因其严格的权威主义，看起来是对这个问题在实际生活中的很好解决，因而终其一生占据着柏拉图的思想。普鲁塔克是柏拉图教育理想的坚定追随者，他也不断地重提这一信念。在《吕库古传》中，普鲁塔克写道：

> 教育应该延伸到成年男女。没有人可以如他所希望的那样自由生活，而应像在军营中那样，每个人都有自己的生活方式和自己固定的公共义务，他甚至认为，他不属于他自己而属于他的国家。③

在另一个段落中，他说：

> 一般而言，吕库古让公民习惯于既不拥有过私人生活的意志，

① 普鲁塔克在《吕库古传》13 中用斯巴达首重教育这一事实来解释成文法的缺席，即吕库古使立法的整个任务完全系于教化（*τὸ γὰρ ὅλον καὶ πᾶν τῆς νομοθεσίας ἔργον εἰς τὴν παιδείαν ἀνῆψε*）。普鲁塔克对历史事实的这一解释显然来自柏拉图的《王制》，参见本书第二卷，第 237—240 页。

② 关于柏拉图和斯巴达的关系，参见本书第三卷，第 267 页及以下（柏拉图关于这一主题的广泛讨论，参见《法义》I—III）。

③ 普鲁塔克，《吕库古传》24。

> 也不具有过私人生活的能力；而是像蜜蜂一样，总是成为其共同体的有机组成部分，紧紧围绕在领袖周围，[84]身处于一种迷狂的热情和无私的雄心中，全部奉献给他们的国家。①

对一个伯利克里时代之后的、持有彻底的个人主义信念的雅典公民来说，要理解斯巴达实在是太难了。我们可以忽略阿提卡的哲学家们对斯巴达作出的哲学解释，但我们必须接受他们所记录的事实。柏拉图和色诺芬相信，斯巴达政制是某个杰出的教育天才的作品，这个教育天才既有独裁者的权威，又有哲学家的远见卓识。实际上，斯巴达体制只是更早更质朴的社会生活阶段的一种遗存，这个更早的历史阶段的特征是坚定的种族团结和公民团结，而极少个体主动性。斯巴达体制是数个世纪创造的产物。我们只能零星地断定某个特定个体在其形成中扮演什么角色。例如，斯巴达王波吕多洛斯和泰奥彭普斯的名字与某种体制变革相联系。② 毫无疑问，吕库古本人确实存在过，但是我们不能确定，他是否原来就被认为是类似的革新者，或者是在后来才被认为是整个体制的创建者。我们所能说的只是"吕库古政制"的传统并没有早期的权威证据。③

吕库古的传统是由这样一个时代创造的，这个时代认为，斯巴达体制是被精心打造出来服务于一个教育目的的，它同时也由因及果地(a priori)相信，国家的最高目的和意义就在于教化——也即一种进程，通过这种进程，每一个公民的生活都被塑造得与某种绝对的规范相一致。我们一次又一次地听到，德尔菲的神谕赞同"吕库古政制"——从而提供一种绝对的世界观和人生观来抵消民主国家的相对观念，以及民主国家

---

① 普鲁塔克，《吕库古传》25。

② 参见本卷第105页注释③和第106页注释①。

③ 在现存的希腊文献中，吕库古政制首次出现在希罗多德，《历史》1.65—66。在希罗多德那里，斯巴达著名的"良好政制"以及斯巴达公民的整个秩序都来源于"吕库古"，他作为与李奥波特王(King Leobotes)同时代的一个历史人物而现身。希罗多德提到，吕库古死后，斯巴达人把他作为神来崇拜，为他建立了一座神庙，在希罗多德的时代神庙还在那里。参见埃伦伯格(V. Ehrenberg)，《城邦的新奠基人》(*Neugruender des Staates*)，Munich，1925，第28—54页。

每个人都是他自己的立法者的信念。这是斯巴达的研究者们思想倾向的另一种例子,即将斯巴达政制描述为理想的教育体系。公元前四世纪时的希腊人深信,教育问题归根结底就是为人的行为寻找一个绝对规范的问题。不过,在斯巴达,后面的这个问题已经得到了解决。斯巴达政制建立于宗教真理之上,因为它得到了德尔菲神自己的准许和赞扬。因此,很显然,整个吕库古政制的传统都是建立在与一种后来的政治和教育理论的和谐之上的,因而是非历史的。[85]如果我们想要对它作出正确的理解,就必须牢记,它是在希腊人对教化的本质和原则的思考登峰造极时成长起来的,是在教育理论家们对斯巴达事务激情燃烧的岁月中成长起来的,斯巴达政制传统的遗存(以及提尔泰奥斯诗歌的保存),归因于斯巴达理想在希腊教化后来发展中的极端重要性。①

在剥落其哲学思辨的色彩之后,斯巴达会留给我们一个什么样的真实样貌呢?

色诺芬对其理想国家的描述,尽管掺杂了他自己的理论和阐释,但仍然包含着许多来自斯巴达的真实经历,在剔除他自己的历史评论和教育评论之后,我们仍然可以重建一幅斯巴达当年的生动画面,包括斯巴达独特的军事教育体系。不过,如果我们摒弃了这样一种信念,即斯巴达的军事教育体系是由全副武装的首领吕库古所创立的,那么我们就不能确定它到底是在何时建立起来的。现代学者曾经怀疑吕库古的存在。不过,即使历史上确有吕库古其人,他确实就是公元前七世纪时提尔泰奥斯所知的斯巴达大法(rhétra)的创立者,我们对于色诺芬描述的斯巴达教育体系仍然缺乏了解。全体斯巴达公民都从属于斯巴达军事训练体系,因而是某种类型的贵族。斯巴达体系中还有其他一些因素提醒我们注意早期希腊贵族及其教育训练。不过,尽管我们理所当然地认为斯巴达起先是由贵族阶层统治的,但其教育体系延伸到贵

① 更确切地说,我们可以将吕库古传统追溯到希腊精神史上的两个不同时期。它首先发源于关于国家最佳形式(εὐνομία)的理性思考开启的时期,例如公元前六世纪。这种理性思考反映在希罗多德,《历史》1.65及以下。吕库古政制传统的第二个驱动力,来源于伯罗奔尼撒战争期间及之后,人们对那个时代的教育学和哲学的讨论。这一时期以克里提亚(Critias)、柏拉图、色诺芬这些人为代表。第一个时期强调其宗教起源(德尔菲神谕)以及斯巴达秩序的权威性,第二个时期着重斯巴达体制的教育结构。

族阶层以外的一些人，这一事实表明，贵族阶层的地位遭受了某种程度的改变。其他希腊城邦处于一种和平的贵族政制统治之下，但这对斯巴达是不够的。斯巴达征服了美塞尼亚，数个世纪以来，斯巴达不得不用武力来控制他们，而只有把全体斯巴达公民从谋生的迫切性中解放出来，并将其发展成为全副武装和训练有素的优秀阶层，才能做到这一点。这一发展无疑是在公元前七世纪时的美塞尼亚战争期间开始的，同时也可能受到了城邦平民为要求政治权利而进行的反抗斗争的激励(提尔泰奥斯提到了这一点)。一个斯巴达人凭借其战士身份拥有其公民资格和公民权利。提尔泰奥斯是第一位描写这种公民战士理想的作者，[86]这一理想后来在整个斯巴达教育体系中得到了实现。然而，即便如此，提尔泰奥斯似乎也觉得，这种理想只有在战时才是必要且可行的。他的诗歌清楚地表明，在他那个时代，斯巴达体制正在形成，但尚未得到充分发展。①

再者，只有提尔泰奥斯提供了关于美塞尼亚战争的可靠证据，因为现代批评家们已经把希腊化时期的史家们提供的证据全部或主要地作为历史想象抛弃了。提尔泰奥斯的诗歌创作冲动受到美塞尼亚大叛乱的激发，在提尔泰奥斯时代两代人之前，美塞尼亚人的首次反抗已经被斯巴达人征服了。② 他说："十九年来，他们连续不断地、不屈不挠地与矛兵们——他们是我们父辈的父辈——的坚定意志战斗。然后，在第

① 色诺芬笔下的斯巴达教育体系(agogé)的主要特征，本书在第三卷第206页有论述。在此没有过多讨论的必要，因为它更多地反映的是公元前四世纪时斯巴达体系钦羡者的教育运动的理想，而非前七世纪时的斯巴达的历史真实，尽管学者们喜欢将其投射到斯巴达历史的开端，其实此种理想体系不过是最终的精神产品，而非原初的历史真实。

② 施瓦茨发表于《赫尔墨斯》XXXIV(1899)的《提尔泰奥斯》一文，不仅拒绝承认提尔泰奥斯诗歌的真实性，而且拒绝承认后来希腊化时期的作家，如克里特的史诗诗人本内的里诺斯(Rhinaus of Bene)和修辞学家普里恩的米隆(Myron of Priene)关于美塞尼亚战争的历史创作，(这两部遗失的著作都被泡撒尼阿斯用作其《希腊志》[*Perihegesis*]IV的资料来源)。拙文《提尔泰奥斯论真正的德性》(《Tyrtaios ueber die wahre Areté》，载《柏林科学院会议报告》，1932)重建其诗歌的真实性之后，我从前的一个学生已经对希腊化时期的历史传统作出了新的分析，并成功地消解了施瓦茨对美塞尼亚战争历史真实性的吹毛求疵式的质疑。参见克罗伊曼(Juergen Kroymann)，《斯巴达和美塞尼亚》(Sparta und Messenien)，载《新语文学研究》(*Neue Philologische Untersuchungen*)，耶格尔编，第十一期，Berlin，1937。

二十年，敌人离开他们肥沃的田野，从伊托梅(Ithome)的高山间逃离。"他还提到了民族英雄泰奥彭普斯："众神之所钟爱，我们的国王，因为他，我们夺取了广袤的美塞尼亚"；这些诗句为后来的史家所引用。① 另一则残篇则为被征服种族的受奴役状况提供了一幅生动的画面。美塞尼亚人的土地——提尔泰奥斯曾经将其描述为肥沃富饶的土地——被分给了斯巴达人；以前的主人成为农奴，在土地上劳动，"像重轭下的牛马那样劳作，怀着苦涩的怨恨被迫将全部收成的一半奉献给主人——每当他们的主人中有人去世时，他们和他们的妻子就必须到葬礼上为其披麻戴孝"。②

提尔泰奥斯对美塞尼亚叛乱之前的情况的描述，旨在通过唤醒他们以前的胜利来激励斯巴达军队，通过对他们一旦失败就会遭受何种悲惨命运的描述，来警醒斯巴达战士。他的诗篇只有少数被完整地保存下来，③其中一首是这样开篇的：

> 你们都是不可战胜的赫拉克勒斯的子孙——要勇敢！宙斯还没有愤怒地掉头不顾！不要害怕蜂拥而来的敌人，不要望风而逃！……视自己生命如可恶的敌人，视黑暗死亡如可爱的阳光。不幸战神造成的毁灭你们如道，残酷战争的滋味你们都尝过：你们都曾溃逃和追击……

这是对一支士气不振的溃败军队的勇气的召唤。确实，提尔泰奥斯一般被描述为德尔菲的阿波罗派往斯巴达人中间的一位领导者，是他将斯巴达人从危险中拯救出来。④ 后来的史家说他其实是一名将军，现代学者一直相信这一点，直到新发现的莎草纸纠正了这一错误，莎草纸上有大段此前不为人知的提尔泰奥斯诗歌的残篇。[87]在这首诗中，提尔泰奥

---

① 提尔泰奥斯残篇4。

② 提尔泰奥斯残篇5。

③ 提尔泰奥斯残篇8。

④ 参见柏拉图《法义》629a处之评注(第301页，格林[Greene])，另见提尔泰奥斯残篇362，来自斯特拉波(Strabo)《地理志》中提到的菲洛克鲁斯(Philochorus)与卡里斯提尼(Callisthenes)的记载。

斯以第一人称复数形式说话，他号召斯巴达人服从他们的领袖。① 这完全是一幅未来景象，是以荷马的方式，对一场即将面临的关键战役的描述。其中提到了古老的斯巴达部落——希莱人（Hylleis）、潘菲利人（Pamphyloi）和迪曼人（Dymanes）——这些部落在当时显然都是一些武装团体，尽管后来都被一种新的组织形式所取代了。这一诗篇讲述了一场城墙与壕沟间的战斗，似乎敌人已经兵临城下，一场围攻迫在眉睫。除此之外，提尔泰奥斯没有为我们提供其他历史资料，即使古人也没有在其诗歌中发现比我们更多的具体事实。②

提尔泰奥斯对德性的呼唤

使斯巴达成为一个伟大民族的精神意志，至今仍存活在提尔泰奥斯的哀歌中。这种精神意志具有创造一种伟大理想的力量——这种力量比历史上的斯巴达城邦存在得更为长久，而且至今仍未枯竭；提尔泰奥斯的诗歌是此种力量最强烈的表露。为后世所知的斯巴达共同体，从许多方面来说，是一种权宜之计，一种稀奇古怪的存在；但是，激励斯巴达公民的理想，以及为了这个理想，每一个斯巴达人以始终如一的坚韧所做出的每一种努力，都是不朽的，因为它是对一种根深蒂固的人类本能的表达。尽管包含此种理想的社会对我们来说是不完全的、受其

---

① 据说，提尔泰奥斯是一名将军（στρατηγός），参见来自斯特拉波《地理志》的提尔泰奥斯残篇 362。有几位现代学者接受了这一所谓的传统，尽管它只是在传说的基础之上建立起来的，这个传说认为提尔泰奥斯是第二次美塞尼亚战争期间雅典人派去斯巴达的一位领导者。在古代，菲洛克鲁斯与卡里斯提尼记录了这个传说，不过，即使是斯特拉波自己也提醒读者要注意提尔泰奥斯的《欧诺弥亚》（*Eunomia*）。其中（残篇 2），他谈到了斯巴达国家：当我们第一次占领这个地方时，我们是从伊利尼斯（Erineos）来到这个国家的。斯特拉波由此正确地推论提尔泰奥斯必定是土生土长的斯巴达人，但令人奇怪的是，他仍然坚持该故事之传统的另一部分，也就是说，他认为，即使提尔泰奥斯不是雅典人派遣给他们的，也是美塞尼亚战争期间斯巴达人的一个领导者。现在，莎草纸上发现的新哀歌已经驳斥了这种观点，莎草纸上发现的新诗现在是狄尔选集残篇 1。

② 我们在本卷第 103 页注释①中说到，提尔泰奥斯诗歌极少提及当时的具体历史事件，在诸如施瓦茨和维拉莫维茨这些现代学者眼中，这种历史事件的缺席使其诗歌的真实性非常可疑。但是，莎草纸上新发现的哀歌残篇 1，证明了这种涉及并非完全不存在，尽管在劝勉性类型的诗歌中，这种具体历史事件的涉及不可能盛行。

历史情境限制的，但其理想本身仍然是真实而有价值的。柏拉图认为斯巴达关于公民职能及其教育的观念是狭隘的，但他也看到了，在提尔泰奥斯的诗歌中得到不朽体现的斯巴达理想却是政治生活无可改变的基础之一。[①] 在这方面，柏拉图并非孤例，他只不过是表达出了希腊人对斯巴达的普遍看法。柏拉图时代的希腊人并非毫无保留地认同斯巴达及其政策，但他们都认识到了斯巴达理想的价值。[②] 希腊的每一个城市都有一个将吕库古政制理想化的亲斯巴达派，但大多数群众无缘于对斯巴达的此种无条件钦羡。尽管如此，柏拉图给予提尔泰奥斯在其文化系统中的地位，对后世的希腊人来说，都是有效的，而且是他们文化中一个难以磨灭的要素。正是柏拉图安置并系统化了提尔泰奥斯的国家精神遗产：在柏拉图的这种综合中，[88]各种激励希腊人的理想都得到了客观表达且各得其所。从那之后，柏拉图本人的思想体系没有发生大的改变；而斯巴达理想，两千多年来，仍然保持着它在人类文明史中的地位。[③]

提尔泰奥斯的哀歌受到一种伟大的教育理想的启发。毫无疑问，提尔泰奥斯诗歌的写作处境为他对斯巴达公民的自我牺牲和爱国主义精神的要求提供了充分的理由——当时的斯巴达几乎因美塞尼亚战争的重负而万劫不复。但是，如果这些诗歌不是此种理想的永恒表达，那么它们也不会作为那种舍身为国的斯巴达意志的最高表达而被后世仰慕至今。这些诗歌对每个公民的思想和行为所要求的规范，不是源于尚武好战的爱国热情的瞬间爆发，而是整个斯巴达世界的生存根基。在希腊诗歌中，没有其他任何东西比它们更清楚地表明了，诗人的创作是如何从其所隶属的社会生活开始的。提尔泰奥斯绝非现代意义上的诗界天才。他是人民的心声。他表达的是每一个思维正常的斯巴达公民的信念。正因为如此，他才常常以第一人称复数的形式说话："让我

---

① 柏拉图，《法义》629a—630 和 660e—661a。

② 参见本卷第 124—125 页及注释。

③ 我们不应将这种对斯巴达勇武的钦羡及其在提尔泰奥斯诗歌中的表达，与后来世纪的亲斯巴达政治运动相混淆。斯巴达国王李奥尼达（Leonidas）及其斯巴达战士在其他城市的战士纷纷临阵脱逃之后，为了希腊的自由，在温泉关壮烈捐躯，李奥尼达的精神依然是斯巴达理想的真正纪念碑。

们战斗！"他喊道，"让我们战死疆场！"即使在他说第一人称的"我"时，他既不是以自己的人格进行自由抒发，也不是以一个上级权威的身份说话（如一些古人所云，他们甚至称他为将军①），他是那个普遍的"我"，他就是德摩斯梯尼（Demosthenes）所谓的"国家的普遍心声"。②

提尔泰奥斯发出的是斯巴达城邦的声音，因此，对于什么是"光荣"和什么是"可耻"的判断，与纯属一个普通演说者的个人意见相比，具有一个远为重大的衡量标准。即使在斯巴达，国家与个人的紧密联系在和平时期也不完全为普通公民所知，但在战事危急之时，这种理性就会以压倒一切的力量突然显现出来。正在发生的战争带来的危机，是长期的、难以预料的、令人恐惧的，正是这种危机锻造了斯巴达城市-国家的钢筋铁骨。因为在那个黑暗时刻，它不仅需要政治和军事两方面的坚定领导，而且还需要一种对在白热化的战斗中被熊熊点燃的新德性的普遍有效的表达。数个世纪以来，希腊的诗人一直都是德性的使者，现在，这样一个使者附身于提尔泰奥斯。正如我们所说过的那样，[89]一般认为他是太阳神阿波罗派来的③——这是对奇特真理的一个生动表达：当人们需要一个精神领袖时，他总会如期而至。提尔泰奥斯来了，在其永恒的诗歌中，他表达了一个处于危机中的民族所需要的新德性。

在诗歌风格方面，提尔泰奥斯并不是一个创新者。他或多或少以传统的方式写作。毫无疑问，哀歌格（elegiac couplet）这种诗歌形式，尽管其起源晦暗不明，但肯定在提尔泰奥斯时代之前就已经有了；这一点，即使对古代的文学批评家们而言也一样。④ 哀歌格与史诗中的英

---

① 参见本卷第111页，注释④。

② 德摩斯梯尼，《金冠辩》(*Cor.*)170。

③ 参见本卷第111页。

④ 亚里士多德谈到了肃剧和谐剧的起源，但他在《诗学》(*Poetics*)中并没有正式提出他自己的哀歌起源理论。如贺拉斯所说(《诗艺》77)，亚里士多德学派的下一代学者分明感受到了关于这个问题的分歧，但在学者们中间没有达成一致意见，根据波菲利(Porphyrio)的评论，贺拉斯将逍遥学派的帕里昂的尼奥托勒密(Neoptolemus of Parium)作为自己说法的来源。关于哀歌体诗歌发明者的传统说法，散落在后来古代文法学家们中间的零星证言之中，这种传统说法肯定了某个名字是此类诗歌的创立者：提尔泰奥斯或卡利努斯(Callinus)，或其他人——阿基罗库斯(Archilochus)和弥涅墨斯(Mimnermus)，这些说法都反映出真知的缺乏。

雄格(heroic metre)有关联，与英雄格一样，在那时可以用作描写任何题材的工具。因此，在所有哀歌体诗歌中，并不存在一种固定不变的结构。(古代的文法学家们，①被错误的语源学和后来发展出来的艺术体裁所误导，试图从哀悼歌曲中演绎出挽歌，但这是错误的。)除了哀歌格本身——在最早的时代，并没有特定的名称将其从英雄格中区分出来——在哀歌体诗歌中，只有一个持久不变的要素，这就是，它总是对某人说话：要么是对着一个人说，要么是对着一群人说。哀歌表达说话者与倾听者之间的一种潜在关联，而这种关联则是一切哀歌体诗歌的显著特征。比如，提尔泰奥斯的诗歌要么是对斯巴达公民说，要么是对斯巴达青年说。即使是那些以极富沉思默想的风格开篇的诗歌(残篇9)，也在其结尾处收束为一种劝告：它是在对某个团体的成员说话，只不过通常来说，这个团体是虚拟的，而不是写明的。② 这种劝告性的话语是哀歌教育特征的一个明确标志，与英雄史诗一样具有此种教育特征，不过(与赫西俄德的教谕诗一样)其话语比史诗更直接、更精雕细琢，并且其对象更加确定。史诗及其神话故事被安排在一个想象的世界中，而哀歌及其对真实且具体的对象的讲话则将我们带进某种激发诗人灵感的实际情境中。

不过，尽管提尔泰奥斯的哀歌处理的是其听众的实际生活，诗歌的形式却由荷马史诗的风格所决定。诗人实际上是旧瓶装新酒，用荷马的古语包装当代主题。不过，与赫西俄德相比，荷马的风格更适合提尔泰奥斯，尽管赫西俄德也不得不使用荷马的风格：[90]因为还有什么比野蛮的战斗和英雄的勇力更适合于史诗的风格呢？因此，提尔泰奥斯不仅借用了荷马的许多语言、词汇、短语和诗行，而且还发现，他可以根据《伊利亚特》中的战斗场景仿制自己的一些诗篇——在那些战斗场景中，一名领导者在危机时刻对着自己的部属

① 古代文法学家关于作为一种新的诗歌类型的哀歌及其起源的最重要的证言，参见埃德蒙德(J. M. Edmond)，《希腊的哀歌格和抑扬格》(*Greek Elegy and Iambus*)，第一卷("洛布古典丛书")。另见保利-维索瓦(Pauly-Wissowa)，《大保利古典学百科全书》(Realencyclopaedie)V，2260中由克鲁修斯(Crusius)撰写的词条"哀歌"；鲍勒(C. M. Bowra)，《早期希腊的哀歌诗人》(*Early Greek elegists*)，Cambridge，Mass.，1938。

② 参见本卷第117—118页关于此诗的阐释。

讲话，鼓励他们振作精神，顽强抵抗。① 提尔泰奥斯只是把这些劝勉从英雄史诗的神话背景中分离出来，并将它们转化成鲜活的当下。即使在英雄史诗中，战斗危机时刻的讲话也具有一种强烈的规劝效果。它们看起来与其说是在对其他人物讲话，不如说是在对荷马的听众讲话。当然，斯巴达人强烈地感受到了这种效果。提尔泰奥斯只需把这些讲话——它们来自荷马想象的战斗——的巨大精神动力，转移到美塞尼亚战争的真实战斗中，就创造了他的哀歌。提尔泰奥斯和赫西俄德的时代，不是把荷马作为悠悠往事的叙述者来阅读，而是作为目前社会的教师来阅读，如果我们也能如他们那样阅读荷马，就会更好地理解这种精神动力的转移了。②

毫无疑问，提尔泰奥斯相信，他就是一个荷马式的诗人，而他的哀歌，他对斯巴达国家的讲话，直接就是《伊利亚特》和《奥德赛》的衍生。不过，真正使提尔泰奥斯的作品不同凡响的，不是他对荷马的词语和修辞的或多或少的有效模仿，而是他的那种精神力量——凭借这种精神力量，他将史诗的艺术手法和传统素材转化成了某种对自己时代有价值的东西。如果我们从提尔泰奥斯的作品中去除他从荷马那里借来的所有观念、词语和韵律，那么他自己的东西看起来就所剩无几了。但是，只要我们从当前研究的立场出发，并且认识到，提尔泰奥斯时代的传统场景及其英雄主义的古老理想，因为他对一种新的道德和政治权威的信念而得到了复活，那么我们就注定要承认他的真正原创性；这个新的道德和政治权威就是城邦，城邦超越于每一个个体公民之上，每一个个体公民都为之生，为之死。提尔泰奥斯将荷马式的个人勇士的德性重塑为爱国主义的德性，怀着这样的信念，他竭力激励他的全体同胞奋勇战斗。③ 他

---

① 参见雅克比，《古代希腊哀歌研究》(Studien zu den aelteren Griechischen Elegikern)，载《赫尔墨斯》LIII，1918，第1页及以下。

② 赫西俄德对教谕诗的创造和最早的哀歌体诗歌的劝告性质都毫无疑问地证明，荷马史诗留在那个时代的听众头脑中的印象，在很大程度上是劝告性的。他们想要在新的文学类型中，赋予叙事诗中的这种劝告力量一种更加集中、更加真实的形式。

③ 在荷马史诗的全部人物中，赫克托尔这位特洛伊的英雄，特洛伊城市的捍卫者，最接近这一理想。参见《伊利亚特》XII，243的著名诗句："*εἷς οἰωνὸς ἄριστος ἀμύνεσθαι περὶ πάτρης* [最好的征兆只有一个——为国家而战]"；但希腊的英雄们不是为他们的祖国而战，而是为自己的声名和荣誉而战。

正在努力创造一个英雄的国家。死亡是美丽的，如果这死亡是英雄之死；而为国捐躯就是英雄之死。[①] 这是对一个慷慨赴死之人的唯一赞颂，[91]可以让他觉得他是在为一个比自己的生命更高的善[②]而牺牲自己。

提尔泰奥斯对德性观念的重估，在其现存诗歌的第三首中有最清晰的体现。[③] 这首诗直到最近还仅因为其风格原因而不被承认；我在其他地方为其真实性给出了详尽的证据。[④] 我们肯定不能把它放在晚至公元前五世纪的智术师时代。[⑤] 梭伦和品达都知道这首诗，早在前六世纪时，塞诺芬尼就在一首流传至今的诗中模仿过这首诗，并且将其中的一个主导观念做了改变。[⑥] 促使柏拉图从全部当时仍存的提尔泰奥斯诗歌中挑选出这首诗，并将其作为斯巴达精神最好代表的原因，是相当清楚的：那就是这首诗的简洁有力，诗人正是用这种简洁有力锻造出了斯巴达德性的真正本性。[⑦]

这首诗打开了一扇窗户，使我们可以看到自荷马以来希腊德性观念的发展历史，看到古老的贵族理想在希腊城邦崛起时期所面临的危机。提尔泰奥斯将真正的德性提升到其他美好品质之上——他的同时代人认为这些美好品质可以为一个人赢得价值和尊敬。他说："我不会因为一个人捷足善跑或者擅长摔跤而关注他、看重他，即使他拥有独眼巨人(Cyclopes)的身材和勇力，以及色雷斯风神(Boreas)的无比神速。"[⑧]这些都是长久以来一直被仰慕，至少是被自荷马时代以来的贵族们所仰慕的体育德性的极端例子；就在前一个世纪，由于奥林匹亚赛会的兴起，即使普通民众也把这些当作人类的最高

---

① 提尔泰奥斯残篇 6，1—2。

② 参见本卷第 118—119 页。

③ 提尔泰奥斯残篇 9。

④ 参见拙文《提尔泰奥斯论真正的德性》，载《柏林科学院会议报告》，1932。

⑤ 施瓦茨和维拉莫维茨这些批评家倾向于将此诗的创作年代归结为公元前五世纪的智术师时代，主要是因为他们所谓的这首诗和谐而合理的创作方式，以及表达方面的修辞形式，参见本卷第 103 页注释①中所引的相关著作。

⑥ 拙文《提尔泰奥斯论真正的德性》已经证明了这一点。

⑦ 柏拉图，《法义》629a，600e。

⑧ 提尔泰奥斯残篇 9，1ff.。

成就。[①] 除此之外，提尔泰奥斯还加上了其他一些被古代贵族阶层羡慕的美德：

> 即使他比提托诺斯(Tithonus)更英俊，比迈达斯(Midas)和塞尼亚斯(Cinyras)更富有，比坦塔罗斯(Tantalus)的儿子佩洛普斯(Pelops)更有王者之风，比阿德拉斯托斯(Adrastus)更会甜言蜜语，即使他拥有其他一切，但如果不英勇善战，我也不会因为他拥有这些东西而敬重他。因为在战争中，除非他敢于直面血淋淋的厮杀，除非他能压倒一切敌人，面对面地给敌人致命打击，否则没有人是好男儿。这才是真正的德性！

提尔泰奥斯激动万分地喊道：

> 这才是一个年轻人可以赢得的最好最公平的奖赏。这是共同的善——无论是对城邦，还是对全体公民——当一个人坚毅果敢，与最杰出的战士并肩作战，抛弃一切可耻的逃亡念头。[②]

[92]我们一定不要把这种风格叫作“后置修辞”(late rhetoric)。梭伦也曾用同样的方式说话。修辞风格的起源可以追溯至历史深处。[③] 提尔泰奥斯激动的重复为其蕴含深沉的情绪所推动，正是借着这深沉的情绪，提尔泰奥斯提出了他的核心问题——什么才是真正的德性？对这一问题的普通答案，在前十行或者前十二行诗句中，一个个

---

① 奥林匹亚赛会胜利者的名单从公元前776年的科罗布斯(Coroebus)开始，只比第二次美塞尼亚战争早了几十年，提尔泰奥斯的诗歌正是在第二次美塞尼亚战争期间创作的。关于斯巴达的胜利者，参见本卷第125页；塞诺芬尼对在奥林匹亚赛会中获胜者的过高评价的批评，参见本卷第125页，第222页；关于品达的颂诗，参见本卷第263—264页。

② 提尔泰奥斯残篇9,5—17。伊奥尼亚方言“ξυνὸν ἐσλόν”与“κοινὸν ἀγαθόν”是同一个的意思，即共同的善(the common good)，提尔泰奥斯用它们为真正的德性提出了一种新的标准。

③ 参见梭伦残篇14(狄尔，《古希腊抒情诗集》)，7：“ταῦτ' ἄφενος θνητοῖσι[这些凡人的财富]”；提尔泰奥斯残篇9,13：“ἥδ' ἀρετή, τοδ' ἄεθλον ἐν ἀνθρώποισιν ἄριστον[德性，人间最美丽的奖品]”。关于这种早期的修辞方法，参见拙文《提尔泰奥斯论真正的德性》，载《柏林科学院会议报告》，1932，第549页。

都被坚绝否定了；往昔希腊贵族的一切高贵理想都被践踏，尽管不是被完全否定或取代；然后，当诗人将听众的情绪调动到激烈高昂之时，他宣告了新的公民理想。真正的德性只有一个标准——那就是城邦共同的善。一切有益于城邦共同体的皆为善，一切有害于城邦共同体的皆为恶。①

从这里，提尔泰奥斯自然而然地过渡到了对为国牺牲者所获奖赏的赞颂，无论他是战死沙场，还是凯旋归来：

> 但是那些最勇猛的战士，以及那些为他的城邦、为他的同胞、为他的父亲——他的胸膛、他浮雕突起的盾牌、他伤痕累累的胸甲——赢得荣誉而献出宝贵生命的战士，会得到年轻人和老年人的一致哀悼，整个城邦都会为之伤心致哀；他的坟墓和他的孩子会得到人们的普遍尊敬，他孩子的孩子，以及他身后的真个家族都将备受尊崇。他的姓名和英名永不磨灭，尽管他长眠于地下，但却永垂不朽！②

一个荷马笔下的英雄的荣誉，尽管因为诗人的吟唱而英名远扬，但对一个天真质朴的斯巴达武士而言，简直不值一提；正如提尔泰奥斯所描绘的那样，一个斯巴达武士的荣誉，永远深藏于其民众心中。城邦共同体的紧密团结，在诗歌的开头似乎仅仅是一个义务，现在却成了一种特权和荣誉：它是一切理想的价值源泉。诗歌的第一部分，表达了就城邦而言，一个英雄的德性理想。诗歌的第二部分，从同一个角度，重述了一个英雄的荣誉的理想。在传统史诗中，德性和荣誉是不可分离的。③现在，德性是在城邦中践行，而荣誉也由城邦给予。当公民个人战死时，城邦得以存活；城邦也是一个英雄的“英名”，及其未来生活的安全

---

① 参见上页注释②。

② 提尔泰奥斯残篇 9，23—32。

③ 荷马关于德性和荣誉的观念，参见本卷第 12 页及以下，第 54 页。关于提尔泰奥斯对这些基本观念从城邦的角度作出的新阐释，参见拙文《提尔泰奥斯论真正的德性》，载《柏林科学院会议报告》，1932，第 551—552 页。

保障。

早期希腊人并不相信灵魂不朽。当一个人的身体死亡时，他也就灰飞烟灭了。荷马称之为“魂灵”（psyché）的只不过是肉身的记忆或者幽魂，一个活在地狱的影子，一个一无所是的东西。[①] [93]但是，如果一个人越过日常生存的边界，为国牺牲而达到了一种更高的生命，那么城邦就会通过使他的理想人格（即他的“英名”）永恒，从而使他永垂不朽。随着城邦的兴起，这种英雄主义的政治观念逐渐占据了主导地位，并且贯穿整个希腊历史。人作为一种城邦的存在物（political being），在他为之生、为之死的城邦共同体中，通过人们对他的永恒记忆，达到了他的完美境界。只有直到国家的价值（实际上也就是整个尘世生活的价值）遭到质疑，且个体灵魂的价值得到大幅提升时——这一进程在基督教中得以登峰造极——哲学家们才开始教导蔑视世俗名声的义务。[②] 即使在德摩斯提尼和西塞罗（Cicero）的政治思想中，也没有这种变迁的痕迹；而提尔泰奥斯的哀歌恰恰表现了城邦道德发展的第一阶段。[③] 是城邦守卫死去的英雄使他英名不朽，是城邦颂扬生还凯旋的勇士。“他得到所有人的尊敬，无论是年轻人，还是老人；他的一生是多么幸福，没有人会伤害和侮辱他。当他渐渐老去，他在公民中备受尊崇，无论他走到哪里，男女老少都为他让路。”[④]这不仅仅是修辞。早期的希腊城邦规模狭小，但其本性中确实蕴含某种真正英雄主义的和真正人性的东西。希腊，实际上是整个古代世界，将英雄奉为人性的最高典范。

---

① 参见罗德（Erwin Rohde），《灵魂》（*Psyche*），第八版，第一章“荷马史诗中的灵魂信仰和祭灵仪式”。

② 这一发展过程的转折点是苏格拉底。柏拉图在《王制》中，将城邦曾经给予其公民的传统荣誉赐予“真正正义之人”作为奖赏。不过，个体与城邦之关系的根本变化见之于这一事实，即柏拉图给予正义之人的最高奖赏是其灵魂的不朽，这是其作为一个个体人格的永恒价值的保证，参见本书第二卷，第 424 页。

③ 人们可能会说，西塞罗在《西庇阿之梦》（*Somnium Scipionis*）中将柏拉图关于人的德性和不朽的观念吸收进了他的《共和国》（*Republic*），但是西塞罗的理想国是一个罗马的天堂，一个对伟大的爱国者和政治上处于领袖地位的历史人物的至福之境（Elysium）。因此，西塞罗再一次见证了传统的城邦观念的力量。

④ 提尔泰奥斯残篇 9，37—42。

在这首诗中，城邦被描写成所有公民生活的生命源泉。不过，提尔泰奥斯的哀歌中还有另外一首诗，[①]它显示了城邦强制、威胁和恐吓的力量。诗人将战场上的光荣牺牲与悲惨的流亡生活作对比，背井离乡的流亡生活是逃避公民义务者的注定命运。他满世界流浪，连同他的父母妻儿。在贫穷窘迫中，对他遇到的每个人来说，他都是一个异乡人，被普天下的人都看作敌人。他使他的种族蒙羞，使他英俊魁伟的外貌黯然失色；伴随他的只有放逐和鄙视。这是对残酷无情的逻辑的无可比拟的生动写照——凭借这一残酷无情的逻辑，城邦拥有其成员的生命和财产。与描写城邦给予英雄们的荣誉一样，提尔泰奥斯以同样的现实主义描绘被放逐者的悲惨命运。[94]无论我们是把他看作一个因临阵脱逃而被紧急放逐的人，还是看作一个因逃避兵役而自愿离乡、被迫身在异邦为异客的人，都没有什么差别。在这两种相互补充的画面中，城邦既显示为一种受称颂的理想，同时又显示为一种专制的权力。依其本身，城邦可以说是某种非常类似于神祇的东西，希腊人总能感受到它的神圣性。希腊人并不以一种纯粹物质的、实用主义的眼光看待公民德性和共同体安全之间的联系。城邦是一个有其宗教基础的全称命题。作为英雄时代德性的对应物，城邦的新德性是希腊宗教理想变迁的一个表达。城邦成了一切人间和神界事物的缩影。

发现这一点并不令人奇怪：在另一首闻名古代世界的哀歌《欧诺弥亚》(*Eunomia*)[②]中，提尔泰奥斯阐释了斯巴达政制的真正要旨。提尔泰奥斯努力在斯巴达体制的基本原则中教育斯巴达人——古老的吕库古大法独立叙述了同一个体制，普鲁塔克在《吕库古传》(*Life of Lycurgus*)中用他的多利安方言转录了这一点。[③] 在这首诗中，提尔泰奥

① 提尔泰奥斯残篇 6，7(狄尔编)。现代学者们有时候认为这首著名的长诗——阿提卡的演说家吕库古(《诉列奥克拉底》[*Leocr.*]107)将其作为真正德性的典范引述给阿提卡青年——实际上代表了两首诗。本人不同意这种划分，全部理由的陈述留待他日；不过可以参见拙文《提尔泰奥斯论真正的德性》，载《柏林科学院会议报告》，1932，第 565 页，注释 1。

② 提尔泰奥斯残篇 2，3ab(狄尔编)。

③ 普鲁塔克，《吕库古传》6。

斯通过解释大法的实质，为这一有价值的遗产的古老性提供了最主要的证据。[①] 诗人显然越来越成为这个国家的教育者，因为无论是战时，还是和平时期，他的诗实际上都是整个斯巴达世界的纲领。出现在诗歌中的形式变迁提出了文学史和政治史的有趣问题，不过，在这里，与诗歌内容相比，其形式的变化无关紧要。

《欧诺弥亚》的潜在思想既说明了伊奥尼亚和雅典的政治理想，也说明了其自身的态度，二者是根本对立的。伊奥尼亚人并没有感觉自己被传统和神话的权威所束缚，而是努力使体制的特权与一种普遍的社会和法律理想相一致；而提尔泰奥斯则从一种神圣指令演绎出斯巴达的良好秩序，并坚持认为斯巴达政制的神圣起源是其最高最可靠的保证。"克洛诺斯之子，头顶王冠的赫拉之夫宙斯，亲自将这个城市交给了赫拉克勒斯，我们与他一起离开了多风的伊利尼斯（Erineos），来到广阔的珀罗普斯（Pelops）岛。"[②]当我们将提尔泰奥斯重现吕库古大法的大段诗行，[③]与这一断简残句参照阅读，就能领会提尔泰奥斯的完整意义，[95]他复原了多利安民族第一次大迁徙时代斯巴达国家的神话起源。

大法明确规定了人民反抗国王和长老会议的权力。这是斯巴达的基本法，提尔泰奥斯认为它同样起源于神圣的权威：它由德尔菲的阿波罗神谕所批准，甚至由太阳神阿波罗直接授命。斯巴达在美塞尼亚战争中艰难取胜之后，普通民众开始意识到自己的力量，并要求相应的政治权利作为战争牺牲的报偿。如果他们的这种要求变得过分，提尔泰奥斯准备予以压制，他提醒他们，他们应该把自己在这个国家中的酬劳归功于国王们，即"赫拉克勒斯的种族"。古老的传说把多利安民族向伯罗奔尼撒的大迁徙描述成"赫拉克勒斯种族的回归"，根据这一传说，宙斯把土地给了他们。因此，在当今和在遥远的过去创建斯巴达的神

① 在我看来，这是提尔泰奥斯《欧诺弥亚》与普鲁塔克《吕库古传》6 中转述的传统大法的真正关系。迈尔（Eduard Meyer）在《古代史研究》（*Forschungen zur alten Geschichte*）I，229 中曾质疑这首诗的真实性；不过，在我看来，他的怀疑毫无根据。

② 提尔泰奥斯残篇 2。

③ 提尔泰奥斯残篇 3ab。

圣行为之间，国王们才是唯一正当的联系纽带。德尔菲神庙的神谕一劳永逸地奠定了斯巴达国王们的地位。

提尔泰奥斯的《欧诺弥亚》旨在为斯巴达世界的法律基础提供一种真实可靠的阐释。这种阐释部分是一种理性解释，部分是一种神话记忆，它反映了美塞尼亚战争期间王权的强大。不过，正如提尔泰奥斯关于公民德性的诗歌所显示的那样，他远不是一个反动分子。在其努力以城邦道德取代贵族道德，倡导将每一个公民作为城邦的战士纳入其中的过程中，提尔泰奥斯更像是一个革命分子。但是，提尔泰奥斯并不是为民主制度而奋斗。[①] 正如《欧诺弥亚》所表明的那样，公民大会无非是军队的集合：它只对由长老会议提供的议案说“是”或“不”，不享有根据自己的考虑提出什么措施的权力。当战争结束之后，仍要维持这一政制可能比较困难；不过，当权者显然利用了提尔泰奥斯在战争中作为精神领袖所赢得的广泛影响，将其作为抵抗日益上升的民众要求的一个堡垒，以维护国家的“正当秩序”。

创作《欧诺弥亚》的提尔泰奥斯属于斯巴达，但创作战歌的提尔泰奥斯则属于整个希腊世界。在战争的考验中，在一个相对平庸的党争世界中，一种新的英雄主义上升为真正诗歌的新灵感。[96]这种新型诗歌在城邦生死存亡的最危急关头歌唱城邦，从而在荷马的理想世界之外获得了不容置疑的一席之地。我们这里还有另一首哀歌体战歌，是伊奥尼亚诗人，以弗所的卡利努斯(Callinus)，在提尔泰奥斯不久之前创作的：其风格和内容自然而然地导致两人作品之间的对比。两人的关系模糊不清，他们很可能互不往来。卡利努斯的诗号召其同胞抵抗共同的敌人。另一首诗的残篇似乎表明，敌人正是野蛮的西米里族

---

① 至少，当我们根据后来实际政治的发展回顾性地去看时，提尔泰奥斯的态度是这样的。从提尔泰奥斯自己时代(即公元前七世纪)的角度来看，对公民德性的重新定义，以及将其简单地归结为每一个公民战士都应该拥有的“勇武”标准，显得相当具有民主倾向，尤其是在我们将贵族阶级的那些传统标准作为参照背景时；正如我们在本卷第117—118页所要努力表明的，提尔泰奥斯拒绝这些传统标准，认为它不足以作为真正德性的标准(残篇9)。确实，绝大多数古代作家都认可斯巴达政体中的民主要素。但是，如果将其与后来雅典人所达到的民主制度相比照，有人可能会说，斯巴达的民主倾向——这种倾向在提尔泰奥斯时代仍处于变动不居之中——在后来被禁锢不前了。

(Cimmerians)游牧部落，他们曾经入侵小亚细亚并窜入吕底亚王国。相同的处境，相同的决定性状态，使得一种相同秩序的诗歌经验被创造出来，因为卡利努斯与提尔泰奥斯一样，模仿荷马的风格，将城邦公共生活的新感受与史诗的形式相融合。

但是，感动卡利努斯及其以弗所同胞随时共赴国难的精神，却成了斯巴达城邦及其全部教育信条的永久灵感。提尔泰奥斯将集体生活和努力的新感受灌输给斯巴达人，他所教导的英雄主义信念贯穿于整个斯巴达历史。作为英雄主义理想的教师，他的声音很快越过拉科尼亚(Laconia)前线，远播四方。在每一块希腊的土地上，只要在公民的勇敢德性被奉行或者被城邦所要求的地方，在为国捐躯的英雄们得到尊崇的地方，提尔泰奥斯的诗歌就会作为"斯巴达信条"的经典表达得到珍惜——甚至在非斯巴达以及像雅典这样的反斯巴达国家，同样如此。① 公元前五世纪，他的诗句出现在战士坟墓的墓志铭上，前四世纪，他的诗句在官方纪念阵亡将士的葬礼演说上响起，在宴饮集会的长笛演奏中被广泛吟诵。与演说家吕库古(Lycurgus)类似的阿提卡演说者们，竭力将它们与梭伦的诗歌一样深深地烙印在年轻人的心底。在《王制》中，②柏拉图为了解释应该给予战士何种地位，抄录了提尔泰奥斯应尊敬战士远甚于奥林匹亚赛会获胜者的诫命。在《法义》中，③他告诉我们，公元前四世纪的斯巴达仍然将提尔泰奥斯的诗歌视为多利安国家精神的最高揭示。他说，所有斯巴达人的头脑中都"塞满"了提尔泰奥斯的诗篇。[97]他表示，即使像他自己这样的非斯巴达人——他们并不认可斯巴达关于国家的真正本质、关于最高人性的观念——也不得不承认提尔泰奥斯信条的强大说服力。

---

① 参见拙文《提尔泰奥斯论真正的德性》关于提尔泰奥斯对希腊思想史和文学史的影响的论述(载《柏林科学院会议报告》，1932，第556—568页)。我们现在必须给那份长长的、见证提尔泰奥斯对后世——包括雅典的民主时代在内——持久影响的证词清单，加上来自希腊化时代的另一个重要证词：由克拉芬巴赫(G. Klaffenbach)在其墓志碑铭考察报告中发表的格言警句——克拉芬巴赫曾遍访埃托利亚(Aetolia)和阿卡纳尼亚(Acarnania)的墓志碑铭(载《柏林科学院会议报告》，1935，第719页)。

② 柏拉图，《王制》465d—466a。

③ 柏拉图，《法义》629b。

当然，提尔泰奥斯只代表希腊城邦共同体发展过程中的一个阶段。不过，每当希腊人重新铸造他们的德性观念时，就会引用提尔泰奥斯激情洋溢的革命诗句，并将新的信条建立在他关于真正德性的诗歌的旧形式之上。这才是希腊人真正的文化观念。典范一旦定型，就会在后来更高的发展阶段中继续有效；而每一种革新则要与之相适应。因此，在提尔泰奥斯逝世百年之后，科罗丰的哲学家塞诺芬尼改写了他关于德性的诗，他表明，在城邦中，只有人的才智才配得上最高地位。① 在其后的同一进程中，柏拉图②在其《王制》中将正义置于勇敢之上，并嘱咐重写提尔泰奥斯，以与其《王制》的政制精神相一致。

柏拉图并没有像批评当代斯巴达人那样过分批评提尔泰奥斯。在公元前四世纪，斯巴达仍然是一种冷酷无情、头脑狭隘的军国主义力量，但提尔泰奥斯的诗歌仍然是它的大宪章(Magna Charta)。因此，即使是斯巴达最热切的崇拜者，也不可能在它那里发现任何审美享受的蛛丝马迹。塞诺芬尼的沉默不语，以及普鲁塔克隐瞒缺陷的不成功努力，都清楚地表明了这一点；我们无需将其短处转变成一种美德。幸运的是，尽管只有零星证据，我们仍然能够证明，真正的古斯巴达，公元前七世纪时英勇的斯巴达，在智力发展方面比其后继者更少受到限制，事实上，他们过着一种更为富有、更为丰富的生活。尽管提尔泰奥斯对战士的赞扬远胜于运动健将，公元前七和前六世纪的奥林匹亚赛会获胜者名单(尤其是在美塞尼亚战争胜利结束之后)显示，斯巴达以占据绝对多数的姓名，在和平时期的竞赛中，与它在战时一样，给出了最好的成绩。③

---

① 塞诺芬尼残篇 2(狄尔编)。当我们将塞诺芬尼的哀歌中论真正德性的第一部分与提尔泰奥斯残篇 9 相比较时，很明显，前者对奥林匹亚赛会胜利者的过高估价的抗议，不仅仅是与提尔泰奥斯的著名诗歌的偶然一致，而是对那种典范的遵循并对其巧妙的改变。两首诗的基本观念是同一个：有一种比在希腊赛会中被过度赞誉的胜利者的德性更高的德性。他们都想重申他们所赞誉的那种新的德性观念的优越性。但是，关于什么是最高德性，他们意见不一，对提尔泰奥斯而言，是勇武，塞诺芬尼的哲学头脑却把智慧(*σοφία*)置于顶端，参见本卷第 222 页。塞诺芬尼将其新的德性观念融进了提尔泰奥斯哀歌的旧形式之中。

② 柏拉图，《法义》660e。

③ 参见布林克曼(O. Brinkmann)，《奥林匹克编年史》(Die Olympische Chronik)，载《莱茵古典语文学杂志》(*Rheinisches Museum*)，N. F. LXX(1915)，第 634 页。

再者，这一时期的斯巴达并没有显示出任何对艺术的清教徒式的仇视，这种对艺术的仇视，在后来的一段日子里，被认为确实属于斯巴达。出土文物已经表明，斯巴达公民忙于建筑行业，在模仿东方希腊风格的基础上从事艺术实践。[98]这一点与提尔泰奥斯所使用的哀歌体裁来自伊奥尼亚是一致的。大约在同一时期，伟大的音乐家泰潘德（Terpander）——他发明了七弦琴——从莱斯博斯岛（Lesbos）被邀请到斯巴达，以便在宗教节日庆典时领导合唱队，并用他创作的新风格乐曲发展了斯巴达音乐。① 在之后的时期中，斯巴达顽固地坚持泰潘德的艺术风格，将任何细微的改变统统视为一种叛逆。不过，这种僵化的艺术实践仍然表明，公元前七世纪时斯巴达人所持的信念——审美文化可以塑造城邦公民的整体品格——的力量。我们很容易想象，当条件允许斯巴达人充分游乐时，其艺术冲动的原始力量。

至今幸存的阿尔克曼（Alcman）合唱歌的大段残篇，为我们对古代斯巴达的描绘提供了一个恰到好处的补充。阿尔克曼出生于萨迪斯（Sardis），后迁居斯巴达，在那里，他创作了作为一个艺术家的生平代表作。提尔泰奥斯的语言完全是荷马式的，但阿尔克曼却将拉科尼亚方言精心引入其合唱歌词之中；在提尔泰奥斯那里，多利安特征只是戴着荷马传统的面具零星闪现，但阿尔克曼为斯巴达少女合唱队创作的颂歌，却随处焕发出多利安民族本土的机敏幽默和现实主义活力。他的诗篇是写给被提名和赞美的少女们的，他与她们的小小嫉妒和野心开了一点精致的玩笑；他的诗将他那个时代的音乐之间的急切竞争生动地浮现在我们面前，用以表明斯巴达妇女之间的竞争精神，与男人之间的竞争一样激烈。在斯巴达，正如阿尔克曼的诗歌所显示的，妇女无论是在公共生活，还是私人生活中，都比伊奥尼亚（它受到亚洲文化理想的影响）和雅典（它模仿伊奥尼亚）的妇女更加自由。② 与在语言和

---

① 普鲁塔克，《论音乐》（*De Mus.*）4。关于泰潘德的时代（资料来源：雷吉乌姆的格老科[Glauco of Rhegium]），泰潘德和音乐在斯巴达的*πρώτη κατάστασις*[起初的架构]，参见《论音乐》9，比较 42。

② 后来，因为斯巴达妇女的放荡（*ἄνεσις*），亚里士多德（《政治学》2. 9. 1269b17ff.）批评了她们。在 1270a 中，亚里士多德将她们的自由追溯到斯巴达历史的开端。他甚至谈到斯巴达妇女的守则（*γυναικοκρατεῖσθαι*），他认为这种守则是军事国家的典范。

生活习惯方面的许多其他多利安特征一样，这一点完全是他们征服和入侵希腊时期的幸存：与任何希腊其他城邦相比，斯巴达所感受的活力和自由都远为久远。

第六章　城市国家及其正义理想

[99]在形成人的公民理想方面，斯巴达的贡献比其他希腊城邦更容易确认，因为我们不可能指出另外哪一个城市在公民塑造方面采取了什么关键性的步骤。直到公元前六世纪开端的雅典之前，我们没有可靠的证据引导我们的研究：正是在前六世纪的雅典，启迪城邦国家的新精神才在梭伦的诗歌中得到了表达。然而，雅典是希腊历史上最后一个出现的伟大城市，其政制理想必然以此前的一种漫长发展过程为前提。通观梭伦的生平和事迹，他受伊奥尼亚文明的影响是显而易见的。① 因此，我们不能不怀疑这种新的政治理想同样发源于伊奥尼亚这个智识和批判的中心。不幸的是，我们所拥有的关于伊奥尼亚殖民地的政治和历史知识少得可怜，所以必须转而求助于一种由果及因（*a posteriori*）的推溯——据我们所知的存在于较后时期的一些事实，以及其他国家的一些类似情境。

除了上文提到的卡利努斯之外，②伊奥尼亚似乎没有产生过可以与提尔泰奥斯和梭伦相提并论的政治诗人。③ 我们不能把这一事实仅

---

① 伊奥尼亚对梭伦的精神影响，参见本卷第174—176页。

② 参见本卷第123页。

③ 某些现代学者将其存在视为理所当然之事，但是确实不存在这种更早的政治诗的蛛丝马迹。

仅看作是一个偶然事件：它显然深深地植根于伊奥尼亚的特性。与其他所有小亚细亚的希腊人一样，伊奥尼亚人缺乏建设性的政治活力，在建构一种永久性的具有历史影响力的国家方面，从未成功过。在他们迁徙进入这个国家时，他们确实经历了一个英雄时代——一个在荷马的诗歌中得到反映的时代：而且，如果我们相信他们一直是那种感官贫乏的人，就像我们所知道的波斯战争之前的希腊人那样，那么我们就错了。[①] 他们进行了多次激烈的内外战争。他们的诗人，卡利努斯、阿基罗库斯（Archilochus）、阿尔凯奥斯（Alcaeus）和弥涅墨斯（Mimnermus），都是真正的战士-诗人（warrior-bards）。[②] 但是，他们从来没有像斯巴达人和雅典人那样，视城邦为至高无上的绝对真理。在希腊精神的发展中，[100]他们的工作是奠定了个体的自由——即使在政治生活中也一样。因此，一般而言，伊奥尼亚殖民地没有能力整合其自由公民个体的活力、利用其加强自身的力量；但首先释放政治力量的是伊奥尼亚人，这种政治力量，在希腊大陆城市的坚固框架中，帮助他们创造出了一种新的生机勃勃的国家理想。

从荷马的史诗中，我们第一次知道了伊奥尼亚城邦的生活。特洛伊战争本身并不允许荷马描写一个希腊国家，因为他把特洛伊看作是蛮族人。不过，荷马无意识地给了特洛伊在其保卫自身的斗争中某些伊奥尼亚城市国家的特征；而赫克托尔这一特洛伊的忠诚卫士，则是卡利努斯和提尔泰奥斯的英雄主义典范。在这个阶段的伊奥尼亚文化中，尤其是如卡利努斯所反映的，我们可以追踪到许多与斯巴达理想的相似之处。不过，在一个早期的阶段，伊奥尼亚的城市国家开始朝另一

---

① 甚至是塞诺芬尼（残篇 3［狄尔编］）也谴责伊奥尼亚人的“无用的奢华”（*ἀβροσύνη ἀνω φελφεής*），这种“无用的奢华”是他们从吕底亚人（Lydians）那里学来的，它导致了他们的政治衰败。塞诺芬尼特别谈到他的家乡城市科罗丰的居民。但是，在埃斯库罗斯时代，“*ἀβρόβιοι*［娇生惯养者］”和“*ἀβροδίαιτοι*［生活奢华者］”这两个词似乎一直是描述吕底亚人和伊奥尼亚人及其奢华生活的标准用语；参见埃斯库罗斯，《波斯人》（*Pers.*）41；《奠酒人》（*Bacchyl.*）17，2。

② 即使是以歌颂男欢女爱的感官享乐著称的弥涅墨斯，也在其诗歌中庆祝第一代移民对科罗丰（Colophon）和士麦那（Smyrna）的征服。在一首哀歌中，他以满怀钦佩的笔调描述了一个科罗丰的英雄，在赫莫斯（Hermos）河谷中与吕底亚人的战斗，参见残篇 12 和 13（狄尔编）。

个方向发展，这一发展运动也显示在史诗中。在《伊利亚特》描述一个和平城市的唯一段落中——对阿喀琉斯的盾牌的后期描写——我们发现，在城市中心的市场，一场诉讼正在进行："长老们"坐在光滑的凳子上做出裁决。[①] 这意味着，在正义的实行过程中，贵族家庭的首领起着非常重要的作用，这本来就一直是国王的势力范围。那场关于权力划分的著名责骂，[②]表明国王仍然存在，但他们的地位却显然摇摇欲坠了。阿喀琉斯的盾牌还描绘了一处王室领地，盾牌上的一个国王正在欣赏自己的丰收成果；[③]但他也有可能只是一个拥有土地的贵族，因为史诗经常给那些贵族阶级的成员冠以巴赛勒斯(basileus，即"国王"或"王子")的称号。与希腊本土一样，整个伊奥尼亚首先盛行的是农业文明(它是土地贵族制度的基础)。有限的君主统治的另一个例子，是费阿刻斯人的国王阿尔基努斯(Alcinous)。在他那个国家的长老们中间，他是唯一的会议主席，尽管他是合理合法的世袭国王。因此，从君主制到贵族制的转变并非遥不可及：国王会很快变成一个高级祭司或者一个虚衔官员，并无与其地位相称的特权。好几个城市提到了这种转变，但我们在雅典看得最为清楚。在那里，科德里德人(Codridae)的王室家庭被正在上升的贵族阶层力量逐渐推到幕后位置，[101]在梭伦时代，贵族阶层仍然占据着主导地位。不过，我们的知识不足以断定，在伊奥尼亚，这种特有的发展是在民族大迁徙多久之后发生的。

伊奥尼亚海岸狭长的土地并不广阔，那里是源源不断地迁入者的居住地；而被散乱无序和凶狠好战的土著民(如吕底亚人[Lydians]、佛里吉亚人[Phrygians]和卡利亚人[Carians])占据的山地则是不可能进入的。因此，沿海城市越来越倾向于从事海洋事业，尤其是在航海技术发展起来之后。许多富有的贵族把他们的精力转向这一新的事业，并成为这一事业的领导者。希腊的殖民开拓者们，在他们挣脱土地的束缚之后，就一向很少执着于土地。《奥德赛》表明了地理知识的巨大增长，也显示了由伊奥尼亚的航海家们创造的新型人格。奥德修斯本人

---

① 《伊利亚特》XVIII，503。

② 《伊利亚特》II，204。

③ 《伊利亚特》XVIII，556。

与其说是一名赳赳武士，毋宁说是伊奥尼亚冒险精神、开拓能力和实践智慧的集中体现：他见多识广，阅历无数，从不会在任何困难或危险面前惊慌失措。《奥德赛》视域辽阔，向东远至腓尼基和科尔基斯(Colchis)，南到埃及，西及西西里和埃塞俄比亚，北越黑海直达西米里族人(Cimmerians)的土地。在航海英雄与大量腓尼基船员和商人的遭遇中，没有什么是陌生而值得大惊小怪的：腓尼基人的买卖遍布地中海，是希腊人最危险的劲敌。① 另一首航海叙事诗是关于阿尔戈英雄的远航传说，里面充满了他们所拜访的国家和民族的精彩故事。随着小亚细亚城市工商业的发展，伊奥尼亚的贸易也进一步增长，这是一个引领他们进一步远离早期农业文明的进程。当金币从吕底亚进入伊奥尼亚城市，当货币交易取代了物物交换时，这一进程获得了重大的决定性进步。根据我们现代人的标准，伊奥尼亚沿海城市规模狭小；这些城市人口密集的最可靠迹象在于这一事实：与其他一般希腊城市一样，公元前八、前七、前六世纪，地中海、马摩拉海、黑海沿岸派生出了许多殖民地。尽管缺乏其他历史证据，但是，仅米利都一个城市所建立的令人震惊的殖民地数量，[102]就足以为他们的事业、他们的扩张能力以及他们令人血脉贲张的生活作出证明——在那些世纪里，小亚细亚的希腊城市充满了这样的生活。②

多才多艺，富于创造力的个体，宽广的视野，是这些新的社会条件所创造的"新人"的主要特点。随着他们的地理视野的扩展，他们的精神视野也随之得到提升，而他们对自身力量的感受使他们能够产生更深更广的思想和理想。我们在阿基罗库斯和米利都学派哲学家的理论中看到的独立批判精神，必定也对公共生活发生过影响。与希腊世界其他地方一样，伊奥尼亚必定也发生了许多民事冲突，我们缺乏这方面的历史记录。但是，伊奥尼亚绵延不断的格言警句和诗文——它们把"正义"作为人类社会的基础来歌颂——从荷马史诗的晚期部分经由阿基罗库斯(Archilochus)和阿那克西曼德(Anaximander)一直贯穿到赫

① 《奥德赛》XIII，272。

② 比拉贝尔(F. Bilabel)，《伊奥尼亚的殖民开拓》(*Die Ionische Kolonisation*)，Leipzig，1920。

拉克利特。[①] 我们可以想象，诗人和哲学家对公平正义的赞扬不可能先于为实现正义理想而进行的现实斗争，这显然是从公元前八世纪一直持续到前五世纪开端的政治斗争的一种自然结果。赫西俄德以降的希腊诗人一般都以同样的语气谈论正义，没有任何人比雅典的梭伦说得更为清楚。

直到这些政治斗争开始之前，贵族阶层根据传统习惯而非成文法律实施正义的权力一直没有受到挑战。然而，随着普通民众经济地位的提升，出身低微的自由民与上层贵族之间的冲突自然越来越紧张。司法权力很容易被政治目的滥用。民众需要成文法律。赫西俄德对滥用司法的腐败国王的抱怨，是对这一普遍需求的必要准备。[②] 他们将"正义(Justice，即 diké)"一词，变成了阶级斗争的战斗口号。希腊不同城邦的法典编撰持续了多个世纪，我们对其历史所知甚少。[③] 不过，我们在这里关注的主要是激励此类法律编撰的精神原则。编撰成文的法律意味着所有人，无论地位高低，在法律面前，人人平等。在法律成文之后，法官可能仍然由贵族而非平民担任；但他们现在必须根据现有的正义标准来实施司法管理。

荷马告诉了我们更早时期的状况。他通常用另一个词——忒弥斯(themis)——来描述正义。[④] [103]宙斯给荷马的君王以"权杖和忒弥斯"。[⑤] 忒弥斯是早期国王和贵族们的最高司法权力的缩影。从词源学上讲，这个词的意思是习俗惯例(institution)。封建世袭的法官根据宙

---

① 参见阿基罗库斯残篇 94，它表明了在阿基罗库斯的诗歌中，甚至是寓言故事中的动物们，也坚持主张自己的权力，并批评不义之事。关于阿那克西曼德的宇宙正义观念(*δίκη*)，参见本卷第 204—206 页；巴门尼德的，参见第 225 页；赫拉克利特的，参见第 233—234 页及以下。

② 参见本卷第 83 页及以下。

③ 除了吕库古立法和梭伦立法，希腊人还常常称赞德拉古(Draco)、扎莱乌库斯(Zaleucus)、卡隆达斯(Charondas)、安德罗达玛斯(Androdamas)、庇塔库斯(Pittacus)、菲洛劳斯(Philolaus)以及其他一些人的法律。亚里士多德《政治学》2.13 说他们是杰出的法典编撰者。克里特的哥提那(Gortyna)的法律随着那段著名铭文的发现而闻名于世，这段铭文由比歇勒(Buecheler)和齐特尔曼(Zitelmann)作评注并发表。

④ 《伊利亚特》XI，779；《奥德赛》XIV，56，等等。"*Θέμις*[法律]"是由习俗所制定的礼法，在习俗惯例的意义上是正确的。

⑤ 《伊利亚特》II，206。

斯建立的习俗惯例做出自己的决定，并从他自己关于习惯法的知识以及从他自己的直观洞察推导出其规则。我们不清楚“狄刻（diké）”一词的词源学意义。这个词属于希腊的法律术语，其起源并不比忒弥斯晚。① 一场争端的双方会说“给出和拿走狄刻”，因而这个词包含有做出决定和给予惩罚的意思。有罪的人“给出狄刻”，其原意就是为他的行为做出赔偿；被伤害的一方“拿走狄刻”，判决重建了他的权利，而法官则“分配狄刻”。“狄刻”一词的基本意义与“应得之份”大体相同。② 除此之外，它还表示“诉讼、判决、惩罚”的意思。不过，这些意义是派生的，而非最初的。这个词在后荷马时代的城市国家中获得的更高含义并非是从这些专业意义，而是从规范因素发展而来的——我们必须承认，在古代的、非正式的原则背后存在着这种规范因素。“狄刻”首先意味着每个人都可以正当主张的应得部分；然后，是保证这种主张的原则，当一个人被肆意践踏（hybris）伤害时，他可以仰仗这种原则——“肆意践踏”一词原本意指非法行为。③ “忒弥斯”一词相对局限于正义的权威性，局限于它已经建立的地位和有效性，而“狄刻”则意指正义的法律强制性。“忒弥斯”是一种自上而下强加的无可逃避的权威，一个总是被迫接受作为忒弥斯的正义的阶级，在其进行权利斗争期间，“狄刻”一词如何成为战斗口号，是脚趾头也能想明白的事情。在这些世纪里，我们听到人们对狄刻的呼唤，变得越来越广泛，越来越热烈，越来越迫切。④

---

① 希泽尔（R. Hirzel）的《忒弥斯、狄刻和血族》（*Themis, Diké, und Verwandes*, Leipzig, 1907）在其成书的年代，是一部杰出的研究著作，不过，如今看来，似乎不符合历史事实。它在许多方面已经过时，但仍然包含许多有价值的资料。在埃伦伯格（V. Ehrenberg）的《早期希腊的法律观念》（*Die Rechtsidee im frühen Griechentum*, Leipzig, 1921）一书中，有关于这一观念的历史发展的有用概述。在我看来，试图从*δικεῖν*（即“扔出”）一词演绎出*δίκη*，是错误的。

② 也许该词的副词用法某种程度上仍然含有这一意义——实际上是一种古老的宾格——比如在*κυνὸς δίκην*（宾词作副词：“像……一样”）之中，我们将其简单地翻译为“像一只狗”；另可参见荷马的诗句“*ἣ ἀνθρώπων δίκη ἐστί*[就像它适合男人一样]”，“*ἔχει δίκην*”的意思是“得到了应得的份额”。

③ 在希腊语中，“Diké”和“Hybris”是反义词。“Hybris”在早期希腊作家中意指一切具体的违法行为，如偷窃马匹。现代诗人经常谈论的那种希腊人特有的 Hybris[傲慢自负]，也就是说，越过人类本性的限制并引诱神灵，是“Hybris”一词的一种特殊用法，关于这一点参见本卷第 216 页。

④ 埃伦伯格，《早期希腊的法律观念》，Leipzig，1921，第 54 页及以下。

"狄刻"一词还包含着另一层意义，即平等的意思，它使这个词在争取权利的政治斗争中更加有用。这层意思必定一直内在地包含在这个词中：只要想一想广泛流行的古老正义理想——以牙还牙，以血还血——我们就会充分理解这一点。显然，"平等"这层意思肯定是从该词的司法运用过程中衍生出来的；派生的意义得到其他民族法律历史的证实。纵贯全部希腊思想，这个词一直保留着这一原初含义。[104] 即使较后世纪的政治哲学家们也依赖它，他们只是寻求平等观念的重新定义罢了；因为平等观念已经被崛起的民主制度搞得如此僵化，以至于遭到了柏拉图和亚里士多德的厌恶——柏拉图和亚里士多德抱有人类天然就不平等的贵族信念。

早期希腊争取公平正义，胜过一切。① 任何涉及"我的（Meum）"和"你的（tuum）"的琐碎争议，都要求一种双方可以借之评判的标准。法律领域的此类问题与同时代经济领域的问题是相同的，只不过后者因为商品交换中固定衡量标准的引入而得到了解决。人们所需要的是一种衡量法律权利的正确标准（norm），这一标准是在平等观念中被发现的，而平等观念则内含于狄刻观念。

当然，这一标准的适用范围远远超出希腊人的想象；但是，也许"衡量法律权利的标准"这个用法使它更适合于作为一个政治纲领来使用。比如，它可以用来指一个不享有特权的阶级（也就是底层阶级），但凡在有法律的地方，在法官眼里，或法律面前，应该与特权阶级平等。再者，它可以指每个公民都应当积极参与司法实践；或者指全体公民在国家事务的投票表决中应该天生平等；最后，它可以指一个普通公民应该享有担任那些实际被贵族占据的重要公职的平等权利。实际上，这只是一个漫长进程的开端而已——在这一漫长进程中，平等观念变得越来

① 参见梭伦残篇 24，18—19。同样的理想也内涵于赫西俄德对"Diké"一词的使用之中。梭伦的思想显然是得到了伊奥尼亚的启发。在法官和法律面前要求平等权利的早期起源可以证明这一假设的合理性，即 isonomia 的理想（在公元前五世纪时首次得到提倡，并且总是指民主政治权利的平等）比我们现在少量证据能够证明的更加古老，而且原初地具有在法律面前平等的意义。埃伦伯格（《早期希腊的法律观念》，第 124 页）反对这一假设；希泽尔的看法即 isonomia［均平］意味着"财产的平等分配"（《忒弥斯、狄刻和血族》，第 240 页），在我看来，这不符合历史事实，非常不像极端民主主义者的观点。

越广泛，越来越呆板，直到它表示出极端的民主为止。不过，民主并非是要求司法平等或者要求成文法律的一种必然结果。司法平等和成文法律在君主制和寡头制国家早就存在了；相反，国家不是由法律而是由暴民来统治的现象，是极端民主制国家的特征。不过，希腊世界民主制度的发展和普及还需数百年时间。

在民主制度蔚然成风之前，希腊世界已经经历了一个漫长的历史进程。首先，第一个阶段是某种类型的贵族制——不过是一种改变了的贵族制。现在，公平正义的理想被作为公共生活的一种标准来使用，无论是出生高贵，还是贫贱，都以“平等”标准来衡量。[105]贵族们被迫承认新的公民理想——这种理想由正义需求所创造，并以作为一种衡量标准的狄刻为基础。在即将到来的社会冲突中，在革命的暴风骤雨中，贵族阶级自身也常常被迫求助于狄刻。希腊语言也包含有新理想成型的痕迹。数个世纪以来，希腊语言中有很多指示具体违法行为的词语——谋杀、盗窃、通奸；但是没有一个指示某种品质的通用词语——由于这种品质，一个人避免了各种作奸犯科和违法乱纪。新时代铸造了“公正”或“正义”，即“dikaiosyné”一词——正如希腊人由于对体育运动的热忱而铸造了与具体的“摔跤”、“拳击”等相对应的抽象词语（在英语中没有对应的词）一样。① 这个新词是随着正义感的急剧增强，随着正义理想在一种特定的人性和德性中得到体现而产生的。从原初意义来说，一种德性就是任何一种类型的优秀。当一个人的德性被等同于勇敢时，德性就意味着一种道德品质，这个人其他所有的优秀品质都从属于勇敢这种品质。新的正义（dikaiosyné）是一种更加客观的品质；不过，当希腊人一旦在成文法中发现了一种判别是非的可靠标准之后，正义就成了最卓越（par excellence）的德性。在标准（nomos）——当时法律用法中的标准——被制定出来之后，笼统的公正或正义观念获得了触手可及的内容。它存在于对城邦成文法律的服从之

① 形容词“*δίκαιος*［合法的、公正的］”出现在《奥德赛》和《伊利亚特》的一些后期段落之中，它代表了这一发展过程的一个原初阶段；不过，名词“*δικαιοσύνη*［正义］”在荷马那里并没有出现。荷马、提尔泰奥斯、塞诺芬尼使用了“*παλαισμοσύνη*［角力］”或“*παλαιμοσύνη*［摔跤］”这两个词；“*πυκτοσύνη*［拳击］”一词好像是塞诺芬尼发明的。

中，正如基督徒的美德存在于对上帝诫命的顺从之中一样。

因此，在城市国家共同体生活中日益滋长的正义意愿，与在古老的贵族文化中养成的勇武理想一样，成了一种新的教育力量。在提尔泰奥斯的战歌中，那种古老的理想已经为斯巴达城邦所接受，并上升为一种无所不包的公民理想。在以法律和正义（它们是经过艰苦的斗争才进入生活中的）为基础的新城邦中，斯巴达的战士理想不可能被认为是唯一和普遍的公民理想。尽管如此，正如以弗所的诗人卡利努斯号召其并不英勇善战的同胞抵抗蛮族人的入侵所表明的那样，即使是伊奥尼亚的城市，在其生死存亡的危机时刻，仍然需要英勇的尚武精神。事实上，"勇敢"只是改变了它在德性框架之内的位置而已。从今之后，法律命令公民勇敢地面对敌人，[106]在保卫自己的国家时视死如归；同时，法律也严惩那些抗命不遵者：但这只是众多命令中的一个。现在，正义在希腊政治思想中的含义是具体意义上的正义，为了成为正义的（即为了遵守法律并按法律的典范来塑造自己的行为）①，公民现在必须像他在其他事务中履行义务一样，在战争中也履行其义务。荷马勇士的古老德性所具有的自主理想，现在成了公民对城邦国家的一种义务，成了所有公民都必须承担的义务，就像他们在财产问题上必须遵守你我之间（*meum* and *tuum*）的界限一样。公元前六世纪最著名的诗歌有这么一句经常为后世哲学家们引用的诗句，它说一切德性都归结于正义[公正]。这句诗是对新型法治城邦本质的简洁而完备的定义。②

正义是完美公民的德性，包含和超越其他一切德性，这一新观念自然而然地取代了之前的理想。但是，早期的各种德性并没有因之被废弃：它们被提升为一种新的力量。当柏拉图在《法义》中说，③在理想的城邦中，必须要重写提尔泰奥斯将勇敢作为最高德性来赞扬的诗歌，以

---

① 正义或公正就是遵从法律，这一观念在公元前五和前四世纪是一种普遍的观念；参见新近发现的安提丰（Antiphon）的一段文字（*Pap. Oxy.*[奥克西林纸草]XI，1364，col. I[1—33]，洪特[Hunt]编；《前苏格拉底残篇》[第尔斯本]II，346）；以及上文希泽尔所引的段落，199，注释1，尤其是柏拉图，《克力同》54b。

② 福西里德斯（Phocylides）残篇10＝泰奥格尼斯147。

③ 柏拉图，《法义》，660e。

便让正义代替勇敢时，他说的正是这个意思。柏拉图并没有拒斥斯巴达武士的德性：他只是将其降低到适当位置，使其从属于正义而已。他说，内战中的勇敢不能与抵御外敌时的勇敢相提并论。[①] 为了表明正义者的理想包含了一切其他德性，柏拉图还举了一个富有启发意义的例子。柏拉图经常谈论四种主要的德性：勇敢，虔敬，正义，审慎。（在《王制》和其他一些地方，他经常提到哲学的智慧，而非虔敬，这一点在这里无关紧要。）早在埃斯库罗斯那里，我们就看到他将一个公民的德性归结为柏拉图所说的四主德。[②] 总体而言，柏拉图从早期希腊城市国家的道德体系那里接收了它。但是，他承认，尽管埃斯库罗斯提到了四主德的经典说法，但正义仍然包含其他德性。[③] 在亚里士多德那里也发生了同样的事情。他比柏拉图更详尽地描述了德性的种类；但当他谈到正义时，他说这一名称指代两个概念：[107]狭义的正义，即法律意义上的正义，以及一般意义上的正义——它包含一切政治的和道德的德性在内。我们很容易看清楚，这是早期城市国家孕育的观念。随后，亚里士多德以特别的强调引用了上述句子，以证明正义是一切德性之首，包含其他一切德性。[④] 法律的准则规范每一个公民与其城邦的神祇、敌人、同胞的关系。

后世不承认这一事实：柏拉图和亚里士多德的道德哲学体系是建立在早期城市国家的道德之上的；因为他们习惯于认为，柏拉图和亚里士多德的体系是不受时空局限而永恒的。当基督教的道德学家考察它们时，他们发现柏拉图和亚里士多德居然将勇敢作为一种美德来看待，实在令人奇怪；不过，他们不得不把这一点作为希腊道德情感中的一个基本要素来接受。因为他们没有政治生活，没有古代希腊意义上的国

---

① 柏拉图，《法义》，629c 及以下。

② 埃斯库罗斯，《七将攻忒拜》(*Sept.*)，第 610 行。维拉莫维茨称这行诗是假的，并将其从他编辑的版本中删除了，因为他认为四主德的经典说法源自柏拉图；但他后来又恢复了这句诗。参见本人的讲座文稿《柏拉图在希腊教育重建中的地位》(Platos Stellung im Aufbau der griechischen Bildung)，载《古代文明》IV，1928，第 163 页；以及《柏拉图时代的希腊国家伦理》(Die griechische Staatsethik im Zeitalter des Plato)，1924，第 5 页（再版于《人文主义讲说集》）。

③ 柏拉图，《王制》，433b。

④ 亚里士多德，《尼各马可伦理学》5. 3. 1129b 27。

家，除了宗教信仰上的纯粹个人主义，没有什么道德哲学，他们无法理解这样一种观念，故将其视为一种自相矛盾的悖论。他们制造了很多毫无用处的论文，讨论勇敢究竟是不是一种美德，如果是，又为什么是。尽管如此，我们仍可以辨认出希腊城市国家的道德思想为后世的哲学家所接受，并通过他们影响后世子孙的自然历史过程。哲学不能仅凭纯粹理性而存在：它只不过是把一种在某个历史阶段中生成的文化转化为抽象的理想形式而已。柏拉图和亚里士多德的哲学同样如此；没有希腊文化，我们不可能理解哲学；离开哲学，我们也不可能理解希腊文化。

我们预先描述的消化吸收过程（即希腊早期城市的道德准则及其人格理想为公元前四世纪的哲学所接替的过程）在城市国家自身的上升过程中有一种精确的对应关系，因为城市国家的文化同样也消化吸收一个更早阶段的道德准则。它不仅接管了荷马的英雄德性，同样还接收体育运动方面的德性——其实就是整个贵族理想；当斯巴达首次登上历史舞台时，斯巴达也发生了同样的事情。城市国家鼓励公民在奥林匹亚赛会以及其他类似比赛中拼搏竞争，并为胜利归来的公民戴上最高荣誉的桂冠。[108]在这样一种比赛中获胜，本来只给胜利者的家庭带来荣耀，不过，现在，由于整个公民共同体感觉到自身就是一个家庭，所以胜利成了伟大的国家荣誉（ad maiorem patriae gloriam）。① 城市还鼓励孩子们不仅参与各种体育比赛，而且还鼓励他们享受往昔的音乐和艺术遗产。城市国家不仅在法律上创造了一种平等（isonomia），而且在生活的更高事务上创造了一种平等，这本来是由贵族文明创造的，现在成了公民家庭的共同财富。②

---

① 参见提尔泰奥斯和塞诺芬尼关于在他们那个时代，也即从公元前七世纪中期至前五世纪的第一个三分之一，整个城邦给予奥林匹亚赛会胜利者的公开认可和崇高社会地位的说法（参见上文第117—118页）。通过塞诺芬尼，我们可以到达品达、西蒙尼德斯（Simonides）和巴库利德斯（Bacchylides）的时代，他们的诗歌在很大程度上都致力于颂扬希腊赛会的胜利者（参见本卷第263页及以下）。

② 关于合唱诗作为早期城邦中的希腊青年高级学校课程的说法，参见柏拉图，《法义》654b。哲学家抱怨这一优秀传统在他有生之年已经不能发挥其教育影响力了，并建议在他的理想国中恢复这一优秀传统。

城邦对公民生活的巨大影响,基于城邦就是一种理想这一事实。城邦是一个精神实体,它消化吸收人类生活所有最高尚的方面,然后再将其作为自己的礼物赠予公民。现在,我们自然会首先想到城邦要在其全体公民年轻时就教育他们的主张了。不过,在希腊,公共教育直到公元前四世纪成为哲学的一个主题之前,它还没有被广泛提倡:在这个早期阶段,只有斯巴达对青年的教育给予了直接的关注。[①] 尽管如此,即使在斯巴达之外,早期城市国家也通过体育和音乐比赛教育其共同体成员,这些比赛通常是在诸神的节日期间举办的,是那个时代身心两个方面的文化的最高贵的反映。柏拉图正确地将体育和音乐称作"业已建立的文化"。[②] 这种文化原本是专属于贵族的,现在城邦通过重大而昂贵的比赛来培育这种文化;这些比赛不仅仅只是鼓励培养音乐趣味和体育技能,其真正创造的是城邦共同体休戚相关的一体感,这种感觉一旦建立,我们就很容易理解希腊公民作为城邦共同体成员的骄傲之情。要充分描述一个希腊公民,不仅需要介绍他自己的名字以及他父亲的名字,而且还需要介绍他所在的城市。对希腊人来说,作为某个城市国家的成员资格,与今人的国籍一样,具有同样的理想价值。

城邦是其所有公民的全部,是他们生活的一切方面。它对每个公民赠与良多,也可以要求所有公民同样的回报。它严苛无情,坚强有力,要求每个个体接受其生活方式,在他们身上刻上自己的烙印。管理公民生活的一切规范都来自城邦。[109]伤害城邦的行为是恶行,帮助城邦的行为是善行。这就是每个个体努力追求权利和平等身份的出乎意料的结果。他们的所有努力都锻造了新的法律锁链,将人类的离心力捆绑在一起,与古老的贵族社会秩序相比,这对他们的调节更加成功。法律是城邦精神的客观表达,正如希腊人后来所说,现在,"法律成了国王"[③]——一个看不见的统治者,它不仅阻止强者横行霸道,将胡作非为者缚于正义,而且还在生活的一切方面发布积极的要求,而这本

---

① 亚里士多德,《尼各马可伦理学》10.10.1180a24 及以下。

② 柏拉图,《王制》376e2。

③ 这句格言来自品达(残篇 152),而且在希腊文献中有其漫长的历史,参见施蒂尔(E. Stier)的学位论文《法律为王》(*Nomos Basileus*,Berlin,1927)。

来是个人意志与个人偏好的领域。即使是个人生活的最私密行为和公民的道德行为，法律都作出了规定、限制和精确解释。如此这般，通过获致法律的斗争，为城邦的发展带来了新的变化，在公私生活中出现了更加鲜明的差别化原则。

这就是新的城市国家在塑造希腊品格方面的重要意义。柏拉图正确地指出，每一种政制类型都会形成一种它自己类型的人；他和亚里士多德都断言，在一个完美的国家中，一切教育都应该打上这个国家的精神烙印。① 公元前四世纪时的那些大政治哲学家，在"本着法律精神的教育"的话语中，一次又一次地明确阐述了这一理想。② 这句话表明，用成文的法律确立一种法律的标准，对希腊人来说就是一种教育行为。③ 在希腊文化从贵族的社会理想向人作为哲学家们所说的一个独立个体的基本思想的发展过程中，法律是其中最重要的阶段。哲学家们建构的道德体系和教育体系，无论是内容，还是形式，都不断地回顾希腊早期的立法。这些体系不可能在纯粹理论的虚空中形成：正如古代哲学家们自己所言，它们植根于民族的历史生活，只是把它转移到了抽象领域，转化成了普遍观念。法律是希腊人道德和司法经验的最普遍最永久的形式。当柏拉图自己成为立法者时，他作为一名哲学教育者的工作在他最宏大的最后一部著作中达到了顶峰；而亚里士多德则在《伦理学》中，以召唤一个立法者来实现他所阐述的理想为结束。④

---

① 柏拉图，《王制》544d；亚里士多德，《政治学》3. 1. 1275b3。

② 柏拉图，《法义》625a，751c，《书信》(*ep.*)335d；伊索克拉底(Isocrates)，《泛希腊集会辞》(*Paneg.*)82，《论和平》(*De Pace*)102；亚里士多德，《政治学》8. 2. 337a14。

③ 参见本书第三卷，第259－325页；亦可参见穆尔(M. Muhl)，《作为教育者的希腊立法者》(Die hellenischen Gesetzgeber als Erzieher)，载《新年鉴》(*Neue Jahrbuecher*)，第7期(1939)。

④ 这就是使柏拉图最终将其关于人的个体行为和公共生活的哲学观念浓缩在意味深长地题名为《法义》一书之中的原因，在那里，教育者作为人类的立法者而现身。亚里士多德在其《尼各马可伦理学》之结尾同样也感受到了法典制定者之需要，参见《尼各马可伦理学》10. 10. 1180a15及以下。无论是柏拉图，还是亚里士多德，一次又一次地提到希腊人既存的法律传统，甚至还提到非希腊民族的法律传统。他们关于人的意志，关于自愿和不自愿的行为，关于正义和各种不同程度的违法乱纪，都从他们对自己民族的成文法的准确研究中发展而来。如此这般，立法就成了建构生活的固定准则和行为规范的首个重要步骤。

[110]另一个原因是，法律是哲学之母——因为在希腊，立法永远是那些杰出个体的工作。他们被正确地认为是人民的教育者。这是希腊人的一种典型观念，即立法者总是名列诗人之旁，而阐明法律的方案总是与诗人的睿智言辞相提并论：这两种做法本质上是相似的。①

后来，在民主制度堕落时期，当许多草率和专横的法律仓促出现于现实之中时，法律的统治受到了批评；②但这种批评与我们此处的讨论无关。在对法律的推崇和赞扬方面，所有这一早期阶段的思想家们都是一致的。法律是城邦的灵魂。赫拉克利特说，"人们必须为他们的法律而战，就像他们为他们的城墙而战一样"：③在看得见的城市后面用城墙防御，看不见的城邦则以法律的坚固堡垒防御。不过，大约在公元前六世纪中期，米利都的自然哲学家阿那克西曼德就对法律的理想有过更早的表达。他将来自城市国家社会生活的狄刻观念转移到自然领域，并将生成和消逝之间的因果联系解释为一场诉讼的对等物，在其中，万物都将由于时间的决断为它们的不正义而被迫相互补偿。④ 这是哲学的宇宙(cosmos)观念的起源：因为"宇宙"一词原初就意指一个国家或其他共同体中的正确秩序。哲学家通过将一种政治秩序的观念投射到整个自然之上，从而断言，不仅是人类生活，而且万物本性的主导原则，必定是均平(isonomia)，而非贪婪(pleonexia)；他的断言是对以下事实的一个显著见证，即在他那个时代，正义和法律的新理想已经成为一切思想的核心、人类生存的基础、人对世界的目的和意义的信念的真实源泉。阿那克西曼德之将法律投射于自然，是一个重要的哲学世界观，我们之后会详加讨论。⑤ 这里只能笼统地表明，它是如何清楚

---

① 参见拙文《梭伦的〈欧诺弥亚〉》，载《柏林科学院会议报告》，1926，第 70 页。在柏拉图的《斐德若》257d 及以下中，立法者是作为"创作者(author)"而出现的；在 278c 中，柏拉图将立法者与诗人相提并论。

② 我在这里说的不是智术师以及他们在实际政治中的追随者——他们批判性地将法律(nomos)与自然(physis)相对比；我这里说的是，柏拉图、伊索克拉底和其他一些人的此类批评，他们赞同人类行为的严格规范，但不再相信好的法律是万应灵药。参见柏拉图，《政治家》(*Statesman*)294a—b；伊索克拉底，《战神山议事会辞》(*Areop.*)40ff.。

③ 赫拉克利特残篇 44(第尔斯本)。

④ 阿那克西曼德残篇 9(《前苏格拉底残篇》[第尔斯本]I)。

⑤ 参见本卷第 206—208 页及以下。

地说明了城邦的作用和人作为一名公民的新理想。同时，我们也能看到伊奥尼亚哲学的起源和法治城邦的诞生之间的紧密联系。二者都植根于一个普遍的观念，它从这里开始，越来越深刻地赋予希腊文明以灵感——这个观念就是，[111]万象纷呈的世界和人类生活，都可以用一个基本的尺度来解释。①

最后，我们必须追溯一下伊奥尼亚城市国家的形成过程，尤其是关于古代贵族文明到一种普遍的文化观念的发展过程。特别要指出的是，这些一般性的评论并不完全适合于早期城市国家：它们只不过是对这一进程的初步诊断——这一进程的基础我们已分析如上。不过，界定这一进程的范围和趋向，并将其作为一个整体视之，是有价值的。

城邦给予每个个体在城邦政治秩序中以适当位置，因而，除了他的个人生活之外，城邦也给予他第二种类型的生活，即他的政治生活（*βίος πολιτικός*）。现在，每个公民都隶属于两种存在秩序；而在他的生活中，他自己的（*ἴδιον*）生活与公共的（*κοινόν*）生活，泾渭分明。人不仅是"自己的"（idiotic），同时也是"城邦的"（politic）。② 与他在自己工作中的个人能力一样，他也具有一个公民的普遍能力，即"城邦的能力"（*πολιτικὴ ἀρετή*）。凭借此种能力，他在城邦生活中与其他公民互相合作并休戚与共。为什么作为公民个体的新理想不能建立在一个人的日常劳作之上（比如赫西俄德的民众教育理想），原因是显而易见的。③赫西俄德的德性观念来自实际生活，并受到劳动阶级（其诗歌的听众）

---

① 在较早的几个世纪，希腊人将此尺度设想为正义（Diké），后来设想为善（Good）或逻各斯（Logos）。赫拉克利特哲学则将此二者相结合。宇宙中早期思想家们称之为正义的东西，赫拉克利特将其追溯至作为其源头的逻各斯。

② 希腊语"*ἰδιώτης*［个人］"一词意指"*πολίτης*［城邦］"的反面，即使同一个人，也既是私人个体，又是某个政治（城邦）共同体的成员（"*τὰ ἴδια*［个人的利益］"与"*τὰ δημόσια*［公共的、非私人的东西］"相对）。当*ἰδιώτης*与实际的政治家（*πολιτικός*）或者将其生活奉献给某种类型公共事务（*δημιουργός*）的人（如工匠）相比较时，这种对比就进一步被强化了。在这种比较关联中，*ἰδιώτης*就意味着一个外行或门外汉。用柏拉图在《王制》中的话说，*ἰδιώτης*就其对公共的意见和生活毫无影响力而言，意指纯粹个体私人的东西。不过，早在赫拉克利特那里，在柏拉图《王制》一个世纪之前，我们就发现了人类生活的公共要素（*ξυνόν=κοινόν*）与私人或个体要素（*ἴδιον*）之间的区别；参见《前苏格拉底残篇》（第尔斯本）I，赫拉克利特残篇 2。

③ 参见上文第 93 页及以下。

职业道德的启发。从目前的立场看，我们倾向于说，新的社会运动总体上(en bloc)已经取代了赫西俄德的理想：这样，我们就可以认为，它已经用一种新的教育观念取代了整体人格教育的贵族理想；新的教育观念应该通过每个个体在公共世界中的所作所为来评判其价值，并教导他，当每个个体做得尽可能好的时候，城邦共同体的善也就达到了。当贵族柏拉图在其《王制》中描述一个建立在法律秩序之上，并由少数才智杰出之士管理的城邦时，他所提供的就是这样一种体制。它会与人们的工作和生活和谐相处。它会强调这一事实：即艰苦的劳作不是耻辱，而是每个人的公民身份的唯一基础。人们确实认可了这一事实；[112]但是公民理想的实际发展遵循的是相当不同的路线。

城市国家发展中的新因素最终使每个人都成了政治存在者，它是促使每个男性公民积极参与共同体的公共生活、承认和接受其公民义务的驱动力；公民义务与他作为一个个人和作为一个劳动者的义务相当不同。在以前，只有贵族才拥有这种"普遍的"政治能力。数个世纪以来，权力一直掌握在贵族阶层手中，他们拥有一个广泛而良好的政治教育和政治实践体系——这种政治教育和政治实践体系迄今仍不可或缺。新的城市国家，在不伤害其自身的情况下，不可能忽视贵族阶层的德性；不过，现在，它不得不压抑自私和不公的滥用。这至少是城邦的理想，正如伯利克里在修昔底德的《伯罗奔尼撒战争史》中所表达的那样。[①] 如此，在自由的伊奥尼亚与在集权专制的斯巴达一样，城市国家的文化都建立在古老的贵族文化之上——建立在包含整个人格及其一切权能的德性理想之上。赫西俄德的劳动阶级的德性也没有被抛弃；但是，城邦公民首先致力于菲尼克斯教导阿喀琉斯的理想：做一个会发表议论的演说家和会做事情的行动者。[②] 因此，每个城邦的主要人物必定朝着这一理想前进，而普通公民也云集而响应。

这一事实产生了重大后果。如我们所知，苏格拉底通过讨论专业

---

① 修昔底德，《伯罗奔尼撒战争史》2. c. 37。

② 在新的政治秩序中越来越成为指称旧理想的那个希腊词语是"kaloskagathos[美善]"。该词毫无疑问起源于贵族阶层，但随后逐步扩展成为每一个渴望更高文化的公民的理想，并最终直接指称"公民道德(civic virtue)"。

技术或职业知识与政治能力之间的关系，而引入了他对民主制度的批评。对石匠之子、普通劳动者苏格拉底而言，这是一个非常令人惊讶的悖论：铜匠、裁缝和木匠都需要完善有关自身行业的特殊知识，但政治家却只需要一种一般的、相当不确定的教育就可以从事政治实践，尽管政治家的技艺（craft）处理的是一些更为重大的事务。① 显然，除了在一个认为政治德性是知识的一个自然分支的时代里，问题是不会以这样的形式出现的。从这个角度看，民主制度的本质是缺乏任何相关的专门知识。但是，作为事实，早期城市国家从未将政治能力问题作为一个压倒一切的智识（intellectual）问题来思考。我们已经看到，对他们而言，公民德性意味着什么。当法治城市国家形成时，[113]公民的德性确实在于他们对新的法律权威的自愿服从，无论什么等级或出身。②在那种政治德性的观念中，ethos［习惯］仍然远比 logos［理性］重要。对一个普通公民来说，与关于国家的目标及其管理的知识相比，对法律和纪律的服从，是一种远为重要的资格。对他来说，合作，就是与他人一起服从法律，而不是参与管理这个国家。

在其公民看来，早期城市国家是使生活值得过的全部理想的保证。“*πολιτεύεσθαι*”意味着“参与公共生活”；但除此之外，它只意味着“活着”（to live）——因为两个含义是同一个意思。③ 国家在任何时候都没有像现在这样与人的全部价值密切相关。亚里士多德把人叫作“一种城邦的存在物”（a political being），人因为其在城邦中生活的能力以与动物相区别：④他实际上是将人道（humanitas），即做人（being human），与人在城邦中的生活相等同。只有通过研究早期城邦的结构，我们才能理解亚里士多德对人的定义：因为城邦公民将他们生活中的一切高

---

① 参见本书第二卷，第 123 页及以下。

② 参见本卷第 135 页。

③ *πολιτεύεσθαι*＝to live 还在《新约》的希腊语中使用；参见《使徒行传》(*Acts*)23.1 和《腓立比书》(*Phil.*)1.27：*ἀξίως τοῦ εὐαγγελιου τοῦ Χριστοῦ πολιτεύεσθε*［活在基督的福音里］，因此，“*πολίτευμα*”就是“生活”的意思，《腓立比书》3.20：*ἡμῶν γὰρ τὸ πολίτευμα ἐν οὐρανοῖς ὑπαχει*［我们是活在天上的国民］。

④ 亚里士多德，《政治学》1.2.1253a3：*ὅτι ἄνθρωπος φύσει πολιτικὸν ξῷον*［人类在本性上是城邦生活的动物］。

级事物都归结为城邦的公共生活——实际上是把城邦公共生活等同于某种神圣事物。在《法义》中，柏拉图建构了这样一个以法律为基础的古代希腊世界：一个城市，在其中，城邦就是它的灵魂，在其中，一切精神活动都以城邦为最终目的。在这里，（与店主、行商等生意人的特殊知识相对比），柏拉图将一切真正的文化或教化的本质，规定为：

> 从年轻时期起即接受德性教育，真正的德性教育使人热切地想要成为一个完美的公民，既知道如何根据正义来统治，又知道如何被统治。①

柏拉图所言是对早期城市国家所孕育的"普遍"文化的原初意义的一种真实描述。在柏拉图的文化概念中，他确实是将苏格拉底所谓的政治行业的理想包括在内的；不过，他并不认为它是知识的一个特殊分支，手艺人的职业机敏不能与它相提并论。柏拉图相信，真正的文化是"普遍的"文化，因为对政治的理解就是对普遍问题的理解。正如我们已经表明的，手艺人的实用知识与公民的理想文化以及他的整个人格和生活的对比，可以追溯到早期希腊的贵族理想，但其更深层的意义首先出现在城市国家中，因为在那里，这一理想为整个城邦共同体所推行，而贵族文化则成了一种将每个人都塑造成公民的力量。[114]在一种普遍的道德-政治文化的"人文主义"理想的发展过程中，贵族阶层和贵族精神是第一个极其重要的阶段，早期城市国家是第二个极其重要的阶段：实际上，城市国家的历史使命就是将希腊导向这一理想。尽管早期城市国家后来发展成为大众统治（mass-rule），即一种由完全不同的力量所引导的极端民主制，②但这种发展也没有改变城市国家文化的真正性质；统贯其政治演化的进程，这种文化一直保持着它原初的贵族品格。这种文化[普遍的政治德性的理想]的价值既不应通过与个体政治领袖的天才的对比得到评价（因为他们总是特定历史处境的产

① 柏拉图，《法义》643e。

② 参见本书第三卷，第125页及以下，第291页及以下。

物),也不应该通过它对普通大众(mass of mankind)的价值来评价(因为它如果不变得不那么丰富和不那么有力,就无法传达给他们)。凭借特有的良好感觉,希腊人总是避免这样的比较。普遍的政治德性的理想不可或缺,因为它意味着一个统治阶级的持续创造和再生;如果没有这样一个统治阶级,没有一个国家和民族——无论它是何种政治体制——可以长久存在。

第七章　伊奥尼亚和爱奥利亚诗歌：个体形成自己的人格

[115]在共同的法律基础上重建国家的革命创生了一种新型的人——公民，并迫使新的共同体为公民生活设计出一种普遍的标准。荷马史诗表达了古希腊贵族的理想；赫西俄德在诗歌中展现了农夫的生活和道德的实践智慧与经验；提尔泰奥斯的哀歌将斯巴达国家的严苛法规永恒化了。但是，乍一看来，新的城邦理想似乎没有在当时的诗歌中得到相应的表述。如我们所见，城市国家热切地吸收更早阶段的希腊文化，在这样做时，它把古代的伟大诗歌作为表达自身理想的手段来使用，就像它利用贵族时代的音乐和体育传统一样。但是，它没有在任何可与逝去时代的古典诗篇相比肩的诗歌中体现和表达自己的本性。诸如此类的创造的唯一尝试，是那些讲述城市建立的诗歌；在城市国家的早期，这样的诗歌数量很少，而且它们好像从来没有像此种类型最后的、也是最伟大的著作——维吉尔（Vergil）的《埃涅阿斯纪》（*Aeneid*）——那样，上升到真正的民族史诗的高度。[①]

---

① 史诗的"殖民地创建的形式（*κτίσις*-form）"显然起源于早期希腊城市国家时期叙事诗的一个后出分支，因为它歌颂城邦的神话起源或者神话-历史起源。例如，科罗丰的塞诺芬尼（Xenophanes of Colophon）写了科罗丰的一次*κτίσις*［殖民地创建］（第欧根尼·拉尔修 IX，20），不过，他是在离开了这个城市，并且是在这个城市丧失了政治独立之（转下页注）

对这类新型国家的精神气质（ethos）第一次做出真正革命性表达的，不是诗歌，而是散文。因为城市国家创造了散文，而散文原初就是用来记录法律的工具。城市国家是一种公共生活的新发展，是由使所有共同体成员臣属于一套生活和行为的严格法律规范的斗争所创造出来的：因此，它坚持不懈地努力把这种规范用简单明了、普遍有效的句子表达出来。这种努力狂热地占据了人们的头脑，排除了任何试图用诗歌来表达新型共同体特征的愿望。① 城邦的政制是逻辑的思维创造出来的，因而与诗歌没有什么亲缘关系。[116]荷马、卡利努斯、提尔泰奥斯似乎已经说出了所有诗歌能够表达的城市国家生活；公民的日常生存不是一个适合诗人的主题；城市生活内部的英雄精神——首先由梭伦发展出来的主题，②它成为一种新的诗歌革命的源泉——对任何伊奥尼亚和爱奥利亚的作者来说，还没有作为一种可能的主题而出现。

但是，诗歌确实发现了一个新世界，并且热切地开发了它：即一个纯粹个人体验的世界，远比城市的城墙狭窄，局限在私人的亲密小圈子内部。这就是爱奥利亚的抒情诗和伊奥尼亚的哀歌与抑扬格诗歌为我们打开的世界。在这些诗篇中，个体生存意志的能量得到了直截了当的表达，连其全部最强有力的冲动都得到了揭示——在政

（接上页注）后写的。他的*εἰς Ἐλέαν ἀποικισμός*[爱利亚殖民]（第欧根尼·拉尔修 IX，20）写当时的一个事件，即南意大利爱利亚（Elea）城邦的建立，他本人见证了这一事件。

① 在《会饮》209d 中，柏拉图将早期希腊的立法者——吕库古、梭伦以及其他一些为其城市拟写法律的人，与诗人——荷马、赫西俄德以及其他诗人——相比拟；而且把前者的作品比作后者的作品。更有甚者，在《斐德若》257e 中，柏拉图表明，政治家们在平常写作法律规章时练习他们的散文技艺，为的是将其遗赠给后世子孙。在《斐德若》258c，柏拉图将希腊和波斯的伟大立法者描述为*λογογράφοι*[法庭演说词写手，散文家]。显而易见，柏拉图认为他们是散文写作的真正创始人。政治家同样也是某种类型的*ποιητής*[创作者]；议事会就是他的舞台，与每一个伟大的诗人一样，他在其追随者中拥有*ἐπαινέται*[赞美者]（《斐德若》258b）。与此类似，柏拉图将自己的工作看作是一个立法者的工作，可以与伟大的诗人相提并论（《法义》811c）。在《高尔吉亚》（*Gorg.*）451b 中，那些撰写在公民大会上通过的法令（psephismata）的政治家，被说成是“作家（*συγγραφόμενοι*）”；而 logographoi（法庭演说词写手）的法庭讲词（柏拉图，《欧绪德谟》[*Euthyd.*]272a）则无非是这种早期法律散文的另一种形式。律法（Thorha），即所谓的摩西五经，难道不是希伯来文献中最古老最重要的部分吗？在其他的东方民族文献中，我们也可以找到类似的东西。

② 参见本卷第 174 页及以下。

治领域，我们很少能通过个体生存意志对共同体生活的转化直接追踪到它。如果这种个体的精神力量未曾显示给我们，我们就不可能把握政治革命的最深层原因，尤其是因为我们没有这个时期的经济状况的相关陈述。但是，在一部文化史中，我们更关注这个新时代的人们的精神本性，关注伊奥尼亚精神对希腊和人类发展的卓越贡献；而且这种贡献极其重要。在那里，诗人们第一次以他们自己的人称说话，表达自己的意见和情感，而他们的共同体生活则被贬抑到其思想的背景中去了。即使在他们提到政治时——这是常有的事——他们的主题也不是一种要求普遍接受的统一标准（如在赫西俄德、卡利努斯、提尔泰奥斯和梭伦那里那样），而是一种坦诚的党派偏见，如在阿凯奥斯那里，或者是个体对自身权利的自豪，如在阿基罗库斯那里。甚至当动物们在阿基罗库斯的寓言故事里吵架时，每一个动物都以对人类社会的滑稽模仿方式诉诸于它自己的"权利"。[①] 尽管如此，当新型的诗人们表达自己的情感时，他们仍然总是以城市国家为其社会背景。个人仍然是共同体的一部分，无论是在他独立自主之时，还是在他受制于城邦之时。有时候，诗人与其城邦的关系是未经表达的；有时候，他接受城邦并利用城邦，他对城邦的同胞讲话，将自己的想法告诉他们：这就是阿基罗库斯。[②]

[117]重要的是，这种新型的个人崇拜并不是以现代的方式，作为完全沉浸在自身之中的个人的经验（无论他是受制于这个世界，还是摆脱了这个世界），作为纯粹私人情感的表露，得到表达的。我们现代诗歌的那种有意识的唯我论很可能只是一种朝着原初的、个人情感的简单叫喊的回归，我们在许多不同的历史阶段和不同的国家都听到过这种叫喊，这种叫喊即使在文明的最早时期也必定得到过表达。没有比认为在希腊人之前不存在个人体验这种假设更愚蠢的了。恰恰相反，通观整个世界和人类历史，除了个人体验，几乎不存在任何其他类型的体验和思想。希腊人既非第一个，亦非唯一一个对其自身的私人情感

---

① 阿基罗库斯残篇 94（狄尔编）。

② 参见阿基罗库斯残篇 7，1—2；9；52；54；60；64；85；88，4；109；所有这些段落都讲到了他的同胞、城邦及其公共事务。

做出艺术表达的民族——正如中国的抒情诗令人印象深刻地所表明的那样，时至今日，中国的抒情诗仍深深地吸引着我们。但是，这些抒情诗的个体性质也显示出了它们与早期希腊的个体观念的本质差别。

尽管在开拓个体的新世界方面，希腊诗人表达了真正的个体观念和思想情感，但其仍然在某种程度上受到普遍准则的约束，并且认可统治其同胞的法律。——当然，希腊人的人格并非基督徒的人格理想，基督徒的理想是每一个灵魂都感觉到个体自身的价值，希腊人总是把人格看作与世界积极相关的东西，而不是与世界相分离的东西。个体情感和思想的希腊表达没有那种纯粹的主观性。对希腊人来说，人格不是通过把自己抛弃给主观的思想和情感，而是通过使其自身成为客观的东西，来获得自由和自我意识；而当它认识到自己是一个与外在法则相分离的世界时，也就发现了它自身的内在法则。

[118]这一对欧洲思想的发展具有直接影响的精神进程，可以用几个特殊的范例来说明。在提尔泰奥斯和卡利努斯的哀歌体诗歌崛起的过程中，我们已经看到了这一进程的一条平行线。在那里，我们就文化史上的一个重要事实发表了评论，即斯巴达的公民理想在诗歌中是通过对荷马式规劝——激励人们英勇作战的演说——的真实呈现的翻译和改写得到表达的。[①] 现在，同样的改写进程在阿基罗库斯这里得到了再现；除斯巴达军队之外，整个城邦共同体现在都被诗人自己的人格取而代之了。在阿基罗库斯的哀歌及其周围，一次又一次地呈现出荷马的人物和命运。在这种对形式和内容的改写中，我们可以清楚地看到，荷马的伟大教育使命的实现：因为现在史诗正在占有个体的人格和品性，而荷马的建构性影响，对将个体提升到一个可以自由地生活和思想的更高阶段，已经比任何其他东西都做出了更大的贡献。

当阿基罗库斯将自己称为“埃尼阿利奥斯（Enyalios）君主身边的侍从”，又说他是懂得“来自缪斯的可爱礼物”的平常之人时，[②]我们倾

---

① 参见本卷第114—116页提尔泰奥斯对荷马的模仿，第123—124页卡利努斯对荷马的模仿。

② 参见阿基罗库斯残篇1（狄尔编）。

向于认为，这种思考方式中的真正创新之处，是诗人对他自身力量的敏锐感觉，由于他拥有战士和诗人的双重身份，诗人自觉其自身无论如何与他人有某种不同之处。不过，与此同时，我们也必须牢记，阿基罗库斯在塑造他自己的人格时，使用的是史诗的表达方式，是通过将其包裹在英雄的装饰之下进行的——就像在此处，或者像当他自豪地谈论经历过的各种战斗时所做的那样，在这些战斗中，他作为一名雇佣兵对抗"优卑亚岛(Euboea)的主人，闻名遐迩的矛兵"，参加"战神阿瑞斯的激烈战斗"和"枪矛相拼的可悲工作"。① 他以一个荷马式英雄的架势饮酒、吃麦饼，他"依矛而立"，是长矛给他带来了食物和美酒。② 这些就是一个非贵族出身之人所说的话：是史诗赋予了他的生活和思想以品位(style)。③

然而，无论如何，他并不觉得自己总是能够胜任这种英雄角色。除了将自己提升到拥有一个荷马式英雄的高贵之外，他通常不表达自己的人格。根据史诗的理想来衡量自己的行为，使他锐利的希腊双眼能够找到古代武士的盔甲不再适合自己并非英雄的四肢的地方。不过，即使在他承认自己的不足时，[119]他良好的幽默感仍然是不可战胜的：即便是面对已逝的不可企及的理想，他也能让自己的不足之处变成自我表达和快乐的自我肯定的新话题。例如，一个荷马式的英雄会认为丢失盾牌是荣誉的死亡，盾在人在，盾亡人亡，宁死不辱。④ 在这一点上，帕罗斯(Paros)的现代英雄与他们不同，他说：

> 我们的某个萨伊亚(Saian)敌人，现在正对着本人的盾牌兴高采烈，这是一块完美无缺的盾牌，我在林中不得已抛下它，这无可

---

① 残篇3。也可以注意一下他用来称呼自己朋友们的名字的史诗色彩：*Κηρυκίδης*[克吕基德斯]、*Αισιμίδης*[埃西米德斯]、*Αισχυλίδης*[埃斯克利德斯]。

② 残篇2。

③ 参见克里提亚(残篇44[第尔斯本]，《前苏格拉底残篇》II，1)关于阿基罗库斯的血统世系所说的话，他的母亲是一个奴隶。

④ 即使是克里提亚(残篇44[第尔斯本]，《前苏格拉底残篇》II，1)也把丢失盾牌的行为称为阿基罗库斯最耻辱的事情。在雅典，*ῥίψασπις*[弃盾而逃者]，要受到严厉的惩罚，剥夺其公民权。

> 厚非；我总算逃脱了自己的结局，那就是死亡；丢盔弃甲？那又如何？去他的盾牌，我还可以买一个更好的！[①]

当此之时，他确信他的同辈们会认为他是在自嘲。现代的现实主义幽默、即使是英雄也只有一次生命可以失去的冷嘲式保证，与史诗华丽高贵的辞藻——"一块完美无缺的盾牌"和"结局，那就是死亡"——的有趣混合，是喜剧效果绝对可靠的源泉。在这些得意洋洋的词语的掩盖下，明目张胆的逃跑就敢以最无耻的吹牛做赌注："我还可以买一个更好的！"盾牌到底是什么？不过是一块牛皮，加上一个金属盖子而已！

这是一门大胆的绝妙手艺，就这样将英雄主义转变成了朴实无华的自然主义；不过，即使在这种地方，史诗的后来部分也要先于阿基罗库斯。在《伊利亚特》的结尾，当阿喀琉斯回到帐篷，面对为儿子的尸体悲痛莫名的普里阿摩斯时，阿喀琉斯邀请他一起吃喝，他提到了尼奥柏(Niobe)，因为尼奥柏与他一样，也曾为她的孩子们悲痛，他说，"尼奥柏在哭累时，也会想起吃东西"。[②] 说到底，我们只是人类。即使是英雄主义，也有其限度。阿喀琉斯那段话中的天然的人性的悲剧，和阿基罗库斯诗歌中的喜剧，同样都突破了严格的英雄主义的行为规范。不过，希腊的聪明才智总是专心致志于想要找到一种正当的规范——要么肯定一种违背自然的更高理想，要么就像此处一样，为维护天然的人性而背弃某种理想的过分要求。这些段落表明，骑士荣誉和阶级偏见的锁链正在放松，而且已经为雇佣兵们所动摇。不过，这离在道德标准方面，将"自然"树立为个体行为的唯一准则的哲学革命还有很长一段距离。[③] 不管怎样，当阿基罗库斯大胆地将自己置于贵族传统的责任感的约束之外时——通观他的诗歌，[120]这种态度显而易见且不以为耻——他已经觉得自己不仅比别人更加大胆创新，而且比传统荣誉和道德的奴隶更加自然、更加值得尊敬。

---

① 阿基罗库斯残篇 6b(狄尔编)。

② 《伊利亚特》XXIV，602。

③ 智术师关于"法律(nomos)"和"自然(physis)"的区别，参见本卷第 400—401 页。

那乍一看来似乎是阿基罗库斯的一种纯粹的私人表达的东西，通常是关于得体和不得体的一般观点的一种变化的表达，是对部落偶像和习俗力量的一场正义斗争的表达。“变化”不仅是对传统行为规范的懒洋洋的抛弃，也是一场强加一种新的行为规范的严肃战斗。在最早的希腊社会类型中，对于人的行为，不存在比 Fama（即公共意见）更强有力的判决。在公共意见的判决面前，不存在任何不服诉求。在公共判决面前俯首弯腰方面，荷马的英雄和赫西俄德的农夫与匠人没有分别。① 不过，当阿基罗库斯宣称他独立于城邦民众关于是非和荣辱的判断时，他是在为一个更加自由的世界说话——他说：“倘若一个人在乎人们的流言蜚语，他就永远不可能有更多的生活乐趣。”②毫无疑问，人性的好逸恶劳促进了这种道德束缚的解放（正如“乐趣”一词所显示的）：一种道德上的懈怠伴随着这种自然主义的新自由。不过，对城邦公众意见的反抗并不仅仅建立在享乐主义的基础之上。阿基罗库斯对它的批评直击要害。人们被告知，一个公民如果尽心竭力为城邦服务，城邦就会让他备受尊崇且声名远扬，即使在他死后——自荷马以降，诗人们都将其作为公共服务的肯定报偿来谈论；但阿基罗库斯说：

> 没有人在他死后备受尊崇，也没有人在他死后能在其公民中声名流传：当我们活着时，我们追求生活的乐趣，但死亡总是非常缺乏生命的乐趣。③

阿基罗库斯诗歌的另一残篇更明确地表明了他的意思。考虑到当一个人已经死亡，无需再怕时，总会有一些谣言诽谤是非蜂起，他说，“侮辱

① 在荷马时代的贵族道德规范中，声名就是奖赏，耻辱就是惩罚。像在《奥德赛》第十六卷第 75 行、第十九卷第 527 行、第二十四卷第 200 行中那样，尊重民众的话语，是城邦的伦理道德的组成部分，这种城邦的伦理道德影响了史诗的后期部分。赫西俄德《劳作与时日》第 763 行实际上使传言（Pheme、Report）成了不死的女神，因为只要有传言，那它就永远不会销声匿迹。

② 残篇 9。

③ 残篇 64（参见下一注释）。

死者并非高贵之举"。[①] 一个将公众意见的心理状态看得如此透彻的人，一个已经认识到大部分人的卑鄙无耻的人，他失去了对大众声音的一切尊重。荷马说，人们的想法就像人神之父宙斯遣送来的时日那样易变。[②] 阿基罗库斯将其运用到他那个时代的生活中。[③] 他问道，可曾有什么伟大之物从这些朝生暮死的生物中产生吗？古老的贵族道德将公众意见作为一种高级的力量来崇拜，对它作出了别出心裁的解释——因为贵族们认为，[121]公众意见意味着英雄壮举的名声，意味着他的慷慨同辈们的欣然认可。不过，当这一评判标准意味着民众嫉妒的流言蜚语时，它就变得荒唐可笑了，嫉妒的庸众总是以自己的小人之心来度君子之腹。因此，公众意见只不过是反对人的思想和行为的新自由的一种必要保护措施而已——这种新自由来自于新的城邦精神。

阿基罗库斯作为诗界第一个且最伟大的一个*ψογός*[指责者]，一个令人畏惧的讽刺作家(Satirist)，一个"责骂者"(the Scold)的代表人物而闻名遐迩，这并非空穴来风。[④] 关于其个人品格，已经有人从他的许多抑扬格诗歌尖酸刻薄、吹毛求疵的性质中，根据下述原则得出了草率的结论——这一原则就是：在抑扬格诗歌领域，如果有人在任

---

① 残篇 65。这一句以及上文注释中提到的几句必须放在一起考虑。阿基罗库斯关于他的同胞们对死者的卑鄙侮辱的批评，在各地的希腊人中间肯定闻名遐迩。这一点已经为新近发现的一行以诗歌形式保存的古代铭文所证实，这行铭文是在古代福基斯(Phocis)的废墟中一个名叫卡戎(Charon)的自然哲学家的坟墓中发现的，克拉芬巴赫(G. Klaffenbach)将其发表于《中希腊和伊奥尼亚群岛之旅》("Reise durch Mittelgriechenland und die Ionischen Inseln"，载《柏林科学院会议报告》[*Sitz. Berl. Akad.*]，1935，第 702 页)。这行铭文可以追溯至公元前六世纪早期。因此，它不会晚于阿基罗库斯超过半个世纪。这行铭文的文字如下：*χαῖρε, Χάρον · οὐδὶς τὺ κακος λέγει οὐδὲ θανόντα, πολὸς ἀνθρόπον λυσάμενος καμάτο*[致敬，喀戎，即使你死了，也没人说你坏话，因为你解救了许多人的痛苦]。编辑者正确地指出，"*λυσάμενος*"一词应该是"*λυσάμενον*"，这显然只是雕刻墓碑的石匠的一个小错误。不过，更重要的是它间接提到了阿基罗库斯的残篇 64 和 65，克拉芬巴赫没有注意到这一点。卡戎是阿基罗库斯规则的一个例外：他居然在死后没有受到大众的批评，因为他从疾病中解救了许多人。我们从赫拉克利特那里(残篇 42[第尔斯本])知道，与荷马一样，阿基罗库斯的诗行经常在希腊的公共节日上被引用，新铭文证明了，即使在福基斯的遥远农村，一个绝非文化中心的地方，他也早在公元前六世纪时就为人所知了。

② 《奥德赛》XVIII，136。

③ 残篇 68。

④ 普鲁萨的狄翁(Dio Prus.)，《演说集》(*Or.*)XXXIII，12。

何希腊诗歌的天才人物中寻找单纯的心理动机，且将其每一首诗解释为其创作者令人讨厌的人格的直接反映，是有道理的。[①] 不过，诸如此类的理由忽略了在早期城市国家中，讽刺文章的兴起是普通民众日益增长的重要性的一个征兆。抑扬格互骂诗(flyting)原先是狄奥尼索斯节日中的一个通常惯例，它保留了这个特点：它毋宁是公众意见的一种自由表达，而非私人仇恨的宣泄。这一点的证据，是抑扬格诗歌在后来一个世代的最真实的幸存，它存在于阿提卡的谐剧中，在那里，诗人作为公众批评意见的代言人说话。(这与同样确定的事实并不矛盾，如阿基罗库斯有时反对而非代表共同体的意见。反对和支持公众意见都是他的义务。)如果抑扬格诗歌只是一个自由个体的声音需要一个自己观点的听众这一点真实的话，那么就很难解释为什么同样的根源会产生西蒙尼德斯(Semonides)的哲学反思和梭伦的政治劝诫。更细致的研究表明，阿基罗库斯的抑扬格诗歌具有建议或劝告的一面，这与批评和讽刺的一面同样重要，实际上，二者具有本质上的亲缘关系。

阿基罗库斯不使用出现在史诗劝诫中的神话事例和神话典范。相反，他使用另一种类型的道德事例，这类事例非常清楚地表明了他正在与之说话的听众类型。这就是寓言故事。“我给你说一个寓言……”，然后，他开始讲猴子与狐狸的故事；[②]同样，[122]狐狸和老鹰的传说也是以“在人们中间流传着一个寓言，它就是……”来开始的。[③] 他从来不在带有传统英雄主义色彩的哀歌中使用寓言故事，而只在抑扬格诗歌中使用。在讨论赫西俄德的《劳作与时日》时，我们看到，寓言故事在民众说教方面是一个非常古老的因素；[④]很显然，同样的潮流现在已经流进了阿基罗库斯的诗歌，在他的抑扬格诗中再次出现，这意味着阿基罗库斯的诗歌原本意在诉诸民众。还有另一个抑扬格诗人，他的作品与赫西俄德一样，让我们可以重构大众讽刺作品的

① 参见品达的批评，《皮托颂歌》II，55。
② 残篇，81。
③ 残篇，89。
④ 参见本卷第 87 页。

原初形式：他就是比阿基罗库斯等而下之的同代人，阿莫戈斯的西蒙尼德斯(Semonides of Amorgos)，他曾写过一首敌视妇女的诗。① 因为赫西俄德也经常贬低妇女，所以通常认为他是一个天然的厌恶女性者，他肯定遭受了什么痛苦，使他憎恨性。② 不过，在大众讽刺作品中，对妇女尖酸刻薄的戏谑是一种非常古老的元素。西蒙尼德斯作品对这一主题的重复，不仅仅是对赫西俄德的软弱无力的模仿：它在古老的抑扬格诗歌中是一种本质性的主题，古老的抑扬格诗歌当然不仅局限于公众对不受欢迎的个人的攻击。两种元素——对某个个人的猛烈抨击，和对整个阶层的"辱骂"，比如，对好逸恶劳和一无是处的妇女的辱骂——都出现在古老的抑扬格诗歌中。毫无疑问，妇女们反过来也会对男人们恶言相向；③不过，在阿里斯托芬之前，他们的侮辱和谩骂一直没有进入诗歌作品。

在根据现有的文献版本来重构大众讽刺作品(即φογός[责骂])方面，我们必须小心谨慎；不过，毫无疑问的是，大众讽刺作品原初就具有一种我们至今仍可追寻的社会功能。它既不表达道德非难，也不表达对某个随和无害的个体的任意厌恶：从其众所周知的特征来看，我们能说的只有这么多，因为宣传效果是其前提和正当性证明。狄奥尼索斯的狂欢节日——在那里，所有的舌头都肆无忌惮了——是φογός上演的时机和场合，那时，公民们知根知底、怀恨在心的真情实事，都可以站在屋顶上唾沫横飞，倾泻而出。公众意见明智地避开了自由的这种临时滥用；归根结底，纯粹个人的愤怒和怨恨，即使表达得最精致，也不可能有多少理想或艺术的价值。诚然，如果阿基罗库斯的诗歌仍然没有显示出抑扬格诗歌与公众意见的内在关联，那么，希腊人也永远不会在他死后数个世纪的音乐比赛中倾听他的话语，并将他作为自己的教育者位列荷马之后。④ 另一个证据，[123]是他经常诉诸其公民同胞的习

① 西蒙尼德斯残篇 7；参见赫西俄德，《神谱》，第 590 行；《劳作与时日》，第 83、373 行。

② 施瓦茨，《柏林科学院会议报告》，1915，第 144 页。

③ 男女之间的相互辱骂发生在亚该亚的佩林尼(Pellene of Achaia)的德墨忒尔(Demeter)节日上(泡撒尼阿斯，《希腊志》VII，27，10)，以及阿纳菲(Anaphe)地方的阿波罗节日上(阿波罗尼斯，《阿尔戈英雄纪》[Ap. Rhod.]IV，1726)。

④ 赫拉克利特(残篇 42[第尔斯本])证实他们是这样看阿基罗库斯的。

惯，在抑扬格诗歌中并不比在其他诗歌中少。在从现存少量的残篇重构其作品方面，我们在此必须利用卡图卢斯（Catullus）和贺拉斯（Horace）的抑扬格诗歌——因为他们也不遗余力地攻击他们时代的丑闻丑事，而且，当他们攻击某个个人时，仍预设了至少一个理想的公众作为其情投意合的听众。[①] 阿基罗库斯之后，早期希腊诗歌中抑扬格诗的一般发展进程使得下述事实确定无疑，即当一个抑扬格诗人批评一个人、一种意见、或者一种思想倾向时——这些都以任何可能的原因引起了公众的注意——他不是在说出他自己的随意厌憎，而是作为其公民同胞的代表和教师在说话。

这种新型的诗歌有一种强烈的影响力，因为它回应了时代的需求。它是一种新要素在希腊诗歌中的首次现身，这种新要素与荷马诗歌的崇高风格、与传统叙事诗的庄严气势——这甚至出现在了阿基罗库斯的哀歌中——形成了奇妙的对比。新的起点是由城市国家的精神创造的，因为其公民的激情不可能只被赞扬（epainos）所支配——这种赞扬是古代贵族教育的一种认可和报酬。古人自己也意识到，普通人的“共同本性”是，较之赞扬，他们对责备更加敏感。[②] 当阿基罗库斯以一种成功自信的语气与公众说话时，我们可以看到，作为监察员，他是他们的代表。他甚至敢斥责城邦的高官——将军和蛊惑民心的政客——他总是确信，他的猛烈抨击会受到热烈欢迎。[③] 即使在他向内奥布勒（Neobule）求婚失败的故事中，在对她的父亲傲慢而激烈的辱骂中——因为她的父亲拒绝了他的求婚——他把整个共同体都想象成了他的见证人，这一点也是显而易见的，虽然他自己既是原告，又是法官。

---

① 不过，卡里马库斯（Callimachus）在模仿阿基罗库斯的抑扬格诗歌时，好像不是对着这样一个听众说话。最近发现了抑扬格讽刺诗的另一个例子，佛罗伦萨莎草纸的小心翼翼的编辑者维特利（G. Vitelli）和诺赛（M. Norsa）相信这首诗为阿基罗库斯本人所作（参见《雅典和罗马》[*Atene e Roma*]，Serie III，vol. 1），但是，从这首诗对阿基罗库斯另一首诗的学术性引用及其韵律和机智辛辣的语言风格来看，我认为除了卡里马库斯，没有更合适的作者了。另可参见帕斯夸利（G. Pasquali），《意大利研究》（*Studi Italiani*），1933。我认为这首诗是从柏拉图《斐德若》中借用了对狂野的激情的描述，柏拉图将灵魂比作三匹马拉的一架马车。

② 参见本卷第 154 页，注释④。

③ 残篇 60。

“父亲吕坎布斯(Lycambes)”，他叫喊道，“谁颠倒你了的理智？你以前神志足够清醒，现在却成了所有公民的笑料。”①即使在这里，他猛烈抨击的形式也仍然具有某种劝诫的性质。

诚然，创作一部讽刺作品总会为宣泄个人情感提供一种强烈的诱惑。上世纪末，在莎草纸上发现了一首抑扬格诗的一段相当规模的残篇，②它被正确地归之于伟大的憎恨者阿基罗库斯，它以大胆而又精彩的细节描写了作者希望降临在其敌人身上的灾难和痛苦，表明了个人仇恨的全部暴虐。[124]品达——这位教育艺术和通过表扬人的高贵行为而鼓励人的最伟大的大师——说：“我老远就看到，缺陷寻找者阿基罗库斯常常苦恼不已，因为他靠充满敌意的辱骂而自肥。”③但是，有效的结论表明，即使这首诗也被一种有正当理由的憎恨所主导，或者说，被一种阿基罗库斯认为是正当的憎恨所主导：“但愿我能目睹他遭受的这一切，他对我不义，与我订交之后，马上将我们的誓言踩在了脚底。”④还有一行保存下来的诗句，没有上下文，是对一个无名人士的辱骂：“你没有义愤填膺的能力！”⑤这显然是指阿基罗库斯憎恨的一种品质——没有能力感受到正义的愤怒，这种无能后来作为一种道德缺陷出现在逍遥学派的伦理学中。⑥ 这段话充分说明了阿基罗库斯所有憎恨诗的特点。就像那首针对假朋友的诗的结尾，它表明他的抑扬格诗

---

① 残篇 88。

② 残篇 79。参见赖岑施泰因(R. Reitzenstein)，《柏林科学院会议报告》，1899，第 857 页及以下；《赫尔墨斯》XXXV，第 621 页及以下。关于此诗的更多文字，参见狄尔，《古希腊抒情诗集》，第一卷。

③ 品达，《皮托颂歌》II，55。

④ 残篇 79，12ff.。参见公元前六世纪时的诗人泰奥格尼斯类似憎恨的爆发，第 349 行：“*τῶν εἴη μέλαν αἷμα πιεῖν*[愿我痛饮他们的黑血]”。

⑤ 依照贺拉斯的《讽刺诗集》(*Serm.*)I，9，66 和《歌集》(*Od.*)I，13，4 的类似段落，我对残篇 96 这句诗的解剖学意象做了自由的诠释。译注：You have no gall to burn your liver，字面意思是“你没有胆汁燃烧你的肝脏”。根据《古希腊抒情诗集》(上海：上海人民出版社，2018，王杨译注)第二卷，这句诗的希腊原文为：*χολὴν γὰρ οὐκ ἔχεις ἐφ' ἥπατι*(第 488 页)，王杨把这句诗译为：“因为你的肝上并没有长胆”(第 489 页)。

⑥ 参见亚里士多德残篇 80(罗斯编)，在那里，为亚里士多德证明这一观点的这些段落是从塞涅卡(Seneca)、菲洛德穆(Philodemus)，以及西塞罗那里收集来的。当然，像罗斯那样(《托名亚里士多德的伪作》[*Arist. Pseudep.*]114)，将这些段落归之于亚里士多德的已轶对话《政治家》(*Politikos*)是毫无根据的。

包含一种强烈的规范性因素。他之所以能如此轻易地放弃他自己的人格，是因为他知道，他是在用一种普遍的而非个人的标准去评判一个他所责备的人。这很好地解释了从抑扬格讽刺诗到抑扬格教谕诗或反省诗的轻松过渡。

让我们转向揭示阿基罗库斯人生哲学的作品，即他的教谕诗和反省诗。当他鼓励自己的朋友耐心地忍受不幸，或者告诉他们把一切交给神明时，我们又一次注意到了他对荷马的依赖。凡人所有的幸与不幸，都是时运女神堤喀（Tyché）和命运女神莫伊拉（Moira）给予的。① 众神操控万物，毫不费力，常常使在灾难中跌倒在地的人重新站立，又常常使走路稳当的人跌倒在地。② 在后来的希腊思想讨论时运女神的力量时，这些话屡见不鲜。阿基罗库斯的宗教思想植根于堤喀女神所致的困境，他关于神（God）的知识就是关于堤喀女神的知识。他从荷马那里获得了这些话语的内容和一些现行的短语，只不过他把人抗拒命运的战斗从荷马的英雄世界转移到了日常生活的世界。戏剧现在是在诗人自己的人生舞台上演出；他模仿史诗的行为，把自己看作一个英雄，以史诗的庄严和激情来行动和受苦，他认为自己的事业受到荷马哲学的启发，要用荷马哲学来解释。③ 人越是自由地和自觉地学习给自己的思想和行动以指引，[125]就越是不可避免地与命运所致的困境迎面相逢。

当希腊人学习理解人类自由的问题时，他们对命运女神堤喀的奥秘有了更深的洞察。尽管如此，在努力获致自由的过程中，人不得不摈弃命运女神的许多礼物。因此，正是阿基罗库斯首先确切地表

---

① 残篇 7 和 8。

② 残篇 58。

③ 这里就有一个关于这方面的不错例子（残篇 68）："莱普提涅斯（Leptines）之子格劳库斯（Glaucus），有死之人的思想就是这样，就像人神之父宙斯遣送给他们的时日那样（易变）"，甚至古代的修辞学家提奥（Theo），在其《修辞学初步》（Progymnasmata）（《希腊修辞学》[*Rhet. Graec.*] I，153W）中，也正确地指出，阿基罗库斯此处的诗句是荷马（《奥德赛》XVIII，第 136 行及以下）的改写。另一个例子是，当他承认自己失败时（残篇 73），他还不忘加上一句，阿忒女神在他面前将他人引入了歧途（译注：王杨将这句诗译为："而报应可能落在了他人头上"，参见《古希腊抒情诗集》，第二卷，第 477 页），他似乎是在思考史诗中的某个著名事例。

达了这一想法：即一个人只有在由他自己选择的生活中，才有自由可言。这是一首著名的诗，①在这首诗中，说话者宣称，他不稀罕吕底亚国王巨吉斯(Gyges)的财富，他也不会因为野心勃勃而逾越诸神和凡人之间的界限，更不羡慕僭主的权力："因为这一切太过渺茫，非我所知。"另一首诗是他对自己内心的奇妙演说，②该诗表达了此种壁立千仞的放弃所依据的精神体验。这是希腊文学中第一份伟大的独白：一个劝诫性的演说，不是针对另一个人，如通常在哀歌和抑扬格诗歌中那样，而是针对诗人自己的演说；因此，阿基罗库斯既是那个提建议的说话者，又是思考和下决心的聆听者。③《奥德赛》中有这方面的一个例子，阿基罗库斯从那里借来了信念和情境。但是，让我们看看他怎么理解奥德赛的名言——"我的心，要坚强，你从前就忍耐过种种恶行！"④他召唤自己的意志从痛苦绝望的漩涡中奋起，坚定不移，英勇拒敌：

> 胜利了，不要在公众场合欣喜惹狂，失败了，也不要躺在家里唉声叹气；遇欢乐，喜乐有度，遭厄运，哀伤有节，要理解那捆绑人类的节律！

这种高傲的独立所依据的理想，不纯粹是作为日常生存之最安全

---

① 残篇 22。说话者不是诗人自己，而是木匠卡戎(Charon)(参见亚里士多德，《修辞学》3.17.1418b28)，卡戎说出了他的人生哲学。

② 残篇 67a。我们将这首诗得以保存归功于斯托拜乌(Stobaeus)的《诗选》(*Anthology*)，这首伟大诗歌的第三行在我们的抄本传统中肯定有讹误。"*ἐν δοκοῖσιν ἐχθρῶν*"通常被理解为"在你敌人的伏击中"，这种理解也还说得过去，但"*δοκός*"很难理解为"伏击"。赫西基奥斯(Hesychius)关于"*ἔνδοκος*[伏击者]"(即*ἐνέδρα*[伏击])的注释似乎来源于上述文字，但对"*ἐνέδρα*[伏击]"的解释是否指出了名词"*ἔνδοκος*"的确切意义，这值得怀疑。赫西基奥斯的解释很可能来源于一个带边注的文本，在这个文本中，有待"*ἐνέδρα*[伏击]"这个边注来解释的词错讹成了 *ENΔOKOICIN*。在荷马的语言中，表达"伏击(*ἐνέδρα*)"的通常方式是 *ENΔOXOICIN*。我怀疑阿基罗库斯真正写的是"*ἐν λόχοισιν ἐχθρῶν*[在敌人设伏的地方]"。

③ 这种与一个人自己的灵魂对话的形式，是后世《独白》(*Soliloquia*)的坯胎，比如奥古斯丁的著名作品。灵魂和理性之间的柏拉图式的区分使这种类型的对话更加自然，因为它将一个个体的人一分为二。

④ 《奥德赛》XX，18。

途径的适度的一种实践建议。在一切人类生活中，存在着一种"节律"(rhythm)①，这是一个普遍的观念。阿基罗库斯关于人要自律的劝诫，以及不要哀乐过度的警告，正是建立在人类生活的这种节律之上——他的意思是，不以物喜，不以己悲，不要因为来自命运的幸与不幸而过度波动。这种意义上的"节律"，很可能是首次出现在伊奥尼亚的自然哲学和历史思考中的观念的早期痕迹——这种观念认为，在存在的自然过程中，有一种均衡的客观规律。希罗多德明确地谈到"人事的循环"，②他考虑的主要是人类命运的兴衰起落。

我们千万不要被阿基罗库斯的话所误导，以至于认为，他所谓的"节律"是一种"流动(flux)"——尽管现代的节奏观念是某种流动的东西，[126]而有些人甚至将这个词本身从*ῥέω*(即"流动")引申出来。③ 这个词的历史不允许我们这样解释，它在音乐和舞蹈运动(我们从这里得到这个词)中的运用，是第二位的，而且在某种程度上还遮盖了其原始意义。我们必须首先研究，希腊人拿什么作为音乐和舞蹈的本质；该词在阿基罗库斯诗行中的原始意义清楚地显明了这种本质。如果节律"捆绑"④人类——我将其译为"捆绑人类于其锁链中"——它就不可能是一种"流动"。我们还是思考一下埃斯库罗斯剧中的普罗米修斯吧，他被铁链锁住不能动弹；他说，"我被捆绑在这个'节律'中"；思考一下薛西斯一世，埃斯库罗斯说他锁住了达达尼尔海峡的水流，并将其"变成另一种形式(节律)"，即可以跨越的水上航道：也就是说，他将水路变成了一座桥，将洪流捆绑在强大的锁链中。⑤ 因此，"节律"就是给运动变化加上锁链，给流动之物加上界限：就像它在阿基罗库斯那里的意思一样。德谟克利特也在真正古老的意义上谈到了原子的节律，他用"原子的节律"不是意指它们的

① 考虑到翻译的简明，我把阿基罗库斯的伊奥尼亚词语"*ῥυσμός*"(残篇 67a，7)译为"节律"(rhythm)，该词来自其阿提卡形式。

② 希罗多德，《历史》1.207(比较 1.5)。

③ 这种语源学的解释是如此普遍，不需要我再作详细解释。

④ 阿基罗库斯的原话(残篇 67a，7)是：*γίνωσκε δ' οἷος ῥυσμός ἀνθρώπους ἔχει*。

⑤ 埃斯库罗斯，《被缚的普罗米修斯》(*P. V.*)241：*ὧδ' ἐρρύθμισμαι*[这样被锁住]。《波斯人》(*Pers.*)747：*πορόν μετερρύθμιξε*[锁住海峡]。

运动，而是它们的样式(pattern)——或者如亚里士多德对其完美翻译一样，指它们的结构(schema)。① 这就是古代评论家们为阿基罗库斯的话给出的正确解释。② 显然，当希腊人谈论一座建筑或者一尊雕塑的节律时，它不是一个来自音乐语言的隐喻；希腊人在音乐和舞蹈中发现的节律背后的原初概念，不是*流动*(flow)，而是*停顿*(pause)，是对运动变化的坚决限定。③

在阿基罗库斯那里，我们看到了一种新的、个人形式的文化奇迹，它建立在对人类生活的一种基本模式——一种自然的、最终的基本模式——的自觉认识之上。人的思想和欲望不需要传统道德的强制，就能使自身与这种生活类型相一致。现在，人的思想成了其生活的主人；而且，正如它试图为城邦共同体的生活编撰普遍的法律一样，它也竭力涌入人的灵魂，将混乱无序的激情冲突控制在固定的界限之内。这种冲突在接下来的数个世纪内，在希腊诗歌中得到了反映，因为直到很久之后，哲学才进入这种冲突之中。在自荷马到公元前四世纪的诗歌的长途跋涉历程中，阿基罗库斯的作品是一个重要的阶段。他的诗歌，还有他的时代，诞生于自由个体理解和解决史诗的神话内容之外的人类生活问题的需要——在此之前，[127]史诗是唯一可以提出问题和回答问题的领域。当诗人们吸收了史诗开启的问题和观念，并真正使它们成为自己的问题时，他们自然而然地为自己创造了新的诗歌形式，即哀歌体诗歌和抑扬格诗歌，并对他们的个人生活产生了一种直接的影响。

在阿基罗库斯之后的一个或半个世纪内，在伊奥尼亚写作的诗歌，有足够数量的残存可以证明，是沿着他所开创的道路前进的，但没有一首具有他的那种眼界和力量。他的后继者们主要受他的哀歌和反思性

---

① 亚里士多德，《形而上学》1.4.985b16。

② 参见《埃斯库罗斯的〈普罗米修斯〉评注》(*Scholia in Aeschylum*, *ad Prom.*)241。他们将"*ἐρρύθμισμαι*[我已受到对待]"解释为"*ἐσταύρωμαι*[我已被用木桩围起来]，*ἐκτέταμαι*[我已被拉扯]"。

③ 已故的舒尔茨(Wilhelm Schulze)先生是一位伟大的语言学家，很久之前，我就把我的材料和结论转呈给了他，他非常愿意为"*ῥυσμός*[节奏]"一词寻找一种比它来自"*ῥέω*[流动]"这种传统说法更好的词源学说明，因为这种说法显然不符合事实。

的抑扬格诗歌的影响。西蒙尼德斯现存的抑扬格诗，是一种坦诚的说教。其中的第一首，①以其开门见山的谈吐，表明了抑扬格诗歌的教育倾向，他说：

> 我的儿啊，宙斯掌控着世间万物的去向，他想怎么安排就怎么安排；而我们人类却对此一无所知。我们是朝生暮死之物，像动物那样活着，不知道天神将怎样把每一个人带向终结。我们大家都以希望和自我安慰为生，一心想着不可能的事情……在人们到达目的地之前，年老、疾病、战争或翻滚的波涛中的死亡早已先期而至；而另一些人因命苦，给自己套上了绞索，心甘情愿地告别了太阳的光辉。

与赫西俄德一样，②西蒙尼德斯也抱怨人所面临的每一种可能的厄运。无数的魑魅魍魉，不期而至的飞来横祸包围着他。"如果你愿意相信我，那么我们就不应该留恋自身的不幸"——在这里，我们又一次听到了赫西俄德的声音③——我们"不应该执着于令人悲伤的不幸而折磨自己"。

这首诗的结尾已经遗失了，不过，相同主题的一首哀歌弥补了西蒙尼德斯必定曾经为人类提供的建议。④ 他们对不幸的盲目追求的根源，是他们对永生的希望：

> 希俄斯人(Chios)说过一句话，一句比别的话都好的话："人生一世，草木一秋，人事代谢正如树叶荣枯。"⑤听过这话的人绝少将之铭记在心；因为每个人都怀抱希望，那种在朝气蓬勃的心中生根

---

① 西蒙尼德斯残篇 1(狄尔编)。

② 赫西俄德，《劳作与时日》，第 100 行。

③ 赫西俄德，《劳作与时日》，第 58 行。

④ 残篇 29。语言学研究最具确定性的结果之一，就是贝克(Bergk)将这首诗归之于西蒙尼德斯：这是斯托拜乌(Stobaeus)以更为著名的凯奥斯岛的西蒙尼德斯(Simonides of Ceos)的名义抄写的一首诗。

⑤ 这是抒情诗人对荷马的思想和文学形式的改写的一个很好的事例，参见本卷第 150—151 页的讨论及本卷第 150 页注释①和第 159 页注释③。

发芽的希望。当一个人处在生命的烂漫时期，携带着一颗轻盈欢快的青春之心，就生出良多注定落空的念想。因为他从不考虑衰老和死亡，在他健康时，也不会想到疾病。愚者的心思就是这样，绝不懂得有死之人的青春何其短暂，花开花谢，红消香断。[128]不过，你现在应该全然知晓，想一想生命的终点，给你的灵魂一些欢乐。

在此，年轻似乎是所有过分大胆的幻想和愿望的根源，因为它缺乏荷马的智慧，不会想到人生短暂，转瞬即逝。不管怎样，诗人的寓意是一种陌生的新东西：一个人应当在他能够享受时就应该享受生命的乐趣，今朝有酒今朝醉。这不是荷马的意思。① 这是有选择的一代的结论，对他们来说，英雄时代高贵的行为规范已经失去了深刻的严肃性，他们只从中选择适合自己的一部分，也就是悲叹人生短暂的那部分。当这一令人伤感的真理从史诗世界被置换到哀歌诗人的自然世界时，它不可避免地创造的，不是一种悲剧的英雄主义，而是一种热烈的享乐主义。②

当城市国家对其公民拧紧法律的锁链时，他们越来越热切地寻求以其私人生活的自由来补充公共生活的严肃死板。伯利克里在阵亡将士葬礼上的演说中表达了自由论者的理想，他把雅典人的理想说成是斯巴达人严肃死板的对立面："当我们的隔壁邻人为所欲为的时候，我们不至于因此而生气；我们也不会因此而给他难看的眼色以伤他的感情，尽管这种眼色对他没有实际的损害。在我们私人生活中，我们是自由而宽容的；但是在公共事务中，我们遵守法律。"③对城邦严格的法律

① 荷马的阿喀琉斯（《伊利亚特》I，352）从他的生命比他人短暂的事实得出的结论，并非他应该追求更大的享乐，唯一的补偿是因为他的英勇献身而得到的荣誉。

② 很有趣的是，"灵魂（*ψυχή*）"一词在短语"*ψυχῆ τῶν ἀγαθῶν τλῆθι χαριζόμενος*[给你的灵魂一些欢乐]"中的运用（西蒙尼德斯残篇 29，13），这里的"*ψυχή*"显然是指个人的灵魂及其欲望。类似的运用也出现在色诺芬的《居鲁士的教育》（*Cyrop.*）1. 3. 18 中，在那里，居鲁士的母亲告诉孩子说，他的父亲是一个自由的波斯人，他习惯于遵循法律，而不是跟着自己的"心（soul）"走。

③ 修昔底德，《伯罗奔尼撒战争史》2. 37. 2ff。

规范来说，满足其公民的本能需求，允许他们享有某些娱乐是必需的；如果对自由的哭喊变成了一种对享乐的哭喊，这是一种非常人性的冲动。这不是真正的个人主义，因为它还没有与超个人的力量发生冲突。[1] 不过，在法律规范设立的界限之内，对个人幸福的需求，有一种看得见、摸得着的拓展；在生命与义务的平衡中，个人现在把更大的分量放置在了生命一方。伯利克里时代的雅典文明认识到了城邦的需要和个人的希望之间的区别；不过，为了赢得这种认识，还需要一场战斗，这场战斗首先在伊奥尼亚赢得了胜利。那里第一次产生了享乐主义诗歌，它激情洋溢地为个人感官幸福的权利辩护，并断言，欠缺这种享乐的人生了无生趣。

与阿莫戈斯的西蒙尼德斯一样，科罗丰的弥涅墨斯（Mimnermus of Colophon）也写诗赞扬生命的欢乐。这一信息在阿基罗库斯那里只是强烈的自然本能的副产品，只是一时兴致的表达，但在他的两个后继者那里却成了生活的终极秘密。[129]它成了一场改革运动，一个他们希望使所有人都皈依的生活理想。没有金发的阿佛洛狄忒（Aphrodite），什么是生活？什么又是快乐？弥涅墨斯喊道，让我不再关心男欢女爱，我宁愿去死。[2] 不过，如果我们把他叫作堕落的好色之徒，那就大错特错了。（我们没有足够多的西蒙尼德斯的作品，可以使我们重构他的品格。）有时，弥涅墨斯以一位政治家和一名勇士的清晰声音说话，而他的诗歌，荷马式紧凑的短语，随着骑士的激情一起跃动。[3] 然而，当诗人开始自由地抒写他内心的欢乐时，这就成了诗歌中的一个新步骤，对人类文化产生深刻影响的新步骤。

现在，在命运和“宙斯的礼物”——这是在它们到来时他们不得不接受的[4]——的束缚之下，人们发出越来越沉重的呻吟与叹息，与此同

---

① 只有当享乐成为人类生活和行为的基本判断标准时，它才能与超个人的社会规范形成冲突，这种状况只有在后来的智术师那儿才出现，参见本卷第166—167页。

② 弥涅墨斯残篇1（狄尔编）。

③ 残篇12—14。

④ 人们生活中注定的一切，都来自宙斯和诸神，他们派送的礼物必须接受。参见阿基罗库斯残篇8，58，68；西蒙尼德斯残篇1，第1行及以下；梭伦残篇1，64；泰奥格尼斯（Theognis）残篇，第134，142，157行，等等。

时，他们以前所未有的敏感悲叹人生短暂和感官欢愉的转瞬即逝；这两个方面的哀怨，在荷马之后的诗歌中不绝如缕，它们共同见证了一种不断增长的倾向：将一切都看作对个人生活的权利的影响。一个人越是让自己受制于自然本能的需求，他就越是全身心地沉浸于自然的欢愉，随之而来的郁郁寡欢和听天由命就越是深远无垠。死亡、年老、疾病、厄运，以及一切伏击人的生活的其他危险，①都生长为一个随时威胁他的巨人种族，即使他竭力在各种短暂的欢愉中逃避和躲藏，他也会发现这些欢愉已被人世的悲凉之雾污染殆尽了。

在希腊精神的历史上，诗歌中的享乐主义派标志着一个最重要的发展阶段。要证明其重要性，我们只需牢记，希腊人的逻辑总是让伦理学和政治学中的个人意志问题作为享乐(τὸ ἡδύ)和高贵(τὸ καλόν)的一种冲突而出现。这种冲突在智术师哲学中得到了更加清晰的表达，而柏拉图哲学的顶峰则是享乐在主张自己是"最高的善"上的失败。这种对立在公元前五世纪时变得尖锐而明确；从苏格拉底到柏拉图，阿提卡的哲学家们的所有努力都旨在调和这种冲突和对立，它们在亚里士多德人格理想的最终和谐中相遇。② 但是，在这一切发生之前，享受生命和旨在快乐的自然本能必须作为一个原则得到肯定，这个原则直接与τὸ καλόν[美、高贵]的教义相冲突——在史诗和早期哀歌中，后者一直是直接教导或间接教导的基本原则。[130]阿基罗库斯之后的伊奥尼亚诗歌首先作出了这种肯定。这种精神发展的方向显然是离心发散的。在瓦解城市国家的社会结构方面，其强大力量与法律将城邦凝聚为一体的力量不相上下。

这些新冲动，除了在由阿基罗库斯之后的抑扬格和哀歌诗人创造的说教性和反思性诗歌类型中，不可能在别的地方得到表达和认可。当他们宣扬享乐主义时，这种享乐主义并非指某个个体的一时偏好；它是一个普遍原则，是每个个体享受自我生命的"权利"。西蒙尼德斯和弥涅墨斯的每一首诗都在提醒我们，这些诗是在希腊人将逻各斯应

---

① 弥涅墨斯残篇 2，5，6。

② 亚里士多德关于快乐(ἡδονή)在人的个性文化中的地位，及其与德性(ἀρετή)之关系，在《尼各马可伦理学》7 和 10.1—5 中，可以找到决定性的陈述。

用于自然，是在米利都自然哲学诞生之际写下的。希腊人的逻辑毫不犹豫地直面人的生活问题——就像我们会从传统角度思考哲学史中的这一时期一样，传统的哲学史通常也把重点放在宇宙论问题之上。[①] 这种新冲动进入了诗歌并赋予诗歌以灵感，它常常是表达道德观念的媒介，它让诗歌讨论道德问题。诗人现在为他的听众提供了一种人生哲学。与阿基罗库斯的诗歌不同，西蒙尼德斯的幸存诗歌不是个人情感一时冲动的表达，它有时采用一种反思性的语调：它们是关于一种特定情境的训词；而弥涅墨斯，尽管他是一个远比西蒙尼德斯伟大的艺术家，但他在大多数作品中显示了相同的沉思偏好。因此，当诗歌从英雄世界转向普通人的日常世界之时，它仍保持了其教育品格。

当伊奥尼亚诗歌在公元前七世纪的转折点上，集中讨论个人生活和个人享受生活的权利时，爱奥利亚的抒情诗人萨福(Sappho)和阿尔凯奥斯(Alcaeus)表达了个人内在的心灵生活本身。在希腊的精神生活中，他们的抒情诗是一种独一无二的现象。接近他们的最简捷途径，是阿基罗库斯独特的个体言说，阿基罗库斯用个人情绪的变幻色彩为他自己的私人经验和普遍观念同时着色。他的作品是他们的诗歌的必要前奏；甚至他的憎恨诗——它们充满了他自己的情感与偏见——也是由一种普遍的道德标准来标定方向的。爱奥利亚的抒情诗，尤其是萨福的抒情诗，远远超出了这个界限，成了纯粹情感的声音。[131]毫无疑问，是阿基罗库斯的诗作赋予个体人格如此重要的意义和变化多端的表达，以至于在他之后，有关精神的最隐秘的动作都能被揭示并转化成诗歌；也是他的作品使他的继承者们为显然无形无象的个人情感给出了普遍有效的诗歌形式——因此，萨福实际上是把她最隐秘的内心生活转化成了不朽的人性，而又没有剥夺其当下体

① 由于一个似乎难以克服的习惯，绝大多数论述希腊哲学史的著作，对早先几个世纪的道德、政治或宗教诗歌不予关注，而只关注与自然或存在相关的诗歌，如巴门尼德和恩培多克勒的诗歌。罗宾(L. Robin)的《希腊思想》(*La Pensée grecque*)是一个著名的例外；另可参见冯特(Max Wundt)的《希腊伦理学史》(*Geschichte der Griechischen Ethik*)第一卷，他正确地把希腊诗歌当作早期道德思想的主要来源之一来对待。

验的魅力。

在爱奥利亚抒情诗中，人的内在心灵塑造其自身的非凡历程，与当时小亚细亚希腊人的哲学创造和法治国家的创造相比，其不可思议的程度毫不逊色。尽管这是一个奇迹，但我们却不能因此而对以下事实视而不见，即爱奥利亚抒情诗，与希腊诗歌的其他形式一样，也植根于城邦共同体的生活。从最近几十年发现的丰富多样的诗歌来看，显而易见，正如阿基罗库斯在每一首诗中都谈到围绕他的世界或者对围绕他的世界说话一样，阿尔凯奥斯和萨福的诗歌总是为外在的机缘所激发，并为一个特定的听众所创作。因此，它是在特定的习俗范围之内写就的；就像我们在品达的作品中追踪其习俗因素一样，我们现在正在学习清晰地追踪他们诗歌中的习俗因素。不过，对我们来说，以下事实中存在着一种更深刻、更积极的意义，这个事实就是，阿尔凯奥斯的一首饮酒歌以他的同伴们的一场宴饮为先决条件，萨福的一首情歌或一首婚礼之歌则以年轻的女音乐家——她们是她的朋友——社团为先决条件。

宴饮或者酒会，对希腊男子来说——通过其自由友好的伙伴关系及其精致的智识传统——是新征服的个人自由王国的都城。① 因此，我们发现，男子主要通过为酒会写作的诗歌来表达他们的个性和人格。此时此刻，宴饮诗流进了一条更加宽广的河流，它从许多源头得到滋养，同时随身携带着一个男人可以感受的全部强烈情绪。② 阿尔凯奥斯诗歌的存世残篇包括各种类型的情绪表达和理性反思。其中的一大组由政治诗组成，充满了强烈的激情和阿基罗库斯式的毒液，比如对被谋杀的僭主密尔西洛斯（Myrsilus）的野蛮攻击。③ 诗人为他的情爱诗在信任的朋友们中间选择了一个合适的听众：在他信任的朋友们中间，

① 关于古代希腊宴饮的重要性，参见本书第一卷第 221—222 页；第二卷第 201 页、第 186 页及以下；以及第三卷第 270 页及以下。

② 关于早期希腊诗歌与宴饮会之间的联系，参见赖岑施泰因，《箴言诗和饮酒诗》（*Epigramm und Skolion*），1893。

③ 阿尔凯奥斯与其兄弟安提门尼达斯（Antimenidas）都是米提利尼（Mytilene）贵族团体的主要成员。这个团体反对僭主密尔西洛斯（Myrsilus）和皮塔库斯（Pittacus）的统治。亚里士多德，《政治学》3. 14. 1285a37。

诗人极度痛苦的内心的沉重秘密得以纾解。诗歌为朋友们提供的严肃深沉的建议表明，[132]私人关系对于稳固和加强个人孤独无依的生活的日益增长的重要性。其他的抒情诗再一次来源于对自然的情绪性沉思（the emotional contemplation of nature）——一种首先可以在阿基罗库斯的诗歌中发现踪迹的情绪。[①] 阿尔凯奥斯及其朋友们不是将自然看作一个客观的或者审美的壮观景象，就像荷马笔下的牧羊人，他站在高高的山顶，愉快地注视午夜星辰的壮丽景色；[②]他们觉得日明夜暗、四季轮替、宁静与暴风、冬日的霜雪和春天生机勃勃的气息，都反映了人内心的情绪更替，而大地和天空则回应并强化了他们爱和痛的哭喊。阿尔凯奥斯诗歌对命运和人生机遇的温和、宁静和顺从，与其饮酒诗纵情声色的哲学形成奇妙的对比，后者召唤一种狄奥尼索斯式的沉醉以淹没对世界的关注。因此，即使其诗歌的个人语调也没有断绝其与社会的联系，尽管社会只是一个私人朋友的小圈子，在那里，个人可以自由自在地诉说内心的所思所想。

饮酒诗与宗教仪式上的颂诗和祷诗的表达并无不同；因为二者都是自我表达转化为诗歌的原初形式。在祈祷时，人除了他自己的纯粹个体之外，脱落一切站在那里，就像人生开端之时那样面对纯粹的存在（Being）。当他把神祇作为一个不可见却在场的“你”与之说话时，他的祈祷就成了在没有听众的情况下，表达自己的思想，发泄自己情绪的媒介；这一点，没有任何其他地方，比在萨福的诗歌中显示得更加美丽。[③]

希腊精神需要萨福来探索个人情感的新世界的最后隐秘之所。希腊人自己觉得他们对萨福深怀感激，因为正如柏拉图所言，他们尊她为第十位缪斯女神。虽然还有其他写诗的希腊妇女，但没有一个可以与其相提并论或者望其项背。她独一无二。虽然，与阿尔凯奥斯的抒情诗的丰富多样相比，萨福的诗歌所涉范围较为狭窄。它谈论的总是女

---

① 参见阿尔凯奥斯残篇 30；阿基罗库斯残篇 56。

② 《伊利亚特》VIII，555—559。

③ 这种祈祷形式的运用在萨福那里的最杰出例子就是残篇 1 对阿芙洛狄忒的祈祷，参见梭伦残篇 1 对缪斯女神的祈祷，它被写成是作者关于神明与世界之关系的思考的个人表达。后来在希腊肃剧中，祈祷成为合唱队表达情感的常用形式。

人的世界——而且不是那个世界的全部，只是女诗人在其女友圈子中的个人生活。女人是男人的母亲、情人和妻子；正是在这些方面，萨福在希腊诗坛频繁现身，并被每个时代的诗人所尊崇，因为在男人心中，她就生活在这些方面。[133]不过，在萨福的诗中，女人很少化身为母亲或情人——只有在一位朋友进入或离开其少女团体时才如此。这样的女人并非萨福诗歌灵感的主题。她的朋友们都是刚刚离开她们母亲的少女；在一个未婚女子——她像一个女祭司那样服伺缪斯女神——的保护下，她们用她们的舞蹈、比赛和歌唱献身于美的事业。

希腊的诗人就是一名教师；这两种职能在萨福的那些少女艺人(thiasos of girls)那里达到了前所未有的高度统一，这些狂热地追随萨福的少女们将自己奉献给了音乐。① 毫无疑问，她们崇拜的美超出了萨福自己诗歌的范围，囊括从以往继承而来的一切美。对具有阳刚之气的英雄主义传统而言，萨福的情歌，因完美和谐的友爱而欣喜若狂，它为女性的灵魂增加了热忱和高贵。她们在童年和婚姻之间描述第三种理想的生活——在少女阶段，女人被教育要尽可能达到精神高贵的最高境界。萨福圈子的存在以她那个时代的希腊人所接受的诗歌教育观为前提；但其新颖和伟大之处在于，通过它，妇女们被允许进入男人的世界，并且征服了那个她们对之拥有正当要求的部分。因为这是一种真正的征服：它意味着妇女们现在参与了对缪斯女神的服务，而且这种服务与铸造其品格的进程结合在一起。不过，如果没有爱欲之神释放精神力量的能力，就不可能有这种塑造人的灵魂的本质性融合。柏拉图的爱神和萨福的爱神之间的对比是显而易见的。女性的爱神，尽管是以其悦耳动听和温柔纤弱吸引我们，但其强大足以在其崇拜者的灵魂中创造一种真正的共同体。因而，他[女性的爱神]不仅仅是单纯的情感：他必定参与和加入了那些他在某个更高的统一中启迪的灵魂。他现身于舞蹈和演奏的感性优雅中，化身于那些光辉形象中——这些形象是其同伴们的朋友和理想。萨福抒情诗的伟大时刻，在她努力赢

---

① 译注：古代希腊所谓的“音乐”艺术，是集诗歌、音乐、舞蹈、表演于一体的综合艺术，它与“体育”艺术一起，塑造人的完美灵魂。参见柏拉图，《王制》III，412a，“天神给了人类两种艺术”：音乐和体育。

得一个尚未成熟的少女之心时款款降临；在她向一个深深爱恋的朋友依依惜别时到来——这个朋友正要脱离她的同伴们回归家庭，或者追随她的丈夫郁郁而去[她的丈夫只是赢得了与她的婚姻，而那时的婚姻与爱情无关]；最后，是在她黯然思念自己的一个同伴时悄然而至——日落时分，她昔日的同伴天各一方，[134]正在一个寂静无声的院子里徘徊踟蹰、徒劳地呼唤她已经失去的伴侣萨福之名。

无论是对萨福的爱欲的性质作出无从证实的心理学解释，[①]还是对此类解读的亵渎行为义愤填膺，并断言萨福和她的女友们只是感受资产阶级的基督徒也能准许的情感而已，都是徒劳无益且不合时宜的。[②] 从她的诗歌来看，这一点是明确的，即萨福的爱欲是一种激情，这种激情使其沉溺者的整个存在摇摇欲坠，心神俱醉，它死死地控制着人的五官感觉，比灵魂有过之而无不及。我们没必要劳心费力地去判定萨福的激情中是否存在着肉欲的一面；我们感兴趣的是它把握和转化整个人格的那种令人惊异的力量，以及它所释放的壮阔波澜的情感。在希腊人中，还没有任何一个男性的爱情诗达到萨福抒情诗的精神深度。因为希腊男子将精神和感官区分为存在的对立两极——因此，很晚之后，他们才相信性爱的激情可以获得如此重要的意义，以至于可以侵入他们的精神本性并洞穿他们的整个生命存在。

这种男性态度上的变化曾经被称为希腊文化的女人气。诚然，在这一历史早期，只有一个女人才能做到灵魂和感官同样的彻底放任，我们应该认定这种灵魂和感官同等的彻底放任够得上“爱情”之名。爱是女人生存的全部，只有女人才能以全部身心一丝不苟地迎接爱的到来。不过，在那样一个时代——这个时代即使有为了爱情的婚姻，那也是极

① 译注：指对萨福诗歌中的情爱作女同性恋的解释。萨福在莱斯博斯岛建立了一所女子学校，教授女孩子们诗歌、音乐、仪态，甚至美容和服饰。许多贵族少女慕名而来，拜在她门下。她喜欢这些年轻美丽的女孩，以护花使者的爱恋心情培育她们，不仅教授她们诗歌与音乐，闲暇之余还教授她们恋爱艺术，同时也像母亲一样呵护她们成长。心中的诗情在朝夕相处中转化为深深的爱恋，使她与女弟子们在那片芬芳之地上绽放出艳丽的同性之爱的花朵。萨福的名字也成为现代女同性之爱的象征，英语“Lesbian（女同性恋）”一词就来源于“Lesbos（莱斯博斯岛）”。

② 比如，参见维拉莫维茨，《萨福和西蒙尼德斯》（*Sappho und Simonides*），Berlin，1913，71ff.；他追随温尔克（Welcker）的脚步，温尔克为萨福做了著名的辩护。

其罕见的——对一个女人来说，设想这样一种对男人的激情，是极其困难的；正如一个男人的爱的最高体现，不是表现为对一个女人的爱，而是呈现为柏拉图式的精神之爱一样。但无论如何，将萨福的感情——它从来没有脱离过感性的范围——解释为柏拉图式的灵魂对于永恒原型(idea)的渴望和超越尘世的向往(这是柏拉图之爱的秘密)，这将是一种年代错乱。不过，她与柏拉图也有相同之处：她也感觉到真正的激情促使灵魂沉入自身的深渊。从此种感受中升起无垠的哀伤，这哀伤不仅使她的诗歌充满忧郁的温柔魅力，而且还赋予其诗歌真正的悲剧的更高境界。

萨福很快成了一个传奇人物；神话学家们通过讲述她对一个英俊男子法翁(Phaon)的不幸爱情，并将她的精神悲剧转换成莱卡迪亚悬崖(Leucadian cliffs)的旷世一跳，[①]来解释她的个性和情感之谜。[135]不过，在萨福的世界里没有男人；男人只在其门口作为一个被爱的未婚女子的求婚者出现，而他遭遇的只是一种并不友好的注视。当萨福想到如果一个男人能坐在他心爱之人的对面，倾听她甜美的声音和令人心醉的笑声，他就像神灵一样幸福时，她正在回忆的是她接近自己的爱人时感受到的情感。这种声音和笑声使她心旌摇荡，神魂颠倒：

> 当我恰好看到你时，我声音嘶哑，舌头打结，一团微弱的火苗在肌肤下窜动，双眼发黑，耳中轰鸣，汗出如浆，全身颤抖，无力如草，看上去就像一个死人。[②]

萨福的最高艺术成就是她具有这样的天赋：她既以民谣的天真无邪，又以个人情感的感性率真，来描写她的内心体验。在歌德之前，在欧洲的艺术作品中，可有与之相提并论的成就？如果我们愿意相信上引情歌是萨福为一个学生的婚礼而写，相信萨福选择这种婚礼形式来传达她无与伦比的私人语言，我们就不再需要其他例子来证明，她深沉

---

① 译注：传说萨福是因为得不到法翁的爱而投海自杀。传说从莱卡迪亚悬崖跳海可以治愈无望的爱情，如果侥幸不死，那跳海者就摆脱了爱，获得新生。

② 萨福残篇 2(狄尔编)。

的情感可以将传统的风格和语言转化成自身个性的纯粹表达。正是这种单纯的情境鼓励了那些赋予诗歌以真正意义的微妙情感。不过，如此深度的个性只对一个女人成为可能，以及这个女人只是通过爱情给予的力量而臻于如此深度，这些并非偶然机遇所致。作为爱情力量的使者，萨福进入了诗人的王国，这个王国迄今为止一直为男子所独有。在不久之前发现的一首颂诗的序言中，她的独特使命得到了象征性的说明：

> 有人说人世间最幸福的事是有一队骑兵，也有人说是有一队步兵，还有人说是有一中队的海军舰船。不过，我要说，最幸福的事是有一个心爱的人。[①]

① 萨福残篇 27a(狄尔编)。

第八章　梭伦:雅典政治文化的创建者

[136]约公元前600年,雅典啼声初试,我们在希腊合唱队那里第一次听到了她发出的声音。一开始,她似乎只是在模仿和演奏别人(首先是她自己的伊奥尼亚殖民地)的旋律,不过,很快,她就将它们谱写成一曲更高贵的和声,作为自己更清晰、更有吸引力的曲调的背景音。直到一个世纪之后,雅典创造出埃斯库罗斯的肃剧,她的天才才臻于顶峰;幸运的是,我们还了解一点雅典此前的成就。除了相当数量的梭伦诗歌残篇之外,公元前六世纪没有留下别的什么东西,但梭伦的诗歌在雅典得以保存,凭的不仅仅是运气。数个世纪以来,只要存在一个有自由的精神生活的雅典,梭伦就被尊为其文化的基石。孩子们在刚上学时就用心学习梭伦的诗篇;法庭辩护人和公众集会的演说家都把梭伦诗篇作为雅典公民灵魂的经典表达来引用。① 梭伦诗歌影响深远,直到雅典帝国的权力和光荣日落西山。此后,在对已逝伟业的不可避免的怀乡中,新时代的历史学家和语文学家们开始收集和保存他们继承的遗产。他们甚至将梭伦诗歌无意中的情感流露推崇为历史事实的珍

---

① 参见拙文《梭伦的〈欧诺弥亚〉》,载《柏林科学院会议报告》,1926,第69—71页;该文为本章提出的观点提供了一个基础。

贵记录：甚至是现代学者，不久之前还如此看待梭伦的诗篇。①

想想看，如果梭伦诗歌的残篇没有幸存，我们将会遭受什么样的损失？那样的话，我们就几乎不可能领会伟大的阿提卡肃剧中的最高贵、最奇特的品质，事实上，我们就无法领会雅典的整个精神生活中的最高贵、最奇特的品质——城邦观念为其全部艺术和思想带来的灵感。雅典的公民是如此充分地认识到，每一个个体的理智和审美生活的起源和目的，都深深地扎根于城邦共同体之中，以至于雅典城邦支配其共同体成员的生活，达到了一种无与伦比的程度——斯巴达除外。[137]不过，除了共同体生活的高贵品格和坚定决心之外，斯巴达没有给公民个人意志的发展留下余地，随着时间的流逝，斯巴达越来越清晰地显露出怠惰和凝滞，逐渐成为一种僵化的遗迹。② 另一方面，伊奥尼亚的城市国家则在其正义理想的基础上，建立起了一种新的社会秩序的组织原则；与此同时，通过废除阶级特权，确立全部成员的自由，雅典为每个公民提供了自由发展其潜能的空间。③ 但是，当城邦对普遍的人性做出这些让步时，它并不能自然而然地发展出一种力量，这种力量可以将涌现出来的新型个体的能量联合起来，服务于共同体并强化共同体。迄今为止，还没有一个统一的目标能把城邦内部新的法律权威的教育力量，与伊奥尼亚的诗人们所享有的无拘无束的言论和思想自由这两个要素联合起来。雅典的文化是第一个在向外拓展的个体力量和城邦的凝聚力量之间努力取得平衡的文化。尽管在政治教育和智识教育方面，雅典从伊奥尼亚获益良多，但若要追究伊奥尼亚的自由主义和雅典的创造性天才之间的根本区别，还是比较容易的；前者是一种离心的自由主义，后者则是一种向心的自由主义。这种区别说明了为什么雅典是希腊精神在教育和文化领域的第一个伟大表达者。希腊政治思想最

---

① 维拉莫维茨-莫伦多夫（U. v. Wilamowitz-Moellendorff）的《亚里士多德和雅典》（*Aristotles und Athen*，Berlin，1893，II，304）曾经根据这种精神来阐释梭伦的诗歌；亚里士多德本人在《雅典政制》（*Ἀθηναίων Πολιτεία*）中，将梭伦的诗歌作为雅典政制之历史的一个重要阶段的原始文献，作为那个时代的领导人物的个人表达来探讨。另可参见林福斯（I. Linforth），《雅典人梭伦》（*Solon the Athenian*），Berkeley，1919。

② 参见本卷第125—126页。

③ 参见本卷第130页及以下。

伟大的成就，从梭伦到柏拉图、修昔底德、德摩斯梯尼，无一例外是雅典公民的著作。只有在一个将一切精神活动都从属于共同体生活，但同时又使它们成为共同体生活的有机部分的国家中，才可能达到如此成就。①

梭伦是真正的阿提卡精神的第一个体现者，同时也是最伟大的创造者。因为，尽管雅典精神是由其各种精神力量的奇妙和谐早就注定了的，但一个主导这些力量的创造性人格的出现，有助于塑造雅典未来的历史。宪法史学家们凭借可见的工作来衡量一个伟人，他们主要是从梭伦的雅典宪法（即解负令）的制定上来评价梭伦。② 然而，在希腊文化史中，本质性的东西是，梭伦作为其国家的政治导师的工作远远超过了他的历史影响，并使他成为一个即使在今天也是非同寻常的人物。[138]因此，我们必须首先把梭伦作为一个诗人来考虑。他的诗歌揭示了隐藏在其政治行动背后的动机，此种动机以其伟大的道德情感超拔于政党政治之上。我们已经看到，在形成一种新的公民感方面，立法是最伟大的力量之一。③ 梭伦的诗篇是这一真理最清晰的注脚。这些诗歌对我们的特殊价值在于，它们向我们表明了，在法律的非人格的抽象背后，是法律制定者的精神人格，是法律教育力量的一种具体体现，希腊人是如此生动地意识到了法律的这种教育力量。④

梭伦出生时，虽然在希腊其他地方，土地贵族的统治已经被推翻或废除，但古老的雅典仍然为土地贵族所统治。通过首次编纂雅典的杀人罪惩治法——德拉古（Draconian）法典，⑤其因严苛而广为人知——贵族的力量不是得到了削弱，而是得到了加强；梭伦自己的法令甚至也

---

① 追溯希腊的历史发展，尤其是导致这种综合的阿提卡精神的历史发展，是本著的首要关切之一。就对政治生活现实的关切而言，这种发展在修昔底德《伯罗奔尼撒战争史》中的伯利克里"国葬演说"达到顶峰。不过，我们可以通过柏拉图"在理论中（λόγῳ，in theory）"建立一个理想城邦的哲学尝试，追溯这种历史发展——这种尝试将一种理想的秩序，与个体的高水平的精神自由结合在一起。

② 参见亚里士多德，《雅典政制》（*Ath. Const.*）c. VI，XIII；普鲁塔克，《梭伦传》（*Solon*）c. XV。

③ 参见本卷第139—140页及以下。

④ 参见本书第三卷，第213页及以下。

⑤ 参见亚里士多德，《雅典政制》c. IV；普鲁塔克，《梭伦传》XVII。

没有想要废除贵族统治。直到克里斯提尼的改革废除了庇西特拉图(Pisistratid)的僭政，这才废除了土地贵族的统治。当想到后来那些永无休止地寻找新鲜事物的雅典人时，我们禁不住会惊异：为什么淹没爱琴海的社会和政治动乱的浪潮，会无助地破碎在阿提卡敞开的海滩上？不过，在当时，雅典仍然是一个纯粹的农业城邦，而它的居民也不是柏拉图在公元前四世纪描绘的那种远道而来的、易于管治的水手家属。① 他们仍然都是保守的农民，安土重迁，植根于古老的宗教和伦理道德。尽管如此，我们千万不要以为，雅典底层阶级对新的社会思潮无动于衷：看一下波奥提亚，在那里，尽管赫西俄德已经道出了梭伦之前一个世纪的人们的抱怨，但封建体制仍然存活到希腊民主政治的全盛时期。② 然而，即便如此，这些抱怨也很少被转化成蓄意的政治行动，除非他们的头脑为上层阶级的那种优秀才智所占领，除非有开明睿智或者雄心勃勃的贵族起来领导群众。耕作土地的农奴被傲慢自大、爱马如命的地主乡绅的力量牢牢控制——一个古色古香的花瓶描绘了许多这样的地主乡绅，他们驾驶着轻快的马车，去参加节日庆宴或者一个同伴的葬礼。基于他们自私自利的等级骄傲和对无地平民的傲慢冷漠，他们牢牢控制着被践踏的民众，对其苦难充耳不闻；被践踏民众深深的绝望之情[139]在梭伦伟大的抑扬格诗歌中得到了生动的描述。③

雅典贵族的文化是彻头彻尾地伊奥尼亚的，其艺术和诗歌都是由同宗同源的种族的趣味和习惯塑造的。伊奥尼亚也会影响到其生活方式及其理想，这是自然而然的：当梭伦立法禁止亚洲的那种隆重排场和妇女的哀哀悲悼时——直到那时，这些还是每个贵族葬礼的组成部分——梭伦是对普通民众的感情做出让步的。④ 直到一个世纪之后，在面临波斯入侵的可怕危机时，雅典人才在衣着、发型和社会习俗方面抛弃了伊奥尼亚传统的奢靡风气，即ἀρχαία χλιδή[古老的奢侈]。⑤（最近在被波

① 柏拉图，《法义》706bff.。
② 参见本卷第90页及以下；第三卷，第294页及以下。
③ 梭伦残篇24(狄尔编)。
④ 普鲁塔克，《梭伦传》c. XXI。
⑤ 修昔底德，《伯罗奔尼撒战争史》1.6。

斯人摧毁的雅典卫城的废墟中找到的古代塑像，为我们提供了那种样式尽显亚洲华丽高雅风格的生动印象；而柏林博物馆中站立的女神则是梭伦时代高傲的阿提卡贵妇的代表。）毫无疑问，伊奥尼亚风气的入侵给雅典带来很多似乎有害的东西；但是，仍然是伊奥尼亚的启发首先促使雅典达到了其自身的精神成就。首先，如果没有伊奥尼亚的启发，从穷人那里汲取力量的政治运动就不可能发生，而运动的伟大领导者梭伦也不会诞生——阿提卡和伊奥尼亚的精神在梭伦身上相遇并融为一体。梭伦的诗歌，为希腊文化史上的这一重要阶段提供了真正的经典证据，其地位远高于后来的历史学家们保存的少量证据以及当代雅典艺术的遗迹。梭伦诗歌的形式——哀歌和抑扬格诗——有其伊奥尼亚起源。他寄给科罗丰的弥涅墨斯的诗篇表明了他与当时的伊奥尼亚诗人之间的密切关系。① 他的诗歌语言是伊奥尼亚和阿提卡形式的混合，因为在那个时代，阿提卡方言还不能用来创作高雅的诗歌。他的诗歌所表达的内容部分地也是伊奥尼亚的。不过，梭伦将自己的很多东西融进了借来的事物之中，并且提出了许多新观念——通过借助于伊奥尼亚风格，他能够自由地设想且相对轻松地表达出这些新观念。

梭伦的政治诗②是半个世纪的作品，从梭伦立法之前开始，一直延伸到征服萨拉米斯（Salamis），[140]庇西特拉图成为僭主之前③；它们立刻重新获得了赫西俄德和提尔泰奥斯那时曾经拥有的高级教育语调。它们全是说给公民同胞的敦促劝诫，它们全都为他对国家的严肃而热烈的使命感所激励，除了在蛮族人入侵以弗所的危急时刻，卡利努斯向其同胞的荣誉和爱国精神发出的呼吁之外，从阿基罗库斯到弥涅墨斯，伊奥尼亚诗歌中没有一首像梭伦的诗歌一样。不过，梭伦的政治诗并不是一种对荷马式英雄主义精神的新诉求，而是表达了一种全新的情感：因为每一个真正的新时代，都会在灵魂深处向诗人揭示一个新的情感领域。

---

① 梭伦残篇 22；亦可参见回忆弥涅墨斯的残篇 20。

② 关于梭伦与荷马、赫西俄德和肃剧之关系，以及梭伦政治诗的一种解释，参见拙文《梭伦的〈欧诺弥亚〉》，载《柏林科学院会议报告》，1926，第 71 页及以下。

③ 普鲁塔克，《梭伦传》c. VIII。

我们已经看到，在这些世纪剧烈的社会和经济变革期间，在争夺这个世界的美好事物的普遍战争中，人是如何探索一个坚固的立足之地，并在正义理想中发现这一新领域的。在赫西俄德反对其兄弟的贪婪的斗争中，他是第一个诉请神圣正义保护的人。他高度赞美正义女神保护社会远离人类狂妄自大之祸的能力，他在宇宙的最高统治者宙斯的宝座旁为她留了座位。一颗虔诚的心，凭着原始现实主义的想象，赫西俄德描述了由于一个人的罪行给整个城邦带来的不义的诅咒：歉收、饥荒、瘟疫、不育、战争和死亡；与此相反，他还描述了正义的城市在神明赐福的阳光下自豪：大地丰收、生养众多、城市繁荣、人民富庶。①

梭伦也将其全部政治信念寄托于正义女神狄刻，在梭伦心中，正义女神的形象有诸多赫西俄德的特征。通过激励正在努力争取其权利的反抗阶层，并且为之提供正当理由，赫西俄德毫不动摇的正义理想对伊奥尼亚城邦的社会斗争产生了或多或少的影响，这是有可能的。梭伦没有重新发掘赫西俄德的那些观念——它们不需要被重新发掘，因为他直接接受并完善了这些新观念。梭伦也同样坚信，正义，是这个神圣的世界-秩序的一个不可分割的组成部分。他不厌其烦地宣告，要想无视正义女神狄刻的力量是不可能的，因为它终将胜利。不是不报，时候未到，逾越正义女神划定的界限，人必将为其肆心自负付出代价。②

以此信念，梭伦告诫其同胞，[141]不要在盲目和激烈的利益冲突中肆无忌惮，最终精疲力竭，同归于尽。他眼看自己的城邦冲向深渊，试图力挽狂澜，阻止其毁灭。他喊道：

> 人民的领导者为贪婪所驱，不义而富：他们既不放过城邦的财产，也不放过神殿的珍宝，他们对正义女神毫无敬畏——正义女神把一切

---

① 参见本卷第86—88页；《劳作与时日》，第213行及以下，尤其是第225行及以下关于正义城市的描述，以及第238行及以下关于不义城市的描述。

② 梭伦残篇1，8：*πάντως ὕστερον ἦλθε δίκη*[正义（女神）以后肯定会来]；1，13：*ταχέως δ' ἀναμισγεται ἄτη*[很快就会惹来灾祸]；1，25—28：*πάντως δ' ἐς τέλος ἐξεφάνη*[最终暴露无遗]；1，31：*ἤλυθε πάντος αὖτις*[总会回来]（边注*θεῶν μοῖρα*[命运女神]）；3，16：*τῷ δὲ χρόνω πάντος ἦλθ' ἀποτεισομένη*[她到时肯定会来补偿]（比较1，76）；24，3也预设了相同的观点，因为*ἐν δίκη χρόνου*[在时间的审判中]，他使时间本身成了审判员。

默默看在眼里，她对过去和现在了如指掌，不是不报，时候未到。①

然而，当我们考察梭伦的惩罚观念时，我们可以看到他的理想与赫西俄德正义信念的宗教现实主义是如何不同。他没有将神圣的惩罚想象为赫西俄德所描述的那样的饥荒和瘟疫。② 他认为这种正义内在于城邦之中，因为任何对正义的违反都是对社会有机体的扰乱。③ 一个遭受内在正义惩罚的城邦被党派仇恨和内战所折磨：城邦的公民聚集在各色旗帜之下，他们心中只有暴力和不义；无数人因赤贫而无家可归，成为债务奴隶，或被贩卖到异国他乡。即使有人想逃避这种国家的诅咒，偷偷地躲进自家最秘密的壁龛之中，这诅咒也会"跳上高墙"，在那里找到他。④

关于每个个体在其城邦共同体生活中的必然含义的描绘，没有比梭伦的这个伟大警告更生动更有说服力了，这个警告显然是在梭伦被召为雅典"调解人"之前写下的。⑤ 社会的罪恶如一种流行病，它击中在劫难逃的城邦中的每一个人；梭伦说，它不可避免地要降临到每一个挑起内战和阶级纷争的城市。⑥ 这不是一个先知的展望，而是一个政治家对现实的诊断。违反正义即意味着共同体生活的分崩离析，这是对这一普遍真理的第一个客观表述；⑦梭伦急切地想把这一发现对同

---

① 梭伦残篇 3,6 及以下。

② 赫西俄德关于正义城市和不义城市的描述，参见上页及上页注释②。

③ 梭伦残篇 3,17 及以下。参见拙文《梭伦的〈欧诺弥亚〉》(载《柏林科学院会议报告》，1926，第 79 页)对相关段落的阐释。

④ 梭伦残篇 3,28。

⑤ *διαλλακτής*[调解人，使人重新和好者]。参见亚里士多德，《雅典政制》c. VI，普鲁塔克，《梭伦传》c. XIV。

⑥ 残篇 3,17。林福斯，《雅典人梭伦》，第 141、201 页，将"*πᾶσα πολίς*"理解为整个城市，这当然是可能的。不过，本人在此宁可将其理解为一般意义上的"每一个城市"，正如埃德蒙兹(Edmonds)在其《哀歌和抑扬格诗歌》(*Elegyand Iambus*)第一卷第 119 页中所做的那样。在我看来，关系从句"*ἣ στάσιν ἔμφυλον ... ἐπεγείρει*[激起的是内讧和战争]"中的"*ἐπεγείρει*[激起，唤醒]"一词，如本人所译的那样，属于*πάσῃ πόλει*(每一个城市)，而不属于直接在他前面的先行词"*δουλοσύνην*[奴役]"。"*Ἐσ δὲ κακὴν ... δουλοσύνην*[人们陷入悲惨的奴役]"这些词语以并列形式打断了句子，就像它在古风时代通常所是的那样(=*ὥστε ἐς κακὴν ἐλθεῖν δουλοσύνην*)。*Δουλοσύνην*[奴役]不是*στάσις*[内讧]的原因，而是*στάσις*[内讧]的结果。参见残篇 8,4："*Ἐπεγείρειν πόλεμον, διωγμόν*[使你们陷于奴役]"等需要一个人或一组人作为主语。

⑦ 泰奥格尼斯第 51 行重复了这个句子。

胞们讲清楚。“我的心命令我将此告诉雅典人”——这就是梭伦对不义及其社会后果的描述的结束语；①然后，在对赫西俄德关于正义城市和不义城市的对比描绘的回忆中，梭伦以一种对欧诺弥亚的激动人心的描绘结尾。② 在梭伦眼中，欧诺弥亚是一个与狄刻一样的女神——赫西俄德的《神谱》将她们称作姐妹③——她的力量也是天生的。她不像在赫西俄德那里一样，在外在的赐福、丰产以及物质的富裕中显示自己的力量，而是在整个社会秩序的和平与和谐中显示自己的力量。

[142]无论是在这里，还是在其他任何地方，梭伦都清楚地把握住了法律在社会生活中的内在统治的观念。④ 我们应该记住，与此同时，伊奥尼亚的自然哲学家，米利都的泰勒斯和阿那克西曼德，正大胆地朝着一个永恒法则的观念前进，这一永恒法则内在于自然永恒的生成和消逝之中。⑤ 梭伦必须与他们一样，证明在自然和人类生活的进程中，存在着一种内在的秩序，⑥与此内在秩序一起的，还有现实中的一种内在意义和本质规范。当梭伦在另一处说“大雪和冰雹的威力来自阴云，雷鸣产生于耀眼的闪电，城邦毁于豪强，而人民则因愚昧而受专制奴役”⑦时，他清楚地设定了自然中因果联系的一种法则，并且明确地将社会秩序中的法则作为自然秩序法则的对应物提出来。对阿提卡世袭贵族而言，僭主政治——一个贵族家庭及其首领在普通民众的支持下，对其他所有贵族阶层的统治——是梭伦可以为之预言的最恐怖的危险，因为这意味着他们长达数个世纪之久的统治的直接终结。⑧ 意味深长的是，梭

① 梭伦残篇 3，30。

② 残篇 3，32 及以下。

③ 赫西俄德，《神谱》，第 902 行。

④ 参见拙文《梭伦的〈欧诺弥亚〉》，载《柏林科学院会议报告》，1926，第 80 页。

⑤ 参见阿那克西曼德残篇 9(《前苏格拉底残篇》[第尔斯本])，在那里，自然中的因果联系被解释为一种相互补偿；参见上引拙文第 157 页及以下。

⑥ 梭伦残篇 10，普鲁塔克引用了这些诗行，甚至在他自己的时代也谈到这些诗行包含着梭伦的“自然学(physics)”。

⑦ 政治权利集中在一人手中通常是导致僭政发生的原因，同样的观点出现在残篇 8 中，古代批评家们认为是指庇西特拉图僭主的时代；参见第欧根尼·拉尔修 I，51 及以下。

⑧ 参见泰奥格尼斯第 40、52 行对僭主政治的恐惧。泰奥格尼斯是麦加拉贵族阶级的一员；阿尔凯奥斯则属于莱斯博斯岛的米提利尼的一个世家大族，他先与密尔西洛斯(Candaules，又名 Myrsilus)的僭政战斗，后来又与皮塔库斯的独裁统治作战，参见上文第 168 页及该页注释③。

伦并没有以民主制度的迫在眉睫来威胁他们。群众仍然缺乏政治经验，因而民主政治仍远在天边：直到庇西特拉图的僭政将贵族阶层夷为平地之前，民主政治不可能到来。

有伊奥尼亚的科学观念为范型，梭伦比之前的任何人都更易确定共同体政治生活受特定法则所支配的这一事实。梭伦以爱琴海两岸无数希腊城市的历史为材料，归纳出了这一结论——这些城市在一个多世纪的时间里，在其前进的进程中，以异乎寻常的一致性走完了相同的历程。由于雅典的政治发展起步较晚，梭伦得以根据其他国家的历史预断自己的城邦，并且凭着这一教育行为，赢得了不朽的名声。不过，尽管梭伦早早有言在先，但雅典仍然不得不走过一个僭主政治的阶段，这正是人性的典型事例。

在梭伦的传世诗歌中，我们仍然可以追溯其信念的成长历程：从他的第一句忠告直到其洞见被证实的历史时刻，而一个叫庇西特拉图的人，为他自己及其家庭，牢牢把持着绝对的权力。“倘若你们因自身的弱点而受苦，不要怪罪神灵！[143]是你们自己给这些人权力，让他们做强做大，你们因此才陷入奴隶境地。”①这些话显然使人联想到前引梭伦忠告的开头。② 在那里，梭伦说：“我们的城邦，不会为宙斯的命令以及不死诸神的建议所毁灭，因为智慧女神雅典娜，城邦高傲的保护者，已经在它之上张开臂膀；相反，毁灭这座伟大城邦的只会是雅典人自己的狂妄和野心。”③在后来的一首诗中，这一预言不幸成真。由于对迫在眉睫的灾难早早提出忠告，梭伦证明了自身的无辜，并提出了真正的责任问题。既然梭伦在两段文字中特别说了相同的话，那他显然是在讨论其政治信条中的一个基本原则：用现代语言来说，就是责任问题；用古希腊人的话来说，就是人对其自身命运的分担问题。

这一问题首先是在《奥德赛》的开头由荷马提出的。诸神和人类之父宙斯对在天庭聚会的诸神谈到人类不公正的抱怨——人类因为生活中的每一不幸而抱怨上天。宙斯几乎以与梭伦相同的话语断言，是人

---

① 参见上页注释⑦。

② 参见本卷第178—180页。

③ 残篇3,1及以下。

类自己，而非诸神，由于他们自己的愚蠢而增添了灾祸。[①] 梭伦的诗歌是对荷马的神义论的自觉回忆。[②] 最早的希腊宗教教导说，人类所有的苦难，不论是来自外在的原因，还是来自受苦者自身的意志和冲动，都是由一个无可逃避的犯罪女神阿忒造成的，阿忒是一个具有更高力量的行为主体。《奥德赛》的作者借天上地下的掌管者宙斯之口道出的哲学观念代表了史诗较后阶段的道德思想；因为它将由上天所注定的、无可预见和无可逃避的神圣力量阿忒与人自身的责任区分了开来；与上天分配给人的苦难份额相比，人类自身的责任给人带来了更大的苦难。后者的本质特征，是已有先见之明情况下的有意犯罪行为。[③] 梭伦深信，正义对健康的社会生活极其重要，正是这一点与荷马的神义论相连接，并赋予它一种新的思想深度。

每一个城邦共同体都受其固有法则的约束，对这一普遍真理的认识意味着，每一个人都是需要承担责任的道德主体。因此，与《伊利亚特》相比，在梭伦的世界中，为诸神的任意干预所留的余地要小得多；因为它受法律的支配，并且将许多事情归因于人的意志——这些事情在荷马的世界中，[144]或者是上天的礼物，或者是上天施加的苦难。相应地，在梭伦的世界中，诸神不过是将道德秩序之结果付诸实施而已——道德秩序之结果就是诸神的意志。梭伦时代的伊奥尼亚诗人，他们同样深刻地自觉到了人的苦难问题，但除了灰身灭智、听天由命的忧郁，没有提供任何解决办法，徒然悲叹人的命运及其无可奈何。但是，梭伦呼吁他的同胞要充分自觉到他们自己的责任，他本人以其政治和道德勇气为大家树立了榜样；这一榜样，作为雅典文化品格的无尽源泉和道德真诚的一个清晰明证而壁立千仞。

尽管是一个忙碌的政治家，但梭伦也是一个深刻的思想者。他的伟大的哀歌体祷词，向缪斯女神所作的祷词——它被完整地保存了下

---

① 《奥德赛》I，32ff.。

② 关于这一主题，参见拙文《梭伦的〈欧诺弥亚〉》，载《柏林科学院会议报告》，1926，第73页及以下。

③ 在荷马那里（《奥德赛》I，37），赫尔墨斯已经预先警告埃癸斯托斯，他将不得不为自己的行为受到惩罚，遭遇ὑπὲρ μόρον[应得的命运]。

来——再次提到了责任问题，并显示出其无与伦比的重要性。① 它出现在梭伦关于人的努力及其命运的全面反思的核心位置，甚至比梭伦的政治诗更清晰地证明了他的态度是何等地虔诚。梭伦的祈祷哀歌受旧贵族的道德规范和行为准则、连同其对物质财富和社会声望的传统强调的启发——我们主要从泰奥格尼斯和品达的诗歌、当然也从《奥德赛》中得知这些道德规范和行为准则。但是，梭伦的哀歌修正了这些规范和准则，使之与他对法律和神圣正义的深刻信念相一致。② 在诗歌的第一部分，梭伦通过教导财富必须取之有道，从而限制了人占有财富的自然冲动。他说，只有神灵赐予的财富才能持久，不义之财与暴力抢劫得来的横财适足以招致阿忒女神的报复，而这种报复来得迅捷异常。

在此，与所有梭伦的其他诗歌一样，哀歌重申了不义只能维持一时，而正义女神迟早来到的思想；不过，在这里，梭伦政治诗提出的“神圣惩罚”内在于社会秩序的观念，为“宙斯的报应”这种宗教象征所代替，它来得像春天的暴风雨一样迅捷，顷刻间：

如狂风驱散乌云，
在大海深处搅动，
掀起滔天的巨浪，
猛烈地冲向田野，
横扫人类辛勤的劳作；
然后，它又升上天空，
云收雾霁，晴空万里，

---

① 梭伦残篇1。参见林福斯，《雅典人梭伦》，第104页及以下、第227页及以下；莱因哈特(Karl Reinhardt)的《梭伦的哀歌“你自己”(Solons Elegie *εἰς ἑαυτόν*)》(载《莱茵古典语文学杂志》，N. F. LXXI，1916，第128页及以下)一文对这首诗的正确解释做出了重大贡献。维拉莫维茨曾经在其《萨福和西蒙尼德斯》(第257页及以下)中评论过此诗。

② 参见残篇1，7及以下。*Χρήματα δ' ἱμείρω μὲν ἔχειν, ἀδίκως δὲ πεπᾶσθαι οὐκ ἐθέλω. πάντως ὕστερον ἦλθε δίκη*[我渴望拥有财富，但不义之财非我所愿，那样做，惩罚必将到来]。类似地，泰奥格尼斯残篇第145行及以下也如此，而品达，《奥林匹亚颂歌》II，第53行：*ὁ πλοῦτος ἀρετῖς δεδαιδαμένος*[财富因德性而得美化]则是品达的理想；另可参见《尼米亚颂歌》IX，第45行：*ἅμα κτεάνοις πολλοῖς ἐπίδοξον …κῦδος*[辉煌的光荣……伴着许多财产]，或者《皮托颂歌》III，第110行。

太阳的光芒照耀肥沃的大地。
这就是来自宙斯的严惩，
没有人可以逃避，
有人今日还，有人明日还，
倘若有罪人逃过注定的惩罚，
那他的祸根将由无辜的儿女，
或后世的子孙来做出补偿。①

这就是一个世纪之后，[145]创造出阿提卡肃剧的宗教信仰的核心要义。

现在，诗人转向阿忒女神：任何人的思想和努力都无可逃避的定数。显然，尽管梭伦的同时代人已经在很大程度上将他们关于人类的行为和命运的观念理性化和道德化了，但仍有人不信上天的普遍正义：

我们世间之人，无论好坏，
都认为自己应该得到②

---

① 残篇 1,17—32。

② 残篇 1,33，这里标志着诗歌从第一部分转向第二部分。梭伦在诗歌的前面部分只谈及了坏人的不义行为所招来的阿忒，但从第 34 行起，他淡化了好人与坏人的区别，开始讨论二者共同具有的阿忒。第 34 行开头的词语“*ἐν δηνην*”是讹误（所以在文本中我只做了大致的意译），要想把这一行令人信服地补充完整，现在似乎还没可能。莱因哈特将其写作“*σπεύδειν ἥν*[急于得到那个]”，他的尝试不能令人满意。布赫雷尔（Buecheler）的“*εὖ δεινὴν*[做得好]”在古文书学上非常有吸引力，狄尔在其《希腊抒情诗集》（*Anthologia Lyrica*）中采用了这种意见；但这几乎不可能是梭伦用他的希腊语想要表达的东西。其他人的一些猜测在我看来更加难以接受。因此，我们还远没有解决问题，尽管想要找到这个词应该不难，因为就抄写员而言，这种错讹无非只是一种机械的抄写错误。如莱因哈特所见，它有一部分必定是发音混淆（Itacism）而造成的，因为在保存下来的无意义的字母复合中（complex of letters）有好几个 *etas*：*ENΔHNHN*。如果莱因哈特想的是对的，即最后一个音节必定是与“*αὐτὸς δόξαν ἓκαστος ἔχει*[每一个都认为自己应该得到]”这个现在时主动不定式相联系的关系代词“*ἥν*[那个]”——那么，“*δειν*”必定被隐藏在了 *ENΔHN* 中间。它不可能是“*σπεύδειν*[急于得到]”，我认为毋宁是“*ἔρδειν*[做]”（参见梭伦残篇 15 和 12—14）：那期望“*εὖ ἔρδειν*[做得好]”的人希望落空，而“*κακῶς ἔρδει*[做得糟糕]”的人出乎意料地成功。“期望”是由第 33 行的“*νοεῦμεν*[想要]”一词来表达的，“*νοεῦμεν*[想要]”与第 36 行的“*ελπίς*[希望]”和第 42 行的“*κτήσεσθαι*[获得、拥有]……*δοκεῖ*[幻想、希望]”同义。在“*ἔρδειν ἥν δόξαν ἓκαστος ἔχει*[认为自己应该得到]”中，关系从句是状语从句，相当于“*ἔρδειν ὡς ἓκαστος δοκεῖ*[每一个都希望这样]”（＝ *ὡς ελπίξει*[希望这样]）；而“*ἔρδειν ὡς ἓκαστος δοκεῖ*”的意思是“成功”、“做得好”（参见梭伦残篇 15 和 12—14）。

自己想要得到的一切，
直到灾祸突然来临，
然后，我们又怨声连连。
病人盼康复，穷人望发达，
商船水手、农夫、工匠、
吟游诗人和先知，
每个人以不同的方式，
为黄金和利益而奋斗。
即使卜者能预知降临的灾祸，
他自己也无法逃避注定的命数。

尽管这些观念都以古老的简朴方式道出，但诗歌第二部分的中心思想一目了然：定数(Moira)，命运(Fate)，使人类的一切努力成为徒劳，[①]无论这种努力看起来多么热切，多么合乎逻辑；尽管(正如诗歌第一部分所表明的)由行为主体所招致的苦难可以规避，但这种定数无法以先见之明逃避，不论好人和坏人，无一例外。我们意愿的行为与我们的成功之间的关系，完全是非理性的。即使一个人竭尽全力想要成功，坠入灾难和毁灭也是常事，而生来糟糕的人，神明却施展恩惠，给人福运无限，避免了其愚蠢行为的结果。人类的一切行为中都有一种冒险。[②]

尽管梭伦认识到了意志和行为之结果之关系的荒谬性，但他仍然认为行为主体要对恶行的后果负责；因此，在梭伦看来，哀歌的第二部分与第一部分并不矛盾。当他相信即使具有某种最佳意志的行为也可能壮志难酬时，他不是在教导人们听天由命和消极无为。那是伊奥尼亚的西蒙尼德斯得到的结论；西蒙尼德斯抱怨说，世间凡人耗费多少辛劳和努力，去追求镜花水月一场空的虚幻目标，他们在牵肠挂肚和悔恨交加中耗尽一生，不肯放弃招致自己毁灭的盲目追求。在这首哀歌的

① 残篇1,63。
② 残篇1,67—70。

结尾，梭伦立场鲜明地反对这种听天由命的无动于衷。与从多愁善感的人类视角看世界相反，梭伦采取了一种客观的立场，即神明的立场，从而问自己和他的听众，人类认为荒谬的事实，[146]从一种更高的观点来看，是否可能没有一种可以理解的正当理由。财富的本质——归根结底，财富是人类一切努力的目标——是它本身既无限度，亦无终结。梭伦说，即使我们之中最富有的人也证明了这一点，因为他们永远希望财富加倍。① 谁又能满足人的一切愿望？只有一个办法，但却非人力所能及。钱财为神明所予，复为神明所夺；因为当宙斯派遣执迷的恶魔②作为一种补偿时，阿忒女神此时光顾此人，彼时又光顾他人。

因为这首诗包含着梭伦的社会道德理论，我们有必要分析它的思想。梭伦在事后(post factum)为其立法辩护的那些诗歌③表明，其政治行为与宗教理想之联系是何等紧密。比如，当神圣的莫伊拉成为消除人与人之间不可避免的财富差距的必然平衡时，他的道德理论显然就是对他的改革政策的辩护。④ 他的全部行为和话语表明，其改革的

---

① 残篇 1,71 及以下。

② 残篇 1,75，哀歌结尾处的话：*ἄτε δ' ἐξ αὐτῶν ἀναφαίνεται, ἣν ὁπότε Ζεὺς πέμψη τεισομένην, ἄλλοτε ἄλλος ἔχει*，肯定是"当宙斯派送由于过多的财富而招致的阿忒女神时，此时此人有了它(阿忒)，彼时那人有了它"的意思。梭伦似乎与埃斯库罗斯在《普罗米修斯》第 276 行(*πάντα τοι πλανωμένη πρὸς ἄλλοτ' ἄλλον πημονὴ προσιξάνει*[苦难飘来飘去，会轮流落到大家身上])一样，引用了阿基罗库斯残篇 7,7：*ἄλλοτε τ' ἄλλος ἔχει τάδε .νῦν μὲν ἐς ἡμέας ἐτρατεθ'...ἐξαῦτις δ' ἑτέρους ἐπαμεψεται*[不同的人在不同的时候有各自的不幸]，以及这个时代的其他一些诗人。参见泰奥格尼斯 351。不过，随着阿忒女神根据实际情况(ipso facto)的变化，财富反复易手。梭伦在这首诗里没有公开说出这一点，但这是他这首诗最后一句话的必然逻辑内涵；实际上，在残篇 4,11—12 中，他宣布只有德性才有恒久的价值，金钱和财富(*χρήματα*)总是转瞬即逝，反复易手(*ἄλλοτε ἄλλος ἔχει*)。几乎相同的措辞表明，这二者——阿忒和多变的命运——在梭伦的意识中紧密相连。从穷人的角度看，这意味着他的穷困很快就会去敲响他人之门，正如泰奥格尼斯在上述引文中所表明的那样。梭伦在此提到的阿基罗库斯的*ῥυσμός*[节律]既有它好的一面，也有它不好的一面。

③ 例如，残篇 5,8,10，可能还有 16，尤其是 23,24,25。它们必定都属于梭伦当选执政官之后的作品。梭伦被任命为*διαλλακτής*[调解人]是在公元前 594 年，残篇 3 和 4 明显与此前政治争论激烈的那几年相关联。梭伦的伟大哀歌，对缪斯女神的祈祷，是否也属于这个较早的时期，是一个公开的问题。

④ 在梭伦看来，金钱和财富在各人手里频繁流转，转瞬即逝，是一个事实；参见残篇 4,12 和本页注释②。

主要目标，是在奢靡过度和穷困潦倒之间、在权力膨胀和软弱无助之间、在特权阶层和农奴身份之间找到一个恰当的平衡点。[①] 因而，他不可能全心全意地支持城邦中的哪一派：但无论是贫困阶层，还是富裕阶层，都应该为他们保有或赢得的好处而感谢他。他不断地以令人印象深刻的意象说明他的危险处境：因为他没有超脱于对立的两派之上，而是站立于两派交锋的阵前。梭伦知道，他的力量主要在于无形的道德权威，这种权威来自其严肃且公正无私的品格。他将四处奔忙钻营的党派领袖的自私野心，与从牛奶中提取乳脂或者拉起一张收获满满的渔网相对比[②]——对雅典的农夫和渔夫而言，它是生动真实的形象——不过，他用荷马风格的语言描述他自己的态度，清楚地表明了他是如何敏锐地感觉到自己作为其事业的一个英雄战士的地位，现在，他手执盾牌，站在两个对立阶级的面前，不偏不倚，不允许任何一方越过界限，恃强凌弱，他现在毫无畏惧地挺进到标茅横飞的无人之地，或者，像野狼一样，穿过包围着它的一群狂暴的公牛，撕咬开自己的道路。[③] 梭伦给人印象最深的诗歌是那些他以第一人称说话的诗歌，因为他的人格总是那样独特壮丽，他“在时间的裁判席面前”所做的陈述，在其伟大的抑扬格诗歌中最为光彩夺目。[④] 其中大量自然质朴的生动形象，梭伦受民吾同胞之情所驱使的宽宏气度，[147]及其沛然莫之能御的共情力量，都使这首诗成为梭伦全部

---

① 残篇 4,7;5;23,13 及以下;24,22—25;25。

② 残篇 23,3;25,7。

③ 残篇 5,5;24,26—27;25,8。关于残篇 25,9 文本的还原，参见本人的论文，发表于《赫尔墨斯》LXIV，1929，第 30 页及以下。本人建议恢复“*ἐν μεταιχμίῳ δορός*[两军之间的空地]”，以代替“*ἐγὼ δὲ τούτων…ἐν μεταιχμίῳ ὅρος κατέστην*[我站在他们之间，如同两军对垒中的一块界石]”，在梭伦的语言中，“*ὅρος*[界石]”通常是指一根标明抵押的财产的石头（a mortgage stone，表示负债）[见残篇 24,6]，这对梭伦处于贫富两个对立阶级战斗前沿的危险境地来说，不是一个合适的比喻。前者保留了未经混合的比喻（这个比喻源自荷马史诗的英雄世界），正是抑扬格诗歌散文化风格所需要的。在品达的抒情诗风格中，两个比喻的混合使用是可以接受的。“*ἐν μεταιχμίῳ δορός*[两军之间的空地]”是一个短语，出现在后来肃剧的抑扬格诗歌中。肃剧中出现的这个短语显然是对梭伦这一著名诗行的回归。

④ 残篇 24,3。

政治表达中最富个性的一首。①

没有哪个大政治家能够像梭伦那样如此超然于权力的诱惑之上。当他完成了作为一个立法者的工作之后，他就离开家乡，开始长途游历。梭伦不厌其烦地宣告，他不会像大多数人那样，利用自己的地位发财致富或者成为一个僭主；他情愿被叫作一个错失时机的傻瓜。② 希罗多德在梭伦会见吕底亚国王克洛伊斯(Croesus)的浪漫故事中，证实了他关于梭伦之特立独行的说法。③ 他告诉我们，希腊的圣贤梭伦在参观了克洛伊斯令人震惊的财富宝库之后，与这个亚洲君王对话，却没有放弃这样的信念：全世界所有的伟大人物，没有一个有阿提卡庄园中的一个淳朴农夫那么幸福——这个农夫，在他挥洒汗水为他自己和孩子们获得一日三餐之后，在他圆满完成了作为父亲和公民的一生义务之后，最终在他古稀之年，由于为国捐躯而获得了荣誉的桂冠。这个故事的精神，是雅典文化的保守主义和伊奥尼亚的冒险精神的独特而迷人的混合，雅典文化执着于土地，而伊奥尼亚则“为览名胜”④而四处远

---

① 解释者们似乎迄今仍然没有正确理解这首诗(残篇 24)的前两行：*ἐγὼ δὲ τῶν μὲν οὕνεκα εξυνηγαγον δῆμον, τί τούτων πρὶν τυχεῖν ἐπαυσάμεν*[那些团结人民的改革，哪一项我没有做]，现代学者们(桑兹、埃德蒙兹、林福斯)认为这里的*τί*[疑问词]是“为什么”的意思，因此，他们让梭伦问道：为什么我在做到这些事情(也即为此目的我把民众团结起来的那些事情)之前就止步不前了？这种解读，似乎与梭伦在整首诗中告诉我们的关于他在担任政治家角色时所取得的伟大成就很难一致。另一首诗(即残篇 23,21)显然与前诗一样属于梭伦生平的同一时期，他在这首诗中以一种相当类似的方式为自己的行为辩护，他说：“他们不应该这么挑衅地看着我，好像我就是他们的敌人似的，因为我承诺要做的，仰赖神明之助，我们已经一一做到了(*ἃ μὲν γὰρ εἶπα, σὺν θεοῖσιν ἤνυσα*)”。因此，残篇 24,2 中的话，肯定是一句诸如此类的话：*τί τούτων πρὶν τυχεῖν ἐπαυσάμεν*，也即“在我完成所有这一切之前，我会止步不前吗？不，我不会”。这句话在希腊语中用高雅的部分所有格(partitive construction)来表达的话，就是：“在达到这些目标中的哪一个之前，我会止步不前？没有！”解释者们显然在将*τούτων*[哪一项]理解为一种部分所有格方面犹豫不决，因为“*τυχεῖν*[完成]”一词在阿提卡方言中通常需要一个所有格作为宾语；因此，他们就将“*τί*[疑问词]”和“*ἐπαυσάμεν*[这一切]”联系起来了。但是，在阿提卡方言中，根据语法，“*τυχεῖν*[完成]”常常与一种中性代名词的宾格组合在一起；例如著名的警句“*πάντων ἥδιστον δ'οὗ τις ἐρᾶ, τὸ τυχεῖν*[最令人快乐的事是做一个人所欲之事]”(此处的“*τὸ*”不是冠词，而是指示代词的宾格)。如果梭伦确实感觉到在他实现全部宏图之前不得不停止，这一点将非常重要，但是他所说的话在我看来意思正好相反。

② 残篇 23。

③ 希罗多德，《历史》1.29 及以下。

④ 希罗多德，《历史》1.30：*τῆς θεωρίης ἐκδημήσας*。

游。通过梭伦非政治诗歌的现存残篇，来追溯伊奥尼亚文化入侵希腊品格的痕迹，令人愉快。它们是一个如此丰富的心灵的作品，以至于其拥有者被仰慕他的同时代人尊为希腊七贤之一。

最广为人知的是一首著名的诗行，梭伦在那里回答了诗人弥涅墨斯关于衰老之苦的抱怨，同时也表达了梭伦年过六十无疾而终的愿望。"如果你听我的，那就把它们删除吧，如果我可以想到更好的事情，就不要对我抱怨衰老：重写你的诗篇吧，伊奥尼亚的夜莺，你应该这样歌唱：'我希望死亡的定数在我八十岁时突然降临。'"①弥涅墨斯的思想来源于伊奥尼亚的自由精神，它用自己的标准来衡量生命，当生命失去其价值时，它愿意抛弃生命。梭伦不接受这种评价。梭伦生机勃勃的雅典活力及其丰盈的生命欢乐，足以成为伊奥尼亚过分敏感的忧郁的对手，后者害怕生命的六十之年，因为这样的年岁会将生命移交给老病之苦。梭伦不相信老年是生命的一个缓慢而痛苦的熄灭过程。[148]他的老年是一棵常青树，它不可抑制的活力年复一年花开叶茂。② 因此，梭伦甚至拒绝无声无息无人悲悼的死亡：他要他的朋友们在他死亡时为他悲叹、为他哭泣。③ 在此，他再次对伊奥尼亚的另一著名诗人——阿莫戈斯的西蒙尼德斯——表示异议，因为西蒙尼德斯教导人们说，人生何其短，苦痛何其多，我们哀悼死者不应超过一天。④ 梭伦不认为人生比西蒙尼德斯所说的要温和仁慈。有一次，他喊道："没有人是幸福的，日光所照的所有必死之人都是可怜虫。"⑤与阿基罗库斯及其他所有伊奥尼亚诗人一样，梭伦也悲叹人生是无源之水、无根之木："不朽神明的心思，凡人无法捉摸"。⑥ 尽管如此，生命礼物的欢乐——儿童的成长，体育和狩猎的强烈快乐，诗酒的欢愉，友谊、爱情的感官幸福，足以胜过上述一切。⑦ 在梭伦眼中，享受生命的能力，是不低于黄金和白银、土地

---

① 残篇 22。诙谐的绰号"λιγυαιστάδης"无法翻译，参见弥涅墨斯残篇 6。

② 残篇 22，7。

③ 残篇 22，5。

④ 西蒙尼德斯残篇 1，2（狄尔编）。

⑤ 梭伦残篇 15。

⑥ 残篇 17。

⑦ 残篇 12—14。

和骏马的财富。当一个人去往冥府之时，他曾经拥有多少，这无关紧要，紧要的是生命给了他多少好处。梭伦的七年之歌（hebdomads，这首诗得以全部保存了下来[①]）将人的一生划分为七年周期，并且赋予每个年龄段以不同的功能。诗中充满了对生命节奏的一种真正的希腊感觉；因为一个年龄段不能与另一个交换位置——每个年龄段都有各自的意义，但又与另一个年龄段交融一致，因而整个生命随着普遍自然的节奏而生长消息。[②]

梭伦对日常生活问题的态度，与对政治问题的态度一样，是由此种相同的新感觉所决定的，即一切事物都服从于其固有的内在法则。梭伦用了一个简洁明了的希腊谚语来表达自己。自然事物，当人们认识了它们之后，常常是简单的；"世上最难的是看清什么是认识事物的隐秘尺度，只有它掌握着一切事物的界限。"梭伦的这些话[③]似乎是为了给我们一个借此可以衡量其伟大的正确标准。尺度和界限的观念——一个在希腊的道德哲学中具有根本重要性的观念——提示了一个梭伦及其同时代人具有核心兴趣的问题：即如何凭借我们内在的理解能力获得一种新的生活规则。此种新规则的本质不可能得到逻辑的定义：它只能经由我们对梭伦的话语、品格和生平的同情研究，而获得一种领会。[149]对大多数人来说，遵从这种为他们制定的法则就足够了。不过，对制定这些法则的人而言，却需要一种更高的标准，这种标准是未经写出的。梭伦把借此他可以找到这种更高标准的稀有品质，叫作 gnomosyné，即"决断"，因为它总是启发 gnomé（见识）——它既是真正的洞见，又是将其付

① 残篇 19。关于此诗的解读，参见沙德瓦尔特（W. Schadewaldt），《年寿与早期希腊文化中的老迈之年》（Lebensalter und Greisenalter im fruehen Griechentum），载《古代文明》IX，第 282 页。

② 关于七年周期以及希腊医学和自然哲学中的其他周期，参见罗雪尔（W. H. Roscher）的《古代希腊的九年周期和七年周期与星期》（*Die enneadischen und hebdomadischen Fristen und Wochen der aeltesten Griechen*，Leipzig，1903），以及本人的相关阐述（见《柏林科学院论文集》[*Abh. d. Berl. Ak.*]，1938，Nr. 3，第 28 页及以下，尤其是第 34 页及以下）。

③ 残篇 16。

诸实施的意志。①

这是理解梭伦精神世界之统一性的线索。世界并没有为他提供这种现成的统一性：他只能创造它。我们发现，正义和法律统治的观念——这是梭伦政治思想和宗教思想的核心要点——早已盛行于伊奥尼亚：不过，在那里，正如我们已经看到的，它似乎没有在诗歌中发出自己的声音。伊奥尼亚思想的另一个方面——伊奥尼亚诗人以格外的热情表达了这个方面——是一种精明的实践智慧和一种及时行乐的个人主义。梭伦对这一方面也抱有深刻的同情。梭伦思想中的创新之处在于，他将伊奥尼亚哲学的两个极端带入到一种统一之中，这种统一在梭伦的诗歌中得到了清晰而完美的体现。他的诗歌反映出其人生和品格的罕见的彻底与和谐。他将个人主义弃置一旁，但又认可个体人格的权利主张：更有甚者，他是第一个赋予这种主张以一种道德基础的人。因为他使城邦和精神、共同体和个人融为一体，所以他是第一个名副其实的雅典人。由于他创造了这种统一，所以成功地创制出了一种原型，一种他的所有同胞都应遵照的原型。

---

① 对句（残篇 16）本身的用词并没有表明亚历山大的克莱门特（Clement of Alexandria）说它们适用于上帝（God）是否正确（参见《杂集》[*Strom.*]v，81，1）。那些熟悉这位作者的人可能多少都有点怀疑，因为出于护教的目的，他在希腊古典文献的任何地方，都能找到上帝问题隐藏的暗示。不过，如果他是对的，而梭伦正在谈论的是必有一死的凡人的gnomé，即作为“那唯一维持一切事物之界限”的无形尺度，那么，要在自然世界中确认这一尺度，或者要在他所承担的一切事务中认识这一尺度，就成了人的艰巨任务（*χαλεπώ τατόν ἐστι νοῆσαι*）。那使人们迟迟不能接受这种解读的疑问——这疑问看起来好像是第二行（*πάντον πείϱατα ἔχει*[掌握一切事物的界限]）中的词语提出的——是“*γνωμοσύνη*[认识、决断]”这个新词。这个新词的构成，与其他诸如“*διϰαιοσύνη*[正义]”，“*πυϰτοσύνη*[拳击]”，“*παλαιμοσύνη*[摔跤]”这些抽象事物一样，似乎指的都是一种凡人的品质，而非一种神明的品质。他端赖对万事万物中的无形尺度的正确直观，如梭伦所言，要想获得直观是如此困难。与此类似的是泰奥格尼斯的第 694 行，*γνῶναι γὰϱ χαλεπὸν μέτον ὅτ' ἐσθλὰ παϱῇ*[因为倘若财富就在近旁，人情尺度实属知难]，他说的是人，而不是神。

第九章　哲学的沉思:世界-秩序的发现

[150]希腊哲学思考的起源,通常只在"哲学史"的传统框架中得到研究。在此框架内,自亚氏以来,作为首次提出问题和发展出系统思想的一个早期阶段——其思想将被运用到雅典的古典哲学之中,也即柏拉图主义之中——"前苏格拉底哲学"就是人们对其的定位和标签。① 不过,为了对作为个体的哲学家做出独立的评价,后来的学者试图不那么将其作为哲学思想的连续发展中的一个阶段来对待:我们已经因此越来越认识到其真正的重要性。尽管如此,在希腊文化史的框架内,我们仍必须调整一下视角。尽管早期希腊哲学家们在希腊文化史上据有重要地位,但他们不能在自己的时代要求与苏格拉底——最优秀的(*par excellence*)教育者——在公元前五世纪后期的同等地位,或者要求柏拉图在前四世纪时的同等地位,柏拉图第一个看到了哲学在培育

---

① 亚里士多德的《形而上学》(*Metaphysics*)和《自然哲学》(*Physics*)及其所有务实的著作,都明显反映出亚氏对早期希腊哲学的兴趣;他对早期希腊哲学的兴趣在柏拉图学园中有其根基。不过,当亚里士多德逐渐独立于柏拉图凭其自身成为哲学家时,他改造前苏格拉底哲学的观念以适应他自己的哲学思想范畴。彻尼斯(Harod Cherniss)的《亚里士多德对前苏格拉底哲学的批评》(*Aristotle's Criticism of Presocratic Philosophy*, Baltimore,1935)以极其精确的判断,追溯了这一视角对亚里士多德关于其前辈的哲学观点所产生的影响。

一种新型的人中的作用。①

前苏格拉底的时代和社会，诗人仍然无可争议地是其民众的引领者；立法者和政治家参与诗人的事业。直到智术师的兴起，这种情况才得到改变。智术师是真正的文化发明者——他们正是在这方面与本体论者和自然哲学家相区别。他们的工作价值只有在教育史中才能得到充分的估价。他们对哲学理论的一般贡献不足称道，因此，传统的哲学史从未对他们予以足够的重视。② 本书将这种情况做了颠倒：因为我们不能把那些伟大的自然哲学家及其理论，当作哲学思想进步的孤立贡献来看待；相反，我们必须探究他们对他们所生活的时代的重要意义，并力求认识他们新的智识态度将要在希腊品格的发展中做出的那种探索性的变革。[151]最后，我们还必须标记出这样一个时间点：纯粹的哲学沉思，在长久地忽略了人的德性本性问题之后，(由此时间点)开始着手解决人的德性本性问题，因而从个体的哲学家成长为社会内部一种伟大的、非人格的文化力量。

很难确定希腊理性思维开始的时间点，其线索应该贯穿整个荷马史诗时代；然而，要将史诗中的"神话思维"从阐释神话的理性观念分离出来，还是极其困难的。如果从这个角度分析史诗的话，我们就会发现，逻辑(理性)在相当早的时候就已经侵入到了神话中，并开始改变神话。③ 在伊奥尼亚的自然哲学和荷马史诗之间，草蛇灰线，脉络并无间

---

① "哲学"一词的原初意思是"文化(culture)"(Bildung[教育])，而不是一种理性的科学或学科，"哲学"一词只有在苏格拉底和柏拉图的圈子中才具有后来的含义——苏格拉底和柏拉图从人的德性和教育问题的研究开始，从对德性和教育问题的讨论中发展出一种新的理性的教育方法。哲学，这一文化和才智训练的完全同义词，在前苏格拉底的时代根本不存在，前苏格拉底哲学家们将他们的活动叫作"ἱστορίη[研究]"或"σοφίν[思考]"。

② 参见本卷第 354 页。一些现代学者确实曾试图给智术师们以一种公正的评价，且将他们整合进希腊哲学史之中；不过，亚里士多德几乎没有这么做，因为对他来说，哲学是一门研究实在的科学；而智术师们却是"教育者"和"德性的教师"。在柏拉图的对话中，只有逻辑学才具有一种重要地位(尽管是否定的)，因为柏拉图和苏格拉底把教育问题作为他们研究的出发点。到了黑格尔才开始恢复智术师的名誉。不过，只有在现代实用主义者的圈子内，由于他们的不可知论，他们才承担起真正的哲学创始人的角色。参见拙著《人文主义和神学》，第 38 页及以下。

③ 也许在适当时候可以且应该写一本关于荷马思想中的理性主义的书。

断。希腊思想史是一个有机的、封闭的和完整的统一体。不过，举一个相互参照的例子，中世纪的哲学就不是骑士史诗的自然发展结果，而是对古代哲学（作为对宇宙的研究）的一种学院性调整。数个世纪以来，在中欧和西欧，无论是对贵族文明，还是对随之而来的资产阶级文明，它都没有产生影响。（一个伟大的例外是但丁，他在自身之中就将神学的、贵族的和资产阶级的文化联系了起来。）

实际上，要说明海洋（Ocean）是一切事物的根源这一荷马时代的观念①与泰勒斯的水是宇宙的本原有何不同，是不容易的：因为泰勒斯的理论肯定受到了无穷无尽的大海的具体现实的启发。再者，赫西俄德的《神谱》是一个合乎理性的系统，是经过对世界的起源与本性的理性探究而深思熟虑地建立起来的。当然，在赫西俄德的系统框架内，旧的神话思维的力量仍然生机勃勃：②它活在我们视为"科学的"哲学之中，活在伊奥尼亚的"自然哲学家"的著作之中；如果没有它，我们就无法解释早期科学时代那种创造新的伟大哲学体系的卓越能力。恩培多克勒（Empedocles）哲学中联结和分离的两种自然力量：爱和恨，与赫西俄德的宇宙论的爱神（Eros）一样，具有相同的知识谱系。因此，我们不能说科学思维是从理性思维开始时开始的，或者是从神话思维结束时开始的。③ 即使在柏拉图和亚里士多德的哲学中，我们也能看到名副其实的神话阐释：比如，柏拉图的灵魂神话，[152]或亚里士多德对爱——万物对宇宙的"不动的推动者"的爱——的描述。④

用康德的一句话来说，没有建构性逻辑的神话思维是盲目的，而没有生动的神话思维的逻辑推理是空洞的。从这一角度来看，我们必须把希腊哲学的成长看作一个进程，经由这一进程，关于宇宙的原始宗教

① 《伊利亚特》XIV，201（302），246。亚里士多德，《形而上学》A3，983b30 引用了这句诗，作为泰勒斯理论的先导。

② 亚里士多德，《形而上学》B4，1000a18，巧妙地谈到了赫西俄德的作为神话形式的理性思维类型（*μυθικῶς σαφίξεσται*）。

③ 换句话说，在我们称之为"神话的时代"已经有了许多理性思维，但在我们称之为"理性思维"的东西中也仍然存在许多神话因素。

④ 参见拙著《亚里士多德：发展史纲要》，罗宾逊译，Oxford，1934，第 50、51—52、150 页，以及其他一些地方。

观念，隐含于神话之中的观念，不断地被理性化了。可以把这一进程想象为一个巨大的圆圈被阴影逐步遮盖的过程，不断缩小的同心圆从圆周向圆心逐步遮盖。理性思维侵入这个宇宙的圆圈，它越来越深入地占领这个圆圈，直到柏拉图和苏格拉底的哲学，它终于达到圆心，这个圆心就是人的灵魂。从那时开始，这一运动过程再次从圆心向圆周波荡，直到古代哲学在新柏拉图主义那里终结。柏拉图灵魂神话的力量是如此强大，使它足以抗拒一切将存在（Being）约简为一个理性系统的倾向，①并且重新夺回已经被理性化了的宇宙，直到基督宗教拥有并使用重新塑造的神话世界。

一个经常被问到的问题是，为什么希腊哲学以对自然的探究而不是以对人的探究而开端。为了解释这一重要事实，学者们已经竭力修正历史，并从宗教神秘主义思想中引申出早期自然哲学家的学说。②不过，这只是改变了问题，并没有解决问题。一旦我们认识到这个问题来源于我们错误地将目光局限在"哲学史"的领域之内，它就不成其为问题了。我们必须不仅把自然哲学，还要把梭伦，以及自阿基罗库斯以降的伊奥尼亚诗人的建设性的道德、政治和宗教思想都囊括在视野之内。然后，一旦我们踩倒了诗歌和散文之间的藩篱，关于哲学对人和自然的沉思的起源，我们就有了一个完整的看法。③ 唯一的区别是，政治理论天然是实践的，而对*自然*（physis）或*开端*（genesis）（即宇宙的起源）的沉思则是理论的——它是因为*静观*（theoria）的缘故在进行的。希腊人一直没有把人性看作是一个理论问题，直到通过对外在世界的研究，尤其是对医学和数学的研究，他们才掌握了一种精确的技术，凭借这种技术，他们开始了对人的内在本性的研究。④ 黑格尔的名言提

---

① 这也是柏拉图自己的倾向。

② 乔尔（Karl Joel）提出了这个问题，并作出了回答，参见其《自然哲学的神话思想起源》（*Der Ursprung der Naturphilosophie dem Geister der Mystik*），Jena，1906。

③ 例如，罗宾（Léon Robin）已经做了这一工作，参见其《希腊思想》（La pensée grecque）一文，收录于贝尔（Henri Berr）主编，《人文主义的演进》（*L'Evolution de l'humanité*），Paris，1923。

④ 我们应该记住，当柏拉图处理内在于人的世界的法则问题时，他就转向了对医学和数学方法的运用。关于数学的论述，参见本书第二卷，第 189 页及以下，第 346 页；关于医学的论述，参见第三卷，第 23 页。

醒我们："思维的道路是迂回的。"东方人的灵魂，[153]因为不胜其宗教向往之沉重，沉没到了情绪的深渊中，它找不到一个牢固的立足点；但希腊的精神，因为经过训练，认为外在的宇宙为固定不变的法则所统治，所以转而寻找统治灵魂的内在法则，最后，终于发现了一种关于内在宇宙的客观观点。在希腊历史的危机关头，主要是由于这一发现，使得以一种新的方式追随柏拉图的理想和发展人的品格——在哲学知识的基础上——成为可能。① 因此，在自然哲学先于灵魂哲学这一事实中，有一种深刻的历史意义，当我们将希腊文化作为一个整体来研究其发展的历史时，这种历史意义就出现了。早期伊奥尼亚哲学家，并不打算以其高贵的沉思来教育希腊；不过，在新社会的杂乱成长过程中，在旧的神话宇宙观的倒塌过程中，这种高贵的沉思是解决最深刻的人生问题和存在(Being)本身的问题的一种尝试。②

希腊历史上第一批哲学家的最显著的品格特征——当然，他们并不以柏拉图给予他们的名称来称呼自己③——是他们将才智奉献给知识，是他们因实存(Existance)自身之故而专注于对实存的研究。他们的专心致志为人钦羡，但后来的希腊人，毫无疑问还有他们的同时代人，将他们视作荒谬反常之人。他们对别人视为性命的东西：金钱、荣誉、家庭和家庭生活弃之如敝屣，他们对自身利益的心不在焉，以及对流行的狂热宗教崇拜的无动于衷，都产生了许多众所周知的趣闻轶事。这些故事被小心地收集并传承了下来(尤其是在柏拉图的学园和逍遥学派中)，作为*βίος θεωρητικός*(理论生活)的例子和典范——柏拉图将这种生活叫作哲学家的真正实践(praxis)。④ 在他们看来，哲学家是出

---

① 本书第一卷、第二卷，尤其是论欧里庇得斯、阿里斯托芬、智术师、修昔底德各章描述了这一危机；第三卷则致力于柏拉图和发现人的内在秩序。

② 前苏格拉底哲学对于柏拉图及其时代所关注的人文问题的根本重要性，在我们想起他们的主要兴趣在于存在问题(the problem of Being)时，就很清楚了；因为在柏拉图的意义上，人的真正自由，是与存在(Being)相关联的。

③ 参见本卷第194页，注释①。

④ 参见拙文《论哲学的生命理想的起源与循环》(Ueber Ursprung und Kreislauf des Philosophischen Lebensideals)，载《柏林科学院会议报告》，1928，第390页及以下；另可参见博尔(Franz Boll)，《沉思生活》(Vita Comtemplativa)，载《海德堡科学院报告》(*Ber. Heidelberg. Akad.*)，1920。

类拔萃、离奇古怪且又和蔼可亲的人，为了从事自己的研究，他们有意离群索居，远离尘世。哲学家如孩童般天真，笨手笨脚，不切实际；他不生活于时空，而生活于永恒之中。在观察某个天体现象时，聪明的泰勒斯掉进了一口水井，而他的色雷斯女仆嘲笑他还没有看清楚脚下的东西，就妄想窥探天上之物。① 毕达哥拉斯，当人们问他为什么活着时，他回答说，"为了观察天空和自然"。② 当有人指责阿那克萨哥拉(Anaxagoras)根本不关心自己的家人和国家时，他却指着天空说，[154]"那是我的国家"。③ 这些奇闻轶事都指向哲学家对宇宙结构超乎寻常的兴趣。在常人眼里，哲学家的行为与抱负似乎离奇古怪而又过分野心勃勃：希腊人习惯于认为一个深刻的学者是不幸的，因为他是περιττός(僭越的)。④ 这个词的丰富含义无法翻译，但它指一种临近傲慢自负的性质，因为思想者越过了人和神圣智慧之间的界限。

这些炽热而又孤独的心灵只奉献给一个目标，他们只能生活在伊奥尼亚，因为那里拥有一种彻底的个人自由的氛围。只有在那里，他们才能离群索居；在其他地方，他们的独立性势必冒犯他人，并给自己带来麻烦。在伊奥尼亚，像米利都的泰勒斯这样的人，很快就受到了欢迎；他们的格言警句以及他们生活中的奇闻轶事被热切地传播。⑤ 从人们对哲学家们的人格个性的兴趣来看，我们可以安全地推论，他们的同时代人模模糊糊地把哲学家及其思想，理解为他们生活的时代产生的现象。据我们所知，阿那克西曼德(Anaximander)是首个将其思想用散文记录下来，并将其发表的人——就像一个立法者发表其法令一

---

① 柏拉图，《泰阿泰德》174a(《前苏格拉底残篇》[第尔斯本]I，A9)。

② 杨布利柯(Iamblichus)，《哲学规劝录》(*Protrept.*)51，8。参见拙著《亚里士多德：发展史纲要》，第92页，阿那克萨哥拉的名言(杨布利柯，《哲学规劝录》51，13)是这句话的变体。

③ 第欧根尼·拉尔修，《著名哲学家的生平和学说》II，7(《前苏格拉底残篇》[第尔斯本]I，A1)。

④ 亚里士多德，《形而上学》A 2，983a1。译注：περιττός=περισσός，意为"过度的，过分的"，相关段落如下："据西蒙尼德所言，'自然的秘密只许神知道'，人类应安分于人间的知识，不宜上窥天机。如诗人之语良有不缪，则神祇亦复怀妒，是故人之以此智慧(泄漏天机)胜者，辄遭遇不幸。"(《形而上学》，吴寿彭译，北京：商务印书馆，1991，第5页)

⑤ 关于泰勒斯的其他趣闻，除本页注释①引用的之外，参见《前苏格拉底残篇》[第尔斯本]I，A1，26(参见亚里士多德，《政治学》1. 2. 1259a6)，以及保存在希罗多德，《历史》1. 74，1. 170中的伊奥尼亚传统。

样。由于这一行为，哲学家放弃了自己思考的私密性；他现在不再是一个与城邦对立的 ἰδιώτης[个人]，而是声称要倾听所有人的声音。如果我们可以冒险推论，从其后伊奥尼亚的科学散文来看——阿那克西曼德的书籍必定是这种风格的散文——我们可以猜想，他是以第一人称写作来反驳其希腊同胞中的流行意见的。因此，米利都的赫卡泰乌斯(Hecataeus)以一种超乎寻常的天真话语开始了他的《谱系》："米利都的赫卡泰乌斯如是说：我写下这些东西，因为我认为它们是真实的；在我看来，希腊人的说法虽多，但却愚蠢。"[①]赫拉克利特则以碑文般的简洁和直截了当开始：

> 逻各斯虽然真实常在，但人们在听到它以前，或第一次听到它时，却总是对它懵然不觉。虽然万物都按此逻各斯而发生，我也已经根据事物的本性对它们加以区别，解释了它们是如何发生的，但当人们尝试我用以说明逻各斯的那些话语和事实时，他们却像从来没有遇到过它一样。[②]

这些哲学家将纯粹的、独立的逻辑应用到流行的宇宙观念之上的魄力，[155]可以与伊奥尼亚诗人在表达他们关于人类生活和自己时代的情绪和意见时的勇敢相提并论。两种冒险事业都基于个体力量的增长。在这个时代，逻辑就像炸药爆炸一样，在其冲击之下，最古老的权威都轰然倒塌。除非我有确凿的理由能够说服自己，除非我的思想可以对其作出合理的解释，否则，没有什么东西是正确的。从第一个人种学家和地理学家赫卡泰乌斯，到历史之父希罗多德，再到伊奥尼亚的医师——他们创立了两千年之久的医学科学，整个伊奥尼亚的文献都充满了这种精神，并且以第一人称的形式表明了其批判特征。不过，在这场理性的"我"对传统权威的胜利中，潜藏着一种即将战胜个体的力量：即真理(Truth)的概念，一个新的普遍范畴，每一个个体的喜好必须臣

---

① 赫卡泰乌斯残篇 1a，参见雅可比(Jacoby)，《希腊史家残篇》(*F. Gr. Hist.*)I，7—8。

② 赫拉克利特残篇 1(《前苏格拉底残篇》[第尔斯本]I)。

服于这个新范畴。①

公元前六世纪时的自然哲学家是由探究宇宙的本原——即它的φύσις[自然]——开始的。整个智识运动及其所创造的思维方式都以"自然(physis)"命名；只要我们回想一下自然这个希腊词语的原初含义，并且不要把现代物理学(physics)的观念牵涉进来，②那么这一切就都不是无正当理由的。因为万物的本原问题——我们应该称其为一个超自然的(metaphysical)问题——事实上永远是他们的兴趣之所在；而他们关于自然的理论和发现都从属于这一问题。关于自然的一种理性科学确实是由这同一个运动创造的，但它首先植根于形而上学的(metaphysical)沉思，只是后来逐步成为一个独立的研究分支。在希腊人的自然学(physics)概念中，有两个学科混淆在了一起：对宇宙本原的探究(它迫使理性超越感官看到的现象)，以及对从本原而来当前实存(τὰ ὄντα)的万物的把握，这种把握是经由经验的研究(ἱστορίη)达到的。这是自然而然的：伊奥尼亚人，伟大的探索者和观察者，其刨根究底的本性会使他们将研究推到终极问题的生发之地；同样自然而然的是：一旦他们提出宇宙是什么以及这个是什么的什么如何转化为实存的问题之后，他们就会发现自己不得不拓展关于事实的知识，并对个体现象作出解释。由于埃及和近东各国是伊奥尼亚的邻居，这些更古老的文明通过与伊奥尼亚人的持久智力交流，不仅在技术发明和测量、航海和天文知识方面，而且在更深层问题的洞察方面——埃及和东方的创世神话及上帝神话对这些问题给出了与希腊人远为不同的回答——都对他们产生了重要影响；[156]这些事情都是极有可能的(这种可能性得到可靠传统的支撑)。

但是，当伊奥尼亚人在详尽阐明和消化吸收他们从东方得来的关于天体和自然现象的经验知识之后，独立自主地运用这些知识帮助他们自己发现宇宙的起源和本性时，当他们使关于真实的可见世界的神

① 参见路德(Wilhelm Luther)，《古希腊的真理和谎言》(*Wahrheit und Luege im Aeltesten Griechentum*)，Borna，Leipzig，1935。在这部专著中，古希腊的"ἀλήθεια[真理]"概念以及与之相近的全部词群，都在其被发现的上下文中得到了仔细的考察。

② 伯奈特(John Burnet)，《早期希腊哲学》(*Early Greek Philosophy*)，第四版，London，1930，第10页及以下。

话及创世神话服从于理论和因果原则的探究时，他们的根本原则完全是一种创新。这是科学思想的真正起源。这是希腊人的历史性成就。毫无疑问，他们花了不少时间使自己从神话的统治中挣脱出来；但他们的解脱是一个理性和科学的进程，正如由以下事实所表明的那样：这是一场持续不断的运动，它是由许多相互独立而又相互关联的哲学家来实现的。米利都，伊奥尼亚文明的首府，被认为是伊奥尼亚自然哲学的诞生地：因为最早的三个宇宙起源学家泰勒斯、阿那克西曼德和阿那克萨哥拉所处的年代涵盖了从公元前五世纪初到波斯人毁灭米利都这一时期。三代人的高智力成就的突然中断，是由外在历史命运的野蛮入侵造成的，这种突然中断并不比这些大哲所做工作的连续性以及他们的特殊智识类型更引人注目——这种特殊的智识类型被不合时代地称作“米利都学派”。① 尽管如此，他们还是在同一个明确的方向上提出问题并对之进行研究；他们建立起了自己的方法和概念，后来的自然哲学家直到德谟克利特和亚里士多德，仍运用这些方法和概念。

通过将这三人中最引人注目的一位（即阿那克西曼德）作为例子，我们可以最佳地研究早期伊奥尼亚哲学的精神。他是唯一一位我们多少可以精确地界定其宇宙观念的哲学家。在他身上，我们看到了伊奥尼亚思想的宽度和范围。[157]他是第一个创造出具有真正的形而上学深刻性和严格的结构统一性的世界图像的哲学家。此外，他还绘制了第一张世界地图并创立了科学的地理学。② 希腊的数学也诞生于米利都哲学的时代。③

阿那克西曼德关于地球和宇宙的概念是一种几何学想象力的成功

---

① 参见第尔斯（Hermann Diels），《论最古老的希腊哲学学派》（Ueber die aeltesten Philosophenschulen der Griechen），收录于《哲学论文：献给埃达尔·策勒》（*Philos. Aufs. Ed. Zeller gewidm*），Leipzig，1887，第239—260页。

② 参见阿那克西曼德残篇6（《前苏格拉底残篇》[第尔斯本]I），由阿伽塞美鲁（Agathemerus）和斯特拉波保存下来的内容可以追溯到公元前三世纪的天文学家和地理学家埃拉托斯特尼（Eratosthenes）。

③ 恩里克斯（F. Enriques）和桑蒂拉那（G. Santillana），《科学思想史》（*Storia del pensiero scientifico*），第一卷，Milan，1932；希思（T. L. Heath），《希腊数学手册》（*A Manuel of Greek Mathematics*），Oxford，1931；海德尔（A. Heiddel），《毕达哥拉斯学派和希腊数学》，载《美国哲学月刊》（*American Journal of Philology*）61，1940，第1—33页。

典范。它是比例观念的可见符号，深深地植根于远古人类的生活和思想。阿那克西曼德的世界建立在严格的数学比率的基础之上。对阿那克西曼德来说，荷马关于大地是一个圆盘的观念不过是骗人的表象。他说，实际上，太阳白天从东向西运动之后，晚上就回到了地球的下方，并在拂晓时分到达出发点。因此，宇宙不是一个半球，而是一个以地球为圆心的完整球体。不仅太阳的轨迹是圆形的，而且月亮和星辰的轨迹也是圆形的。太阳的轨迹是最外面的圆，其直径是地球的27倍。月球的轨迹是地球的18倍：因为固定星辰的轨迹是最里面的——阿那克西曼德对宇宙进行描述的文本到此就讹误百出了[①]——月球运行轨迹的直径显然是地球的9倍，而地球的直径则是其高度的3倍，因为地球的形状像一个平头的圆柱体。[②] 地球不是倚靠在一个固定的基础上（如神话思维所天真地假设的那样），也不像从看不见的地下深处的根部长到天空中的一棵大树。[③] 地球凭空悬挂在宇宙中间。它不是由空气的压力支撑住的：由于离宇宙的各方边际距离相等，它在平衡中保持着静止。[④]

伊奥尼亚世界地图的结构背后存在着相同的数学倾向。这幅世界地图，是由好几代学者完成的作品，被希罗多德归功于“伊奥尼亚人”的集体创作。有时候，他认可它，有时候他又驳斥它，但毫无疑问的是，他依赖它。他的主要权威当然是米利都的赫卡泰乌斯（他在时间上与阿那克西曼德最为接近[⑤]）；不过，我们被清晰地告知，[⑥]赫卡泰乌斯的世

---

① 塔内里（Paul Tannery），《希腊科学史》（*Pour l'histoire de la science hellene*），Paris，1887，第91页。

② 关于阿那克西曼德的宇宙的数值比例及其最有可能的重构，参见《希腊哲学家残篇汇编》（*Archiv f. Gesch. D. phi.*）（第尔斯本）X，亦可参见其中引用的古代段落。

③ “大地之根”出现于赫西俄德的《劳作与时日》第19行；维拉莫维茨（《赫西俄德的〈劳作与时日〉》第43页）认为，赫西俄德说的只是大地深处的意思，不过我们可以参看《神谱》第728行和第812行。在费雷西底（Pherecydes）的俄耳甫斯宇宙起源说那里（残篇2，第尔斯本）——它部分建立在古老的神话观念之上——我们听说了一棵“长翅膀的橡树”，这是阿那克西曼德关于世界凭空悬挂的观念和一棵扎根于无穷深处的树的观念的结合（参见《希腊哲学家残篇汇编》[第尔斯本]X）。在巴门尼德那里（残篇15a）地球被说成是“扎根于水中”。

④ 阿那克西曼德II（《前苏格拉底残篇》[第尔斯本]I）。

⑤ 参见雅可比在《保利-维索瓦》（*Pauly-Wissowa*，即《保利古典学百科全书》[*Paulys Realencyclopädie der classischen Altertumswissenschaft*]）VII，2702ff.的词条。

⑥ 阿那克西曼德6（第尔斯本）。

界地图的设计采自阿那克西曼德；这幅地图所描绘的世界的框架结构，与赫卡泰乌斯的特征相比，更适合阿那克西曼德关于宇宙和地球的几何学观念；赫卡泰乌斯是一个好奇的旅行者，他见识过许多外国的土地和种族，与包罗万象的结构体系相比，他对个别的具体事实更感兴趣。[①] 如果希罗多德不知道赫卡泰乌斯在建构这样一幅地图的技艺方面有多位前辈可资，[158]那么，他就不可能谈到"伊奥尼亚人"。如此一来，我们就可以毫不犹豫地将这幅赫卡泰乌斯使用的世界地图的基本结构归之于阿那克西曼德——我们从希罗多德、数学家和地理学家希拉克斯(Scylax)以及其他作者那里得知这一点。在这张地图上，地球的表面被分为两个大致相当的部分：欧罗巴和亚细亚。亚细亚的一个部分被明显地分割开来，并被叫作利比亚(Libya)。两个大陆的边界是大河；欧罗巴的上方几乎被多瑙河准确地分为两半，利比亚则被尼罗河分为两半。[②] 希罗多德取笑古伊奥尼亚的世界地图的框架结构，它将地球呈现为圆形，仿佛它是由车床加工而成的，并被海洋所包围——它从未为凡人的肉眼所见，至少是东方和北方从未为人所见。[③] 这是对根据一种先天的几何学假定来建构世界地图的热情的一种轻松嘲笑。希罗多德的时代花了很多时间用新的事实来完善伊奥尼亚地图的缺漏，修改或删除他们直截了当的断言。除非被经验证明为事实，否则不认可任何东西。尽管如此，这一切几乎都被都归功于阿那克西曼德及其前辈们的创造天才：因为他们做出了激动人心的发现，即世界是建立在一个系统之上的，这个系统井然有序，而非混乱无序，他们试图用他们最先创造的数学比例的语言来表达这种发现。[④]

对感官知觉材料的大胆背离的一个类似例子，是阿那克西曼德选

① 博格(Hugo Berger)，《希腊科学地理学的历史》(*Geschichte der wissenschaftlich Erdkunde der Griechen*)第 38 页及以下；海德尔(W. A. Heidel)，《古代希腊地图的构架》(*The Frame of Ancient Greek Maps*)，21。

② 希罗多德，《历史》2. 33；4. 49。

③ 希罗多德，《历史》4. 36。

④ 乔尔(Karl Joël)，《希腊哲学中的数学原理史》(Zur Geschichte der Zahlenprinzipien in der griechischen Philosophie)，载《哲学与哲学批评》(*Ztschf. f. Phil. u. philos. Kritik*)97，1890，第 161—228 页。

择无规定（ἄπειρον）作为万物的本原，来取代泰勒斯的水本原。自然界生成与消逝的伟大戏剧——这对自然的观察者们来说是触目可见的——给所有的自然哲学家留下了深刻的印象。那么，到底什么是那个万物之所从来，又是万物之所归往的不竭源泉呢？泰勒斯认为它就是水，水蒸发成为气，冻结凝固则成为石。水可以自由地成为其他任何事物，而地球上的一切生命也来源于湿气。我们不知道到底是哪位古代自然哲学家首次教导人们说，星辰上的火也是由从海洋升起的水汽提供来源的（斯多亚派也相信这一点）。[①] 另外，阿那克西美尼（Anaximenes）认为，原初的元素不是水，而是气：他的主要学说是，弥漫一切的生命都来源于气：[159]气掌管世界就像灵魂掌管身体一样，而灵魂本身就是气、气息、普纽玛（pneuma）。[②] 阿那克西曼德选择阿派朗（apeiron）——它不是一种具体的元素，而是（以似乎是他自己的话来说）"包含万物于自身中，并引导万物"者。[③] 亚里士多德反对他的学说，亚里士多德的根据是，认为质料包含在万物之中，比质料包含万物为好。[④] 不过，在亚里士多德对其理论的陈述中，还有诸如"不朽的"和"不毁灭的"这样的形容词用在阿派朗身上，由此看来，阿派朗显然是一种积极主动的力量；[⑤]因为只有神才能"引导万物"。还有一种传统说，阿那克西曼德宣称，那个不间断地产生出新的世界[⑥]且又将它们吸收的阿派朗，是"神圣的"。[⑦] 因此，当事物被阿派朗产生时，它们离开了那个原初的统一体——在此原初的统一体中，这个世界上所有处于敌对状态的事物均相安无事。我们必须将阿那克西曼德的伟大言说——这是唯一被直接归于阿那克西曼德本人的言说——运用于这一

---

① 亚里士多德，《形而上学》A3，983b6 及以下为泰勒斯的假设（即水是万物的本原）给出了一种可能的原因，这原因就是以下事实：一切种子皆滋生于湿润，一切事物皆营养于湿润，热由湿生，更由湿来保持热度。不过，亚氏手头并无泰勒斯的任何著作，因此他的解释属于自己的即兴发挥。

② 阿那克西曼德残篇 2（第尔斯本）。

③ 阿那克西曼德残篇 15（第尔斯本）。

④ 亚里士多德，《自然哲学》3. 207b35。

⑤ 阿那克西曼德残篇 15。

⑥ 阿那克西曼德残篇 10 和 11。

⑦ 阿那克西曼德残篇 15。

本原学说，他说，“各种存在物由它产生，毁灭后又复归于它，都是按照必然性而产生的，它们按照时间的指示，为其不正义受到惩罚并且相互补偿”。①

自从尼采和罗德为阿那克西曼德的这一言说写下许多文字之后，就出现了很多神秘的解释。② 它被认为意指个体事物的存在是一种从永恒的第一因那里的有罪逃离，一切被造之物都必须为伊甸园所犯之罪赎罪。不过，现在还好，（通过添加“ἀλλήλλοις[相互]”这个旧版所无的单词）总算确立了正确的文本，显然，阿那克西曼德说的是事物之间相互敌对的贪婪和自大。③ 实存本身并不是原罪——这是一种非希腊的观念。④ 阿那克西曼德的表述是对事物之间相互争斗的一种拟人化说法，它被比作一场人与人之间的诉讼。我们有必要对一个伊奥尼亚的城邦作出描绘。在市场中央，正在进行一场听审裁决；法官坐在板凳上判决（τάττειν）将要给出的补偿。⑤ 阿那克西曼德这里所指的法官则是时间（Time），从梭伦的政治诗那里，我们就已经认识了它，它是一种无可逃避的必然力量。当竞争的一方从另一方获取太多，法官就会损有余而补不足。梭伦的观念是这样的：狄刻女神既不依赖于人间的世俗正义，[160]也不像赫西俄德时代的宗教信念那样，以一种上天降下的突然打击来施行神圣的惩罚；狄刻女神的力量是一种固有的内在力量，这种力量呈现于一切不均衡都必须在时间中为自身付出补偿的过程中；而这种不可避免的过程属于“宙

① 阿那克西曼德 9：*διδόναι γὰρ αυτὰ*（也即 *τὰ ὄντα*）*δίκην καὶ τίσιν ἀλλήλλοις τῆς ἀδικίας κὰτα τὴν τοῦ χρόνου τάξιν*。

② 伯奈特在其《早期希腊哲学》第 53 页及以下，对这段话作出了一个更平淡的解释，不过，在我看来，就阿那克西曼德思想的高贵及其重要哲学含义而言，他的这个解释还不够公正。

③ 阿那克萨哥拉残篇 9（《前苏格拉底残篇》[第尔斯本]I）。

④ 即使亚里士多德残篇 60（罗斯编）中的俄耳甫斯神话也没有生存是一种原罪的意义，参见笛叶（A. Diés），《神话传奇》（*Le cycle mystique*），Paris，1909。

⑤ “*τάξις* ”不是 Ordnung（秩序），如第尔斯所译；这个词在这里显然是在一种主动意义上使用的。一种代价或者惩罚或者贡金被判定（*τάττειν*），参见安多基德斯（Andoc.）的《演说辞集》4，11；修昔底德，《伯罗奔尼撒战争史》1. 19；希罗多德，《历史》3. 97。“*τάξις*”在这种主动的意义上意味着法令（ordinance）。参见柏拉图《法义》（*Legg.*）925b 和《政治家》305c：*παρὰ τὴν τοῦ νομοθέτου τάξιν*[做出公正的判决]。

斯的惩罚”，或“神圣的报偿”。[①] 阿那克西曼德走得更远。他认为，这一永恒的补偿过程不仅作用于人类生活，而且遍布整个世界。人类生活中固有的补偿过程，促使阿那克西曼德相信，具有各种力量和对立的自然也像人类一样，服从于一个内在法则的统治，并且正是这一法则的统治掌控着经由创造的生成和消逝。

在现代人看来，这似乎是一切自然均受制于普遍法则这一伟大观念的开端。不过，阿那克西曼德思考的并非现代科学家们建构的单一因果链条。阿那克西曼德正在构想的，是一条道德的、而非物理的自然法则。阿那克西曼德的观念——自然现象均受一道德法则的支配——有一种深刻的宗教含义。[②] 这不是对具体事件的简要描述，而是对宇宙本性的一个合理解释：他将万物的创生展示为一个“浅显易懂的(writ large)”的有序整体(cosmos)——也就是说，一个由法则支配的事物共同体。[③] 其意义和目标是生成与消逝连续不断的、无可避免的进程——对于热爱生活、热爱生命的普通人来说，要承担和理解这一进程，无疑是最为艰难之事。我们不清楚阿那克西曼德自己有没有在这一点上运用“有序整体”一词：我们只知道他的继承者阿那克西美尼使用了这个词——如果有该词出现的残篇被归诸阿那克西美尼是正确的话。[④] 不过，实际上，阿那克西曼德关于狄刻女神掌管自然现象的永恒力量的观念，包含着一种有序整体的观念，尽管它还不是这个词后来的那种精确意义。因此，我们有合理的理由将他的宇宙观描述为对有序整体的精神发现。除了在人类心灵的深处，在其他任何地方都不可能

---

① 梭伦残篇 1,25;30。

② 在一个尚未公开出版的演讲中，我已经充分论证过这种解读的合理性(参见《柏林科学院会议报告》,1924,第 227 页)。

③ 就像在柏拉图的《王制》中，城邦是人的灵魂的“浅显易懂的”结构那样，在阿那克西曼德看来，宇宙(cosmos)倾向于是一种“浅显易懂的”的社会秩序(*κόσμος*)。不过，这仅仅是一种倾向，因为是赫拉克利特在其前辈的哲学中完全清晰地看到了自然与社会的这种平行关系，并且将其系统地实现出来。参见赫拉克利特残篇 114(第尔斯本)论统治宇宙的法则。译注：cosmos，希腊文*κόσμος*，与 universe 不同。“cosmos”本意为社会秩序、政府、政体，在希腊哲学中的含义是“秩序”、“世界-秩序”，它强调的是与“混乱”相对的“秩序”，因此本书中的 universe 一般译为“宇宙”，cosmos 则译为“秩序”、“世界-秩序”、“宇宙秩序”，强调其整体性时译为“有序整体”。

④ 阿那克西美尼残篇 2。莱因哈特怀疑该残篇的真实性。

有这种发现。这种发现与望远镜、天文台或者任何诸如此类的经验探索没有任何关系，它是思维直观的产物，同一类型的直观产生了有无数个宇宙的想法（这一想法同样被归诸阿那克西曼德）。① 毫无疑问，关于世界-秩序的哲学观念势必招致与流行的宗教信仰的决裂。不过，它同样产生了一种新的伟大认识：存在（Being）是神圣的，[161]尽管对无常和虚无的恐惧（正如诗人们所表明的那样）使世世代代的人都伤感莫名并无所适从。②

这一伟大发现打开了无数哲学研究的新通道。关于一个有序整体的观念现在甚至成了人们理解宇宙的最具本质性的范畴之一，尽管在该词的科学含义中，逐渐失去了其原初的形而上学含义。不过，它顺理成章地表达了早期自然哲学对希腊文化的整体影响。梭伦关于责任和报偿的道德-法律观念来源于史诗的神正论；③同样，阿那克西曼德关于宇宙的系统正义理论也提醒我们，新哲学中最重要的观念，即原因（αἰτία）观念，原初地与报偿（Retribution）观念一样，是从法律领域转化而来的术语。与此密切相关的是，一些相互关联的术语，如秩序（cosmos）、正义（diké）和报偿（tisis）也从法律领域转移到了自然领域。④ 阿

① 在本书第一版中我曾质疑这一归属的真实性，不过，蒙多尔福（R. Mondolfo）的《希腊思想中的无限》（*L'infito nel pensiero dei Greci*，Florence，1934，第 45 页及以下）说服了我。

② 参见阿那克西曼德残篇 15（第尔斯本）。关于这一点，我必须预先提到本人的一本尚未付梓的书：《早期希腊哲人的神学》（*The Theology of the Early Greek Philosophers*，吉福德[Gifford]讲座，1936，圣安德鲁斯大学），里面有专门的章节论述米利都学派哲学中的神学思想。译注："存在是神圣的，尽管对无常和虚无的恐惧（正如诗人们所表明的那样）使世世代代的人都伤感莫名并无所适从"，这句话的意思是，存在是受"相互补偿"的道德法则支配的，存在不是偶然的、混乱无序的、无常的，它是"有意义的"。"世界-秩序"或"有序整体"的"序"不是或者不只是我们现在理解的自然规律，所以下文说"关于一个有序整体的观念现在甚至成了人们理解宇宙的最具本质性的范畴之一，尽管在该词的科学含义中，逐渐失去了其原初的形而上学含义"。

③ 参见拙文《梭伦的〈欧诺弥亚〉》，载《柏林科学院会议报告》，1926，第 73 页。

④ 这种报偿观念从法律和政治领域到自然领域的转移，并非个别哲学家的孤立行为，而是长久地建立于希腊思想关于因果关系问题的基础之上，正如古典希腊的医学文献，即所谓的《希波克拉底文集》（*Corpus Hippocraticun*）所表明的那样。在希波克拉底那里，因果关系完全是在阿那克西曼德和赫拉克利特的意义上，以报偿和惩罚的形式出现的。参见本书第三卷"作为教化的希腊医学"一章及注释。译注："αἰτία[原因]"的另一个含义是"控告"、"罪责"，故作者说它来自法律领域。

那克西曼德的残篇告诉了我们这方面的许多过程，因果性问题就是通过这一过程从神对待人的方式中发展而来的。阿那克西曼德的正义观是将城邦生活投射到宇宙生活过程中的第一步。① 不过，我们没有发现米利都的哲学家们明确地将超越于人的有序整体带进人类生活的相互关系中。② 他们还想不到这么做，因为他们的探究关乎万物的永恒设计，而不涉及人类事务。尽管如此，他们仍将人类生活作为帮助他们解释自然的范例；因此，后人可以用他们的宇宙图像来建立一种永恒存在和人类生活（以及人类价值）之间的和谐一致。

萨摩斯的毕达哥拉斯，尽管他在南意大利工作生活，但仍然也是一位伊奥尼亚哲学家。他的智识性质与其实际人格一样难以评估。关于他的生平和才智的传统记述，随着希腊文明的发展而变化，因而他被说成是一个发明家，一个政治家，一个教师，一个僧团首领，一个宗教创建者，或者一个奇迹施行者。③ 赫拉克利特鄙视他，认为他是一个与赫西俄德、塞诺芬尼、赫卡泰乌斯一样的博学万花筒而已；不过，他仍然将毕达哥拉斯视作精通某一领域的专家，如上述提到的其他几位那样。④ 与阿那克西曼德一贯而彻底的高贵智力相比，毕达哥拉斯的心智——[162]因为它是许多不同品质的混合（无论我们以何种方式想象这种混合）——多少有点显得朝三暮四和偶然随意。不过，现代将其看作江湖术士一流人物的这一大众观点，并无严肃认真的根据。从“博识”这一指责，我们可以推论，后来“所谓的毕达哥拉斯派”（如亚里士多德描述他们的那样⑤），将毕达哥拉斯命名为其独特科学的创建者是正确的——他们用“mathemata（即‘研究’）”这个一般名称将他们的独特科学与伊奥尼亚的“气象学”相区分。这是一个非常普通的名称，它包含

---

① 赫拉克利特迈出了第二步，参见本卷第 206 页注释③和本卷第 232 页及以下。

② 对人类生活的思考何以必须以新的伊奥尼亚自然哲学为参照背景，伊奥尼亚自然哲学又是如何改变全部人类生活的，试图表明这些的是赫拉克利特，参见本卷第 233—235 页。

③ 古代关于毕达哥拉斯的个人品格和才智特征的各种观点，参见伯奈特，《早期希腊哲学》，第 86—87 页。

④ 赫拉克利特残篇 40。在赫拉克利特那里，“*πολυμαθίη*（博学，多识）”一词与“*νοῦς*（思想、心灵）”相对。

⑤ 参见弗兰克（Erich Frank），《柏拉图与所谓的毕达哥拉斯派信徒》（*Plato und die Sogenannten Pythagoreer*），Halle，1923；伯奈特，《早期希腊哲学》，第 86 页。

着各种各样的知识分支：数论，声学和音乐理论的基础，以星辰运动之轨迹为人所知的几何学要素，最后，至少对毕达哥拉斯本人来说，它还是一种米利都自然哲学的知识。① 但所有这一切与毕达哥拉斯的轮回转世理论（与俄耳甫斯教的信仰相联系）之间的联系又在哪里呢？灵魂转世论被毫无争议地归诸毕达哥拉斯，而且希罗多德将其描述为早期毕达哥拉斯派的典型特征。② 与此类似的还有那些被归诸他本人的道德格言。最后，希罗多德坚定地认为，毕达哥拉斯在意大利所创建的团体类似于一种宗教组织：它在南意大利存在了一个多世纪，直到其政敌将其摧毁。③

毕达哥拉斯的数是万物本原的学说，类似于阿那克西曼德的有序整体中的严格几何学对称，或者说，阿那克西曼德的有序整体的几何学对称，是毕达哥拉斯数本原说的先兆。④ 我们把毕达哥拉斯的数本原说，理解为简单的算术理论的一种精心设计。根据传统的记述，它来源于对一种新的自然法则的发现，这种法则支配着琴弦的长度和与之产生的音高之间的关系。⑤ 毫无疑问，在米利都自然哲学数学符号使用的影响下，毕达哥拉斯非常大胆地将其新发现的法则普遍化了，他宣称整个宇宙秩序和人类生活本身都受数的支配。他的学说与现代意义上的数学科学并无相似之处。对毕达哥拉斯来说，数的涵义要比我们丰富得多。因为他并没有用它将一切自然现象约简为可以计量的量的关系，而是将数作为极其不同的事物——比如天空，正义，时机，如此等

---

① 亚里士多德，《形而上学》A 5，985b23。柏拉图在《王制》VII 中介绍的数学学科（*mathemata*），作为对城邦卫士阶层的教育课程，包括算术、几何、求积法（steroometry）、天文、音乐。柏拉图将它们与毕达哥拉斯学派的传统相联系，因为那时毕达哥拉斯学派仍存在于南意大利，这一传统很可能可以追溯至毕达哥拉斯本人。宇宙论也是毕达哥拉斯体系的一个组成部分，这一点不仅可以从争议颇多的、带有毕达哥拉斯派的菲洛劳斯（Philolaus）和阿尔库塔斯（Archytas）的名字的残篇中看出，也可以从柏拉图选择南意大利毕达哥拉斯派的蒂迈欧（Timaeus of Locri）作为自己的宇宙论著作《蒂迈欧》的代表人物这一事实看出。

② 希罗多德，《历史》4.95；2.81。

③ 伯奈特，《早期希腊哲学》，第 90 页及以下。

④ 参见本卷第 201—202 页。

⑤ 参见策勒（Eduard Zeller），《希腊哲学》（*Philosophie der Griechen*）I，1，第 401—403 页（第五版）中关于全部资原始料的讨论。

等——的质的本质来认识。① 与之相反，当亚里士多德说，根据毕达哥拉斯派的说法，数是事物所由以构成的质料时，[163]他无疑犯了一个错误，他把毕达哥拉斯派对*数理*（numberness）和*实存*（existence）的理论等同，理解为数是某种质料术语了。② 当亚里士多德解释说，毕达哥拉斯派认为，事物在很多方面与数相似，与此前的哲学家们认定为万物本原的火、水、土等相比，事物更接近于数时，他肯定更接近数的真实含义。③ 毕达哥拉斯学说最至关重要的阐释见于哲学发展的一个随后阶段——在柏拉图的生命行将结束之时，他出人意料地试图将诸型相归结为数。亚里士多德批评了柏拉图相信可以用量的差别来表示质的不同的观点。这个批评对我们而言也许无足轻重，但这是一个客观的说明，即希腊人关于数的原初观念包含着质的要素，而数被简化为纯粹的量的过程是一个长期缓慢的过程。④

也许，对不同的数的希腊语起源的研究，或者说，对它们差异显著的语源学研究，有助于我们进一步说明毕达哥拉斯派的观点——如果我们能够揭示自然而然地包含在每一个数之中的视觉要素的话。至少，当我们将毕达哥拉斯派与其同时代人关于相同主题的高贵表达相比较时，我们就可以理解为什么他们如此推崇数的力量了。在埃斯库罗斯那里，普罗米修斯声称，数的发现是他使人类开化的智慧杰作。⑤ 实际上，发现数是实存的很多重要领域的统治原则的那个时代，在其对宇宙的意义的研究方面，取得了一个极为重要的进步：它与揭示自然万物均受一个内在法则（这是我们必须研究和理解的）支配的时代显然更

---

① 亚里士多德，《形而上学》A 5，985b27。

② 亚里士多德，《形而上学》A 5，986a15 及以下。

③ 亚里士多德，《形而上学》A 5，985b27 及以下。比较亚里士多德，《形而上学》985b23，其中亚氏称毕达哥拉斯派与留基波（Leucippus）、德谟克利特（Democritus）和阿那克萨哥拉（Anaxagoras）这些哲学家生活于同一时代，或生活于他们之前。这使他们接近于毕达哥拉斯本人所生活的时代（公元前六世纪）。亚里士多德有意克制自己没有提到毕达哥拉斯本人——《形而上学》A 5，986a30 的例外，是一处插补文字。

④ 斯滕泽尔（J. Stenzel），《柏拉图和亚里士多德的数字和结构》（*Zahl und Gestalt bei Platon und Aristoteles*），2nd ed.，Leipzig，1933；但作者没有注意到毕达哥拉斯派。

⑤ 埃斯库罗斯，《被缚的普罗米修斯》，第 459 行：ἀριθμὸς ἔξοχον σοφισμάτων[我创造了数字，智慧中最重要的一环]。

加接近了。与知识体系中的其他任何重要进步一样，这一发现在当时被赋予了夸大其词的重要性，也与许多令人兴奋而具有永久价值的发现一样，这一发现在实践上被误用了。在思维中，毕达哥拉斯派力图将宇宙万物都归结为一种算术原则的呈现——这在我们现代人看来是很无聊的。任何事物，如果它不能被以某种方式解释为一个数，他们就不相信它能够存在。①

数学科学是希腊文化中的一个本质性新要素。起初，它的不同分支各自独立发展。[164]人们很快认识到数学科学的每一个不同分支都是一门有价值的教育课程，但认识到它们之间的相互作用，以及它们是作为整体而存在，却是相对较晚的事情。后来关于毕达哥拉斯的半神话传统将其作为一个教师的影响力强调到了至高无上的地位。柏拉图自然是此类观念的典范；新毕达哥拉斯派和新柏拉图主义者又推波助澜；而关于毕达哥拉斯的"教育智慧"的现代记述，则几乎全盘建立在对写于古代晚期有教化目的的人物传记的无条件接受之上。② 即便如此，在关于毕达哥拉斯的教师角色的观念中，仍然有历史真相的残留。柏拉图在谈到荷马以及将荷马称作希腊人的教育者（这是柏拉图的同时代人都准备授予荷马的称号）的要求时，他问道：荷马是否真的可以在毕达哥拉斯所是的那种意义上，被称为一个"教化的领导者"呢？在这一点上，柏拉图似乎首先是将毕达哥拉斯作为"毕达哥拉斯派的生活方式"的创建者来看待的。不过，问题不仅仅在于毕达哥拉斯本人是否是一名教师：在那个时代，真正伟大的教师是新的科学精神，也就是说，在我们所拥有的传统中，由毕达哥拉斯所代表的科学精神。数学科学在教育领域的影响力首先归于其规范层面。如果我们回想一下音乐在早期希腊文化中的重要性，以及音乐与毕达哥拉斯派之数学的密切联系，我们就会承认，一旦他们发现了支配音乐声调的数字法则，他们必

① 亚里士多德，《形而上学》A 5，986a1 及以下。

② 波菲利（Porphyry）和杨布里柯（Iamblichus）这两位后来的传记作家是新毕达哥拉斯派的资料来源，我们从他们那里得到了关于毕达哥拉斯的生平和教导的详尽但却是传说的画像。一些现代学者关于毕达哥拉斯作为教师的论文，例如维尔曼（O. Willmann）的《毕达哥拉斯的教育智慧》（*Pythagoreische Erziehungsweisheit*），都犯了错误：他们将后来的古代作家告诉我们的太多东西当作历史真实了。

然会创造出一种关于音乐的教育影响力的哲学理论。毕达哥拉斯所建立的音乐和数学的关联，自此以后，就成了希腊精神的永久财富。

这一关联肇始了诸多概念，这些概念都对希腊人的创造性思维产生了深远的影响。在其影响下，支配实存的一切领域的新法则，都得到了明确的表达和确认。希腊思想的所有伟大原则——这些原则象征着希腊思想最本质的、不可或缺的品质——都在公元前六世纪时被创造了出来。它们并不总是现实地存在的，而是由一个有规则的历史进程所建立和发展起来的。在这一进程中，最具决定意义的进步之一，就是对音乐结构的新研究。单凭由此研究所获得的关于和谐与节奏的真正本质的知识，[165]就足以奠定希腊在文明史上的永久地位；因为它几乎影响到了人们生活的各个方面。毕达哥拉斯派的工作创造了一个由不变的法则所支配的新世界，它与梭伦的社会正义学说的严格因果联系形成对比。当阿那克西曼德相信宇宙是一个由正义的绝对力量所支配的有序整体时，毕达哥拉斯则设想这个有序整体的原则是和谐。[①]阿那克西曼德建立了一种贯穿于世间万物的因果必然性，并称之为实存的"正义"；而毕达哥拉斯派则强调和谐，强调有序整体在和谐法则支配下的结构方面。

这种和谐是在部分与整体的关系中得到表达的。但是，在这和谐背后隐藏着数学的比例观念，希腊人确信，这种比例是可以用可见的几何图形呈现出来的。世界的和谐是一个复杂的观念：它既意指音乐意义上的那种八音协奏终和且平，又意味着建立在严格的几何学规则之上的和谐数学结构。和谐观念对希腊人生活的各个方面所发生的后续影响大到无法估量。它不仅影响到雕刻和建筑，还影响到诗歌、修辞、宗教和道德；所有的希腊人都将认识到，一个人制造的任何产品，或者他做出的任何行为，都受一种严格的规则的支配，这种规则就像正义的法则一样，如若违反，便必受惩罚——这就是适宜或得体的法则(*πρέπον*, *ἁρμόττον*)。除非在古典时代和后古典时代的希腊思想的所有领域追溯这一法则的无穷无尽的作用，否则我们就不能充分认识"和

① 亚里士多德，《形而上学》A 5，986a2 及以下。

谐”之发现对教育的强大影响力。节奏的观念、关系的观念、中道的观念都与和谐观念密切相关，或者从和谐观念中得到了一种更为确定的内容。它不仅仅对有序整体的观念而言是真实的，而且对和声和节奏的观念而言也是真实的，从而，希腊有必要在其可以在精神的世界中使用它们之前，在“存在物（being）的本性”中发现它们的存在（existence），在人类生活中发现秩序和方法。

我们不知道毕达哥拉斯的数学和音乐理论与其轮回学说之间的内在关联何在。他那个时代的哲学沉思本质上是形而上学的，因而灵魂转世的神话（它不是建立在逻辑的基础之上的）必定是来自哲学领域之外的一个输入品。[166]我们会将它与俄耳甫斯教的信仰一起讨论，俄耳甫斯教极有可能一直是灵魂转世学说的源泉。后来的哲学家们差不多也都受到这一学说的强烈影响。

在公元前七世纪的自然主义运动获得释放之后，前六世纪的希腊人着手为他们自己的生活创造一种新的精神范式；这一企图不仅需要一种严肃的哲学努力，而且还涉及到一种强有力的宗教苏醒。俄耳甫斯运动（THE ORPHIC MOVEMENT）是最令人印象深刻的证据之一，一股新的精神力量如暗流涌动，从人们意识的幽暗深处喷薄而出。在上下求索生命的更高意义时，它类似于为道德法则在有序整体中的统治建立一种哲学根基的逻辑思维努力。它的实际教导并非那么举足轻重。现代的作者们对它的价值夸大其词，将许多后来的希腊人的信念都归之于它，为的是能够使它适合他们自己的先验假设：即它是一种救赎主义者的宗教。① 尽管如此，俄耳甫斯的灵魂学说是一种新的自

① 在马基奥罗（Macchioro）及其他一些学者之后情况仍是如此，例如克恩（O. Kern）的《希腊宗教》（*Die Religion der Griechen*，Berlin，1926—1938）。可以参看针对这些夸大其词的学者的那些批判性言论，在维拉莫维茨的《希腊的信仰》（*Der Glaube der Hellenen*，II，1932，第 199 页）和林福斯的新近著作《俄耳甫斯的艺术》（*the Arts of Orpheus*，1941）中，作者都试图为希腊早期的俄耳甫斯教提供一种假设性重建。这些学者的批评和反对起到了一种冷却效应，但在我看来，他们的否定态度走得太远了。中庸克制一点的是格思里的《俄耳甫斯和希腊宗教》（*Orpheus and Greek Religion*，London，1935）。如果我们只接受可靠的传统可以追溯到的自称是俄耳甫斯的早期教派，那么，这当然是不够的；不过，也许俄耳甫斯这个名字并非至关重要，因为它是一种特殊的宗教类型，我们这里感兴趣的是它的特征、生活方式（*βίος*）以及灵魂-精灵的神秘观念，而无关乎它到底叫什么。

我意识和一种新的人生情感的开端。与荷马的灵魂观念不同，它具有一种真诚的道德意义。任何一种"灵魂来自神（God）且永不消灭"的教义，都自然而然地教导人们，在尘世生活期间，必须保持灵魂的纯洁；而此类教义的一个信仰者，就会觉得自己要对有生之年的一切行为负责到底。[①] 我们之前已经在梭伦那里遇到过责任的观念。在那里，责任意味着个体对城邦共同体的社会责任；在这里，责任指的是道德责任，或纯洁生活的宗教理想。净化，本来只是一个宗教祭仪的概念，现在逐步扩展到了道德领域。当然，我们千万不要把俄耳甫斯信仰的净化，与后来的唯心灵论者运动的禁欲主义相混淆，唯心灵论者认为"物质"本身是邪恶的；不过，俄耳甫斯教也教导某种自我克制的苦行，尤其戒绝一切来自动物的食品。[②] 俄耳甫斯的神秘信仰（即灵魂是来自天国的过客，暂时寄居于尘世的有限生命之中）直接导致了灵魂和肉体的突然分裂，从而也导致了肉身本质上是坏的观念。

俄耳甫斯信仰在希腊和希腊殖民地的迅速传播，只能说明其教义满足了一种官方宗教无法满足的深刻精神需求。[167]公元前六世纪时还有其他一些宗教运动，著名的有日益增长的狄俄尼索斯崇拜和德尔菲的阿波罗崇拜：这二者也是对一种更加私人化的宗教的渴望的回

---

① 参见罗德（E. Rohde），《灵魂》（*Psyche*）II 之"俄耳甫斯教"章；奥托（W. F. Otto），《魂灵》（*Die Manen*），Berlin，1923，3。

② 柏拉图，《法义》782c；欧里庇得斯，《希波吕托斯》（*Hipp.*）第 952 行及以下；阿里斯托芬，《蛙》（*Frogs*）第 1032 行及以下，都说戒绝来自动物的食物是俄耳甫斯生活方式（*βίος*）的一个特征。后来的古代作家们也将相同的规则归诸毕达哥拉斯，许多现代学者也遵循他们的说法。不过，这一传统绝非确定无疑，尽管希罗多德在《历史》2.81 将俄耳甫斯的宗教仪式在某些方面与毕达哥拉斯派的"宗教密仪（orgia）"相互比较。参见拉特曼（G. Rathmann），《对毕达哥拉斯、俄耳甫斯教派和恩培多克勒的研究》（*Quaestiones Pythagoreae Orphicae Empedocleae*），Halis Saxonum，1933，第 14 页及以下。亚里士多塞诺斯（Aristoxenus）否定了毕达哥拉斯派戒绝动物食物的传统说法的真实性（参见第欧根尼·拉尔修，《著名哲学家的生平和学说》VIII，20）。在这方面，他旗帜鲜明地反对他那个时代的一般意见。毕达哥拉斯派规则的践行者（Pythagoristae）——他们的禁欲生活遭到了"新谐剧"作家们的嘲笑——自称是毕达哥拉斯的真正追随者。但是，这正是由亚里士多塞诺斯所代表的毕达哥拉斯主义的科学分支要质疑的。参见伯奈特，《早期希腊哲学》，论"毕达哥拉斯"章，伯奈特相信毕达哥拉斯主义者的禁食传统。

应。为什么阿波罗和狄奥尼索斯这两个截然相反的神祇在德尔菲地区的宗教仪式中同时受到崇拜？宗教史家们发现要想解释这一点是不可能的。尽管如此，希腊人显然感觉到这些神祇有某种共同之处——这就是，在我们发现它们被共同崇敬的时代，它们都具有影响崇拜者的灵魂的强大能力。① 它们是所有神祇中最个性化的神祇。我们几乎可以这样说，如果狄奥尼索斯的狂野和亢奋没有先把城邦公民原来的那种良好秩序（eukosmia）和端正行为扫荡一空，未曾打破城邦原有基础的话，那么阿波罗的秩序、明晰和节制精神就不会如此深入地沉浸到人们心中。这场革命和重置给了德尔菲的宗教以极大权威，使它能够指挥希腊的所有建设性能量。希腊"七贤"、最伟大的国王们以及公元前六世纪最有权势的僭主们，无不将德尔菲阿波罗的神谕吹捧为最高级的明智建议。公元前五世纪，品达和希罗多德都深受德尔菲精神的影响，并见证了德尔菲神谕的鼓舞和激励力量。德尔菲的影响力即使在前六世纪如日中天之时，也没有创造任何永恒的记录：不存在什么德尔菲圣经之类的东西。不过，在德尔菲，希腊宗教的教育力量达到了登峰造极的地步，而且从那里扩散开去，远远超出了希腊世界的边界。② 圣人的明哲之言都奉献给了阿波罗，并镌刻在其神庙中，因为他们的世俗智慧都不过是阿波罗神圣智慧的反映而已；而阿波罗崇拜者们则在其大门上看到了认识你自己的诫命——适度和节制的教义，人们借此可以学会记得人类能力和雄心的限度，这一教义是以立法的形式表达出来的，这是那个时代的共同特征。

相信希腊人的节制产生于希腊人天生的和谐性格，这是一种误解。倘若事情确实如此，那为何在他们突然认识到黑暗的深渊之时——我们的生活和人的灵魂都在这黑暗的深渊之上缓慢移动——他们被如此诚挚地嘱咐要追求节制？阿波罗教导的适度和中庸并非平静与满足的陈词滥调，它是对放任无忌这种新的个人主义冲动的强烈压制，因为在

---

① 狄奥尼索斯通过他的迷狂仪式打动人心，阿波罗则通过他的道德教导和智慧教化人心。

② 关于德尔菲的阿波罗的宗教宣传的道德影响力，参见维拉莫维茨，《希腊的信仰》（*Der Glaube der Hellenen*）II，第 34 页及以下。因为德尔菲神庙净化仪式上的训诫以及与之相联系的生活规则，这位学者在第 38 页谈到了作为教育者的德尔菲神祇。

阿波罗的准则中，违背上天的最骇人听闻的事情[168]莫过于“不思人之所当思”①——企望过高，远超为人所定之命限。狂妄，作为正义的对立面，②原来它只是一个具体的法律概念，现在也变成了一个宗教概念：它现在的意思是贪欲(pleonexia)或者人在神面前的膨胀。这一新的含义，成为僭主时代的宗教情感的经典表达，也是流传给我们的遗产之一。在很长一段时间内，它连同“诸神的嫉妒”的观念一起，鲜明地规定了大多数希腊宗教的基本教义。有死凡人的命运如时日般易变：因而人决不能企望过高。

但希腊人为人对幸福的需求所驱使，从此种悲剧意识中逃离，进入到自己灵魂的内在世界之中：或沉浸于酒神节沉醉的自我忘却之中(因而这种沉醉是阿波罗教义的严格克制的一种补充)，或沉浸于俄耳甫斯的教导之中——俄耳甫斯神秘信仰教导说，“灵魂”是人的最好部分，灵魂比身体拥有一种更高级更纯洁的命运。对真理的超然探究现在向人揭示了生与死的无休止进程——此进程即自然(Nature)，而且向人表明，一种强大的普遍法则统治着这一进程，这种普遍法则对人类的卑微生活毫不在意，而是以其铁的“正义”超脱于他们的短暂幸福之上。因此，为了强化反抗这一可怕真理的力量，人们转而信仰自己的神圣命运。灵魂——它在我们之中的生存无法为任何科学展示所证明，现在被认为是一个寄居于无情世界中的异乡客，渴望返回他自己的永恒家园。普通人将死后的生活想象为一个永享感官欢愉的极乐世界；而少数高贵的心灵努力在喧嚣的混乱中保持平衡，当人世之旅结束时，希望他们的灵魂能从肉体的拘束中得到释放。不过，两个阶层的人都被他们对自身的更高命运的信念联合在了一起。他们信心满满：当纯洁的灵魂最终抵达另一个世界时，它会在天国的门口说出作为其通行证的真相(它曾在这个地球上借此为生)：“我也是神的后裔。”这就是镌刻在俄耳甫斯的

---

① 品达，《地峡颂歌》(*Isth.*)IV，16；《尼米亚颂歌》(*Nem.*)IX，47；《埃庇卡摩斯颂歌》(*Epicharm.*)B 20(《前苏格拉底残篇》[第尔斯本]I)，等等。

② 在荷马和赫西俄德那里，狂妄(hubris)都有与正义(diké)相反的意思。译注：diké的本意是“应得之份”，hubris的本意是“劫掠他人之所有”，所以说二者有相反的意思。

金盘上的话，[①]它被放置在南意大利的坟墓中，作为死后生活的通行证。

在人类自我意识的发展史上，俄耳甫斯的灵魂观念标志着一个重大的进步。没有它，柏拉图和亚里士多德绝不可能发展出精神神圣的理论，[②][169]以及人的肉身属性可以从他的真实自我——其真正作用是使其自身臻于完美——剥离的理论。恩培多克勒的学说受俄耳甫斯信仰关于人的神圣本性观念的启发，这足以表明新宗教与哲学问题的联系是何等紧密。二者的联系首先出现在毕达哥拉斯的教导中；而恩培多克勒则在其俄耳甫斯诗歌《净化》(The Purifications)中赞美毕达哥拉斯。[③] 实际上，恩培多克勒的哲学混合了俄耳甫斯的灵魂学说和伊奥尼亚的自然哲学——这种综合富有启发地显示了这两种看待世界的不同方式是如何相互补充和完善的。俄耳甫斯的灵魂学说和伊奥尼亚的自然哲学二者的联合，在恩培多克勒关于灵魂的想象中得到了象征性呈现，灵魂在元素的漩涡中被上下抛掷：气、水、土、火轮流将灵魂抛掷，将它从一个抛到另一个之中，“我就是这样一个可怜虫”，他说，“一个被神放逐的流浪者”。[④] 在自然哲学家们所揭示的有序整体中，灵魂无家可归；但它通过其宗教的自我意识拯救它自己。只有当灵魂在自然哲学家们的有序整体中为自身寻得一席之地时（如在赫拉克利特那里[⑤]），人才能在其寻求宗教满足的过程中，对形而上学的理论感到满足。

---

① 《前苏格拉底残篇》(第尔斯本)1，15；俄耳甫斯残篇 17 及以下。这些金盘属于很晚的时期，这一点确实无疑；不过，发现这些金盘的地方——南意大利——数个世纪以来一直是这种宗教信仰的所在地。再者，既然我们必须既要考虑宗教仪式和信仰的稳定性，又要考虑宗教类型的身份性质——在此种性质的宗教类型中，“灵魂的通行证”这样的话以古老的俄耳甫斯信仰（即灵魂-精灵的神圣起源及其回归天国）为先决条件，那么，公元前六至前三世纪期间——佩特里亚(Petelia)的金盘被归属于这个时期——存在着一种连续不断的传统便是很有可能的。

② 柏拉图的《斐多》(*Phaedo*)和《王制》都清楚地表明了人的精神的神圣性；至于亚里士多德，参见其已佚对话《欧德谟斯》(*Eudemus*)和《论爱智慧》(*Περὶ φιλοσοφίας*)的残篇，以及拙著《亚里士多德：发展史纲要》，第 40 页及以下，第 45 页，第 159 页。

③ 恩培多克勒残篇 129(第尔斯本)。

④ 恩培多克勒残篇 115，23。

⑤ 参见本卷第 236 页。

科罗丰的塞诺芬尼是伊奥尼亚的第二个伟大思想家，他在南意大利教学和工作，他不像他的前辈那样是一个系统性的哲学家。米利都的自然哲学是纯粹的科学研究的产物。不过，阿那克西曼德的学说以易于接受的书面形式，明确地对公众说话；而毕达哥拉斯则是一个社团的创建者，致力于将其学说付诸实践。因而，在某种程度上，他们两个都从事于教学——与哲学研究相比，教学是一种性质截然不同的工作。尽管如此，哲学由于其批评对流行信仰的影响如此之深，以至于想让它完全独立于其他智识活动是不可能的。自然哲学受到当时社会和政治运动的刺激；反过来，它对城邦和社会也具有潜在的影响力。塞诺芬尼是一名诗人，他的作品是哲学精神对诗歌的一种入侵。这是哲学正在成为一种文化力量的积极信号，因为诗歌在那时是——而且一直是——民族文化的真正表达。[170]在促使哲学穿上诗歌形式的外衣的动力中，我们可以看到哲学对人的全部力量——它要求对人的整个灵魂的至高无上的统治地位，连同它对人的理性和情感的控制。伊奥尼亚的新传播媒介散文正非常缓慢地逐渐为人们所喜爱，它的影响力还远逊于诗歌；因为那时的散文是以某个地方的方言写就的，只能赢得少量读者，而诗歌使用的则是荷马的语言，是一种真正的泛希腊世界使用的语言。塞诺芬尼的诗歌也旨在影响整个希腊世界。即使是恩培多克勒(他是一个自然哲学家)和巴门尼德(他是一个抽象的逻辑学家和形而上学家)也使用赫西俄德类型的教谕诗作为他们的传播媒介，他们可能是受塞诺芬尼这个榜样的鼓舞；因为尽管塞诺芬尼既不是一个真正的哲学家，也不是关于自然的教谕诗的作者(尽管经常有人把他归于这一类)，① 他是一个以诗歌呈现哲学思辨的先驱者。在塞诺芬尼的哀

① 关于被归诸塞诺芬尼的教谕诗问题，参见伯奈特，《早期希腊哲学》，第115页。因为本人写了这些话，戴希格雷贝尔(K. Deichgraeber)在《莱茵古典语文学杂志》第87期发表了《塞诺芬尼〈论自然〉》(*Xenophanes Περὶ φύσεως*)一文；在这篇文章中，他试图证明由塞诺芬尼创作的一首关于自然哲学的教谕诗的存在。在本人尚未出版的1936年的吉福德讲座《早期希腊哲人的神学》中，我已经对此问题进行了更准确的处理，我必须对读者提到这本书。戴希格雷贝尔在其文章的第13页承认，亚里士多德和泰奥弗拉斯托斯——也即在古典时代最热衷于研究希腊早期思想家历史的两个人——根本没有把塞诺芬尼算在自然哲学家之列，而是在他身上看到了神学家。这一点倒是真实的：即后来的两位文法学家，克拉底斯(Crates of Mallos)和波吕克斯(Pollux)，以六步格诗的形式(转下页注)

歌和讽刺诗（silloi，一种新的讽刺文学）中，他抨击伊奥尼亚自然哲学家的启蒙学说，①从而也使伊奥尼亚的自然哲学通俗化了，他拿起棍棒反抗流行的文化理想。

这些文化理想，首当其冲的，是荷马和赫西俄德的教导。塞诺芬尼自己这样说："自古以来，人人都以荷马为榜样。"②因此，在努力创造一种新文化的过程中，荷马是塞诺芬尼攻击的焦点。③ 哲学以一种对事情的哲学和逻辑的解释取代了荷马的宇宙观念；正是这种对宇宙的新解释使塞诺芬尼的诗歌想象充满激情。④ 因为这对他来说，意味着对传统的、多神论的、拟人化的神灵世界的抛弃，这个世界（用希罗多德的名言来说）是荷马和赫西俄德为希腊人创造的。⑤ 他喊道："荷马和赫西俄德将人间的无耻丑行都加在诸神身上；偷盗、奸淫、尔虞我诈。"⑥塞诺芬尼自己的神（God）观念是：神与整个宇宙是一样的；他以对自己的新学说的正确性的热烈信任提出了这一点。在此意义上，神只有一个。⑦ 神在形体和思想上与人全无相同之处。神全视、全知、全听。⑧"神不费吹灰之力，纯粹以他的思想支配宇宙。"⑨神永远在同一个地

（接上页注）引述一首塞诺芬尼的诗，他们将其称为"*Περὶ φύσεως*[论自然]"，但它不必是一首关于恩培多克勒的自然和比例的诗，或者类似卢克莱修的《物性论》（*On Nature*）这样的叙事诗，尤其是因为古人在使用这种题目时似乎非常自由随意。这一观点得到幸存残篇的支持，第尔斯本的《前苏格拉底残篇》I 中，列在"*Περὶ φύσεως*[论自然]"题目之下的塞诺芬尼残篇，在我看来，部分属于讽刺诗（*Sillioi*），而与论自然的诗无关。

① 讽刺诗指向所有的哲学家和诗人，参见塞诺芬尼 A 22，25。我不想在此讨论塞诺芬尼和巴门尼德的关系，我会在其他地方对此做一个简短的说明。莱因哈特在《巴门尼德》（*Parmenides*，Bonn，1916）一书中，反驳了塞诺芬尼是爱利亚派哲学体系创始人的这一已经被接受的意见；不过，在我看来，他没有理由让塞诺芬尼成为巴门尼德的追随者。实际上，在我看来，塞诺芬尼的通俗化哲学并没有建立在任何确定的哲学体系之上，这一点甚至可以应用到他的一切自然事物的神圣性学说之上。

② 塞诺芬尼残篇 10（第尔斯本）。

③ 塞诺芬尼 A 1（第欧根尼·拉尔修，《著名哲学家的生平和学说》IX，18）；A 22。

④ 从塞诺芬尼的论辩来看，这一点是显而易见的，且并不排除本页注释①中提到的事实，即他也攻击同时代的哲学家（毕达哥拉斯？）。

⑤ 希罗多德，《历史》2. 53。按照他的说法，荷马和赫西俄德创造了希腊人的神谱，因为他们给了诸神姓名（*ἐπωνυμιαι*）、荣誉、技艺，还指出了他们的形式（*εἴδεα*）。

⑥ 塞诺芬尼残篇 10 和 12（第尔斯本）。

⑦ 亚里士多德，《形而上学》A 5，986b21—24；塞诺芬尼残篇 23（第尔斯本）。

⑧ 塞诺芬尼残篇 23；24。

⑨ 塞诺芬尼残篇 25。

方，根本不动，不像史诗中的诸神那样，一会儿在这里，一会儿又在那里，来回奔忙。① 凡人们以为诸神是诞生出来的，穿着衣服，并且有同自己一样的容貌和声音：②假如公牛、马和狮子都有手，而且像人一样都能用手画画，它们就会各自照着自己的模样描摹诸神；[171]公牛会把诸神画成公牛，而马会把诸神画成马。③ “埃塞俄比亚人说他们的神的皮肤是黑色的，鼻子是扁平的；色雷斯人说他们的神是蓝眼睛、红头发的。”④外在世界中发生的一切事情——凡人们认为这些事情都是诸神的工作，都使他们感到害怕——都是由于自然原因而发生的。彩虹就只是一团彩色的云；⑤海洋是水、风和云这一切的源泉。⑥ “我们都是从土和水中生长出来的。”⑦“一切生成和生长的东西都是土和水。”⑧“一切从土中生，一切最后又都归于土。”⑨文明并非如神话传统所言，是诸神送给凡人的礼物，而是人们自己在时间中发现了这一切，并逐步加以改善所致。⑩

这些思想没有一个是新的。它们说到底是阿那克西曼德和阿那克西美尼的学说，是他们创造了这种对宇宙的自然主义解释，而塞诺芬尼的工作就是以热情洋溢的信念宣扬它们，他不仅受到他们摧毁陈旧信仰的惊人力量的启发，而且还受到他们创造性的宗教和道德力量的启发。因此，对荷马的神灵和宇宙观念的缺陷进行辛辣的嘲讽，就成了他

① 塞诺芬尼残篇 26。
② 塞诺芬尼残篇 14。
③ 塞诺芬尼残篇 15。
④ 塞诺芬尼残篇 16。
⑤ 塞诺芬尼残篇 32。
⑥ 塞诺芬尼残篇 30。
⑦ 塞诺芬尼残篇 33。
⑧ 塞诺芬尼残篇 29。
⑨ 塞诺芬尼残篇 27。
⑩ 塞诺芬尼残篇 18。埃斯库罗斯《普罗米修斯》（第 506 行）的说法，即普罗米修斯是一切技艺（*τέχναι*）的发明者，以塞诺芬尼的人自己创造了文明的思想为前提。以哲学方式思考的读者总是正确地把普罗米修斯理解为一个人类的创造性天才，尽管他在埃斯库罗斯的戏剧中确实是一个神。埃斯库罗斯的神话故事版本，是古老传奇与冷静理性的观念之间的一种中庸之道，神话设想出一个特殊的神作为一切技能的发明者，理性的观念认为人自己在没有神明帮助的情况下创造了一切。对埃斯库罗斯来说，普罗米修斯成了人的创造性的神性人格。

说清楚更有价值的新信仰的努力的一部分，他是这种新信仰的传道者。使人类的生活和信仰革命化的正是这种新真理的力量。因此，自然哲学家们的有序整体，由于思想上的一种奇怪的退却，成了人类社会的良好秩序的范型，①成了城市国家道德体系的形而上学基础。

除了哲学的讽刺诗之外，塞诺芬尼还写了其他一些诗歌。在六十七年的漂泊之后——这种漂泊很可能是他从科罗丰移居南意大利开始的——他在一首诗中②(创作于九十二岁高龄之际)回顾了自己躁动不安的精神；不过，在他的叙事诗《科罗丰的建立》(*the Founding of Colophon*)中，他对自己老家的不吝赞誉。③ 他还写了一首关于爱利亚(Elea)殖民地的诗，他本人很可能就参与了爱利亚的创建。④ 这些诗歌在任何时候都比平时处理客观主题的诗歌充满个人感情。他的哲学诗完全受到他对激动人心的新学说的个人信仰的启发，他把这种新学说从亚洲带到了大希腊(Magna Graecia)和西西里的新家。一些现代学者将他描绘成吟唱诗人，在公众场合吟诵荷马史诗，[172]在私下里又为朋友们诵读自己反对荷马和赫西俄德的讽刺诗。⑤ 不过，这种描述是对事实的误解：因为它与塞诺芬尼的独特性格不符，他的这种独特性格在他的每一行现存诗句中都留下了不可磨灭的印记。他写诗，是为了给他那个时代的所有人阅读，正如他的伟大诗篇《宴会》(Banquet)⑥所表明的那样。这首诗令人印象深刻地描绘了传统的贵族宴会，充满了深刻的宗

① 塞诺芬尼残篇1和2这两首哀歌表明了这一点。尤其参见残篇2，19关于城邦的"*εὐνομία*[良好秩序]"，以及此种良好秩序与他自己的"*σοφίη*[思想]"的联系。

② 塞诺芬尼残篇8。

③ 第欧根尼·拉尔修，《著名哲学家的生平和学说》IX，20(塞诺芬尼A 1[第尔斯本])。

④ 第欧根尼·拉尔修，《著名哲学家的生平和学说》IX，20(塞诺芬尼A 1[第尔斯本])。

⑤ 冈珀茨(Gompertz)，《希腊思想家》I(第4版)，第129页，将塞诺芬尼描述为一个荷马式的行吟诗人，闲暇时，他也在公众场合吟诵自己的诗歌。这一想法可以追溯到第欧根尼·拉尔修，《著名哲学家的生平和学说》IX，18(《前苏格拉底残篇》[第尔斯本]I，塞诺芬尼A1)，他写道：*ἀλλὰ καὶ αὐτὸς ἐρραψῴδει τὰ ἑαυτοῦ*[他还吟诵自己的诗]。但这无法与对荷马诗句的朗诵形成对比，因为根本没有提到荷马。这句话的前面是对塞诺芬尼的各类诗歌形式的枚举，第欧根尼的意思是说，在塞诺芬尼漫游希腊各处的过程中，他不仅"写下"了这些诗篇，而且他本人还(在公众场合)"吟诵"这些诗篇；因为这确实是一种不常见的现象。除了"吟诵"之外，"*ῥαψῳδεῖν*"一词没有别的意思；至少在公元二世纪的那种繁琐的希腊语中，不需要用它来暗示一个荷马式的行吟诗人的活动。

⑥ 塞诺芬尼残篇1(第尔斯本)。

教情感。在塞诺芬尼的叙述中，仪式的任何一个细枝末节都被赋予了一种崇高的意义。对他来说，宴会，仍然是诸神伟大事迹的崇高传统和祖先男子气概的德性典范的圣地。他告诉其他客人，不要谈论任何有关神灵的可耻争吵，不要说任何有关泰坦巨人、百手巨人和半人马的战争——这些都是早年的虚构和捏造，其他诗人喜欢在宴会上吟唱——而是"要敬畏神明，保持对真正德性的鲜活记忆"。[①] 在另一些诗中，他告诉我们"敬畏神明"指的是什么。我们从这个句子只能知道，在他现存的诗歌中，哲学的批判对诸神的传统叙述提出了控诉，这些批判诗是需要在宴会上吟诵的：因此，它们反映了古代宴会的教育倾向。在宴会上，德性得到了尊崇；塞诺芬尼的意思是，德性应该与诸神一起在新的纯洁风尚——这种新风尚确认了宇宙的永恒法则——中受到尊敬和爱慕。[②] 他坚持认为哲学的真理是真正德性的指引。

塞诺芬尼的另一首，也是更伟大的诗，[③]讨论同一个问题。他在这首诗中热情洋溢地捍卫新的德性观念。这是文化史上一篇至关重要的文献，因而我们在此不可粗心大意，将其疏忽过去。它为我们揭示了一个与塞诺芬尼的自由家乡远为不同的世界——旧贵族严格的秩序和等级制度的世界。这个世界的最高理想仍然是奥林匹亚赛会的胜利者。这个世界及其理想的古老光荣，在塞诺芬尼的同时代人品达的合唱诗中最后一次大放光芒，然后渐消渐歇，以至于销声匿迹。随着小亚细亚的米底亚的入侵和科罗丰的陷落，塞诺芬尼被抛进了西部希腊陌生的贵族生活之中，他在那里度过了将近七十年光阴，但从未成家立业。他所到之处，每一个希腊城市都赞扬他的吟唱，都抱着热烈的兴趣倾听他的新教导；正如一则著名的轶事所显示的，[173]他与叙拉古的僭主希伦机智地交谈，[④]他出入于富家巨室之门，是他们的座上客，但他从未像在他老家伊奥尼亚那样，享受过自然而然的欣赏和社会声望：他总是

① 塞诺芬尼残篇 1,20。

② 对诸神的高贵与伟大持一种正确的观点，是"虔敬"的一部分，因此，也是德性的一部分。这就是为什么我们必须正确理解残篇 1,20—24 的原因。

③ 残篇 2。

④ 塞诺芬尼 A 11(第尔斯本)。

孤独的。

在整个希腊文明史上，在他的诗中，我们可以比在任何其他地方都更清晰地看到两个精神仇敌之间的必然冲突，即旧的贵族文化和新的哲学理想之间的冲突，后者现在正在寻求在社会秩序中推翻前者的原有地位和权利。体育，还是精神？——是这场冲突的本质。看起来入侵者必须从传统的坚固城墙面前退却；但他们的喊杀声中天然有胜利的钟声，实际上，他们的胜利已经为期不远。体育理想的绝对统治地位已然动摇。塞诺芬尼已经不可能如品达那样，坚持认为每一场奥林匹亚赛会的胜利，无论是摔跤和拳击，还是赛跑和赛车，都是胜利者的神圣德性的呈现。[①] 城邦给比赛的胜利者以荣誉和奖赏，他说：

> 但我仍然比他更配得上这些；因为我们的这种智慧比人和马的勇力更胜一筹！这是一种错误的习俗：喜欢勇力胜过智慧毫无正义可言。因为即使一个城邦的公民中有一个优秀的拳击手或摔跤手，或一个五项全能的冠军，城邦也不再因为这一切而成为一种良好秩序（*εὐνομίη*），奥林匹亚赛会的一场胜利只会给城邦带来一点小小的欢乐，因为它无法填充城邦的府库。[②]

这是一种令人惊讶的方式，为的是捍卫哲学知识的价值。尽管如此，它再次以最清晰的方式表明了城邦及其繁荣昌盛才是衡量一切价值的基本标准。因此，如果塞诺芬尼想用哲学的人的理想取代传统的理想，他注定要表明新观念有利于城市的幸福与安宁。这让人想起提尔泰奥斯的一首诗，它在诗中宣告斯巴达的公民理想，即骁勇善战，比人的其他一切德性，尤其是奥林匹亚赛会胜利者的卓越技能，具有绝对的优先地位。他说，“这是一种被整个城邦分享的好处”——他的话是城邦道德对旧的骑士理想的第一击。[③] 后来，当法治国家形成时，正义

---

① 参见本卷第 260 页及以下。

② 残篇 2，11—22。

③ 参见本卷第 116—118 页。

被奉为最高美德——仍然是以城邦的名义。现在，塞诺芬尼诉诸城邦的繁荣昌盛，[174]来证明他新的德性观念，即智力文化（*σοφία*）的价值。通过对早期理想的消化吸收，以及使其从属于自身，新的德性观念取代了早期理想。在城邦中创造正义和法律、良好秩序和繁荣昌盛的，是智慧的力量。以提尔泰奥斯的哀歌为模范，塞诺芬尼精心创作了自己的诗歌，作为自己的新思想的一种适当形式。① 他的理想标志着城邦德性观念的最后发展阶段：首先是勇敢，然后是审慎和正义，现在，最后是智慧——柏拉图将它们作为公民最高德性的本质保留了下来。塞诺芬尼的这首哀歌是对"智力德性（*σοφία*）"的首次肯定，它将在哲学的道德体系中扮演相当重要的角色。② 在它那里，哲学发现了自身对人类（也即是对城邦）的重要意义；现在，对真理的超然探究和对人类生活的批评和指引之间的鸿沟，终于被填平了。

尽管塞诺芬尼不是一位原创性的思想家，但在他那个时代的智识生活中，他仍然是一个非常重要的因素。是他首次告诉希腊人，哲学可以成为一种文化力量（即教化力量）。甚至当恩培多克勒攻击传统对体育上的勇力的钦羡时，③他用的也是从塞诺芬尼那里发展出来的方法和论证；在批判荷马神话故事的教育价值方面，柏拉图也是塞诺芬尼的追随者。④

另一方面，爱利亚的巴门尼德是有史以来最伟大的哲学家之一；他的智力发现硕果累累，对后世影响巨大，如果对此没有一种全面的认识，我们就难以估量他在文化史上的地位。在希腊哲学发展的每一个新时代，都可以追溯到其作品的影响，甚至在今天，他仍然是一位具有永久哲学地位的代表人物。因为他引入了希腊思想的第三种基本形式，它与米利都的自然哲学和毕达哥拉斯的数学哲学并驾齐驱，而且也

---

① 参见拙文《提尔泰奥斯论真正的德性》，载《柏林科学院会议报告》，1932，第557页。

② 在柏拉图关于城邦的哲学中，智慧（*σοφία*）作为最高的德性而出现，它是《王制》中的统治者的德性。在亚里士多德的《伦理学》中，它是所谓的智力德性（*διανοητικαὶ ἀρεταί*）中最重要的德性。

③ 欧里庇得斯在其已经遗失的肃剧《奥托吕科斯》（*Autolycus*）残篇282（诺克编）中，重复提到了塞诺芬尼对体育的攻击（参见《前苏格拉底残篇》[第尔斯本]I，色诺芬C 2）。

④ 参见本书第二卷，第243—244页。

像它们一样影响了人类的整个智识和精神生活。它就是逻辑。

早期自然哲学家对宇宙的思考和推测并非为逻辑所指引，而是为另一种类型的精神活动所指引，即被由理性所引导和控制的想象力所指引；它是希腊人对结构和建筑形式的一种独特感觉（他们通过这种感觉来分析和安排可见世界）和象征主义者的一种奇特信念（这种信念认为可以用人类生活来解释非人类的世界）。[175]因此，阿那克西曼德所设想的宇宙，是生成和消逝——亦即被永恒正义所主导的交战双方——的世界-秩序进程的一个看得见的象征符号；在这种世界-秩序观念中，几乎没有抽象的逻辑推理的痕迹。① 但是，巴门尼德的话语具有严格的逻辑结构，为思想的必然性所支撑和掌控。他的现存残篇形成了第一套几乎是全面且相互关联的哲学教条，这并非事出无因。仅仅研究巴门尼德对宇宙的静观，我们无法认识或揭示其价值，我们应该通过思考其产生的心理过程，来认识和揭示其意义。② 巴门尼德将其学说强加于听众的那种巨大能量，不是来自于空头理论家的激情，而是来自于逻辑学家对其思想的必然性结果的必胜信念。他自己也认为人的思想的最高目标，就是对一种绝对必然性（ananké）的认识：他也把这种必然性叫作“正义（diké）”或“命运（moira）”，显然是受到阿那克西曼德的影响。③ 不过，他告诉我们，正义决不会松开它的锁链，听任存在者产生或消灭，而是会牢牢抓住存在者不放。他这样说并不是想将他自己的正义与阿那克西曼德的正义相对比——阿那克西曼德的正义呈现于万物的生成与消逝之中。他的意思是说，他自己的正义——它使一切生成与消逝都远离存在（Being），并将存在牢牢地束缚在其锁链中——是内含于存在概念之中的必然性，是他比喻性地叫作存在的“正

① 也许莱因哈特是对的，我从他的书中借鉴了很多，他说（《巴门尼德》，第253页），阿那克西曼德从无规定（apeiron）的本质中得出谓词“不朽”和“不灭”的推论，是走向巴门尼德的纯粹逻辑推理的第一步，巴门尼德从绝对存在（Being）的本质中抽取出了谓词。我在1936年的吉福德讲座中进一步追溯了这个问题（参见本卷第206页，注释②）。早期希腊思想中经验要素与思辨要素的混合值得我们注意。

② 巴门尼德残篇8,12，谈到了确定性的力量（*πίστιος ἰσχύς*）。真理的牢固核心是无可动摇的（*ἀτρεμές*，残篇I,29），区区“*δόξα*[意见]”缺乏信念的真正力量。

③ Ananké，残篇8,16（第尔斯本），diké，8,14，moira，8,37；亦可参见经常用到的“*χρή*[必须、应当]”，“*χρεών*[神发布的预言、命中注定]”等。

义要求”的必然性。① 正如他以不断增强的力量反复强调的，“存在存在，非存在不存在”(Being is, and Notbeing is not)。② “存在不可能不存在”(that which is cannot not be)，“不存在不可能存在”(that which is not cannot be)——这样，巴门尼德就说出了思维的法则，这种思维的法则是在巴门尼德认识到逻辑的矛盾无法解决的基础之上建立起来的。

纯粹思想的强制力是一个伟大的发现，巴门尼德的哲学围绕着这个核心运作，它规定了其教导的论战性语气。在巴门尼德的主要命题中，我们看来只是一种逻辑法则的发现的东西，被他自己看作是一种客观真理的发现，这种客观真理的发现将他置于伊奥尼亚自然哲学家的所有观念的对立面。如果存在(Being)从未停止其存在(exist)而非存在(Notbeing)从未存在(exist)过这一点是真的，那么(巴门尼德认识到)生成与消逝就是不可能的。③ 但是，现象好像告诉我们生成与消逝确实在发生，[176]现象欺骗了自然哲学家，因而他们以为存在(Being)产生于非存在(Notbeing)并再次消逝于非存在。实际上，自然哲学家持有的是所有人的共同信念。我们相信我们的眼睛和耳朵，而不是我们的理性(Reason)，但其实理性才是可靠的确定性的唯一指引。理性是我们精神的眼睛和耳朵，不使用理性的人就像瞎子和聋子一样④——他迷失在了矛盾的迷宫中；最终，他必定只能相信存在和非存在既相同，又不相同。⑤ 如果我们坚持存在产生于非存在，那么我们说的世界起源就是不可知的，因为那不存在的东西是无法被认识的：真正的知识必须与一个对象相对应。⑥ 因此，如果我们想要寻求真理，就必须让自己从生成与消逝的感性世界中解放出来——生成与消逝的世界引导我们接受一种不可思议的结论——并转向真正的存在，⑦那是我

① 残篇 8，14。
② 残篇 4；6；7。
③ 残篇 8，3；8，13 及以下；8，38。
④ 残篇 6。
⑤ 残篇 6，8。
⑥ 残篇 8，7 及以下。
⑦ 残篇 8，14。

们可以用理性领悟的东西。"因为思想与存在是同一的。"①

纯粹理性的最大困难，永远是它想要获得其对象的一些具体知识。巴门尼德的现存残篇表明，他着手从他新的严格的存在观念中演绎出若干内在于存在本性的规定：他把这些规定称为探索道路上的路标，纯粹理性带领我们沿着这些路标前进。② 存在不是产生出来的，也不会消失；存在是"一"；存在是完整的；存在是不动的、永恒的、无所不在的一个整体，存在是相互联系的、不可分的、均匀的、不可穿透的。显而易见，巴门尼德归之于存在的所有肯定和否定的属性，都是仿照自然哲学的模型，通过仔细分析内在于自然哲学的矛盾，然后产生出来的。③ 我们在此不必详细论证这一点。不幸的是，早期哲学知识的空白削弱了我们对巴门尼德学说的理解，但有一点是肯定的，那就是他不断地提到阿那克西曼德；他可能也批判了毕达哥拉斯的理论，尽管我们找不出这一猜想的证据。④ 在本书中，我们既不想系统地展示巴门尼德从其新视角出发攻击和摧毁自然哲学所有本原的尝试，也不想讨论作为其原则的逻辑结果的那些悖论（这些悖论主要是由他的学生来探究的，[177]其中，芝诺和麦里梭[Melissus]或多或少作为独立的思想家值得我们特别注意）。

巴门尼德认为，纯粹理性和逻辑思维的严格统治的发现，意味着一条新的真理之路的发现——实际上，它也是一条唯一可行的道路。⑤ 在希腊哲学中，探索真理的正确道路（ὁδός）的比喻不断地重现；尽管只是一个比喻，但它包含着一种技术的声音，尤其是在正确的道路和错误的道路的对比中，它已经接近"方法"（method）的意思。⑥ 这一对学术

① 残篇5。译注：关于这句话的理解，可参见《希腊哲学史》I（汪子嵩等著，北京：人民出版社，1997），第四编，第七章，第二节"存在与非存在"，尤其是第634—639页；亦可参见杨适，《希腊哲学探本》（北京：商务印书馆，2003），第二章"巴门尼德和爱利亚派"，尤其是第203页。

② 残篇8。

③ 里茨勒（K. Riezler），《巴门尼德》（*Parmenides*），第10页及以下。

④ 这几乎是所有现代学者的一致意见。这一意见部分建立在"πέρας［界限，限定］"和"ἄπειρον［无限定、无规定］"的观念之上，部分依赖于巴门尼德的诗中讨论"δόξα［意见］"的部分对意见的抨击。

⑤ 残篇1，2；4，6；8，1。

⑥ 贝克（Otfried Becker），《早期希腊思想中的道路比喻》（*Das Bild des Weges ...im frueh-griechischen Denken*），《赫尔墨斯》单行本，第四辑，Berlin，1937。

发展具有根本意义的方法观念，是巴门尼德创造的；因为他是第一个有意识地努力解决哲学方法问题的思想家，并且他明确地区分了在此之前哲学研究赖以前进的两个主要通道——思维和感知，也即感觉的方法和理性的方法。一切不能为理性方法所知的东西，都是“凡人的意见”。① 抛弃意见的世界，选择真理的世界，是我们唯一可以得救的方式。巴门尼德认为这种转变激烈而艰苦，但仍然是一次伟大的解放。他以一种雄伟庄严而又极富宗教情感的语气提出了他的论证——这使他的思想既启人深思，又令人信服。看着他在寻求知识的过程中，将他自己和人们第一次从加诸感官的现象中解放出来，并发现只有理性才是把握存在的整体性和统一性的唯一途径，这实在令人着迷。尽管他的发现为许多问题所困扰和扭曲，但这使希腊人教化人性和理解宇宙的天才的一种基本力量开始行动。他写下的每一行诗都充满了对新发现的纯粹理性力量的热切信仰，并随着这种信仰一起脉动。

巴门尼德的这种信念也说明了其著作采用如此结构的原因，他的著作事实上分为两个对比强烈的部分，即真理（Truth）和意见（Opinion）；②这一结构也解决了一个老问题——巴门尼德怎么可能既是一位热情洋溢的诗人，又是一个枯燥乏味的逻辑学家？在他那个时代，人们可以用荷马和赫西俄德的诗句来处理任何主题，如果我们这样回答这一问题，会失于太过简单。不是的：巴门尼德是一个天生的诗人，因为他被他的信念所裹挟而不由自主：他必须宣讲他的发现，他深信这一发现至少在某种程度上是真理的一种呈现。这种信念与塞诺芬尼个人的大胆传道不同。[178]巴门尼德的诗歌被指有一种高傲的谦卑。尽管他对事实的陈述坚定不移、严格无比，他还是觉得他只不过是一种比他自己更高更有价值的力量的工具和仆人而已。在巴门尼德不朽的序言中，③他公开承认了这种哲学灵感的来源。如

① 残篇 8,51。

② 在第 50—52 行（残篇 8），巴门尼德从讨论真理（ἀλήθεια）的第一部分转到了探讨各种观点（δόξα）的第二部分。

③ 残篇 1。

果我们对其进行研究，就会发现，行走在真理之路上的“那知道的人(man who knows)”[①]的形象，本质上是一个宗教象征符号。文本在最至关重要的地方发生了错谬，但我相信我们可以重构原文的词语。“那知道的人”是一个被叫来观看真理的奥秘的新加入者：关于存在的新知识的一个象征符号。[②] 那条他可以“不受损害地”(我应该这样恢复这个讹误的词)由之达到目标的道路，是一条拯救之路。[③] 哲学研究可以用宗教奥秘(在那个时代，其重要性日益增长)的术语来描述是一个非常重要的事实：它表明哲学正在有意识地取代宗教。有人说过，对巴门尼德而言，与严格的思想法则相比，神灵与情感都毫无意义；[④]但这一事实的反面是，巴门尼德把思想和思想所把握的真理思考为某种类似于宗教的东西。在巴门尼德的序诗中，是他的那种高度的使命意识指引他刻画出哲学家——“那知道的人”——的第一幅真实画像，太阳的女儿们指引他走进光明，远离凡人的道路，沿着那条艰难的道路到达真理的居所。

在塞诺芬尼的教育和传道作品中，哲学曾经离生活如此之近；在巴门尼德那里，哲学好像退却了，甚至离人类生活和人类事务比刚开始时更加遥远，因为在他的存在观念中，一切具体的个别的实存——因而人也一样——都消失不见了；但是，在以弗所的赫拉克利特那里，哲学彻底地回归人类。长久以来，哲学史家们把赫拉克利特看作一名自然哲学家，并将他的学说，即火是万物的本原，与泰勒斯的水本原和阿那克

---

① 残篇 1,3。

② 关于与进入神秘世界相比较的知识，参见本书第三卷，第 12 页，“希波克拉底准则(Hippocratic Law)”。后来，柏拉图在《会饮》210a 和 210e 中，为知识的道路和进入真正的爱欲的秘仪而使用了奥秘这个比喻；参见本书第二卷，第 219 页。译注：“希波克拉底准则”：“秘密只向业内人士透露，在他们进入知识的奥秘之前，严禁向他们透露秘密”；《会饮》：“你可能加入过秘仪，接触过有关爱的基本教义。”

③ 残篇 1,3。常常有人指出，人们接受的这种读法涉及到一个不可能的比喻，这个比喻把引导人通向真理的路描述为“穿过所有的城市”(*κατὰ πάντ ἄστη φέρει εἰδότα φῶτα*)。维拉莫维茨推测此处的原文是 *κατὰ πάντα τατὴ*，不过这一推测不怎么样。在做了 *κατὰ πάντ ἀσινῆ*[完全不受损害地]猜测之后，我发现迈内克(Meineke)已经提过这一建议，这是一个好的建议。译注：*ἀσινῆ*，未受伤害的(人)，未遭损坏的(东西)。原文这里有错漏，作者认为“*ἄστη*[城市]”应该是“*ἀσινῆ*[不受伤害的]”之讹误。

④ 莱因哈特，《巴门尼德》，第 256 页。

西美尼气本原说相提并论。[①] 不过，赫拉克利特的那种似非而是的“晦涩”(正如他被如此称呼的那样)格言的深刻意义，应该能使学者们不把他痛苦压抑的个性与一心只致力于探究事实的科学家相混淆。统观赫拉克利特的全部作品，[179]任何地方都不存在一丝一毫那种纯粹说教的痕迹，或者那种纯粹的关于宇宙的自然理论的痕迹。任何可以用来意指他要么是一个自然哲学家，要么是一个教育者的词句，我们千万不能将它们从文本背景中分离出来，因为它们不能独立成文。毫无疑问，赫拉克利特受到伊奥尼亚自然哲学的巨大影响。自然哲学家们关于实在(reality)、秩序(cosmos)、生成与消逝永无休止的起落、万物原始所从来与终极所当往的永不枯竭的第一本原、存在(Being)由之走过的千变万化的现象圆圈——这些基本的自然哲学观念是赫拉克利特哲学的基础。

尽管如此，在探索一个客观的宇宙观念的过程中，赫拉克利特的那些先行者们——米利都派，以及，更严格地说，他们的对手巴门尼德——都使问题非人化了，而且最终在浩瀚的自然格局中忽略了人类生活。另一方面，赫拉克利特坚持认为，人的灵魂连同其全部情感和苦难，是有序整体的一切能量的核心。在对自然事件的遥远进程的凝视和深思中，他无法忘却他自己，观察者最终成了所见事物的全部。他坚持认为，有序整体的现象通过他而发生，为了他而发生。他深信，他的全部行为和话语都不过是在他之中的自然力量的结果，尽管绝大多数人没有认识到自己只不过是被一种更高的秩序所使用的工具而已。[②] 这就是赫拉克利特学说的巨大创新之处。他的前辈们已经完成了有序整体的观念：[③]他们已经使希腊人认识到存在(Being)与生成(Becoming)之间的永恒冲突。但是，现在，他们被迫问一个可怕的问题：“在这种无处不在、无时不在的相争相杀中，何处是人的安身立命之地？”他的

---

① 这种阐释可以追溯至亚里士多德，亚氏在其《形而上学》和《自然哲学》中，将赫拉克利特看作古代的一元论者之一。在现代，以策勒、冈珀茨、伯奈特为代表。

② 参见赫拉克利特残篇1(第尔斯本)，第二个句子，残篇2。关于赫拉克利特，参见吉贡(O. Gigon)，《赫拉克利特研究》(*Untersuchungen zu Heraklit*)，Leipzig，1935。

③ 赫拉克利特(残篇30，75，89)有规律地使用“有序整体(cosmos)”一词，以表明他是从他的前辈们那里接收了这个概念。莱因哈特(《巴门尼德》，第50页)对此有不同看法。

同时代人——赫卡泰乌斯和其他一些人，以无休止的精力和孩童般的热切，献身于米利都学派的多方面探索（historia），收集和吸收大量的历史传统以及地理和人种数据。然而，赫拉克利特用一句“博学并不能使人智慧”①的直率短语摧毁了这种幼稚的理性主义，并用一句富含想象的谚语“我寻找我自己”②表达了自己的哲学的革命倾向。哲学的人性化不可能有比这更一针见血的表达了。

在苏格拉底之前，没有一个哲学家能像赫拉克利特那样唤起如此强烈的个人同情。[180]他独立于伊奥尼亚自由思想的顶峰，他的“我寻找我自己”表达了最高的自我意识。他出身高贵，言谈高傲果决，初看起来似乎是贵族阶级的傲慢自大。不过，他不是通过对自身本性的心理学研究来寻求自我。在他之前，哲学家们或致力于逻辑推理，或从事于对现象的理智观察；但现在他透露说，如果灵魂转向凝视其自身，我们就能获致一个知识的新世界。在赫拉克利特“探究自我”的主张与他的另一句话（即“灵魂的边界，无论你走遍所有道路，也是找不到的——灵魂的逻各斯是那么深”③）之间，存在着一种潜在的联系。逻各斯和灵魂可以有深度这一观念，在希腊人那里，还是第一次出现：赫拉克利特的全部哲学都是从这个知识的新源泉中喷涌而出的。

对赫拉克利特来说，逻各斯不是巴门尼德的那种概念思维（*νοεῖν*，*νόημα*），④巴门尼德的纯粹逻辑分析不允许“灵魂无边界”这样的比喻性观念。赫拉克利特的逻各斯是知识的一种形式，是“行为和话语”二者的源泉。⑤ 如果我们想要这种特殊类型的知识的一个例

---

① 残篇40。对赫拉克利特来说，这种类型的*πολυμασίη*（博学多识之士）的代表人物有赫西俄德、塞诺芬尼、赫卡泰乌斯和毕达哥拉斯。

② 残篇101：*ἐδιζησάμην ἐμεωυτόν*。

③ 残篇45。

④ 关于“*νοεῖν*”和“*νόημα*”这两个词在巴门尼德那里的意义，参见克兰茨（W. Kranz）为《前苏格拉底残篇》（第尔斯本）所做索引。

⑤ 赫拉克利特残篇1，73和112：*ἔπη καὶ ἔργα*[说和做]，*ποιεῖν καὶ λέγειν*[行为和话语]。注意到对赫拉克利特来说知识包含“话语和行为”这两个方面很重要；“*ποιεῖν*[行为]”在赫拉克利特那里还没有亚里士多德哲学的意义，但与*πράττειν*[做事]很接近；参见残篇1中的“*ἔργα*[做、劳作]”以及下页注释③关于赫拉克利特的“*φρονεῖν*[慎思]”概念。吉贡提出的对“*ἔπη καὶ ἔργα*[说和做]”的解释（《赫拉克利特研究》，第8页），不能令人满意。

子，在“存在从来不可能不存在”这样的思想中是找不到的，我们只能在赫拉克利特的洞见中找到它——他的洞见飞溅出“性格即命运”①这样绝妙的真理。在其著作开头的第一句话中(它幸运地得以保存下来)，②赫拉克利特就规定了知识对生活具有一种富有成效的关系，这一点至关重要且意义深远。在那里，他谈到人们的话语和行为，在没有领会逻各斯的情况下，人们对他们醒着时所做的茫然，就像忘记了他们在睡梦中所做的那样。也就是说，逻各斯能给有意识的知识一种新生命。它影响到人的行为的方方面面。赫拉克利特是第一个引进*φρόνησις*[审慎]的观念并将其提升到*σοφία*[智慧]的层次的哲学家；也就是说，他将对存在(Being)的知识与对人的价值和行为的洞见相联系，并使前者包含后者。③ 赫拉克利特先知般的语调来自他对自身的要求：作为一个哲学家，他要使人们睁开眼睛看他们自己的行为，要向他们揭示生活的根基，要把他们从睡梦中唤醒；④他的话语的逻辑力量和急迫性来自于哲学家对自身的要求。他的许多话都证实了这一观点，即他觉得自己是一个生活的解释者。自然和生活都是一个谜语(griphos)，[181]一个德尔菲的神谕，一个女巫(Sibylline)的预言——我们必须学着去读懂它们的含义。⑤ 他觉得他是谜语的解

---

① 赫拉克利特残篇119。译注：Ethos is man's daemon，字面的意思是“性格是人的守护神”。参见本卷第65页，注释①；还可参见第322页，注释①：man's own character is his daemon，按照此处理解，“daemon”应为“魔鬼”，诱惑人陷入自身命运之罗网的魔鬼；所以这句话的完整意思应该是“人自己的性格就是(诱惑他陷入自身命运之罗网)的魔鬼”。因此，从好坏两方面说，可以理解为“性格即命运”。

② 残篇1，参见上页注释⑤。

③ “*φρόνησις*[审慎]”是与行为相关的知识。赫拉克利特的“知识”自始至终都涉及到与行为的关系(参见上页注解⑤)。因此，它不仅被叫作“*νοεῖν*、*νοῦς*”(参见残篇114)，而且还被叫作“*φρόνησις*[审慎]”、“*φρονεῖν*[慎思]”；参见残篇2，112，113，114，116。关于“审慎”这个概念，参见拙著《亚里士多德：发展史纲要》，第65页及以下、第77页、第81—84页；关于“*σοφίη*[才智、见识]”，参见残篇112。

④ “唤醒那些睡着的人”的比喻属于预言家的语言。参见赫拉克利特残篇1，73，75。关于赫拉克利特的语言的一般特征，参见斯奈尔(B. Snell)发表于《赫尔墨斯》LXI第353页的文章；亦可参见维拉莫维茨发表于《赫尔墨斯》LXII第276页的文章。预言性语言的其他要素是与“聋子”或“不在场”的比较关系，残篇34。

⑤ 关于女预言家西比拉(Sibylline)，参见残篇92；关于德尔菲神谕的语言，参见残篇93；孩子们提出的谜语，荷马无法解答这个谜语，参见残篇56。

答者，是哲学上的俄狄浦斯——他揭开了斯芬克斯之谜的神秘面纱：因为“自然喜欢隐藏自身”。①

这是进行哲学探讨的一种新方式：对哲学家职业的一个新概念。它只能由来自直观的话语和比喻来表达。甚至是逻各斯，除非用比喻，否则也难以得到界定。逻各斯的普遍性，逻各斯的令人回味的影响，逻各斯在受它启发之人身上唤醒的自我意识，在赫拉克利特喜爱的睡与醒的对比中，都得到了最清晰的表达。② 他也注意到了逻各斯的一种本质特征——这种本质特征使它与大多数人的日常智识水平相区别：即它是“共同的”和“普遍的”(ξυνόν)。③ 也就是说，对“醒着的人”来说，只有一个世界(cosmos)，而对于“睡着的人”来说，每个人都有一个他自己的世界，一个睡梦中的世界。④ 我们千万不能想当然地以为，赫拉克利特的逻各斯的这种社会普遍性，仅仅是对逻辑的普遍有效性的一种比喻性表达。共同体是城邦的道德规范所知的最高的善：它占据并改变了每个个体的私人存在。如此一来，赫拉克利特的那种初一看是夸大了的个人主义的东西，他的命令语气和专横态度，现在作为与个人主义正相反对的东西显现出来了；因为它是对脆弱和错误的个人任性的一种深思熟虑的摧毁，人的整个生活几乎都在这种个人的反复无常和任性而为中丧失了。人们必须遵循逻各斯。逻各斯是一种比城邦的法律更高更普遍的“共同体”；人们可以借之支撑他们的生活和思想，“加强”他们自身，“正像城邦依靠法律一样”。⑤ “每个人就像都对自身有一种个人洞见那样生活着。”⑥

由此，我们显然可以看出，赫拉克利特不是在思考某种类型的理论知识的不足，而是在思考人类的整个生存状态，思考人的实际行为及其与逻各斯的普遍精神是如何相脱离的。正如城邦之有法律，宇宙也有一个逻各斯。希腊人的这种独特观念在此第一次出现在历史

---

① 残篇 123。
② 参见上页注释④。
③ ξυνόν[普遍的]，参见残篇 2，113，114。
④ 残篇 89。
⑤ 残篇 114。
⑥ 残篇 2。

中，它体现了希腊政治家和立法者在其鼎盛时期的教育天才。只有逻各斯才能包含赫拉克利特称之为“神圣的法律”、“人类的所有法律都由之孕育”[①]的法律。逻各斯是心智(mind)——理解有序整体的意义的器官。[182]蕴含在阿那克西曼德的宇宙概念中的思想，现在在赫拉克利特的自我意识中真相大白了——赫拉克利特的自我意识即逻各斯观念，它知道它自己，知道它自己在宇宙的结构中的位置和作用。作为生命和思想的神圣之“火”贯穿整个宇宙秩序，这火凭逻各斯生活和思想。[②] 逻各斯源出自然，凭借其神圣起源，它能够穿透自然的神圣核心。这样一来，在其前辈们发现的新宇宙秩序之内，赫拉克利特给了人作为一种完全的宇宙人(cosmic being)的地位。作为一种宇宙人而生活，人必须自觉自愿地学习和遵从宇宙的法则。塞诺芬尼曾经称赞“智慧”是人的最高德性，因为它是城邦法律和秩序的源泉；[③]因此，通过宣告逻各斯教人在话语和行为中遵循自然的真理及其神圣法则，赫拉克利特论证了逻各斯对最高统治地位的要求的合理性。[④]

宇宙智慧非庸人所能知，赫拉克利特在其原创性学说——自然的统一性内部充满了各种敌对力量之间的斗争——中表达了宇宙智慧的能力和目的。在某种程度上，这种学说借鉴了米利都自然哲学家们的具体的物理冲突的概念；但归根究底，其活生生的力量不是归功于自然哲学家们的启发，而是归功于赫拉克利特自己对人类生存过程的直观洞察——凭借这种洞察，他把人的理智行为和物理行为都看作一种奇妙复杂的统一体，一种两极性的生活。无论如何，“生活”，对赫拉克利特来说，不仅仅只意味着人自身的生存，而且还意味着宇宙的生存(cosmic existence)。只有把有序整体理解为生命，有序整体的生存才没有明显的矛盾。阿那克西曼德曾认为生成与消逝是永恒正义的平衡力量，或者是在时间的法庭面前的一场诉讼，他们必须为各自的不义和

---

① 残篇 114。
② 残篇 30,31,64,65。
③ 塞诺芬尼残篇 2,12。
④ 赫拉克利特残篇 1,32,112,114。

贪婪做出报偿。[1] 赫拉克利特只是说"战争是万物之父"。[2] 正义只有在战争和冲突中成就自身。赫拉克利特在此用阿那克西曼德的洞见对毕达哥拉斯派的和谐概念进行了形象生动的解释。"相反者相成,不同的音调构成最美的和谐。"[3]这显然是统治整个宇宙秩序的法则。自然中充满了丰盈和不足,这是战争的起因。自然充满了尖锐的对立:日与夜,夏与冬,热与冷,战与和,生与死,在永恒的变化中轮回交替。[4][183]一切冲突双方都在不断地相互取代再取代。[5] 用那个诉讼的比喻来说就是,它们在不断地相互赔偿。整个世界进程就是一个诉讼程序,它是一种交换(ἀνταμοιβή),因为在这个生存的永恒跷跷板上,"此生则彼死,此死则彼生"。[6] 一切皆流,唯变所适。[7] "在我们身上,生与死、醒与睡、年少和年老都是同一的。因为这个变成那个,那个又变成这个。"[8]"不是听从我,而是听从逻各斯,承认一切是一才是智慧的。"[9]赫拉克利特用弓和琴来象征宇宙秩序中对立力量之间的冲突与和谐。二者都通过"反向力量的同时发生"完成其工作。[10] 这里需要的哲学术语是"张力"这一概念,但它是由一种视觉形象所提供的。[11] 赫拉克利特的宇宙统一体充满了张力。对生活的意义的这一杰出洞见,将给后世的思想以极大的刺激:实际上,直到我们自己的时代,这一洞见也尚未按其真正价值得到评估。

如果我们想要在赫拉克利特对希腊文化的影响中抓住新的本质性的东西,那么在这里就必须克制对他的对立统一学说作进一步的哲学分析,尤其是要克制对他的学说与巴门尼德的教导的关系的难题进行

---

① 阿那克西曼德 9(第尔斯本),参见本卷第 205 页。
② 赫拉克利特残篇 53;残篇 67。
③ 残篇 8。
④ 残篇 67。
⑤ 残篇 31,62。
⑥ 残篇 90。
⑦ 残篇 84。
⑧ 残篇 88。
⑨ 残篇 50。
⑩ 残篇 51;残篇 10。
⑪ 参见残篇 51,琴和弓的例子。

任何讨论。① 与在他之前的那些哲学家相比，赫拉克利特是第一个哲学的人类学家。他的人生哲学可以被看作是三个同心圆的最内层：最外面的一层是他的神学，其次是他的宇宙学，在这二者之内的是人类学。事实上，这三个圆圈是不可分的；至少他的人类学不能与他的宇宙论和神学的教导相分离。对赫拉克利特来说，人是宇宙整体的一部分，正因为如此，人必须与其他部分一样受宇宙整体法则的支配。但是，因为人凭借自己的理智将宇宙永恒的生命法则置于其自身之内，所以就能够分享最高智慧——从最高智慧的忠告中生长出神圣的法律。希腊人的自由在于这样的事实：他将作为一个部分的自身从属于城邦整体，从属于城邦的法律。这是一种与现代个人主义的自由不同的自由，现代个人主义的自由总是觉得它属于一个超感官的普遍世界，比此时此刻的尘世国家更高。[184]但是，赫拉克利特渴望的哲学上的自由从不与希腊人对自己城邦的忠诚相冲突：因为赫拉克利特教导人们，人是万物的普遍"共同体"的一部分，并且要受那个共同体的法则的支配。②我们的宗教本能自然而然地为那个共同体寻找一个个体的统治者，赫拉克利特也感觉到了这种需要。神就是智慧，"智慧是唯一的，它既愿意又不愿意接受宙斯的称号"。③ 不过，那个时代的希腊人的政治意见认为，一个人的统治是僭政：赫拉克利特能够将这种看法与宗教冲动相协调，因为他认为法律不是大多数人的意见，而是最高知识的结晶："法律也要服从那唯一的意志。"④

赫拉克利特对世界意义的洞见是一种更高贵的新宗教的诞生，是

① 这种讨论在很大程度上依赖于巴门尼德残篇 6,4 及以下（第尔斯本）的解释。这段残篇以前一般被认为涉及到赫拉克利特关于"*παλίντροπος ἁρμονίη*（相反方向的联合，即对立统一）"的学说。巴门尼德残篇 6,9 中的"*παλίντροπος κέλευθος*（对立的道路）"这个词语，似乎包含了对赫拉克利特的著名残篇 51 的一种暗示。莱因哈特在其著作《巴门尼德》中质疑这种解释，并因而质疑《前苏格拉底残篇》（第尔斯本）所遵循的关于苏格拉底之前的思想家的年代次序。但是，即使我们不把巴门尼德残篇 6 指向赫拉克利特，难题仍然存在：莱因哈特是否有必要颠倒这两个思想家的关系，并承认赫拉克利特对立面和谐的学说意在解决巴门尼德的不可调和性问题？

② 残篇 114。

③ 残篇 32。

④ 残篇 33。

对最高智慧的道路的一种理智认识。根据这种认识而生活和行动就叫"φρονεῖν[慎思]",[①]赫拉克利特以先知般的语言表明了如何通过哲学的逻各斯的道路达到这种智慧。最早的自然哲学家未曾公开提出宗教问题的讨论,因为他们的宇宙概念是一个非人化的存在世界。为了填补这个鸿沟,俄耳甫斯教认为,尽管自然哲学好像在宇宙的生成与消逝的混乱中也摧毁了人类,但人的灵魂其实与神相似,因而是永恒的。尽管如此,自然哲学在其受正义支配的宇宙秩序观念中,提供了宗教理想可以聚焦的一个核心;而赫拉克利特则以他承认人在宇宙中的地位的学说表明,他最后统一了这两种相对的思想途径。赫拉克利特的灵魂概念,把俄耳甫斯教提升到了一个更高的水平。因为他认为,通过灵魂和宇宙中"永恒活火"的血脉相通,哲学的灵魂有能力认识神的智慧,并且将其包含在哲学的灵魂自身之中。[②] 这样一来,公元前六世纪的宇宙学和宗教之间的冲突,就在赫拉克利特——他站在进入新世纪的门槛上——的统一中得到了解决。我们已经看到,米利都学派的宇宙秩序,与其说是现代意义上的自然规律,毋宁说是一种普遍的道德法则。赫拉克利特在他的"神圣法律"中,将米利都学派的道德特征提升到了一种宇宙宗教的高度,这样一来,赫拉克利特就把哲学的人的道德准则建立在了整个宇宙的道德法则之上。

---

① 参见本卷第 231 页,注释⑤。我们可能会想起,在埃斯库罗斯的作品中,"φρονεῖν[审慎]"一词也指人可以获得的最高宗教智慧(《阿伽门农》,第 176 行);在他的作品中,人通过苦难获得这种智慧。

② 残篇 36,77,117,118。

第十章　贵族阶层:冲突与转型

[185]迄今为止,我们只是在梭伦时代的雅典的宗教和政治斗争中,在塞诺芬尼对传统宗教和旧贵族的体育理想的抨击中,追溯了伊奥尼亚文化对希腊本土及其以西的希腊人的影响。贵族阶层的反对者认为贵族们(因过度锻炼而)肌肉僵硬,观念偏狭、守旧反智。尽管如此,他们仍然是一股强大的社会力量,更何况他们在数量上的影响力,他们在精神和智识上坚定地抗拒改革者。不应忘记的是,虽然梭伦比任何一个后继者都更深地受到伊奥尼亚的影响,但在梭伦之后,希腊本土①的许多诗人都是慷慨激昂的反动保守分子。公元前六世纪末的两个保守派领袖,底比斯的品达和麦加拉的泰奥格尼斯,他们都对自身所属的贵族阶层满腔热情,对贵族政制推崇有加。他们的作品都是写给贵族们的,贵族们对由伊奥尼亚的新观念所激发的社会革命除了拒斥和不信任,别无所有。不过,贵族们也没有生活在一个从过去和平地存活下来的世界中,而是生活于一个被新时代不断蚕食的世界中,他们被迫打起全副精神捍卫自己。正是在这种为了精神和身体的承续的殊死斗争

---

① 正如米提利尼的阿尔凯奥斯的例子所证明的那样,不仅在希腊本土的情况是这样,希腊本土以外的地方也如此;参见本卷第168页,注释③。

中，贵族阶层获得了对其自身内在价值的基本信念。既然我们会在品达和泰奥格尼斯那里一次又一次地遇到这种信念，就必须将他们作为为了一个共同目标而奋斗的代表一并研究，尽管他们的个性品格和艺术成就存在着巨大差别。例如，虽然品达作品的领域是合唱抒情诗，而泰奥格尼斯的领域是格言诗，但他们两人共同代表了希腊文化史上的同一个阶段。他们怀抱对自身德性的骄傲和肯定，为贵族阶层的阶级意识所激发，[186]具体生动地表现了公元前六世纪末期希腊贵族阶层的文化理想。

品达和泰奥格尼斯对希腊贵族的文化理想作了如此精心和权威的表达，使得希腊本土的贵族理想在教育方面的分量和彻底性上远远优越于伊奥尼亚的理想——伊奥尼亚的理想充满各种自相矛盾的弘扬自然生命和个体人格的尝试。不仅仅是赫西俄德、提尔泰奥斯和梭伦，品达和泰奥格尼斯也对其听众的教育有着深思熟虑的筹划；因此，首先在教育的目的性上，他们就与伊奥尼亚艺术和思想的天真质朴的自然主义不同。毫无疑问，两种文化理想的冲突强化了各自的特征：不过，这种冲突还未能成为以下事实的唯一、甚至是主要的原因，即希腊所有真正伟大的教育者都属于希腊大陆各部族。当然，希腊大陆的贵族（所有对更高级的文化的追求动力都来自于贵族阶层）统治远比伊奥尼亚的历史悠久；也许，部分地是由于希腊大陆残存的贵族统治，使得那里的任何新运动，都毫无例外地以一种特定的与现存类型相对立的新人理想表现出来。塞诺芬尼自豪地意识到自身的智识能量，激烈攻击旧的封建理想是过时僵化的东西；而在品达和泰奥格尼斯那里，却正是这同一种理想突然焕发出新的令人吃惊的道德和宗教能量。他们从来不允许我们忘却他们的社会地位以及他们所代表的阶级的本性；但他们的诗歌却植根于永恒的人性深处。尽管如此，我们千万不要被他们宣称自身信仰时的那种坚定不移和精神活力所误导，以至于忘记了他们是在捍卫一个即将逝去的旧世界。他们的诗歌不是在政治和社会生活方面开启一种贵族政制的复兴；他们只不过是在贵族理想遭遇新兴力量威胁的最严峻时刻，使贵族阶级的理想永恒化了，他们使此种理想的社会建构力量成为了希腊民族的一种永久性财富。

我们将此功劳只归之于诗人，即归之于公元前六和前五世纪时我们对其生活和社会状况多少有些印象的希腊贵族。造型艺术以及记录这一时期的历史学家们的少量残存史料，都只能作为诗歌所保存的本质性真理的旁证。当然，希腊的雕刻、建筑和瓶饰画都弥足珍贵，不过它们不能为我们提供可靠的信息，[187]除非我们将其作为已经为诗人们所陈述的理想的一种补充表达来研究。因此，尽管我们可以追溯发生在几个重要城市中的一些主要事件，但我们必须摒弃那种对这一时期的社会变化作全面的历史说明的方法。我们所能完整勾画的——虽然这种勾画也有其严重断裂——是在诗歌文本中得到表达的希腊心灵的发展历程。泰奥格尼斯和品达，各自以不同的方式，为这一历程提供了两份极其重要的证明材料。（最近发现的巴库利德斯[Bacchylides]的合唱诗，以前几乎不为人知，而它只能表明，品达的诗作尽管数量不多，但已足够。）我们会先谈到泰奥格尼斯：因为他很可能是两位诗人中的年长者，也因为他描绘了贵族阶层在这一历史时期所面临的危险社会处境，而品达则毋宁主要是表达了贵族阶层的宗教信念和人性理想。

泰奥格尼斯诗作的传承

首先，我们必须先讨论一下那些被归之于泰奥格尼斯的诗作的传承过程。由于这一难题的几乎所有方面都存在着争论，我应该对本书中所采纳的观点作出解释和辩护。① 有趣的是，这一问题实质上是一个语言学问题；在此，如果通过对泰奥格尼斯诗进行的考察，不能使我们对这一特定时期的希腊文化（它与泰奥格尼斯诗歌对后世的影响相联系）达到某种深层理解的话，我们就不打算对其做细节上的研究了。

以泰奥格尼斯的名义传承下来（纯属偶然）的那本我们觉得奇怪的诗集，肯定早在公元前四世纪时已经以其现存形式实际存在了。现代

① 在以下讨论中，我不得不对赖岑施泰因（R. Reitzenstein）的《格言诗和饮酒诗》（*Epigramm und Skolion*，1893）和雅可比的《泰奥格尼斯》（*Theognis*，载《柏林科学院会议报告》，1931）中的一些观点进行批评。参见克罗尔（Josef Kroll），《泰奥格尼斯诗阐释》（*Theognisinterpretationen*），Leipzig，1936。

学者耗费了大量精力和心思来分析其构成。它似乎没有经历过亚历山大里亚校勘学者们的火眼金睛。[①] 尽管它在公元前五和前四世纪时的宴饮聚会上得到了使用,但随着这种讨论酒会(一度是希腊政治生活的一个重要特征)自身的中断,它也就逐渐湮没无闻,只能作为文学好奇心的对象留给后世了。实际上,它就是一本诗文选集,由一些格言,[188]以及公元前七至前五世纪各个不同时期的诗人们所创作的诗歌组成,之所以将它归诸泰奥格尼斯,是因为其核心部分是一卷泰奥格尼斯的诗作。在宴会上,人们通常吟唱其中一些诗篇来配合长笛的演奏。从对诗歌原始词语的频繁篡改和删除中,我们可以看出,即使是那些最著名的诗行,是如何经常被吟唱者们所糟蹋的。[②] 尽管如此,选集中也不包含公元前五世纪之后的诗作:其时,希腊的贵族阶层已经日薄西山不再是社会的一种政治因素了。很清楚,书籍主要是在贵族阶层的圈子中留存下来的:不仅仅是泰奥格尼斯的那些残篇断简,而且其他许多诗篇都表达了同一种对平民和大众的刻骨仇恨,我们最好将其想象为克里提亚(Critias)时代的雅典贵族政治团体在小圈子里所吟唱的诗作——在这个圈子里,产生了老寡头们关于雅典政制的小册子,而柏拉图自己则与生俱来就和它有着紧密联系。柏拉图的对话录《会饮》描绘了爱欲与宴饮在其最高形式上的内在联系,[③]而这种联系在《泰奥格尼斯诗集》(*Theognidea*)的历史中得到了清晰的反映,因为作为《诗集》第二卷出现的那些联系松散的诉歌,是献给爱欲之神的,在诸如此类的聚会中,爱神总是被崇拜和颂扬的对象。

幸运的是,我们用不着仅仅依靠文体风格将泰奥格尼斯的诗作从其他诗人和其他时代中分离出来。其中的许多部分,我们一眼即可认

---

① 维拉莫维茨,《希腊抒情诗人的文本历史》(*Textgeschichte der griechischen Lyriker*),Berlin,1900,第 58 页。

② 当然,这只能从其他诗人的一些诗歌中得到证明:其他诗人的一些诗歌也被收集在《泰奥格尼斯诗集》中,但它们又得以单独保存下来,两相比较,一目了然。

③ 参见本书第二卷,第 201 页及以下。译注:柏拉图本人是当时雅典知名政治家克里提亚的侄子,所以说柏拉图与雅典贵族政治团体之间有着与生俱来的紧密联系;注意:《泰奥格尼斯诗集》是"泰奥格尼斯名下的诗歌选集"的意思,其中只有核心部分的一卷是泰奥格尼斯的诗。

出是某些著名诗人的诗作或残篇，我们现在仍拥有这些著名诗人的作品。其他的诗作，我们或多或少都可以根据确定的证据来断定其归属。属于泰奥格尼斯自己的那卷诗作位于《诗集》的开头，其结构使我们很容易将其从随后联系松散的其他诗人的作品区分出来。尽管如此，泰奥格尼斯自己的那卷远非一部首尾连贯的诗作，而是格言警句的合集。如果它是一部精心编织联系紧密的诗作，其他诗人的作品也不可能鱼目其中。不过，尽管诗作之间联系松散，但它确实有一种内在的统一。虽然泰奥格尼斯自己那卷的各个短篇相对独立，但有一条一以贯之的思想轨迹贯穿其中；它们都有序曲和收场，①将它们清晰地与《诗集》的其余作品区分开来。在厘定泰奥格尼斯的真正作品时，我们不仅可以把贵族公子高傲直率、明白无误的语气作为判断标准，还可以把几乎在每段诗的开头都不断重复的呼语“居尔诺斯”(Cyrnus)作为判断标准。同样形式的称呼，在赫西俄德给珀耳塞斯的教谕诗中，[189]在抑扬格诗人的作品中，在萨福和阿尔凯奥斯的抒情诗中，都出现过。由于泰奥格尼斯是在一系列独立的格言中开始其教导的，所以他虽然没有在每一段格言的开头，但几乎在全卷中都不断地重复着“居尔诺斯”或“波吕帕斯(Polypaos)之子”的呼语。(居尔诺斯，波吕帕斯之子，是一位泰奥格尼斯喜爱的年轻贵族，他所有的忠告都是对这位年轻贵族说的。)诗人与之说话的那个人的名字不断地重复出现，是早期日耳曼民族教谕诗的相同习惯特征。因此，在泰奥格尼斯那里，“居尔诺斯”的呼语是始终如一的主题，通过它，我们可以辨认出泰奥格尼斯的真正作品。

“居尔诺斯”的呼语不仅仅出现在那些构成原始版本、有收场诗结尾的诗歌中；这一呼语也在诗集的其余诗歌中不时出现。无论如何，这一呼语在泰奥格尼斯自己的格言诗中出现得极其频繁，而在其他诗歌中则相对较少且集中。因此，我们不得不得出这样的结论：那些泰奥格尼斯主体作品之外的、但又出现了“居尔诺斯”这一呼语的诗歌——如果它们不是伪作的话——就是来自一本更完整的泰奥格尼斯诗集的摘

---

① 泰奥格尼斯的书以对阿波罗与阿耳特弥斯的颂歌、向缪斯女神和美惠女神乞灵的祈祷为开端(第1—18行)。收场诗出现在第237—254行：诗人许诺他的朋友居尔诺斯，他的诗会让他永垂不朽，将他的名字传遍大地和海洋。

录。其中的一些诗篇确实既出现在泰奥格尼斯自己创作的诗卷中，也出现在《诗集》的其余诗卷中：这种重复出现在一本单一的诗文选集中是不可能的。因此，显而易见，《诗集》的后半部分原来曾经是一部独立的选集，它既包含来自泰奥格尼斯的一些诗歌段落，也包含来自其他诗人的一些诗歌。在泰奥格尼斯已经成为一流诗人的某个特定时期，它们被编纂到了一起——最晚在公元前五世纪末、前四世纪初。柏拉图明白无误地说，此类诗集在那时曾用来做学校的教科书；它也可能在宴饮集会时被使用。[①] 后来，这两本书——原来的《泰奥格尼斯格言诗》(*Maxims of Theognis*)连同其序诗和收场诗，与《诗人的教诲》(*Sayings from the Poets*)的选集——混合成了我们现有的《诗集》。(这种混合非常粗糙，这一点从没有人愿意费心将重复出现的诗歌去掉可以看出。)[190]因此，我们不仅要根据泰奥格尼斯自己的格言诗，而且还要根据散见在后面诗集中的零星段落来作出评价。不过，"致居尔诺斯"的格言诗是其他一切的基础；因而，在我们探究从那些泰奥格尼斯的零星诗篇中可以知道多少之前，必须更切近地研究它们。

我们是如何得知"致居尔诺斯"的诗歌确实就是泰奥格尼斯的呢？与其他许多诗人的诗歌一样，他的名字极有可能从这一本或其他任何一本诗集中销声匿迹；因为流行的宴会颂歌的作者很少有人能够持久地保有作者身份。但泰奥格尼斯使用了一个风格上的特殊表现手法来标志自己的作品，使之带上明白无误的著作权标记。他在其诗作的序诗中将自己的姓名传诸后世，从而不仅保证了自身的不朽，而且还将自己的标记——或者如他自己所言，他的印章(seal)——盖在了他的所有作品上。这是他自己的原话：

> 居尔诺斯，因为我展示智慧，让我把印章盖在这些诗句上面。这样，它们就不会失窃而不被察觉。好东西若在，就没有人会以次充好。每个人都会说："这是麦加拉的泰奥格尼斯的诗篇，他的名字举世皆知。"波吕帕斯之子啊，尽管如此，我仍然无法取悦我的所

① 柏拉图，《法义》811a。

有城邦同胞；因为即使是神灵，当他播撒雨水和收回雨水时，也无法让每个人都满意。①

这些诗句显示了诗人高度发展的使命意识，以及努力保持对自己作品的所有权意识：在这一点上，它们可以与那时首次出现在瓶饰画和雕塑作品残片上的签名等量齐观。在泰奥格尼斯的传统贵族品格中探索这种对个人成就的强调，是特别有趣的，因为它表明，那个时代的精神对他的影响比他所知道的还要深刻。无可置疑的是，通过在自己的诗作上加盖印章，泰奥格尼斯的意思是他的名字就与他的诗歌融为一体了：因为，首先，印章带有主人的姓名；其次，随着他要在自己的诗作上加盖印章的陈述而来的就是对自己姓名的说明。一个作者在自己作品的开头就提到自己的姓名，这当然不是一种全新的习惯；不过，在《神谱》的序诗中由赫西俄德创立的榜样并未曾被模仿过，它是泰奥格尼斯的直接先驱，米利都的雅颂诗人福西里德斯(Phocylides)曾经将自己的名字标记在其格言诗中，这显然是因为其特殊类型的诗行容易丢失原作者的姓名而混同于通常流传的谚语。[191]尽管如此，福西里德斯和泰奥格尼斯的一些著名诗句仍然作为无名谚语被后来的作者所引用。福西里德斯的诗句尤其容易遭遇这种危险，因为它们是独立的格言警句，并无一以贯之的思想将它们编织在一起：因此，他将他的名字附加在他的每一行诗句之上。他的双行诗的第一行常常以"福西里德斯也这样说：……"开篇。当庇西特拉图的儿子希帕库斯(Hipparchus)写作格言诗时，他模仿福西里德斯，将其诗句铭刻在赫尔墨斯的塑像上——赫尔墨斯的塑像竖立在阿提卡的大道上，而且每一个都以"希帕库斯的丰碑"这样的话语来开头，接着就是，"他忠于朋友"，或者"他行事正义"。② 泰奥格尼斯不需要如此夸张，因为正如我们已经看到的，他的诗作好歹是一个联系紧密的整体，不是被切割或涂改得面目全非地流传下来的：这是贵族阶层通过继承得来的教育智慧，正如他自己在

① 泰奥格尼斯，第19—26行。

② "柏拉图"，《希帕库斯》(*Hipparchus*)228c。

序诗和收场诗中说的那样，他期望他书中的知识“传遍世界，传遍大地和海洋”。[①] 为保证他的要求，保存他的教诲，对他来说，只要将他的名字置于诗作的开端就足够了，就像在那个时代新发现的散文领域的作者们所做的那样。一个现代作者用不着如此小心谨慎，因为他的名字和书的名字都会印在封面上。不过，在公元前六世纪后期，书籍还没有封面，所以唯一的解决途径就是赫卡泰乌斯所采用、后来也为希罗多德和修昔底德所采用的办法，那就是在一本书的开头就写明作者的姓名，或者写明作者写作本书的目的。在流传下来的冠名“希波克拉底”的医学著作中，由于没有作者个人的签名，所以我们无法说出书的作者是谁或者其中每一篇论文的作者是谁。诗歌中加盖印章之法从来没有如散文那样普遍：除了上文提到的几个例子之外，只有在公元前五世纪的音乐名称中见到，在那里，我们把诗人给出自己姓名的诗歌末尾部分叫作“印章”。[②] 这种做法是否借鉴了泰奥格尼斯，我们无从知晓。

根据泰奥格尼斯诗歌面世之后几个世纪遭遇的兴衰变迁，学者们最近提出，如果泰奥格尼斯没有在每一首双行诗上加盖印章的话，那么他是不可能保证其著作权的。[192]因此，这个“印章”被认为就是呼语“居尔诺斯！”[③]这是一个非常方便运用的理论；因为它似乎可以使我们以一种快捷、机械且相当像样的方式断定任何一首双行诗的真实性，而如果没有这样一种判定标准的话，整个问题就会变得复杂和不确定。不过，泰奥格尼斯很难预见到，在他去世将近三千年之后——那时，他的书只有一个抄本得以幸存——学者们会遇到的困难。然而，这就是实际发生的困难——我们的泰奥格尼斯文本依赖于古代的一个手抄本，唯一的一个手抄本。尽管泰奥格尼斯不可能希望自己永生不老，但

① 参见序曲第23行和收场诗第245—252行。

② 参见米利都的提摩太(Timotheus of Miletus)，《波斯人》(*Persians*)，第241行及以下；维拉莫维茨的评论，第65页和第100页。译注：米利都的提摩太，古希腊米利都诗人之一，以饮酒诗和合唱抒情诗著名，其19本书中的大多数均已失传，但是公元前四世纪的草纸本保留了其《波斯人》两百余行，描述的是萨拉米斯战役，诗人在结尾处给出了自己的姓名，以保卫他自己的“音乐”(包括诗歌在内)。

③ 这是雅可比的看法，参见《泰奥格尼斯》，载《柏林科学院会议报告》，1931，第31页；另见波伦茨(M. Pohlenz)发表于《哥廷根学者通讯》(*Gott. gel. Nachr.*，1933)的论文，我在本章完成时才见到此文。

他希望他的书永远每个人随手一本。他不可能预料到，在他去世一个世纪之后，他的书就被冷酷无情地删减、编纂、最后增补进许多无名诗人的诗歌，一并制作成了宴会饭桌上的歌本。泰奥格尼斯最没有想到的是，当他将自己的名字整合进他诗作的序诗中时，历史的恶作剧不是使他免于被剽窃，而是让那些籍籍无名的诗歌模仿他，一起编成一本诗集。尽管如此，值得庆幸的是，他置于书本开头的姓名印章，使我们能够从其他诗人的碎片中唤起他的真正品格。以这种方式在诗集中唤醒任何其他作家都是不可能的：因此，迄今为止，只有泰奥格尼斯达到了目的。

然而，从内部层面来看，我们很难坚持认为，"居尔诺斯"这一呼语形式就是泰奥格尼斯本人作品的铁定印章。我们越是切近地研究"居尔诺斯"诗卷，就越是发现，要将泰奥格尼斯"致居尔诺斯"的格言诗从其他诗作中区分出来是不可能的，因为所有作品都是构成一条连续的思想轨迹的一部分。我们当然常常面临这样一种风险，也就是说，在不包含"居尔诺斯"这个名字的作品中，接受那些尽管包含在旧版格言诗中、但实际不是泰奥格尼斯创作的作品：实际上，就在泰奥格尼斯的收场诗之前（因而在属于泰奥格尼斯诗作的范围之内），就出现了一首梭伦创作的诗歌。[①] 不过，这首诗是如此严重地扰乱了泰奥格尼斯诗作的思想轨迹，以至于即使不能从其他来源知道它是一首梭伦创作的诗，我们也会将其作为异类拒于泰奥格尼斯诗作之外。如果我们不对每首诗的内容和形式进行仔细的研究和分判，诸如此类的问题以及其他任何问题都难以解决，现在学术界普遍承认，[193]即使是"居尔诺斯"的名字（尤其是在泰奥格尼斯自己的格言诗之外）也不是其作品真实性的铁证。

因此，我们必须主要从完整的"致居尔诺斯"（Sayings to Cyrnus）诗卷出发，来建构我们自己的泰奥格尼斯图像，因为，首先只有在"致居尔诺斯"的诗卷中，我们才能综合把握泰奥格尼斯的人格。从那些散见于诗集其他地方的"居尔诺斯"格言诗中，我们可以得到少许泰奥格尼

① 第227—232行。这些诗行与梭伦残篇1，71—76（狄尔编）相对应。

斯的性格特征，但必须记住，在那里，我们是行进在黑暗中，因为我们无法捕捉那联接和保存泰奥格尼斯教诲的原初思想轨迹，从而那些零星的署有“居尔诺斯”之名的格言诗的价值也就大打折扣了。那些在泰奥格尼斯自己诗卷范围之外，且不是针对“居尔诺斯”说话的诗作，不能被用作证据，因为我们无法断定哪些是属于泰奥格尼斯的，哪些又是其他诗人创作的。不过，要特别注意的是，其中由某个麦加拉诗人创作的一段美丽诗行，[①]它似乎摘引自一首独立的诗歌，通常被认为是泰奥格尼斯自己的诗作。诗行充满了宴饮聚会的欢快气氛，尽管这种气氛为波斯入侵的危险所压抑，且对比强烈。如果这些诗行由泰奥格尼斯所作，那么他就活到了公元前 490 年，甚至前 480 年。但是，我们关于麦加拉内部政治斗争公认的少量知识，会促使我们认为“致居尔诺斯”的诗作远早于这一时期：它们描绘的似乎是公元前六世纪中期时的麦加拉。古代的学者们认为，泰奥格尼斯大约生活和工作于公元前 544 年：虽然很不幸，我们已经无法查证他们的说法。[②] 那些提到波斯入侵希腊的诗歌对我们无所助益，但它们所反映的精神显得与“居尔诺斯”诗卷略有不同，从它们的作者使用泰奥格尼斯自身诗作的表达方式来看，泰奥格尼斯之后存在着第二位麦加拉诗人的大胆假设，其实际可能性比所认为的要小。不过，既然这些诗中只有两行与泰奥格尼斯的序场诗巧合一致，那么就必须承认，这一假设，尽管不是完全没有可能，但至少从目前来看是证据不足。

贵族教育传统的汇编

[194]从结构上说，泰奥格尼斯“致居尔诺斯”的书，与赫西俄德的《劳作与时日》和福西里德斯的格言诗属于同类作品。它是一个各种

---

① 第 757—792 行。

② 尤西比厄斯(Eusebius)和辞书家苏达斯(Suidas)将泰奥格尼斯的全盛期定在第 59 届奥林匹亚赛会期间(公元前 554—前 541 年)。不过，可参见施密德(W. Schmid)，《希腊文学史》(*Geschichte der griechischen Literatur*)I，1，慕尼黑，1929，第 381 页及以下；作者拒绝了传统的说法，把泰奥格尼斯的全盛期定在公元前 500 年稍早或稍晚，因为他把关于波斯战争的诗行(第 757—792 行)归于我们的泰奥格尼斯。

ὑποθῆκαι（即“教诲”）的集子。① “教诲”这个词出现在序诗的结尾，就在正规格言的开头之前。“居尔诺斯啊，我真心善意给你的教诲，都是我自己孩提时代从高贵之人那里所学。”②因此，泰奥格尼斯的教诲的本质，并非他自己个人的观念，而是他那个阶级的观念。将贵族文化和贵族教育的原则归结为诗歌的较早尝试，是我们在前述章节中提到过的“半马人喀戎的忠告”。③ 米利都的福西里德斯的格言警句旨在生活方式的一般指导。泰奥格尼斯对生活的新态度，在与福西里德斯和赫西俄德的作品比较时，尤其具有特别的意义。他的目的是阐明贵族教育的所有原则，这些被视为神圣的教育原则，在他将其形诸文字之前，一向只是父子之间口耳相传。因而，泰奥格尼斯的诗作，既是有意与赫西俄德对农夫智慧的整合相对照，同时也构成一种比较。

诗中称呼的年轻人“居尔诺斯”，肯定是泰奥格尼斯钟爱之人。诗人显然认为，这种爱的纽带是他与居尔诺斯教育关系的基础；在他们两个所属的阶级看来，这意味着他与这个男孩成了典型的一对。我们第一次有了切近研究多利安贵族的机会，就发现同性之爱是他们性格中的主要动机，这是很有意义的。此处无需讨论这一现象，这一话题目前争议激烈，描述当时的社会状况并非本著的目的。但是，我们必须指出同性之间的感情在希腊人的精神生活中的地位和基础。必须承认的是，一个男人对一个青年或者男孩的爱，是早期希腊贵族社会的本质性部分，且无可避免地与其道德和社会理想结合在一起，并被明确地称作“多利安恋童癖（Dorian boy-love）”，④这一描述远非准确，[195]对伊奥尼亚和雅典人的大众情感而言，这种行为几

---

① 伊索克拉底是首个将赫西俄德的教谕诗与泰奥格尼斯和福西里德斯相比较的人，他将三人的所有作品都置于“ὑποθῆκαι[忠告、教诲]”这个共同的标题之下（《致尼科克勒斯》[*Ad Nicoclem*]43），参见本书第三卷，第 123 页；以及弗里德伦德尔（P. Friedlaender），“ὑποθῆκαι[忠告、教诲]”，见《赫尔墨斯》XLVIII（1931），第 572 页。伊索克拉底的演说《致尼科克勒斯》和伪伊索克拉底的《致德谟尼科斯》（*Ad Demonicum*），是这些教谕诗在古典散文中的合法继承者。

② 泰奥格尼斯，第 27 行。

③ 参见本卷第 34 页。

④ 贝蒂（Erich Bethe），《多利安恋童癖》（*Die dorische Knabenliebe*），载《莱茵古典语文学杂志》（*Rhein. Mus.*）N. F. LXII（1907），第 438—475 页。

乎与他们无干，至少在阿提卡的谐剧中是这样。统治阶级的习俗自然而然地会被富裕的资产阶层所接受，这种情况在他们之中是 παιδικός ἔρως[对男孩的爱]，但接受和赞扬这种行为的雅典诗人和立法家，从梭伦（与对女人的游戏和爱相比，他的诗将“恋童”称为生命中最美好的事物之一①）到柏拉图，主要是贵族。② 全希腊的贵族阶层都深受多利安贵族的影响。因此，事情确实如此：即使在古典时期，希腊人自己关于普遍的同性恋行为的道德观念也差异甚大，因为它与特殊的社会和历史传统相联系。从这一点来看，对于我们来说，要理解以下事实是比较容易的：即为什么一个民族的大部分人鄙视或惩罚这种行为，但同时在另一个社会阶层中，这种行为却得到了发展——至少对男人来说是这样——直到它成为道德高贵和精神完美的最高概念的一个组成部分。③

说到底，要理解对高贵的身体与平衡的灵魂的一种热切爱慕，是如何能够在一个种族中茁壮成长起来的，这并不难——多少年来，这个种族将身体的勇武和精神的和谐作为男人可以达到的至善至美来珍视，通过连续不断的激烈竞争，他们对此孜孜以求，通过对精神和身体能量的最大限度的运用，他们使这些品质达到了最高程度的完美。爱慕这些令人钦羡的品质的拥有者的男子，是为一种理想所打动，这种理想就是对“德性”的热爱。受雄性爱欲所困的爱者，为一种更深层的荣誉感所监视，远离任何卑鄙猥琐之行为，为一种更高贵的冲动所驱使，努力践行一切光荣可敬之事迹。④ 斯巴达精心而刻意地使爱欲成为其教育

---

① 有人可能会怀疑梭伦残篇 13 中“παῖδες φίλοι[爱孩童]”的意思，将其理解为“（爱）他自己的孩子”（如在弥涅墨斯 2，13 那样），而不是理解为“爱男孩子们”；但在残篇 12，梭伦本人以一种无可误解的方式规定了“παιδοφιλεῖν[恋童]”这一概念。“παῖς[男孩]”一词在残篇 14，5 和弥涅墨斯的残篇 1，9 中，在同样的意义上被使用。这两个段落将对女人的爱和对男孩的爱联合为两种为大众所普遍认可的爱的形式，这两种爱盛行于当时。

② 参见本书第二卷，“《会饮》”一章。不过，关于柏拉图后来在《法义》中反对多利安人的爱的裁决，参见本书第三卷，第 270 页。

③ 关于柏拉图的爱欲哲学，参见拉格堡（Rolf Lagerborg），《柏拉图之爱》（*Platonische Liebe*），Leipzig，1926。另可参见柏拉图《会饮》中的演说，尤其是斐德若和泡撒尼阿斯二人的演说（参见本书第二卷，第 205 页及以下），它反映了这一主题的传统观点。

④ 柏拉图，《会饮》178d。译注：“对世人来说，要想过美满的日子，那就不应该靠什么家世、名声和财富，而应该让爱欲来引导整个人生。”

训练（ἀγωγή）中的一个要素，一个非常重要的要素。① 而爱者与他所爱者的关系，则类似于父子关系，具有一种教育训导的权威；实际上，在许多方面，在一个年轻人处于摆脱家庭传统和家庭权威的束缚走向成熟的年龄，这种爱者的权威远比父母的权威为好。要想质疑爱欲的这种教育力量是不可能的，它已经为无数的事例所证实，并在柏拉图的《会饮》中表现得淋漓尽致。因此，这就是激发贵族政治论者泰奥格尼斯的教育原则的力量。这种力量的情爱方面——与它强烈的道德热忱相对照，这是容易被忽略的方面——在泰奥格尼斯诗卷的末尾，[196]以一种极度痛苦的语气得到了表达：

> 我已赐你双翼，居尔诺斯，你可以振翮高飞，越过无边无际的大海和整个大地……每一场狂欢和宴饮，都会有许多客人把你的名字挂在嘴边；在长笛的伴奏下，美少年们用曼妙的清音吟唱你的美名；而当你终将化为尘土，你仍将徘徊于希腊的陆地和海岛，只要大地和日月尚存，未来的人们仍将传唱你的美名。至于我，我没有从你那里得到任何敬重，因为你把我当成小孩，用甜言蜜语欺骗我。②

多少年来，贵族们宴饮聚会时严格而良好的秩序在爱神支配下从未动摇，但在泰奥格尼斯时代却礼坏乐崩了。从梭伦的诗歌那里，我们已经看到了贵族阶层如何为保卫其地位而奋战，一方面是专制僭主，另一方面是普通民众日益增长的力量。梭伦把贵族们描述为一个狭隘而排外的党派，他们的政治特权意味着奢侈腐败的恶政，而且促使被压迫阶层对城邦强行提出巨大而危险的要求。由此产生的危机促使梭伦建构他自己的政治道德体系，努力在两个对立的极端之间执其中道，并防止城邦陷入僭主政治。泰奥格尼斯的诗歌也认为阶级之间的战争一触即发。在其诗卷的开头，他放置了几首相当长的诗作，这些诗作对整个

---

① 色诺芬，《斯巴达政制》（*Resp. Lac*）II，12：ἔστι γάρ τι κὶ τοῦτο πρὸς παιδείαν［男童恋也关乎男童的教育］；参见 12 至 14。

② 泰奥格尼斯，第 237 行及以下。

社会状况进行了有趣的说明。第一首哀歌[①]明显模仿梭伦的诗，无论是在风格、结构，还是在情绪语调方面，但也存在一个重要差异：就梭伦而言，尽管他本人也是一个贵族，但他对所属阶级的弱点与优点一样了然于胸，并以此斥责这个阶级；而泰奥格尼斯，则认定贵族阶层的反对者要对充满城邦的动乱和不义负全盘责任。显然，麦加拉已经发展到对传统土地贵族非常不利的处境。他说，民众的领导者们正在颠倒黑白、败坏民众：他们对金钱贪得无厌，对权力的欲望永无止境。他预言，目前这座城市的和平会先在内战中，然后在僭主专制中终结。他所知道的唯一救世良方，就是城邦回到贵族阶层享有正当特权的旧政制：这种解救之道似乎是不可能实现的。

[197]第二首诗完整呈现了这种令人沮丧的暗淡画面：

> 居尔诺斯啊！城市虽然还是那个城市，可里面的人已经变了，从前，他们既不知正义，也不晓法律，他们两肋围着破破烂烂的山羊皮，像游荡在城外觅食的鹿群——而如今，他们倒成了贵人，居尔诺斯啊！昔日高贵，今成卑贱。多么令人难以忍受的惨相！他们相互嘲笑相互欺骗，他们没有固定的标准来告诉他们何为高尚，何为可耻，因为他们根本就没有什么传统。居尔诺斯啊，无论出于何种目的，都绝不要让这些小民，成为你真正的朋友。对他们全部用和善的语气说话，但绝不要与他们交往，无论出于任何严肃认真的目的；因为你会明白这些可怜的家伙的品性，你会明白他们什么都不值得信任。背叛、谎言、欺诈，是这些无望之人的所爱。[②]

如果仅仅把这首诗当作仇恨和鄙视、而不是同时作为最激烈的愤懑的文献来读，将会是一个严重的错误。我们必须将其与第一首诗联系起来，看泰奥格尼斯在此对梭伦的原则（即正义是一切社会秩序的

---

① 泰奥格尼斯，第 39—52 行。
② 泰奥格尼斯，第 53—68 行。

基础）给出的狭隘的阶级解释。不过，指望旧的统治阶级——现在被推翻了——忠实于梭伦贯串城邦的宇宙正义理想，有点期望过高：即使一个客观中立的观察者也必须承认，贵族君子们对这种理想的酸楚诉求，给他诗中的城邦画面增加了真正的诗歌的情感强度。在此，哀歌体诗歌的高贵风格，从激烈抨击的现实主义——它是泰奥格尼斯从抑扬格诗人那里借来的——那里提取了新的生动和活泼风格。不过，泰奥格尼斯对不义之治的描述，尽管部分地是对梭伦伟大的抑扬格诗歌的模仿，但也许更多地是受到赫西俄德《劳作与时日》的强烈影响：因为它显然属于赫西俄德的模式，这种模式引导他将自己的诗卷分为两个主要部分，由一首序诗和一首收场诗联结在一起。泰奥格尼斯对赫西俄德的模仿不仅限于诗歌的结构，而且缘于他们的精神状况以及观点见解的相似。在《劳作与时日》中，因为赫西俄德与其弟弟珀耳塞斯的财产争议促使他描述了农耕者的整个道德规范，连同其一般原则和具体运用——诗歌因而对正义问题产生了兴趣。同样，因为泰奥格尼斯对社会革命的自觉敌意，他不得不阐述贵族阶层的伦理道德。[198]两部诗作的第一部分，都为一种对正义被扭曲的怨恨所激发，两位诗人都在长时间的论证中发展了这种对正义被扭曲的抱怨。当我们转向泰奥格尼斯诗集的第二部分时——这个部分是简单扼要的格言警句的汇集，是对《劳作与时日》第二部分的模仿——这种严格的类比仍然有效。在泰奥格尼斯诗作的第二部分，这种类比并没有因为几个较长的双行体诗句的出现而被打乱。尽管有其不同的个人境遇和重要需求，但两位诗人都以古风时代的方式，表达出了持久有效的真理。作为结果发生的、诗作的两个部分之间的艺术失衡，对现代心灵来说，由于获得了诗歌的个性表达和情感强度而得到抵消与中和——这种中和达到了如此程度，以至于实际上我们很容易误以为这种个体情感的自由表达是一种普遍法则，很容易误以为全部诗歌都是诗人自己的一种个人表达，但它注定是对客观真理的一种陈述。

诗卷第一部分中的第二首诗，详尽地解释了随之而来的道德格言集的主题：泰奥格尼斯说，如今麦加拉的统治者颠倒黑白、背信弃义，是因为他们没有关于什么是贵贱好坏的标准这一事实。① 泰奥格尼斯希望在居尔诺斯身上打上烙印，从而这少年可以通过真正高贵的自我修养和行为举止，使自己远离群氓，卓尔不群。只有拥有传统的贵族才具备衡量好坏贵贱的标准。现在，到了由一个能够用不朽的词句来触摸这种高贵德性的人，来为这个世界保存这种传统的时候了：这样，他就可以指导有教养的青年如何成为一名真正的贵族君子。泰奥格尼斯警告他的学生不要结交劣等小人（*κακοί, δειλοί*）——泰奥格尼斯用这个词来描述未经贵族训练的任何人和任何事，它与贵族君子（*ἀγαθοί, ἐσθλοί*）——这样的人只有在泰奥格尼斯自己的贵族同伴中才能找到——相对立。这种二分法是泰奥格尼斯的核心主题之一：当他宣布要传承他所属阶层的祖宗家法的目的时，②他早已将其作为一种不言自明的公理置于诗卷中，在格言集的开头，他又将它重复了一遍。③ 位于目的描述和格言集中间的，是献给政治的部分；④通过描绘那些在最黑暗的时刻堕落的卑劣小人，它为泰奥格尼斯的诫命"要与正人君子结交，不要与无赖小人结交"提供了事实基础。他的全部教诲，[199]都是用事例说明他"要与君子交，不与小人交"的涵义，因为他自己就扮演了真正贵族的权威，把真理传授给他年轻的贵族同胞。

我们没有必要在泰奥格尼斯诗卷第二部分的格言集中追寻其思想的全部历程。他写下的每个字以及他发布的每一条训诫，都因迫在眉睫的危险——通过对当时麦加拉的社会状况的描述，他使这一点变得

---

① *γνῶμαι*[识别事物的标记](60)，是真正的权威的判断：试与出现在本书后半部分警句中的*γνῶμαι*[格言]相比较。

② 泰奥格尼斯，31—38。霍夫曼(M. Hoffmann)的《荷马、赫西俄德、古代哀歌与抑扬格诗歌中的伦理术语》(*Die ethische Terminologie bei Homer, Hesiod, und den altern Elegikern und Iambographen*, Tuebingen, 1914，第 131 页及以下)极其精确地追溯了泰奥格尼斯的"*ἀγαθός*[贵族君子]"和"*κακός*[低贱小人]"、"*ἐσθλός*[贵族]"和"*δειλός*[贫民]"的概念，并考察了它们的含义。

③ 泰奥格尼斯，第 69—72 行。

④ 第 39—68 行。这个部分由两首哀歌体诗歌组成：*Κύρνε, κύει πόλις ἥδε*[居尔诺斯——但愿这城市永远不要走上这条路](39—52)和*Κύρνε, πόλις μὲν ἔθ' ἥδε πόλις*[居尔努斯，这城市，还是那座城市](53—68)。

十分清楚——变得急促而有力。他以一连串的格言（gnomai）开始，规诫他的学生不要与卑微小人结交，因为他们无任何值得信任之处。① 他的忠告是，有少数几个朋友即可——几个不是当面一套、背后一套、两面三刀的人，几个在你为难时可以指望得上的人。每一次革命都会使社会的信誉和信任产生剧烈的动荡；那些持守同一政治信念的人会越来越密切，因为背信弃义和落井下石正在四处蔓延。泰奥格尼斯自己也说，乱世之中，一个值得信赖的朋友远胜黄金千两。② 难道这还是传统贵族阶层的道德准则吗？

那种道德准则确实将忒修斯（Theseus）与皮瑞托斯（Pirithous）、阿喀琉斯和帕特洛克罗斯之间的友谊理想化了：对这样一种典范的尊崇在贵族教育中有一种非常古老的因素。不过，现在，在贵族阶层遭到攻击并渐趋没落时，关于美好典范和高贵友谊的价值的传统教义，转变成了一种党派原则：古代英雄之间的友谊现在成了同一政治团体（hetairia）成员之间的友谊的模范。③ 泰奥格尼斯坚持认为，正确的择友方法和必经严峻考验的忠诚，是友谊的首要条件，他就是由此开始他的教导的。从这一事实来看，要避免得出上述结论是不可能的。也许他是从他父母那里学到了这一点，因为贵族阶层的政治斗争持续了很多年。无论如何，社会冲突已经改变了传统贵族阶层的道德行为规范的性质：艰难时世造就狭窄心胸。尽管这种道德规范的起源，使其和梭伦所代表的新兴阶级的城邦道德根本有别，但迫于时势，现在贵族们不得不承认他们自己也是城邦的组成部分。[200]毫无疑问，他们仍然可以将自身所属的阶级看作城邦中的一个秘密城邦，悲叹它被不义颠覆，并密谋复辟；但是对平心静气不带偏

---

① 泰奥格尼斯，第 69 行及以下。

② 泰奥格尼斯，第 77 行及以下。

③ 在党派政治（στάσις）的时代，不是血缘亲属关系决定友谊，如修昔底德在《伯罗奔尼撒战争史》3.82.6 所言："血亲关系不如党派关系牢固，因为以党派关系组织起来的人随时准备赴汤蹈火而在所不辞。……这些党派的成员彼此间的信任，不是有赖于任何信仰的约束力，而是因为他们是作恶的同伙。""Φίλοι[喜欢的人]"原来的意思就是指帮派的成员；在泰奥格尼斯那里，它指一个党派的追随者，不过这种党派是社会阶级意义上的党派。

见的观察者来说，它只是一个争权夺利的政治团体，凭借内部的阶级友爱防止自身的崩溃而已。力戒结交宵小的传统训诫变成了一种排他性政治要求。传统道德规范的这种普遍扭曲来自贵族阶级自身的弱点；尽管如此，在对忠诚的要求中（尽管它只是对一个阶级的政治忠诚），在要求无条件的忠诚作为友谊的先决条件中，仍然存在着许多真正的道德价值。这种要求是政治团体的团队精神（*esprit de corps*）的终极表达，这种团队精神自命不凡地谴责其敌人："当新人们相互出卖时，他们哈哈大笑。"①它与梭伦崇高的城邦理想不可同日而语，但我们仍然不能否认其主要诫命的急切和真挚，ἀγαθός，即贵族君子，不仅是出身高贵，而且也是行止高贵。泰奥格尼斯相信，贵族阶层和高贵品格的一致是自己阶级的力量之所在，是其生存斗争的最后防线。

泰奥格尼斯强调择友必须小心谨慎，他的所有教导都受到这一主张的影响。社会革命促使他和他所属的阶级采取这种自我保护态度。不过，尽管贵族阶层已经发展为一个政治团体，但我们千万不要把它看作只是一个政治团体。它只不过是被迫收拢队伍，采取防守态势。与此同时，由于它只占少数，没有夺回特权的机会，所以泰奥格尼斯警告他的年轻朋友，要处心积虑地接受现存处境，他说，"行走在大路中间，就像我这样"。② 他的意思不是指如梭伦那样，站在两个对立的极端中间，抵御双方的攻击，而是指站在一个安全的地方，机敏地避开任何眼前的冒犯，甚至放弃任何防卫行动。居尔诺斯要耍点诡计，根据不同的朋友改变自己的个性；他要像八脚章鱼一样，它所依附的石头是什么颜色，它也要变成什么颜色，必要时随时准备改变自己的颜色。③ 实际上，在对抗民众以求生存的斗争中，泰奥格尼斯建议采取保护性的伪装措施。这种斗争的道德困难在于这一事实：即它必然是一种隐秘的方式；但泰奥格尼斯相信，即使在这种情况下，一个贵族仍然是高贵的。他甚至认为，[201]一个贵族就是"头脑空空的大众的一个堡垒和避难

① 泰奥格尼斯，第59行及以下。
② 泰奥格尼斯，第220行。
③ 泰奥格尼斯，第213行及以下。

所，尽管他很难因此得到尊敬”。① 这种潜身远祸的行为准则并非一大堆自相矛盾：它只是贵族阶级的地位处境的一种必然结果；但它肯定不是贵族阶级的传统道德规范。

贵族阶级道德行为准则最具革命性的变化之一，就是德性观念的改变。这种改变与社会革命的根本原因密切相关，也就是说，与社会不同阶级的经济权利的重新分配紧密相关。传统贵族阶级的地位建立在它对土地财富的占有之上，新的流通媒介（即货币）的出现，严重动摇了贵族阶级的这种地位。我们不知道政治因素是否也影响到这种情况；不过，到了泰奥格尼斯时代，贵族们必定——至少有一部分——已经穷困潦倒，一个新的富庶的平民阶级正在崛起，要求相应的政治权利和社会影响力。这种经济地位的改变对传统贵族的德性观念是一种致命的打击，贵族的德性一向意味着拥有社会特权和身外财富，因为如果没有这些，贵族的许多特有品格，诸如慷慨大方和宽宏大量，就都无法付诸实施。② 用赫西俄德的话说，即使对淳朴的农夫而言，财富也意味着德性和尊重，③这话表明，早期希腊的德性观念，就包含相当程度的社会声望和社会影响力在内。

城邦新道德的冲击粉碎了贵族阶层的这种德性观念。每当贵族阶层的德性理想遭受攻击和改变时（提尔泰奥斯和梭伦是两个典型例子），我们都能看到，它与财富（*ὄλβος*, *πλοῦτος*）的关系是何等密切，而当这种关系断裂时，它要生存又是何等艰难。提尔泰奥斯曾经宣告，公民的德性——在斯巴达与美塞尼亚的战争期间，它首先是战士无畏的勇气——远比贵族们珍视的财富和货物更有价值；④而梭伦也曾经说过同样的话：法治国家的最高政治德性是正义而非其他。⑤ 不过，梭伦曾

---

① 泰奥格尼斯，第 233 行。

② 参见本卷第 29 页论荷马；第 183—184 页论梭伦。品达“*πλοῦτος ἀρετῖς δεδαιδαλμένος*[有德性点缀的财富]”的理想也一样。甚至亚里士多德也在其道德规范中，强调外在的善对“好的生活”和某些道德品质（如*μαγαλοπρέπεῖα*[大方]和*ἐλευθεριότης*[慷慨]）的发展的重要性，参见《尼各马可伦理学》4.1 和 4.4。这些德性是从传统的贵族阶层的生活方式中继承来的。

③ 赫西俄德，《劳作与时日》，第 313 行：*πλοῦτω δ᾽ἀρετὴ καὶ κῦδος ὀπηδεῖ*[德性和声誉与财富为伍]。

④ 提尔泰奥斯残篇 9，6。

⑤ 梭伦残篇 3，5 及以下。

得到旧传统的滋养：他祈祷神灵赐给他财富（应该说是赐给他“取之有道”的财富），并将他对德性和声誉的希望建立在对财富的拥有之上。①[202]他不相信财产的不均等分配有违神明的意志，因为他知道，除了黄金和土地，还有其他形式的财富——生命的健康和欢乐的自然财富。② 但是，如果他被迫在德性和财富之间做选择的话，他会选择德性。③

将梭伦的这些积极乐观、展望未来的革命观念，与提尔泰奥斯软弱无力的哀叹相对比，是富有教益的；提尔泰奥斯不知疲倦地表达着对贫困的抱怨和诅咒。他断言，贫穷对人们的生活有无穷的威力，他本人无疑深知，诟莫大于卑贱、悲莫甚于穷困。④ 不过，尽管他穷困潦倒，对贫困满怀怨恨，但他心中仍然保存着某种高于财富的标准和抱负，他深信为了这种标准和抱负，可以心甘情愿地牺牲财富。通过对那些他恨之入骨的麦加拉暴发户新贵的观察，他发现金钱与精神高贵的结合是如此罕见，从而不得不承认梭伦的弥足珍贵——梭伦最终选择了正义的贫困。⑤ 在泰奥格尼斯对待贫困和富有的态度中，我们可以十分清晰地追溯旧贵族的德性观念在社会和经济变迁的冲击下，价值重估的轨迹：泰奥格尼斯的理想被强制性地改变了，梭伦的理想则是从他自己的精神自由中生长出来的。

泰奥格尼斯的所有诗歌都反映出对梭伦的德性和财富观点的强烈

---

① 梭伦残篇 1，7 及以下。

② 梭伦残篇 14。

③ 梭伦残篇 4，9—12。

④ 《致居尔诺斯》（*Sayings to Cyrnus*）一诗有许多与金钱和贫困相关的段落，我引述了第 149 行及以下，尤其是第 173—182 行。《诗人谚语》（*Sayings from Poets*）——即现在的《泰奥格尼斯诗集》第二部分——也包含了许多关于贫困的诗句，例如，第 267、351、383、393、619、621、649、659、667 行，但是我们无法说出这些对句中到底哪些真正属于泰奥格尼斯。愤世嫉俗、冷嘲热讽的哀歌称赞财富是独一无二的美德，正如拙文《提尔泰奥斯论真正的德性》（载《柏林科学院会议报告》，1932，第 559 页及以下）所表明的，这首诗是对提尔泰奥斯的著名诗歌（残篇 9）的模仿和改造。这首诗虽然被收录于《泰奥格尼斯诗集》，但似乎是公元前五世纪时的作品。

⑤ 梭伦关于德性与财富的段落，收录于《泰奥格尼斯诗集》（参见第 227、315、585、719 行），因为它们与泰奥格尼斯本人的表达极为相似。实际上，它们是泰奥格尼斯诗歌的原型和来源，参见泰奥格尼斯本人论德性与财富的诗行，第 149、153、155、161、165、319、683 行。

兴趣，其诗集第一部分[①]中的政治诉歌受到梭伦《欧诺弥亚》的启发；他出现在短小精悍的格言警句中的诗歌，则受到梭伦对缪斯女神的那些伟大演说的启发。[②] 后者的诗，是从宇宙的神圣治理的公正性角度，对人努力赢得财富和成功的一种沉思。诗歌花开两朵，分别表达了这种巨大对立的两个方面。泰奥格尼斯接过这两个主题，各写了一首独立的诗——从而也摧毁了神对待人的方式的崇高正当性：在梭伦的诗歌中，正是这种崇高的正当性的构想，将宇宙的神圣正义和人追求财富与成功的努力联结在一起。实际上，泰奥格尼斯没有能力构想出这样一种深刻的宗教真理——梭伦的那种既崇高又客观的宗教真理。梭伦的第一个思想，即神的权能昭彰于不义之财无法持久昌盛这一事实，激起了泰奥格尼斯相对比较主观的思考。他当然同意梭伦，但他接着说，人们不断忘却这一真理，因为对邪恶的惩罚总是来得太慢太慢。[203]在他的话语中，我们可以发现一个失败党派的坚定支持者的焦躁不安，他希望上天的报复早日降临到对手头上，又害怕自己有生之年不能亲眼目睹。

泰奥格尼斯对梭伦《欧诺弥亚》第二部分所陈述的主题的改变，忽略了问题的本质，这个问题是：既然宇宙的神圣治理永远公正合理(正如梭伦在诗的第一部分所表示的那样)，那么，为什么好人竭尽全力总无善果，坏人作恶多端却无恶报？泰奥格尼斯对此道德困境无任何兴趣；他很少如梭伦那样从神的角度考虑问题，从而也无法在人类混乱的希望和追求中发现超个人的宇宙补偿法则。梭伦对此问题的陈述在他那里唤起的只是一种主观反应，一种相当个人化的听天由命的情绪。泰奥格尼斯从自身的生活经历中知道，死生有命，富贵在天，人永远无法对自己的成败做主。因此，除了放弃自己，顺从神意，人一无所有，因为人对自己的命运无可作为。他在别处说，福兮，祸之所伏，即使是财富、名誉和兴旺发达，也在自身中潜藏着毁灭的种子；因此，我们只需要祈祷一件事：tyché(即时运)。[③] 如果他活

---

① 参见本卷第 251 页及以下。

② 梭伦残篇 1(狄尔编)：泰奥格尼斯，第 197—208 行提到了其第一部分，第 133—142 行提到了其第二部分。

③ 泰奥格尼斯，第 129 行。

该倒霉，钱对一个卑鄙小人又有什么好处？他心术不正，钱财只能给他带来灭顶之灾。①

相应地，泰奥格尼斯认为德性是一种品质，当一个人从不挂怀钱财之有无，这种品质就成了一个真正的贵族的特征：也就是说，一种精神贵族的罕见品质。② 也有人认为，泰奥格尼斯不可能具备如此高尚的道德情感；但事实是，他对穷困潦倒的贵族阶层的尊敬，教给他用梭伦的那种方式进行道德说教。没有真实可靠的根据可以否认他是下述美丽格言的作者："一切德性都归结于正义；每个正义的人都是贵族。"③尽管他的这一思想可能取自福西里德斯这样的平民，④但他还是情不自禁地将其作为自己党派的座右铭；因为民众在他们争取权利的斗争中曾将其飘扬在他们的旗帜上，然后，正如泰奥格尼斯所看到的，他们又将其践踏在地上。现在，这一格言成了传统统治阶级的战斗口号：尽管他们现在遭受到不公正的压制，但只有他们"知晓正义和法律"，而且，在泰奥格尼斯的心目中，他们仍然是真正的正义的唯一拥有者。⑤ 毫无疑问，这种观点限制了最高的正义理想的范围，[204]且使之成了一个党派的德性，而不是可以被整个城邦所拥有的德性。不过，泰奥格尼斯不会因为这种限制而感不快。品达也相信，正义是贵族文化的一个不可分割的本质要素，正义实际上就是贵族文化的盛开之花。这种信念标志着城市国家的新精神对传统贵族理想的征服。

---

① 泰奥格尼斯，第153行。

② 泰奥格尼斯，第149—150行。

③ 泰奥格尼斯，第147—148行：*ἐν δὲ δικαιοσύνῃ συλλήβδην πᾶσ' ἀρετή ἐστιν, πᾶς δὲ τ' ἀνὴρ ἀγαθός, Κύρνε, δίκαιος ἐών*[居尔诺斯，一切德性都归结于正义；每个正义的人都是贵族]。

④ 泰奥弗拉斯托斯在其《论石》（*Περὶ ἠθῶν*）第一卷中，将"*ἐν δὲ δικαιοσύνῃ συλλήβδην πᾶσ' ἀρετή ἐστιν*[一切德性都归结于正义]"这行诗（泰奥格尼斯，第147行）作为泰奥格尼斯的作品来引用，但同一个作者在《伦理学》第一卷中，又把它作为福西里德斯的作品再次引用。以弗所（Michael Ephesius）的《亚里士多德〈尼各马可伦理学〉评注》（*Comm. Ad. Arist. Eth. Nic.*，v. 2，1129b27，p. 8，Wendland）注意到了这一矛盾，但他觉得这行诗出现在两个作者那里，也没什么难以理解。

⑤ 泰奥格尼斯，第54行谈到了平民（*λαοί*），他们从前不知正义没有礼法（*οὔτε δίκας ᾔδεσαν οὔτε νόμους*），但现在却成了好人（*ἀγαθοί*），而从前高贵的人（*ἐσθλοί*），现在却成了贫民（*δειλοί*）。

贵族阶层要彻底消化这种精神，还存在着一个障碍——即他们对自己高贵血统的不可动摇的信念。泰奥格尼斯断言他们的最高使命就是保持其纯正血统，并尖刻地攻击某些贵族的愚蠢和不忠：他们试图通过将女儿嫁给富裕的平民，或者嫁给那些暴发户新贵的儿子，来挽救其没落的命运。“我们挑选高贵的羊、驴和马，良种交配，优生优育：但一个贵族却毫不犹豫地与一个出身卑微的女子结婚；财富搅乱了血统。”[①]这种对高贵的出身和训练的自然选择的尖刻强调，是贵族阶层的道德准则正在经历一种变革的征兆。在反抗金钱和数量将社会等级拉平的斗争中，它现在处于守势。在雅典，整个城邦不得不面对和解决重大的公共问题，最明哲的人不能继续只作为保守分子而存在，尽管他们绝大多数都是贵族出身。梭伦本人已经超越保守和革命。不过，只要有一小群贵族为了生存及其特殊生活方式而战斗，那么这种贵族阶级的道德准则就能在泰奥格尼斯的教育格言中看到自己的形象。泰奥格尼斯的许多观念在后来的历史阶段中，在有产阶级对抗无产阶级的斗争期间，都复活了；其教导的价值最终取决于一个上流社会的存在与否，无论它将这一上流社会的地位归因于纯正血统，还是其他一些高贵传统。一个种族必须通过同系繁殖和特殊训练才能得以保存的基本贵族观念，首先是斯巴达的产物，同时也是公元前四世纪时那些伟大的教育理论家们的产物；我们在讨论他们的作品时将会详细研究。[②] 这里，我们只要这样说就足够了：在斯巴达，以及在柏拉图和亚里士多德的理论中，[③]这种理想超出了一个阶级的范围，成了希腊的普遍理想的组成部分，这个理想就是，城市国家是其所有公民的教育者。

品达，贵族的声音

[205]当我们从泰奥格尼斯转向品达时，我们告别了麦加拉和其他

---

① 泰奥格尼斯，第 183 行及以下。

② 参见本书第二卷，第 281 页及以下；第三卷第 303 页及以下。

③ 关于柏拉图，参见前注；亚里士多德，《政治学》7. 16ff.。

地方的贵族为捍卫其社会地位而进行激烈斗争的狂风暴雨，到达了早期希腊贵族从容不迫、骄傲自信、不受侵犯的极致生活。在此登峰造极的高度，我们可以忘却泰奥格尼斯世界中的那些问题和冲突，满足于对高贵而遥远的贵族理想的美和力量的惊诧了。品达将一个种族的贵族阶层的理想，在其最高贵的变形转身之际，展示给了我们——其时，从神秘的过往到公元前五世纪的艰难时世，在贵族阶层的光荣持续了数个世纪之后，在奥林匹亚(Olympia)、皮托(Pytho)、尼米亚(Nemea)、科林斯地峡(Corinthian Isthmus)的赛会上，这种理想仍然可以将全希腊的目光吸引到其历史勋绩之上，仍然可以在对比赛胜利者的万众一致的仰慕中超越全希腊一切地域或种族的差异。如果我们想要明白贵族阶层在希腊品格塑造中所起的作用，不只是对继承来的阶级特权与阶级偏见的精心守护和保存，不只是不遗余力地强化一种建立在财富基础之上的道德规范的培育，①那么就必须研究希腊贵族阶层的这个方面。贵族阶层是人性的高贵理想的真正创造者，这种体现在希腊古风时期和古典时期雕塑中的高贵理想，对今天的人来说都是一目了然的——尽管常常是钦羡多于理解。② 这些雕塑作品所描绘的体育健儿的力量和高贵在极度完美中浑然一体，这些体育健儿在品达的诗歌中得以再现，他们生活着、感受着、为我们言说着；通过品达的精神能量和宗教严肃性，他们仍然以一种奇异的力量影响着我们——只有人类精神独一无二的、无可复制的成就才具备这种奇异的力量。③ 因为这是一个独一无二的宝贵时刻：其时，希腊沉醉于神明的凡人世界，在人的身体和灵魂中——人的身体和

---

① 关于早期希腊贵族社会的经济状况，参见本卷第29页注释①引述的文献。

② 黑格尔在其《历史哲学》(*Philosophy of History*，收录于《全集》[*Werke*]，Vollst. Ausg.，Berlin，1848，Bd. IX，295ff.)中，正确地评论说，客观的艺术作品，即由希腊雕塑创造的体育健儿的理想模型，是以主观的艺术作品，即活生生的人，奥林匹亚赛会胜利者的训练有素的身体，为先导的。换句话说，“美的个人”——它是早期希腊艺术的法则——是由希腊的教育(paideia)及其体育理想所决定和塑造的。

③ 十八世纪的几个伟大的原创性思想家，诸如赫尔德(J. G. Herder)和洪堡(W. v. Humboldt)，凭借其非凡的历史知识和诗性想象力，重新发掘了品达诗歌的实际社会背景。参见亚彻(Gleason Archer)的《十八世纪德国文学对品达的接受》(*The Reception of Pinda in Eighteenth-Century German Literature*，哈佛学位论文，1944)，他也追溯了自文艺复兴以来品达对法国和英国精神的影响，并引用了很多珍贵的资料。

灵魂被提升到了远超尘世其他力量的一种完美高度——窥见了神性的顶点；其时，在这些人形的诸神身上，一个世间凡人模仿那种神圣典范的努力找到了目标和幸福——通过这些神圣典范，艺术家们认识到了完美的法则，这些完美的法则不可企及且又非比寻常。

品达的诗歌，尽管是一种古风形式的诗歌，但与他的同辈甚至前辈的作品不同，是另一种意义上的古风风格。与品达的诗作相比，梭伦的抑扬格诗，在语言和情感上，似乎完全是现代的。品达的变化多端，他的充实丰沛，他的逻辑困难都只是外在的，[206]或者可以说，是他根深蒂固的往古情结的现代伪装；[①]这种情节是一种对远古的向往和热爱，它植根于品达严肃简朴的个性及其实际生活的遥远高蹈之中。穿过伊奥尼亚"更古老"的文明到品达，就像离开贯穿于荷马史诗到伊奥尼亚的个人抒情诗和自然哲学的直线发展进程，而进入到另一个世界一样。尽管赫西俄德是荷马和伊奥尼亚思想的忠实学生，赫西俄德的读者常常会感到惊诧：他们在那里会突然瞥见希腊大陆的史前时期，即深埋在史诗地基之下的黑暗时期。非但如此，当我们翻开品达，便马上进入了一个不为赫卡泰乌斯和赫拉克利特的伊奥尼亚所知的世界，一个许多方面都比荷马以及荷马笔下的人物远为古老的世界。因为尽管品达对贵族阶层的使命的信念与荷马有许多共同之处，但荷马对此泰然处之，几乎是轻松愉快的态度，而年轻的诗人品达在谈论它时则极其严肃认真。这一部分是由于史诗和颂歌的目的不一而造成的：后者道出的是一种严肃庄重的宗教训诫，而前者的任务则是叙述和修饰。不过，品达的严肃庄重不是简单地受其诗歌的形式和外在目的的支配：它来源于品达深深感受到的、对其所刻画的贵族阶层的尊崇和亲缘关系。品达之所以能够赋予贵族理想一种令人信服的力量——我们称之为品达式的（Pindaric）力量——是因为他自己的本性，从出身到教养本质上都是贵族阶级的。[②]

---

① 关于品达诗歌的语言，参见多恩赛夫（F. Dornseiff），《品达的风格》（*Pindars Stil*），Berlin，1921；此书有许多卓越的评论。另可参看更早一点的克鲁瓦塞（A. Croiset）的《品达的诗歌》（*La poesie de Pindare*，Paris，1895）。

② 参见博哈特（Rudolf Borchardt），《品达的诗歌》（*PindarischeGedichte*），"后记"。

品达作品的卷数在古代远大于我们现在所拥有的数量。只是由于最近在埃及的一个幸运发现才使我们了解了品达的宗教诗，但其中相当一部分已经丢失。① 他的宗教诗歌远多于他的胜利颂歌（后来称为凯歌），但品达的宗教诗与颂歌没有本质不同。② 因为竞技比赛的宗教意义，都体现在他为四大赛会的胜利者所作的颂歌中；而贵族阶层的宗教生活，也在体育比赛无与伦比的力量和雄心中臻于极致。

从已知历史的最早阶段以来，希腊人的竞技活动（就这个词最广泛的意义而言）就与诸神的节日相联系。奥林匹亚赛会也许起源于在奥林匹亚为珀罗普斯举行的葬礼比赛，[207]与《伊里亚特》中所描绘的在特洛伊为帕特洛克罗斯举行的葬礼和竞技比赛类似。我们知道，即使是葬礼比赛，也可以在固定时间周期性地举办：在希巨昂（Sicyon）为阿德拉斯托斯（Adrastus）举办的祭祀活动就是这样重复进行的，尽管它们承担了不同的角色。③ 诸如此类早已确立的比赛很容易被转化为对奥林匹亚主神宙斯的祭祀活动。从早期奥林匹亚圣所地基下发现的献祭马匹的图案来看，显而易见，早在传统的日期——就是科罗厄布斯（Coroebus）首次赢得赛跑比赛的冠军——之前，就存在着战车竞赛活动。④ 在希腊历史的头几个世纪里，另外三个定期的泛希腊赛会，在奥林匹亚赛会的模式上成长了起来，到了品达的时代，它们已经可以与奥林匹亚赛会相提并论，尽管它们从来没有达到奥林匹亚赛会的重要性。从简单的赛跑到各种项目的竞赛，反映在品达颂歌中的奥赛发展历程，是后来的年代学者们根据准确的历史分期排列的，但他们所用史料

---

① 在埃及的沙漠中发现了写有几首凯歌的纸莎草，一首是帕特农神庙的，品达的一首酒神颂歌的一部分，还有巴库利德斯、科琳娜（Corinna）、阿尔克曼的几首诗。

② 关于品达的四卷凯歌（*epinikia*）的文本传统和注释的历史，参见维拉莫维茨，《品达》（*Pindaros*），Berlin，1922。

③ 希罗多德，《历史》5.67。

④ 关于奥林匹亚赛会，参见加德纳（E. N. Gardiner）的《希腊的体育运动和节日》（*Greek Athletic Sports and Festivals*，London，1910）和《古代世界的竞技运动》（*Athletics of the Ancient World*，Oxford，1930）；梅索（Franz Mezo）的《奥林匹亚运动史》（*Geschichte der Olypischen Spiele*，Munich，1930）。

的价值充满争议。①

不过，在这里，我们既不需要关心比赛的历史，也不需要关心运动员们的体育技巧。竞技体育原初天然就是一种贵族阶级的运动：这一点得到了诗歌的确证，而且以品达的观点看来，它是贵族的本质性先决条件。尽管体育竞赛在品达的时代已经早就不是贵族们的独占之物，但世家大族仍然在其中起模范带头作用。他们有足够的财富和时间从事长期的训练。传统在他们之中得以保存，运动员的高超技艺借此得到高度评价，男子适合竞技体育的身体素质和特殊品质，也最容易为他们之中的成员所继承——尽管当时新兴有产阶级的成员也发展出了相同的品质和传统，并在赛会上赢得胜利。贵族阶层数个世纪以来坚定不移的精神和不朽的传统在体育运动职业化面前被迫让路，并非在品达的时代之后，而是在塞诺芬尼对粗鄙的、非智力的"身体力量"的过度高估的抨击唤起了一种姗姗来迟但持久不息的回声之后。② 一旦希腊人感觉到精神不同于身体、甚至与身体相对立之后，旧的体育理想就被贬低到了拯救的希望之外，在希腊人的生活中马上丧失了其重要地位，尽管竞技运动仅仅作为一种体育活动又存在了数个世纪之久。[208]本来，没有任何东西比对身体的力量或能力做纯粹的智力理解更外在于贵族社会的竞技比赛了，我们在希腊人的雕塑杰作身上仍然羡慕的那种身体和精神的理想统一(尽管我们已经无可挽回地失去了这种统一)，标示着我们必须如何理解英勇高超的男子气概的体育理想——即使这种理想可能远离现实。要确定塞诺芬尼的抱怨在多大程度上得到了确证是困难的；但是，希腊雕刻家们的伟大作品足以表明，塞诺芬尼是这种高贵理想的一个低劣阐释者，这种理想是那个时代的宗教艺术竭力想要在造型艺术中表现的东西，一种(体现在人身上但)配得上神明的东西。

---

① 关于在奥林匹亚赛会中产生的各种类型的比赛的先后顺序，参见马哈菲(Mahaffy)，《希腊研究期刊》(*Journal of Hellenic Studies*[*JHS*])II，第164页及以下；科尔特(A. Koerte)，《赫尔墨斯》XXXIX(1904)，第224页及以下；布林克曼(O. Brinkmann)，《莱茵古典语文学杂志》N. F. LXX(1915)，第623页；亦可参见加德纳的《希腊的体育运动和节日》。

② 塞诺芬尼残篇2，11(《前苏格拉底残篇》[第尔斯本]I)。

品达写下颂歌，以此庆祝一个竞技运动员一生中最伟大的时刻，庆祝他在某一次重大比赛中的胜利。胜利是颂歌的前提条件，因为它通常是在运动员胜利凯旋之时或者稍后，由其年轻的同胞组成的合唱队歌唱用的。在品达那里，胜利的颂歌与其外在时机之间的紧密联系具有一种重要的宗教意义，它可以与颂歌中的宗教崇拜、诗歌艺术和诸神之间的紧密联系所具有的重要意义相提并论；而这种联系并非一种一目了然的联系。史诗从来不是某种类型的宗教艺术，在伊奥尼亚，个人的抒情诗遵循史诗的步伐，只表达诗人自身的思想和情感。与这种发展相一致，即使是赞美诸神的颂歌——它自古以来就是一种宗教形式的诗歌，与史诗势均力敌、并驾齐驱——也遭受到了自由精神的侵蚀。因此，颂歌传统的旧形式发生了很多变化：诗人将其个人的宗教观念引进颂歌，从而使之成为表达其个性的工具；或者，与伊奥尼亚和爱奥利亚的抒情诗人那样，将颂歌和祷文仅仅用作与倾听的神灵交流人心中最隐秘情感的一种形式。这种趋势在公元前六世纪末还有进一步的发展，这种发展证实，即使是希腊本土，对个体人格的兴趣也在不断增长：颂歌的形式从对神的赞美变成了对人的荣耀，一个世间凡人成了一首颂歌的主题。这种抬举，除了半神式的英雄，诸如奥林匹亚赛会的胜利者，别的对象当然是不可能的。不管怎样，在这种背离中，颂歌的世俗色彩不断增长，这一点是不会错的；而且，品达的伟大的同时代人，出生在阿提卡附近开俄斯岛(Ceos)上的尤里斯城(Iulis)的职业诗人西蒙尼德斯的世俗色彩，是毫无疑问的，[209]他说："缪斯拿黄金赏赐她自己"[①]（西蒙尼德斯擅长胜利颂歌，也擅长多种其他类型相对较少宗教气氛的应景诗）；相对不重要的巴库利德斯也如此，巴库利德斯是品达的侄子和对手。

品达是第一个使胜利颂歌成为宗教诗的诗人。他受传统贵族阶级关于体育竞技观念的启发，为男儿们奋力拼搏、追求完美的英雄本色的

---

① 参见品达，《科林斯地峡颂歌》II，6：*ἁ Μοῖσα γὰρ οὐ φιλοκερδής πω τότ' ἦν οὐδ' ἐργάτις*[缪斯拿黄金赏赐她自己]。注释者在此处认为这段有争议的典故指向西蒙尼德斯。不过，我们也可参看品达，《皮托颂歌》XI，41。关于西蒙尼德斯的"*φιλοκέρδεια*[好利贪财]"一词，参见维拉莫维茨，《品达》，第 312 页。

壮观景象赋予了特定的道德与宗教含义；由此，他也创造了一种新型的抒情诗，这种抒情诗来源于一种远为伟大的情感与体验的深度，它似乎是从阳光灿烂的胜利顶峰俯视人类命运的奥秘和人对命运的抗争。尽管他们像品达的诗歌那样严肃、深沉、信仰虔诚，但仍然以一种无与伦比的自由生活和运动着。只有在这种宗教形式中，品达才承认将一首颂歌献给一个人间胜利者的可能性。通过以这种方式转变颂歌的形式，品达从颂歌的光荣创造者那里接收了它，并使其成为他自己的一种诗歌形式：品达这样做的理由是他的高贵信念，即只有他才懂得他所处理的崇高主题的真正意义。通过胜利颂歌，品达才能赋予贵族的道德规范一种新的权威——即使在一个对旧传统极少同情的时代；与此同时，这种新型的抒情诗，由于为真正的贵族信仰所激励，现在终于获致了它的"真正本质"。品达从不觉得，当他颂扬竞技运动员的胜利时，他多少都是在仰赖胜利者——那将是对诗歌艺术的侮辱；他也不扮演工匠的角色，只为迎合表现对象的愿望而创作。另一方面，品达也从不抱优越感。他总是与他所庆祝的胜利者平起平坐，无论胜利者是国王、贵族，还是一介平民。在品达看来，诗人与胜利者都属于彼此。这种诗人和胜利者彼此相属的观点，是品达自己独有的，同时代的希腊人未曾见识，但它是吟游诗人的原始功能——宣告英雄业绩的光荣——的一次重生。①

因此，品达恢复了诗歌的英雄主义精神，这种英雄主义精神是诗歌的最初灵感；他让诗歌不仅仅是一种简单的事件记录，或者一种个体情感的细腻表达，他使诗歌再次成为对高超技艺和非凡勇力的颂扬——这种高超的技艺和非凡的勇力是后世子孙的典范。② 品达的每一首诗，都取决于一种纯粹外在的、偶然的机缘，但这正是品达最强大的力量：[210]因为这偶然的机缘是胜利，永远需要歌唱的胜利。品达诗歌的基础就聚焦于这种永恒的标准[胜利]。每当他"拿起多利安竖琴"拨动琴弦时，③他总是用不同的说法，一次又一次地重复着

① 关于荷马和柏拉图的"吟游诗人"概念，参见本卷第 54 页；同样的观点见于赫西俄德，《神谱》，第 99 行及以下。

② 关于早期希腊诗歌中的榜样（exemplum）或典范，参见本卷第 45 页。

③ 品达，《奥林匹亚颂歌》I，18。

这一思想。“一物渴求另一物，而胜利最爱颂歌，颂歌是花冠和德性的现成绝配。”①他宣告称扬高贵之人乃是“正义之花”；②实际上，他频繁地把颂歌叫作诗人欠胜利者的“债务”。③ 德性（Areta）——我们必须以品达自己所使用的、严格的多利安人的方式来书写这个单词——在胜利中凯旋的德性不会“寂然无声，湮没无闻”，④而是要求在诗人的颂歌中永垂不朽。在品达的生花妙笔之下，这个世上的一切暗淡平庸之物瞬间重获造物之初生机勃勃的活力。在他献给青年摔跤冠军厄基那的提马萨库斯（Timasarchus of Aeginetan）的颂歌中，他说：“当语言因美惠女神之助，成功地从心灵深处发出声音时，言词比英雄的事迹流传得更长久。”⑤

我们没有足够的、创作于品达之前的希腊合唱抒情诗，来为品达的作品在抒情诗的发展历程中给出特定的位置；但显而易见的是，品达将这种诗歌类型转变成了某种新的东西，而他自己的诗篇不可能直接“来源于”合唱诗传统。早期合唱诗人通过接受史诗的材料，并以一种抒情诗的形式将其重新组合，已经用抒情诗的手法来书写史诗了；⑥不过，这与品达的方法正相反对，尽管他的语言从他的前辈那里借鉴甚多。这样说应该更真实一些：即通过他的作品，英雄主义精神，以及对英雄主义的颂扬——这是史诗的灵感源泉——以抒情诗的形式获得了重生。从阿基罗库斯到萨福，爱奥利亚和伊奥尼亚的诗歌自由地表达着诗人们的个人情感，而品达则将自己的诗歌归属于一种宗教和社会的理想，他全心全意地，几乎是宗教般虔诚地将自己奉献给古代骑士精神的最后遗存，不可能有比这二者更强烈的对比了。

---

① 品达，《尼米亚颂歌》III，6。

② 品达，《尼米亚颂歌》III，29：*δίκας ἄετος*［正义的花朵］。

③ 希腊词是“*χρέος*［债务、责任］”，参见《奥林匹亚颂歌》III，7；《皮托颂歌》IX，10，等等。

④ 品达，《尼米亚颂歌》IX，7。

⑤ 品达，《尼米亚颂歌》IV，7。

⑥ 在大希腊地区，洛克利的塞诺克里图（Xenocritus of Locri）在公元前七世纪末就已经这样做了，在西西里，更著名的合唱诗人希迈拉的斯特西克鲁斯（Stesichorus of Himera）在公元前六世纪也已经这样做了。两位诗人都用史诗的英雄神话创造出他们的抒情诗，从而也创造出了一种情歌（ballad）形式。其中一些诗相当长，满满一卷，使人想起它们的史诗起源。

把握品达对其诗歌性质和目的的构想，也是为了更清晰地理解其诗歌的形式。评述品达颂歌的学者们对其诗歌的形式问题，已经耗费了很多心血。博伊克（August Boeckh）是第一位试图对诗人品达进行阐述的人，在其巨著中，通过对品达历史处境的一种全盘把握，通过精神上的同情理解和直观洞察，[211]他力图从品达思想的艰难序列中提炼出一种隐藏的统一性，不过，对于品达颂歌结构的解释，他经常走向站不住脚的观点。① 因此，当维拉莫维茨及其同辈学者抛弃博伊克的方法，努力欣赏品达颂歌的丰富多彩，而不是寻找隐藏在诗歌中成问题的统一性时，就成了一种很受欢迎的反应。② 他们的方法自然增加了我们对那些未经解释的细节的了解。但是，不将一部艺术作品作为一个整体，从而力求一种全面的把握是不可能的；具体到品达，他的艺术与其理想目标的联系是如此直接，因而断定他的诗作是否与其文体风格一样，具有一种结构上的统一性，就成了加倍重要的问题。当然，品达的诗歌没有僵硬的模式，但当人们认识到这一事实时，问题在一种更高水平上仍然存在。如今，没有人会相信，品达的诗歌是在追随诗人天才想象力的脉动（浪漫时代的批评家们，受其自身假设的鼓励，认为品达的诗歌只是追随想象力的脉动，而无所谓结构上的统一性）；而且，以那种方式对待品达诗作结构的无意识倾向，即使在今天，对品达的诗艺也不够公正——在当代，我们已经学会将品达的诗艺看作希腊艺术的一种要素，一种不亚于原创性的要素。

我们已经看到运动员的胜利与品达颂歌之间的那种牢不可破的联系，如果我们从这种联系出发，③就能明白，品达的诗意想象可以有几种不同的途径来处理和掌控其主题。例如，为了唤起观众的激动心情，可以描写一些拳击比赛或战车比赛的具体细节：车轮滚滚、尘土飞扬，如索

① 博伊克（Boeckh）关于诗歌形式的观念，以及他处理品达诗歌的形式问题的方法，参见沙德瓦尔德（Wolfgang Schadewaldt），《品达颂歌的结构》（*Der Aufbau des Pindarischen Epinikion*），载《哥尼斯堡学社论文》（*Schriften d. Koenigsberger Gelehrten Gesellschaft*），Halle，1923，第262页。

② 丹麦学者德拉克曼（A. B. Drachmann）的著作《现代品达研究》（*Morderne Pindarfortolkning*，Copenhagen，1891）是这一转折点的标志。

③ 另可参见沙德瓦尔德，《品达颂歌的结构》，载《哥尼斯堡学社论文》，第298页。

福克勒斯在《厄勒克特拉》(*Electra*)中所描述的那样——在该剧中，信使戏剧性地讲述了在德尔菲举行的战车比赛。然而，品达似乎对比赛的这一方面甚少关注：他只是用象征性的语言进行一些形式的描述，而没有浓墨重彩地描写。品达思考竞技比赛的精神难度远超于他思考比赛的自然景象，因为他的目光聚集在胜利者身上。[①] 他坚信这种胜利是人的最高德性的呈现，正是这种信念支配着品达诗歌的形式。除非我们理解他的这种信念，否则就不可能理解其诗歌的形式：因为尽管一个希腊艺术家受到传统形式——他选择在这种形式中创作——的严格限制，但归根结底，[212]他还是根据其灵魂的最高信念来选择和发展这种形式的。

品达关于自己作为一个诗人的使命的看法，是我们理解他的最佳指引。[②] 他将自己等同于那些了不起的画家和雕刻家，还经常从他们的工作中借鉴隐喻。品达想起许多希腊神庙中的珍宝室，他将自己的诗设想为一个贮藏赞歌的宝库。[③] 有时，在一首诗的铺张华丽的序诗中，他将自己的颂歌想象为一座宫殿的柱状正面；[④]在第五届尼米亚赛会颂歌的序言中，他将自己和胜利者的关系与雕刻家和雕像的关系进行对比。"我不是一个雕刻家"，他说，"雕刻一个端坐在底座上一动不动的雕像"。[⑤] 这个对比包含着一种比较；无论如何，接下来的句子表明，他觉得他的作品远比雕刻家的雕像伟大："我的甜美歌声，乘着每一艘航船与扁舟，从埃伊纳岛(Aegina)飞扬，宣告兰博(Lampon)壮健的儿子皮西亚斯(Pythas)，在尼米亚赛会上赢得了五大赛的桂冠。"这种比较是显而易见的：因为在品达的时代，雕刻家们只雕刻诸神的形象或者竞技比赛胜利者的塑像。不过，二者之间的类比还有更深的意义。那个时代的雕像表明，对它们所要描画的胜利者，它们与品达的诗歌持相同的态度：它们并不记录胜利者

---

① 维拉莫维茨在其《品达》(Berlin，1922，第118页)一书中清楚地看到了这一区别，但他只是顺便间接地提到这一点。不过，这肯定是任何试图理解品达作品——不仅是作为贵族阶层的宗教信条的一种载体的道德方面，也包括其作品的结构——的努力的出发点；维拉莫维茨没有从他的发现，得出可以阐明品达凯歌的形式结构的逻辑结论。

② 冈德特(Hermann Gundert)，《品达及其诗人志业》(*Pindar und sein Dichterberuf*)，Frankfurt，1935。

③ 品达，《皮托颂歌》VI，8。

④ 品达，《奥林匹亚颂歌》VI，1。

⑤ 品达，《尼米亚颂歌》V，1。

的个性特征，而是刻画那训练来比赛的理想男性身体。品达不可能找到一种更合适的对比，因为他也一样，不是将胜利者作为一个个人，而是作为最高德性的代表来抒写。雕刻家和诗人二者的态度，直接受奥林匹亚赛会胜利者的影响，受希腊人关于男儿本色的潜在观念的支配。这种对比再次发生在柏拉图的《王制》中——我们不能说它是否借自品达：当苏格拉底完美地结束了一个哲学王的理想德性的塑造时，柏拉图将苏格拉底比作一个雕刻家。在同一著作的另一段文字中，柏拉图描述了一个理想的典范（"正义本身"），不管这个理想的典范是否在现实中存在，只要我们可以按照这典范所体现的标准来判断即可；此时，柏拉图将哲学构造一种理想的能力与画家的技艺相比，画家画出的不是一个实际存在的男人，而是一个一切都恰到好处的理想美男子。① 对于优秀艺术作品的理想标准——尤其是诸神和胜利英雄的塑像的理想标准——和品达的诗歌以及后来的柏拉图哲学所召唤的最高人性理想二者之间的亲缘关系，希腊人自己有充分的意识。[213]一方面是视觉艺术，另一方面是诗歌与哲学，二者殊途而同归。品达是一个更高层次上的雕刻家：他将竞技比赛中的胜利英雄雕刻成真正的德性典范。

如果不将品达与其同辈和对手西蒙尼德斯和巴库利德斯作比较，我们就不能充分认识品达对其使命的专注程度。这些诗人都赞美男子的英勇气概，因为这种赞美是胜利颂歌的一个传统组成部分。尽管如此，西蒙尼德斯的作品充满了个人情感的表达，这种表达足以表明——除了"胜利者的德性是什么"这个问题之外——一般而言的德性的真正性质，对公元前五世纪早期的男子来说，正在成为一个核心的问题。他激动地诉说德性的罕见，他说，德性生活在路途险远的顶峰，为圣洁的、轻盈的少女合唱队所围绕；除非他们从生命中挤出艰辛的汗水，否则没几个凡夫能一睹芳容。② 在这个句子中，我们第一次看到了"ἀνδρεία

---

① 《王制》540c 和 361 将"苏格拉底"比作一个雕刻家；472d 将理论创建比作刻画理想人物(παραδείγματα)的画家。

② 西蒙尼德斯残篇 37(狄尔编)。在这首诗中，德性被设想为一个女神，凡人的终极目标就是登上德性圣洁的峰顶，面对面地一睹芳容。但是，这个目标只为少数人保留，尽管所有人都有努力的自由。

[男子气概、勇气]”这个词：它仍然具有“男人的德性”这一一般意义。西蒙尼德斯致色萨利的斯科帕斯(Thessalian Scopas)的一首著名饮酒诗[①]解释了这个词；这是一首揭示包含身体和精神两个方面的德性观念的诗；“要成为一个具有真正德性的男人是艰难的，四肢和头脑都要完美无缺、坚定不移。”这些诗句向西蒙尼德斯的同代人清楚地表明了什么是彰显德性的艺术——这是一种深思熟虑、要求苛刻、品质高贵的艺术，他们对此肯定有一种特殊的新感觉。这是我们在此对理解西蒙尼德斯提出的问题的最佳途径。命运，他说，常常将人抛入无可逃避的悲惨处境，不许人美满。只有诸神完美无缺，当厄运降临，凡人只能抱残守缺。除了诸神宠爱之人，除了诸神向他赠送好运，没有人能够达于德性。因此，西蒙尼德斯赞扬那些有所不为之人：“不过，在我们这些吃五谷杂粮长大的凡人中，发现一个无可指摘的人的话，我会把他告诉你。”

人，连同其一切行为，全部或部分依赖于命运的观念，在伊奥尼亚抒情诗中，自阿基罗库斯以来，在复杂性和重要性上不断发展；西蒙尼德斯的证据对解释这一观念进入贵族道德规范的有趣过程非常重要。因为与品达一样，[214]西蒙尼德斯在其胜利颂歌中注定要表现旧的贵族传统。几种截然不同的传统思潮在其作品中的相遇，使西蒙尼德斯显得特别有趣。例如，他直接站在伊奥尼亚、爱奥利亚和多利安生活方式这一边：他是新的泛希腊文化的典型代表——这种文化大约兴起于公元前六世纪末，同时他也是希腊德性观念之发展的一个非常珍贵的见证人。这就是为什么在柏拉图的《普罗泰戈拉》中，苏格拉底与智术师辩论什么才是西蒙尼德斯饮酒诗的确切解释的原因。[②] 尽管如此，西蒙尼德斯不像品达一样，是贵族道德理想的充分代表。在品达和埃斯库罗斯的时代，西蒙尼德斯是任何关于德性观念的历史综述都无法略过的一个人物；然而，我们不能毫无保留地说，对西蒙尼德斯而言，德

① 西蒙尼德斯残篇4(狄尔编)，参见维拉莫维茨在《萨福和西蒙尼德斯》(Berlin，1931，第159页)中对这首诗的阐释。关于西蒙尼德斯的德性观念，参见维拉莫维茨，《萨福和西蒙尼德斯》，第175页。

② 柏拉图，《普罗泰戈拉》338e。

性不只是一个极其有趣的理智讨论话题。他是第一个智术师。① 但是，对品达来说，德性不仅仅是其全部信念的根基，而且还是其诗歌结构的指导原则。品达对任何思想的认可或拒斥，都受这种思想对其重大使命的影响的支配，他的重大使命就是将胜利者作为德性的一种代表来赞颂。与希腊任何其他诗人相比，品达诗作的形式只有通过其所体现的道德准则才能得到理解，这一点真实无疑。要在细节上表明这一真相是不可能的，因为本书的篇幅不允许我们就诗歌艺术本身来分析其艺术作品的结构。② 但是，如果我们继续品达高贵理想的研究，就会了解比品达赖以构想其诗作的原则更多的东西。

由于品达认为德性是贵族的一种品质，所以他相信德性必定与已逝英雄们的伟大事迹紧密相连。他常常将胜利者看作自己家族高贵传统的杰出后嗣，并以将他们的光荣遗赠给他的伟大祖先为荣。不过，品达并不贬低今日胜利者的成就。德性是神圣的，因为一个拥有德性的家族的始祖是一个神或半神：这种能力从他传承而来，并且每一代都得到更新。因此，品达不可能将胜利者看作一个纯粹孤立的个人，因为他的胜利是由于其神圣血统而赢得的。顺理成章的是，品达对一个英雄的行为的几乎所有赞扬，都会过渡到对其血统世系的赞扬。在品达的胜利颂歌中，对胜利者祖先的赞美是一个常规要素：[215]通过这一要素，胜利者加入了诸神和英雄的神圣行列。第二首奥林匹亚颂歌开篇就是：

何种神祇，何种英雄，何种人，我们应该传扬四海？

除了宙斯，那是奥林匹亚祭祀的对象，还有赫拉克勒斯，那是奥林匹亚

① 这就是为什么在柏拉图的《普罗泰戈拉》中，智术师选择他的诗歌作为讨论德性的起点的原因。在西蒙尼德斯的时代，诗人是能够回答困难问题的聪明人，参见维拉莫维茨，《萨福和西蒙尼德斯》，第169页。

② 本章提出的这些看法，很久之前，我在关于教育的讲座中说过；沙德瓦尔德受这些观点的鼓励，将其用来分析品达颂歌的结构（《品达颂歌的结构》，参见本卷第268页，注释③）。他没有讨论品达对神话的运用，但他的书导致伊利格（L. Illig）在一篇学位论文中这样做，参见《论品达故事的形式》（*Zur Form der pindarischen Erzaehlung*），Berlin，1932。

赛会的创始者，这种神圣的世系让阿克拉加斯(Acragas)的统治者塞伦(Theron)成为四马战车赛的胜利者，成为“其城邦的砥柱，一支光荣队伍的精华。”当然，并不是什么时候都能谈论胜利者家族的优秀事迹和良好运气；当品达提到落在崇高德性之上的神赐苦难的阴影时，[①]我们得以在其最高贵的时刻窥见品达的宗教感情和自由精神的深度。这些生活着并行动着的人，必须受苦。这是品达的信念，也是希腊的信念。此种意义上的行动只局限于那些伟大的人物，因为只有他们才可以完全说是在行动和受苦。因此，品达说，时间给塞伦和他父亲的家族带来财富和荣誉，作为他们天生德性的一种报偿，但是，时间也将其卷入犯罪和受苦之中：

> 即使时间(Time)，也不能撤销已成之事，但神明的偏爱可以给人带来健忘。因为当神的定数将命中富贵高高举起，致命的苦难杳然逝去，人完全被高贵的喜悦所征服。[②]

一个家族不仅从诸神那里获得机运，还从诸神那里获得德性。因此，对品达来说，要断定下述事情究竟是如何发生的，殊非易事：即一个家族的德性，在一系列著名人物的长期延续之后，消失不见了。这样的中断，似乎是证据链——它证明一个家族神一样勇武，且将现在与已逝的辉煌相连接——的一种无法解释的突然中止。品达生活的新时代已经不再相信德性的血统和种族，而且必定听说过这个世系或那个世系的几个臭名昭著的不肖子孙。在第六首尼米亚颂歌中，品达详细阐释了人类的德性为何转瞬即逝。人类和诸神，尽管二者从同一个大地母亲那里接受了生命，但毕竟不是同一个种族；我们人类的力量与诸神全然不同——人类的力量微不足道，而天庭，也即诸神的居所，却是永存的天穹。不过，在心灵的力量或本性上，有死的人类与永生的天神类似，尽管我们的命运飘忽不定。现在，青年摔跤比赛中的胜利者阿尔克

① 弗伦克尔(Hermann Fraenkel)，《品达的宗教》(Pindar's Religion)，载《古代文明》III，39。
② 《奥林匹亚颂歌》II，15ff.。

米达斯（Alkimidas），证明了他的家族神一样的力量。这种力量似乎在其父亲那一代曾消失不见，但现在它又跟随其祖父的步伐回归到他身上：他的祖父，普拉克西达马斯（Praxidamas），在奥林匹亚赛会、科林斯地峡赛会和尼米亚赛会中，都是一个伟大的胜利者。[216]他通过胜利终结了他父亲索克拉德斯（Socleides）的默默无闻，因而，索克拉德斯是一个光荣的父亲，但又是一个籍籍无名的儿子。因此，这与变化的田野一样，彼时给人一年一度的生活，此时却无所事事地休息。实际上，贵族阶层的世系有赖于出类拔萃之人的不断延续。农作物歉收，一个家族一代或者多代的不育，对希腊人来说，从来不是一个难以理解的概念。当《论崇高》一文的作者讨论衰落时代创造性天才的消失时，我们在基督教时期又遇到了这一问题。①

因此，品达通过不断重现他所赞颂的胜利者的祖先——在希腊本土，一个家族的祖先不仅被牢记在心，而且真实地存在于他们光荣的坟墓里——构建了一套完整的哲学体系，这套哲学体系对同一个富有、杰出和高贵的家族的不同世代的功绩、幸福和苦难做了丰富而深刻的思考。关于伟大传统的辉煌和衰落，希腊历史的巨大宝库提供了丰富的事例。不过，品达的兴趣主要集中在这些伟大事例的教育力量上。自荷马以来，贵族教育的基本根据之一，就是对悠悠往事和辞世已久的伟大英雄们的颂扬。如果称扬德性是诗人的主要工作，那么他就是最高意义上的教育者。② 品达以他对自身义务和能力的一种深刻的宗教理解，接受了这一使命：在这一点上，他与荷马时代不带个人情感的吟游诗人不同。品达的英雄是生活在当下而奋力拼搏的人们，但他将他们置于神话世界之中；也就是说，他将他们放置在完美的英雄——他们的英雄主义精神成了后世子孙追随的楷模——的世界中；理想世界的光辉终将点燃他们心中的火焰，使他们竭尽全力，从而获得同样登峰造极的成就。品达对神话故事的运用由于这一目的而有了特殊的价值。他认为责备——大诗人阿基罗库

① 《论崇高》（*On the Sublime*）c. 44，1，作者谈到了罗马帝国时期整个精神领域的 κοσμικὴ ἀφορία[世界的枯竭]。

② 参见本卷第 266 页，注释①和②，以及“教育者荷马”一章。

斯曾经在其诗作中运用过——为人所不齿。① 据说，品达的诋毁者曾告诉叙拉古僭主希厄隆（Hieron），说品达曾经贬损过他。在《皮托颂歌》第二首的献词部分，由于想到了他欠国王的人情债，品达驳斥了这种指控。不过，尽管他不会停止对希厄隆的赞扬，但他还是给希厄隆提供了一个模仿的典范：因为他认为，希厄隆听信令人愤慨的谗言，[217]说明他并非尽善尽美。希厄隆没有能力追求更高的境界，但他应该允许诗人指出他的真正自我，而且千万不要从这个真正的自我往下沉沦。品达在这段献词中对理想典范的运用达到了登峰造极的境界。"成为你之所是"这个句子似乎概括了品达的全部教育使命。② 这就是他为人类高举的全部传统典范的意义之所在：人们必须在典范身上看到他们上升到更高境界的真正自我。我们再次看到了贵族阶层的教育理想，与柏拉图哲学的教育精神之间的那种深刻的社会和精神亲缘关系。柏拉图的型相哲学深深植根于贵族阶层的教育体系，而与所有伊奥尼亚自然哲学格格不入——哲学史家们几乎异口同声地将柏拉图哲学与伊奥尼亚自然哲学相联系。奇怪的是，在诸多柏拉图标准版本的导言中，品达从未被提及；而物活论者的根本元素——气、火、水，等等——却像一种顽固的地域病一样，反复出现在各个接连出现的版本中。③

品达给予希厄隆王的此类赞扬，与批评一样，需要同等的坦率，它激励接受者做出更大的努力。要认识这一实情，我们只要仔细想一想品达全部作品中有教育意义的赞扬的最简单例子，即《皮托颂歌》第六首就可以了。这是写给一个名叫色拉西布洛斯（Thrasybulus）的青年男子的，他是色诺克拉底（Xenocrates）的儿子，阿克拉加斯的僭主希厄隆的外甥；他曾经到德尔菲赛会驾驭他父亲的战车，并且赢得了比赛。品达在一首简短的颂诗中庆祝他的胜利，赞扬了他的孝顺之情——因为在古代贵族阶级的道德准则中，孝顺是仅次于对至高无上的宙斯的

---

① 《皮托颂歌》II，54—58。

② 《皮托颂歌》II，72：γένοι' οἷος ἐσσὶ μαθών[要知道你的所是]。在引用这个段落时，编者们经常省略"μαθών[知道]"一词；这种省略早在欧斯塔修斯（Eustathius）之时就出现了，参见图林（A. Turyn）的品达学术版校勘本中涉及此处的旁证。加上"μαθών[知道]"一词之后，这一点就清楚了，即希厄隆现在应该成为品达向他揭示的那个真正自我。

③ 如果我说的这些是真的，那么它会使本书成为柏拉图哲学的一个更自然更恰当的导言。

尊敬的第二位义务。[①] 聪明博学的半人马喀戎，希腊英雄们的教师原型，当阿喀琉斯在其门下受教时，曾经把这一点深深地烙在他心头。紧接着这一令人敬畏的名字，诗人提到了涅斯托尔的儿子安提罗库斯(Antilochus)，他在特洛伊战争中与埃塞俄普斯(Ethiops)的头领门农(Memnon)奋战，为其老父献出了自己生命。“但今天，色拉西布洛斯是最接近其父辈标准的男人。”[②]在此，传统的楷模安提罗库斯被列入孝子贤孙之列，他的行为得到了简短的赞扬。如此这般，通过从英雄典范的巨大宝库中撷取一伟大事例，诗人赞美德性的每一个个例，使其更加光彩夺目；通过使其与传统的力量相互渗透，诗人不断地将当下理想化并进行重新创造。[218]诗人生活在一个神话故事比任何现实都要来得真实的世界中；[③]无论是在赞美传统贵族，还是赞美僭主新贵和无父可稽的资产者，诗人都用其博学深知的魔幻笔触，用其对他们的生活和拼搏之更高意义的认识，将他们全部提升到半人半神的荣耀的相同顶峰。

在青年英雄阿喀琉斯的老师喀戎那里，品达为自己的教育使命找到了神话原型。我们在别的地方也能看到这一点——比如品达的《尼米亚颂歌》第三首，这首颂歌充满了丰富的教育事例。在这首颂歌中，品达追忆起厄基那的胜利者阿里斯托克拉底(Aristocleides)的祖先们，作为非凡技艺的典范。他们是佩琉斯、忒拉蒙(Telamon)和阿喀琉斯。诗人的心从阿喀琉斯转向喀戎的洞穴——阿喀琉斯就是在那里被教养成人的。[④] 不过，当人们坚信德性之基端赖于一个高贵家族的血统时，他们又怎么相信教育是可能的呢？品达好几次提到这一难题。实质上，这一问题早在荷马那里就已经被提出来了，因为在《伊里亚特》

---

① 《皮托颂歌》VI，19ff.。在早期希腊传统中，敬畏神灵、尊敬父母、尊重外乡人的格言常常一起出现，但在这首颂诗中，品达省略了最后一条，因为它与目前的情况无关。参见本卷第一章，第3页，注释①。

② 《皮托颂歌》VI，44。

③ 这促使品达在每一首诗中都吸收一则神话故事，并使其成为颂诗的核心，来解释当前的事件。参见费尔(Karl Fehr)，《品达的神话故事》(*Die Mythen bei Pindar*, Zuerich, 1936)；以及伊利格的《论品达故事的形式》。

④ 《尼米亚颂歌》III，50ff.。

第九卷中，阿喀琉斯在危急关头碰上了老师菲尼克斯；而阿喀琉斯的铁石心肠将菲尼克斯苦口婆心的忠告全部置之脑后。① 这里，问题的关键就在于，天生的傲骨能否回应正确的指引。品达关心的是，一个人的真正德性可学而致之，还是只能凭血统继承。同类问题在柏拉图那里反复出现，但品达是第一个明确表达此问题的人，因为这是贵族教育传统和新的理性精神之间的冲突加给他的问题。纵观品达的作品，很明显，品达对此问题进行了持久而深入的思考。他在《尼米亚颂歌》第三首中给出了回答：

> 人因其与生俱来的荣耀而强大有力，但学而致之者则只能是微明之人，精神上摇摆不定，不能坚实地前行，只能以一种不完美的精神对各种美德浅尝辄止。②

在阿喀琉斯受教之前，喀戎就吃惊于阿喀琉斯天生的英雄主义精神，英雄传奇如是说；而根据品达，英雄传奇无所不知。因此，英雄传奇对这个问题给出了正确的回答。除非存在一种可以对其发生作用的天生德性，否则，教育就无所着力，就像在喀戎的那些值得称道的学生阿喀琉斯、伊阿宋（Jason）、阿斯克勒庇厄斯那里一样，喀戎"培养他们，在所有合适的事情上强化他们的心灵"。③ [219]这句意味深长的话语包含了诗人对此问题持久思考的成果，表明了贵族阶层为保持其社会地位，在危机时刻的坚定信念，经过深思熟虑的坚定信念。

与奥林匹亚赛会的胜利者一样，诗人的诗艺也不可能学而知之：二者都来源于相同的神圣源泉。诗人的诗艺，本质上是"才智"。品达不断地用"*σοφία*[才智]"这个词来指示诗人的天才。要想为这个词找到一个满意的翻译是不可能的；我们每一个人都会根据自己关于品达精

---

① 参见本卷第二章。

② 《尼米亚颂歌》III，38。

③ 《尼米亚颂歌》III，56。我接受赫克（Hecker）的猜测，此处的文本是"*ἐν ἀρμένοισι πᾶσι*（而非*πάντα*）*θυμὸν αὔξων*[在所有合适的事情上使他们的心灵成长]"。"*ἐν*[在]"为施密德（Erhard Schmid）所增补。

神的真正性质和作用的观点来翻译这个词，而在这些不同的可能观点中却存在着巨大的差异。如果它只是被简单地理解为做好诗的技术，那么这个词必须要用一个美学的术语来翻译。① 荷马谈到木匠的*σοφία*［才智］，甚至在公元前五世纪时，这个词仍全然用来指示工匠的技艺，但是我们仍然情不自禁地觉得，品达对该词的使用，有一种更重的分量。及至品达的时代，这个词已经早就用来指人们对一个对象拥有远超普通民众的高级知识、独特理解和深刻洞察了。例如，塞诺芬尼就在他对诗歌的理解上使用这个词。在他的诗作中，他自豪地将自己对流行宇宙观的革命性批判叫作“我的智慧”。② 很显然，表达和思想不可分离：作为一个整体，它们二者共同构成他的*σοφία*［智慧］。这一点对品达苦思冥想的诗艺来说也必定真实无疑。“缪斯的先知”③道出“真理”。他“从他的心灵深处将其取出”。④ 他对人的真正价值发出宣判，将神话传统的“真正传说”与用谎言点缀的故事区分开来。⑤ 诗人，肩负着神圣的使命，为缪斯所启发，在地上的王者和大人物身旁占据一席之地，在人类中要求享有最崇高的地位。他不抱赢得乌合之众的认可的期望。“但愿我能使高贵者高兴，与高贵者融为一体”，这是他《皮托颂歌》第二首的结束语，写给叙拉古的希厄隆的。

但是，即使“高贵者”是富有的强权人物，诗人也不是他们阿谀奉承的侍臣。诗人仍然是“率性而言的人，他在何种情况下都会走到前台，无论是在暴君统治的地方，还是暴民横行或贤者守卫的城市”。⑥ 他坚信，智慧只存在于贵族之中；［220］因此，在最深刻的意义上，他的诗颇难领略，只有内行才懂：

---

① 例如，多恩赛夫就持这种观点。有些段落用两种方式都可以解释。不过，我们可以参看泰奥格尼斯 770，在那里，“*σοφίη*［才智、智慧］”是诗人的一种高级智慧，它使他与凡夫俗子卓然不同，并使得教育他们成了他的义务和使命。“*σοφίη*［才智、智慧］”中包含三个相互区别的方面：思考和探究(*μῶσθαι*)，指示(*δεικνύεν*)，创作(*ποιεῖν*)。显然，这与泰奥格尼斯 790 中的“*ἀρετὴ σοφίη*［智力德性］”是相同的。

② 塞诺芬尼残篇 2,11 及以下(第尔斯本)。

③ 《凯歌》(*Paean*)VI,6。

④ 《尼米亚颂歌》IV,8。

⑤ 《奥林匹亚颂歌》I,26b。

⑥ 《皮托颂歌》II,86。

> 我的胳膊怀抱箭筒内许多迅捷的箭矢，它们只对那些懂得的人言说，它们永远需要解释者。那些生而知之的是聪明人；那些学而后知的，在一片激动的喋喋不休中，仿佛乌鸦对着宙斯的神鹰徒劳地聒噪。[①]

品达的诗（“箭矢”）所需的“解释者”，是那些高贵的灵魂，他们天生就具有诗歌所需的高级洞察力。鹰的形象在品达诗歌的其他地方多次出现。这是《尼米亚颂歌》第三首的结尾：“众鸟之中，鹰迅捷，高空俯冲，突如其来，利爪抓起血淋淋的猎物，而唧唧喳喳的燕雀只能在低处进食。”[②]品达将鹰作为自己诗歌的使命意识的象征。它不仅仅是一个可有可无的点缀性形象。当品达说，鹰的本性就是生活在无法企及的高空，在天空的王国中自由翱翔，远远超越那些唧唧喳喳低处觅食的燕雀时，品达觉得自己是在描述精神的一种形而上学品格。品达的年轻同辈巴库利德斯接收了这一象征，且一直传递直到它最后出现在欧里庇得斯的华丽诗句中：“天高凭鹰飞（All heaven is open to the eagle's flight）。”[③]它是品达永远要成为一名贵族的不朽誓言，是他精神高贵的表达。即使在这里，品达的德性血统论信念仍坚持不变：它解释了品达在自己的天赋诗才与“学而知之者（μαθόντες）”之间看到的无法跨越的鸿沟。[④] 无论我们对德性血统论持何种观点，都必须承认品达所指出的天赋高贵与学而后获的知识和能力之间的鸿沟，因为这些事物之间的差别是实际存在的。在希腊文明即将给予学习以一种前所未有、闻所未闻的广阔舞台，即将给予理性以一种从未拥有的至高意义的时代的大门前，品达树立起了这一真理。[⑤]

当我们告别品达时，也就弃贵族世界而去了——这个世界正深深地沉沦，直至湮没无闻，重归喧嚣的历史洪流。品达自己在其伟大的诗

---

① 《奥林匹亚颂歌》II，83。

② 《尼米亚颂歌》III，77.

③ 《古希腊肃剧残篇》（*Fragmenta Tragicorum*），残篇 1047（诺克编）。

④ 《奥林匹亚颂歌》II，94。

⑤ 参见本卷论“智术师”章，第 356 页及以下。

篇中把这个世界弃之身后——并非有意但实际上是这样——[221]作为一个其泛希腊功能得到充分认可的诗人，他在诗歌中歌颂强大的西西里僭主塞伦（Theron）和叙拉古僭主希厄隆的赛车胜利。通过用传统贵族理想的雄伟壮丽来装点他们的工作，品达赋予他们的工作以格外的说服力和重要性，使他们建立的新城邦更加高贵。人们可能觉得这是一种历史的悖论，尽管僭主新贵总是爱用过气贵族的高贵华服来装扮自己。在这些颂诗中，品达自己远远超越了贵族阶级的习俗，以他自己的名义用一种无与伦比的清晰说话。他觉得国王们的教育，是贵族诗人在新时代最后的和最高的任务。① 与柏拉图一样，品达希望对他们导之以善，成之以德，促使他们在一个变化的世界中实现他自己的政治梦想，告诉他们如何压制民众日趋一日的胆大妄为。怀抱这样的使命，他站在叙拉古的希厄隆的华丽宫廷中："真理"的一个孤独使者，与那些"学而知之者"中的最伟大者西蒙尼德斯和巴库利德斯为伍；就像柏拉图将要在狄奥尼索斯的宫廷中，与智术师波吕塞努斯（Polyxenus）和阿里斯提波（Aristippus）为伍一样。

另一个伟大人物，即雅典的埃斯库罗斯，在他第二次到叙拉古时，创作了《波斯人》一剧，搞清楚品达的行程与访问希厄隆的埃斯库罗斯有无交集将会非常有趣。② 在马拉松，年轻的雅典民主制的军队打退了波斯人；在萨拉米斯，雅典的舰队、将军和政治能量，对欧洲和小亚细亚的所有希腊人赢得胜利和自由起了决定性作用。当希腊人为民族存亡与波斯誓死战斗时，品达的城市在可耻的中立中隔岸观火。如果我们在品达的诗歌中搜寻这些抗击波斯的英雄事迹——它在全希腊范围内唤醒了对于未来的一种全新的力量感——的回声，我们只能听到一个焦虑的旁观者分裂的内心的深沉叹息。在科林斯地峡赛会的最后一首颂诗中，品达谈到了长期悬在底比斯头上，后来被某个神灵移走的

① 泰奥格尼斯在他的诗歌中创造了"武士箴言（*Ritterspiegel*）"一词之后，品达也让他最后一首致西西里王的颂歌成为了一部"王侯箴言"（*Fuerstenspiegel*）。后来，伊索克拉底在其《致尼科克勒斯》（*To Nicocles*）中模仿了这种类型的教育，在《致尼科克勒斯》导言（4）中，他呼吁，统治者的教育是他那个时代最迫切的需要。

② 《阿里斯托芬〈蛙〉评注》（*Schol. Ad Aristoph. Ran.*）1028（来自厄拉多塞[Eratosthenes]的《论谐剧》[*Περὶ κωμῳδίας*]）。

"坦塔罗斯(Tantalus)的巨石",①但我们不能辨别品达是在思考希腊被波斯统治的危险,还是在思考希腊胜利者对底比斯的仇恨——底比斯人背叛了他们的事业,他们的复仇威胁到了底比斯的存亡。不是品达,而是他的伟大竞争者,多才多艺的西蒙尼德斯,成了希波战争的经典抒情诗人:希腊各邦选择西蒙尼德斯,[222]连同他巧妙、灵活、冷峻、娴熟的笔法,来为其阵亡将士的纪念碑写下悼亡诗。对现在的我们来说,在彼时彼刻,品达被西蒙尼德斯推到幕后,似乎是一种悲惨的厄运:不过,也许,这是他的人生态度的一个必然结果,因为他坚持颂扬已成昨日黄花的贵族英雄主义。尽管如此,胜利了的希腊人在他的诗行中,发现了某种与萨拉米斯精神相近的东西,而雅典也热爱这位以狂热的激情呼唤她的诗人:②"闪闪发光,戴着紫罗兰的花冠,歌名远扬,全希腊的堡垒,光辉灿烂的雅典,神圣的城市!"品达的作品,将要在这个由雅典领导的世界中幸存——这是一个与他格格不入的新世界;尽管如此,他对雅典的敌人埃伊纳(Aegina),这个底比斯的"姐妹",有着更多的爱,埃伊纳岛有许多古老的水手家族和商业贵族。但是,品达心之所属的世界,那个他曾经魂牵梦萦为之骄傲的世界,终究随风而逝。这几乎是自然的一条精神法则,没有哪一种伟大的社会历史类型,在其生命终结的关键时刻之前,具有以深刻而确定的知识来建构其理想的力量:在生命终结的关键时刻,仿佛它不朽的灵魂,正在抖动它自身,使自己摆脱转瞬即逝终有一死的外形。如此这般,希腊的贵族文化在其垂死的极度苦痛中,孕育了品达;垂死的希腊城邦,孕育了柏拉图和德摩斯梯尼;而中世纪教会的等级制度,在它如日中天之后,孕育了但丁。

---

① 《科林斯地峡颂歌》VIII,9 及以下。

② 《酒神颂》(*Dith.*),残篇 64。

第十一章　僭主的文化政策

[223]对贵族阶层的诗歌的研究将我们带进了公元前五世纪，其时，贵族阶层仍处于鼎盛时期。不过，在此之前，在贵族统治和民众治理之间有一个中间阶段。这就是僭主政治——此种现象在文化史上的重要性绝不亚于在希腊城邦发展中的重要性。我们前面曾经提到过，现在到了必须详加讨论的时候了。

正如修昔底德所认识到的，西西里的僭主们(品达曾经为他们之中的两位写过颂诗)的统治，与通常的希腊僭主相当不同。[①] 由于地处希腊文化(Hellenism)的西方前哨，面对迦太基日益膨胀的航海和商业力量，西西里的独裁统治比希腊其他地方都要长久，但在希腊大陆，随着雅典僭主庇西特拉图在公元前510年的陨落，雅典僭主政治历史的新

① 修昔底德，《伯罗奔尼撒战争史》1.17，修昔底德主要从僭主政治在战争和强权政治中所体现的伟大事业的角度，来评价希腊历史上的僭主时期，并由此得出结论说，在这个方面，僭主政治无法与伯利克里时代的现代雅典民主政治相媲美，因为其所涉及的只是与周边邻里相关的局部作为。在这些僭主之中，西西里的僭主发展出了最大的权力。修昔底德说，在斯巴达的政治和军事干涉之后，僭主政治这种统治形式只在西西里继续存在(《伯罗奔尼撒战争史》1.18.1)。关于一般意义上的僭主政治，参见普拉斯(H. G. Plass)，《古代希腊两个时期的僭主政治》(*Die Tyrannis in ihren beiden Perioden bei den alten Griechen*)，Bremen，1852；尤尔(P. N. Ure)，《僭主政治的起源》(*The Origin of Tyranny*)，Cambridge，1922。

时期就结束了。在西西里，造就僭主政治的社会条件，与在希腊本土及其东方殖民地产生僭主的必然社会进程全然不同。它确实与贵族统治的崩溃和民众的崛起相一致，但也同样是西西里强大城邦（如阿克拉加斯、杰拉[Gela]和叙拉古）的商业扩张主义政策的军事和外交表达。甚至在半个世纪之久的民主政治之后，西西里的这种需要，凭其必然的逻辑，仍造就了狄奥尼修斯（Dionysii）的僭主政治：这就是它无可避免的必然性——柏拉图认为这种必然性就是其存在的历史合理性证明。①

让我们回过头来，思考一下公元前六世纪中期的雅典以及科林斯地峡的富裕诸城，其时，正是希腊本土出现僭主的成熟时期。雅典代表了僭主政治运动的最后阶段。梭伦早就预言过它的到来；在其晚年的诗作中，梭伦讲到了即将来临的僭主统治，最终，他活着看到了它成为事实的那一天。② 尽管梭伦出生于雅典的高门望族，但他已经挣脱了等级制度传统的束缚。他的诗歌预示了、他的法律勾画了、他的人生体现了一种新的人性理想，[224]一种其成就不依赖于出身和财产的特权的新理想。即使如此，当他为阿提卡地区被压迫的劳动者主张正义时，他也从未设想过任何诸如民主制度这样一种后来他被奉之为其创建者的东西。他只是希望古老的贵族国家在道德和经济上证明自己，而且起初他压根就没有想过贵族政制即将到来的没落。但是，贵族们没有从历史中学到任何东西，没有从梭伦那里学到任何东西。在梭伦隐退之后，派系纷争以新的怒火再次爆发。

我们对随之而来的几十年历史一无所知；不过，亚里士多德从执政官的名单中看出，雅典政府必定有几次遭到了严重干扰。有那么几年，雅典似乎根本就没有执政官，而其中一个执政官则试图任职两年之久。③ 当时，雅典有三派，分别以几个最强大的家族为首——海岸派贵族、平原派贵族，以及阿提卡北部贫穷高地的山地派贵族。④ 这三派都

---

① 柏拉图，《书信》8.353a 及以下。

② 梭伦残篇 3,18;8,4;10,3—6。泰奥格尼斯（40 和 52）以同样的方式预言过，在公元前六世纪的麦加拉，传统贵族与崛起民众之间的斗争冲突，将会导致僭主统治的结局。

③ 亚里士多德，《雅典政制》（*Resp. Ath.*），13,1。

④ 亚里士多德，《雅典政制》，13,4—5。

想方设法获得平民的支持：因为平民现在成了一个重要的政治因素，尽管(或者甚至是因为)它不是一个有组织的派别，没有一个领袖来表达其深深的不满。山地派贵族的领袖庇西特拉图凭借其高超的政治策略，诱使其竞争对手处于不利境地，尽管其中有些人远比他富有和强大——比如阿尔克迈尼德斯(Alcmaeonids)。庇西特拉图获得了平民的支持，对他们的要求做出了让步。经过几次失败的夺权和三番五次的流放之后，在其卫队的帮助下——其卫队不像别的战士装备长矛，而是手持棍棒——庇西特拉图终于站稳了脚跟。奠定了基业之后，他牢牢掌握了统治权，一直执政，直到去世之后，其子风平浪静地接班。①

无论是作为一种历史现象，还是作为影响深远的文化变革背后的一种推动力量——这种变革肇端于公元前六世纪时贵族阶级的衰落和有产阶级的崛起——僭主政治都具有最大限度的重要性。② 作为一个典型的范例，我们会在一些细节上研究雅典的僭主政治，因为我们对它的知识超过任何其他城邦。[225]但我们必须首先回顾一下，僭主政治此前在希腊其他城邦中的发展。

在绝大多数存在僭主政治的城邦中，除了僭主的姓名和僭主几次引人注目的行动之外，我们别无所知。僭主政治怎么起源，是什么使它成为现实，我们所知甚少。至于僭主的真正人格和僭主统治的特征，我们知道得更少。但是，希腊城邦在公元前七世纪以及之后全部转向僭主政治，③这种令人吃惊的一致表明，僭主政治出现的原因在任何地方都是相同的。在公元前六世纪——这个世纪有许多可以指引我们的事实——我们可以看到，僭主政治的兴起是当时社会经济剧烈变革的一部分；关于这种社会变革，我们主要是从梭伦和泰奥格尼斯的作品中得知的。④

---

① 希罗多德，《历史》1.59；亚里士多德，《雅典政制》，14。

② 与“智术师”一词一样——“智术师”这个词也是在同一时期被使用的——“tyrannos[僭主]”或“monarchos[君主]”的名称，在当时也没有后来所赋予的那种否定含义。这一名称只是将他们这些新人物与已逝时代的国王们区分开来。他们都尽可能保持共和政体的形式。参见贝洛赫(K. J. Beloch)，《希腊史》(*Griechische Geschichte*)I，1，第二版，Berlin，1924，第355页及以下。

③ 公元前七世纪中期，阿基罗库斯的一首著名的诗(残篇22[狄尔编])首次提到僭主。

④ 参见本卷的相关章节，第178页及以下，第240页及以下。

土地贵族,此前仍然掌握着每个城邦的最高权力,现在他们发现,自己的地位由于货币作为交换媒介取代了旧的实物交换体系,而发生了可怕的动摇。由于坚持使用已经过时的经济技术,他们之中的大部分被新兴工商业财富的拥有者推到了幕后。当一些古老的世家大族也转向商业贸易,并获得了新的财富时,贵族阶级自身的等级秩序也发生了分化。有许多贵族家庭变得穷困潦倒(正如泰奥格尼斯所表明的那样),而无法再维持其社会地位。另外一些家族,如阿提卡的阿尔克迈尼德斯,积累了众多的财富,以至于他们的权力,对其贵族同胞来说,已经变得忍无可忍;而他们自己也无法拒绝用金钱竞买政治权利的诱惑。严酷的法律,实质上使破产农民和佃农成了土地所有者的奴隶,①农业生产者穷途末路,人心思变,而对现状不满的贵族,则通过使自己成为无组织秩序的乌合之众的首领,很容易攫取政治权力。加入土地贵族这一边的新兴财富阶层(nouveaux riches)不受欢迎——土地贵族对新兴的富商巨贾从无好感——甚至他们带给自己的力量增长也是一种值得怀疑的收益。②由于富商的加入,土地贵族离无地无钱的民众变得前所未有地遥远,现在他们的处境变成了赤裸裸的穷富之间的冲突,社会革命山雨欲来,迫在眉睫。以下事实有助于僭主的崛起:即如果没有一个领袖,普通民众就无法摆脱贵族阶级的高压统治,[226]尽管当他们这样做时,通常是自己心甘情愿地接受领袖(即现在的僭主)的统治。③ 数个世纪以来,他们一直顺从主人的统治,以至于当时还无法想象一种自由人的自我治理的理想。与煽动民心的政客时代相比,那时他们更没有能力达到这样一种理想:实际上,即便在后世,如果没有煽动民心的政客,他们就根本不可能达到这样一种自我治理的理想;亚里士多德是对的:在《雅典政制》中,他将雅典民主制的历史建立在其领导者的继承交替上。④

---

① 亚里士多德,《雅典政制》2,2。参见梭伦残篇 24,7—15(狄尔编)。

② 泰奥格尼斯对贫困贵族与新兴财富阶层(*nouveaux riches*)通婚的警告,参见本卷第 260 页。

③ 亚里士多德,《雅典政制》c. 16,将庇西特拉图描述为富人和旧贵族的敌人,普通民众的朋友。庇西特拉图更以城邦公民的方式,而非以僭主的方式(*πολιτικῶς ἢ τυραννικῶς*)来治理城邦,《雅典政制》14,3 和 16,2。

④ 参见亚里士多德,《雅典政制》c. 28 及其他一些地方。

在伊奥尼亚的城市和岛屿出现僭主政治的同时，似乎希腊本土也出现了僭主政治；本来，我们还期望伊奥尼亚处于一个更高的知识和政治发展阶段，僭主政治应该产生得更早一些。① 约公元前600年，米利都、爱非斯、莱斯博斯和萨摩斯，都由一些著名的僭主所统治，他们通常与希腊大陆的僭主们保持着密切联系。尽管，甚至是因为，僭主们是纯粹通过国内革命才攫取到权力的，他们因为休戚相关而相互勾连，其力量很快通过政治联姻而得到了增强。实际上，他们期待民主派和寡头派之间的政治团结，这种政治派别之间的相互支持在公元前五世纪时十分盛行。说来也怪，这些僭主们却因此为各自的国家创造了第一个具有远见的对外政策，甚至（比如在科林斯、雅典、麦加拉）通过建立殖民地的方法将其付诸实施。与那些被更早的殖民地承认的首府相比，所有如此创建的殖民地与其首府的联系更加紧密。因此，西格姆（Siguem）无非是雅典人在达达尼尔海峡（Hellespont）的一个据点；佩里安德（Periander）也在波提狄亚（Potidaea）为科林斯设立了一个类似的前哨要塞，这是他建造的，而克基拉（Corcyra）则是他不得不征服的。在希腊本土，科林斯和西库昂（Sicyon）是第一批发展出僭主政治的城市，随之而来的是麦加拉和雅典。雅典庇西特拉图的僭主政治是在纳克索斯（Naxos）专制君主的帮助下建立起来的——他反过来得到了庇西特拉图的支持。希腊东部的优卑亚岛，也很早就出现了僭主政治；但在即将达到其最高发展阶段的西西里，僭主政治却姗姗来迟。公元前六世纪时唯一重要的西西里僭主，是阿克拉加斯的法拉里斯（Phalaris），他是阿克拉加斯繁荣昌盛的缔造者。在希腊，虽然我们对庇西特拉图敬佩有加，但最伟大的僭主毫无疑问是科林斯的佩里安德，他是“希腊七贤”之一。[227]巴克亚德斯（Bacchiads）的贵族政体解体之后，佩里安德之父曾经建立过一个王朝，这个王朝保持权力数代之久，但其顶峰时期是在佩里安德那里。庇西特拉图的历史作用是为雅典的伟大未来开辟道路，而佩里安德则将科林斯提升到了后无来者的高度，他死后，科林斯从此迅速滑落，而且再也没有回到过这一高度。

---

① 参见本卷第284页，注释③。

在希腊其他地方，贵族统治仍在继续。这种贵族统治一如既往地建立在庞大的地产拥有之上，只有零星的少数地方（比如埃伊纳，一个纯粹的商业城市）也建立在巨大的商业财富之上。僭主政治的持续从未超过两代或三代人。在贵族阶层吸取教训并熟知其策略之后，通常就把僭主统治推翻了；但贵族很少掌握他们夺取的权力，就像雅典一样，通常他们不得不把权力移交给普通民众。正如波利比乌斯（Polybius）在其政府类型的演替理论中所解释的那样，[①]僭主政治的崩溃，主要是由于僭主子孙后代的无能造成的（他们远没有僭主自己那么出类拔萃，无法维持他们世袭的权力），或者是由于他们滥用从民众那里接受的权力造成的。僭主政治成了没落贵族的幽灵，而且他们将对它的恐惧遗传给了民主政治。不过，对僭主政治的憎恨只是政治斗争中战斗精神的片面表达。正如伯克哈特（Burckhardt）清晰地指出的那样，在每一个希腊人心中都有一个隐藏的僭主；成为一个僭主，是一种如此显而易见且被广泛接受的幸福形式，以至于阿基罗库斯可以用“他连僭主都不稀罕”来描述一个木匠的心满意足。[②] 希腊人总是觉得，一个雄才大略之人的统治，按照亚里士多德的说法，是“根据自然”的，当它出现时，他们倾向于默许它的存在。[③]

早期的僭主统治，是处于原始的宗法王权与后来民主制度的政客治理之间的中途半端之物。为了保持贵族政治的外在形式，独裁君主极力将一切权力集中在自己及其追随者身上。他得到一支人数虽少但行动有力的卫队的支持。如果一个城邦不能为自己创造一种合法且有效的治理形式，得到全体民众的同意或者绝大多数公民的支持，那么它就只能被武装起来的少数人所统治。不过，僭主的武装力量永远是明摆着的，因而其不得人心也并未随着时间的推移而减少。[228]因此，僭主不得不小心翼翼地维护公职岗位选拔的外在形式，系统地培养公众对他个人的忠诚，并追求一种能够满足大多数人的经济政策，来抵消

---

① 波利比乌斯，《通史》（*Hist.*）VI，7。波利比乌斯将子孙的堕落不仅看作是僭主政治、而且也是贵族政制崩溃的原因（VI，8，6）。这一特点显然是取自柏拉图的《王制》。

② 参见本卷第283页，注释③。

③ 亚里士多德，《政治学》3.17.1288a28。不过，僭主统治是“违背自然的”，参见1287b39。

这种武力统治的不得人心。当庇西特拉图卷入一场诉讼时，他有时也出现在法庭上，以示法律和秩序的治理是不可动摇的：这给公众留下了深刻的印象。[①] 所有僭主都用强硬手段压制传统的贵族世家，流放可能成为危险对手的贵族人物，或者让他们在希腊其他地方履行光荣义务：基于此，在其征服和殖民色雷斯半岛的运动中，庇西特拉图选择支持米太亚德（Miltiades）。没有一个僭主允许公民团体在城市中成群结队地聚会，因为这样可能会形成危及其统治的有组织力量。无论是经济的还是政治的动机，都促使庇西特拉图倾向于阿提卡的乡村民众，反过来他们对他的热爱也最为深切。多年之后，庇西特拉图的僭主政治仍然被称为"克诺索斯的黄金时代"；[②]许多对其抱有同情的趣闻轶事谈到他微服私访，与淳朴的农夫攀谈，他以自己的农夫做派与轻徭薄赋的结合赢得了他们的欢心和拥戴。[③] 他的策略是一种政治上的老谋深算与健全的土地本能的混合。他甚至"设立地方法庭，并且常常亲自下乡巡视，调查争执，解决纠纷，以免人们进城，荒废农事"。[④]

不幸的是，我们不能为任何其他僭主的国内政策提供这样一种细节描述；即使是我们关于庇西特拉图的叙述，也归功于亚里士多德，是亚里士多德从阿提卡的编年史中将其逐步建立起来。[⑤] 要想忽略庇西特拉图工作中的强大经济因素是不可能的：与经济因素相比，他的政治行为只能说是解决问题的权宜之计。僭主政治真正吸引人之处，尤其是庇西特拉图的僭主统治，是它的成功；但是，这种成功只能归功于一个人的最高统治，这个人天赋雄才，而且全身心地献身于他所服务的人民。我们可以质疑是否所有的僭主都那么天赋雄才或者全心全意，但也只能根据一种政治制度的最佳代表来判断此种制度的好坏。根据是否成功的标准，（我们可以断定）这是一个快速发展且有宝贵进步的

① 亚里士多德，《雅典政制》c. 16。

② 亚里士多德，《雅典政制》16，7。

③ 亚里士多德，《雅典政制》16，6。

④ 亚里士多德，《雅典政制》16，5。

⑤ 亚里士多德的《雅典政制》中关于庇西特拉图那段历史的直接资料来源，似乎是一个年长的同时代人安德罗提翁（Androtion）的《阿提卡志》（*Atthis*），安德罗提翁是伊索克拉底的一个学生。参见维拉莫维茨，《亚里士多德和雅典》I，Berlin，1893，第 260 页及以下。

时期。

在精神方面,公元前六世纪时的僭主统治可以与其政治对手,[229]即那些伟大的立法者和"临时统治者(aisymnetai)"相比较。为了将那些永久性的修改引入宪法或者在一场动乱之后恢复宪法,许多城市任命了这些临时独裁者,并且赋予他们额外的权力。他们主要通过立法来创造一种理想,这种理想允许甚至要求公民方面的主动政治行为;而僭主则压制所有个体的主动权,他自己来推动由城邦承担的每一项行动。然而,尽管僭主没有培养公民普遍的政治德性,但他在另一种意义上成为了他们的典范。如果没有附加在其地位之上的政治责任,僭主就是后来数个世纪的治邦者(statesmen)原型。他是第一个表明,一个民族可以按照一个深谋远虑的计划——这一计划涉及手段和目的的长线计算——来治理的人。也就是说,他是第一个从事真正的政治事务(politics)的人。他是公元前七和前六世纪新觉醒的个人主义在政治生活中的独特表达,就像诗人和哲学家在不同的却相互关联的领域内所做的那样。公元前四世纪,当人们对伟大人物的兴趣普遍增加,从而产生了一种新的文学形式(即人物传记)时,他们喜爱的对象就是诗人、哲学家和僭主。① 大约在前六世纪初闻名于世的希腊七贤,不仅包括立法者和诗人,而且还包括佩里安德和庇塔库斯(Pittacus)这样的僭主。② 一个尤其重要的事实是,那个时期,几乎所有的诗人都寄生于僭主的宫廷。其时,个人主义还没有成为一种普遍法则,也不存在对才智精英的普遍扯低问题:个人主义仍然意味着一种真正的精神独立性。正是由于这个原因,少数特立独行的灵魂才同声相应、同气相求。

文化在僭主宫廷中的聚集,不仅在艺术家和鉴赏家的狭窄圈子里,而且在全部国土内,都对人们的智力和审美生活产生了催化作用。萨摩斯的波利克拉特斯(Polycrates)、雅典的庇西特拉图、科林斯的佩里

---

① 李奥(F. Leo)的《希腊-罗马人物传》(*Die griechisch-roemische Biographie*,Leipzig,1901)已经表明了这一点,参见第109页及以下。

② 庇塔库斯被米提利尼压倒性的多数民众推举为"临时统治者(aisymnetes)"(亚里士多德,《政治学》3. 14. 1285b1),但是,由安提门达斯(Antimenidas)及其兄弟抒情诗人阿尔凯奥斯所领导的贵族反对派,则把庇塔库斯称为"僭主"。

安德、还有叙拉古的希厄隆——这里只例举几个最杰出的君主，他们对文学艺术的庇护都产生了这样的效果。在雅典，我们知道僭主的更多细节，也可以评估阿提卡发展的全部成果，这些成果都是由于僭主对艺术、诗歌和宗教的兴趣而产生的。他们的宫廷是阿那克勒翁（Anacreon）、西蒙尼德斯、[230]帕拉提纳斯（Pratinas）、拉苏斯（Lasus）和奥诺玛克里图斯（Onomacritus）的工作室。它孕育了谐剧和肃剧的根源，孕育了雅典的音乐——雅典的音乐在公元前五世纪时得到了高度发展。它鼓励大型的荷马诗歌朗诵，并将其吸收进庇西特拉图组织的四年一度的泛雅典娜节。它安排了一年一度的狄奥尼修斯酒神节，极大地刺激了艺术、雕刻、建筑和绘画的发展。它成就了雅典永恒之所是——缪斯之城。从这里流淌出一种新的欢乐的进取精神和一种出色的愉悦感。在一部被错误地归诸柏拉图的对话中，①庇西特拉图的小儿子希帕库斯被描绘成首个唯美主义者，亚里士多德则将其称为"一个好色之徒和艺术爱好者"。② 这个政治上无害的同性恋者，在公元前514年被僭主诛杀者所杀，③确实是一个悲剧。在他活着时，他是许多诗人慷慨大方的庇护者。其中一个叫奥诺玛克里图斯的，为报答庇护，伪造了拥护庇西特拉图王朝的神谕诗，还以俄耳甫斯的名义写下整首叙事诗来迎合宫廷对神秘宗教的幻想。事情成了丑闻，以至于僭主最终不得不由于公众情绪而将其抛弃。他被驱逐出境，再也没有见过他的庇护者，直到希庇阿斯（Hippias）也被流放。④

一桩丑闻并不能抹杀僭主王朝对文学事业的贡献。他们的宫廷是诗歌和艺术的不竭源泉，数个世纪以来一直流淌在雅典的宴饮聚会中。他们在大型赛会的赛车活动中雄心勃勃，要赢得胜利；他们支持各种形式的竞技比赛。实际上，他们在其生活的时代，为文化的普遍进步提供了强有力的激励措施。有人认为，宗教节日的极大发展和对所有艺术的鼓

① 《希帕库斯》228b及以下。

② 亚里士多德，《雅典政制》18，1。

③ 修昔底德在一个著名的附记中证实（《伯罗奔尼撒战争史》6.54），流行的传统说法——被杀死的希帕库斯是继承庇西特拉图的统治者，而哈摩迪乌斯（Harmodius）和阿里斯托吉吞（Aristogiton）则将雅典人从他的僭政之下解放出来——是错误的。

④ 希罗多德，《历史》7.6。亚里士多德残篇7（罗斯编）。

励——这是希腊僭主们的典型行为——仅仅是一种策略和诡计，为的是给公民提供一种新鲜但安全的兴趣，将他们不安分的头脑从政治问题上吸引开。即使这些动机在僭主的文化政策中扮演某种角色，但他殚精竭力地专注于其任务也表明，艺术和智力的发展意味着他对城邦共同体生活的一种真正贡献：这是他为公众服务的一部分。通过这一点，他也表明了自己是一个真正的治邦者(politikos)；他将其国民带进了对自己城市的伟大意义和真正价值的一种深层理解之中。[231]公众对宗教和艺术的兴趣当然不是什么新鲜事物，但当一个富有和强大的统治者对其进行系统培育时，它就突然如雨后春笋般地大面积生长起来。他对文化活动的正式鼓励，是他眷恋普通民众的一个明证。这一义务后来被民主制城邦所接受，但这些城邦只不过是追随他的榜样。在僭主如此所作所为之后，没有一个城邦可以在不追求一种系统的文化培育政策的前提下得以生存。无论如何，那个时期，国家的文化兴趣局限于艺术对宗教的装点，以及僭主对艺术家的扶持。这些活动从未将国家带入与自身的冲突之中。城邦内部的纷争只出现在诗歌的艺术创作中——诗歌进入到公众的生活和思想领域，远比僭主宫廷中的抒情诗人所曾做过的要深入——或者只出现在科学和哲学研究中，但那时雅典还不存在科学和哲学。我们从未听说早期的僭主对著名哲学家表示过任何青睐；他们毋宁更关注艺术范围的扩展和普及，更专注于提升民众的审美眼光和物质标准。

有时候看来，文艺复兴时期的许多专制君主以及后来的一些开明王子对知识分子和艺术家的系统资助，尽管也极大地促进了当时的智识生活，但似乎总有点矫揉造作，他们所鼓励的文化既非深深地植根于贵族阶层，也非植根于民众，而是植根于一个小团体的奢华和随意。我们必须牢记相同类型的文化已经在希腊出现过了，古风时期末期的希腊僭主是第一批美第奇家族①——因为他们也把文化作为某种与生活

① 将公元前六世纪和前五世纪早期的希腊僭主与文艺复兴时期佛罗伦萨的美第奇家族进行类比，不仅在时代的艺术对新政权的赞颂方面，而且在政治方面，都是正确的；因为这二者都是一种新型城邦的民主政治倾向的样品。这种政治形式与贵族更保守的城邦类型相对立，后者在公元前六世纪的希腊，以斯巴达为代表，而在文艺复兴时期的意大利，则以威尼斯为代表。

的其余部分无关的东西来欣赏，而且大方地将其传授给普通民众，(在此之前)普通民众与文化艺术是全然外在的。贵族阶层从未这样做过，而其所拥有的文化也不能以那种方式来传授。正是在这一事实的基础上，矗立着贵族阶层在民族文化中的永恒意义，即使在其权力衰落之后也是如此。不过，精神活动总是要将自身与日常生活分离开来，找到一个比喧闹刺耳的大街更好的小天地作为活动场所，这是自然而然的。[232]伟大的艺术家和思想家都渴望强有力者的庇护：西蒙尼德斯，庇西特拉图圈子中最重要的成员，一段被归诸于他的话说：贤者必候于富贵之门。随着直观洞察能力的不断提炼，艺术和科学趋向于变得越来越专业和精致，只与少数行家里手打交道。特权思想将艺术家和庇护者捆绑在一起，即使二者相互鄙视。

在公元前六世纪末，希腊的情况确实如此。由于伊奥尼亚智识生活高度发达的缘故，古风时代晚期的诗歌不再是社会生活的组成部分。泰奥格尼斯和品达，作为贵族阶层信仰的传道者，是这一规则的例外。他们因此而超前于他们的时代，不太类似于其同时代人，而更类似于埃斯库罗斯这个希波战争时代的雅典人。尽管他们根据不同的原则进行创作，但埃斯库罗斯从一个方面，泰奥格尼斯和品达则从另一个方面，代表了对在僭主的庇护下兴盛起来的专业艺术的颠覆。他们与它的关系，与赫西俄德和提尔泰奥斯与晚期吟游诗人的叙事史诗的关系相同。受波利克拉特斯、佩里安德和庇西特拉图庇护的艺术家们——像阿那克勒翁(Anacreon)、伊布科斯(Ibycus)、西蒙尼德斯、拉苏斯和帕拉提那斯这样的音乐家和诗人，以及同时期的大雕刻家们——实际上是完全意义上的艺术家。他们是特殊类型的人，具有惊人的艺术天赋，他们能胜任任何工作，能在任何社会中都自由自在，但他们在任何地方也都游移无根。当波利克拉特斯被钉死在波斯人的十字架上，萨摩斯的宫廷不复存在时，阿那克勒翁就坐着一条五十桨的帆船——这是特意派去接他的——游历至雅典希帕库斯的宫廷；当庇西特拉图最后一次被逐出雅典时，西蒙尼德斯就迁居到色萨利，居住在斯科普(Scopad)王子们的宫廷中，直到整个家族因为宴会厅屋顶的倒塌而灰飞烟灭。关于西蒙尼德斯本人是此次事故唯一幸存者的传说，具有某种象征意义。

他在八十高龄时再次迁居到叙拉古僭主希厄隆的宫廷中。此类人物所代表的文化，正如他们的生活一样漂浮无根。它可以娱乐一个像雅典人那样爱美之人组成的国家，但却不能唤醒他们的灵魂。正如马拉松战役之前最后几年的雅典贵族们身披芳香的伊奥尼亚长袍、头戴华丽的金蚱蜢发夹一样，出没于僭主宫廷的伊奥尼亚人和伯罗奔尼撒人的优雅雕塑与和谐诗歌也装点着雅典城邦。他们的艺术将美的种子播撒在雅典的空气中，并且将来自希腊其他所有地方的富饶之光注入雅典：是他们使雅典为伟大的阿提卡诗人的诞生准备了条件——这位阿提卡的诗人将在天命降临之时实现国家的潜在天赋。

第二编　雅典精神

第一章　埃斯库罗斯的戏剧

[237]僭主统治雅典时期，埃斯库罗斯还是个孩子。他在新的民主制度下长大成人——民主制度迅速镇压了庇西特拉图倒台之后试图攫取权力的旧贵族。僭主统治确实是被它所压制的贵族家族的嫉恨推翻的，但想回到庇西特拉图之前那种领主制的无政府状态是难以想象的。是克里斯提尼(Cleisthenes)，一个阿尔克迈尼德斯(Alcmaeonids)家族的人，在流放归来后，领导普通民众对抗他的贵族同伴(正如庇西特拉图所做的那样)，并且最终废除了旧的贵族体制。他纯粹根据地域将阿提卡人划分成十个部落(*phylai*)，来取代过去四个相互竞争的氏族部落(*phylai*)。这一改革打破了古老的家族忠诚，用一种建立在新的地域部落基础上的民主选举体系摧毁了他们的权力。大氏族的统治结束了。然而，不管怎样，贵族在政治生活和智识生活中仍然具有相当大的影响力。直到伯利克里之死，雅典民主制的领导者都出身贵族；而新型城邦的首要诗人，欧福里翁(Euphorion)之子埃斯库罗斯(Aeschylus)，与雅典首个伟大的思想家和作家梭伦一样，是土地贵族的后代。埃斯库罗斯出生于厄流西斯(Eleusis)，在那里，庇西特拉图曾经为当地的密教建过一个神殿。谐剧作家喜欢把他描绘成一个在厄流西斯的可敬女神保护下长大的人。与欧里庇得斯(Euripi-

des）这个“菜园女神之子”[1]正好形成对照，当阿里斯托芬（Aristophanes）让埃斯库罗斯公开对驳欧里庇得斯对肃剧的败坏时，埃斯库罗斯焚献乳香，庄严祈祷：

养育我心灵的德墨忒尔啊，
但愿我不辜负你的密教！[2]

温尔克将埃斯库罗斯的虔诚态度追溯到他对一种假想的“神秘理论”的信仰，这种尝试现在已经被驳倒了。[3] [238]亚里士多德的说法可能更真实一些：埃斯库罗斯因为在舞台上揭示了密教的神圣秘密而被起诉，但当他证明自己“并不知道这是个秘密”而犯了无心之错时，就被宣判了无罪。[4] 不过，即使他从未加入密教，只是从自己内心深处演绎出关于神圣事物的知识，在祈祷者无畏的谦卑和虔诚的力量中——这话是阿里斯托芬借埃斯库罗斯之口说出的——也存在着一种不可磨灭的真理。当我们知道，即使埃斯库罗斯那个世纪的雅典人——他们对他是那样的欣赏——也只能满足于用围绕他的那种令人印象深刻的神秘宗教来理解他的品格时，面对他一无所有的生平资料，我们也就更可以听之任之了。雅典人对埃斯库罗斯的感受，已经在他们为他写下的墓志铭中得到了表达。为了证明他获得了一个凡人可能获得的最高荣誉，墓志铭中只提到了他曾经参加马拉松战役这一事实，但对他的诗作却只字未提。[5] 这当然不是真实可信的：它仅仅只是对埃斯库罗斯的理

---

① 在阿里斯托芬的《蛙》（*Frogs*）第 840 行中，埃斯库罗斯称呼欧里庇得斯为“*ὦ παῖ τῆς ἀρουραίου θεοῦ*［菜园女神之子］”。

② 阿里斯托芬，《蛙》，第 886—887 行。译注：德墨忒尔（Demeter）是克洛诺斯（Kronos）和瑞亚（Rhea）的女儿，为农神，她的教义很神秘，不许人泄露，她在厄流西斯地方最受人崇敬，埃斯库罗斯就出生在雅典远郊的厄流西斯。

③ 温尔克（F. G. Welcker），《埃斯库罗斯的三联剧“普罗米修斯”和利姆诺斯岛的卡比洛斯神崇拜仪式》（*Die aeschylische Trilogie Prometheus und die Kabirenweihe zu Lemnos*），Darmstald，1824，第 468 页。

④ 亚里士多德，《尼各马可伦理学》3. 2. 1111a10；参见无名氏，《尼各马可伦理学评注》（*Comm. in Eth. Nic.*），145（Heylbut）；亚历山大的克莱门（Clement of Alexandria），《杂文集》（*Strom.*）II，60，3。

⑤ 参见《埃斯库罗斯传》（*Vita Aeschyli*）II（维拉莫维茨的校勘本，第 5 页）。

想化描绘，是后世诗人写下的高度简洁的评语。不过，阿里斯托芬的时代极有可能从此角度描述埃斯库罗斯，因为那个时代将他视为“马拉松战士”，这一称呼是阿提卡新型城邦的第一代精神代表，它饱含着崇高而热切的道德目的。

历史上没有几次战斗像马拉松战役和萨拉米斯战役那样，人们完全是为了一个理想而奋战。我们理应认定，即使希俄斯的伊翁(Ion of Chios)[①]在一代人之后所写的旅行回忆录中没有这样说，埃斯库罗斯也参加了萨拉米斯海战；因为当时雅典人已经撤离他们的城市，“带着全体民族(*πανδημεί*)”登船入海了。在《波斯人》一剧中，信使关于萨拉米斯战役的描述，是一个战斗目击者对那一历史情景唯一仅存的叙述——在那场战斗中，雅典为她未来的权力，为她统治全希腊的霸权的强烈渴望奠定了基础。但是，这是修昔底德眼中的萨拉米斯，[②]而非埃斯库罗斯眼中的萨拉米斯。对埃斯库罗斯来说，萨拉米斯之战，是永恒正义的深度智慧的一次呈现，永恒正义掌管着这个世界。为争取民族独立的新英雄主义精神所激励，在一个雅典人的聪明才智的指引下，他们以少胜多，击败了薛西斯的大军——薛西斯对自己国民的奴役使他们变得懦弱卑怯。欧罗巴征服了亚细亚(*Europe succubuit Asia*)。[③]提尔泰奥斯的英雄主义精神在自由和正义的理想中得到了重生。[④]

因为埃斯库罗斯的首演日期无法确定在十年左右的误差之内，[239]所以我们不清楚是否甚至在波斯战争之前，他就已经受到了那种深厚的宗教情感的启发——这种宗教情感，是在《乞援人》一剧中，在向宙斯的庄严祈祷中得到表达的。[⑤] 埃斯库罗斯的基本信念与他的精神导师梭伦如出一辙，但他移注在梭伦的宗教信仰中的肃剧力量，必须部

---

① 埃斯库罗斯，《波斯人》，第432行边注。

② 参见修昔底德，《伯罗奔尼撒战争史》1.74，雅典使者在斯巴达关于雅典战后登上权力顶峰的演讲。

③ 尼波斯(Corn. Nepos)，《第米斯托克利传》(*Them.*)5。

④ 这是确确实实的：我们是从整个公元前五世纪无数雅典战士——他们在多次战斗中为国献身——的墓志铭中，从公开发表的葬礼演说中，来追溯提尔泰奥斯精神及其对雅典公民精神风貌的影响的。参见拙文《提尔泰奥斯论真正的德性》，载《柏林科学院会议报告》，1932，第561—565页。

⑤ 埃斯库罗斯，《乞援人》，第88行及以下；第524行及以下。

分地归诸他和他那个时代的人所经历的暴风骤雨的洗礼，这种暴风骤雨的洗礼一以贯之地贯穿于《波斯人》的字里行间。自由和胜利，是联结他梭伦式的正义信念和他所成长的新型民主政治之间的两条纽带。城邦不是其戏剧背景中的一种偶然可能性：而是其戏剧上演的精神舞台。亚里士多德曾说，早期的肃剧人物像政治家那样说话，而不是像修辞学家那样。[①] 即使在《欧墨尼得斯》的最后一句华丽收场中，埃斯库罗斯也以其对雅典民族繁荣昌盛的庄严祈祷，以及对世界的神圣治理信念的重新肯定，而揭示了肃剧诗歌中的人物的政治本质。[②] 这是埃斯库罗斯肃剧诗行的教育力量的基础，一种同时既是道德的、宗教的，又是纯粹人性的教育力量；因为道德、宗教和一切人类生活，现在都成了包罗万象的城邦生活的方方面面。尽管埃斯库罗斯作品中的教育观念与品达相似，但两位诗人之间的方法却有深刻的差异。品达希望的是，贵族政制的辉煌在严格忠诚于传统的古老精神中得到全面重生；埃斯库罗斯在其肃剧中揭示的则是，英雄如何在新的自由精神中得以诞生。从品达到柏拉图，从种族的贵族政制到精神和智识的贵族政制，看起来似乎是一次短暂而不可避免的旅程，但这种转换只有经由埃斯库罗斯才能完成。

与梭伦时代一样，雅典人民的优良禀赋，在其于世界历史中扮演其角色的开端，再一次产生了一位伟大的诗人，来为城邦的新使命铸造和巩固这种精神。现在，意味着统治、纪律和束缚的城邦国家和个体的自由精神合二为一了，成了一种完美的统一：此种罕见的统一为在这个时代出现的新人，提供了一种古典的独一无二的品质。国家和精神，很难说二者谁更多地促进了谁。我们可以得出这样的结论：雅典人所创造的城邦国家更多地促进了精神自由的事业，因为雅典城邦不仅仅只是其政府官员——它是全体人民为了避免此前数百年的混乱而努力奋斗，[240]从而建立的一种政治秩序，这种政治秩序是他们殚精竭力，以他们的全部道德能量构想并实现的。埃斯库罗斯时代年轻的民主制

---

① 亚里士多德，《诗学》，c. 6，1450b7。

② 埃斯库罗斯，《欧墨尼得斯》，第 916 行及以下。

度，是孟德斯鸠在《论法的精神》(*L'esprit des lois*)中所说的话——古代民主制度的真正原初形式建立在德性之上——的绝佳说明。[①] 最后，在梭伦的意义上，城邦成了将所有人的努力团结起来的一种力量。对正义理想的信念——它曾激励年轻的民主国家奋勇前行——现在似乎在对波斯的胜利中，得到了神圣的献祭和确证。[②] 现在，真正的雅典文化第一次化蛹成蝶了。

由于阿提卡多年来急速增长的物质财富而造成的一切极尽能事的优雅精致、一切过分的奢侈豪华，一下子销声匿迹了。正如伊奥尼亚富人身上的长袍，[③]因为被多利安男子的简朴服饰所取代而消失一样，这些年雕刻在男人脸上的那种优雅、空洞的习惯性微笑——它是伊奥尼亚的社会理想和身体本身的理想——也让位给了一种深沉的、几乎是忧郁的严肃。发现在两种极端之间取得平衡的古典理想，是在第二代人身上，即在索福克勒斯的时代。此种既非贵族文化、亦非一种可以在高度发达的外来文明影响下产生的特有品质，是雅典自身的历史性命运所致。一个伟大的诗人应运而生，因为深刻意识到他自己是雅典民族的一部分，他将战争胜利的那种迫切而热烈的心情灌注于同胞心中，用一种共同的感恩和期待把由于出身和文化的差异而疏离的各个阶级联系在一起。因为从此之后，雅典最伟大的历史和精神成就，将不再属于某个阶级，而属于全体人民。雅典人以前的丰功伟绩，现在统统相形见绌了，人们现在是其自然而然的继承人。公元前五世纪的雅典文明，不是由它的新型政体，也不是由它的新选举权创造的，而是因战争胜利所创造的。伯利克里时代的雅典的根基是希波战争的胜利，而非古老的贵族文化。索福克勒斯、欧里庇得斯和苏格拉底都是寻常百姓的儿

---

① 孟德斯鸠，《论法的精神》III，第3章。

② 参见埃斯库罗斯，《阿伽门农》(*Ag.*)，第810行及以下；在其伟大的归家演说中，阿伽门农强调的重点落在"正义"之上；与此类似，合唱队的主题自始至终都是"正义"。《欧墨尼得斯》整个关注的都是正义问题及其对城邦的重要意义。正义(Diké)是雅典娜女神亲自为城邦制定的最高行为准则，参见《欧墨尼得斯》，第691行；对作为雅典民主制度之根基的法律的畏惧，参见《欧墨尼得斯》，第698行。参见修昔底德，《伯罗奔尼撒战争史》2.37.3，伯利克里的讲话；以及本卷第323页，注释①。

③ 修昔底德，《伯罗奔尼撒战争史》I，6，2—4。

子。索福克勒斯来自一个兵器作坊；欧里庇得斯的父母是卑微小农；苏格拉底的父亲是一个郊区小镇的石匠。自从战神山(Areopagus)的重要性被剥夺之后——在埃斯库罗斯时代，[241]战神山议事会是整个雅典城邦的裁决中心(balance-wheel)——雅典民主政治的成长越来越迅速，[①]而贵族阶层及其文化反民主的倾向也变得越来越引人注目。不过，我们绝不能以克里提亚(Critias)的时代来解释萨拉米斯的时代。在第米斯托克利(Themistocles)、亚里斯泰迪(Aristides)和西蒙(Cimon)的年代，共同肩负的伟大使命将平民和贵族捆绑在一起，那就是重建被毁的城市、为港口建造长墙、打造提洛同盟、在亚细亚海岸结束战争。肃剧，这种新的诗歌形式，正是在这样的时代与雅典人心有灵犀、倾心交谈，这个时代的雅典人的性格既有凌云之志、经略之能，也有某种埃斯库罗斯所具有的自我牺牲、谦卑敬畏等精神特征。

肃剧恢复了希腊诗歌涵盖人类全部兴趣的能力。在此只有荷马史诗才能与之相提并论。[②] 尽管世纪之交的文学形式丰富多彩，但在其主题的丰富、驾驭纷繁材料的能力及其重大的创造性成就方面，只有史诗可以与肃剧相匹敌。一度诞生在伊奥尼亚的希腊诗歌天才，似乎在阿提卡得到了重生。史诗和肃剧是两座由众多连绵不断的山陵联结在一起的巨大山脉。

如果我们把第一个伟大历史时期(即史诗时期)以来的希腊诗歌的发展，看作是对塑造希腊品格的那种伟大历史力量的不断前行的建构和界定，那么就会发现，我们所说的重生具有一种特殊的意义。荷马之后的诗人，无论是表达其个人的信念，还是建立和发掘其同胞所遵从的普遍准则，都越来越集中在对诗歌的理性内容的详尽阐发上。[③] 绝大多数荷马之后的诗歌实际上都是从史诗发展而来的，但当其完全独立于史诗之后，诗歌要么完全抛弃体现史诗之理性内容的神话传统(如在提尔泰奥斯、卡利努斯、阿基罗库斯、西蒙尼德斯、梭

---

① 亚里士多德，《雅典政制》，c. 25—26。

② 亚里士多德目光如炬，在其《诗学》中，只集中讨论史诗和肃剧这两种希腊诗歌的形式。

③ 参见本卷关于荷马之后的诗歌的章节，赫西俄德、提尔泰奥斯、抒情诗、抑扬格诗和哀歌体诗人。

伦、泰奥格尼斯那里，以及通常在抒情诗人和在弥涅墨斯那里），要么仅以神话事例解释诗人抽象的非神话观念的形式，[242]对其做一种外在的引用（如在赫西俄德的《劳作和时日》、品达的神话诗，以及有时在抒情诗人那里）。这些诗人的许多作品是纯粹的训导，是由一些普通的忠告和教导组成的教谕诗（*parainesis*）。另一部分是对一些抽象主题的反思。甚至在史诗中只与神话英雄的事迹相关联的赞美，现在也用在了真实的当代人身上；而纯粹的抒情诗现在只描述现实中还活着的人的情感。因此，后荷马时代的诗歌，越来越直接、越来越完全地表达其所描写的时代的实际精神生活——无论是社会的，还是个体的：而诗歌性质的此种重要变迁，只有在对英雄传奇的传统——它伴随着对诸神的赞美，曾经是一个诗人唯一可以运用的主题——的相对抛弃中才有可能实现。

不过，从另一个角度来看，尽管后荷马时代的诗人们努力在他们自己的时代实现史诗中的理性内容，因而使诗歌越来越成为生活的直接指导者和解释者，但英雄传奇的传统，即使在史诗时期之后，仍然作为诗歌材料取之不竭的宝库保持着其重要性。诗人可以利用英雄传奇使他的主题理想化，因为通过将其同时代人与同类神话人物相类比，诗人可以使其同时代人的思想和行为变得高贵，从而使他的诗歌行进在一个更高实在的平台上：正如我们所看到的，抒情诗中的神话事例就是如此这般运用的。① 或者，诗人可以实际写作有关神话主题的诗歌，但在处理它们时有全新的兴趣和重点，与史诗原来的主旨截然不同，因而也就改变了原来的呈现形式。因此，循环写作的诗人的主要兴趣是重新处理特洛伊传奇所提供的素材。他们不欣赏《伊利亚特》和《奥德赛》在艺术和精神上的恢弘壮观，而只是想叙述在此前后发生的事件。这些以一种史诗用语词典的形式（dictionary-epic phraseology）所撰写的史诗——它们甚至在荷马史诗的后来几卷中也随处可见——满足了人们不断增长的历史兴趣；其实，强调神话故事的历史角度是必然的，因为

---

① 参见本卷第 47 页注释②所引用的厄勒的专题论文《古代希腊诗歌中的神话范例》(Basle，1925)，以及本卷第 276 页注释③所提到的伊利格和费尔对品达诗中的神话故事的研究。

初民们本来就是将英雄传奇当作真实的历史叙述来看待的。这种从历史的角度来看待神话故事的态度甚至在目录诗(catalogue-poems)中也越来越明显——目录诗被归诸赫西俄德，因为他是一个写作风格与他们类似的著名诗人。目录诗回答了贵族君子们对其高贵谱系的需求，将其出身一直追溯至诸神和英雄：[243]诸神和传奇英雄实际上就是其时代的史前史。这两种类型的史诗诗歌，与公元前七和前六世纪的非神话诗歌共生并存，它们虽然没有任何直接的生活指导意义，但仍然回应了其时代的某些需求；因为荷马和神话是一切当代生活无可避免的背景。可以说，它们是那个时代的学术，是伊奥尼亚编年史的直接先驱。伊奥尼亚编年史或者以谱系学的目的、或者不以谱系学的目的重新处理传统材料——比如阿库西劳斯(Acusilaus)、弗瑞西德斯(Pherecydes)和赫卡泰乌斯的著作。至于诗歌的形式，早就已经只是此类作品和少量残存的希腊编年史家(logographers)的作品的一种古色古香而无关宏旨的装点——希腊的编年史家们用比他们的诗歌前辈远为新鲜和现代的散文写作，通过优雅得体和直截了当的叙述风格，努力复活公众对传统历史的兴趣。

在神话传统如此这般被移植进散文历史的同时，它们在合唱诗中正经历着另一种变形，合唱抒情诗是出现在希腊的西西里的一种新类型。英雄传奇实际上正在从史诗转化为抒情诗的形式。尽管如此，它没有再次引起人们的重视。在处理它的方法上，西迈拉(Himera)的合唱诗人斯特西克鲁斯(Stesichorus)并不比米利都的赫卡泰乌斯更少冷静的批评。品达之前的合唱诗人，不像史诗作者那样把英雄传奇本身看作目的，而是将其看作自己的合唱歌曲和合唱音乐的理想主题。语言(logos)、节律(rhythmos)与和谐(harmonia)在合唱颂歌中都是构成性要素，但其中语言的重要性最低。主导歌词发展的音乐是利害攸关的真正焦点。这些颂歌中的一些没有配套音乐的残存诗篇，给现代读者造成的空白和残缺的特殊印象是由合唱诗的技巧产生的：它将一个漫长的传奇分解为几个情感奔放的瞬间，再以民歌的叙述形式将这些瞬间连贯起来，简单地说，就是将其作为一种音乐表达的工具来使用。即使是在简单的抒情诗结构内以叙述形式讲述的神话，如在萨福那里，也仅仅旨在唤醒某种情绪而已。[①] 她本来就是让这些神话充当自己所抒发的情感的支撑而已；至少，这是她诗歌中所使用的神话故事的唯一效果，如此这般为情绪所笼罩，神话的真正特点也就消失了。

[244]尽管在诗歌和散文中，神话仍然保留着某些古老的权威——神话传奇同样也为公元前六世纪的绝大多数瓶饰画画家提供了主题，注意到这一点非常重要——但神话已经不再是那些伟大的、感人的思想的载体。如果它既不是某种理想的艺术背景，又不是一种历史的叙述，那么它就只能是一种格式化的艺术装饰。这个时代的任何重大的精神冲动，都不是通过神话，而是在纯粹的理性形式中得到表达的。我们可以恰当地期望，这种发展会得到进一步实现：诗歌将放弃重大抽象主题的探讨，将其让渡给伊奥尼亚新发明的哲学和叙事散文，而公元前六世纪所有反思的和理性的诗歌形式，都将被散文形式的*λόγοι*[言说]所取代，这种散文形式的言说，将德性(areté)、技艺(tyché)、礼法(nomos)和城邦政制(politeia)作为授课或研究的主题，正如在公元前六世纪后期的智术师运动那里那样。

不过，希腊本土的居民还不能追随此种开创性的伊奥尼亚精神到如此深远的程度，而雅典人也从未选择追随，因为对他们来说，诗歌还没有被理性化到此种程度，以至于他们可以设想这样一种从诗歌到散文的转换。在公元前六世纪的希腊大陆，诗歌重新获得了它在伊奥尼亚所失去的东西，即它作为生活的一种灵感和指导的高尚功能。实际上，伊奥尼亚科学家和哲学家们的理性探索，并不比伴随着雅典人步入历史而来的重大胜利和成就在雅典人心中所唤醒的深层思考更"哲学"；不过，雅典人对人生的范围和责任的新思想，只能在肃穆崇高的诗歌中被高度精神化的宗教象征呈现给世人。传统贵族政体及其祖先信仰的没落动摇着公元前六世纪的希腊，陌生的、此前无法想象的精神力量激荡着前六世纪的希腊，它向往着一种新的道德标准、一种新的生活范式。这种困扰，没有任何地方比梭伦生活的这块土地更重大，此种向

---

① 几十年前所发现的萨福诗歌(残篇 55a[狄尔编])，关于赫克托尔与安德洛玛珂(Andromache)的婚礼的描绘就是如此。

往，没有任何地方比梭伦生活的这块土地更深切；没有任何地方存在一种比这里的敏感细腻和青春能量的结合更丰富的结合，这是一种未曾被使用、几乎是未成熟的自然状态，它拥有如此巨大的精神和智力天赋。这就是使希腊肃剧的惊人成就走向成熟的土壤。希腊肃剧的滋养和成长根植于希腊精神的各个宗教，但它的主根却深深地扎入希腊所有诗歌和希腊所有高级精神生活的丰富底土(即神话故事)之中。[245]因此，在一个看起来似乎离英雄主义正越来越遥远的时代、在一个正在竭尽全力进行反思性思考并强化情感认知的时代(正如伊奥尼亚文学所显示的)，从神话故事的根须中生发出了一种新的、感受更深的英雄主义精神，这种英雄主义精神与神话或者体现在神话故事中的生活方式紧密而根本地联系在一起。这种英雄主义将新的生活注入到旧的神话形式之中，将它们的语言归还给它们，就像奥德修斯的冥府之行通过让死者饮用牺牲的鲜血将生命和语言归还给他们一样。没有这种牺牲，我们就无法理解神话复活的奇迹。

现代学者努力追溯肃剧的前身并判定其真正性质的尝试，通常都忽略了这个问题。实际上，他们是把问题外在化了，他们把新的艺术创造，即肃剧，从较早但类似的文学类型中演绎出来——例如他们认为，当一些创造性天才用酒神节祭歌来处理源自英雄传奇的主题时，酒神节祭歌"采用了严肃的形式"，从而形成了肃剧这种诗歌形式。按照这种看法，阿提卡肃剧无非是"一种戏剧化了的、并由雅典公民合唱队演出的英雄神话而已"。① 但是，尽管所有开化了的西方民族的中古文学都充满了对圣人生活的戏剧化，但直到他们受到古代模范的影响之前，没有一个发展成肃剧这种艺术形式。如果英雄传奇未曾被移植到一个更高的英雄主义精神平台——它们就是从这个平台产生出来的——从而获得一种创造品格的新型艺术力量，那么，希腊英雄传奇的戏剧化将会是一种昙花一现的创新，不会引起我们的注意，也不可能有进一步发展的可能。不幸的是，我们缺乏对肃剧最古老形式的精神描述，只能从

---

① 维拉莫维茨，《古希腊肃剧引论》(*Einleitung in die attische Tragoedie*)，Berlin，1907，第107页。

其高度发展了的形态估计它必定是如何开端的。在其完成了的形态中——这是我们在埃斯库罗斯那里发现的——它是神话的一种重生，是由一种关于人和宇宙的新思想所导致的；这种新思想是梭伦给予雅典人的，在埃斯库罗斯那里，这种新思想达到了它必须面对的宗教和道德问题的最高的和最敏感的认识。

本书的目的不是对肃剧的起源和发展给出一个完整的叙述；任何主题的穷尽都是不可能的。① 仅就这里我们关心的问题而言，[246]我们应该根据肃剧中表达的思想观念，研究这种艺术类型最早的发展。因为肃剧是一个多方面的事物，可以从多种不同角度来研究。我们正在努力做的，只是把它作为一种人的品格的新类型——它是公元前五世纪时成长起来的——的精神呈现、作为肃剧在最高意义上的教育力量的精神体现，来对它进行研究。保存下来的希腊肃剧数量如此巨大，以至于如果我们不想让我们的研究成为单独的另一本书的话，就必须从一种适当的距离来考虑问题。不过，保持一种远距离的视角是正确的，也是必须的，因为只有从这样一种信念开始，我们才能品赏肃剧：即肃剧是某种类型的人性的最高呈现，艺术、宗教和哲学仍在为这种人性类型构建一个不可分割的统一整体。正是此种统一，使得研究这个时代表达其自身的方式成为一种愉快的体验，使得这种研究比任何单独的哲学史、宗教史和文学史研究都更为可取。人类文化的历史长河不是在一条大河中奔流，而是在一系列孤立的所谓文学、哲学和宗教的渠道中流淌的历史时期，无论其单一性有多么深刻的历史原因，都必然是片面的。诗歌，希腊人首先将其提升到一种精妙技艺和精神意义的双重困难高度的诗歌，似乎在它离开大地开启回归奥林匹斯神山的行程之前，想要再次展示它自己全部的美丽、力量和丰盈。

阿提卡肃剧无可争议的崇高地位延续了一百多年，在年代和精神方面，它刚好与雅典世俗权力的崛起、兴盛和衰落相重合。在这一期间之

① 正是基于同样的理由，对肃剧起源问题的现代文献——从尼采的《肃剧的诞生》(*Birth of Tragedy*)到现代宗教史家异想天开的各种理论——进行概述也不在本书范围之内。皮夏德-坎布里奇(A. W. Pichard-Cambridge)在其《酒神颂歌、肃剧和谐剧》(*Dithyramb, Tragedy and Comedy*, Oxford, 1927)中，以一种均衡的判断对全部资料进行了一种彻底的讨论。参见克兰茨(W. Kranz)，《合唱歌》(*Stasimon*)，Berlin，1933。

内，肃剧获得了对雅典人民的统治地位，我们可以在谐剧诗人的含沙射影中看到这种反映。肃剧对雅典人的影响是一种本质性要素，对整个希腊世界也产生了深远的影响，因为雅典帝国使几乎整个希腊都懂得了阿提卡方言。最后，肃剧加速了智识和道德的退化，这是修昔底德正确地断言过的导致雅典毁灭的原因，正如它在雅典城邦崛起期间赋予了城邦以勇气和凝聚力，在雅典城邦力量的鼎盛时期给城邦带来了荣耀一样。如果我们想要从纯粹艺术的角度或者心理学的角度，[247]来研究从埃斯库罗斯到索福克勒斯再到欧里庇得斯的肃剧发展历程（我们在此不必考虑其他许多为他们的成就所激励的剧作家），我们应该远为不同地评判整个进程，但从人类文化史的角度，在最深刻的意义上，肃剧的发展确实经由上述的几个阶段；当时阿提卡的谐剧作家们也是这样描述肃剧的发展的，他们反映自己时代的思想不用考虑后世子孙的看法。那个时代的人从不觉得肃剧的性质和影响纯粹是审美性的且只是审美性的，它对他们的影响如此广泛，以至于他们认为肃剧要对整个城邦的精神负责；尽管作为历史学家，我们可以确信，即使最伟大的诗人也只是民族精神的代表，而非创造者，但我们的确信不能改变这一事实：即雅典人把他们当作自己的精神领袖，比绵延不绝的政治领袖的体制权威负有远为重大和严肃的责任。只有牢记这一点，我们才能理解柏拉图在《王制》中对诗歌的自由所做的抨击——这种抨击对一个自由心灵来说似乎是如此不可思议和令人反感。尽管如此，肃剧诗人对城邦的精神负有责任的想法，不可能是诗人职责的原初观念；因为庇西特拉图的时代把诗歌仅仅看作是一种供人赏乐之物。这种观念是由埃斯库罗斯的肃剧所创造的：作为唯一能使诗歌回想起其真正功能的人，阿里斯托芬（在没有柏拉图式审查的情况下）用魔法从冥府中召回的是埃斯库罗斯。

当城邦安排戏剧在酒神狄奥尼索斯的节日演出之后，肃剧越来越唤起全体人民的兴趣和参与。雅典的戏剧节是理想的国家剧场——这是一个让许多诗人和作家徒劳地朝思暮想的理想。肃剧的题材与神祇的祭仪——肃剧常常在神祇的祭祀节日演出——几无关联。尽管埃斯库罗斯在《吕库古》（*Lycurgia*）三部曲中展现了色雷斯王吕库古——他得罪了狄奥尼索斯——的荷马式英雄传奇，而欧里庇得斯则在《酗酒者》

(*The Bacchants*)中讲到了底比斯王潘修斯(Pentheus)的类似故事,但并没有很多肃剧作家涉及狄奥尼索斯的神话题材。狄奥尼索斯节日的疯狂和热烈更适合于滑稽讽刺剧,滑稽剧是狄奥尼索斯节日演出的古老形式,[248]它一直与肃剧共存,并作为每一肃剧三部曲的点缀为人们所需求。但是,肃剧演员的迷狂却是真正狄奥尼索斯式的。它通过暗示影响观众,使他们感觉到舞台上所描写的感情与他们自己的感情一样生动逼真。这一点甚至更多地应用在组成合唱队的公民身上:通过一整年的反复排练,他们进入了将要扮演的角色。远在诗歌的教师出现之前,合唱队就是早期希腊的高等学校,其影响常常远比仅仅学习将要演唱的歌词的意义要深远。[①] 在合唱学校(*chorodidascalia*)的名称中保留下来了意为"传授"的这个词,绝不是无缘无故的,而是由于演出频繁且高度仪式化,国家和全体人民对演出兴趣盎然,每一队激烈竞争的演出者一整年全身心地投入到新的"合唱歌"[肃剧]练习之中——这是诗人自己为伟大的节日准备的,[②]还由于每年有许多诗人都在竞相赢得肃剧比赛的桂冠,说肃剧节日是城邦生活的高潮绝非夸张。趁着节日的喜庆,公民们一大早聚集在一起,向狄奥尼索斯致敬,整个身心也准备完毕,坐等新肃剧艺术庄严肃穆的感化。观众坐在圆形舞台周围夯土的平木凳上,他们对文学和艺术还没有到那种无动于衷、漠不关心的程度,而诗人通过他的心理感化(*psychagogia*)可以在瞬间捕获整个民族的心灵,这是任何一个吟唱荷马诗歌的吟游诗人未曾做到过的。因此,肃剧作家绝对是城邦的一个重要政治人物,而国家则通过官方认定肯定了早期埃斯库

---

① 当柏拉图在《法义》中,通过将古风时期的合唱诗歌和舞蹈重新引入他那个时代的生活之中,试图恢复希腊文化(paideia)的早期形式时,他清晰地看到了这一点,参见本书第三卷,第278页及以下。

② 在古希腊语中,指示"肃剧"或"谐剧"的恰当词语是"*χορός*(chorus)"。"*ἐν ἐκείνῳ τῷ χορῷ*"(柏拉图,《普罗泰戈拉》327d)指的并不是"在那个合唱队中",而是"在那出戏剧中"。确实,柏拉图在此段文章中提到的那些人不可能属于合唱队,而是戏剧中的演员。这个词的含义证明了,甚至在古典戏剧采取其确定的形式之后,对戏剧发展的前一阶段的记忆依然鲜活,在戏剧发展的早期阶段,戏剧和合唱队完全同义。甚至在阿里斯托芬的时代,传令官在一出肃剧演出的开头说,"泰奥格尼斯,把你的合唱队带进来"(《阿卡奈人》[*Ach.*] II:*εἴσαγ᾽ ὦ Θέογνι τὸν χορόν*)。译注:这里的"把你的合唱队带进来",意为"开始演你那个剧"。另外,上文"chorodidascalia"一词,其中的"choro"意为"合唱","chorus",即合唱队,"didascalia"意为"教授、传授","chorodidascalia"意为"教授合唱的机构"。

罗斯时代的肃剧艺术，当弗律尼库斯(Phrynichus)为最近发生的灾难，即波斯攻陷米利都——雅典人感觉他们对此负有部分责任——创作了一部肃剧时，他将他们感动得潸然泪下。①

带有神话情节的戏剧对观众也有同样深刻的影响；因为肃剧的精神力量并不依赖其与粗糙现实的紧密联系。肃剧用勇敢果决且富想象力的高贵语言打破了日常生活的枯燥乏味和四平八稳，在合唱队热烈的迷狂中，在舞蹈和音乐旋律的加持下，肃剧的语言达到了其情感张力的最高峰。[249]通过有意识地避免日常语言的词语和句法，肃剧将观众送到了一个比现实世界更高的实在世界。在这种崇高的语言中，人被唤作"终有一死之人"和"朝生暮死之物"——这不仅仅是一种文字游戏，而是因为其词语和意象充满了一种鲜活的宗教情感。"你是第一个用崇高的语言建造高塔的希腊人！"——一位晚辈诗人如是说。② 埃斯库罗斯明显的"夸大其词"(从平时来看，它似乎是华而不实的言辞)被认为是其崇高思想的恰当表达。只有其语言夺人心魄的力量，才能在一定程度上弥补音乐和舞蹈的失败——音乐和舞蹈是肃剧不可或缺的组成部分。另一个因素是场面的宏伟壮观，③重构这种壮观场面的努力不过是一种无聊的复古研究。为了恢复这种场面，我们能够做的，只能是释放现代读者的想象力：试想一下今日的封闭剧场，舞台被三面包围，它当然非常不适合希腊肃剧。甚至是令人惧怕的肃剧面具——它们在希腊艺术中频繁出现，也足以提醒我们希腊戏剧与后世戏剧的本质差异。肃剧离日常生活如此遥远，以至于品味精致的希腊人，通过将其语言转移到日常生活的情景之中，并对其加以模仿，从而为谐剧效果建立了一个取之不竭的宝库；因为每一部肃剧都是由超乎寻常的庄严肃穆的人物扮演的，这些人物生活在一个宗教信仰气氛浓厚的陌生世界中。

观众觉得，肃剧演出对他的感官和情感造成的直接而强烈的影响，

① 希罗多德，《历史》6.21。雅典的执政官颁布命令，在弗律尼库斯的《米利都的陷落》(*Μιλήτου ἅλωσις*)首次演出之后，任何人都不能再次演出这部肃剧。

② 阿里斯托芬，《蛙》1004。

③ 《埃斯库罗斯传》(*Vita Aeschyli*)2。亚里士多德，《诗学》6.1450a10 称之为"ὄψις[景象]"。

也是一种深刻的戏剧力量的呈现——这种戏剧力量渗透在整个演出的每一个细节之中,并赋予每一个细节以灵感。将人的全部生活集中在简短但令人印象深刻的肃剧情节之中,并将其呈现给观众的眼睛和耳朵,能产生一种比闲散的叙事史诗强烈得多的当下效果。酒神崇拜(Dionysiac ecstasy)生动而直接的情感体验,证明了肃剧作家将神话的整个故事情节整合进一个决定性的高潮事件之中的合理性。这与叙事史诗的技巧有很大不同,叙事史诗为其自身讲述传统故事,直到其情节发展的终点也不把神话故事作为一个单独的肃剧整体来面对——正如《伊利亚特》和《奥德赛》的结构所显示的那样。当一名诗人认识到癫狂的崇拜提供了一种可以被转化为艺术的精神张力时,[250]最早的肃剧就从山羊合唱队(goat-choruses)起源了("山羊合唱队"这一名称仍在提醒我们注意它的起源)。它会使剧作家把活动作为真实而生动地发生的事件呈现出来,会使演唱者以为自己就是扮演的角色,而不是他们自己;还可以给这种戏剧表演加上神话故事的抒情性聚焦(the lyrical concentration of myth)——这种抒情性聚焦出现在早期西西里的合唱诗中。因此,合唱队热情奔放的叙事者就变成了一个演员,从而感觉到此前一直只是因移情作用而在描述和分享的情感。当然,早期肃剧想要表现一系列带有逼真生活细节的实际事件是不可能的。合唱队完全不适合胜任这样一项任务,它所能做的全部努力就是成为肃剧情节所唤醒的各种情感的一个完美工具,并且用音乐和舞蹈把这些情感表达出来。诗人只有通过介绍剧情规定的事件发展过程中的突然和猛烈的变化,才能在合唱队那里显示出一种表达方式的大幅度对比,以此充分利用这一工具的有限可能性。这一技巧在埃斯库罗斯的早期戏剧《乞援者》中仍然非常明显,在该剧中,由达娜俄斯(Danaus)的女儿们组成的合唱队,仍然是唯一的真正演员。① 这次演出表明,为原初肃剧的合唱队增加一名解说者(speaker)是必须的:他的职能是向合唱队描述一系列情境,有时是由他自己的表演开启一系列情境,这些情境会戏剧性地、激动人心地激起跌宕起伏的充沛情感。如此这般,合唱队在"从欢

---

① 关于希腊肃剧中的合唱队从主要演员发展成为理想的旁观者,参见本卷第 330 页。

喜到痛苦、再从痛苦到欢喜的艰难通道”中穿行。① 它通过舞蹈来表达兴奋、希望和感恩，用祈祷来释放疑虑和苦恼——在个人的抒情性哀歌和反思性哀歌中，诗人们长期用祈祷来表达各种内心的情感。

最早的肃剧的形式不是表演，而是纯粹的情感，它运用共情（*sympatheia*）的力量——观众通过共情分享合唱队的情感——将观众的注意力集中在由诸神派发的造成肃剧的定数身上；如果没有时运女神堤喀或者命运女神莫伊拉的问题（这是伊奥尼亚抒情诗人带给希腊人的），真正的肃剧就不可能从早期的“对一个神话主题的酒神赞歌”中发展出来。② 我们已经发现了几个真正的抒情赞歌的有趣案例，这些案例用纯粹的情感表达英雄传奇的一个瞬间；这与埃斯库罗斯相去甚远。[251] 毫无疑问，肃剧发展过程中的一个本质要素，是几个“解说者”的引入，从而合唱队不再承担整个演出事务，解说者与合唱队一起表演，直到最后双方都成了主要演员。不过，这种舞台演出技术的进步，只是手段而已：它使情节成为神对人类生活主宰力量的高级观念的一种更充分更高级的表达手段；肃剧的情节首先且最主要地是对人的苦难的描述。

在这种观念注入之前，新的戏剧不可能真正成为“肃剧的”。因此，寻找一种普遍的肃剧概念是徒劳无益的，至少最早的肃剧没有显示出这种概念的任何痕迹。肃剧的定义，只有在最伟大的希腊肃剧写出来之后才作出的。如果想要对“什么是一出肃剧中的肃剧性要素”这一问题给出一个可以接受的回答，我们就必须说，这对每一个伟大的肃剧作家而言都是互不相同的。③ 一种普遍的定义只会使问题混淆不清。找到一种普遍适用的回答的最简捷方式，是追溯肃剧所表达的思想的发展史。公元前六和前五世纪的希腊人，一直以来都在思考这一伟大的宗教问题：

---

① 歌德，《在陶里斯的伊菲革涅亚》（*Iphigenie in Tauris*）。

② 参见格林（W. C. Greene）的著作《莫伊拉：希腊思想中的命运、善和恶》（*Moriar: Fate, Good, and Evil in Greek Thought*, *Cambridge*, Mass., 1944），该书就这一问题的历史对希腊文献做了从头至尾的梳理。

③ 对“何为希腊肃剧中的肃剧性要素”这一问题，弗里德伦德尔在《古代文明》I 和 II 中做了才华横溢的尝试。不过，这一问题仍然存在：即作者试图用来描述肃剧现象的诸范畴，是否能够像它们满足现代人那样，让希腊心灵也感到满意。波伦茨（M. Pohlenz）的《希腊肃剧》（*Die Griechische Tragoedie*, Leipzig, Berlin, 1930）试图回答同一个问题。

为什么神要给人类生活送来苦难?[①] 现在,这一问题的力量得到了强化:肃剧节这天,炽热的感情将人类的苦难传递给了观众的眼睛和耳朵;这种炽热的感情是合唱队通过舞蹈和歌唱表达出来,并通过几个解说者的入场,发展成为人的命运的一个完整片断的呈现。当观众分享被雷霆万钧的命运(梭伦曾经将其与暴风骤雨相比拟)所打击的肃剧人物和合唱队的极度痛苦时,他们感觉到,他们最高的精神能量正在被唤起,来抗拒命运的这种暴风骤雨;他们感觉到,他们为怜悯和恐惧、为他们当下经历的心理作用[②]所驱使,退回到他们最后的防线——他们对生命本身终极意义的信念。埃斯库罗斯的肃剧成功地把人对命运的恐惧制作成为演出的一个不可分割的部分,观众分享人对自身命运的恐惧,因此,宗教对观众所产生的特殊影响是埃斯库罗斯戏剧中的本质性肃剧要素。[③] 要

---

① 赫西俄德、阿基罗库斯、西蒙尼德斯、梭伦、泰奥格尼斯和品达对这一问题的讨论,本书前述相关章节都有提到。他们为对希腊肃剧中的这一问题的所有分析建立了正确的出发点。

② 亚里士多德对肃剧以及肃剧对观众的影响的著名定义,将"ἔλεος[怜悯]"和"φόβος[恐惧]"命名为最重要的"παθήματα[情感]",这种情感和情绪由肃剧唤起,并受肃剧的κάθαρσις[净化作用]的支配。如果它们以同样的意义在本书中被提到,不是因为本人是一个公认的亚里士多德研究者,而仅仅是因为,经过对埃斯库罗斯肃剧的长期而细致的研究,本人已经得出这样的结论:这些范畴确实比任何其他概念更切合事实。亚里士多德之所以作出这样的解释,必定是建立在他对肃剧自身的完整的实际研究的基础之上,而不是建立在任何类型的抽象思辨的基础之上。任何没有先入之见的希腊戏剧研究,必定都会得出相同的或者类似的结论,且应该采取这样的研究精神,例如,斯奈尔(Bruno Snell)在其专题文章《埃斯库罗斯和戏剧中的行动》(*Aischylos und Das Handeln im Drama*)(收录于《语文学》[*Philologus*],补遗本 XX,1928)讨论了希腊肃剧结构中的恐惧因素。

③ 在具体讨论分析希腊肃剧的某个作家的作品时,要想将其艺术方面从宗教功能和人文功能(有人会用"道德教化"代替肃剧的人文功能,但这种说法不适当地限制了肃剧这一方面的作用)中单纯地分离出来,当然是不可能的。在阿里斯托芬的谐剧中,埃斯库罗斯和欧里庇得斯谈到他们的技艺(τέχνη),也谈到他们的智慧(σοφία)。基托(H. D. F. Kitto)的近著《希腊肃剧》(*Greek Tragedy*,London,1939),对肃剧的技艺方面做出了有价值的贡献。霍华德的《希腊肃剧》(*Die griechische Tragoedie*,Munich Berlin,1930),也将强调的重点放在希腊肃剧的诗歌艺术效果方面。不过,本人宁愿看到基托所谓的"历史的学术"的研究途径被包括在"艺术"的概念之内,这样有助于我们理解希腊艺术(σοφία)包罗万象的精神品质,这种艺术(σοφία)使其杰出的巨匠不是偶然地而是本质地成为希腊的πλάσται[塑造者]。这是必然的:即任何一部这样的著作,在其对肃剧的简要概述中,对肃剧的伟大艺术在塑造希腊文化方面的创造性作用的考量,都会使对肃剧的细节分析黯然失色。与此类似,对柏拉图哲学的辩证结构也不能做细节分析,而是要从其提出的要求方面来处理,柏拉图哲学的要求就是要真正实现希腊古典诗歌的教育使命。这一教育使命得到了首批希腊文学批评家们的认可,这些文学批评家自身也是诗人;参见雷耶斯(Alfonso Reyes),《雅典时期的文学批评》(*La critica en la edad Ateniense*),Mexico,1940,第 111 页及以下。

欣赏埃斯库罗斯的戏剧，我们必须抛开一切关于戏剧本质或肃剧本质的现代观念，只把我们的注意力导向此种肃剧要素即可。

当我们说古老的神话故事在肃剧中再次复活时，[252]我们的意思是，它们不仅对观众的感官，而且对观众的思想来说，都是真实不虚的；不仅从叙述性描述到戏剧性演出的变化、而且其人物和精神在新的艺术媒介中的再生，都是真实不虚的。传统的神话传说从当代的视角得到了展现。埃斯库罗斯的继承者们，尤其是欧里庇得斯，在这一方向上走得如此之远，以至于最终将肃剧庸俗化为了一种日常生活的戏剧；但是，在按照自己的神话观念表现传统英雄人物方面(人们通常只知道这些英雄的姓名及其事迹的大致轮廓)，走出第一步的是埃斯库罗斯。《乞援者》中的佩拉斯戈斯(Pelasgus)王是一位现代政治家：他的行动由公民大会所决定，当他被召来处理紧急危机时，他求助于公民大会。① 在《被缚的普罗米修斯》中，宙斯是当代人哈莫迪乌斯(Harmodius)和阿利斯托吉吞(Aristogiton)看到的一个现代暴君。甚至阿伽门农，也远非真正的荷马史诗中的国王；他属于德尔菲的宗教和道德的时代，因为在权力和胜利的傲慢中犯下任何自大之罪的恐惧常常萦绕在他心头。他的全部看法都遵从梭伦的教义：骄奢导致自大，自大导致毁灭。② 他仍然逃不出阿忒的手掌这一事实，更是一种十足的梭伦式观念。普罗米修斯被设想为嫉妒多疑的青年暴君宙斯的首席顾问：他曾经帮助宙斯建立新的君主政体，但是当他试图运用这种力量实现他自己的计划、拯救苦难的人类时，暴君剥夺了他对此权力的分享，并对他处以永恒的酷刑。③ 埃斯库罗斯不仅让他成为一个政治家，甚至让他具有一个智术师的某种特点，正如在称呼他时使用"智者"这个词(它仍然具有一种尊敬的意味)所显示的那样。④ 在一部已经失传的以帕拉墨德斯(Palamedes)命名的剧本中，帕拉墨德斯也被描述为一个智者。普罗米修斯和他都自豪地枚举他

---

① 埃斯库罗斯，《乞援人》，第368行及以下，第517行，第600行及以下。

② 参见埃斯库罗斯，《阿伽门农》，第921行及以下，侍女铺花毡一幕。

③ 《被缚的普罗米修斯》，第197—241行。

④ 《被缚的普罗米修斯》，第62行，第944行，第1039行。埃斯库罗斯此处使用的是"σοφιστής[智者]"和"σοφός[有才智的]"这两个词，在第459、470、1011行使用的是"σόφισμα[巧计、诡计]"一词。

们发明出来帮助人类的各种技艺。[①] 普罗米修斯具有关于陌生而遥远的国家的最新地理知识。在埃斯库罗斯时代，此类知识仍然罕见而神秘，会激起观众热切的想象；不过，在《被缚的普罗米修斯》和《被释的普罗米修斯》中，普罗米修斯提到了一系列国家、河流和民族，这不仅是诗歌的点缀，[253]而且也展示了聪明的泰坦神的无所不知。[②]

同样的评论适用于埃斯库罗斯肃剧中的人物语言设计。正如我们解释过的，智者普罗米修斯的地理学话语意在帮助表达他的个性特征。类似地，年迈的俄刻阿诺斯（Oceanus）为了让普罗米修斯向宙斯屈膝投降而给他的许多忠告，应该是由一些众所周知的、四平八稳的陈词滥调所组成的，这一点也是非常适合的。[③] 在《七将攻忒拜》（Seven against Thebes）中，我们好像听到了一种公元前五世纪时对军队发出的一般命令。在《欧墨尼得斯》（The Eumenides）中，弑母者奥瑞斯特斯（Orestes）在最高法院（Areopagus）的起诉，可以提供关于雅典审判谋杀者的有价值的历史证据，因为它是在正规的阿提卡制度中完成的；[④]在闭幕游行中祈祷雅典繁荣昌盛的颂歌，则是根据公开的宗教庆典中的语言和仪式所作的。[⑤] 无论是荷马之后的史诗，还是抒情诗人，都没有将神秘的神话传统现代化到如此程度，尽管他们经常为了适合自己的目的而将其改头换面。埃斯库罗斯当然不会对传统所描述的事件做不必要的改变，但在他将一个传奇的姓名塑造成为一个丰满的人物时，他会情不自禁地将

① 诺克（Nauck）编，《古希腊肃剧残篇》（*Fragm. Trag.*）2，埃斯库罗斯以《帕拉墨德斯》（*Palamedes*）为名的肃剧；参见《古希腊肃剧残篇》，佚名，第470行。

② 在普罗米修斯的故事中，河神伊那科斯（Inakhos）的女儿伊娥（Io）被迫四处漂泊，在伊娥辛苦漂泊的不同阶段，剧中讲到（第790行及以下）远方的各个国家、山川和部落；《被释的普罗米修斯》残篇192—199（诺克编）也一样。诗人从一个饱学之士那里获得这些信息，据推测其来源可能是米利都的赫克泰乌斯的《大地环游记》（*Περίοδος γῆς*）。

③ 在《被缚的普罗米修斯》第307行及以下俄刻阿诺斯（Oceanus）讽刺谩骂式的讲话中，埃斯库罗斯显然吸收利用了旧的格言诗（*Spruchpoesie*）的传统。

④ 穆勒（K. O. Muller）编辑的埃斯库罗斯的《欧墨尼得斯》（1833）是一部不朽的著作，该书首次表明了这一点；在穆勒的版本中，埃斯库罗斯的戏剧被放置在阿提卡刑法以及此种刑法赖以成立的当地宗教传统的背景之下。另可参见汤姆森（Thomson）编辑，《奥瑞斯忒亚》（*Oresteia*），Cambridge，1938。

⑤ 埃斯库罗斯的《欧墨尼得斯》第916行和《乞援人》第625行中出现的合唱队，都是城邦（分别是雅典和阿尔戈斯）繁荣幸福的庄重祈祷者，这些诗行向我们展示了在传统宗教话语的直接形式缺席的情况下，在公开的祈祷中所使用的仪式形式。

现代观念注入传统神话之中，并成为其精神血脉。

这不仅对肃剧中的人物及其语言来说是真实的，它还同样适用于整个肃剧本身。这三者的结构——人物、语言、肃剧——均受人生观的支配，这种人生观是诗人所特有的，是诗人从在其材料中重新发现的。这听起来似乎是老生常谈，其实不然。直到肃剧出现之前，没有任何类型的诗歌敢于把神话仅仅作为传递一种观念的工具来使用，并根据神话是否适合表达这种观念的目的对它们进行取舍。我们千万不要以为，传统传奇故事的每一个部分都能被戏剧化，从而自动成为一出肃剧。亚里士多德[①]指出，尽管肃剧艺术越来越得到精心培育，其实，在巨大的传奇故事宝库中，只有少数几个主题吸引诗人的注意，几乎每一个肃剧作家都曾运用过这少数几个主题。俄狄浦斯(Oedipus)的传说，阿特柔斯(Atridae)之子的传说，忒拜御马的传说——亚里士多德还提到另外几个——天然地适合戏剧剧情的发展：它们是潜在的肃剧。史诗诗人曾为史诗自身之故叙说传奇故事；[254]支配《伊利亚特》后面几章的全部材料的某个观念，无法统贯整部史诗的各个部分。当抒情诗人处理传奇故事时，他们着重其中几个情感高潮的片断。肃剧是第一种将神话传统运用到规范的结构原则之中的诗歌类型，此种结构原则就是，人生命运不可避免的兴衰起伏以及命运的突然逆转和最终毁灭的构想。

温尔克是第一个指出埃斯库罗斯通常不是写作单部肃剧，而是三部曲的学者。[②] 即使在埃斯库罗斯之后，当诗人们不再根据单个主题写作三部曲时，肃剧也通常以三个一组的形式出现。三个一组的形式是处理肃剧主题的原初唯一方式，还是埃斯库罗斯将迫不得已之事装成别出心裁，把舞台需要的三个戏剧整合成一个相同主题的大型戏剧，此事不得而知。不管怎样，我们可以轻易地说出他选择三部曲形式的基本理由。他与梭伦有相同的人生观，对于这种人生观来说，其中最大的问题之一就是这一事实：即儿子总是承受父辈的罪行，而清白无辜的

① 亚里士多德，《诗学》13.1453a18。

② 参见温尔克，《埃斯库罗斯的三联剧"普罗米修斯"和利姆诺斯岛的卡比洛斯神崇拜仪式》，Darmstald，1824；亦可参见斯托塞尔(Franz Stoessl)的《埃斯库罗斯的三联剧》(*Die Trilogie des Aischylos*，Baden-Wien，1937)中重建埃斯库罗斯三联剧的尝试。

新一代经常要为其前辈的罪恶付出代价。在《奥瑞斯忒亚》(Oresteia)三部曲,以及关于阿尔戈斯人和忒拜王室的戏剧中,埃斯库罗斯试图通过一个家族的几代人覆盖命运变幻的全部过程。在主人公的命运经过几个不同阶段的发展走向终点时,埃斯库罗斯也可以使用相同的戏剧框架,就像在他的《被缚的普罗米修斯》(Prometheus Bound)、《被释的普罗米修斯》(Prometheus Unbound)、《带火的普罗米修斯》(Prometheus the Torchbearer)中那样。①

通过对肃剧三部曲的一种思考来开始对埃斯库罗斯的研究,尤为适合;三部曲的安排显然证明,诗人不是对某个人感兴趣,而是对一种定数感兴趣,这种定数不必落在一个人身上,而是影响到整个家族几代人。在埃斯库罗斯的肃剧中,人不是主要问题:人只不过是命运的载体,而命运本身才是真正的问题。埃斯库罗斯的肃剧,从他的第一行诗开始,我们就能感觉到一种沉重的气氛:风雨欲来,精神压抑,整座房子被梦魇所笼罩。在所有曾经写作的肃剧作家中,埃斯库罗斯是肃剧阐释上的大师。在《乞援人》、《波斯人》、《七将攻忒拜》、《阿伽门农》中,第一句话就让观众为命运的定数做好准备,[255]观众感觉到这种命运的定数,片刻之前还悬挂在空气中,现在则以不可抗拒的激烈力量破空而出。这些剧中的人物不是人类,而是各种超人的力量。有时候,就像在《奥瑞斯忒亚》的最后一剧中那样,这些力量把肃剧的情节从人类手中拿走,将故事情节带向结局;②但无论这些力量扮演什么角色,它们永

① 关于埃斯库罗斯已经遗失的三联剧的三部戏剧(我们知道这三部戏剧的名称)的顺序,本人遵循韦斯特法(Westphal)的《埃斯库罗斯肃剧导论》(*Prolegomena zu Aeschylus Tragoedien*,Leipzig,1869)中的说法,该书证实了《带火的普罗米修斯》(*Πυρφόρος*)是最后一部,而不是第一部。

② 译注:《奥瑞斯忒亚》(*Oresteia*)三部曲的第一部是《阿伽门农》。阿伽门农在准备远征特洛伊时,海上突然起逆风,船只无法开航,因此把自己的女儿伊菲格涅亚(Iphigenie)杀来祭献女猎神阿尔忒弥斯,以平息神怒而获顺风。后阿伽门农胜利归来,其妻克吕泰涅斯特拉为报杀女之仇,与姘夫埃癸斯托斯谋杀了阿伽门农。第二部《奠酒人》,写阿伽门农的儿子奥瑞斯特斯长大后杀死自己的母亲,为父报仇,受到复仇女神欧墨尼得斯的迫害和追杀。第三部《欧墨尼得斯》,写雅典城邦的庇护神雅典娜创立最高法庭(Areopagus),审理复仇女神欧墨尼得斯对奥瑞斯特斯的控诉,宣判奥瑞斯特斯无罪。因为雅典娜女神的直接介入解决了奥瑞斯特斯的困境,所以作者在这里说,"这些超人的力量把肃剧的情节从人类手中拿走,将故事情节带向结局"。

远在场，而且人们总是能感觉到它们的在场。想要不把肃剧与奥林匹亚神庙的山形墙作对比是不可能的，奥林匹亚的山形墙明显受到肃剧的启发。在那里，也有一位神祇庄严有力地矗立在艰难挣扎的人们中间，指引他们的斗争和命运。

我们可以清晰地看到诗人的双手不断地将神和命运引入到戏剧之中。神话故事并不以这种方式引入神和命运，但埃斯库罗斯把每个戏剧性事件都安排在梭伦从晚期史诗的思想中发展出来的最高问题之下：即如何为神对待人的方式辩护。他孜孜以求，坚持不懈，为神对人类生活的主宰力量发掘隐藏的理由。梭伦主要致力于发现罪与不幸的原始联系。在他献给这个问题的伟大哀歌中，[①]第一次提出了启发埃斯库罗斯肃剧的那些思想。在史诗中，我们看到了人对罪恶的沉迷的观念，即蛊惑女神阿忒的观念，这种观念将神派送不幸的信念和人自己招致不幸的信念结合在一起：导致人毁灭的罪因此是一种无人能够抗拒的魔鬼的力量的结果。这就是使海伦抛弃丈夫、离家出走、与帕里斯潜逃的力量，就是使阿喀琉斯硬起心肠，既据理反驳阿伽门农的劝和使团——他们答应为他受损的荣誉提供补偿——又驳回他的白发苍苍的监护人和导师菲尼克斯的忠告的力量。不过，当人的自我意识越来越强，便会逐渐倾向于认为自己的意志和理性独立于那些更高的力量：由此人也变得更加要为他自己的命运负责。

在荷马史诗的一个很晚的部分中，即《奥德赛》的第一卷中，诗人试图为人的不幸命运在神和人自身之间划清界限，并宣布，世界的神圣治理，不能因为凡人遭受的不幸而受谴责，人的不幸是人自己违背诸神的更好判决而招致的。[②] 梭伦以对正义的崇高信念扩展了这一观念。他认为，[256]正义是内在于人类生活的神圣法则，如果人违反了这一法则，它就必然会为自己复仇，而罔顾人类的正义。当人们承认这种罪与罚之间的关联，就要为他们自己的悲惨命运承担更大的责任。正是由于这种认识，在道德的级别上，凡人才将诸神置于前

---

① 梭伦残篇 1(狄尔编)。

② 参见本卷第 70—71 页。

所未有的更高位置。但是,什么样的人才能真正理解神的行事方式呢?确实,在某些情况下,我们可以认为自己能够看到神的行事理由,但更多的情况则是,神每每让愚蠢而邪恶的人兴旺发达如松柏长青,而让一个严肃认真、生活正直、尽心竭力的人失败破产,即便他行事周密、意愿正当。要想否认这个世界存在着"不测之祸"①是不可能的:这是荷马相信的古老的阿忒女神的不可分解的残余,它仍然阴魂不散,尽管人们已经认识到了由自身罪行导致的不幸的存在。在人的经验中,它与人们称之为"好运"的东西有一种特别紧密的联系:否泰相继,祸福相依,好运很快就会转变为最悲惨的遭遇,原因是它会直接导致人的傲慢自大。恶魔似的危险贪婪地潜伏着,从无餍足,总是需要双倍的报偿。因此,时来运去,一个人或一个家族不可能永葆好运和发达;时运凭其本性,注定要更换新主。这种悲剧性认知,是对梭伦信念的最强支撑,梭伦相信,神圣的正义支配着这个世界;没有这种信念,埃斯库罗斯的哲学就不可能存在,这种信念与其说是信念,不如说是知识。

埃斯库罗斯的肃剧对这种信念的直接依赖,在《波斯人》中得到了最朴素的反映。众所周知,这出戏剧不属于三部曲,但它却让我们看到了肃剧创作在一个小范围内的完整发展。另外,传奇因素的缺席使《波斯人》成为一个特例。诗人从他亲身见证过的历史事件中创作出一部肃剧——从而表明了什么是他所认为的肃剧的本质性因素。《波斯人》当然不是"戏剧化的历史"——不是在胜利的高潮中写作的一部欺骗性的爱国主义情节剧。为一种深刻的节制意识以及对人类无法跨越之局限的知识所引导,埃斯库罗斯让他的观众,[257]即胜利的雅典国家,成了令人恐惧的历史剧的见证人,他们见证了波斯的狂妄自大和粉碎一个强大民族的骄傲与自信的神圣灾祸。历史在这里实际上成了一个肃剧性的神话故事:因为它具有了神话的重要分量,还因为人的肃剧性结局清楚地展示了神的力量。

有些人奇怪为什么希腊诗人不创作更多有关"历史题材"的肃剧。

---

① "ἀπρόοπτον κακόν[不测之祸]"及类似的表达,常常被用来界定希腊语言理解的阿忒概念。

原因很简单：绝大多数历史事件不能满足希腊肃剧的条件。《波斯人》表明了肃剧诗人对某个情境的外在戏剧性现实的关注是如此之少；他的全部兴趣在于命运对人的心灵的影响。在这方面，埃斯库罗斯对历史的态度与他对神话的态度是一样的。不过，肃剧人物的苦难更加被用来说明一种更深的目的；《波斯人》是埃斯库罗斯式的肃剧的典范，尽管其使用的是诗人所知道的最简单的形式。苦难出真知：这是一则很古老的民间智慧。① 史诗没有将其作为诗歌的主导性主题：是埃斯库罗斯赋予其一种更深的涵义，并使其成为肃剧的核心主旨。还有其他一些谚语类观念，都指向这一主旨——比如德尔菲的神谕“认识你自己”，让人认识自身能力之局限，品达曾经以其对阿波罗的热切仰慕不断地对这一谚语进行重复和详尽阐述。埃斯库罗斯同样感觉到了这一谚语的力量，并将其作为《波斯人》的一个主要主题。但这一谚语并没有穷尽埃斯库罗斯的φρονεῖν［明智］的观念，即经由苦难获得的肃剧知识。在《波斯人》中，通过从死者中唤醒智慧的老国王大流士——他的继承人薛西斯在虚骄自大中挥霍了他的权力遗产——埃斯库罗斯在其中一个人物身上具体体现了这种观念。大流士的鬼魂预言，希腊战场上堆积如山的尸体，将会成为子孙后代默然无声的前车之鉴，终有一死者的高傲之心从未成功过：

> 因为当自大之花绽放之时，它就结下了命定的沉迷之果，在收获的季节，它会得到止不住的眼泪。看看这些行为得到何种报偿吧，请你们记住雅典和希腊，但愿你们中的任何人都不要鄙弃上天的现成礼物，觊觎他人，却挥霍了好运。神时刻准备惩罚过分的骄傲：他要求人一种严肃慎重的计算。②

这是梭伦学说的复活，即使最富有的人也总是贪求双倍财富。不过，在梭伦那里，［258］这不过是对人永远是心有余而力不足（man's

---

① 赫西俄德，《劳作与时日》，第218行：παθὼν δέ τε νήπιος ἔγνω［人只有遇到痛苦时才能懂得道理］。

② 埃斯库罗斯，《波斯人》，第818行及以下。

reach exceeds his grasp)这一事实的一种深思熟虑的认可，而在埃斯库罗斯那里，就变成了观看和分享魔鬼的诱惑，以及那种使人陷入诱惑直到他们跌入毁灭的深渊的悲怆。与梭伦一样，埃斯库罗斯坚信，神是神圣的和正义的，神对世界的永恒治理是完美无缺的。不过，神将一种撕心裂肺的悲怆给了悲剧的人，人因为自身的盲目招致了神的惩罚。在《波斯人》第一幕中，甚至就在合唱队自豪地描述波斯军队——它盼望着胜利凯旋——的强大和浩浩荡荡时，毁灭女神阿忒的阴影就在舞台上与之不期而遇了。“但哪个凡人能够逃脱天神的欺诈呢？因为阿忒女神首先以阿谀奉承哄骗他，接着便诱使他进入无法逃脱的罗网。”然后，合唱队又说自己“被貂皮包裹的心恐惧欲裂”。①《被缚的普罗米修斯》的结尾再次提到了阿忒女神无法逃脱的罗网。天神的使者赫尔墨斯警告海洋女神俄刻阿尼斯(Oceanides)，如果她们同情和安慰被宣告有罪的提坦巨神普罗米修斯——他将要被投入苦难的深渊之中——那么受谴责的只能是她们，因为她们明知故犯，自愿与他一起走向毁灭。② 在《七将攻忒拜》中，当合唱队悲叹俄狄浦斯的两个儿子——他们已经成为其父罪孽的牺牲品——已经在忒拜门前的决斗中同归于尽，合唱队看见了令人震惊的一幕：③“当整个部族一败涂地，被势不可挡的力量打垮，诅咒终于唱响嘹亮的喊杀声。毁灭女神阿忒的战利品就在门前，兄弟俩的伏尸之地，在那里，魔鬼在打败他们之后暂时收手。”

埃斯库罗斯不相信命运仅仅是惩罚罪人以杀一儆百的一种力量，这一点可以从他的语言中清楚地看出：他以令人毛骨悚然的形象描绘阿忒女神的工作；因为在他之前的诗人，没有一个如此生动地认识和阐释过阿忒的魔鬼本性。通过埃斯库罗斯的描述，即使最相信知识的道德力量的人也不得不明白，阿忒永远是阿忒，无论(如荷马之所言)她的脚步从来不着泥土而是漂行于凡人的头顶，还是(用赫拉克利特的话

① 埃斯库罗斯，《波斯人》，第107—116行。

② 《被缚的普罗米修斯》，第1071行；参见拙文《梭伦的〈欧诺弥亚〉》，载《柏林科学院会议报告》，1926，第75页。

③ 《七将攻忒拜》，第953行及以下。

说）人自己的性格就是[诱使他陷入命运之罗网]的魔鬼。[①] 我们在此称之为性格的东西在埃斯库罗斯的肃剧中并非一种本质性要素。埃斯库罗斯的全部命运观念，可以用他同时持有的两种观念之间的张力来概括；首先，他坚信神对世界的治理是完美无缺的，[259]神的正义是不可阻断的；其次，他惊骇地认识到，阿忒女神魔鬼般的残忍和背信弃义——她引领人违背世界的秩序，而人不可避免地要因其违背而受惩罚。梭伦，由于他从相信不义是社会的一种病态贪婪、一种有害的自我膨胀开始，因此，他努力探索不义是否应受到惩罚，并断定不义总归要受到惩罚。埃斯库罗斯，由于他从对人类生活中的时运力量的悲剧性体验开始，从为神的行为寻找足够的理由开始，因此，他最后总是回到对上天的终极正义的信念。如果想要理解为什么同样的学说在一个人这里是那样的心平气和，但在另一个人那里又是如此具有戏剧性而感人至深，我们一定不要在埃斯库罗斯和梭伦的观点的基本一致的基础上，忽略这种着重点的差异。

在其他肃剧中，埃斯库罗斯思想的张力比在《波斯人》中表现得更为清晰——《波斯人》是人的傲慢自大永远要受天神的惩罚这一观念的相当简单而又直截了当的发展。仅就从现存残篇能够判断的来看，这种张力在宏大的三部曲中表现得最清楚；尽管我们在最早幸存的肃剧《乞援人》中，只能看到这种张力的一鳞半爪，因为它是其余两部已经轶失的三部曲中的第一部。在《奥瑞斯忒亚》三部曲中，我们最容易看出埃斯库罗斯思想的这种张力，因为它全部保存了下来，其次是在《拉布达科斯》（*Labdacid*）三部曲中，因为我们很幸运地还拥有它的最后一部，即《七将攻忒拜》。

在《奥瑞斯忒亚》中，不仅埃斯库罗斯的结构艺术和富有想象力的语言天赋达到了登峰造极的地步，而且他的宗教和道德思想之间的张

---

① 《伊利亚特》XIX，93；赫拉克利特残篇 119。译注：参见本卷第 232 页，注释①；那里的说法是：Ethos is man’s daemon，可以通俗地理解为“性格即命运”。“daemon”一词既有神灵的意思，又有命运的意思。按这里的说法（man’s own character is his daemon），daemon 可以理解为“魔鬼”；所以这句话的完整意思可以理解为“人自己的性格就是（诱使他陷入命运之罗网）的魔鬼”。

力也是如此：几乎无法置信，他在行将逝去的人生暮年，完成了这部鸿篇巨著，这部在整个文学世界中最具影响力的戏剧。首先，我们必须看到，要想把《阿伽门农》与接下来的另外两部肃剧分开是不可能的。严格地说，将其作为一部独立的肃剧看待是野蛮的——更不用说《欧墨尼得斯》了，除非将其作为整个三部曲的大结局，否则我们无法理解《欧墨尼得斯》。《阿伽门农》不比《乞援人》更是一部独立的作品：它直接促成了第二部《奠酒人》的出现。因为《奥瑞斯忒亚》三部曲不仅仅是一种对罪孽——它紧紧抓住了阿特柔斯之子(Atridae)家族的三代人——的诅咒的戏剧性表述，那样的话会使它成为一个相互协调而又半独立的罪孽三部曲，每一部肃剧对应家庭的一代人，[260]以《阿伽门农》为核心，《奥瑞斯特斯》则作为最后一部。事实绝非如此：《阿伽门农》表达了一种独特的二律背反状态，这种二律背反占据着戏剧的中心位置，当奥瑞斯特斯遵照阿波罗的命令，杀死母亲，为父报仇时，他获致了这种不由自主但无可逃避的罪孽。最后的肃剧整体表明，这一没有哪个凡人的智慧可以打开的死结是如何被恩赐的神圣奇迹所了断的——这个奇迹，既宣告了对奥瑞斯特斯的无罪判决，又废除了为血亲复仇的传统习俗(在礼法和习俗上家族至上的一种可怕残余)，并在此基础上建立了新的法治国家，作为正义的普遍仲裁者。① 因此，在新型民主制度的代

① 正如《奥瑞斯特斯》结尾的赞颂所揭示的那样，城邦在埃斯库罗斯的肃剧中所扮演的角色至关重要。在那里，城邦是作为世界的神圣秩序、作为有序整体(cosmos)观念的不可或缺的部分而出现的，有序整体的观念，正如我们前述所见(本卷第206页)，它是地上城邦的原型。在埃斯库罗斯的时代，个体的新型自由意味着独立于宗族和宗族正义的权力。一个强大的权力集中的城邦建立在一种严格的社会秩序和成文法律的基础之上，它是数代新型个体——埃斯库罗斯的肃剧艺术反映了他们鲜活的理想——的自由的保证。从现代自由主义的角度来看——现代自由主义大体上将起初是个体自由最强大的保卫者的同一种城邦力量，看作是对个体自由的威胁——要想理解埃斯库罗斯肃剧中阿提卡城邦年轻的民主制度所谈论的道德情感是很困难的。不过，在索福克勒斯的《安提戈涅》(*Antigony*)中，出现了不同的方面，城邦与个体之间严重冲突的可能性成为可以想象之事。这一次是城邦干涉了个体对宗族和家庭的神圣义务；城邦自身表现为一种专制的暴力。埃斯库罗斯《七将攻忒拜》的最后一幕预见到了这个问题。甚至在七将攻忒拜事件中，我们就有了类似的冲突，国王的政治权威与女人的宗教热忱发生了冲突——女人的宗教热忱在极端危险的紧急关头威胁要颠覆城邦的秩序。与在欧里庇得斯的对应剧本《酒神的伴侣》那里一样，这种冲突必定对埃斯库罗斯的酒神节三联剧——即已经遗失的《吕库古》三部曲——有一定影响。

表性诗歌中，城邦是作为自由、作为个体的人的尊严和安全的保卫者而出现的。

奥瑞斯特斯的罪孽不是建立在他的性格上的。埃斯库罗斯没有将他设想为这样一个人，即他的本性注定了他要犯弑母之罪。他只不过是一个注定要为父报仇的不幸儿子：在他成年的那一刻起，他就面临着那种甚至在他品尝生活的滋味之前就要毁灭他的恐怖行为，每当他想要从这一注定了的结局退缩时，德尔菲的神祇总是一次又一次地迫使他去完成这种恐怖行为。他肩负着无可更改的命运的重担。没有任何其他埃斯库罗斯的肃剧比《奥瑞斯特斯》更清晰地揭示了这一问题——他的诗歌和思想都集中于这个问题。这个问题就是，两种以各自方式竭尽全力维护正义的神圣力量之间的冲突。① 活着的人奥瑞斯特斯是两种毁灭性力量挤压碰撞的唯一焦点；甚至他的最终赦免也远没有新旧正义之神之间的和解、献给城邦的新正义的节日赞歌，以及复仇女神向慈悲女神（Kindly Spirits）的转变重要。

献给忒拜国王的命运的三部曲，以《七将攻忒拜》结尾；《七将攻忒拜》这部戏剧在忧郁暗淡的悲剧力量方面确实超越了《奥瑞斯忒亚》三部曲，尤其是因为它以可怕的兄弟相残而告终。整个忒拜三部曲都受到梭伦思想的启示，即父辈的罪孽会遗祸于无辜的子孙。② 俄狄浦斯与其妻伊俄卡斯忒（Jocasta）的儿子厄忒克勒斯（Eteocles）和波吕尼刻斯（Polynices），成为徘徊在他们屋子里的诅咒的牺牲品。[261]埃斯库罗斯将诅咒植根于早先的拉布达科斯（Labdacids）家族的罪孽；因为虔敬如埃斯库罗斯，除非此事在他眼里有一个充足的理由，否则他不可能会描写这样一种兄弟相残的可怕罪行。③ 不过，《七将攻忒拜》的悲剧并不是一个无所不能且万无一失的神圣惩罚——

① 在达纳特（Danaid）三部曲——我们拥有三部曲中的第一部《乞援人》——和普罗米修斯三部曲中存在着类似的冲突，也许在《吕库古》三部曲中也有类似的冲突。

② 梭伦残篇 I，第 29—32 行（狄尔编）。

③ 关于忒拜三部曲中《七将攻忒拜》之前的两部戏剧的假设性重构，参见罗伯特（Carl Robert），《俄狄浦斯：一个诗歌题材的历史》（*Oidipus: Geschichte eines poetischen Stoffs*），Berlin，1915，第 252 页；以及斯托塞尔，《埃斯库罗斯的三联剧》，Baden-Wien，1937，注释 46。

这种惩罚可以满足道德主义者畏惧神灵的需要——完成的冷酷无情的结局。埃斯库罗斯的重点在于这一事实：在此，已往罪孽的不可阻挡的因果必然性毁灭了一个人，这个人因其作为王子和英雄的德性本应享有一种更好的命运，这个人一当他开口说话就获得了我们的同情。波吕尼刻斯仅仅是背景中的一个影子，①但他的兄弟厄忒克勒斯，这个城市的希望和保卫者，却得到了非常细致的描述。在厄忒克勒斯身上，个体的德性和超个体的定数之间的紧张达到了顶峰：因此，本剧是《波斯人》的一种极端对比，《波斯人》遵循的是傲慢和惩罚的简单逻辑。厄忒克勒斯的先人的罪恶与落在他身上的深重苦难几乎不成比例。如果我们欣赏《七将攻忒拜》那种惨烈的悬而未决的悲剧，就应该更清楚地认识到《欧默尼得斯》所描述的最终和解的重要意义。

《七将攻忒拜》的大胆之处就在于它的二律背反，在于它的道德冲突。一方面，埃斯库罗斯肯定更高的正义，我们决不能按照某个个体的命运，而是要按照整个故事的那种一般观点，来判断这一更高的正义的力量；另一方面，通过显示命运(daemon)——它走向残酷的结局，并击败了厄忒克勒斯英雄般的顽强抵抗——的无可逃避的力量，埃斯库罗斯唤起了怜悯和恐惧。这出肃剧的新颖和伟大之处在于其悲剧的必然性，按照这种不可避免的必然性，埃斯库罗斯将这个罪孽深重的家族的最后一代引向其早已注定了的死亡结局。② 埃斯库罗斯因而创造了一个只有在一种肃剧情境中才能显示其最高德性的人物。厄忒克勒斯即将死去；但在他死去之前，他必须拯救自己的城邦免于失败和奴役。在他死后令人悲痛欲绝的叙述中，我们怎么会听不到因为得到解救而感

① 欧里庇得斯锐利的目光洞察到了这一事实给他提供的机会。在《腓尼基妇女》(*Phoenician Maidens*)中，他赋予了波吕尼刻斯一种可爱的性格，远比忧郁而暴虐的厄忒克勒斯招人喜爱，欧里庇得斯将后者描绘成一个恶魔般的人物，权欲熏心，野心勃勃，为达到最高目标甚至不惜作恶犯罪。参见欧里庇得斯，《腓尼基妇女》，第521—525行。埃斯库罗斯的厄忒克勒斯则是一个真正的爱国者和自己国家的无私捍卫者。

② 索福克勒斯的《安提戈涅》有一段著名的合唱，读起来有点像是对埃斯库罗斯的厄忒克勒斯的悲剧的反思。在该剧中，不是比她先死的兄弟，而是女主人公自己，更像拉布达科斯家族的诅咒的最后牺牲品。类似《安提戈涅》第593行及以下的诗行，弹奏的是真正的埃斯库罗斯的音符。

恩的胜利颂歌。[①] 一直以来，诗人都在与命运问题奋力搏斗，现在，诗人通过确认肃剧中存在着一种伟大、一种别的方式无法达到的高度、一种即使在他毁灭的瞬间也可以达到的高度，解决了命运问题；而英雄，通过将自己已经注定的生命奉献给同胞的拯救，使我们坦然接受了最高德性的一种表面上的无意义和不必要的毁灭。

[262]《七将攻忒拜》对较早的肃剧类型(如《波斯人》和《乞援人》)来说，是一种革命性的进步。它是第一批传世戏剧中，有一个英雄作为情节中心的戏剧之一。[②] 在较早的肃剧中，合唱队扮演主要角色，是整个演出的焦点，但在《七将攻忒拜》中，合唱队没有了(如达那俄斯姐妹在《乞援人》中所具有的)个人特征，而是仅仅代表营造肃剧气氛的悲悼和恐惧的传统要素，是一群带着孩子的妇女，是被围攻城市的惊慌失措的市民。以他们的恐惧为背景，剧中的英雄格外高尚地挺身而出，他的行动庄重严肃，深思熟虑。[③] 希腊肃剧对人物痛苦的描写永远胜于对人物行为的描写，但厄忒克勒斯却因为他的行为而遭受痛苦，直到他的毁灭。

《被缚的普罗米修斯》同样集中在一个英雄人物身上，他不仅占据了一出肃剧最显著的位置(如在《七将攻忒拜》那样)，而且还占据了这个三部曲的显著位置。无论如何，我们只能根据现存的一出肃剧判断整个三部曲。《被缚的普罗米修斯》反映的是天才的悲剧。厄忒克勒斯像一个英雄般战斗着死去了，但他作为一个战士的英雄精神和英勇无畏都不是他的悲剧命运的源泉，更不要说他的个人性格了，他的悲剧是由于他这所房子的诅咒从外面落到他身上的，但普罗米修斯的痛苦和灾难则是由自己的本性和行为造成的。"我是自愿的"，他说：

---

① 参见《七将攻忒拜》第 792 行及以下信使演说开始时那些宣告胜利的话语，埃斯库罗斯在那里表达了厄忒克勒斯为国捐躯的功绩。

② 在这一点上必须提到的另一部戏剧是《被缚的普罗米修斯》，但是这两部戏剧孰先孰后不是很清楚。无论如何，还是有一些理由支持《被缚的普罗米修斯》的优先性。

③ 关于厄忒克勒斯作为一个统治者的角色，参见伍兹(Virginia Woods)根据本人的建议所做的研究，《埃斯库罗斯肃剧中的统治者的类型》(*Types of Rules in the Tragedies of Aeschylus*)，芝加哥大学学位论文，1941，第四章。

是的，我是自愿犯罪的；我不否认：我帮助人类，却造成了自己的苦难。①

因此，《被缚的普罗米修斯》与其他现存的绝大多数肃剧不同，属于另一范畴。尽管如此，普罗米修斯的肃剧不是一种纯粹个人的肃剧：它是一切精神先行者的苦难（agony）。② 是埃斯库罗斯的想象创造了英雄。赫西俄德只知道作为邪恶之神（Evil One）的普罗米修斯，他因盗取天火而被宙斯惩罚，③但埃斯库罗斯，用他那令我们惊羡的无与伦比的想象力，将他的行为描述为人道主义的一个不可磨灭的象征。他让普罗米修斯成了苦难的人类的光明使者（Bringer of Light）。对他来说，火的神圣力量是人类文明的具体形象。④ 普罗米修斯是人类文明的天才，他探索整个世界，通过安排这个世界的各种力量使世界从属于他的意志，他揭开了这个世界的宝藏，把人类在飘忽不定中摸索前行的生活建立在一种坚固的基础之上。诸神的信使赫尔墨斯和暴力神——诸神的正义的仆人，[263]给普罗米修斯钉上镣铐的人——都以嘲笑的口吻称他为"有才智的人（sophist）"，即发明的大师。⑤ 智识世界的英雄这一普罗米修斯的人物形象的主要轮廓，埃斯库罗斯是从伊奥尼亚的文明起源理论中得来的，⑥这种文明起源理论，连同其对进步（progess）的欢欣鼓舞的信念，与农夫赫西俄德对逐步退化、濒临毁灭的五个世代的忧郁描写，形成尖锐对比。⑦ 普罗米修斯是发明和探索的天才，满怀对

---

① 《被缚的普罗米修斯》，第266行。

② 普罗米修斯是埃斯库罗斯戏剧中创造性技艺的理想代表，参见《被缚的普罗米修斯》，第254行，第441行及以下，尤其是第506行。

③ 赫西俄德，《神谱》，第521、616行。当我们现在读这个故事时，普罗米修斯的惩罚因为赫拉克勒斯将他从兀鹰那里救出而减轻了；不过，《神谱》的这段插曲显然是后来吟唱诗人的增补，是由史诗传统中不同的赫拉克勒斯概念所致。在《神谱》第616行中，普罗米修斯的惩罚并没有时间限制，而是一直继续下去（参见"ἐρύκει[限制住]"一词的现在时形式）。

④ 参见本页注释②。

⑤ 参见本卷第314页，注释④。

⑥ 荷马，《颂诗》（*Hymn*）XX，4（《赫菲斯托斯颂》[*Hephaestum*]），如果这还不足以反映埃斯库罗斯的普罗米修斯，亦可参见塞诺芬尼，残篇18（第尔斯本）。

⑦ 赫西俄德，《劳作与时日》，第90行及以下。

人类苦难的慈爱之心。①

在这部肃剧中，苦难是全人类的标志。是普罗米修斯将光明首次带给了穴居生存中的人类，带给了"可怜的、肮脏的、粗野的、短命的"人类。如果需要为埃斯库罗斯把普罗米修斯——他被钉在悬崖之上，这形象本身似乎就是对他的工作的嘲弄——看作人类生活的体现提供进一步的证据，那就是这一事实：他像人类那样受苦，而且在他自己的极度痛苦中放大了人类的苦难。谁敢说诗人在这里将他有意识的象征手法发挥到了什么程度？在普罗米修斯身上，我们很难找到人物的个人特征，这种个人特征使所有希腊肃剧中的神话人物都像真实地生活过那样个性化。所有时代的人都承认他是人类的代表：他们感到是自己被钉在了山岩上，他们加入到了他那苍白无力但不可征服的仇恨的呐喊中。② 埃斯库罗斯可能首先且最主要地把普罗米修斯设想为剧中一个活生生的人物，但在他性格的核心，在他对火的发明中，存在着、而且一直存在着一种哲学的要素，一种丰富深厚的人文理想，历数千年而不竭，这种要素和理想是为希腊人保存的，以便希腊人在普罗米修斯作为一切人类天才的英勇抗争和极度苦痛的象征中，创造出最能表达他们自身本性的悲剧。只有《瞧这个人》(ECCE HOMO)——它连同它所反映的为世界的罪而受苦，来自一种不同的精神——在没有从普罗米修斯的真理中得到过什么东西的情况下，构成了另一种永恒的人性的象征。数个世纪以来，所有民族的诗人和哲学家都热爱《被缚的普罗米修斯》远胜于任何其他希腊戏剧，而且，只要普罗米修斯的星星之火还在人类的灵魂中燃烧，那么他们就将继续热爱它，直到永远。

《被缚的普罗米修斯》的永恒的伟大不在于诸神谱系的秘密——无论这种谱系怎么样——根据普罗米修斯或明或暗的线索，这种秘密将在三部曲的第二部中揭开，③[264]而在于普罗米修斯自身的智识英雄主义，这种智识英雄主义的悲情在《被缚的普罗米修斯》中达到了最高、

① 关于普罗米修斯对人类的"爱护(philanthropy)"，参见第 28 行，第 235 行及以下，第 442 行及以下，第 542 行、第 507 行。

② 歌德(Gothe)和雪莱(Shelley)同样如此。

③ 《被缚的普罗米修斯》，第 515—525 行。

最激动人心的顶峰。《被释的普罗米修斯》呈现了那一画面，这是确凿无疑的，但我们现在无法重现那一画面，这同样是确定无疑的。我们不能确定，《被缚的普罗米修斯》中暴烈残忍的君王，在后来的三部曲中，是否被转化成了永恒智慧和正义的化身——在《阿伽门农》和《乞援人》中，我们对这位君王钦佩有加。了解埃斯库罗斯本人是如何看待普罗米修斯这个人物的，肯定会非常有趣。当然，他不会认为泰坦巨神的罪过仅仅只是对诸神财产的冒犯，包括偷窃他们的圣火，而毋宁（与他赋予这种罪过的精神意义和象征意义相一致）在于，这种罪过与某种深层的悲剧性的不完美相关联，在普罗米修斯馈赠给人类的绝妙礼物及其恩惠中存在着这种深层的悲剧性的不完美。[①]

每个时代都有一些开明的心灵，他们梦想知识和技艺战胜那些对人类有害的内外力量。埃斯库罗斯在《被缚的普罗米修斯》中并没有抨击这种信念，但他塑造的英雄夸耀自己对人类的友善，包括帮助人类从黑暗深处上升到进步和文明的光明之境，海洋女神合唱队羞怯怯地表达了对这一英雄神样的创造天才的钦佩之情，尽管她们不是完全赞同他的行为。[②] 为了让普罗米修斯把他的热情传递给我们，诗人首先必须分享这种崇高的强烈愿望，而且他自己也要钦佩普罗米修斯天才的伟大。不过，埃斯库罗斯并未设想一个文明开创者的工作能够凭借一次彻底和辉煌的成功就一劳永逸地圆满完成。合唱队一次又一次地反复吟唱，创造性天才至高无上的独立自主永无止境。普罗米修斯已经将自己与他的兄弟泰坦诸神区分开来，并且认识到了他们生活的绝望：因为他们除了野蛮的暴力，不认可任何力量，也不会理解唯有智识才能统治世界[③]——这就是普罗米修斯设想的新的奥林匹亚世界-秩序对泰坦诸神（他们已经被投进地狱）的优先性。虽然如此，在他对人类的过度偏爱中——这种爱促使他扫除世界的统治者设置的障碍，以洪荒之力把人类从苦难中举起——在他那引以为傲的创造冲动中，普罗米

---

① 《被缚的普罗米修斯》，第 514 行：*τέχνη δ' ἀνάγκης ἀσθενεστέρα μακρῷ*[技艺永远胜不过定数]。

② 《被缚的普罗米修斯》，第 510 行，但可比较第 526 行及以下，第 550—552 行。

③ 《被缚的普罗米修斯》，第 212—213 行。

修斯自身仍然是一个泰坦族的神衹。实际上，在精神上，他比他的泰坦巨神兄弟们更加属于泰坦族，尽管是在一种更高的水平之上；[265]因为在《被释的普罗米修斯》的一段残篇中，在他们被解除锁链并与宙斯重归于好之后，他们来到普罗米修斯被折磨之地拜访他——在那里，他所受的极度痛苦达到了令人惊骇的地步，远远超过他们所曾了解的苦难。我们再一次遇到了这样的情境：既不能对这种象征的意义忽略不计，也不能加以补充来完成这种象征的意义，因为接下去的故事轶失了。① 对这种象征意义的补充和完成的唯一指引，是《被缚的普罗米修斯》中合唱队虔诚的听天由命：

> 看到你被各式各样的酷刑折磨，我浑身战栗：普罗米修斯，你不畏宙斯，自作主张，太过偏爱人类。但是，我的朋友，何曾有人感激你的恩惠？救你的人在哪里？告诉我在哪里？哪一个朝生暮死的人救得了你？难道你不曾看到盲目的人类受到束缚，他们像梦中的影子那样软弱无力？凡人的计划永不可能逾越宙斯的安排。②

这样，使人类变得文明的天才普罗米修斯的命运，引导合唱队经由同情和恐惧达到了一种对肃剧的领悟，正如合唱队说它自己：“我凝视你这毁灭的命运，懂得了那条法则，普罗米修斯。”③对埃斯库罗斯的肃剧效果观念而言，这是一段极其重要的文字。观众经历了与合唱队一样的情感体验，并感悟和学习到了同样的东西。观众与合唱队的合二为一在雅典合唱艺术大发展中标志着一个新阶段。在《乞援人》中，正如我们曾经说过的那样，④《达娜伊斯》(Danaids)三部曲的合唱队仍然是唯一的真正演员，没有其他人物出现在舞台上。这是合唱队的原初性质，青年尼采在其才华横溢但名实不副的著作《肃剧的诞生》(*The*

---

① 参见残篇 191，192(诺克编)。
② 《被缚的普罗米修斯》，第 540 行及以下。
③ 《被缚的普罗米修斯》，第 553 行。
④ 参见本卷第 311 页，注释①。

Birth of Tragedy)中,首次清晰地记录了这一点。不过,我们切不可从他的发现将这一点普遍化。当一个人取代了合唱队在肃剧情节中的核心地位,合唱队的作用就注定要改变了。它越来越成为一个"理想的旁观者",尽管仍然有人试图给予它某种演出的角色。在希腊肃剧的教育力量中,最强大的因素之一在于这一事实:即它有一个合唱队,通过充满同情的抒情哭唱,将演员的悲剧体验客观化了。《被缚的普罗米修斯》的合唱队无非就是怜悯和恐惧:因而它如此完美地体现了肃剧的效果,以至于亚里士多德找不到更好的例子来说明他关于肃剧的著名定义。[①] 尽管合唱队将其自身与普罗米修斯的极度痛苦如此融合为一,以至于在演出的结尾,不管赫尔墨斯的警告,合唱队选择与他一起沉入地狱的深渊,[266]和他一起忍受任何注定的苦难,但这一肃剧情绪在上引合唱歌曲中还是被纯化为了对肃剧的知识。因为在那里,合唱队将其自身从肃剧的情绪提升到纯粹的沉思,从而达到了一切肃剧的最高目标。

当合唱队说,那最高的知识只有经历苦难才能获得时,它正在表达的是埃斯库罗斯的肃剧信仰建立于其上的一个基本信念。他所有的作品都建立在苦难和知识的强有力的统一之上。通过埃斯库罗斯作为诗人的一生来追溯这一观念的发展是不难的:从《被缚的普罗米修斯》回溯到《波斯人》——在那里,这一观念是由大流士的鬼魂来表达的;再到《乞援人》中的祈祷的深厚情感和深刻思想——在那里,达娜伊斯姐妹(Danaids)在磨难中努力领会宙斯不可思议的行事方式;再往前到《奥瑞斯忒亚》三部曲——在那里,《阿伽门农》的合唱队庄严隆重的祈祷,给了诗人的信念以最崇高的表达。[②] 对苦难的终极赐福的感人信念——这是埃斯库罗斯为抗拒怀疑和恐惧终其一生都在努力加强的信念——具有一种改造和引导人类精神的巨大而真实的福音力量。它是预言性的,但又是超预言的。它的哭喊从隐藏人生之永恒秘密的最后一道门前响起:"宙斯,不管他是谁!"——天神的本性只有通过他行动

---

① 《被缚的普罗米修斯》,第553行及以下。

② 《阿伽门农》,第160行。

中经历的苦难才能知晓：

> 天神宙斯为终有一死的凡人造就了这条通向智慧的道路，为他立下了智慧来自苦难（Learn by Suffering）这条法则。回想起从前因罪孽而受的灾难，痛苦会在睡梦中，一滴滴流经心头；因而甚至一个顽固不化的人也会从此小心谨慎。但是，恩惠来自威风凛凛地端坐王座上的天神的强行派送。①

只有在此种对悲剧的知识中，在他"摆脱了怀疑的重负"之后，埃斯库罗斯才能找到他的安身立命之所。在达到这种知识时，他得到了神话的帮助，这神话如此轻易地变成了一种纯粹的象征：宙斯是泰坦诸神的原初世界以及他们的傲慢自大的挑战力量的征服者。尽管有这样那样的攻击，秩序不断地针对混乱重建其自身。这就是苦难的意义，即使在我们不能理解它的时候。

因此，埃斯库罗斯虔敬的心灵经由苦难的力量，认识到了天神的辉煌胜利。没有人真正知晓那种苦难和胜利的意义，直到他与空中的鹰一样，全心全意地加入到对这胜利的欢呼——一切生命都以对这胜利的欢呼向宙斯这一征服者致敬。这就是《被缚的普罗米修斯》中"宙斯安排的和谐"的意义，[267]凡人的愿望永远别想逾越这种神定的和谐（harmonia），泰坦神所造的人类文明也必须调整自己以适应宙斯建立的和谐。从这个角度看，埃斯库罗斯的生活以及他的诗歌成就，在《奥瑞斯忒亚》三部曲的最后一幕，以有序整体（cosmos），整个城邦的和谐秩序，各种对立面之间的和解，以及城邦自身建立在永恒的世界-秩序（cosmos）之上的画面来结束，实在是意味深长。当城邦在这个普遍的世界秩序中占据一席之地，埃斯库罗斯肃剧艺术所创造的"肃剧人物"的新形象便展示出了其与生活整体的隐秘一致，而且，通过达到坚韧的意志、痛苦的抗争以及过人的勇力等英雄主义的新高度，这种新形象上升到了一种远为高贵的人性。

① 译注：此处原作无注释。该段文字出自《阿伽门农》，第175行及以下。

第二章 索福克勒斯与肃剧人物

[268]任何关于阿提卡肃剧的教育力量的叙述，都必须将索福克勒斯和埃斯库罗斯相提并论。索福克勒斯自觉接受埃斯库罗斯继承人的位置，而他的同时代人，在推尊埃斯库罗斯为阿提卡剧场的大师和灵感赋予者时，也给索福克勒斯准备好了旁边的位置。[①] 这种传统与继承的思想深深地植根于希腊人的诗歌观中，因为希腊人不会把注意力集中在某位诗人身上，而是集中于诗歌本身，诗歌本身作为一种独立而自存的艺术形式，当一名诗人将其遗赠给另一名诗人时，它仍然是一种完整而权威的标准。通过研究肃剧的历史，我们可以明白这一点。一旦肃剧臻于成熟，肃剧诗歌的深沉华丽几乎逼迫着公元前五世纪以及其后数个世纪的艺术家和思想家们，在一种崇高的戏剧竞赛中呕心沥血、竭尽全力。

希腊诗歌活动的一切形式都包含着某种竞赛因素，在诗歌艺术成为公众生活的中心、成为整个时代的城邦观与智识观(political and intellectual outlook)的表达形式时，这种竞赛因素也与诗歌艺术同步成长。因此，当诗歌艺术鼎盛之时，此种竞争和比赛也在希腊戏剧中达到

① 参见阿里斯托芬，《蛙》，第 790 行。

了高潮。这也是为什么数量如此众多的二三流诗人参与酒神节肃剧竞赛的唯一可能的解释。现在我们总是惊讶地听说阿提卡诗坛群星灿烂，这些成群的卫星和小行星终生伴随着阿提卡诗坛几颗伟大而永恒的明星。尽管有那些奖赏以及有组织的节日活动，城邦并未有意刺激那些小诗人们的参赛热情，而只不过是引导和掌控，尽管这种引导也是一种鼓励。因而，这是必然的：年复一年地创作出来的肃剧之间的不断竞争和相互比较，应该为这种新的艺术类型创造出了一种持久的智识方面和社会方面的管理形式（当然，所有技艺中的专业性传统除外，尤其是希腊技艺中的专业性传统）——这种管理不干涉艺术本身的自由，[269]但它使公众趣味对任何伟大艺术传统的衰退、对肃剧影响力的力度和深度的任何削减，都异常敏感。

作为三个最伟大的阿提卡肃剧作家，他们的差别如此之大，以至于在许多方面根本没有可比性，因此，在比较三位艺术家时，应该有某种合理的衡量标准。将索福克勒斯和欧里庇得斯看作埃斯库罗斯的继承人，始终是不公正的——如果确实不是由于愚蠢的话；因为这种看法将某些外在的标准强加给了他们，这些标准对他们所生活的时代而言是太高了。一个伟大人物的最佳继承者应该是这样一个人：他在具备了自己的创造性能力之后，沿着自己的道路前进，而不为前辈的伟大成就而心烦意乱。希腊人自己不仅总是愿意羡慕那些创造出一种新艺术形式的人，而且，也许更愿意钦佩那些将这一艺术形式提升至完美境界的人。实际上，他们认为最高的独创性不在于首创之功，而在于任何艺术领域中的极致成就。① 不过，既然每一个艺术家都是在已经为他准备好的艺术形式之内发展出他自己的艺术，因而在某种程度上受惠于它，那么，他就必须承认，他所使用的传统形式对他来说是一种既定的标准，而且必须允许他的作品从它是保持、减少，还是增强了他所使用的艺术形式的重要性的角度得到评判。因此，显然，阿提卡肃剧的发展道路与其说是从埃斯库罗斯到索福克勒斯、再从索福克勒斯到欧里庇得

① 参见伊索克拉底，《泛希腊集会辞》10。艺术形式之首创者（*πρῶτος εὑρών*），以及将此艺术提升至极致的大师（*ὁ ἐξακριβώσας*）的功绩，永远得到希腊人的认可。

斯那样，还不如说，欧里庇得斯与索福克勒斯一样是埃斯库罗斯的直接继承者，实际上，索福克勒斯活得比欧里庇得斯还长。索福克勒斯和欧里庇得斯都继承了前辈大师的事业，但是，欧里庇得斯与埃斯库罗斯之间的交集，要远多于索福克勒斯与其他两位诗人之间的交集，现代学者对这一事实的强调也有很好的理由。阿里斯托芬与其他同时代的批评家们认为，欧里庇得斯不是索福克勒斯肃剧风格的败坏者，而是埃斯库罗斯肃剧风格的败坏者，在这一点上，他们是正确的；①因为欧里庇得斯接受了埃斯库罗斯抛弃的传统，尽管实际上他并未缩小而是大规模地扩大了肃剧的范围。欧里庇得斯的成就是要确认他自己时代的怀疑和批评，要围绕最新的问题而非埃斯库罗斯处理的宗教怀疑来构造肃剧。不过，尽管两位诗人之间存在所有这些强烈的对比，但在喜欢讨论重大的精神问题并将其形诸戏剧艺术这一点上，他们殊途而同归。

从这个角度看，索福克勒斯一度显得几乎在肃剧发展的主流之外。[270]他似乎没有那种情感强度和个人体验深度——这些增强了另两位大戏剧家的作品效果——的任何蛛丝马迹；鉴于其作品形式的完美及其清醒的客观立场，学者们觉得，在古典学家们将其作为最伟大的希腊肃剧家加以赞美方面，存在着某种历史的正当性，但同时也存在着许多不必要的偏见。因此，他们遵循现代心理学思潮，拒绝索福克勒斯，推崇埃斯库罗斯雄浑粗野的古风古语和欧里庇得斯细致精微的主观主义——他们两个都已经被忽略多年了。② 然而，当他们最后想要在修订过的希腊戏剧史中给索福克勒斯以真正的地位时，他们又不得不到别处寻找他成功的秘密。他们要么在其宗教信仰的态度上，要么在其作为剧作家的写作技巧中去寻找这种成功的秘密；索福克勒斯年轻时，埃斯库罗斯领导了一场戏剧技巧的大发展，他的这种写作技巧就是从那场运动中发展而来的，这种写作技巧将“戏剧效果”置于压倒一切的

---

① 参见本卷第457—458页。

② 伟大的历史学者维拉莫维茨的毕生事业是使希腊肃剧得以重新上演，但他将埃斯库罗斯和欧里庇得斯看作希腊肃剧的出发点；直到最后几年，维拉莫维茨仍有意识地忽略索福克勒斯。关于这一点，也可参考莱因哈特的《索福克勒斯》(*Sophokles*, Frankfurd, 1933) II，以及佩罗塔(G. Perotta)的《索福克勒斯》(*Sofocle*, Messina, 1935)第623页的评论。

首要地位。[①] 不过,如果索福克勒斯的肃剧艺术仅仅只是戏剧技巧(无论这种技巧多么重要)别无其他的话,我们就不得不问,为什么不仅古典派批评家而且古代人自己都断言其肃剧的完美。而且,在像我们这样一部不将诗歌的纯粹审美因素作为基本关切的著作中,要在希腊文化史上为他安排一个恰如其分的位置,也将是极其困难的。

毫无疑问,索福克勒斯没有埃斯库罗斯那种强烈的扑面而来的宗教气息。在他的性格中存在着一种深沉而平静的宗教虔敬,但在其剧作中没有以鲜明的强调得到表达。欧里庇得斯的一些行为一度被称为对神的不敬,但即使是这种不敬,也给我们留下了一种印象:它远比索福克勒斯不可动摇但平和宁静的宗教信仰更加虔敬。现代学者们说索福克勒斯的真正力量不在于将问题戏剧化,我们必须承认这是正确的,尽管作为埃斯库罗斯的继承者,他继承了埃斯库罗斯曾经探讨的思想和问题。我们必须从思考他的剧作在舞台上所产生的效果开始——而这种效果,请注意,并不完全是剧本写作的聪明技巧创造出来的。当然,他在戏剧技巧上肯定比埃斯库罗斯要强,因为他属于第二代肃剧家,属于不断精心改善前辈作品的一代人。不过,我们该如何解释下述事实呢:即在把埃斯库罗斯和欧里庇得斯搬上现代舞台时,[271]为迎合当今变化了的审美趣味的所有尝试都失败了——除了少量在或多或少都专业化了的

---

① 维拉莫维茨的著作《索福克勒斯的戏剧技巧》(*Die dramatische Technik des Sophokles*, Berlin,1917)是他最后三十年为这一主题所做的最大贡献,该书第一次奠定了索福克勒斯的戏剧研究必须从"戏剧效果"这一角度出发的基础。还有,我们切不可忘记,是歌德第一个将批评家们的注意力引导到这位古代剧作家的高超技艺之上,并将之视为其肃剧艺术效果的本质原因之一。不过,从"戏剧效果"的角度出发,既是维拉莫维茨的长处,也是其局限之所在,针对这种片面的研究方法,最近的关于索福克勒斯的研究文献出现了一种明显的突破,必须把这种突破看作是人们对诗人索福克勒斯的兴趣得到强烈恢复的标志。图罗拉(Turolla)曾经将索福克勒斯独特的宗教虔诚作为理解他的一个适当的出发点。莱因哈特在其杰出的著作(《索福克勒斯》)中,对索福克勒斯式的肃剧的"处境"——人与人之间的关系以及尤其是人与神之间的关系——做过一种极为有趣的专门研究。在此,我们还应该提到温斯托克(H. Weinstock)那部有价值的著作《索福克勒斯》(*Sophokles*, Leipzig, Berlin, 1931),该书也代表对只讲戏剧技巧的形式主义的一种反动。在佩罗塔的卓越著作中(《索福克勒斯》),我们可以发现对索福克勒斯的一种多方面的重新阐释,该书力求避免两个对立的极端,并纠正他们对具体问题过于主观思辨的一些偏差。亦可参见鲍勒(C. M. Bowra)的新作《索福克勒斯的肃剧》(*Sophoclean Tragedy*), Oxford, 1944。

观众面前表演的实验作品——而索福克勒斯却是一位在当今剧院的全部节目中占有位置的希腊戏剧家？当然，索福克勒斯在当今的地位不能归因于古典主义者的偏见。当支配埃斯库罗斯肃剧的合唱队既不唱歌，也不跳舞，只是静静地站在那里说出诗行时，其思想的深度和语言的宏富根本弥补不了那种僵硬的平淡无奇的戏剧效果。欧里庇得斯的辩证法确实能在我们这样的艰难时世引起共鸣；不过没有任何东西比市民社会的问题更短暂易逝。欧里庇得斯在他自己时代的那种伟大力量为什么在现代舞台上就成了一种不可克服的弱点呢？要想理解这一点，我们只需要想一想，我们现在距离易卜生（Ibsen）和左拉（Zola）（他们当然比欧里庇得斯不止差一两个级别）已经是多么遥远就可以了。

索福克勒斯给现在的我们留下的不可磨灭的印象，及其在世界文学史上的永恒地位，都归功于他的人物刻画。如果我们问，希腊肃剧中的哪个男人和女人拥有一种想象中的独立生活——除了戏剧舞台和他们出现于其中的真实故事情节之外，我们必须回答，"那当然首先是索福克勒斯创造的人物"。① 索福克勒斯不仅仅是一位戏剧技巧方面的能工巧匠：因为单凭高超的戏剧技巧创造不出活的人物，那样最多只能产生昙花一现的戏剧效果。也许，对我们来说，理解索福克勒斯的那种平静、质朴、自然的智慧比理解别的任何东西都要困难；这种智慧使我们觉得他笔下真实的、有血有肉的男人和女人——他们有强烈的激情和温柔的感情，有英雄气概，却是真正的人类[而不是神]——与我们自己一样，却又那样高贵和遥远，有一种无与伦比的尊严。关于这些人物，[索福克勒斯的刻画]既没有任何复杂的微妙之处，也没有矫揉造作的夸张；后世的人们试图通过诉诸暴力、通过宏大的规模和令人震惊的戏剧效果徒劳地追求纪念碑式的崇高感；而索福克勒斯则不费吹灰之力，就在真实的比例中从容不迫地发

① 关于索福克勒斯的人物及其对后世文学的影响，参见谢帕德（J. T. Sheppard）的《埃斯库罗斯和索福克勒斯》（*Aeschylus and Sophocles*，New York，1927），该书主要处理的是英语文献；以及海尼曼（K. Heinemann）的《世界文学中的希腊肃剧人物塑造》（*Die tragischen Gestalten der Griechen in der Weltliteratur*，Leipzig，1920），该书也将埃斯库罗斯、欧里庇得斯和塞涅卡包括在其概述之中。不过，索福克勒斯的人物具有他们自己的造型特质（plastic quality），从而区别于其他人物。当然，仅凭动机史（Motivgeschichte）的研究是不能把握他们的。

现了崇高：因为崇高本身永远是简单和清晰的。其秘密在于抛弃一切细枝末节和偶然事件，只剩下完全清晰的内在法则——目光向外的眼睛是看不出这种内在法则的。① 索福克勒斯塑造的男性人物，没有埃斯库罗斯笔下人物的那种泥土般的结实——他们在索福克勒斯的人物旁边显得无动于衷，甚至僵硬死板；他们的灵动性没有因为缺乏平衡而遭损坏，他们不像欧里庇得斯笔下的许多木偶——欧里庇得斯笔下的木偶，[272]很难把他们称为人物，因为他们从不超出戏剧舞台的两个维度（即服装和台词）之外，他们永远不会成为真正有血有肉的存在（physical presences）。索福克勒斯站在了他的前辈和继承人中间：他用他塑造的男男女女轻描淡写地将他自己包围起来。或者，反过来说，是他们将他包围起来。因为真正的人物，从来就不是单凭随心所欲的幻想就能创造的。他们必定是因为某种必然性而从生活中诞生的：他们既不由于空洞的普遍类型，也不由于具体而独特的个别人物，而是由于本质规律——这种本质性的规律与无关紧要的偶然事件相对立——而诞生的。

许多作家曾在诗歌和雕刻之间做过类比，并且将三大肃剧家放在同一阶段的造型艺术中相互比较。② 诸如此类的类比总有一些微不足道的意味——尤其是当这种类比是一种学究式的大费周章和装腔作势的时候。在本书的前述章节中，我们曾经就宙斯或命运之神在古代肃剧中的核心地位，与奥林匹亚山形墙上的神祇的地位之间，做过一种象征性的比较；③不过，那种比较只是集中在两种艺术作品背后的结构观

① 索福克勒斯的戏剧人物的不朽品质植根于下述艺术原则：即这些人物代表他们所体现的人类德性（参见本卷第333页及以下）。参见沙德瓦尔特（W. Schadewaldt）的文章（参见下页注释①所引）；以及摩尔（J. A. Moore），《索福克勒斯和德性》（*Sophocles and Arete*），Cambridge，Mass.，1938。

② 早在希腊作家的文学评论中就开始了这些比较，它们频繁地出现在哈利卡纳苏斯的狄奥尼修斯（Dionysius of Halicarnassus）那里，出现在不具名的《论崇高》、西塞罗和代表这一传统的其他作家那里。绘画和诗歌也是比较的内容，参见贺拉斯的名言"ut picture poesis[诗既如此，画亦同然]"。

③ 参见本卷第316—317页。在诺登（Gerke-Norden）的《古典学入门》（*Einleitung in die Altertumswissenschaft*，Leipzig，Berlin，1910）第二卷第161页"希腊诗歌艺术与造型艺术中的平行现象"（Parallelerscheinungen in der griechischen Dichtkunst und bildenden Kunst）一章中，温特（Franz Winter）已经对诗歌与美术作品之间的比较进行了更为系统的论述；亦可参见该书第176页及以下论埃斯库罗斯和索福克勒斯部分。

上,而没有涉及埃斯库罗斯人物的雕塑性特质。但是,当我们把索福克勒斯叫作肃剧的雕刻家时,我们的意思是,他拥有一种不同于其他诗人的特质——一个事实而已,这一事实不可能使我们在肃剧的发展和雕刻艺术的发展之间制定任何比较机制。诗人笔下的人物形象和雕刻家手底的人物形象,都依赖于艺术家关于比例和平衡的终极法则的知识。这种比较仅就类比的大致趋势而言;因为精神生活的特定法则不能运用到视觉和可触摸的形体存在的空间结构中。尽管如此,索福克勒斯时代的雕刻家们的最高目标,是以这样一种方式来刻画人物:即通过这种方式,精神借助实物形态而闪闪发光;他们似乎在那里抓住了一缕来自精神世界的光芒——这个精神世界是在索福克勒斯的肃剧诗歌中首次显露出来的。这种精神之光的最感人的形象反映,闪耀在那个时代树立的阿提卡坟墓的纪念碑上。尽管在艺术上,这些雕塑与构成索福克勒斯作品的那种情感的丰富性和表达的多样性相比,相差甚远,但浸润它们的那种深沉宁静的人性,足以表明其艺术和索福克勒斯的肃剧诗歌,都受到同一种情感的启发。它们平静安详而无所畏惧,象征着永恒的人性战胜了痛苦和死亡:[273]从而显示出一种深刻的真正的宗教感情。

索福克勒斯的肃剧和菲狄亚斯(Phidias)的雕塑,是雅典精神鼎盛时期两座不可磨灭的纪念碑。二者都代表了伯利克里时代的艺术。从索福克勒斯的肃剧作品往后看,之前肃剧的全部发展似乎都是为了达到今日的完美境地。即使是埃斯库罗斯也显得只是在为索福克勒斯做准备;但我们不能同样说索福克勒斯是在为欧里庇得斯、或者是在为公元前四世纪的肃剧追随者(*epigonoi*)铺平道路。后来的诗人不过是前五世纪伟大成就的余音回响;欧里庇得斯的真正力量和希望,在他离开诗歌进入新的哲学领域时,显示得最为清楚。因此,仅就其为肃剧发展之登峰造极而言,索福克勒斯的肃剧乃是肃剧的经典形式:如亚里士多德所言,在他那里,肃剧"具备了自己的本质"。① 但是,说索福克勒斯是经

---

① 关于索福克勒斯的肃剧艺术是希腊肃剧的经典形式,参见沙德瓦尔特的论述,收录于《古典问题和古代文明》(*Das Problem des Klassischen und die Antike*)上发表的八篇报告,耶格尔编,Leipzig,Berlin,1931,第25页及以下。

典，还有另一层独特的含义：在这里，它不仅仅意味着一种文学形式的内部完美，还意味着索福克勒斯在希腊精神发展史上的地位使他成为经典——在本书中，我们主要是把文学作为这种精神及其变化的表达形式来关注的。索福克勒斯的作品，如果我们把它当作人的品格不断得到客观化的过程来看，它就是希腊诗歌发展的顶峰。仅就此而言，我们之前关于索福克勒斯的肃剧人物的讨论，就能得到充分的理解，甚至获得另外一种重要意义。① 这些肃剧作品的卓越之处，不仅在于其形式的完美，还在于其所体现的是人的一种更深层的德性，因为在这些作品中，审美的、道德的和宗教信仰的因素都交织在一起且相互作用。在希腊诗歌中，如此多种主题的混合并不鲜见，正如我们在上文对其他作家的研究中所看到的那样，但在索福克勒斯那里，肃剧的形式和标准在一种特定的意义上是统一的，它们首先统一在他的人物中。索福克勒斯本人简洁而准确地说，他笔下的人物是理想人物，不像欧里庇得斯笔下的人物是日常生活中的人物。② 作为这些人物的创造者，索福克勒斯与任何其他希腊诗人不同，他在人类文化史上占有一席之地。在他的作品中，充分觉醒了的文化意识首次被公诸于众。这种文化意识是某种整体上有别于荷马的教育效果、有别于埃斯库罗斯的教育目的的另一种事物。它假定了一个以文化(paideia)(即人的完美品格)的形成为最高理想的社会的存在；[274]这种假定在整个一代人为发现命运的含义而奋斗之前，在埃斯库罗斯经历极度的精神痛苦之前，在人性本身成为生活的核心之前，是不可能的。索福克勒斯的人物刻画自觉地接受了伯利克里时代那种人类行为的理想的启迪——这种理想是伯利克里时代的社会和文明的特殊产物。索福克勒斯充分地吸收了这种人类行为的理想，从而使肃剧人性化了，并将此种理想转变为一种人类文化的永恒范式——它完全寓于那些创造它的人的无与伦比的精神之中。如果"文化"一词不会引发那么多不同的联想，因而不可避免地要变得空洞无物和黯淡无光的话，那么，我们几乎可以把索福克勒斯的肃剧叫作纯文化的艺术，并将其

① 参见本卷第336页。

② 亚里士多德，《诗学》25，1460b34。

与歌德的《塔索》(Tasso)相比较(尽管索福克勒斯的肃剧是在时代和人生观的人为要素要少得多的情况下创作的)——《塔索》在歌德探索生活和艺术的形式方面具有独特的地位。如果我们想要理解“文化”一词的真正希腊含义,就必须小心避免某些已经成为文学批评的陈词滥调的对比(诸如“原初的体验”和“文化的体验”之间的对比)。① 对希腊人来说,文化就是人的品格的有意识引导和建构过程,是对这一过程的一种原初创造和原初体验。理解了这一点,我们同样就会理解这样一种理想激发一个伟大诗人的力量。当诗歌和文化志同道合地创造一个理想之时,这注定是世界历史上的一个独特时刻。

雅典民族和雅典城邦国家的统一——可以说,是雅典人在希波战争中的艰辛努力为他们赢得了这种统一,在某种程度上,埃斯库罗斯肃剧的精神世界在这种统一中起了决定性作用——为一种新的民族文化奠定了基础,这种新文化超越一切对立与仇恨,超越贵族文明与普通百姓生活之间的对比。那一代人的幸福在索福克勒斯的生活中得到了超乎寻常的形象反映——伯利克里时代的城邦和文化就建立在这种幸福的基础之上。索福克勒斯的大致生平事实众所周知,但其含义远比那些小心翼翼的研究者们所发现的细枝末节重要。索福克勒斯曾于风华正茂时,在合唱队里翩翩起舞、高声吟唱,庆祝萨拉米斯战役的胜利——埃斯库罗斯曾作为一名战士参与这场战役——毫无疑问,这只是一种传说而已;但是,看到这一点很重要:即直到战争的风暴停息之后,他的生活才真正开始。[275]可以这么说,他是站在狭窄而险峻的光荣之巅——雅典人很快就从这个峰顶滑落了。他的艺术闪耀着清晰而明亮的光辉,没有一朵乌云,没有一丝微风,宁静(*εὐδία*)而祥和(*γαλήνη*),是红日当空的正午——它破晓于萨拉米斯胜利的清晨——的那种无与伦比的晴朗与静谧。他的去世是在阿里斯托芬召唤埃斯库罗斯的鬼魂回来解救他的

① 我曾经尝试过将正好相反的一组词“原初的体验(Ur-Erlebnis)”和“文化的体验(Bildungs-Erlebnis)”引入此处,就像冈多夫(Friedrich Gundolf)在其文学批评中使用的那样。“文化的体验”指的是这样一种体验,它不是我们通过与生活本身的直接接触、而是通过文学的印象或者只通过学习为我们所知的体验。这种对比的术语不适合于希腊古典诗歌。

城邦稍前。他没有看到雅典人最后的惊天劫难。在雅典的最后一次胜利——即阿吉纽西（Arginusae）海战，这次海战曾一度使这个民族感觉到东山再起的希望——之后，他就与世长辞了；现在，他生活在坟墓那边了——在他死后不久，阿里斯托芬就是这样描述他的——在坟墓里，他和他自己、他和这个世界同样相安无事，就像他终其一生的尘世生活所过的那样。① 很难说清楚他的幸福（eudaimonia）有多少是来自于他所生活的有利盛世，有多少是来自于他的快乐天性，又有多少来自于他自己精心创作的艺术，来自于那种平静而神秘的智慧——另一个更华丽的天才欧里庇得斯既无法匹敌，也无法欣赏这种智慧，因而必然以一种尴尬的姿态拒绝这种智慧。只有盛世、天性、智慧这三种力量的相互作用才能产生真正的文化，这种文化的产生是一个永恒的奥秘，它的奇妙之处在于我们无法解释它，更不用说创造它了：我们只能指着它说，"它在这儿"。

即使对伯利克里时代的雅典别无所知，我们也可以根据索福克勒斯的生平和品格说，在他那个时代，人们第一次开始根据一种文化理想来自觉地建构人的品格。因为对自己的新型共同体的生活方式的自豪，他们为自己创造了"ἀστεῖος[城市的]"这个词，意为"从容不迫（urbane）"或"彬彬有礼（polite）"。二十年后，这个词在所有阿提卡的散文作家中流行开来：色诺芬、演说家、还有柏拉图；亚里士多德描述和分析了这种社会理想：无拘无束、谦恭有礼的社会交往，以及这个词所包含的温文尔雅的行为举止。这一理想是伯利克里时代雅典社会的基础。这种精致的阿提卡文化的优雅魅力——值得注意的是，它与学究式的文化概念截然不同——没有人比当时的诗人，即希俄斯的伊翁（Ion of Chios），在一则诙谐的逸事中描述得更优美了。② 它描述了索福克勒斯生活中的一件实事。作为伯利克里的一名策士（strategos），索福克勒斯曾是伊奥尼亚一个小城的贵宾。席间，他坐在当地一个文学教师的旁边，[276]当邻座批评弗律尼库斯的精致诗行"深红色的脸颊上闪

① 阿里斯托芬，《蛙》，第 82 行。
② 阿忒奈乌斯（*Athen.*），《智者之宴》（*The Learned Banqueters*）XIII，630e。

耀着爱的光芒"的色彩时,他为邻座的喋喋不休感到不胜其烦,痛苦异常。索福克勒斯通过证明学究没有资格胜任阐释诗艺的能力,以七分世故、三分真诚在一片掌声中轻松自如地摆脱了自己的痛苦处境;与此同时,他略施小计(stratagem),通过搞定给他提供酒杯的漂亮小厮,证明了他本人通晓将军职业的应尽义务。此故事反映的优雅魅力,不仅是索福克勒斯,而且是他那个时代所有雅典社会的品格中的难以忘怀的因素。这一趣事的精神和观念使我们不由自主地想起拉特兰(Lateran)博物馆中索福克勒斯的半身塑像。我们还可以在索福克勒斯塑像的旁边,竖立雕塑家克雷西勒斯(Cresilas)雕刻的伯利克里半身像,伯利克里塑像显示的,既非一名政治家的脸,亦非一名将军的脸(虽然戴着头盔)。与埃斯库罗斯在后世子孙眼中是一名马拉松战役的战士和一名忠诚的雅典公民一样,索福克勒斯和伯利克里,正如故事和塑像所刻画的那样,是*καλὸς καγαθός*[美善]的最高理想,是公元前五世纪雅典的彬彬君子。

这种社会理想的灵感,来自于对任何情况下的正确而得体的行为的一种清晰而微妙的认知;尽管它有严格的言行规则,尽管它有完美的均衡感和分寸感(perfect sense of proportion and control),但它实际上是一种新的精神自由。它完全不需要刻意修饰或装模作样,它是一种泰然自若和无拘无束的生活方式,它为所有人所欣赏和称羡——而且,正如伊索克拉底在数年后所写的那样,无人能够模仿。它只存在于雅典。它意味着对那种夸张的激情和表达方式——这是埃斯库罗斯的特征——的抛弃,转而寻求那种自然天成的姿态和均衡,亦即我们在帕台农神庙(Parthenon)的雕梁画栋,还有索福克勒斯笔下的男女人物的语言中,所感觉和享受到的东西。它是一个公开的秘密,只能被描述,不能被定义;但它至少不是一个纯粹的形式问题。说到底,如果同样的现象出现在同一个时代的诗歌和雕塑中,但却不是由那些最富时代特征的人共同具有的、超越于个人之上的感受所创造的话,那么这种现象也太超乎寻常、太不可思议了。这是一种已经找到了终极的宁静和自洽的生活所焕发的光辉,阿里斯托芬对索福克勒斯的描述表达了他的这种即使穿越死亡也不为所动的生活:[277]他的生活在"那边"和在"这边"都一样满足（εὔκολος）。① 这种生活方式，如果我们从纯粹审美的角度，把它当作一种优雅态度的内心情结，或者从纯粹心理学的角度，把它当作诸种精神力量的和谐一致来解释，就会显得琐碎和不值，而且还会因此错失这种生活方式的本质征兆。使索福克勒斯成为奏响丰富多彩的核心旋律的大师的，绝不仅仅是其个人品格的偶然因素，埃斯库罗斯就从未成功奏响过。索福克勒斯作品的形式，比任何其他诗人作品的形式，更是对人生存在（being）的直接的和恰当的表达，实际上是对生存及其形上表现（metaphysical manifestation）的充分揭示。对于"此生的本质和意义是什么"这个问题，索福克勒斯不像埃斯库罗斯用一种宇宙论来回答，证明天神对待凡人的方式的合理性，而是直接用他的语言的形式和男女人物的品格来回答问题。那些在一切社会原则和社会结构都土崩瓦解、人的生活动荡不安无所依止的历史时刻，从未转向索福克勒斯寻求指引的人，那些从不涵咏深思索福克勒斯诗歌坚定而和谐的宁静，从而来恢复自身生活平衡的人，很难理解这一点。诗歌的声音和韵律的效果永远是一个平衡和相称（balance and proportion）的问题；对索福克勒斯来说，平衡与相称是一切存在物的原则，因为平衡与相称意味着对那种正义的虔诚认可——这种正义内在于万物、只有在人的精神完全成熟时才能意识到。索福克勒斯的合唱队一次又一次地将不均衡[不相称、不成比例]（disproportion）描述成万恶之源，这不是没有原因的。索福克勒斯诗歌和菲狄亚斯雕塑的这种前定和谐，最终根基于对和谐法则的准宗教式的接受。实际上，公元前五世纪时的希腊人对和谐法则的普遍认知，是对明智（*sophrosyné*）这一希腊特有的品质——希腊人对人生意义的看法构成这一品质的形而上学基础——的如此自然而然的表达，以至于当索福克勒斯歌颂和谐与均衡时，我们似乎在希腊世界的每一个地域都听到了他的话语的多重回声。它不是一种新观念；不过，一种观念的历史影响和绝对重要性并不在于其是否新颖，而在于人们理解和践行这种观念的深度和力度。均衡是

① 参见阿里斯托芬，《蛙》，第 82 行。译注："那边"指坟墓里，其时索福克勒斯已经安静地躺在坟墓里；"这边"指索福克勒斯活着时。

人类生活的最高价值之一，索福克勒斯的肃剧乃是这一希腊思想发展的巅峰。这一进程渐渐发展到索福克勒斯，[278]并在他身上发现了其自身作为规范世界和人类生活的神圣力量的经典表达形式。①

还有另一种途径可以说明公元前五世纪希腊人意识中的均衡感与文化之间的紧密联系。我们通常不得不从希腊艺术家们的作品推论其所持的艺术理论；实际上，他们的作品就是其信念的主要证据。不过，在力求理解晦暗不明但又起根本作用的原则时——这些原则为诸多艺术作品的创造和各种可能的不同艺术阐释提供了帮助——我们就有理由寻找当时同代人的证据以给我们指引。这里，我们有两段索福克勒斯本人的评论——它们最终的历史权威确实只由于这一事实：即它们与我们对他的艺术的直觉判断相一致。我们已经引用过其中一段，②在那里，索福克勒斯将自己笔下的人物描述为与阿里斯托芬的现实主义相对立的理想人物。在另一段话中，③索福克勒斯为了表示自己的创作与埃斯库罗斯相区别，他说埃斯库罗斯正确地写作，但不知其所以然：他认为埃斯库罗斯的那种处心积虑的正确（right）是不值得考虑的，虽然这似乎是他作品中的一种本质要素。两段评论合在一起，意味着对作家所要遵循的标准的一种非常特别的考虑：索福克勒斯用“如其所应是”的标准指导自己的作品，并在其作品中按照这一标准来呈现人物。这种对人物的理想标准的意识是智术师运动开端时期所特有的。关于人的德性的本质的问题，现在在教育领域以一种前所未有的激烈程度呈现出来。那个时代的所有争论，以及智术师们的一切努力，都朝着发现和创造“如其所应是”的人的方向发展，在那之前，只有诗歌为人们相信的这种价值提供了理由；不过，它不可能不受这种新的教育运动的影响。埃斯库罗斯和梭伦通过让他们的工作反映自己的灵魂为理解天神和命运（God and Fate）而进行的艰难挣扎，从而对他们的作品产生了深远的影响。现在，索福克勒斯追随自己时代的文化潮流，转向了

---

① 关于诗人与其城邦的精神联系，参见沙德瓦尔特，《索福克勒斯和雅典》（*Sophokles und Athen*），Frankfurt，1935。

② 参见本卷第339—341页。

③ 阿忒奈乌斯，《智者之宴》I，22a—b。

人（Man），在他自己刻画的人物身上表达他自己的道德标准。这一运动的发端，可以追溯到埃斯库罗斯后期的肃剧演出，在那里，通过描述一些强有力的理想化人物如厄特克勒斯（Eteocles）、[279]普罗米修斯、阿伽门农和奥瑞斯特斯与注定的命运之间的冲突，埃斯库罗斯增强了其作品的肃剧因素。在这一创作手法上，索福克勒斯是埃斯库罗斯的直接继承者：因为他的主要人物体现了他那个时代的伟大教育者们所能想象的最高德性。要想断言文化理想与诗歌创作孰先孰后是不可能的，对索福克勒斯而言也是没有必要的。重要的是，在索福克勒斯时代，诗人们和教育家们有了相同的伟大目标。

索福克勒斯的那种美感——这种美感催生了他笔下的那些男女人物——来源于他对肃剧人物的*灵魂*（souls）的一种巨大的新兴趣。这是一种新的德性理想的呈现，这种理想第一次在所有文化中强调psyché（即“灵魂”）的核心意义。在公元前五世纪的历史进程中，“灵魂（psyché）”一词获得了一种新的寓意，一种更加高尚的含义，它在苏格拉底的教导中臻于完成。① 现在，人们客观地认为灵魂才是人的生活的核心。人的一切行为均发自灵魂。很久之前，雕刻家们已经发现了形塑和支配身体的法则，并以最大的热情对其孜孜以求。在身体的“协调一致”中，他们再次发现了宇宙的秩序原则——这是哲学家们在宇宙结构中把握到的。② 在心中已有秩序原则的情况下，希腊人现在转向了对灵魂的探索。他们没有将灵魂看作一团杂乱无章的内在经验之流，而是认为灵魂受制于一种系统的法则，因而将其看作迄今唯一尚未整合进宇宙秩序理想的存在领域。与身体一样，灵魂显然也有自己的节奏与和谐。希腊人因而获得了一种*灵魂-结构*的观念。③ 西蒙尼德

① 关于苏格拉底的灵魂观念及其重要意义，参见本书第二卷，第39—46页。

② 波利克里托斯（Polyclitus）在其关于雕塑作品的现存残篇中，将人的身体的完美形式描述为某种数量的比例，即尺寸的比例。译注：波利克里托斯，古希腊著名雕塑家和艺术家，与雕塑大师菲狄亚斯齐名，著有论述人体比例的《法则》（*Canon*）一书，提出身长与头部的标准比例是7∶1。

③ 柏拉图这里从字面意义谈论静止的灵魂（*κατασκευὴ ψυχῆς*），并区分不同形式的灵魂结构；参见本书第二卷，第372页。索福克勒斯的时代为柏拉图关于灵魂的新观念开辟了道路。

斯将德性描述为“手、脚、头脑都像正方形一样完美无缺”，[①]人们试图在其中找到对*灵魂-结构*的首次清晰表达。但是，从刚刚发端的灵魂生活的观念到将其与完美的体育理想类比，再到一种文化理论——柏拉图正确地将其归诸于智术师普罗泰戈拉，[②]还有很长一段路要走。这种文化理论，完全是灵魂可以像身体一样被塑造这种想法的合乎逻辑的发展结果，而灵魂可以像身体一样被塑造这一观念现在不再是一种诗性的想象，它成了一种教育原则。普罗泰戈拉说，灵魂可以被训练成真正的 eurhythmia 和 euharmosia，即优美的节奏与和谐。在诗歌的影响下——诗歌体现了节奏与和谐的标准——灵魂会从其内部产生正确的节奏与和谐。即使在普罗泰戈拉的这一理论中，塑造灵魂的理想也是从身体训练的角度来看的；不过，普罗泰戈拉设想的进程，[280]与其说是西蒙尼德斯所言的形体训练，毋宁说更类似于造型艺术家的雕塑艺术。优美的节奏与和谐的标准也是从可见的形体存在中借来的。只有在古典希腊，文化[即教化]的观念才受到雕塑艺术的启发。甚至索福克勒斯关于人的品格的理想也清晰地透露出其雕塑艺术的起源。那个时代的教育、诗歌和雕塑呈现出深刻地相互影响的态势——它们之中没有一个可以独立自存。教育者和诗人深受雕刻家努力创造一个理想人物的启发，他们对于人性的*ἰδέα*[范型]，也采取同样的进路；而雕刻家和画家则为教育和诗歌所引导，在其所使用的每一个模特中去寻找人物的灵魂。[③] 三者的兴趣焦点现在都在于与人性相关的更高价值。

---

① 西蒙尼德斯残篇 4，2（狄尔编）。请注意这句诗中说的身体训练和心灵训练的一致。译注：这句话的英文是 built foursquare in hand and foot and mind；根据王杨译注的《古希腊抒情诗集》，第四卷，第 1465 页（上海：上海人民出版社，2018），这里的希腊原文是“*χαλεπὸν χερσίν τε καὶ ποσὶ καὶ νόωι.τετράγωνον ἄνευ φόγου τετυγμένον*”，王杨的译文是“无论手，或脚，或头脑都完美无缺，没有任何缺陷”；因为作者在此处谈到灵魂-结构的观念，且曾有人试图在西蒙尼德斯的这句诗中“找到对灵魂-结构的首次清晰表达”，所以“正方形”的意思还是译出为好；*τετράγωνος*，*τετράγωνον*，意为“像正方形那样完美的”。

② 柏拉图，《普罗泰戈拉》326b。

③ 参见色诺芬，《回忆苏格拉底》（*Mem.*）3. 10. 1—5 中苏格拉底与画家帕拉休斯（Parrhasius）的对话：灵魂的品质可以通过形体的容貌和举止表现出来，尤其在面部表现出来。在对话中，熟知人的灵魂的教育者（苏格拉底），指出了一种新的规律，即画家可以通过人物的面相把个体的“气质（ethos）”表现出来，而帕拉休斯则似乎对苏格拉底的大胆要求略感困惑。

雅典的精神现在变成人类中心主义的了；人文主义不是孕育于泛爱其他所有社会成员的那种情感——希腊人称之为博爱（*philanthropia*），而是孕育于对人的真实本性的理性探索和兴趣。① 尤其重要的是，除了男人之外，现在肃剧第一次把女人也作为人类值得尊敬的代表来展现了。除了诸如克吕泰涅斯特拉、伊斯墨涅（Ismene）和克吕索忒弥斯（Chrysothemis）等次要女性人物之外，索福克勒斯刻画强有力的高贵人物的力量，还表现在其高峰时期对许多肃剧女主人公的刻画上——如安提戈涅、厄勒克特拉、德伊阿尼拉（Dejanira）、忒梅沙（Temessa）、伊俄卡斯忒（Jocasta）等等。在男人是肃剧的真正对象的伟大发现之后，女人注定也是要被发现的。

我们现在可以理解，当索福克勒斯从埃斯库罗斯手中接过肃剧时，它所经历的变化了。最显著的外在变化是索福克勒斯对三部曲形式的抛弃，三部曲曾经是埃斯库罗斯戏剧的常规形式。现在单一剧取代了三部曲，焦点集中在一个主要演员身上。对埃斯库罗斯来说，要在史诗层面上为单个人连续发展的命运做出肃剧性处理是不可能的，他的戏剧通常覆盖同一个家族几代人的苦难命运。他首先关注的是一个家族命运连续不断的发展过程，因为只有这一过程才能构成一个足够大的整体来展示神圣正义的昭彰；神圣正义的此种报应不爽和昭昭不昧，即使宗教信仰和道德情感也很难在某个个体注定的命运结局中找到蛛丝马迹。因此，在埃斯库罗斯的肃剧中，尽管单个人物有助于将观众引向肃剧的主题，[281]但他们总是从属于核心的主题，而诗人自身则不得不采取一种更高蹈、更少人性的立场，以使其笔下的人物行动并受苦，仿佛他自己就是引导宇宙的力量。不过，在索福克勒斯那里，为神对待人的方式辩护、证明其行为之正义性的理想退居到幕后去了——从梭伦到泰奥格尼斯和埃斯库罗斯，神的正义性理想一直占据着主导地位。索福克勒斯戏剧中的肃剧要素，是苦难的不可避免性：从个体受难者的角度来看，是命运的必然性。因此，他没有抛弃埃斯库罗斯关于世界之

① 关于博爱（philanthropy）及其与人性（humaitas）的关系，参见本书第三卷，第 114 页，注释②。

本质的宗教信念，只不过是将重点从普遍的问题转向了个体的问题。这一点在其早期作品（如《安提戈涅》）中尤其明显，其中，索福克勒斯对世界的意义的看法仍然是醒目的标记。

通过拉布达科斯之家几代人的历史，埃斯库罗斯追溯了这个家族因其早先的罪孽而给自己带来的诅咒的毁灭性后果。在索福克勒斯那里也一样，罪的诅咒作为他们全部灾难的最终原因在背景深处赫然显现，与厄忒克勒斯和波吕尼刻斯在《七将攻忒拜》中一样，安提戈涅自身是这一诅咒的最终牺牲品。[①] 在索福克勒斯的作品中，他确实让安提

① 参见《安提戈涅》，第583行及以下合唱。译注：为方便读者理解几部剧的来龙去脉，略陈故事情节如下。拉伊俄斯（Laius）是忒拜（Thebe）国王拉布达科斯（Labdacus）的儿子，由于幼年失去父亲，监护人被政敌杀害，所以被夺走了作为忒拜国王的一切权力。他后来投奔了珀罗普斯（Pelops），为他的儿子克律西波斯（Chrysippus）做家庭教师。可是拉伊俄斯爱上了美少年克律西波斯，将其诱拐并导致其死亡。因此，儿子被杀害的珀罗普斯将“必将死于其子之手”的诅咒施给了拉伊俄斯。拉伊俄斯成为忒拜国王并与伊俄卡斯忒（Jocasta）结婚之后，这个来自珀罗普斯的诅咒又被“必将死于其子之手”的神谕再一次印证。对这个预言和神谕感到万分恐惧的拉伊俄斯为了避免子嗣的降生，一直回避和妻子伊俄卡斯忒交媾。拉伊俄斯在某日醉酒之后和伊俄卡斯忒的一夜交合，导致了俄狄浦斯的降生。拉伊俄斯把刚出生的婴儿抛弃到荒山中，却被牧羊人所救，取名为俄狄浦斯。他成为忒拜的邻国科林斯没有子嗣的国王的养子，在王宫中被当作亲生儿子抚养成人，并被定为王位继承人。俄狄浦斯长大后，因为德尔菲的神谕说他会弑父娶母，所以不知道科林斯国王与王后并非自己亲生父母的俄狄浦斯，为避免神谕成真，便离开科林斯并发誓永不再回来。这时，在忒拜城内，为了惩治拉伊俄斯对克律西波斯所犯的罪行，希腊神界的女王赫拉送来了狮身人面的女妖斯芬克斯，倘无人能解斯芬克斯之谜，她便吞食忒拜城的市民，全城陷入极度的恐慌之中。拉伊俄斯希望通过神谕找到解救之法，在走向德尔斐神庙的途中，与朝着忒拜城方向行走的俄狄浦斯狭路相逢。两人发生争执，俄狄浦斯盛怒之下将拉伊俄斯杀死。俄狄浦斯进入忒拜城之后，破解了斯芬克斯之谜，拯救了忒拜城的俄狄浦斯被推选为国王，按照习俗与失去了丈夫的伊俄卡斯忒成婚，于是应验了他将“弑父娶母”的神谕。俄狄浦斯和伊俄卡斯忒生下了名为波吕尼刻斯（Polynices）和厄忒克勒斯（Eteocles）的两个儿子，以及名为安提戈涅（Antigone）和伊斯墨涅（Ismene）的两个女儿。由于俄狄浦斯在不知不觉间犯下了“弑父娶母”的大罪，瘟疫和饥荒降临到了忒拜城。国王向神祇请示灾祸的原因，最后在先知提瑞西阿斯（Tiresias）的揭示下，俄狄浦斯才知道他是拉伊俄斯的儿子，终究应验了他之前杀父娶母的不幸命运。伊俄卡斯忒的弟弟克瑞翁（Creon）继承了俄狄浦斯的王位，俄狄浦斯的长子波吕尼刻斯因失去王位继承权而背叛城邦，勾结外邦进攻忒拜城，次子厄忒克勒斯则为保护城邦而献身，兄弟俩在城门外的决斗中同归于尽。克瑞翁为厄忒克勒斯举行了盛大的葬礼，而将波吕尼刻斯暴尸荒野。克瑞翁下令，谁埋葬波吕尼刻斯就处以死刑，波吕尼刻斯的妹妹安提戈涅毅然以遵循“天条”（传统伦理）为由埋葬了她哥哥，从而违背了作为立国之基础的城邦法律，被克瑞翁下令处死。克瑞翁的儿子，也就是安提戈涅的未婚夫，站出来批评克瑞翁，而后自杀身亡，克瑞翁的妻子听说儿子已死，也责备克瑞翁而后自杀。

戈涅及其对手克瑞翁(Creon)以他们自己的暴烈行为助长了这一诅咒,合唱团也从未停止过对其行为超越了适当界限的悲悼,警告他们要为自己的不幸承担部分责任。[①] 不过,尽管这些原因可以被看作是以埃斯库罗斯的方式证明残酷命运的合理性,但观众的整个注意力不是集中在命运问题上,而是集中在个体人物身上,观众的注意力如此集中以至于会觉得这些人物才是戏剧的兴趣焦点,他们完全占据了主导地位,以至于根本不需要外在的证明。安提戈涅因其本性注定了要受难——我们几乎可以说是她自己选择了受难(如果不引入基督教的预定受难的观念的话),因为安提戈涅对苦难的自觉接受成了她高贵品格的独特形式。安提戈涅的肃剧命运,在开场白中,在与其妹妹的首次交谈中,就已经一目了然了。伊斯墨涅温和的少女本性使她避免做出毁灭与死亡的决意选择,尽管她对安提戈涅的热爱从未摇摆过,正如剧中动人地描述的那样,她在克瑞翁面前不实地指控自己就是犯罪者,并且绝望地想要和姐姐共赴黄泉。尽管如此,[282]她仍然不是一个肃剧人物。她的温良品格突出了安提戈涅的强悍与决绝,我们必须承认,安提戈涅有一种更深刻的正当理由拒绝伊斯墨涅与其一起慨然赴死。正如在《七将攻忒拜》中,厄忒克勒斯的肃剧因为他在被无辜地卷入家族的命运时所展现的英雄主义精神而得到了强化一样,这里,他的妹妹安提戈涅也刷新了其高贵家族的一切英雄主义品质。

合唱队唱的第二首歌为女主人公的受难创造了一个普遍背景,它歌颂了人的力量,人创造一切技艺,人凭借语言和思想的力量掌管自然,人学会了一切技艺中的最高技艺——正义的力量,那建构城邦的正义的力量。索福克勒斯的同时代人、智术师普罗泰戈拉,曾经提出一种关于文明社会之起源的相似理论;[②]这是关于人类自身发展的理性叙述

---

① 这是伯克(August Boeckh)不容质疑的研究结果,见其编著的索福克勒斯的《安提戈涅》(*Antigone*)(Berlin,1843)一书附录的戏剧分析。

② 在其关于文明起源的神话中(柏拉图,《普罗泰戈拉》322a),"普罗泰戈拉"也在技术层次的技艺和以城邦政治技艺为标志的更高发展阶段的技艺之间进行了明确的区分。在柏拉图的神话描述背后有其现实的存在;历史上的普罗泰戈拉撰写了《论最初的情况》(*Περὶ τ. ἐν ἀρχῇ καταστάσιος*)一书,该书关注的显然是人类文明的早期发展阶段。参见乌克斯库尔伯爵(Graf W. von Uxkull-Gyllenband),《古代希腊的文化起源(转下页注)

的首次尝试。这首颂歌的宏伟旋律对人类自身的进步充满了诸多普罗米修斯式的骄傲，但是根据索福克勒斯独特的肃剧讽示(tragic irony)，正当合唱队颂扬城邦和正义之力量、宣告将违法乱纪之人从一切人类社会驱逐出境之时，安提戈涅身带镣铐被押上舞台。由于安提戈涅明知故犯，遵从传统的不成文法、履行一个妹妹对其兄长最简单不过的义务，即替其收尸，她与国王的命令发生了冲突：国王曾经宣布一条法令，这条法令将城邦的权力夸大到近乎专制的地步，谁替安提戈涅的兄长波吕尼刻斯收尸安葬，谁就要被处以极刑，因为波吕尼刻斯勾结外敌向他自己的城邦宣战。因此，观众很快就看到了人性的另一面：在对人的虚荣和弱点的突如其来的肃剧性认识中，对人自豪的赞美消失得无影无踪。

黑格尔以其伟大的洞察力看到了《安提戈涅》描述的是两种道德原则之间的肃剧性冲突：城邦的法律和家庭的权利之间的冲突。① 以此看来，忠诚于城邦的克瑞翁的严肃而执着的逻辑，使他的品格更易为我们所理解；而安提戈涅的痛苦及其对城邦法令的公然挑战，则以其真正的反叛激情的不可抗拒的说服力，证明了家庭中人伦义务反对城邦干涉的正当性。尽管如此，此类普遍问题并非肃剧的焦点，尽管一个智术师时代的诗人可能会选择将这两种主要品格普遍化为一种观念冲突的典型代表。与在埃斯库罗斯那里一样，[283]对傲慢自大、非理性和不节制的讨论，并非索福克勒斯的兴趣焦点，它不过是为肃剧提供背景而已。索福克勒斯笔下的主人公所经历的苦难总有一种直截了当的原因：他并非注定要受苦，仿佛已经过某个超自然的法官的宣判；他是由于自己的高贵天性，而走向了一个不可避免的毁灭结局——这是天神引导人进去的——的活生生的事例。阿忒女神的非理性品性曾使梭伦深感困惑，并使那个时代所有严肃的思想者们焦虑不安，但对索福克勒斯来说，它不过是肃剧的基础，而非肃剧的核心问题。埃斯库罗斯曾经努力解决阿忒女神的难题：但索福克勒斯认可其为无从解决的事实。

(接上页注)学说》(*Griechische Kulturentstehungslehren*)，Berlin，1924。

① 黑格尔，《美学》(*Aesthetik*)，第二版，周年纪念版，Stuttgart，1928，第51—52页。

不过，他并不是消极地接受天神派发的无可逃避的苦难——希腊的抒情诗人自古以来就已经无数次悲叹过此类命运之苦了；他对西蒙尼德斯的消极委弃也不抱任何同情——西蒙尼德斯的结论是，当人因遭受无可避免的厄运而灰心丧气时，他的德性也就丧失殆尽了。[①] 通过使他笔下的肃剧人物成为人类中之最伟大、最高贵者，索福克勒斯对终有一死者的头脑无法解决的决定性问题哭喊着做出了肯定的回答。索福克勒斯笔下的人物，彻底放弃尘世幸福或者社会和物质生活，自觉选择受苦，他们是首批达到人力可至之最高境界的人。

从这些人物的极度痛苦中，索福克勒斯汲取出各种细致入微、精彩非凡的肃剧乐曲；他竭尽想象，用一切可能的手段增强乐曲响遏行云的穿透力之美。与埃斯库罗斯相比，他的戏剧演出在戏剧效果上是一种无可估量的进步。不过，这种进步的取得并不是因为他抛弃了优美的传统合唱歌舞，也不是因为他以一种莎士比亚式的现实主义为故事本身之故来讲述一个传奇故事。毫无疑问，这种关于索福克勒斯的戏剧技巧的看法，可能会得到使俄狄浦斯传奇逐渐展开的超现实力量的支持，甚至可能是现代人对把该剧搬上戏剧舞台颇感兴趣的主要原因；但是，这种观点从来就无助于我们理解索福克勒斯戏剧结构的极度复杂性和惊人的平衡感。他的戏剧不是按照外在物理事件的发生次序来建构的，而是根据一种更高的艺术逻辑来构造的，这种艺术逻辑通过一系列对比强烈的场景——一幕比一幕强劲有力——来揭示主要人物的真正灵魂，从各个可能的角度展示人物的内心。这一艺术手法的经典范

---

① 西蒙尼德斯残篇 4，7—9；*ἄνδρα δ οὐκ ἔστι μὴ οὐ κακὸν ἔμμεναι, ὃν ἂν ἀμήχανος συμφορὰκαθέλῃ*[一个神有成为优秀者的特权，而一个人，(当无法抗拒的灾难把他捆住时)不可能避免不幸的命运]，是西蒙尼德斯对于厄运与德性之关系的智慧的精华之所在。索福克勒斯肃剧中的女主人公是因为其注定的命运而不幸，而非因为卑劣(*κακοί*)而不幸。参见埃阿斯对他儿子说的话，它反映了他对自身价值的自豪感(《埃阿斯》，第 550—551 行)：*ὦ, παῖ, γένοιο πατρὸς εὐτυχέστερος, τὰ δ' ἄλλ' ὁμοιος, καὶ γένοι'ἂνοὐ κακός*[孩子，但愿你能比你父亲幸运，能够像他一样，却又不沾染任何卑劣]。俄狄浦斯在他身陷一切苦难之中时，清醒地意识到自身的高贵身世(*τὸ γενναῖον*)(《俄狄浦斯在科罗诺斯》[*O. C.*]，第 8 行)。另可参见第 270 行：*καίτοι πῶς ἐγὼ κακὸς φύσιν*[我的天性不坏]；第 75 行：*ἐπείπερ εἶ γενναῖος, ὡς ἰδόντι, πλὴν τοῦ δαίμονος*[客人，不管你运气好坏，我看你都是个有身份的人]。

例是厄勒克特拉。凭借才华横溢的创造发明,[284]索福克勒斯用一个又一个大胆的巧妙方法延迟和打断简单的故事情节,以便女主人公经历全部情感状态,直至最终陷入万念俱灰的极度痛苦。然而,尽管钟摆在悲喜两个极端之间剧烈摇摆,但其核心的平衡自始至终没有被打破。从这个角度看,最精彩的一幕是厄勒克特拉与奥瑞斯特斯姐弟的再次相认。奥瑞斯特斯乔装回国,来救自己的姐姐并挽回家族的声誉,但他被迫以如此令人煎熬的方式缓慢地显露自己,以至于厄勒克特拉遭受了天堂和地狱之间的极度痛苦。① 索福克勒斯的戏剧是情感剧,主要演员的灵魂必须按其自身的节奏追随情节的协调发展,穿越戏剧的各种情感。他的戏剧效果来源于主要人物的性格,就像最后总要回到它最感兴趣的那点上一样,它总要回到人物的性格。对索福克勒斯来说,剧情只是一个受苦受难的人的真正本性得以展开、他注定的命运得以实现、他自身的人格得以完成的一种进程。

与埃斯库罗斯一样,索福克勒斯把戏剧看作是人获得一种崇高知识的工具,但它不是*τὸ φρονεῖν*[明智],*τὸ φρονεῖν*是埃斯库罗斯在其中寻找安身立命之地的终极确定性和必然性。它毋宁是一种肃剧性的自知之明,德尔菲的神谕"*γνῶθι σεαυτόν*[认识你自己]"被深化和扩展为一种人生领悟:人的生活不过是转瞬即逝的幻影,人的决心和人的幸福终究虚无缥缈。② 如此这般,对索福克勒斯而言,认识人自己就成了认识人的软弱无力;但是,它同时也是认识受难之人不可战胜的高贵和征服一切的尊严。在索福克勒斯笔下,每一个人物的受难都是他本性中的一个本质要素。在他笔下最伟大的英雄人物身上,性格与命运的奇妙融合比其他任何地方都要表达得更不可思议和催人泪下;在他的生命行

---

① 译注:阿伽门农被妻子克吕泰涅斯特拉谋杀之后,其子奥瑞斯特斯年幼,被迫逃亡,姐姐厄勒克特拉被囚。多年后,奥瑞斯特斯长大成人,乔装回国复仇;因不知姐姐的真实态度,奥瑞斯特斯在见其姐姐时先令随从带一骨灰罐呈上,谎称她心爱的弟弟已经葬身异国他乡;厄勒克特拉伤心欲绝,随后奥瑞斯特斯吐露真相,姐弟相认;因而作者说厄勒克特拉在极度悲喜的情感中来回摆动,但其核心的平衡始终没有被打破。

② 参见《埃阿斯》第125—126行奥德修斯说的话,奥德修斯在他的对手埃阿斯的肃剧性苦难中看到了人生的虚无;亦可参见《俄狄浦斯在科洛诺斯》,第608行,特别是《俄狄浦斯王》(*O. T.*),第1186行及以下。

将结束之际，他再次回到他塑造的人物那里。这次是俄狄浦斯，索福克勒斯另一个最喜爱的人物，他是一个瞎眼老人，在他女儿安提戈涅的牵引之下漂泊四方，乞讨为生。在某种意义上，没有任何东西能比诗人随他笔下的人物一同老去这一事实更深刻地揭示其肃剧的本质。他从未忘记俄狄浦斯将会有何种人生结局。从一开始，这位国王就几乎是一个象征性人物，他将要承受整个世界的苦难。他是受苦受难之人的化身。在其职业生涯的顶峰时期，索福克勒斯竭尽所能，[285]将他展示在毁灭的惊涛骇浪中，让他跌跌撞撞，蹒跚而行。当诅咒在俄狄浦斯身上应验时，他在绝望中亲手刺瞎自己的双眼，期待自己的生命被毁灭的癫狂时刻，索福克勒斯将他呈现在观众面前。当完成了这一人物性格悲剧性的高潮时刻，索福克勒斯便让故事戛然而止，就像在《厄勒克特拉》那里一样。

因此，索福克勒斯在行将就木之际重拾俄狄浦斯传奇格外意味深长。期望戏剧的第二部能解决第一部的问题就会失之毫厘，谬以千里。如果我们想要把瞎眼老人俄狄浦斯慷慨激昂的自辩——他不断重复他的行为并非出于自愿，而是不知不觉间走上了这条路——[①]阐释为对第一部提出的“为什么（Why）”的问题的回答，我们就会误解索福克勒斯，好像他是欧里庇得斯似的。无论是命运，还是俄狄浦斯，都不能被赦免或审判。尽管如此，在后一部戏剧中，诗人似乎站在一种更宏大的高度来旁观生活。《俄狄浦斯在科洛诺斯》（Oedipus at Colonus）是诗人在到达人生的终点之前，与漂泊四方、惶惶不安的瞎眼老人的最后一次会面。尽管由于命遭不幸和老态龙钟，他的高贵品格仍然完整无损，他的激烈与狂暴仍未熄灭。[②] 认识到自己的力量和高贵，有助于他承当自己的苦难，这是他漫长的流放岁月须臾不可分离的伴侣，这种高贵的品格紧紧跟随，直至生命的最后一刻。[③] 在这样一幅严酷的画面中，

① 参见《俄狄浦斯在科洛诺斯》，第 203 行及以下，尤其是第 258 行及以下的名句段落。

② 《俄狄浦斯在科洛诺斯》，第 8 行。

③ 在索福克勒斯最后一部戏剧的开头，当俄狄浦斯作为一个流浪的瞎眼乞讨者出现在科洛诺斯时，他似乎已经与他那漫长的苦难和不幸的命运妥协了；参见《俄狄浦斯在科洛诺斯》，第 7 行：*στέργειν γὰρ αἱ πάθαι μεχ ὠ χρόνος ξυνὼν μακρὸς διδάσκει καὶ τὸ γενναῖον τρίτον* [我遭受的苦难、我经历的漫长岁月、我的高贵身世已经使我知道满足]。

不存在任何多愁善感的怜悯的容身之地。尽管如此，俄狄浦斯所遭受的苦难使他值得尊敬。合唱队感受到了这一苦难的恐怖，但更感受到了它的宏伟庄严；而雅典城的国王忒修斯（Theseus）也接纳了这位盲目的乞讨者，把他奉为令人尊敬、卓越非凡的客人。有一则神谕曾经说过，俄狄浦斯将在阿提卡找到他最终的安息之地。但是，他的死亡被蒙上了一层神秘的面纱：他走了，无人引领，走进了小树林，去寻找神圣的坟墓，命中注定的埋身之地，从此永无相见之期。就像神明引导他走上的那条苦难之路，他最终找到的令人惊奇的解救之道同样奇妙和不可思议。“那从前把你毁灭的神明，现在把你扶起来。”①没有哪个肉眼凡胎可以看透这奥秘：只有被苦难祝圣者才能参与其中。俄狄浦斯因苦而成圣，他以某种神秘的方式走向神性：他所遭受的极度痛苦已使他超凡入圣，与众不同。现在，他栖息于科洛诺斯的山林，诗人自己亲爱的故乡，慈悲女神（Kind Spirits）永恒的绿色圣林，丛林深处有夜莺在呖呖啼唱。这是凡人的足迹禁止踩踏的圣地，但却从那里传来阿提卡全地永无忧患的恩准。

① 《俄狄浦斯在科洛诺斯》，第394行。

第三章　智术师及其在文化史上的地位

[286]智术师运动对人类历史发生了无法估量的影响，索福克勒斯的时代见证了这场运动的开端。我们在导论中就提到了这场运动：它是παιδεία，即教育，或者毋宁是狭义上的文化。"paideia"一词，它首次出现时的意思是"幼儿的养育"，①公元前四世纪时的希腊人和罗马帝国时代的人不断地扩充这个词的含义，现在该词第一次与人可能的最高德性有了关联：它被用来表示身心两方面理想的完美状态的总和，亦即完全的 kalokagathia[美善]，一个现在被有意识地用来概括真正的智识和精神文化的概念。这一文化理想的综合概念，到伊索克拉底和柏拉图的时代就牢固地树立起来了。

从一开始，德性就与教育紧密相连。② 不过，随着社会的变迁，德性的理想以及达到此种理想的途径也有了变化。因此，全希腊的注意

---

① 埃斯库罗斯，《七将攻忒拜》(*Sept.*)，第 18 行；亦可参看品达，残篇 198：*οὔτοι με ξένον οὐδ' ἀδαήμονα Μοισᾶν ἐπαίδευσαν κλυταὶ Θῆβαι*[光荣的忒拜人曾教我，不要对缪斯们陌生，也不要对缪斯们无知]，这一残篇是以下事实的重要证据，即在品达和埃斯库罗斯的时代，即使在希腊中东部地区的波奥提亚(Boeotia)，"*παιδεύω*[教育]"一词就已经包含了音乐(当然还有体育)文化的意义，它构成了伯利克里时代文化的主要内容，参见本书第三卷，第 34 页，注释①。

② 参见本卷"荷马时代贵族阶层的文化和教育"一章。

力都集中到了一个问题上：何种类型的教育通向德性？如果没有这个问题，希腊文化的独特理想就永远不可能产生；尽管其基本方向是明确的，但要以之前的各种发展为前提——从最古老的贵族阶层的德性观念，到民主法治国家中新的公民理想的各种变化。贵族阶层不可避免地认为，德性应该以不同于赫西俄德的农夫或城邦公民的方式得到保存和传承——就后者有履行此项职能的任何特定方法而言；因为，除了斯巴达（从提尔泰奥斯时代以来，斯巴达已经发展出了一套独特的公民教育体系，即 agogé，一种在希腊地区独步天下的教育体系），不存在，也不可能存在任何官方形式的教育，[287]可与《奥德赛》、《神谱》和品达的诗歌所见证的旧式贵族教育相提并论；而创建一套教育体系的私人尝试进展得十分缓慢，有待时日。

实际上，与旧的贵族统治相比，新兴的工商业城市国家处于非常不利的地位，尽管它拥有一套自己的关于人和公民的新理想，①并且相信这种理想远远好于贵族阶层的旧理想，但它没有一套正规的、经过深思熟虑的培养年轻人达到这种理想的方法。如果孩子子承父业，跟随父亲从事某种贸易和其他职业，父亲自然会给孩子一种职业技能和行业规则的训练；但是，这种职业和技能训练不能代替整个人的身心教育，比如贵族阶层实施的*καλὸς κἀγαθός*[美善]教育，以及以一种理想——它结合了身体和灵魂两方面的最高品质——为范型的教育。② 但是，城邦的公民必须尽快着手寻找一种新的教育方法，以便按照新的公民理想来教育他们的孩子。与任何其他地方一样，城市国家不得不模仿其前辈。贵族教育通过高贵的血统传承德性，新的德性自然也基于同样的原则；例如，雅典使每一个本土自由民都认为自己是阿提卡社会共同体的一员，且有资格为其效劳；这种做法只是血缘关系观念的一种延伸，只不过现在的共同体是由一个城市的成员共同组成的共同体，而不是由几个贵族家庭的成员组成的共同体。这是城市国家唯一可能的基础。尽管有一种新的对个体人格的强调，但那时，教育除了建立在政治

① 参见本卷“城市国家及其正义理想”一章。
② 参见本卷第 3 页及以下。

共同体成员资格的基础之上，任何其他想法都是难以想象的。实际上，这[把教育建立在政治共同体成员资格的基础之上]是一切文化教育的最高公理，其真理性的最大证明莫过于希腊教化（paideia）的起源。希腊教化的目标是超越贵族阶层特权教育的原则；除非一个人生来就有从神圣祖先继承而来的高贵德性，贵族教育的血统原则堵塞了任何人通向德性的道路。通过运用逻辑推理，似乎很容易超越贵族阶层的血统原则，逻辑推理这种新工具的力量在不断地增强。要达到这一目标只有一种方法，即把一种经过深思熟虑的教育体系施加于人的心灵。应该指出的是，在公元前五世纪，人们对心灵的力量具有一种无限的信念，而不受品达对“学而知之者”的傲慢嘲笑的影响。① [288]除非国家权力延伸到人民大众（这是不可避免的）的道路被堵塞，政治德性对高贵血统的依赖是不能被允许的；而如果新的城邦共同体用体育训练制度接管了贵族身体方面的德性，为什么就不能用一种精心建构的教育体系同样产生一种无可置疑的智识优势呢？

因此，这场伟大的教育运动不可避免地要从公元前五世纪开始，而且是在前五世纪的城市开始，它使前五和前四世纪的希腊卓然独立，它还是欧洲文化观念的源头。正如希腊人自己对这场教育运动的理解那样，它完全致力于公民的政治教育，训练公民为城邦服务。城邦共同体的本质需要产生了这种教育理想——它承认并运用知识的力量，亦即一种新的伟大精神力量，来塑造人的品格。至于我们是否认同导致这些问题的雅典民主政治原则，与我们这里的讨论无关。无论如何，除非全体成员积极参与政府管理（这是民主政治的基础，也是民主政治的显著标志之一），否则对希腊人来说，要想提出并回答那些永恒的问题必定是不可能的——在那个历史时期，他们曾经为这些问题深深困扰，并将这些问题留给后世子孙，让他们以自己的方式来回答；在我们现代社会也一样，相同的发展再次提出了相同的亟待回答的问题。只有在这样的精神发展阶段，诸如自由与权威、公民教育和领袖教育等等问题，才能得到思考和回答；也只有在这样的发展阶段，这些问题作为人类命

① 参见本卷第279页。

运的铸造者，才获致其全部的迫切性。这些问题不可能在原始的社会共同体中产生，不可能在游牧共同体或家族共同体中产生，因为在那里，对个体心灵的力量是没有概念的。因此，尽管这些问题最先是从公元前五世纪希腊的民主制中得到孕育的，但它们的重要性不限于希腊的城邦民主制，它们是国家本身与生俱来的问题。这一断言的明证就是，那些伟大的希腊哲学家和教育理论家们，从民主政治的教育实践开始，很快就达到了大胆的结论，这些结论远远越过了既存政制类型的边界，对后世任何类似的处境都具有无比珍贵的指导意义。

[289]我们现在正在分析的这场教育运动，从古老的贵族文化发端，然后，在沿着一条广阔的曲线运动之后，在柏拉图、伊索克拉底和色诺芬那里，又回到了原初的贵族传统和贵族的德性观念，从而，贵族的德性观念在一种新的理性化基础上得到了重建。当然，在公元前五世纪的第一阶段，它离最终的回归仍非常遥远。因此，教育家们的首要目标是要冲破旧观念的束缚，即传统对高贵血统的钦羡；血统和世系只有在其作为*σοφία*[智慧]和*δικαιοσύνη*[公正]体现在理智的和道德的力量中时，才能确证其正当性。塞诺芬尼表明了，“心智的力量”和公民身份之间的联系在德性理想中即使在一开始时也是多么紧密，这种理想又是如何建立在正确的国家秩序和共同体的繁荣安宁之上的。① 而在赫拉克利特那里，尽管是在另一种意义上说的，他说，法律应该建立在产生它的“知识”之上；而这种神一样的知识的尘世拥有者，要求在城邦中的一种特殊地位，否则就会与城邦发生直接的冲突。② 这些伟大人物的文字第一次表明了城邦与智识的关系问题的迫切性，新问题的迫切需要直接催生了智术师运动；同时也表明了，当智识的贵族统治取代种族的贵族统治之后，一种新的冲突马上就在老地方出现了，这个问题就是，一个伟大的智识人格(intellectual personality)和他所生活的城邦的关系问题；这个问题无休止地困扰着哲学家们，直到希腊城市国家寿终正寝。在伯利克里那里，这个问题找到了一个对城邦共同体和个人

---

① 参见本卷第222—224页。
② 参见本卷第234—235页。

都幸运而短暂的解决办法。

智术师运动第一次使“德性应该建立在智识之上”的主张得到了广泛的宣传，并产生了深远的影响。不过，如果城邦共同体本身未曾感觉到城邦普通个人的视野应该由智识教育来打开的话，也许这样一个强有力的教育运动，就不会以伟大的个体思想家的出现和他们的个体人格与城邦共同体的冲突而肇始。希波战争之后，当雅典在经济、商贸和政治各方面都步入国际舞台时，这种感觉越来越强烈。雅典将其得救归功于一个才智杰出的强人，但在胜利不久之后，就又将他驱逐出境，因为他的权力无法与古风时代的均平（isonomia）理想相调和——这种行为看起来像一种隐蔽的专制暴行。① [290]尽管如此，历史的逻辑得出了这样的结论：如果民主国家想要维持其自身的存在，就必须有适当类型的人作为其领导者。实际上，这就是民主政治首要的、唯一的问题，因为一旦民主国家试图超越核准其代议人士之决定的一整套严格管理体系，民主原则就注定要朝着荒谬的（ad absurdum）方向发展，从而实际上成为多数人的统治和暴政。

因此，这场由智术师所领导的教育运动，从其一出现开始，其目标就不是教化城邦的民众，而是造就城邦的领袖。说到底，这场运动只不过是贵族政制在新形势下的一个老问题。诚然，即使雅典没有一个由国家主导的教育体系，也没有任何别的地方能像雅典那样，让最普通的公民也有许多获得基础教育的机会。智术师们总是忙着向一些挑选出来的特定听众讲话，并且只对他们讲话。他们的学生都是些希望成为

① 译注：第米斯托克利（Themistocles，公元前 525—前 460 年），雅典杰出的政治家、军事家。公元前 493—前 492 年任执政官，为民主派重要人物，力主扩建海军，并着手兴建比雷埃夫斯港及其联接雅典城的“长墙”，旨在抵御波斯侵略。公元前 480 年，海军统帅第米斯托克利指挥希腊海军，将大约六百艘波斯军舰诱入雅典城外的萨拉米斯湾，予以一举歼灭，从而为雅典建立了之后一个世纪的海上霸权。战后，第米斯托克利的个人声望和权力达到顶峰，雅典人害怕出现一个军事强人独裁者，遂以陶片放逐法将其放逐；走投无路之际，老对手薛西斯收留了他，并赐予他小亚细亚一块封地。公元前 460 年，薛西斯任命第米斯托克利为舰队司令与提洛同盟舰队作战，这一任命使第米斯托克利进退两难，最终他用一杯鸩酒为自己波澜壮阔的一生划上了句号。第米斯托克利是民主制社会杰出个人（智识人格）与城邦共同体发生冲突的典型案例。前有第米斯托克利，后有苏格拉底，所以作者在上文中说：“这个问题无休止地困扰着哲学家们，直到希腊城市国家寿终正寝。”

政治家、并最终成为国家领袖的人。抱有此种目标的人，不可能像亚里斯泰迪(Aristides)那样，仅仅通过实现旧的正义理想——即尽每一个公民应尽的一般义务——来满足他那个时代的需要；他不仅要遵守城邦的法律，而且还要制定法律来引导和治理城邦：职是之故，除了需要只有通过长期的政治实践才能获得的必要经验外，他还需要一种对人类生活的真正本性的普遍洞察。一个政治家的主要素质不可能从外部获得。沉着镇定和深谋远虑(这是修昔底德赞扬第米斯托克利的首要品质[①])是与生俱来的；但说话坚定有力、让人信服的才能则可以通过训练获得。那种口若悬河的辩才，即使在荷马时代组成政务会的贵族长老们中间，也是领导才能的显著标志；这一点在后来的世纪中一直保存下来。赫西俄德认为，这是缪斯女神赠与国王的一项权力，凭借这一权力，国王可以用温和的强制主导每一次会议；实际上，赫西俄德将其与诗人的灵感相提并论。[②] 毫无疑问，他主要是将其作为一种法庭审判时的表达能力——确立真相并作出裁决——来讲述的。在民主国家，全体民众因为政治目的聚集在一起，任何一个公民都可以在那里自由发言，演说才能成为每个政治家不可或缺的基本素质：[291]它是政治家手中[掌控城邦这艘航船]的方向舵。在古典希腊，政治家被径称为 rhétor，即演说者。这个词在当时还没有获得它在后世所具有的那种纯粹形式的意义，它也指演说家讲话的内容：那个时代的每一次公开讲话都会涉及国家及其事务，这是显而易见且自然而然的。

因此，要将一个人培养成政治家，雄辩的口才是任何此类尝试的必然起点。政治教育合乎逻辑地变成了修辞学[演说术]教育——尽管作为教学目标的语言(*logos*)可能包含形式和内容(二者的比例各不相同)两个方面的传授。理解了这一点之后，就很容易明白雅典为什么会出现一个教师阶层了，他们公开宣称，只要有钱，就可以传授你"美德(virtue)"。[③]"美德"是"德性(aretê)"一词的翻译，但用这样一个词来翻译德性，是一种错误的现代化，它很容易让我们把智术师是"知识的教师"的主张当作愚

① 修昔底德，《伯罗奔尼撒战争史》1.138.3。

② 赫西俄德，《神谱》，第81行及以下。

③ 关于智术师的职业，参见本书第二卷，第三卷。

蠢的自大而不屑一顾——先是他们的同时代人以“知识的教师”称呼他们，很快他们自己也这样称呼自己。一旦我们将这里的“德性”解释为意指政治德性，以及政治德性在古典希腊自然而然的重要意义，且它首先意味着理智的力量和雄辩的口才——在公元前五世纪的新形势下，这注定是城邦政治的主要表现形式——这种愚蠢的误解马上就会消失。我们不可避免地会用柏拉图怀疑的眼光来回顾智术师，柏拉图认为一切哲学知识的开端是苏格拉底的疑问，即“美德是否可教”。不过，以历史的眼光来看，这是一个错误，它使我们不能理解文化史上的这个重要的新时代，并将后来的哲学思想发展阶段上的问题强加在了智术师身上。在人类精神发展史上，智术师和苏格拉底或柏拉图一样，是一种必然的现象；实际上，如果没有智术师，苏格拉底和柏拉图从来就不可能存在。

智术师传授政治德性的尝试，是城邦的社会结构已经发生了一种深层次变化的直接反映。修昔底德以其天才的洞察力，看到并描述了城邦的社会结构在雅典步入希腊的政治舞台时所经历的巨大变迁。当它从传统的静态的城市国家向动态的伯利克里的帝国形态转化时，它的全部能量被激发为暴力行为和激烈竞争，无论是内部，还是外部。[292]政治教育的理性化，仅仅只是雅典内部全部生活的理性化的一种特殊情况；现在，生活的目标前所未有地变成了成功和成就。这种变化注定要给评判人物的标准带来影响。人的道德品格现在退居幕后，聪明才智得到空前强调。几乎不到五十年前，塞诺芬尼曾经是新的人格理想的唯一捍卫者；但他对知识和理性的羡慕现在已蔚然成风，尤其是在商业和政治生活中。德性理想吸收了后来亚里士多德的伦理学在理智德性（διανοητικαὶ ἀρεταί）的标题下集合的一切价值，德性理想还试图与伦理价值相融合，以便构成一个更高的统一体。① 当然，智术师的时代还没有看到这些问题。因此，人的理智方面第一次被放到显著的位置，从而产生了智术师们努力实现的教育使命。这是他们宣称自己可以传授德性的信念的唯一可能的解释。因此，智术师及其教育预设，在某种意义上与苏格拉底及其根本疑问同样是正确的：因为苏格拉底和

---

① 尤其是亚里士多德，《尼各马可伦理学》6。

智术师思考的实际上是不同的事情。

尽管他们说自己的教育目的是心灵(mind)的教育,但他们用各种意想不到的不同方法来达到这种教育目的。然而,如果我们认识到人的心灵可以出现在多少个方面,那么就可以尝试从一个单一的智力目标中得出该变化的所有方面;从一个角度来说,心灵是人把握对象世界的一个器官——它与外在事物紧密相连。但是,如果我们采取智术师的态度,将心灵从对象的内容中解放出来,那它就不再是一个空虚的接收器,而是有一个真实的内在结构,第一次被揭示出来的内在结构。这就是被视为一种形式原则的心灵。与这两个心灵本质的概念相对应,在智术师中间存在着两种根本不同的教育方法。一种就是把千变万化的事实,即各种知识材料输入心灵,另一种就是对心灵进行各种类型的形式训练。[1] 显然,这两种相互对立的方法只有在超越性的智力文化观念中才能得到统一。它们二者都传承至今,尽管通常是以一种折中的方式,而不是以彻底肯定其中一种反对另一种的方式。[293]在很大程度上,智术师时代的情况与此类似。不过,尽管不同的智术师将这两种方法以不同的方式混合在一起,我们切不可忽略这一事实,即它是对[如何进行]心灵教育这个相同问题的两种根本不同的回答。与纯粹形式的教育方法一样,智术师们有时也实践一种更高类型的形式教育,这种教育不是致力于解释理性和语言的内在结构,而是致力于培养灵魂的各种能力。这种方法以普罗泰戈拉为代表;除了文法、修辞和辩证法之外,主要是利用诗歌和音乐来塑造人的灵魂。这第三类智术教育(sophistical education)的原因,是基于政治和伦理的考虑。[2] 它与前述形式训练和内容灌输二者不同,不是把人当作抽象的、作为孤立的个体来对待,而是作为城邦共同体的一员来看待,因而给了人在价值世界中的一个稳固地位,从而使智识文化成为德性整体的一个部分。这种

---

① 教育的百科全书式的理想,在埃利斯的希庇阿斯(Hippias of Elis)那里得到了更具体的体现。开俄斯的普罗狄科(Prodicus of Ceus)开办了文法和语言研究班,比如著名的"同义词研究",在柏拉图的《普罗泰戈拉》339e—341e、358a 中,苏格拉底对此进行了表扬,同时也对此进行了滑稽模仿。普罗狄科与普罗泰戈拉一样具有这些形式方面的兴趣。

② 柏拉图,《普罗泰戈拉》325e 以下。在 318e 中,柏拉图让普罗泰戈拉自己在其教育理想和埃利斯的希庇阿斯的百科全书式的教育理想之间作出明确的区分。

教育方法也是智识教育，不管怎样，这种方法把心灵既不当作形式的，也不当作事实的东西来处理，而是当作受社会秩序调节的事物来处理。

有人认为，①智术师运动新颖独到之处、同时也是所有成员的共同之处，就是他们的修辞学[演说术](rhetoric)教育理想，即τὸ εὖ λέγειν[辩才无碍]，因为他们都培训演说术(oratory)，但他们在其他任何事情上又意见相左；也有一些智术师是单纯的修辞学教师(rhetors)，不教任何别的东西，如高尔吉亚。不过，这显然是一种肤浅之见。实际上，他们所有成员的共同之处，在于他们都教授政治德性，②而且都希望通过训练增强理智的力量，从而逐步培养其政治德性——无论他们接受的训练是什么。对于智术师们提供给世界的、新颖而永久的宝贵财富，我们只能感到惊讶。他们是智力文化和教育艺术的发明者。与此同时，很显然，每当他们的新文化越出形式教育或内容教育的界限，每当他们的政治训练抨击伦理道德和城邦的深层次问题时，这种新文化就陷入了传授半真半假的知识的危险——除非它能够植根于真正的、彻底的政治思想之中，因政治本身之故寻找政治的真理。正是从这个角度出发，柏拉图和亚里士多德后来抨击整个智术文化体系，并动摇了其根基。

[294]我们现在必须探究智术师在希腊哲学和科学的历史上究竟居于何种地位。实际上，尽管我们毫不犹豫地接受在绝大多数希腊哲学史中出现的传统观点，认为他们是哲学思想发展过程中的一个有机部分，但智术师在哲学史上的地位一直不明不白。我们决不可依赖柏拉图对他们的叙述：因为柏拉图与智术师们一直意见不合的关键，不在于他们的知识，而在于他们传授德性的主张，在于他们与生活和行为之间的联系。只有唯一的一次例外——柏拉图在《泰阿泰德》中对普罗泰戈拉的知识理论的批评；③在那篇文章中，智术师运动确实是被看作哲学的一部分，但也仅仅是就普罗泰戈拉所代表的而言。这就是智术和

---

① 贡珀茨(H. Gomperz)，《智术与演说术：公元前五世纪与哲学关系中的雄辩教育理想》(*Sophistik und Rhetorik: das Bildungsideal des εὖ λέγειν in seinem Verhaeltnis zur Philosiphie des fuenften Jahr hunderts*)，Leipzig，1912。

② 柏拉图，《普罗泰戈拉》318e 及以下；《美诺》91a 及以下，以及其他各处。

③ 柏拉图，《泰阿泰德》152a。

哲学之间的一点微小联系。亚里士多德《形而上学》中的哲学史叙述,将智术师排除在外。有关这一主题的现代历史将智术师看作哲学上的主观主义和相对主义的奠基者。不过,普罗泰戈拉勾勒出了一种哲学理论的轮廓的事实,不足以为我们提供充足的理由来概括所有的智术师,从历史的角度看,将传授德性的教师与诸如阿那克西曼德、巴门尼德和赫拉克利特这样的大思想家相提并论,是一种失误。

历史(*Historia*),根据伊奥尼亚人的实践,纯粹是一种客观公正的研究,它无关乎人的生活和人的实际教育目的——正如米利都人的宇宙学理论所充分显示的那样。从他们开始,我们已经表明了,随着人的存在问题越来越成为人的兴趣焦点,对整个宇宙的探究是如何逐步集中到对人的探究上来的。① 塞诺芬尼将人的德性建立在对神和宇宙的理性知识之上的大胆尝试,实际上已经在宇宙学和教育之间建立了一种内在联系。有那么一段时间,被转化成诗歌的自然哲学似乎将要在整个国家的生活和文化中占据主导地位,但塞诺芬尼后继无人,尽管当人的本性、价值和得救之路这些问题被提出来之后,追随他的那些哲学家并没有抛弃这些问题;只有赫拉克利特这个伟大的思想者,足以在一个单一原则的基础上,建构一种逻各斯治下的宇宙论,这种宇宙论将人作为一个本质性的部分包含在内。② 应该指出的是,与米利都学派不同,赫拉克利特不是一个自然哲学家。[295]米利都宇宙学家在公元前五世纪的继承者,把对自然的探究越来越看作是科学的一个特殊部门,他们要么将人完全排除在其理论之外,要么根据他们特殊的哲学思维能力,各自发明一套他们自己的解决方法。在克拉佐曼纳的阿那克萨哥拉(Anaxagoras of Clazomenae)那里,宇宙演化学说第一次受到我们前面提到过的人类中心主义思潮的影响:他宣称存在的根基是心灵这种安排和主导的力量;但除了这一原理之外,他对自然的解释完全是机械论的,他从未成功地表明自然和心灵是如何相互渗透的。③ 阿克拉加斯的恩培多克勒

---

① 参见本卷“哲学的沉思”一章。

② 参见本卷第234页及以下。

③ 关于阿那克萨哥拉在早期自然哲学家和苏格拉底之间的地位特征,参见柏拉图,《斐多》(*Phaedo*)97b。

(Empedocles of Acragas)可以说是一个哲学上的半人马怪物(centaur),是伊奥尼亚自然哲学和俄耳甫斯宗教的一种奇妙结合。他教导说,人,这个自然之永恒生成和消逝手中被遗弃的玩物,可以沿着一条神秘的道路前行,跳出他命中注定的自然力进程的悲惨循环,进入灵魂的那种纯洁的、原初的、神圣的生活。① 如此这般,每一个思想者都以不同的方式支持人的精神生活的独立性来对抗宇宙自然力的权力。即使德谟克利特也不能从他严格的宇宙论逻辑中,将人的问题和人的道德世界排除出去。不过,他避开了他的前辈们已经提供的解决办法——这些办法之中有些是非常奇怪的——他选择将自然哲学从伦理学分离出来:他以一种陈旧的教谕(parainesis)形式,即道德劝诫的形式,而不是作为理论知识的一门学科的形式,来阐释他的伦理教导。正如他所推进的那样,它是传统的道德格言和当代哲学的科学理性主义精神的一种奇妙混合。② 所有这一切试图融合两个世界(即人类世界和自然世界)的努力,都是人性和人生这一新哲学问题的重要性日益增长的清晰征兆。尽管如此,他们都没有创造出智术师们的教育理论。③

哲学日益聚焦于人的问题,是智术师的存在有其历史必然性的另一明证;不过,他们的出现是对实际生活需要的一种响应,而非对理论和哲学需要的一种响应。这就是为什么他们在雅典有如此强大的影响力,而伊奥尼亚的自然科学家却不能在那里生根发芽的基本原因。[296]实际情况是,智术师们不理解与生活相分离的哲学。他们是诗人的教育传统的传人;他们是荷马和赫西俄德、梭伦和泰奥格尼斯、西蒙尼德斯和品达的后继者。在把他们作为诗歌传统的继承人,给予他们

---

① 恩培多克勒本人就是一个自然哲学家,即使在《论自然》(*On Nature*)一诗中,他也比之前的思想家们更多地关注人的身体的结构,参见比格农(Ettore Bignone),《恩培多克勒》(*Empedocle*),Torino,1916,第 242 页。不过,另一首诗《论净化》(*Purifications*)表明,这不是恩培多克勒的全部,与人的身体结构相比,他更深地专注于人的心灵问题。参见比格农,《恩培多克勒》,第 113 页及以下。

② 参见纳托尔普(Paul Natorp) 的《德谟克利特的伦理学》(*Die Ethika des Demokrit*, Marburg,1893)一书,以及朗根贝克(Hermann Langerbeck)的"*ΔΟΞΙΣ ΕΠΙΡΥΣΜΙΗ*"一文,载《新语文学研究》,耶格尔编,第十卷,Berlin,1935。

③ 在这方面,只有德谟克利特是一个例外,参见朗根贝克上引论文第 67 页及以下,他离智术师关于人性和教化问题的理论途径最为接近。

在希腊文化教育史上的应有位置之前，我们不可能把握他们的历史地位。[①] 西蒙尼德斯、泰奥格尼斯和品达早就已经用诗歌讨论过德性是否可教的问题，尽管在他们之前，诗人们只是简单地呈现和赞扬他们自己特殊的人性理想，还没有展开讨论；诗歌随着他们成了教育理论家们的争论阵地；例如，正如柏拉图自己所言，西蒙尼德斯骨子里就是一个典型的智术师。[②] 智术师们只不过是沿着既有的道路跨出了最后一步。他们把各种形式的劝诫诗及其显著的教育目的转化成了运用自如的艺术散文，从而开始了他们与诗歌的公开竞争，无论是在形式，还是内容方面。[③] 与此同时，教育理论从诗歌转移到散文这一事实，是其终于完全理性化了的一个信号。智术师继承了诗人对诗歌教育功能的所作所为，他们也将自己的注意力转向诗歌的性质和目的的讨论。他们是首批为大诗人们的作品给出有条不紊的讲解的人，通常会根据自己的讨论内容选取诗歌中的段落。他们当然不是按照我们所理解的“阐释”一词来阐释诗歌。他们视诗人为即时而永恒的存在，对他们进行天真无忌的讨论，仿佛他们书写的就是当代人的生活。[④] 那个时代所特有的冷静的目的性，在智术师“诗歌意味着教诲”的信念中是最明显的，也是最不恰当的。智术师们将荷马看作人类一切知识的百科全书，从战车的制造到战略的运用，将他看作为人处事的审慎智慧的宝藏。[⑤] 史诗和肃剧，这两种通过表现英雄的行为来达到教育目的的诗歌，现在从一种公开的实用主义的角度得到了阐释。

然而，智术师们不只是借用诗歌的教育传统：他们创造了属于他们

---

① 柏拉图在《普罗泰戈拉》316d 中，把普罗泰戈拉描绘成完全意识到了此种连续性的大智术师。当然，普罗泰戈拉此处只是把过去的诗人看作一群早期的智术师、看作他自己的先行者来谈论。然而，毫无疑问，这里面也反映了一些历史的真相：即智术师是诗歌这一伟大教育传统的继承者。伊索克拉底也一样，他是智术师的名副其实的学生，在其演说艺术中，将赫西俄德、福西里德斯和泰奥格尼斯称作前辈（《致尼可克勒斯》[*Ad. Nic.*] 43）。

② 柏拉图，《普罗泰戈拉》339a。

③ 参见拙文《提尔泰奥斯论真正的德性》，载《柏林科学院会议报告》，1932，第 564 页。

④ 柏拉图，《普罗泰戈拉》339a 以下中，有一个关于这种态度的有趣事例。在《王制》331e 以下中，苏格拉底举了另一个例子。

⑤ 柏拉图，《王制》598d，描写了智术师对荷马的此类解释，参见本书第二卷，第 415 页及注释。

自己的东西。他们的著作和讲演讨论形形色色的新问题；他们是如此深刻地既受流行的理性主义伦理学和政治学理论的影响，[297]又受到自然哲学家们的科学学说的影响，以至于他们创造了一种综合文化的氛围，甚至远比庇西特拉图时代的文化还要生动活泼、激励人心、意味深长。他们对知识的力量的骄傲和自信让人想起塞诺芬尼：柏拉图不知疲倦地以各种形式对此进行模仿和嘲弄，从矫揉造作的自尊到细枝末节的自负。无论是在智力的自负上，还是在自身的独立性、在他们倜傥不羁的世界主义上，他们与文艺复兴时期的文人学士(literati)极其相似。埃利斯的希庇阿斯(Hippias of Elis)，他通晓知识的各个分支，学习过各种商业贸易，从未穿戴不是自己亲手制作的服饰，他是一个不折不扣的通才(uomo universale)。① 另外还有两个人，他们如此巧妙而又令人目眩地将学者和演说家、将教师和文学家的职能结合在了一起，以至于我们不可能将他们归于任何一个传统的职业范围之下。智术师们所到之处，因为他们的学说和教导，还有他们的才智和精神魅力，让他们成为各个城市富贵之家蓬荜生辉的座上宾。也正因为这一点，他们是我们在公元前六世纪僭主的宫廷和豪门中看到的巡回诗人的真正继承者。② 与“智术师”的字义一致，他们以其才智为生。由于不断地从一个城市漫游到另一个城市，因而他们也没有什么真正的国籍。一个人以这样一种彻底的独立性生活于那个时期的希腊是完全可能的，这一事实本身就是一种全新的、根本的个人主义文化类型即将形成的最不容置疑、最独特的征兆——因为智术师都是个人主义者，不管他们嘴上如何说教育要服务于城邦共同体、要培育一个好公民的德性。整个时代正在朝着个人主义大步前进，他们站在这一运动的前列：因此，他们的同时代人把他们看作时代精神的真正代表是正确的。那个时代的另一个征兆，是智术师都以[贩卖]文化为生；柏拉图说，③文化[知识]就像市场上的商品一样贩进来、卖出去。在柏拉图这个带有敌

① 柏拉图，《小希庇阿斯》(*Hipp. Min.*)368b。

② 参见本卷第289页及以下。关于智术师及其与社会和财富的关系，参见本书第二卷，第120页。

③ 柏拉图，《普罗泰戈拉》313c。

意的比喻中，存在着几分真理，尽管我们决不可把它看作柏拉图对智术师及其生活方式的一种道德批判，而是一种理性诊断。他们提供了一个几乎未经开发的、我们可以称之为“知识社会学”的宝藏。

[298]千言万语一句话，他们是文化史上具有第一等重要性的一种现象。通过他们，教化(paideia)——文化的理想和理论，这种被有意识地塑造和追求的理想和理论——逐步生成，并被建立在一种理性的基础之上。因此，他们标志着人文主义发展的一个巨大进步，纵然其最高明最真实的形式，只有在随之而来的柏拉图对他们的理想的讨伐中才得到实现。① 智术师身上存在着某种非永久的不彻底的东西。他们并不代表一种哲学的或者科学的运动，他们只代表哲学和科学(伊奥尼亚传统的自然科学和历史学[historia])领域被其他兴趣和问题侵入了，尤其是被经济和政治生活中的变化所造成的教育和社会问题侵入了。因此，他们的工作的直接后果就是取代科学和哲学，就像他们不久以前被教育学、社会学和新闻学取代一样。尽管如此，通过将旧的主要包含在诗歌中的教育传统，转化为他们自己理性主义时代的语言和思想体系，通过建立文化的理论和目标，他们将伊奥尼亚科学的影响扩展到了伦理学和政治学领域，并将其发展成为一种真正的哲学、可以与自然哲学相提并论且超越自然哲学的一种哲学。② 他们的形式革新比他们工作的其余部分具有一种更为持久的影响。但是，当科学和哲学逐渐从修辞学[演说术]独立出来时，他们的伟大发明即修辞学[演说术]即将在科学和哲学领域遭到强有力的挑战和竞争。因此，即使在其多样性上，智术师的文化也包含着伟大的文化冲突——哲学和修辞学[演说术]之间的冲

① 有许多学者认为，智术师不仅是人文主义的奠基者，而且也使人文主义臻于完美，换句话说，这些学者想把他们树立为我们的典范。我们在这些事情上的意见，依赖于我们看待哲学的态度，哲学实际上是从与智术师的教育类型的冲突中生长出来的，尤其是苏格拉底、柏拉图和亚里士多德的哲学。这种冲突来源于什么是最高价值的问题——根据希腊“哲学”，人的教育问题决定于价值问题。参见拙著《人文主义和神学》，第 38 页及以下，在该书中，本人已经区分了两种相互对立的人文主义的基本形式——智术师的人文主义和哲学家(苏格拉底、柏拉图、亚里士多德)的人文主义。关于普罗泰戈拉的人文主义，参见拙著《人文主义和神学》，第 300 页。

② 柏拉图的《大希庇阿斯》(*Hipp. mai.*)218c 清楚地表明了，智术师的实用目的与传统哲学家和圣贤的非实用倾向之间的区别。

突——的第一个征兆，这种文化冲突将贯穿接下来的所有世纪。

教育理论的起源和文化的理想

智术师被说成是教育科学的奠基者。他们确实创立了教学法，即使今天的智识文化很大程度上都是在遵循他们指明的道路。[①] 不过，教学法是一门科学，还是一种技艺，这仍是一个悬而未决的问题，他们自己也把他们的教育艺术和理论叫作“techné”，即技艺，而不是科学。在柏拉图那里，[299]我们可以看到普罗泰戈拉关于这一问题的观点的一个详细叙述；因为，尽管柏拉图对这位大智术师的言行的报导有些滑稽和夸张，但它在本质上必定是真实的。普罗泰戈拉把自己的职业叫作“政治的技艺”，因为其目标是教授政治德性。[②] 教育是一种专门的技艺这一信念，只不过是那个时代的大趋势的又一例证，当时的大趋势是将生活本身划分为许多特定的行为领域，各个领域有各自的目标，各自建立的理论，各自涉及一个特定的可以经由教育来传授的知识部门。在数学的不同分支以及医学、体育、音乐理论、戏剧技巧等诸如此类的学科中，希腊当时有许多专家和专业出版物；甚至像波利克里托斯（Polyclitus）这样的雕刻艺术家们，也开始写作他们专业的理论著作。

当然，智术师们相信他们自己的技艺是所有其他一切技艺的皇冠。在柏拉图借普罗泰戈拉之口说出的关于文明起源的神秘叙述中——作为普罗泰戈拉对自身技艺的性质和地位的一种解释——智术师区分了人类发展的两个阶段。（显然，普罗泰戈拉不是将其设想为历史中两个不同的时间阶段，而是为了强调智术师所代表的高级教育的重要性和必然性才将其区分开来。）第一个阶段是技术文明的时代。遵循埃斯库

---

① 参见巴斯（A. Busse），《教育科学的开端》（*Die Anfaenge der Erziehungswissenschaft*），载《新年鉴》（*Neue Jahrbuecher*），xxvi，1910，第 469 页及以下；以及贡宁（C. P. Gunning），《论作为希腊之教师的智术师》（*De sophistis Graeciae praeceptoribus*），Amsterdam，1915。

② 柏拉图，《普罗泰戈拉》319a。

罗斯的说法，普罗泰戈拉将其叫作普罗米修斯的礼物，是人类随着火的使用而获得的文明阶段。他说，尽管那时的人拥有了火和各种技艺，但如果宙斯没有赠送给他们"正义"的礼物，使他们建邦立国并生活于社会共同体之中，他们仍然会因为毒蛇猛兽而孤独无助地悲惨死去。普罗泰戈拉的这一观念是同样借自埃斯库罗斯(借自《普罗米修斯》三部曲的最后一部)，还是借自赫西俄德，这一点还不清楚；赫西俄德第一个将正义作为宙斯送给人类的礼物来赞美，这礼物使人类与相互吞噬的动物相区别。① 不管怎样，普罗泰戈拉对这一主题的论述完全是他自己的看法。他说，普罗米修斯的技术性知识的礼物只派送给少数专家，而宙斯却将正义感和法律观念发送给了所有人，因为如果没有它，城邦共同体就不可能存在。但是，还有一种更高类型的对城邦及其正义原则的洞见，这种洞见是由智术师们的政治技艺来教导的。他相信这就是真正的文化，[300]是将整个人类社会的结构和文明整合在一起的理性纽带。

并非所有的智术师对自身的职业都具有一种如此高贵的构想——毫无疑问，他们之中的绝大多数都只满足于向公众贩卖知识。不过，要想理解和鉴别整个智术师运动，我们就必须研究这一运动的那些最杰出的代表人物。普罗泰戈拉的断言——文化教育是人类一切生活的核心——表明他的教育目的不加掩饰地指向人文主义。他暗示，通过将我们现在称之为文明的东西——亦即技术能力——从属于文化，在技术的知识和能力与真正的文化之间做出的清晰而根本的区分，是人文主义的真正基础。也许，我们应该避免将希腊的专业知识与现代的职业观念(κλῆσις)相等同，后者从起源上说属于基督教，它比希腊的技艺观念含义广泛。② 在我们看来，一个政治家的工作——这是普罗泰戈拉想要教育人们去实践的——也是一种职业；但在希腊，将政治也叫作技艺那是极其大胆的，这么做的唯一正当理由，是希腊语中没有另一个词可以表达政治家通过训练和实践获得的那种知

---

① 赫西俄德，《劳作与时日》，第276行。

② 参见侯尔(Karl Holl)，《"职业"一词的历史》(Die Geschichte des Worts Beruf)，载《柏林科学院会议报告》，Berlin，1924。

识和能力。很清楚，普罗泰戈拉急于将其自身的政治技艺与狭义的技术性职业相区别，并将其作为某种综合与普遍的东西呈现出来。基于同样的理由，他严格地将他的“普遍”文化的观念与其他智术师提供的教育区分开来，后者是一种纯粹的事实性课程与教学。根据他的说法，他们是在“毁灭青年”；尽管他们的学生为了逃避一个工匠获得的那种技术性教学来向他们求教，但他们忽略了学生的愿望，而向学生传授另一种类型的技术性课程。① 在普罗泰戈拉看来，唯一真正的“普遍”文化是政治文化。

这一关于“普遍”文化的本质的观点概括了希腊教育的全部历史：伦理和政治相结合是真正的教化的基本品格之一。② 直到后来，一种新的审美理想才被叠加于、甚至干脆取代了旧的人文主义观念，因为城邦在人的生活中失去了主导地位。但是，高级教育与社会和国家之间的紧密联系仍然是古典希腊的一个本质性特征。在此，[301]我们并不是将“人文主义”一词作为一种早期现象的历史相似物含糊其辞地来使用的，相反，我们是在根本的意义上，深思熟虑地用它来指那种在希腊人的精神中长期孕育之后最终在智术师的教育中一朝分娩的文化理想。如今，与其同源词“人性（humanities）”一样，它与我们的文化和古典时期的关系有关。然而，这仅仅是因为我们的“普遍”文化的理想起源于希腊罗马的文明而已。因此，在此意义上，人文主义本质上是希腊人的一种创造。现代教育本质性地且无可避免地建基于对古典时代的研究之上，正是因为古代希腊实现的人文主义对人的精神具有一种永久的重要地位。③

此外，我们在这里必须看到，尽管人文主义的本质一以贯之，但它是一种活的、不断发展的思想：普罗泰戈拉的定义并不是一劳永逸的最终定义。无论是柏拉图，还是伊索克拉底，都接收了智术师的文化观

---

① 柏拉图，《普罗泰戈拉》318d。针对埃利斯的希庇阿斯，普罗泰戈拉将算术、天文、几何、音乐（这里指音乐理论）包括在技艺（*technai*）的范围之内。

② 参见本卷第142页及以下。

③ 参见拙著《人文主义和神学》，第20页及以下（参见本卷第369页，注释②）；亦可参见拙文《古代文明和人文主义》（Antike und Humanismus）和《文化观念与希腊人》（Kulturidee und Griechentum），收录于《人文主义演说集》，第110页和第125页及以下。

念，而且各自以不同的方式对它进行了损益。① 这种变化的一个最显著的证据就是普罗泰戈拉的那句有足够理由闻名遐迩的格言——这句格言在许多方面都标志着普罗泰戈拉的人文主义的本质特征——被柏拉图在生命的最后时期和最后一部著作中所接受，并将其由“人是万物的尺度”改为“神是万物的尺度”。② 在这一点上，我们最好记住普罗泰戈拉的话：“关于神，我既不能断言他存在，也不能断言他不存在。”③鉴于柏拉图对智术师的教育原则的批评，我们必须问一个问题：宗教怀疑主义和无动于衷，以及道德和形而上学的“相对主义”——这些柏拉图如此愤愤不平地反对、又使他成为智术师的激烈批判者和毕生反对者的东西——是人文主义的本质性因素吗？④ 这个问题不能由任何个人意见或者个人喜好来回答：它必须由历史来做出一个客观的回答。本书会时不时返回到这一点，并描述宗教与哲学的文化之战——当基督宗教最终为希腊罗马世界所接受时，这场战斗也在人类历史上达到了高潮。⑤

我们至少可以先这么说，在智术师运动之前，在古代希腊教育中不存在任何文化与宗教之间的现代区分：古代希腊教育深深地植根于宗教信仰之中。[302]二者之间的裂隙首先是从智术师时代开始的，这个时代刚好也是文化理想首次得到自觉建构的时期。普罗泰戈拉对一切传统价值之相对性的断言，对一切宗教奥秘不可解性的顺从接受，毫无疑问，都与他的高级文化理想密切相关。或许，除非到了原有的标准——这一标准一度对希腊教育极其重要——开始受到质疑的那一刻，否则，伟大的希腊教育传统不可能产生自觉的人文主义理想。实际上，智术师的教育清楚地表明了对一种人类生活本

---

① 参见本卷第369页，注释②；以及本书第二卷、第三卷，关于教化(paideia)发展进程的描述。

② 柏拉图，《法义》716c；参见普罗泰戈拉残篇1(第尔斯本)。

③ 普罗泰戈拉残篇4(第尔斯本)。

④ 参见拙著《人文主义和神学》，第36页及以下。

⑤ 目前暂且参见拙著《人文主义和神学》，第58页及以下。我希望在一部独立的著作中来讨论古代晚期，古典希腊的教化理想与新的基督宗教在古代晚期融合在了一起。译注：耶格尔后来写了《早期基督教与希腊教化》(*Early Christianity and Greek Paideia*)一书，已有中译本(上海：三联书店，2016，吴晓群译)。

身的有限基础的回归。教育永远需要一种标准；当此之时，在传统的教育标准分崩离析且渐行渐远之际，它便选择人的[而非神的]的形式（form）作为它的标准，从而也就成了*形式的*（formal）教育。① 此情此景在历史的各个不同时期反复出现，而人文主义的出现也总是与这样的情境紧密相连。不过，这确实是人文主义的一个重要特征：尽管这种教育在哪个时候都是一种形式的教育，但它总是越过自身前瞻后顾——后顾历史传统中丰富的宗教和道德力量，将其作为真正的"精神"，而抽象到空空如也的理性主义智识观念，必须从中提取其具体而生动的内容；前瞻一种生活理念的宗教和哲学[基础]问题——这种生活理念包围和保护着人类，就像保护一颗幼嫩的根苗，同时也把它归还给它所生长的肥沃土壤。这就是所有教育的基本问题：我们对它的回答将决定我们对智术师的重要性的判断；用一种历史的语言来说，最主要的问题是，智术师的人文主义，这个世界第一次见到的人文主义，是被柏拉图摧毁的，还是由柏拉图来完成的。我们对此历史问题给出的任何回答都将是一种信仰的告白。然后，从单纯历史事实的角度看，这个问题似乎早已尘埃落定：智术师提出的人类文化的理想在其自身内包含着伟大未来的胚芽，但其自身并非一种成熟和完美的作品。② 由于牢牢把握住了教育中的形式要素，即使在今天，这一理想仍然对教育实践具有无可估量的重要意义。但是，由于它所主张的理想如此高远，所以它还需要一种更深的宗教和哲学上的根基。从根本上说，柏拉图哲学是早期希腊教育——从荷马到肃剧作家——的宗教精神的转世重生：[303]通过进一步斟酌智术师的文化理想，他超越了智术师的理想。③

智术师与众不同的是：他们是构想自觉的文化理想的开山鼻祖。从荷马时代到雅典的崛起，如果我们纵览希腊精神的漫长发展进程，就

① 参见拙著《人文主义和神学》，第 39 页及以下。译注：关于"它就选择人的形式（form）作为它的标准：它也就成了形式的（formal）教育"，参见本卷第 387 页注释①和第 387—391 页的内容。

② 参见拙著《人文主义和神学》，第 42 页及以下，第 53 页以下。

③ 参见拙著《人文主义和神学》，第 47—54 页。

会认识到，这一观念并非一个令人吃惊的新起点，而是一个必要的续集，是整个历史进程的顶点。因为它是所有希腊诗人和思想者寻找并表达人性的持久努力的结果。这种努力本质上是一种教育活动，尤其是在像希腊这样一个如此哲学化的民族中，它为更高层次的文化观念——作为一种被理解和遵循的理想——奠定了基础。因此，智术师将早期希腊的所有艺术和哲学都看作其文化理想的组成部分，看作其文化理想的必然内容，是非常自然的。希腊人总是清楚地意识到诗歌的教育力量。因此，当教育（παιδεύειν）的含义超出儿童训练（παῖδες）的范围之外，尤其是扩大到青年的教育，以至于教育可以延伸到人类生活全部领域的信念也得到鼓励之际，希腊人最终将诗歌作为文化教育的材料来接受就是不可避免之事了。希腊人突然意识到成年人也可以有教化（paideia）。教化的概念起初只应用在教育过程上，现在其意义变成包括其客观方面（即教化的内容）在内了——就像我们的“文化（culture）”或拉丁语的“*cultura*”一词，曾经意指教育的过程，变成指被教育的状态，然后是教育的内容，最终是教育所呈现的智识和精神的世界——任何个人根据其国别或社会地位之不同，均出生于此种理智和精神的世界之中。当文化的理想得到自觉的筹划和建构之时，建造文化世界的历史进程也就达到了顶点。相应地，在公元前四世纪或之后，当教化的概念最终成形，希腊人用“教化”（在英语中，是“文化”）一词来描述一切艺术形式及其种族的智识和审美成就——实际上就是他们的整个传统——也就是水到渠成之事了。

从这个角度看，智术师站立在希腊历史的核心地带。他们使希腊自觉到她自己的文化；[304]而希腊精神则在此文化自觉中抵达了它的终点（*telos*），实现了它自己的形式和发展目标。他们促进了希腊人理解文化的真正意义这一事实，远比他们没有给出这种文化的最终形式这一事实重要。① 在传统的价值标准土崩瓦解之际，他们认识到了，而且也使希腊人认识到，这种文化是降临在他们全民族之上的伟大职责；因此，他们找到了整个种族发展的最终目标，以及各种有组织

① 译注：耶格尔认为是柏拉图及其哲学给出了希腊文化的最终形式。

的生活的基础。这种领悟是一次伟大的如日中天；不过，（正如在每个民族那里一样）它只是一次秋季的如日中天，而不是一次夏季的如日中天。当然，这是智术师的工作的另一个方面。尽管无需证明从智术师到柏拉图和亚里士多德这一时期，希腊精神得到了长足的进展，并达到了更伟大的高度，但（如黑格尔所言）密涅瓦（Minerva）的猫头鹰要到黄昏降临才起飞也是真实的。希腊精神将要赢得的主导地位——智术师首先宣告了这种主导地位——是希腊以其青春为代价获得的。我们很容易理解为什么尼采和巴霍芬（Bachofen）会觉得希腊的夏天是在*ratio*（即自觉的理性）出现之前的那个时期——也即神话时代、荷马或伟大的肃剧家们的时代。但是，我们想要接受早期希腊的那种单纯的浪漫主义观点是不可能的，因为一个民族的精神，与一个人的精神一样，是根据一种内在的必然规律而发展的，它留给后世的印象必然是复杂的，不可能是简单的。一方面，我们觉得在一个民族那里，这种精神的成长和发展意味着一种无可避免的损失，可是，另一方面，我们仍然不能放任自己牺牲这种发展所取得的力量。我们知道，只是由于这种力量，我们才有能力如此自由、如此充分地羡慕早期希腊的非理性阶段。这当然是我们今天的立场：我们的文化已经发展到了一个很晚的阶段，在许多方面，直到智术师的兴起，我们才开始在希腊有那种无拘无束的感觉。智术师比品达和埃斯库罗斯与我们更亲近，正因如此，我们更需要品达和埃斯库罗斯。经由智术师，我们认识到了，文化发展过程中的早期阶段确实仍然存活在它之内；因为除非我们同时也羡慕和理解早期的发展阶段，否则就不能接受后来的发展阶段。

[305]我们对智术师所知甚少，即使对他们之中最伟大者的学说和目的，我们也不能给出一个详尽的个别的叙述。正如柏拉图在《普罗泰戈拉》中对智术师所做的比较性描述所表明的，他们自己也特别强调彼此之间的差别；但他们又并非自己所想的那样截然不同。我们对他们几无所知的原因，是他们没有写过任何能够长久流传的著作。普罗泰戈拉在文学以及其他教育活动中享有最高地位，但他只留下了几篇零星的古代晚期仍能读到的随笔，但即使是这样的文章，

也差不多被那个时代全部忘记了。① 少量由不同智术师撰写的哲学性和科学性比较强的论文流传了几十年，但一般来说，这些作者并不是学者，他们想要影响的是他们自己时代的人。用修昔底德的话说，他们的展示（epideixis）②不是一种永恒的财产，而是一种炫人耳目的时兴表演。因而，即使他们最严肃的教育著作，自然也是为眼前的活人写的，而不是为未来的读者所作。苏格拉底远胜彼等，因为他不著一字。对智术师的教育技艺没有真正的了解是一种无可弥补的损失。这种损失无法以我们对他们的生活和见解所知的少数细节来抵消，因为这些细节归根结底是无足轻重的。我们只需考察那些能够说明其理论的材料就可以了。从我们的角度看，研究他们在把握文化理想的同时，他们理解文化教育过程的诸阶段，是第一要紧之事。他们对教育的理解证明他们了解教育的基本事实，尤其是他们能够分析人性。他们的心理学很简单：与现代心理学相比，他们的心理学几乎像伊奥尼亚哲学家的宇宙基本结构理论与现代化学相比那么简单，但是，现代心理学家对人的真正本性的了解，并不比智术师多，而化学家对世界本性的了解并不比恩培多克勒和阿那克西美尼强。因此，即使在今天，我们也可以接受并赞赏智术师们开创的新教育理论。

大约一个世纪之前，贵族教育和民主理想的冲突已经爆发——泰奥格尼斯和品达证明了这种冲突。③ 现在，智术师们追索这一冲突提出的问题，[306]探究一切教育的基础——自然[天性]与有意识的教育影响在品格塑造中的关系。我们没有必要在当代文献中大段引用此类讨论的重复论调，它们无非是表明智术师已经使全希腊都意识到了这个问题。尽管表达的方式不同，但结论总是大致相同——自然（φύσις）是一切教育得以建立的基础；完成那种教育的过程叫学习

① 关于普罗泰戈拉论存在的论文的一个复制本，波菲利（Porphyry）提供了有价值的证据；参见普罗泰戈拉残篇2（第尔斯本）。

② 译注：希腊语“epideixis”意为“展示”。“deixis”，即“用手指给大家看”；“apodeixis”则指哲学家要干的事，意即“说明、解释原因、证明”。

③ 参见本卷“贵族阶层：冲突与转形”一章。

(μάθησις)——有时也叫教学(διδασκαία)——和练习(ἄσκησις)，这一过程使学进去的东西成为第二自然。① 鉴于贵族教育和理性主义之间的传统对立，智术师的这个结论是综合二者的一种尝试：它抛弃了品格和德性可以凭血统继承，而不是经后天习得的贵族观念。

现在，神圣血统的伦理权力被人的自然(human nature)的普遍观念——连同其个体的偶然性和模糊性，当然还以一种更广阔的范围——所取代。这当然是一种最重大的偏离，如果没有医学进步的帮助是不可能完成的。长久以来，医学一直是一种原始的急救措施，其中夹杂着大量流行的迷信行为，以各种咒语和巫术感应来治病，直到伊奥尼亚关于自然进程的新知识以及一套常规的经验性技术的建立将其提升为一门技艺，并教导医生对人的身体及其变化过程进行科学的观察。我们在智术师及其同时代人那里经常见到的人的自然的观念，首先是从开明的医生和医学研究者中间产生的。② 自然(φύσις)的观念从整个宇宙转移到了其中一个部分——人类身上；而且在那里有了一种特殊的意义。人受他自己的自然所规定的特定法则的制约，如果他想要健康地生活并从疾病中适宜地康复的话，就必须了解他自己的那个自然。这是对这一事实的首次承认：即人的自然是一个符合自然法则的有机体，它有一个有待认识的特定结构，需要以一种特定的方式来治疗。从这一医学的自然观念出发，希腊人很快就有了"φύσις"这个词的广泛应用，它是智术师的教育理论的基础：现在变成指由身体和灵魂一起构成的整个人，尤其是指人的精神本性(spiritual nature)。与此同时，历史学家修昔底德也正在使用人性(human nature)的概念，[307]只不过是根据他的学科做了改变，来指示人的社会和道德本性。现在，首次得到

① 参见来自普罗泰戈拉，《大论》(*Great Logos*)残篇，普罗泰戈拉 B3(第尔斯本)。我们可以在柏拉图、德谟克利特、伊索克拉底、亚里士多德那里发现类似的区分。译注：此处的"自然(nature，φύσις)"和"第二自然"译为"天性[本性]"和"第二天性"较为合适，但为说明该词的原始意义，此处仍译为"自然"和"第二自然"；下文中的 human nature 或译为"人的自然"，或译为"人性"；智术师说的 human nature 字面上也可理解为"人性"，但不能把他们说的"人的自然"与修昔底德、苏格拉底、柏拉图所强调的社会道德本性相混淆。

② 现在迫切需要对包含在希波克拉底文集中的"人的自然"的思想做一种新研究，参见本书第三卷"作为教化的希腊医学"一章。

确切规定的人性观念，不再应该被看作是一个简单的或自然而然的观念了：它是希腊精神的一个伟大的基础性发现。只有在它被发现之后，才有可能建构一种真正的文化理论。①

智术师并未解决隐含在"自然"一词之中的深层宗教问题。他们以一种乐观主义的信念——人的自然[本性]通常可教，而且能够向善——开始；他们相信，不幸的人或者性情邪恶的人只是例外。当然，在这一点上，人文主义经常遭受基督徒的抨击。毫无疑问，智术师的教育乐观主义并非希腊人对此问题给出的最终答案；然而，倘若希腊人从人皆生而有罪的信念，而不是从人皆可使向善的思想出发，那么他们就永远不可能创造出他们自己的教育技艺和文化理想。要想知道希腊人是如何经常深刻地意识到教育的问题，我们只需要记住《伊利亚特》中菲尼克斯教导阿喀琉斯的那一幕、品达的颂歌以及柏拉图的对话就可以了。贵族政治论者尤其怀疑教育是否能够普遍化。品达和柏拉图从未陷入过这样的幻想：即理性可以像物质材料一样以一种机械的方式进行分配；苏格拉底这个平民重新发现了传统希腊对人的无条件的可教育性的怀疑。请记住柏拉图第七封信中的那种极度无奈，在那里，柏拉图悲伤地谈到知识对人这个种类发生影响所受的局限，谈到促使他只对少数听众说话，而不愿向大庭广众讲道的原因。② 不过，也请记住，尽管他们有种种怀疑，但构建并确切表述民族的一切高级文化理想的正是希腊的智识贵族；你也会认识到，希腊精神永恒的伟大和丰饶正是由教化天下的意志和对一种机械教育之可能性的怀疑之间的冲突所造就的。在这两个极端之间，基督教的罪感及其悲观主义文化观，和智术师的教育乐观主义二者都有容身之地。如果想要对他们的工作公正相待，我们就必须努力理解产生和制约其乐观主义的历史处境。即使当我们对它赞赏有加时，我们也不可能避免对它有所批评，[308]因为智术师的目标和成就在现代生活中仍然起着一种不可或缺的作用。

---

① 十七、十八世纪，以人性观为中心的科学思想有了平行的发展。参见狄尔泰（W. Dilthey），《世界观与人的分析》（Zur Weltanschauung und Analyse des Menschen），收录于《论文集》（*Schriften*），第二卷。

② 柏拉图，《书信》7. 341d。

没有人比智术师的伟大批判者柏拉图更好地理解和描述了支配智术师视角的政治环境。他的《普罗泰戈拉》是我们必须常常回归的源头，因为它将智术师的教育观念和教育技巧作为一个统一的整体进行了正面考察，且以无可争议的真实揭示了他们全部的社会和政治预设。当教育达到智术师开始从事教育活动的那种特定程度时，这些预设的前提总是不断地出现。对于一个智术师与另一个智术师所使用的教学方法之间的个体差异，柏拉图仅仅将其作为笑料来看待。他让三大智术师同台表现——阿布德拉的普罗泰戈拉(Protagoras of Abdera)、埃利斯的希庇阿斯、开俄斯的普罗迪科(Prodicus of Ceos)：他们都是雅典富翁卡利阿斯(Callias)家中的座上客，卡利阿斯将自己的家变成了名流学士的雅集之地。[①] 通过这一策略，柏拉图得以表明，尽管智术师们性格各异各有千秋，但他们所有人都有一种显著的家族相似性。

其中最重要的人物是普罗泰戈拉。他承担着向一个出生良好的雅典青年传授政治德性的任务——这位名叫希波克拉底的青年恳求苏格拉底把他引荐给普罗泰戈拉；面对苏格拉底坦诚的怀疑态度，普罗泰戈拉解释了他为什么相信人在其社会性上是可教的。[②] 他从公认的社会状态开始。没有人耻于承认他对任何一项需要特殊技能的技艺[如建筑、造船、航海]一无所知，但也没有人会公开承认自己犯了违法乱纪之罪，而是至少保持遵纪守法的样子。如果一个人想要摘下面具，公然承认自己是一个不法之徒和不义之人，人们就会认为他是发疯而非坦诚。因为我们都假定，人人都分有正义和常识。现在，政治德性可以习得的事实是从现行制裁制度得出的，现行的制裁制度惩恶扬善。我们不会谴责他人天生的缺陷，因为这不是他的奖罚之所在。社会用奖罚来激励可以通过有意识的努力习得的良好品行。因此，法律惩罚的罪行必定可以通过教育来避免，[309]除非整个社会体系即将崩溃。普罗泰戈拉从惩罚的目的中得出了相同的结论。他拒绝传统希腊关于惩罚的因果理论，这种理论认为[受]惩罚作为必须支付的报偿是因为一个人犯

① 参见本书第二卷，“《普罗泰戈拉》”一章。

② 柏拉图，《普罗泰戈拉》，323a 及以下。

了罪；他提出了一种显然是新的惩罚终结论，即惩罚是为了改善和威慑——它改善作恶者，而劝阻其他人。① 这种关于惩罚的教育学解释依赖于人是可教的前提假设。公民德性是城邦的基础：没有它，就没有一个城邦共同体能够存在。任何不具备公民德性的人必须受教育、受谴责、受惩罚，直到他改过向善；如果他无可救药，那么就必须把他逐出城邦，或者干脆处死。所以，根据普罗泰戈拉的看法，不仅城邦的正义，而且整个城邦本身，就是一种整体的教育力量。更确切地说，以这种教育理论的严格逻辑说话，并通过这种理论来寻求自身合理性的，是当代城市国家（与他自己举的例子雅典一样）连同它对法律和正义的依赖。

执法意味着教育，此种作为国家职责的教育观念，似乎认为国家在对其公民的教育施加一种系统性的影响。但是，如前所述，除了斯巴达之外，没有一个希腊城邦实施过这种影响。但智术师显然从未提出过需要国家监管的一种教育，尽管从普罗泰戈拉的立场出发，他们应该很有可能这样做。通过给数量众多的个人提供教育，他们自己填补了国家教育的空白。普罗泰戈拉指出，每个公民从出生起，终其一生都在接受教育引导的影响：保姆、父母、教师，一言一行，都在教他和展示给他这个对、那个不对，这个好、那个不好，在塑造孩子的性格方面，一个胜似一个。就像整治一根扭曲变形的枝条，他们试图以威吓和惩罚使人的灵魂重回正轨。然后，他就可以去学校学习如何行为端正，阅读和写作，演奏竖琴。

当他度过这个阶段之后，老师就让他诵读优秀诗人们的诗篇并用心背诵。② 这些作品包含许多道德训诫和颂扬好男儿们的故事，他们的榜样会感动孩子去模仿。音乐课程也会训练他节制，远离不良行为。接下来就要学习抒情诗人的诗作，他们的作品要配上音乐吟唱。[310]这些可以使孩子们的灵魂熟悉节律与和谐，让他们更温雅，因为人的一生都需要良好的节律与适当的和谐。实际上，节律与和谐必须由一个真正受过教育的人用全部言行来表达。③ 除此之外，还要送孩子去体

① 柏拉图，《普罗泰戈拉》324a—b。
② 柏拉图，《普罗泰戈拉》325e。
③ 柏拉图，《普罗泰戈拉》326a—b。

育学校，教练员(*paidotribés*)会训练他的身体以便为健全的精神效力，这样他就不会因软弱而胆怯。普罗泰戈拉强调，富家子弟的学习时间远比穷人家的孩子要长，他们的孩子入学早而离校晚，由此他使自己的演说适合于出类拔萃的听众。① 他想让大家明白，每个人都尽可能仔细地教育好自己的孩子：因此，整个世界的一致意见(*communis opinio*)都认为人是可教的，而在实际生活中，父母在孩子的教育上几乎从不吝啬、从不迟疑。

普罗泰戈拉并不认为当孩子离开学校时教育就结束了，这一点告诉我们新文化观的许多消息。在某种意义上，他认为此时教育才真正开始。当普罗泰戈拉断言在政治德性上教育人的是法律时，他的理论再次反映了关于城市国家性质的流行观念。一个公民真正的文化教育，是在离开学校进入积极主动的社会生活之后，城市国家强制他学习法律，并依照典范和榜样来生活(*παράδειγμα*)。② 这显然是将旧式贵族教育转化为新的公民教育的一个例子。自荷马以来，遵循高贵典范的观念一直支配着贵族阶层的教育。一个伟大的人物是学生必须遵循的规范和准则的物质载体，学生对这一人物的理想品格的钦羡自然会敦促他模仿先贤。当法律为人提供典范时，模仿(*μίμησις*)中的这种个人因素就消失了。在普罗泰戈拉所描述的毕业离校后的教育体系中，这种模仿并没有完全消失，只不过被转移到了一个较低的层次：它现在成了诗教中基础教学的一部分，只致力于内容的解释，强调它所体现的道德准则和历史范例，而不是强调发展精神上的节律与和谐的形式。但是，在法律所提供的范例中，规范性因素得到了保留，甚至加强，法律是每个公民最高级别的教育者；因为法律是现行道德标准最普遍和最后的表达。[311]普罗泰戈拉将依照法律而生活与孩子写字的初级课程相比较——孩子在学习写字时必须把字写在老师划定的界线之内。法律本身就是公民生活不可逾越的界线：古代伟大的立法者们正是为了这一目的而发明法律的。普罗泰戈拉已经把教育的过程比作修直一根

---

① 柏拉图，《普罗泰戈拉》326c。
② 柏拉图，《普罗泰戈拉》326c—d。

长歪的枝条；现在，使一个逾越界线的人回归正道的惩罚，用法律的语言来说就叫 euthyné，即矫直；智术师相信，法律的教育功能也在这里一目了然了。①

在雅典，（如品达在一句当时经常被引用的诗中所言②）法律不仅是国家的"君王"，而且是雅典的公民学校。我们现在不以这种方式来看待法律，也不相信法律是往昔伟大立法者的发现：它们是转瞬即逝之事，就像它们在雅典将要成为的那样，即使是法律专家，也不能全部了然于胸。我们几乎不能想象，这一切如何可能：当苏格拉底在狱中面临死亡，别人为他提供一个安全逃亡、重获自由的机会时，法律竟以一个活生生的人的形象出现在他面前，建议他在法庭审判时仍然忠于法律，因为它们教育和保护了他一辈子，是他全部生存的基础；普罗泰戈拉对法律作为教育者的描述使我们想起了柏拉图《克力同》中的场景。③ 他只是在构想他那个时代的法治国家的理想；即使他没有频繁地提到雅典，并解释说其教育理论的全部结构奠基于那种生活观念之上，我们本来也应该注意到，他的教育理论与雅典文化理想之间的亲缘关系。到底是智术师自己确实感觉到了这种亲缘关系，还是只是柏拉图在《普罗泰戈拉》中以生花妙笔自由模仿他的演说从而将其归之于他，要想断定这一点是不可能的，但至少有一点是确定的——柏拉图本人总是觉得，智术师的教育体系直接来源于当时的实际政治环境。

普罗泰戈拉的所有言辞都旨在证明人在德性上是可教的。但是，智术师提出的这个问题，不仅涉及到城邦与社会建立于其上的假设，涉及到政治与道德常识，而且还涉及到一个更为广泛的问题。人的自然（human nature）的可教性问题，只是另一个问题——自然与通常所谓的技艺的关系问题——的一种特殊情况而已。[312]普鲁塔克在其《论儿童的教育》（On the education of children）中曾经对教育理论的这个方面有过启人深思的讨论。这篇作品在文艺复兴的人文主义中具有根

① 柏拉图，《普罗泰戈拉》326d。

② 参见本卷第138—139页。

③ 柏拉图，《克力同》（*Crito*）50a；参见《普罗泰戈拉》326c。

本的重要性：它一次又一次地再版，其中的观念被现代教育者们接受并到处推销。在导论①中，普鲁塔克明确陈述了一个事实：他了解并利用了关于这一主题的早期文献。他利用这些文献并不局限于教育问题的特定一点，而是整个下一章的内容，在该章中，他讨论了教育的三个基本要素：自然[天赋]、学习和练习。非常清楚，普鲁塔克的思想建立在早期教育学理论的基础之上。

最为幸运的是，普鲁塔克不仅为我们提供了"教育的三位一体"——它原本属于智术师，②而且提供了对此问题的连续不断的讨论——它说明了智术师的文化理想的持久影响力。普鲁塔克的资料来源以农艺(agriculture)为例，说明了教育三要素之间的相互关系——农艺是为一特定目的，以人为的技艺培育自然[天赋]的主要事例。成功的农艺需要：首先是适宜的土壤，其次是技艺娴熟的农夫，最后是良好的种子。在教育中，土壤就是人的自然，教师对应于农夫，种子就是由言辞传授的教诲和劝告。当这三个条件都全部实现时，产品肯定非同一般的好。不过，即使一个资质略欠的自然[天赋]得到恰当的照料、教诲和练习，其缺陷和不足也能得到部分弥补；而另一方面，即使一个禀赋极高的自然如果疏于照料不加教导，也会被糟蹋掉。这就是使教育技艺不可或缺的事实。历经艰辛之后从自然生产出来的产品，最终要强于自然本身。如果不加耕作，良好的土壤也会颗粒无收——实际上，自然禀赋越好，它会越加糟糕。不那么肥沃的土地，如果耕作适当，持之以恒，最终会产出珍贵的作物。同样的道理适用于农夫的另一半工作，即树艺(arboriculture)。身体训练和动物驯养都是自然可以被教化的良好事例。重要的是，在正确的时机，最可培育的时机，开始工作——在人类身上就是孩提时期，那时人的自然还是柔韧易塑的，无论学什么都很容易，而且经久不忘，都会被心灵吸收。

[313]不幸的是，我们现在已经不能在普鲁塔克的论证中区分开早期的因素和晚期的因素。他显然是将智术师的一些观点与智术师之后

① 普鲁塔克，《论儿童的教育》。
② 参见本卷第378页。

的哲学家们的学说混在了一起。因此，关于年轻人灵魂的可塑性（εὔπλαστον）的思想可能来自柏拉图；①技艺可以弥补自然缺陷的这一想法出现在亚里士多德那里；②不过，这二者很可能首先是智术师们的想法。教育与农艺的鲜明对比看上去与教育的三位一体说联系如此紧密，它必定是智术师教育理论的组成部分。③ 这种比较在普鲁塔克之前就已经在使用了，因此必定可以追溯到一个更早的源头。它被译成拉丁文之后，进入欧洲思想并催生了"*cultura animi*[灵魂的培育]"这个新隐喻——正如土壤的培育是农艺，人类的培育是精神的培育。现代社会的"文化"一词显然是原来那个隐喻的清晰回响。这些思想在后来的人文主义理论中复活，并促使文明国家或"文化"（cultured）国家从此之后高度重视智育（intellectual culture）理想。

我们将智术师作为历史上首批人文主义者来描述，这种描述与他们创造了文化的观念这一事实相一致，尽管他们没有想到有朝一日他们的隐喻会远远超出单纯的教育思想，成为文明的最高象征。不过，这一文化观念的巨大成就有充分的理由：教学与农艺二者富于联想的比较表达了希腊文化一种新的普遍基础——通过人的意志和理性改进自然禀赋的一般规律的最高应用。由此，我们可以清楚地看出，教育学和关于一种文明的哲学之间的联系——它归功于所有的智术师，但主要是普罗泰戈拉——是内在的和必然的。他们认为，在最广泛、最普遍的意义上，文化的理想是一个文明的顶峰，它包括从人把自己的意志加于原初自然的首次简单尝试，到人类精神最高级别的自我教育和自我塑造的一切。通过将教育建立在如此广阔而深刻的基础之上，智术师再次揭示了希腊精神的真正本性：全神贯注于普遍的东西，即生活的整体。如果他们未曾这么做，[314]文明的观念和文化教育的观念就不可

① 柏拉图，《王制》377b。

② 本人从新柏拉图主义者扬布利科（Iamblichus）的《劝勉篇》（*Protrepticus*）中重构了亚氏已经遗失的《劝勉篇》中的这个部分——亚氏在其中发展出了艺术可以弥补自然缺陷的思想，参见拙著《亚里士多德：发展史纲要》，第 74 页及以下。

③ 教育与农艺的比较也出现在"希波克拉底文集"的《法则论》（*Law*）3 中。但是，由于其起源日期不可知，所以在年代确定方面对我们帮助不大。《法则论》似乎是智术师时代的产物，或者出现在智术师时代之后不久。

能以一种如此可塑和富饶的形式而存在。

然而，无论为教育奠定一个深刻的哲学基础有多么重要，但将教育过程与农艺相比较本身仍没有多大价值。通过学习的方式渗透进灵魂的知识与种子和土壤的关系不是同一种关系。教育不是一个简单的自动生长的过程——教师可以根据他自己的意志引导和鼓励这个过程。我们曾经提到过教育的另一个相似物，即通过体操训练塑造身体的过程，这一塑造过程古老而规范，它为新的塑造灵魂的过程提供了一个显著的比较。正如希腊人在思考雕塑时认为，身体的训练如雕刻家雕琢他的石头，都是塑造身体的行为，现在普罗泰戈拉也将教育看作*塑造灵魂*(shaping the soul)的行为，而且把实现它的手段看作一种构成性力量。① 我们不能确然无疑地说，智术师是否将构造或塑造这样的特定概念运用于教育过程：原则上，他们的教育观念会非常认可这样的想法。因此，柏拉图是否是首个使用"*陶冶*(mould，即*πλάττειν*)"一词来描述教育行为的人无关紧要。② 诗歌与音乐的和谐与节律必须烙印在灵魂上，以便灵魂富于节律与和谐，塑造灵魂的观念内在于普罗泰戈拉的这一明确主张之中。③ 在那段文章中，普罗泰戈拉正在描述的不是他自己提出的教育，而是每个雅典人或多或少都在享受的教育，是雅典现有的私人学校提供的教育。我们可以认为，智术师的教学就是对这种教育的精心筹划，尤其是在教育体系核心的正式科目中。在他们之前，我们从未听说过文法、修辞和论辩术这些科目：因而肯定是他们的发明。新技艺显然是塑造智力的原则的系统表达，因为它以语言的形式、演说术的形式及思想的形式开始授课。④ 这种教育技艺是人的意识曾经做出的最伟大的发现之一：直到意识探索这三项教育活动，意识才领悟到其自身结构的隐蔽规律。

---

① 参见本卷第 381 页及该页注释①。

② 参见本书第二卷，第 241 页。

③ 柏拉图，《普罗泰戈拉》326a—b。

④ 译注：grammar(语法、文法)，希腊文原意是"语言的技艺"；rhetoric(修辞学)，希腊文原意是"言说的技艺"，用于辩论时也叫演说术或雄辩术；dialectic(论辩术)，希腊文原意是"对话"，两人反复论辩，所以也叫辩证法。关于"以语言的形式、演说术的形式和思想的形式开始授课"，可参见本卷第 374 页，注释①。

[315]不幸的是，我们对智术师在这些科目中的伟大工作几乎一无所知。他们文法方面的论文已经轶失了，尽管后来的文法学家们（逍遥学派和亚历山大里亚学派）曾将这些论文作为他们自己的著作的基础来使用。柏拉图的滑稽模仿告诉了我们普罗迪科对语义学的许多研究，而普罗泰戈拉对不同类型的词语的划分，以及希庇阿斯关于字母和音节的意义理论，我们也略有所知。① 智术师的修辞学著作也都散失殆尽了：它们都是教学手册，无意于出版。阿那克西美尼的《修辞学》（Rhetoric）不足称道，靠从比它好的著作那里继承的观念取胜，但也透露了那些著作的一些内容。关于他们的论辩术，我们知道得多一点。这方面的主要著作，即普罗泰戈拉的《论相反论证》（Antilogies），已经轶失。不过，在一本名叫*δισσοὶ λόγοι*（即《两边都说》[*Double Speeches*]）的书中②——该书是公元前五世纪晚期一个不知名的智术师用多利安方言写就的——我们还可以管窥他们的"从两边说"的著名论辩技巧：也就是说，先批驳一个命题，然后再捍卫同一个命题。逻辑学是在柏拉图的学园中首次教学的；一些严肃的哲学家曾经批评过许多二流智术师变戏法似的争论术，认为它们毫无意义，柏拉图在《欧绪德谟》（*Euthydemus*）中对它们进行了滑稽模仿和讽刺，但它们证明了这种新的论辩技术起初主要是被看作演说家军火库中的一种武器。

智术师所传授的正规教学科目的所有直接资料几乎完全缺失了，在这样的情况下，我们必须主要根据这些资料对时人以及后世的直接影响来对其作出评判。其同时代人在演说中的无与伦比的技巧，在演说的结构处理上的胸有成竹，在证明过程中的论证和说服，在演说中阐

---

① 少量证据收集在《前苏格拉底残篇》（第尔斯本）中：普罗迪科 A 13 及以下，普罗泰戈拉 A 24—28，希庇阿斯 A 11—12。

② 《对言》（*Dialexeis*）8 提到斯巴达对雅典及其盟邦的胜利，以及胜利对两边的后果，也就是说，伯罗奔尼撒战争的结局。译注：*δισσοὶ λόγοι*，Double Speeches，"两边都说""两边都论证"；智术师认为对一切事物而言都存在着两种相反（但都又讲得通）的说法，所以智术师可以同时论证两个相反的命题；这一原则后来发展为 Dialexeis，即"对言"的观念。参见刘亚猛，《言说与秩序：轴心时期中西语言思想的一个重要区别及其当代意义》，载《浙江大学学报》，2010 年，第 6 期。

述思想所使用的每一个方法——从对事实的简练叙述到最激动人心的情感铺陈，希腊的演说家们以那种大师的沉着自信所运用的全部手段——都应该归功于智术师。演说术，正如智术师所教导的，是"智力的体操"——在我们同时代人的演说和著作中难得发现的一门艺术。在阅读那个时期的阿提卡演说家的作品时，我们真正感觉到论证（logos）就是拳击场上赤膊上阵的搏击者。一个精心设计的证明，紧凑整齐而又灵活柔顺，就像一个训练良好的运动员的身体，结实强健而又伸缩自如。希腊人把一场诉讼或审判叫作搏斗（agon），因为他们总是觉得这是两个对手之间以一种合法的形式进行的一场战斗。[316]现代学者已经表明，在智术师时代，希腊的辩护律师逐渐抛弃了传统的那种通过目击证人、刑讯拷问和赌咒发誓这样的证明方法，代之以逻辑论证这种新的修辞学证明方法。① 即使修昔底德这样的史家，真理的最迫切的寻求者，在其演说技巧、句子结构、乃至遣词造句（即"正确措词[orthoepeia]"）上，都显然深受智术师的形式技艺的影响。② 在古典时代晚期，修辞学是文化教育的主要形式，它与希腊人对形式的强烈爱好如此相称，以至于它实际上就像一种爬行植物那样过度生长，覆盖了其他所有生物，从而毁灭了这个民族。不过，这一事实决不能影响我们对新发现的教育价值的判断。与文法和论辩术一起，修辞学成了整个欧洲的形式教育的基础。这三者在古代晚期叫"三学科（Trivium）"，与四学科（Quadrivium）一起构成"自由七艺"，从而正式组成了一个教育体系，它们比古代文化和古代艺术的其他一切优美与辉煌都经久不衰。时至今日，法国学校的上层阶级仍然有这些"学科"的名字，它们由依附于中世纪修道院的学校继承而来，因而象征着智术师文化连绵不断的传统。③

---

① 参见索尔姆森（F. Solmsen），《安提丰研究》（Antiphonstuien），载《新语文学研究》，耶格尔编，第八卷，第7页。

② 芬利（J. H. Finley），《修昔底德》（*Thucydides*），Mass. Cambridge，1942，第250页及以下。

③ 古代艺术（*artes*）继续存在于耶稣会士的《课程计划》（*ordo studiorum*）中。"自由艺术"一词相当有活力，在美国用来指"通识教育（general education）"，尽管其内容已经现代化了，而"博雅学院（liberal arts college）"则是与实用主义和专业主义的教学法相对应的一种特殊学院。

智术师自己没有将这三门形式技艺与算术、几何、音乐和天文相结合，构成后来的“自由七艺”体系。在这个教育体系中，“七”这个数字其实最无关紧要；将希腊人称之为数学(mathemata)者(它从毕达哥拉斯时代起就包含和声学与天文学在内)包括在高级文化体系之内——它实际上是将三学科与四学科相加的关键环节——其实是智术师的工作。① 在智术师之前，正如毕达哥拉斯对流行教育体系的叙述所表明的，音乐中只有实践教学的课程：它是由职业的里拉琴演奏者传授的。② 智术师将毕达哥拉斯关于和声理论的学说加了上去；他们也通过将数学课程引入音乐教学改变了世界历史。在毕达哥拉斯学派中，数学一直是科学研究的一个主题。智术师希庇阿斯首先确认了数学作为一种教育手段的无可替代的价值；其他智术师，如安提丰，还有他之后的布莱森(Bryson)，[317]都教授和研究数学问题；自此之后，数学就从未丧失其在高级教育中的地位。

时至今日，作为由智术师创立的希腊高级教育体系，支配着整个文明世界。它被每一个国家所接受，尤其是因为它可以在没有一种关于希腊的知识的情况下被透彻理解和消化吸收。我们永远不可忘记，是希腊人不仅创造和阐述了普适的伦理和政治文化(我们在其中追溯到了我们自己的人文文化的源头)，③而且创造和阐述了人们称之为实践教育的东西(它有时是人文文化的竞争者，有时是人文文化的反对者)。我们在狭义上叫作人文主义的教育类型(它在缺乏一种关于希腊和拉丁的知识的情况下不可能存在)只能在一种文明中出现——它本身不是希腊的，而是深受希腊文化影响的一种文明，也即罗马文明。希腊与拉丁一起的现代教育体系，是由文艺复兴时期的人文主义者首次完全实现的。我们以后还要研究它在古代晚期文明中的初步发展。

我们不知道智术师开出的数学课程的旨趣如何。对它的主要反对之一是数学在实际生活中一文不值。作为一种对哲学学习的准

---

① 参见希庇阿斯残篇 A11—12(第尔斯本)。
② 柏拉图，《普罗泰戈拉》，326a。
③ 参见本卷第 370 页及以下。

备，柏拉图自然将数学整合进了自己的教育体系。① 这当然不可能是智术师教授数学的目的。然而，相信智术师认为数学只是对才智的一种形式训练，我们也不可能是正确的：尽管伊索克拉底——他本人就是智术师的修辞学的一个研究者——在反对了多年之后终于承认，在有限的程度上，数学对学习哲学还是有用的。② 在他们的教育体系中，数学是实体因素，而文法、修辞、论辩术则是形式要素。后来的"自由七艺"划分为三学科与四学科，也提示智术师所教的课程分为两组互补的科目；因为人们普遍认为两组课程各自履行不同的教育功能。那些努力将它们结合起来的人是试图达到一种和谐的理想，或者，像希庇阿斯本人那样，③达到一种普遍性的理想：不是简单地将一个与另一个相加产生一个统一体。即从表面上判断，包含天文学(那时它还不是一种严格的数学研究)在内的数学，仅仅只是作为一种对大脑的形式训练来传授，也是不可能的。[318]智术师好像没有承认数学在那个时代的实际生活中的无用是对其教育价值的一种决定性的反对意见。他们肯定羡慕数学和天文学作为一种纯粹理论的思维锻炼的价值。尽管其他人很少是富有成效的学者，但对希庇阿斯而言，肯定如此。因此，这是第一次对一种纯粹理论学科在才智培养中的价值的认可。这些理论学科与那种技术性的和实践性的学科在发展人的能力方面相当不同，文法、修辞和论辩术旨在促进人的实践能力的发展。学生由于数学知识的获得而加强了建构和分析能力，或者概括地说，是加强了纯粹思维的能力。智术师从未获得过产生这种效果的理论：柏拉图和亚里士多德是首次完全实现纯粹科学的教育意义的人。但是，我们必须因智术师准确无误的洞见而赞赏他们，这种洞见使他们为此目标选择了正确的学科训练，这种洞见也为后世的教育家所认可和推崇。

---

① 柏拉图，《王制》，536d。

② 《论财产交换》(*Antid.*)265；《泛雅典娜节演说辞》(*Panath.*)26。

③ 柏拉图，《大希庇阿斯》285b 及以下，只展现了希庇阿斯百科全书式多样性的学识，而在《小希庇阿斯》368b 中，柏拉图描述的是希庇阿斯有志成为通才(to be universal)——他有成为一个通晓各种技艺和全部知识的大师的雄心。

当理论科学一旦作为一种教育科目被引进，就有必要决定要学习它到何种程度。这个问题出现在那个时期的每一次有关科学教育的讨论中，出现在修昔底德、柏拉图、伊索克拉底、和亚里士多德那里。这不是一个只由哲学家们提出的问题：我们到处都可以听到对这些奇怪的新学科的普遍反对声，为了这种远离日常生活的兴趣的纯粹智力学习，人们需要花费如此多的时间和精力。在那之前，这种精神态度只出现在少数行为古怪的学者身上：他们对日常生活的兴趣的令人吃惊的缺乏、他们的独创性、既荒唐可笑又才华横溢，一直被待之以宽容、友好，甚至尊敬。[①] 不过，现在不同了。理论科学声称自己是真正的、最高类型的文化，而且要取代或支配现行的教育科目。

主要的反对者不在劳动人民之中，他们自然不会对理论科学有任何兴趣——它是“无用的”、昂贵的，它意味着上层阶级。批判它的只能是统治阶级，他们一向拥有一种高级的教育和一整套固定的衡量标准，他们的美善（kalokagathia）理想、彬彬有礼的性格，即使在民主的政治制度和生活方式中仍然存在。[319]对追求理论知识兴致勃勃的榜样，是由像伯利克里这样的大政治家和像卡利阿斯（Callias）这样的社会领导者——雅典最富有的人——树立的；许多声名卓著受人尊敬的家族打发他们的孩子去听智术师的演说。不过，要想对*σοφία*[理论知识]威胁到了贵族阶层的理想这一事实视而不见是不可能的。父亲们并不想让他们的孩子被教育成智术师。一些天资聪颖的学生跟随智术师，从这个城市到那个城市，旨在凭他们从智术师那里学到的东西谋得一官半职；但是，同样参加智术师讲座的雅典青年贵族，并不觉得他们的理想是值得追随的榜样：相反，它使他们认识到了自己与智术师之间的社会鸿沟（所有智术师都来自于中产阶级家庭），也使他们感觉到了智术师可能施加给自己的影响的局限性。[②] 在伯利克里的阵亡将士演说中，修昔底德阐述了雅典城邦对新文化的态度：尽管他非常重视头脑的训练和培养，但他通过*ἄνευ μαλακίας*

---

① 参见本卷第197页及以下。

② 柏拉图，《普罗泰戈拉》，312a，315a。

［不要软弱］的提醒，以限制 *φιλοσοφοῦμεν*［爱好智慧］：理想应该是“爱好智慧，但不因此而变得柔弱”的智力文化。[①]

这一警句表达了对智力训练的乐趣的一种严格限制，它使公元前五世纪下半叶的雅典统治阶级的态度一目了然。这使人想起柏拉图《高尔吉亚》中的“苏格拉底”（在此就是柏拉图本人）与雅典贵族卡利克勒斯（Callicles）之间的争论，两人就超然的学术研究对有志于政治的贵族的教育价值发生了争论。[②] 卡利克勒斯激烈抨击这种观念：即知识本身就可以是一种人生目的，值得人们毕生奉献。他说，为了让年轻人在未成熟之前的危险时期远离不良习惯的危险，并训练他们的推理能力，那种纯粹的理论研究是有益的。一个在人生早期未曾对理论知识发生兴趣的人，不可能成为真正的自由人。[③] 但是，另一方面，任何将一辈子都花费在封闭的空气中学习的人，都不可能成为一个完整的人，而是被拘束在了其发展的一个早期阶段之中。[④] 卡利克勒斯划定了一条界线，人们决不能越过这条界线去从事理论学习，他说人们应该“因文化之故（for the sake of culture）”而追求理论知识——也就是说，作为对人生的一种准备，在某个特定阶段有限度地学习即可。[⑤] 卡利克勒斯成了他那个阶层的典型。（我们在此不必在乎柏拉图对他的态度。）[320]整个上层阶级和雅典的中产阶级，对正在吸引自己孩子的新智识崇拜，或多或少都持卡利克勒斯的那种怀疑态度，唯一的区别是这个人与那个人之间的区别。我们会在后续章节讨论阿提卡谐剧对智术师的态度，这将是我们在此事上最重要的证据之一。[⑥]

正如卡利克勒斯说的每一句话所表明的，他本人就是智术师的学生。但是，在他随后作为政治家的生活中，他学会了将自己所接受的智术教育服从于他的整个政治生涯。他引用欧里庇得斯的话，欧里庇得斯

---

① 修昔底德，《伯罗奔尼撒战争史》II，40，1。

② 柏拉图，《高尔吉亚》484c 及以下。

③ 柏拉图，《高尔吉亚》485c。

④ 柏拉图，《高尔吉亚》485d。

⑤ 柏拉图，《高尔吉亚》485a：*ὅσον παιδείας χάριν*［因文化之故］。柏拉图，《普罗泰戈拉》312b，以及后来的伊索克拉底的观点，也与此类似，参见本书第三卷，第 178—179 页。

⑥ 参见本卷第 451 页及以下。

的作品反映了他那个时代的所有问题。在他的《安提奥普》(Antiope)中,诗人介绍了两个彼此完全对立的当代典型——敏于行动的人与天生的理论家和梦想家;前者以卡利克勒斯现在对苏格拉底说话的相同语气对他的兄弟说话。众所周知,罗马诗人埃纽斯(Ennius)曾经模仿这部戏剧,并借阿喀琉斯之子、青年英雄涅奥普托勒摩(Neoptolemus)之口说,"可以进行哲学思考,但要少(*philosophari sed paucis*)"。[①] 人们一向认为,罗马人——这些彻头彻尾地注重实践和政治的人——对希腊哲学和科学的态度已经由这句话给出了一个干脆利落的表达,好像它就是一种历史规律似的。然而,这句令许多现代的希腊爱好者(Philhellenes)坐立不安的"罗马短语",其实原来是一个希腊人说的。它只是将雅典贵族对智术师和欧里庇得斯时代的新型科学和哲学的态度翻译成了罗马短语,同时也反映了罗马人对纯粹理论所持的相同冷漠态度。伯利克里时代的文明"只因文化[教育]之故"才决心从事哲学研究,[②]它只在获致文化的范围内才是必要的:因为这种文明完全是实践的和政治的。它建立在雅典帝国的基础之上,志在统治全希腊。即使当柏拉图在雅典帝国没落之后宣扬"哲学生活"的理想时,也解释说它在建立城邦方面具有某种实际价值,从而证明其存在的正当性。[③] 伊索克拉底在也其文化理想中,给予纯粹知识大致相同的地位。伊奥尼亚的科学只在逍遥学派、在雅典的伟大时光已逝之后的亚历山大里亚得到重生。智术师有助于填平雅典人与其远亲伊奥尼亚人之间的沟壑。[321]他们注定要赋予雅典智识的能力——这是她为了艰巨而复杂的使命所需要的——并让伊奥尼亚的知识为阿提卡的文化服务。

教育和政治危机

正当智术师构建文化理想之际,希腊城市国家也达到了其发展的

---

① 《埃纽斯诗歌遗著》(*Ennianae Poesis Reliquiae*),瓦伦(Vahlen)编,第二版,第 191 页:我以警句的形式引用了西塞罗给出的这句话。

② 参见上页注释②。

③ 参见拙文《哲学生活理想的起源与循环》(Ueber Ursprung und Kreislauf des philosophisoschen Lebensideals),载《柏林科学院会议报告》,1928,第 394—397 页。

顶峰。数个世纪以来,城邦规定了其公民的生活方式,各类诗人都称扬城邦的神圣秩序(cosmos);但是,城邦教育其成员的义务此前从未得到过如此权威和全面的规划。智术文化不只是为实现一种实际政治的需要而被创造出来的:它有意识地将城邦作为一切教育的目标,作为理想的标准。在普罗泰戈拉的理论中,城邦似乎是一切教育力量的源泉,或者,城邦实际上是一个庞大的教育机构,它给全部法律和所有社会系统都烙上了相同的精神。① 伯利克里的城邦观,如修昔底德在葬礼演说中所展示的那样,也在他的宣告中达到了高潮:城邦是伟大的教育力量,雅典的公共生活是城邦的文化使命的完全实现,是他人学习的榜样。② 如此这般,智术师的思想穿透了实际政治领域:他们征服了整个城邦。没有任何一种对事实的其他解释是可能的。在其他方面,伯利克里和修昔底德表明他们都深受智术师见解的影响;因此,他们二人也必定是这种思想的借鉴者,而非创造者。当修昔底德将智术师关于城邦的教育观念与另一个新观念——新兴国家必为其本性所驱使去追求强权——相结合时,智术师的教育观获得了一种额外的重要性。古典时代的城市国家存在于权力和教育这两极之间的持久张力中,③因为它们二者之间存在着不可避免的冲突,尽管城邦教育其公民完全是为了其自身。当城邦为了其目的要求个体牺牲他自己时,它假设这些目的与共同体整体的幸福以及各个部分的幸福相一致。共同体的幸福及其各个部分的幸福必须由一种客观的标准来衡量。长期以来,希腊人一直认为这个标准就是正义,即 diké。城邦的秩序,因而还有城邦的幸福,都建立在正义的基础之上。[322]与此相应,普罗泰戈拉认为,以城邦为宗旨的教育就是正义的教育。④ 但是,正当人们得出这一结论之时,城邦的危机也应运而生,它也是教育最严重的危机。许多人因为这一发展结果而谴责智术师的影响,但只谴责智术师是对智术师影响的

---

① 柏拉图,《普罗泰戈拉》321d,322b 及以下,324d 及以下,326c—d。

② 修昔底德,《伯罗奔尼撒战争史》2. 41. 1。

③ 如伯利克里的葬礼演说所展示的,这一点在伯利克里的民主理想中已经很明显,即城邦的两个不同方面的张力仍然保持着严格的均势,但在柏拉图的《高尔吉亚》中则转化为了尖锐的对立,参见本书第二卷,第 148 页。

④ 参见上页,注释①。

一种夸大。[①] 智术师只不过是在教学中最清楚地表明了这一点，因为他们对当代的所有问题都格外敏感，因为教育总是对针对既定权威的任何攻击做出最强烈的反应。

梭伦曾以深厚的道德情感在城邦中宣扬正义的理想，这种道德情感在伯利克里时代余波犹存。城邦最大的骄傲是成为世间正义的捍卫者和遭受不公正压迫之人的保卫者。但是，即使在采用民主制度之后，超越法律和宪法的古老权力斗争仍然四处肆虐：现在，这种斗争在武器装备更新换代之后继续进行，而且远比质朴诚实的先辈能够想象的更野蛮、更不敬、更具毁灭性。确实存在着一种核心的观念，这种观念从希波战争起获得力量，直到占据主导地位：这就是民主政治的理想，数量上的多数拥有一切权力和决策权。这种理想以长期面临爆发内战的危险为代价，在激烈的冲突中赢得了胜利；伯利克里的家族是雅典的名门望族之一，但即使是伯利克里的长期的几乎未遭异议的领导权，也只是以民众权力的大规模扩大为代价才成为可能的。不过，在雅典民主制度的表层之下，在被剥夺了政治权利的贵族或者寡头们（正如他们的敌人称呼他们的）中间，仍然暗暗燃烧着难以扑灭的反叛火种。[②]

实行民主制度的雅典，其对外政策在大政治家们的指引下，在伯利克里的最高指挥下，赢得了一个接一个的胜利，贵族们仍然忠心耿耿，要不然就佯装忠诚，把为民众服务挂在嘴边，敷衍塞责，他们对这一套新技艺很快驾轻就熟，成为令人吃惊的行家里手——这套东西有时就变成了荒诞不经和滑稽可笑的伪善。但是，伯罗奔尼撒战争将雅典稳步上升的权力置于致命的终极考验之中，它动摇了政府的权威，继而是国家本身的权威，伯利克里逝世之后，争夺政治控制权的斗争剧烈恶

---

① 柏拉图，《王制》492a—b（参见本书第二卷，第 308 页）正确地说明了，智术师更多地是公共意见和道德的产物，而非公共意见和道德的领导者和创造者。

② 关于这些贵族和寡头们的感受和批评的最有趣的文献——来自雅典城邦内部的一些贵族圈子——是我们现有的最古老的散文著作《雅典人的政制》（*State of the Athenians*），它是一个无名作者的作品，以阿提卡方言写成。这部作品被保存在色诺芬的著作当中，据推测是因为该书手稿是在色诺芬的文献中间发现的。现在该书一般都以“老寡头（Old Oligarch）”的名义被引用。参见盖尔泽（Karl Gelzer）对它的透彻分析：《关于雅典国家的文章》（*Die Schrift vom Staate der Athener*），《赫尔墨斯》单行本，第三辑，Berlin，1937。

化,最终到了闻所未闻、无所不用其极的激烈程度。[323]双方在党派斗争中都用上了智术师论辩和论证的全部武器;我们不能确切地断定,智术师依其政治信念注定会支持民主派,还是贵族派。即使普罗泰戈拉相信,现存的民主制度就是其全部教育努力之目标的"国家",也会有民主制度的反对者——他们拥有并使用他们从智术师提供的训练中获得的武器。智术师当初锻造这些武器,本意并非用来对抗国家,但它们确实是危险的武器。比智术师的雄辩技艺更危险的,是他们关于法律和正义的本质的一般理论。这些理论使一向属于党派斗争的东西演变成一种理想信念的冲突,这种冲突威胁到社会和国家建立于其上的根本原则。

雅典的先辈们一直将法治国家作为一种惊人的成就来看待。狄刻是一位强大的女神,没有人可以攻击其统治的神圣根基而不受惩罚。地上的正义植根于天上的正义。这是全希腊的共识。当旧的威权政体变成新的建立在理性和法律基础之上的法治国家时,它也没有改变:改变的只是内容,神圣的约束力仍然存在。实际上是正义女神接受了理性和正义的人类属性。但是,新法律的权威与旧的一样,依赖于它与神圣秩序的一致——或者,如新哲学家们所表述的那样,依赖于它与自然的和谐一致。自然已经成为一切神圣之物的总和。人尊之为最高道德标准的同一种法律和正义在自然之内施行统治。这就是有序整体(cosmos)观念的起源。① 然而,这种自然概念在公元前五世纪的演变过程中再次改变了。即使是赫拉克利特,也将有序整体看作对立面之间无休止的冲突:"战争乃万物之父"。世事流转,舆论变迁,秩序渐行渐远,唯冲突和斗争长存世间。现在,在各种机械力量的相互作用中,宇宙被设想为盲目冲动和优势权力的偶然产物。

到底是先有这种自然观,然后被运用到人类世界之中,还是人将新的"自然主义"人生观普遍化,再将其作为一种永恒的法则投射到了自然之上?乍一看来,要想断定这一点殊为不易。在智术师时代,新旧观念

① 参见本卷第206页。关于下文所述,参见拙文《希腊的国家伦理学》(Die griechische Staatsethik),收录于《人文主义演说集》,Berlin,1937,第93页。

紧密交织。在《腓尼基妇女》(The Phoenician Women)中,欧里庇得斯将民主制度的基础(即平等)[324]描述为自然中天日昭彰的法则,法网恢恢,无人可逃。① 然而,与此同时,也有人攻击被民主派人士接受的平等理论,认为自然从来就未曾被机械的均平(isonomia)所支配,而是由弱肉强食的法则所支配。无论哪种情况,显然都是从人的视角来看宇宙及其结构,都是根据一套特定的假设来阐释宇宙及其结构的:它们实际上是一种贵族的自然观和一种民主的自然观。贵族的新观念表明,有一种人的数量在不断增长:他们不羡慕人与人之间的那种几何学上的平等,而是突出强调人与人之间的天然不平等,而且让这一不平等的事实成为他们全部政治哲学和道德哲学的基础。与其先辈一样,他们向世界的神圣治理诉求权力,而且以有了最新的哲学和科学理论的支持而自命不凡。

在柏拉图的《高尔吉亚》中,在不可磨灭的人物形象卡利克勒斯身上,新原则得到了完美的体现。② 他是智术师的一名虔诚的学生:他的观点来源于智术师的教导,正如《王制》第一卷所表明的,强者的权利得到了智术师和修辞学教师色拉叙马霍斯(Thrasymachus)的支持。③ 一概而论会歪曲历史的真相;我们很容易举出一个不同类型的智术师:他的哲学与柏拉图与之搏斗的自然主义理论截然相反——他是传统道德体系的宣扬者,只是将格言诗形式的道德准则译成了散文。但是,卡利克勒斯类型的人更加有趣,正如柏拉图所描述的,也远为强大。在雅典的贵族阶层中必然有许多像卡利克勒斯那样的强人:柏拉图从年轻时起就对他们了如指掌。克里提亚是主张寡头政治的保守派的肆无忌惮的领导者,后来成为"僭主",他就是一个明显的例子:柏拉图可能从他那里借鉴了一些性格特征或者一种相似的志趣,用在虚构的人物卡利克勒斯身上。④ 尽管柏拉图从根本上来说反对卡利克勒斯的观点,但他仍以一种安之若素和意气相投的态度将它们陈述出来,就像一个人已经在他自身内压制住了它们,或者就要压制住它们那样。在柏拉图

① 欧里庇得斯,《腓尼基妇女》,第535行及以下;参见《乞援人》,第399—408行。

② 柏拉图,《高尔吉亚》482c及以下,尤其是483d。

③ 柏拉图,《王制》338c。

④ 参见本书第二卷,第153页及以下。

的第七封信中，他说他本人就被克里提亚的追随者们认为是一个非常合适的战友和党羽，[325]这显然不仅仅是由于他与政治寡头们的私人关系；他说他一度对他们的政策持同情态度。①

普罗泰戈拉意义上的教育——也即本着传统的正义理想的教育——遭到了卡利克勒斯慷慨激昂的诚挚批评，这批评使人深刻地认识到他重估一切价值的全部力量。雅典国家及其公民视之为最高正义者，于他而言，乃是不义的深渊。② 他喊道：

> 我们按照自己的意志在我们中间锻造出最优秀、最强大的人，趁他们还年幼时，把他们像狮子一样抓来，用符咒迷惑和奴役他们，告诉他们每个人都必有平等的权利，而这就是高贵和正义的含义。不过，在我看来，如果有人生来就真正强大，他肯定会冲破牢笼，打碎枷锁，摆脱一切控制，践踏我们的文字和咒语，以及一切非自然的法律和习俗，他会站起来成为我们的主人，而以前他是我们的奴隶；然后闪耀出自然正义的光辉！

由此看来，我们的法律和习俗是一种人为的枷锁，是组织起来的弱者约定俗成的规矩，以压制他们天然的主人（即强者），并迫使其按照他们的意志来行动。自然的法则与人为的正义正好相反。按照自然法的标准，平等主义的国家称之为法律和正义者，恰恰是肆意妄为的专制强权，纯之又纯，彻头彻尾。在卡利克勒斯眼里，那种人为的法律是否应该被遵从，端赖一个人反抗法律的力量有多大。无论如何，他在被设想为等同于现存法律的正义观念中看不到任何内在的道德权威。这就是来自一位雅典贵族的革命口号。实际上，公元前403年雅典战败后的武装政变（*coup d'etat*）就是受到卡利克勒斯精神的启发。

我们必须了解卡利克勒斯的这些话见证的知识革命的全副景象。

① 柏拉图，《书信》7.324d。

② 柏拉图，《高尔吉亚》483e。参见本书第二卷，第151页及以下。

要想从我们自己的时代出发对其作出客观公正的评价是不可能的，因为尽管那种看待国家的特定态度在任何历史时期都必然会导致国家权威的瓦解，但是，在政治生活中强者应该统治的信念，在今天，并不就是在私人生活中的道德无序状态的宣言。且不论是非对错，我们现在都相信，政治和道德是两个独立的领域，不必由同一套行为准则来治理。没有任何一种试图填平二者之鸿沟的理论尝试可以改变以下历史事实，即我们的道德观可以追溯至基督宗教，而我们的政治观则可以追溯至希腊-罗马的国家观念，因此，它们来自不同的道德源泉。[326]这种两分的忠诚为两千年来的习俗所检验，是现代哲学家们试图将其转化为一种优秀品德的必然需要；但是希腊人从未如此。我们总是把政治道德看作个人道德的一种尖锐对比：实际上，我们许多人宁愿将其写成带引号的政治"道德"。不过，古典时代的希腊人——实际上是整个城邦文明时期的希腊人——都认为政治道德和私人道德事实上完全是同一回事：因为城市国家是一切道德标准独一无二的源泉，而且，除了国家的行为准则——个体生活于其中且只有在其中才有其存在的城邦共同体的法律——之外，要想看到其他道德准则的存在是很困难的。一种纯粹私人的道德准则，一种无关乎城市国家的道德准则，对希腊人来说是不可想象的。我们在此必须忘却自己的那种观念，即各个个体的行为是由其自身的良知主导的。希腊人也这样想，不过是在后来，在一个本质上完全不同的时期。① 在公元前五世纪的希腊只有两种可能性：要么，国家的法律是人的生活的最高准则，它与宇宙的神圣治理相一致，在此情况下，人是城邦的一个公民，不多，也不少；要么，国家的准则与自然或神的既定法则相冲突，因而人不能接受它，在此情况下，他就不再是政治共同体的一员，而他的生命的根基也就坍塌了，除非他能够在自然的永

① 参见祖克(F. Zucke)，《道德意识-良知》(*Syneidesis-Conscientia*)，Jena，1928。译注：συνείδεσις(syneidesis)，"道德意识"、"是非之心"；Conscientia，拉丁文的"良知"。"良知"一词，英文 conscience，德文 Gewissen，其字面意思都是"共同一起知"，与拉丁文 Conscientia 一样，都来源于希腊文συνείδεσις，它由συν(共同一起)和ειδεσι(看见、知)组成。"个体的行为是由他自己的良知主导"那样的"良知"，形成于城邦解体之后的希腊化时期，尤其是斯多亚学派那里。

恒秩序中找到某种确定性。

当这样的鸿沟出现在宇宙的法律和城邦的法律之间时，希腊思想已经离希腊化时期的世界主义不远了。实际上，已经有一些智术师从他们对城邦法律(nomos)的批判中推论出唯一有效的法律是宇宙的法律；他们是最早的世界主义者；从各方面看，他们与普罗泰戈拉属于不同类型的智术师。柏拉图在他和普遍主义者埃利斯的希庇阿斯之间进行了鲜明的对比。他让希庇阿斯说："先生们，根据自然，而非根据法律，我认为你们都是亲人、朋友和伙伴。因为根据自然，同类相联，但是法律这一人的专制统治者却强迫许多事物彻底与自然背道而驰。"[①]这就是卡利克勒斯在《高尔吉亚》中使用的法律与自然(即 nomos 和 physis)之间的对比，不过，卡利克勒斯和希庇阿斯两人，尽管都批评人为的法律，[327]但从不同的要点开始，且朝着不同的方向前进。无论如何，两人都从攻击现行的平等观念开始——平等观念是传统正义观的实质——但卡利克勒斯针对民主制度的平等理想反对实际现实，认为人凭自然就是不平等的，[②]而智术师和哲学家希庇阿斯则觉得，民主制度的平等太过局限，因为它只对自由民的平等特权和一个城邦内部的相似血统有效。他但愿平等和亲情扩大到普天之下的所有人。雅典的智术师安提丰也在其理性主义论文《论真理》(Truth)中表达过相同的观点——最近在埃及发现了《论真理》的相当数量的残篇；[③]"实际上，根据自然，无论是希腊人，还是蛮族人，我们生来都是一样的"。安提丰为废除一切植根于历史的民族差异提供的理由，以其天真的自然主义和理性主义，与卡利克勒斯对不平等的狂热信仰形成了一个有趣的对比。他继续说："自然给予一切人以应有的补偿，这是人人都看得到的；所有的人也都有能力获得这种补偿。在这些方面不可能像区分希腊人和蛮族人那样作出区分；我们大家都

① 柏拉图，《普罗泰戈拉》337c。译注：关于 physis 和 nomos，可参见《希腊哲学史》，第二卷，第 202—206 页，汪子嵩等著，北京：人民出版社，1993。

② 参见本卷第 397 页及以下。

③ 《奥克西林纸草》(*Pap. Oxyrh.*)1364(洪特编)：现版于《前苏格拉底残篇》(第尔斯本)II，第 5 版，第 346 页及以下，残篇 B44，第 2 栏，第 10 行及以下。

用嘴和鼻子呼吸，都用手拿吃的东西。”这种国际间的平等确实离希腊民主政治的理想非常遥远，同时与卡利克勒斯对他们的抨击形成极端的对比。安提丰不仅以无情的逻辑废除了国家间的差别，而且也取消了社会差别，“我们尊重那些出身高贵的家族并给他们荣誉，但对那些出身低贱的人却既不尊重，也不给予荣誉，我们这里是这样，我们的邻人蛮族人也是这样”。

就实际政治而言，这种四海之内皆兄弟的理论对现存政权和政治体制算不上什么危险，尤其是这些理论创造者既不在大量民众中寻求支持，也没有在民众中发现支持，他们只在一个开明听众的小圈子里自说自话，这些听众的信念多数是卡利克勒斯式的。然而，现存政体受到这种哲学坦诚的自然主义论调的间接威胁，它通过将这种哲学的标准严格地运用到所有人类生活之中，正在削弱现有道德规范的权威。早在荷马的史诗中，我们就可以找到自然主义的蛛丝马迹，这种自然主义思想总是能够与希腊的心灵产生共鸣。希腊人具有一种天生的将事物作为整体来看待的能力：这会以不同的方式影响他们的思想和行为，[328]因为不同的人都可以看这同一个整体而且对其做不同的阐释。有人将世界看作英雄壮举的舞台，召唤高贵者施展其最高权力；有人将世界看作一个川流不息的“自然”进程。有人英雄豪迈，视死如归，人在盾在，盾亡人亡；有人苟且偷生，丢盔弃甲，盾牌丢了再买一个，因为他珍惜生命胜过皮革。当世国家对其公民的行为准则和自我牺牲精神提出了巨大要求，而这种要求的正当性是由城邦的神圣性来核准的。但是，那个时代对人类行为的分析导致了一种纯粹偶然的和自然主义的人生观，这种人生观强调人们天生喜欢的事物与不喜欢的事物之间，以及城邦法律命令人们喜欢的事物和不喜欢的事物之间的无休止的冲突。安提丰写到，“绝大多数法律的指令与自然为敌”，他又称法律是“自然的锁链”。这种看法对城邦的正义观、对传统的法治国家是严重的威胁。“所谓正义，就是不要违反你身为其中一分子的城邦的法律。”①即使是表述法律的措辞方式的变化，也被认为

① 安提丰残篇 A，第 2 栏，第 26 行，第 4 栏，第 5 行；参见第 1 栏，第 6 行。

是法定的标准从来就不是绝对不变的证据。每个国家、每个城市都有一套不同的法律。如果你想生活在一个国家，就必须遵守这个国家的法律，但法律并没有绝对的打动人心的力量。因此，法律被设想为一种外在的任何人都不得违反的强制规范，而非从人心中自发生长出来的一种道德和社会准则。但是，如果法律缺乏一种来自内心深处的精神动力，那么正义就只是外在的合法性，只是对违法乱纪所招致的惩罚的逃避，倘无证人在场，人们就懒得劳心费力去遵纪守法，没有必要顾全面子。实际上，在安提丰看来，这正是法律标准与自然标准本质上各不相同的地方。即使没有证人在场，人们也不能违背自然的法律而不受惩罚。在对待自然法则时，人们必须不仅顾全"面子"，还要尊重"真理"，智术师安提丰的说法明显是对其著作标题的暗示。因此，他的目的就是表明人为的法律标准的相对性，证明自然法则才是唯一真正的法律。

这一时期，希腊民主制度越来越受到用法律来解决人类生活全部事务的激情的支配。当一部新的法律产生时，现存的法律就被不断地改变或废除；[329]后来，亚里士多德在《政治学》中对这种情况做了概括，[①]他裁断说，对国家而言，拥有长期稳定的次等法律，也比朝令夕改好，即使新法是良法。批量制造的法律以及它们产生的党派纷争，连同因此发生的一切罪恶与愚蠢，给思想者们留下了极为痛苦的印象，这使他们很容易接受相对主义。安提丰对法律法规的反感与厌恶，与当时的公众意见不谋而合，也与整个时期的普遍倾向完全一致——我们只需要想一想阿里斯托芬笔下的人物就可以了，他来贩卖议事会的最新法令，却在一片响亮的喝彩声中被饱揍了一顿。[②] 最彻底的民主派人士的理想，是这样一个国家：在那里，"你想怎么活，就可以怎么活"。在对雅典政制的描述中，伯利克里本人也本着同样的精神说，在雅典，对法律的普遍尊敬不会妨碍任何人在私人生活中满足自己的突发奇想，也不用在意他人难看的脸色。[③] 但是，这种政治生

① 亚里士多德，《政治学》2. 8. 1268b26 及以下。

② 阿里斯托芬，《鸟》，第 1035 行。

③ 修昔底德，《伯罗奔尼撒战争史》2. 37. 2。

活中的严肃与私人生活中的宽容之间的微妙平衡，尽管在伯利克里的演说中如此富于人性，听起来如此真实可靠，却并不是所有人的理想。当安提丰说人类行为的自然标准是有益的、最终也是享受或快乐时，他的无限制的坦诚所表达的，可能是大多数公民同胞内心深处的隐秘情感。[①] 这就是后来柏拉图选择攻击的要点，以便为共同体的重建奠定一个更加坚实的基础。当然，并非所有的智术师都如此坦率地宣扬享乐主义和自然主义，并一概接受其原则。普罗泰戈拉不可能这么做，因为在柏拉图的对话中，当苏格拉底试图引诱他走上薄冰时，他明确否认曾经持有这样一种理论；苏格拉底精妙的对话技巧只是让善良的老人相信，他确实给他已经拒绝的享乐主义留下了一个仍然可以悄悄混进来的漏洞。[②]

[330]这种折中肯定是那个时代所有最精致的大脑的共同特征。安提丰不是他们中的一员，但是他的自然主义具有合乎逻辑的优点。他在人们在有人见证时的所为和无人见证时的所为之间作出的区分，暴露了当时的道德观念的核心问题。发现一种新的道德行为的基础的时机已经成熟了；因为只有从那里，法律才能获得它所需要的新力量。服从法律的朴素观念，在民主法治国家形成时，曾经是自由和进步的伟大理想，[③]但现在它已经不足以表达希腊人更深层的道德情感了。与所有得到法律认可的道德准则一样，它陷入了使人的行为成为一种纯粹外在的遵守的危险，甚至是反复灌输一种精心编织的、虚伪的社会道德体系的危险。埃斯库罗斯曾经把真正聪明和正直的人叫作"那希望不是看起来像好人而是确实是好人的人"；[④]他的听众应该想到了亚里斯泰迪。雅典人中最伟大的人必定充分理解这种危险。但是，当时流行的正义观念无非是对法律的正确遵守，遵守法律的人们这样做主要是因为，如果他们不这样做，他们害怕会受到惩罚。法

① 残篇 A，第 4 栏，第 9 行及以下。

② 柏拉图，《普罗泰戈拉》358a 及以下。

③ 参见本卷第 136 页，注释①。

④ 埃斯库罗斯，《七将攻忒拜》，第 592 行。此处的读法见维拉莫维茨，《亚里士多德和雅典》I，第 160 页。

律的深层道德基础的最后一个支撑是宗教，但宗教本身也遭到了理性主义者的大胆攻击。克里提亚，这个未来的僭主，写了一部剧作《西西弗斯》(Sisyphus)，其中一个人物在舞台上公开说，诸神不过是政治家们的一种聪明发明，目的是使他们的法律得到尊敬。[①] 他宣称，为了让人们在无人注意时不违法乱纪，政治家们就告诉人们，诸神无形无像，无处不在，无所不知；通过让人害怕这种看不见的力量，他们使人臣服于自己脚下。从这一观点来看，我们很容易明白，为什么柏拉图在《王制》中虚构了巨吉斯(Gyges)的魔戒这一神话，这枚戒指有让带上它的人隐身的魔力。[②] 这枚戒指能够区分因其灵魂正直而行事正义的人与道貌岸然的伪君子，后者只是装出尊重社会规则的样子。柏拉图试图解决安提丰和克里提亚提出的问题。德谟克利特也一样，他将一种新的意义赋予希腊传统的 *aidos*（即隐秘的羞耻）观念，并以一种人们因自己而感觉到的羞耻观念取代那种人们因为法律而感觉到的 *aidos* 观念——这种羞耻感已经被诸如安提丰、克里提亚、克里克勒斯等智术师的批判彻底摧毁。[③]

但是，无论是希庇阿斯和安提丰，还是卡利克勒斯，都没有任何重建当前道德规范的想法。在他们身上没有一丝要想真正解决宗教和道德的终极问题的痕迹。智术师关于人、国家和宇宙的看法，没有任何严肃性和形而上的理解——这种严肃性和形而上的理解使他们的前辈建立了雅典城邦，[331]而他们的后辈即将在哲学中重新发现它们。然而，如果我们想要在哲学和伦理学领域寻找他们的真正成就，那就错了。他们的长处在于他们建立起的杰出的形式教育体系，他们的弱点在于他们学说的智识和道德基础[的缺失]，但这一特点为那个时代的人们所共有。艺术的灿烂和国家的强盛，所有这一切都不能使我们对威胁那个时代的严重道德危机视而不见。一个个人主义盛行的伟大时代，对教育会有一种前所未有的需求，而天才杰出的教育家们会应运而生，来满足这种需求，这是自然而然且不可避免的。然而，这也是不可

---

① 克里提亚残篇 25（第尔斯本）。

② 柏拉图，《王制》359d。

③ 德谟克利特残篇 264（第尔斯本）。

避免的：那个时代会认识到，它缺乏一切教育力量中最伟大的的东西：尽管它才华横溢，但它没有最弥足珍贵、最必需的天赋，即一个引导他们的理想。

第四章　欧里庇得斯及其时代

[332]直到研究肃剧诗人欧里庇得斯之前，我们不可能一目了然地看到时代正在经历的危机的全部严酷性。正如我们已经指出的，欧里庇得斯和索福克勒斯之间的巨大差异，是他受到了智术师思想的深刻影响。他常常被称为“启蒙时代的诗人”，他的现存肃剧（都写于其职业生涯的后期）充满了智术师的各种学说和修辞技巧。① 不过，尽管智术师的影响可以解释他的许多作品，但这绝不意味着可以解释一切：下列说法同样是正确的，即只有在他的剧作提供的精神背景的基础上，智术师们的思想才变得可以理解。智术（sophistry）有两副面孔——一副像索福克勒斯，另一副像欧里庇得斯。一方面，智术师具有索福克勒斯的灵魂和谐发展的理想：一种与其艺术的雕塑原则紧密联系的理想；②另一方面，他们的教育理论，缺乏健全的道德基础，③是欧里庇得斯所刻画的怀疑和冲突的世界的真正产物。这两位诗人，连同站在他们之间

---

① 麦思奎拉（Paul Masquerai），《欧里庇得斯及其思想》（*Euripide et ses idees*），Paris，1908；内斯特（Wilhelm Nestle），《欧里庇得斯：希腊启蒙时代的诗人》（*Euripides，der Dichter der griechischen Aufklaerung*），Stuttgart，1901。

② 参见本卷第 346 页。

③ 参见本卷第 394—405 页。

看着他们两位的智术师们，代表了同一时期的同一个雅典；他们并不是雅典不同历史时期的代言人。他们的生年大约相差十五年，但即使是在一个快速发展的时代，这点间隙也不足以使他们分属于两个不同的世代。是他们个性特征上的差异使他们以如此不同的方式来表达同一个世界。索福克勒斯站在时代的顶峰，而欧里庇得斯则在下面纷争的红尘中穿梭前行，目睹一个年老文明的悲剧性毁灭。这可以说明欧里庇得斯在希腊思想史上的特殊地位：他完全是他那个时代的产儿，他与时代的关联程度如此之高，以至于我们必须把他的全部肃剧当作公元前五世纪后期雅典社会的斗争和问题的表达来阅读。①

他们所描写的社会，以及他们与之说话的社会，在此不需赘述。不像希腊社会的早期，[333]需要大量的证据来说明，尤其是来自文献的证据：用一整本著作来描述这个时代的生活方式与道德风尚亦非难事，而且必定有一天会写出这样一部著作——在这部著作中，我们最终会看到人们在艺术、哲学、社会和政治生活中的全部存在领域，从其最高境界到最庸俗的鸡毛蒜皮之事。我们从这个社会感受到的第一个印象，是一种无可抗拒的丰富多彩、一种在我们种族的历史上几乎没有任何时期可之与匹敌的身体活力和精神能量。然而，即使晚至希波战争时期，在希腊各国之间仍然保持着一种才智上的平衡，但这种均势在伯利克里时代被打破了，雅典后来居上，其优势地位变得越来越明显。②组成希腊种族（当然，直到相当晚的时期之前，他们不用“Hellenes[希腊人]”这个共同名称来称呼自己）的各个不同分支从未见识过如此大规模的经济、政治和精神能量的集中，以至于产生了帕特农（Parthenon）这样献给雅典娜的不朽神庙——雅典娜女神正逐渐被看作雅典灵魂的神圣化身。雅典人仍然为马拉松和萨拉米斯赢得的胜利的回忆所激励；尽管赢得胜利的那一代人都已全部作古，但他们的业绩，铭刻

---

① 尽管欧里庇得斯了解他那个时代的文献，但从他对智术师的“资料”的运用中演绎出欧里庇得斯的思想，是一种不正确的做法。他对他那个时代的历史举足轻重，因为他表明了智术师的那些思想是如何从实际生活中生长出来的，又是如何改变现实生活的。

② 参见修昔底德，《伯罗奔尼撒战争史》2.41.1关于伯利克里时代的雅典是希腊文化的学校的论述（参见本卷第498—499页）。在公元前四世纪，伊索克拉底的《泛希腊集会辞》（*Panegyricus*）探讨了这一主题，参见本书第三卷，第88页及以下。

在每一个公民心中的英雄业绩，仍然是子孙后代们效法的壮丽理想。正是在这种对前辈伟业的仿效中，雅典人踌躇满志，绳其祖武，现在，雅典的经济和政治实力增长到了一种令人吃惊的程度；他们坚持不懈、不屈不挠，他们劲头十足、势不可挡，他们深谋远虑、未雨绸缪，他们不断利用年轻的民主制度的优势和从萨拉米斯的勇士们那里继承来的正在崛起的海上力量。希腊人认可雅典作为波斯的真正征服者的历史使命，然而，雅典不可能仅仅因此而永远将其意志强加于希腊人头上：这一点希罗多德已经说得很清楚了——希罗多德不得不对伯利克里的雅典领导全希腊的要求予以特别的强调，因为希腊世界的其他地方已经开始不认可雅典的这种要求了。[雅典抗击波斯的]历史事实无可争辩；但当希罗多德写下它们时，即在伯罗奔尼撒战争使全希腊陷入纷争不久之前，它们已经早就被扭曲成雅典帝国强权政治的借口、臭名昭著的邪恶意识形态了，[334]被扭曲为自觉或不自觉地寻求使希腊民族各成员成为雅典臣属的一场运动了。①

在伯利克里那代人及其继承者必须履行的任务中，很少有激励埃斯库罗斯时代的那种欣喜若狂的宗教理想主义。相反，他们觉得自己是第米斯托克利（Themistocles）的后嗣；他们是对的，因为在第米斯托克利时代的英雄人物中，作为一个真正的现代人，他高瞻远瞩，远超同侪，站在时代的最前列。② 然而，伯利克里治下的雅典人——他们甘愿为城邦的伟业献出自己的财富和生命——在他们以自己清醒而务实的方法追求雅典理想的过程中，找到了一种特殊的激励人心的力量，即自我牺牲的爱国主义精神，与手段和目的之间的冷静利益计算相结合，二者相互激荡，若决江河。雅典城邦让每一位公民都深信，只有当国家的权力和财富蒸蒸日上时，他才能兴旺发达，从而将他们天然的利己主义转化为集体行动的一种最强烈的动机。③ 显然，除非城邦扩张带来的收益持续超过其损失，否则不可能长久维持这种信念。在战争年代，这种原则潜藏着一种严重的危险，当战争旷日持久，而国家的经久努力所

---

① 参见本卷第477—481页。

② 参见修昔底德，《伯罗奔尼撒战争史》1.138.3对第米斯托克利的特征的著名描写。

③ 参见修昔底德，《伯罗奔尼撒战争史》2.60.3（伯利克里的演说）。

获得的物质利益越来越少时，这种危险就益发严重。一方面，欧里庇得斯的时代，看待一切事物的方式，从个人生活最微小的细枝末节到国家最宏大的政治问题，都以精打细算、赢亏得失、世俗务实为特征；另一方面，他们传统的那种对外在名望和体面上的喜好，使雅典人即使在其行动只为了赤裸裸的利益攫取时，也急于保持道貌岸然的外表。所以，智术师在“根据法律或习俗”的善好与“合乎自然”的善好之间，首次在这个时期作出区分不是没有道理的；[①]公元前五世纪晚期的人们，还不需要关于二者之差别的哲学讨论来鼓励他们在实践中充分利用这种区分、在凡是能够攫取个人利益的地方对其视而不见。理想主义和现实主义——长期以来，它们被人为地互相等同——这两种动机之间的裂隙，出现在那个时代的每一个道德领域之中：从私人之间最微小的商业交易，到城邦每年越来越多地采取的肆无忌惮的强权政策。对时代在其伟大的公共产品和政治事业中所显示的一切高贵来说，[335]对每一个公民投入其私人生活及其为国效力的能量和决心来说，都存在着某种对于虚伪(它是雅典所有的辉煌必须付出的代价)、对于一个无道德根基的世界(它会为了外在的成功不惜一切代价或者不择手段地做任何事情)的无可言喻的伤感。

希腊人的生活和思想建立在精神和道德的原则之上，但长年累月的战争急剧加速了所有这些原则的崩溃。修昔底德，在他关于雅典的悲剧的叙述中，把雅典权力的衰落看作纯粹是雅典道德风纪瓦解的结果。在此种关联中，我们不需要考虑伯罗奔尼撒战争的政治方面——关于这场战争，我们后面研究修昔底得时再讨论。但是，我们必须仔细考察修昔底德自己对雅典社会分崩离析的犀利分析，[②]社会的这种分崩离析的进程越来越明显，越来越广泛，一天比一天危险。修昔底德对这种现象的客观冷静的分析是他对雅典大瘟疫——这场瘟疫发生在战争初年，极大地削弱了雅典的元气和抵抗力——的著名描述的一个令

---

① 参见本卷第399页及以下。译注：“根据自然”，强者理当统治弱者，所谓正义就是强者的利益；所以，按照智术师卡利克勒斯的说法，抑制强者的传统法律和习俗是一种“人为”的东西，实际上是最大的“不义”，弱肉强食才是“合乎自然”的“正义”。

② 修昔底德，《伯罗奔尼撒战争史》3.82。

人印象深刻的上下篇(companion-piece)。在叙述阶级斗争的恐惧如何使希腊人的道德原则崩溃之前，他就断言这些事情不是只此一时、只此一地，而是只要人性不变，这种灾祸就会反复出现，尽管情形各异、形式不同，从而增加了我们对这场战争的兴趣和同情之理解。① 我们应该尽可能用他自己的原话来说明他的这种描述。

他说，在和平时期，国家和个人都比较容易遵从理性，因为他们没有为形势所迫而不得不去做那些他们不愿意做的事情；但战争增加了生活的难度，战争是严厉的教师，它用暴力教会了民众改变个性以适应生存环境。在随着战争而来的革命过程中，党派斗争、阴谋诡计和血腥报复接踵而至，对先前的革命和随之而来的恐惧的记忆，又增加了每一次新的叛乱的野蛮和暴烈，夺取政权时更加阴险狡诈，报复政敌时更加残忍无忌。

在这种相互关联中，修昔底德讨论了人们对一切价值的重估，这种价值重估作为一种词语意义的完全改变出现在语言之中。长期以来被用来指称最高美德的名词，现在堕落成被用来描述卑鄙无耻的思想和行为的方式，而另外一些在此之前表示谴责之意的词语，现在摇身一变发迹成赞美之词。过去被认为是不顾一切的鲁莽之举，现在被视为忠诚的同盟者必备的勇气，[336]谨慎地等待时机，被当作懦弱无能的代名词。审慎的中庸之道被视为缺乏男儿气概的表现，一个人能全面周到地考虑问题，就表示他在行动上的拙劣无能。疯狂的暴虐成了男儿气概的标志；要阴谋诡计成了合法自卫的手段。一个人声音越大，越被认为合乎道理，而其对手则总是受到猜疑。要阴谋成功表示一个人头脑精明，而识破阴谋则表示他更加精明，但是不想做这两件事情的人却被认为是分裂党派(esprit de corps)和害怕反对派。血缘关系不如党派关系牢固，因为以党派关系组织起来的人随时准备赴汤蹈火而在所不辞。这些党派组织的目的不是根据现行宪法互相帮助，而是违背正义、维护私利。将党派成员连成一体的誓言之所以强大有力，不是因为其神圣，而是因为它让他们成为犯罪的同伙。人与人之间的信任彻底

① 修昔底德，《伯罗奔尼撒战争史》3.82.2。

消失。两个党派相互保证的誓言，只是为了应付其中一方所遭遇的暂时困难，双方都知道只有在他们没有其他办法应付时，这种誓言才能保持其效力。一旦机遇出现，首先大胆地抓住机遇的人，会趁敌不备，落井下石；他认为这种背信弃义的报复比公开的进攻更为得心应手，而且这样做比较安全；同时，一旦反叛成功，会使他赢得智勇超群的美名。人们普遍认为行凶作恶比单纯诚实更为聪明，他们以具有第一种品质而自豪，以具有第二种品质为耻辱。[①] 城邦的领导者们，无论是民主派的，还是贵族派的，都不断地高呼他们党派的政治口号，但从不真正为任何崇高的理想而战。贪婪、野心和对权力的欲望是行动的唯一动机，他们也会谈到旧的政治理想，但只不过是将其用作这个或那个党派的政治口号而已。

社会的崩溃只不过是个体人格崩溃的外在有形征兆。即使是艰苦卓绝的战争考验，对一个精神健康的民族的影响，也与一个其价值观已经随个人主义腐朽的民族完全不同。然而，在公元前五世纪末，没有任何一个城邦的审美和智力文化达到过比雅典更高的水平。历史上几乎从来没有过更有助于产生这样一种文化的条件：数代人以来，雅典一直得到和平而持久的发展；长期以来，雅典公民已经习惯于参与所有的艺术和智力活动；而这些活动也一直是公众兴趣和国家生活的核心。[②] 不仅如此，[337]雅典人生来就是一个异常聪慧和敏感的民族：他们对美有一种微妙的感受，对智力的自由发挥乐此不疲，永不枯竭；而且，随着生活越来越精致和复杂，他们也变得越来越具有鉴赏力。对现代欧洲人来说，要他相信一个普通雅典人就能够回应当代作家不断施加在其想象力之上的需求，几乎是不可能的；但是，我们没有根据可以不相信那个时期的阿提卡谐剧所描述的事实。想一想《阿卡奈人》中的狄开俄波利（Dicaeppolis）吧，一个得体的乡下农夫，破晓之前，就在狄奥尼

---

① 译注：从“过去被认为是不顾一切的鲁莽之举”开始，本段文字的翻译引述徐岩松译注的《伯罗奔尼撒战争史》（上海：上海人民出版社，2015）的相应译文，与耶格尔的文字有出入的地方略有修改。

② 关于希波战争和伯罗奔尼撒战争之间的五十年期间发生的各种小规模战争，参见修昔底德，《伯罗奔尼撒战争史》1.89—118 的插话。

索斯剧场坐定，用力咀嚼着大蒜，一本正经，自言自语地谈论着肃剧诗歌：他马上就要观看某个最流行的诗人的新肃剧，埃斯库罗斯虽然略显呆板和夸张，但他不由自主地渴望他的旧式杰作。[①] 或者，想一想《蛙》中的狄奥尼索斯神，他坐在一艘战船中——他声称自己曾在埃吉那（Arginusae）之战中指挥过这艘战船——读着欧里庇得斯的单部剧《安德洛美达》（Andromeda），[②]回想着不久之前去世的作者实在令人惋惜：他代表了志趣高雅的那类公众——一位饱受攻击的诗人[欧里庇得斯]的热情膜拜者，他阅读和欣赏他的剧作，完全与这些剧作在剧场中的演出无关。如果说谐剧诗人对肃剧的机智嘲讽在舞台上灵光闪现时，观众瞬间就能心领神会，击节称赏，那么也必定有相当数量的真正行家会脱口而出："他在这里指的是忒勒福斯（Telephus），欧里庇得斯的乞丐-王……那是来自阿伽松（Agathon）的一幕……一首来自萨摩斯岛的诗人科里鲁斯（Choerilus）的歌。"实际上，《蛙》中埃斯库罗斯和欧里庇得斯之间的竞赛[③]就以公众对文学的巨大兴趣为前提：因为在那里，在成千上万的观众——他们来自社会的各个阶层——面前演出的谐剧中，引述和讨论了出自两位诗人的大段大段的开场白和其他一些段落，仿佛每一位观众都对此耳熟能详。对我们来说，至关重要且更令人惊奇的是，即使粗枝大叶的人们错过了许多细节，谐剧演员仍可以指望大量观众对谐剧风格的微妙变化做出如此准确和敏锐的艺术反应：因为如果没有这种准确和敏锐的艺术感觉，观众也不可能会对两个诗人之间的持久比较感兴趣并以此为乐。如果《蛙》只是此类情形的特例，那么我们也许会认为这种品质纯属凤毛麟角，但事实却是，文学上的滑稽模仿是谐剧舞台上最受人喜爱的主题之一。[338]在现代戏剧里，哪里还可以做这样的事情呢？当然，即便如此，贩夫走卒的文化和知识精英的文化还是有差别的：要把肃剧演员和谐剧演员旨在影响普通观众的文学手段，与那些打算给优秀头脑欣赏的文学手段相区分，似乎常常是轻而易举之事。但是，在公元前五世纪后半叶以及不遑多让

---

① 阿里斯托芬，《阿卡奈人》，第10行。

② 阿里斯托芬，《蛙》，第52行及以下。

③ 阿里斯托芬，《蛙》，第830行及以下。

的前四世纪，普遍的和真正本土的雅典文化——不是学来的和非原产地的，而是每个公民的实际生活的组成部分——确实是历史上某种相当独特的东西：也许，除了在一个小规模的城市国家中——在那里，审美活动和智力活动完全渗透到了共同体的生活之中——它根本就不可能出现。

雅典市民的公共生活集中于市场（agora）——亦即雅典市中心一座名叫普尼克斯（Pnyx）的小山——和剧院之中；现在，他们的生活几乎完全与阿提卡乡下人的生活分道扬镳了：作为与城市生活的举止文雅和彬彬有礼（urbanity，即ἀστεῖον）的一种对比，粗鲁无礼（boorishness，即ἀγροῖκον）的观念来自乡巴佬的生活，一般来说，前者实际上意味着文化。在此，我们看到了城市国家的新文化与旧文明——它主要是地主乡绅统治的文化——之间的对立的全部力量。① 城市也是无数交际酒会（symposia，亦即会饮）的场所，酒会是新型社会的真正中心，可以说，它是完全由男性组成的一个团体。从贵族时代以来，酒会或会饮的精神已经发生了巨大的变化，因为在诗歌中，诗人现在已经不是将其作为醉酒狂欢的场合、而是作为严肃的智识生活和精神生活的中心来歌颂了。在雅典的日常社会中，它是新文化的一面镜子。公元前五世纪后期出现的会饮哀歌（sympotic elegy）——这些哀歌充满了当时社会流行的各种问题，②也都有偏重理智的普遍倾向——和许多当代戏剧中的场景反映了这一点。整个欧里庇得斯时代，传统思维方式与新文学和智术文化之间的致命冲突——这种冲突标志着那个时代是文化史上一个真正的新时代——摧毁了会饮。③ 现代主义的捍卫者们常常

---

① 戏剧诗人、柏拉图、色诺芬、伊索克拉底和亚里士多德，经常在“未受教育、没有文化（uncultured）”的意义上使用“ἀγροῖκος[粗鲁]”这个词。参见泰奥弗拉斯托斯（Theophrastus）的《人物志》（*Characters*），其中ἀγροῖκος作为一种类型的人的著名描写。在色诺芬的《经济论》中——一部非常有趣的作品：乡村不是在城市面前屈服，而是努力维持其自身的价值——我们读到了公元前四世纪期间，乡村对抗城市文明主导地位的文学的和社会的反向运动。色诺芬显然反对城市对其自身文化重要性的夸大，他认为一切文化起源于农业，正如智术师们已经指出的那样，参见本卷第 384 页及以下。

② 有人认为这些哀歌是由希俄斯的伊翁（Ion of Chios）、派罗斯的欧诺斯（Euenos of Paros）、僭主克里提亚（Critias）以及其他一些人所作。

③ 阿里斯托芬的谐剧反映了对新时代超越旧时代，以及对新文化（paideia）的激烈争论，参见本卷第 450 页及以下。

以欧里庇得斯之名集结在一起。①

彼时雅典的精神生活是许多尖锐冲突的历史力量和创新力量折冲樽俎的总和。在宗教、法律和国家组织中仍然占据主导地位的传统力量，[339]同一种旨在解放和教育公民个人的进步运动相与争锋。这种进步运动远比伊奥尼亚曾经所知的要严肃和广泛，因为某个不被传统束缚的诗人或哲学家，无论他怎么大胆地向一个生活得怡然自得的落后民族说教，一项孤立的改革运动根本无法与其时雅典盛行的普遍兴奋相提并论。在那种令人激动的气氛中，所有对传统衡量标准的早期批判都苏醒了；在有关智识的事务中，每一个公民都在主张同等的思想和言论自由——这种自由是其政治生活的保证。无论如何，这种观念对希腊国家来说——即使是民主国家——是非常陌生且令人震惊的，这种个人主义的无法无天的新自由，与在国家自身内部不断加强的保守力量之间的对立，不止一次地导致一种公开的敌对行动：例如，对阿那克萨哥拉的迫害，将其以不敬神的罪名逐出雅典；还有对智术师们的不时攻击——他们的独立不羁的学说常常具有赤裸裸的革命性。尽管如此，一般而言，民主国家仍然容忍了所有这些智识运动，甚至为其公民的此种新自由而骄傲。我们必须牢记，阿提卡的这种民主制度及其之后的时期，是柏拉图用来作为其批判对象的民主制度的模型，柏拉图从他自身的特殊角度描述了这种民主制度，将其等同于知识和道德的无政府状态。② 即令少数有权势的政治家对智术师的颠覆性影响的仇恨没有藏着掖着，但他们通常也只将其视为纯粹的个人私事。③ 对自然哲学家阿那克萨哥拉（Anaxagoras）的攻击，也只旨在损害其保护者和追随者伯利克里的声誉而已。④ 实际上，长期治理雅典帝国的伯利克里对独立不羁的新思想家们的学说的公开敬重，在帝国全境之内保

① 关于当代谐剧对欧里庇得斯的攻击，参见本卷第457页。

② 参见本书第二卷，第392—393页；参见第386—393页。

③ 柏拉图，《美诺》91c。但同一个安尼图斯（Anytus），他在这一段时期对智术师教育的反感只表示私下的批评，后来成为苏格拉底的公开控告者之一。关于在雅典的政治圈子里对智术师和哲学的教育（paideia）进行私下批评的其他一些人，参见本书第二卷，第152页（尤其是注释③）。

④ 普鲁塔克，《伯利克里传》（*Pericl.*），32。

护着他们的安全。雅典对精神事物的坦率敬重(这是一种在古典希腊的其他地方极其罕见的情感,与在世界的其他地方和其他时代极其罕见一样)将四面八方的智识者都吸引到了雅典。在庇西特拉图僭主治下曾经发生的一切,现在以一种更大的规模、更自发地再次发生了。外邦人、智识者、一度享有部分公民权的外侨,现在都入籍归化雅典。不过,这次被邀请来阿提卡的,主要不是诗人,尽管确实也有一些诗人,因为雅典是艺术的无可争议的首府;[340]这次主要是哲学家、学者和各类引领新移民运动的智识者。

除了伊奥尼亚的克拉左美尼人阿那克萨哥拉(Anaxagoras of Clazomenae)——即他们中的最伟大者——和他的学生雅典人阿尔克劳斯(Archelaus)之外,旧式的伊奥尼亚自然哲学还有一些最后的代表人物:诸如相当重要的人物阿波罗尼亚的第欧根尼(Diogenes of Appollonia),阿里斯托芬曾经将其作为《云》一剧中所刻画的苏格拉底的原型。正如阿那克萨哥拉提出世界的起源不是由于偶然,而是由于主动的理性本原[心灵],从而自成一家一样,阿波罗尼亚的第欧根尼也将旧式的万物有灵论与一种新的自然目的论联系起来。至于萨摩斯的希朋(Hippon of Samos),亚里士多德只在哲学史上给他留了个很小的位置,但他有幸成为克拉提诺斯(Cratinus)的谐剧《无所不见者》(The See—alls)调侃的对象。① 柏拉图年轻时曾经有一段时间做过赫拉克利特派的克拉底鲁(Cratylus)的学生。默冬(Meton)和优克泰蒙(Euckemon)这两位数学家和天文学家,在公元前432年参与修订了官方历法。前者闻名全雅典,正如我们从《鸟》(The Birds)一剧中看到的那样,他在普通雅典人眼中被视为抽象的理论学术典范。② 从对他的讽刺而夸张的描绘来看,阿里斯托芬似乎从米利都的希波丹姆斯(Hippodamus)的性格中吸取了一些特征,希波丹姆斯是城市规划

---

① 关于折中主义的自然哲学家第欧根尼、阿尔克劳斯、希朋和克拉底鲁,参见伯内特,《早期希腊哲学》,第352—361页。关于希朋,参见亚里士多德,《形而上学》(*Metaph.*)A3,984 a3。关于克拉提努斯的《无所不见者》(*Panoptae*)以及该剧的倾向,参见科克(Kock),《阿提卡谐剧残篇》(*Comicorum Attic. Fragm.*),第一卷,第60页及以下。

② 阿里斯托芬,《鸟》,第992行及以下。

的伟大创始人：他重新设计了比雷埃夫斯（Piraeus），城市由一系列四方形街区组成，街道横通竖直，相互之间垂直交错成方格网状。以城市广场为中心的希波丹姆斯模式是一种几何学家的理想，希波丹姆斯的政治理论与他构想的城市模式相类似，同样是理性主义的和几何学的，亚里士多德在《政治学》中也认为他的这种理想值得慎重关注。① 当逻辑思维越来越侵入人们的生活之时，他与默冬和优克泰蒙一起，成为了那个时期的特殊典型。另一个诸如此类的理性主义者是音乐理论家达蒙（Damon），苏格拉底曾经上过达蒙的课。在《普罗泰哥拉》中，柏拉图曾经以可靠的洞察和微妙的讽刺，描绘过智术师的到来在受过良好教育的雅典人中激起的高度兴奋。但是，为了公正看待他们的这种兴奋和钦羡，我们必须收起柏拉图那一代人对已经过时的“启蒙”时代的那种优越感；柏拉图还描述了巴门尼德和芝诺这两个爱利亚学派的人物在雅典讲学。这可能只是一种细节上的虚构，与许多其他对话一样，用来增加对话的戏剧艺术的现实感，但它至少是可能的，因此之故，本质上也是真实的。柏拉图没有提到生活在雅典之外的哲学家或不常访问雅典的哲学家：[341]最著名的证据就是德谟克利特具有讽刺意味的评论：“我来到雅典，但雅典没人知道我。”②雅典人对这个或那个智术师的钦羡，常常受时尚和一时的心血来潮所支配，因此雅典也有许多昙花一现的虚名，这些虚名都得到了历史的裁决的纠正。不过，现在也有像德谟克利特这样屈指可数的伟大独居者，他的家不是色雷斯的阿布德拉（Abdera），而是世界。拒绝雅典这座智识之都的吸引的人本该是个纯粹的学者，这不是简单的偶然事件。因为，接下来的整个世纪，在希腊教育中将要起引领作用的那些伟大人物，都只生活和居住在雅典。

是什么赋予了这些伟大的雅典人（像修昔底德、苏格拉底和欧里庇得斯，这些那个时代真正的代表性人物）在其民族的历史上以如此崇高的地位，以至于所有我们曾经描述过的等而下之的智识活动，都好像是

① 亚里士多德，《政治学》2.8。

② 德谟克利特残篇 116（第尔斯本）。

决定性战役之前的前哨接触战？就是这。通过这些人，已经弥漫在空气中的理性主义精神占领了全部文化力量——宗教、道德、政治理论和诗歌艺术——中的最伟大者。修昔底德的历史是完全理性化了的国家的一个信仰告白：这是它在没落之际最后的智识成就，通过它，雅典将其真正理想的本质永恒化了。基于这一事实，修昔底德比他那些伟大同胞中的任何一个，都更独一无二地是他那个时代的代表人物。也许，与对后来的希腊人而言相比，修昔底德最深刻的智慧所蕴藏的内涵对我们来说要更加丰富，因为他写下来这些是想将其应用到一种类似的历史处境之中，而这种类似的历史处境没有如他所期待的那样很快再次出现。我们应该以讨论修昔底德理解城邦的意义和命运的尝试来结束对这个时期的研究（无论是从智识上，还是从政治上说，这个时期都是随着雅典帝国的衰落而结束的）。[①] 因为苏格拉底更多地是关心个人的问题、关心一般而言的生活问题，不像直到他那时为止的绝大多数雅典伟人那样，关心的是国家的问题。苏格拉底是他那个时代质疑的良心（the questioning conscience），那个时代的根基因为新思想和新问题的侵入而发生了动摇。尽管苏格拉底看起来与修昔底德和欧里庇得斯等人完全同属一个时代，但他仍然属于另一个时代的开端——在这个时代，哲学成了文化和教育的真正载体。[②] 欧里庇得斯是最后一个传统意义上的大诗人，[342]但是他的一只脚也踏进了一个与产生阿提卡肃剧的世界大相径庭的世界。古人称其为舞台上的哲学家，事实上，他确实属于两个世界。我们将他看作旧世界的一部分，他命中注定要摧毁这个旧世界，但这个旧世界却在其作品中再次焕发出传统的全部神奇光辉。诗歌作为生活的向导在他那里再次确证了自身，尽管如此这般的同时也为新的精神——这种新精神打算把诗歌从其传统的宝座上推落——开辟了道路。这是历史所喜爱的伟大悖论之一。

在索福克勒斯的作品旁边，历史还为另一种肃剧留出了空间：新的一代已经长大成人，准备接过埃斯库罗斯提出的老问题，并以新的方式

---

① 参见本卷第 464 页及以下。

② 参见本书第二卷，第 10—84 页。

奋力解决这些问题。在索福克勒斯那里，对道德和宗教问题的意识暂时让位给了诗歌的其他兴趣，但现在，这一意识在欧里庇得斯这里以最强有力的形式复活了。恢复人和神之间的肃剧冲突的时代似乎已经到来。理性主义者的新学说的发展发出了信号——在索福克勒斯度过其生命的黄金时代之前，这种新学说的发展尚未完成。深思默察的人现在正严肃地思考人生问题，他们觉得传统的宗教虔敬的面纱使其父辈无法直面隐藏的问题；而欧里庇得斯，由于将新的批判标准运用到旧问题之上，必定觉得先前关于这一主题所写下的一切，现在都必须推倒重来。旷古迄今，神话传统一直是诗歌唯一可能的素材。埃斯库罗斯和索福克勒斯把他们自己的生命倾注其中，作为其作品的必然题材，神话传统中的人物现在交给了欧里庇得斯和其他每一位诗人。大胆创新如欧里庇得斯，也没有想过要离开神话传统另辟蹊径。指望他背离神话传统，是对古代希腊诗歌的基本性质的误解，因为希腊诗歌注定要受神话的约束，必须与其同生共死。然而，欧里庇得斯并不只是思考神话、只为神话故事而写作。

欧里庇得斯时代众所周知的生活现实使他与传统神话相切割。产生修昔底德这样的历史学家——他坚持认为探求真理就必须废弃神话——就是那个特别理性和讲究历史的时代对神话传统的态度的一种象征。这是一种激励医学探索和科学研究的精神。[343]欧里庇得斯是第一个有意识地按照诗歌应该如其所见那样描述现实(reality)这一艺术原则创作的诗人；因为神话传统触手可及，所以他将其当作表达他所见的新现实的一种工具来使用。难道埃斯库罗斯不曾按照他自己时代的观念和希望改造古老的神话传奇？难道索福克勒斯不曾被同样的冲动所引导，使古代的英雄人性化？难道在晚期史诗中似乎久已灭绝的神话，没有通过给一个已逝时代的苍白尸体注入新鲜的血液，从而在公元前五世纪的戏剧中令人吃惊地复活？

尽管如此，当欧里庇得斯出来参加肃剧比赛、并以似乎严格守旧的形式向观众呈现神话剧时，他无法使他的观众相信，他的创新只不过是将神话人性化和现代化的时代潮流又向前推进了一步而已。他肯定知道自己是一个真正的革新者；他的作品使他的同时代人深感不安或者极度厌恶。显然，希腊人的情绪更乐见神话被转化成一套苍白的美学标准和约定俗成的理想典范，如它们在晚期史诗中和在公元前六世纪的许多精雕细琢的合唱诗中所几乎成为的那样，而不是将其拓展并转化为适应日常现实的类型——日常现实与神话的关系，与世俗世界和宗教信仰世界的关系相同。艺术家们竭尽努力，使神话远离空洞和遥远，通过修正其标准使之适应实际生活的事实——不带有丝毫幻想地来看待的事实；没有任何东西像那个时代的自然主义思潮那样特色鲜明。欧里庇得斯着手这一陌生的新任务，不是以无可无不可的冷血，而是以一种强大的艺术人格的激昂能量，以面对多年的失败和打击仍毫不动摇的坚韧毅力投入这一新任务。这是早在雅典人给予他任何可以考虑的支持之前的事情；不过，他最终取得了胜利，不仅统治了雅典的舞台，而且统治了整个希腊世界的舞台。

这里，我们不必逐个描述他的剧作，或因艺术本身之故而分析其艺术结构。我们必须在忽略其传统特征的同时，研究构成此种新的艺术风格的诸要素。当然，如果对这些传统特征不具备充分且全面的知识，而想要欣赏欧里庇得斯诗歌成就的每一个方面也是不可能的；[344]但在这里，我们应该假定自己已经具备了那种知识，进而揭示出现在所有或者绝大多数欧里庇得斯戏剧中的主导倾向。在欧里庇得斯那里，与在其他每一个真正活着的希腊诗人那里一样，文学的形式是从一种特定的题材中有机地生长出来的：文学的形式与这些题材本身不可分离，甚至在诸如遣辞造句此类细枝末节上，也常常受到题材的限制。欧里庇得斯的新题材不仅改变了神话，甚至还改变了他所继承的诗歌语言和肃剧的传统形式——因为欧里庇得斯不是出于一时之任性，肆意打破肃剧的传统形式，而毋宁是以一种严格的系统性组合去固定这种形式。因此，构成欧里庇得斯风格的新要素，就是有产阶级的现实主义(bourgeois realism)、修辞学(rhetoric)和哲学(philosophy)：它们所导致的艺术风格的革命在人类精神史上标志着一个伟大的新时代，因为它预示着未来这三种伟大的文化力量在希腊精神中的主导地位。很明显，一方面，在欧里庇得斯戏剧的每一个场景中，他的作品都以一种特定的文化水准为先决条件，都是在对一个特定类型的社会团体说话；另一方面，通过向新的人格类型显示它想要接近的理想，从而帮助它找到属于其自身的东西，他的作品才是真正的向导——为自我确证之故，这个时代的新人格也许比此前的任何历史时期都更需要其自身的理想。

有产阶级的理想(bourgeois ideals)入侵生活对欧里庇得斯的同时代人所蕴含的意义，与无产阶级的理想入侵生活对我们所蕴含的意义，是某种相同的东西：实际上，当欧里庇得斯将穿着破布烂衫的悲惨乞丐带上戏剧舞台，让他们代表古代世界的肃剧英雄时，有产阶级的理想近乎无产阶级化了。这就是他的反对者们最激烈地攻击的那种降格(debasement)类型。[①] 即使在其基调和精神都最接近前辈的作品《美狄亚》中，仍然可以找到这种降格的痕迹。当公民个体获得越来越多的政治和智识自由时，人类社会的问题，以及人类社会赖以约束的问题，变得越来越明显；人们在自身感受到人为限制的无论什么地方，都开始要求一种过自己生活的权力；他们试图运用理性来寻求缓解或逃避那种人为的约束。人们激动地争论着婚姻问题。多少个世纪以来一直受公约禁忌保护的两性关系，现在也被强行拉到光天化日之下仔细审视，[345]并且发现其与自然中的任何其他关系一样，是一种对立和冲突。婚姻中的两性关系难道不也像其他所有关系一样，受强者的权力所支配吗？因此，诗人在伊阿宋抛弃美狄亚的时代找到了他自己时代的喜好，并将不为原初神话所知的社会问题注入到了原初的神话故事之中，在真正的肃剧的非凡特征中将这些社会问题呈现出来。

欧里庇得斯时代的雅典妇女不是美狄亚：她们接受了太多的教育，以至于不可能扮演她的角色，要不然就太过沉闷和压抑了。不过，诗人有意识地选择创作美狄亚这个怒目圆睁的蛮族人——她为报复背叛自己的丈夫杀死了自己的两个孩子——也是因为美狄亚表达了未被希腊传统所驯化的女人的可怕本性。希腊人通常认为伊阿宋是一个无可指摘的英雄，尽管他也许不是一个理想的丈夫；但欧里庇得斯却将其作为一个胆小怕事的机会主义者呈现给观众，伊阿宋为人行事不是从自己

① 与欧里庇得斯同时代的阿提卡谐剧对他的攻击强调了他的这种特征。例如，参见阿里斯托芬，《阿卡奈人》，第 411—479 行对欧里庇得斯的滑稽模仿。

的喜好出发，而是从冷静的算计出发；但为了让神话中的女凶手成为一个真正的肃剧人物，伊阿宋的这种角色转换是必要的。欧里庇得斯给了美狄亚全部的同情：部分是因为他觉得妇女的命运令人悲伤，他不想看到妇女的悲惨命运被神话故事中男性的英勇和光荣营造的壮丽气氛所美化和颂扬，但主要还是因为他希望让她成为有产阶级生活中家庭肃剧的女主人公，在他那个时代的雅典，这样的家庭肃剧必定屡见不鲜，尽管不是以一种如此极端的形式。欧里庇得斯创造了家庭剧。《美狄亚》，连同剧中丈夫无止境的利己主义与妻子无止境的激愤之间的冲突，是一部不折不扣的现代剧。与此相应，剧中的争辩、辱骂，以及所有人物所使用的逻辑，本质上都是有产阶级的。伊阿宋坚持认为女人应该聪明大度；而美狄亚则从哲学上思考妇女的社会地位——妇女的社会地位是一种不可避免的屈辱处境，它首先让一个女人为婚姻的权利支付一大笔嫁资，然后在婚姻中听任一个陌生男人的摆布——并宣称生儿育女远比战场上的战斗要勇敢和危险：她宁愿提着盾牌打三次仗，也不愿生一次孩子。[①] 对我们来说，想要全心全意地欣赏《美狄亚》一剧是不可能的；但该剧在它那个时代确实是一场革命，它表明了新艺术的真正丰饶。

及至晚年，欧里庇得斯已不满足于以神话素材来表现日常生活问题，而是经常将肃剧变为了某种非常类似于谐剧的东西。在《奥瑞斯特斯》(Orestes)中——该剧与埃斯库罗斯或索福克勒斯的作品毫无相似之处——阿伽门农之子奥瑞斯特斯因为父报仇而弑母，城邦公民威胁要以石砸之刑处死他，[346]正当他因悔恨而绝望之际，斯巴达国王墨涅拉奥斯(Menelaus)和海伦在长久分离之后重归于好，从特洛伊回归希腊。奥瑞斯特斯请求墨涅拉奥斯帮他渡过一劫。墨涅拉奥斯提供了钱财支助，但他害怕因侄儿奥瑞斯特斯和侄女厄勒克特拉(Electra)的复仇而失去重新获得的幸福，尽管他由衷地为俩人感到难过——尤其是因为他的岳父廷达瑞斯(Tyndareus)，即奥瑞斯特斯的外祖父和凶手克吕泰涅斯特拉(Clytaemnestra)的父亲，咆哮着要为女儿报仇，急切地

① 美狄亚对妇女悲惨命运的反思，参见欧里庇得斯，《美狄亚》，第230行及以下。

想要完成这部家庭剧。煽动者的演说点燃了城邦公民的怒火，在没有合适的支持者支持奥瑞斯特斯和厄勒克特拉的情况下，他们判处两兄妹死刑。这时，忠诚的皮拉德斯（Pylades）出现了，他发誓要帮助奥瑞斯特斯，想杀死海伦以报复墨涅拉奥斯的消极无为。由于天神的出现，他们失败了；天神们同情海伦，在最后一刻将海伦救走。两个亡命徒现在谋划杀死海伦的女儿赫尔迈厄尼（Hermione）以代替海伦，并放火烧毁墨涅拉奥斯的宫殿。此时，阿波罗作为解围人（deus ex machina）在空中出现，阻止了这场灾难，从此之后，所有人都过上了幸福的生活。海伦被带到天上，与奥林匹斯的天神们一起；墨涅拉奥斯则娶了另一名女子为妻以代替海伦；奥瑞斯特斯和赫尔迈厄尼，皮拉德斯和厄勒克特拉，这两对新人则双双庆贺婚礼。欧里庇得斯同时代人的复杂品味尤其喜好各种不同文学风格的混合，以及它们之间的微妙转换。以这种怪诞的肃谐剧形式出现的家庭剧的色调，让人想起当时的诗人和政治家克里提亚的一句评论，他说，姑娘们只有当她们有一点男子气时才是迷人的，小伙子们只有当他们有一点女人味时才是可爱的。[①] 但是，欧里庇得斯笔下那些并非英雄的主人公们的大量慷慨激昂的演说，经常有一些意料之外的趣味之处，欧里庇得斯那个时代的谐剧家们发现，他们是一个取之不竭的娱乐源泉。神话的原初内容和这种新的有产阶级的色调——冷静、精明、务实、理性、怀疑、注重道德和多愁善感——之间的对比，肯定会使任何敏感的艺术品味对此感到不适。

修辞学（rhetoric）入侵诗歌的重要性，并不亚于有产阶级的理想对生活的入侵，其结局是把诗歌完全变成演说术（oratory）。古代晚期的修辞学理论家们把诗歌仅仅当作雄辩术的一个分支、一种特殊功能来看待。希腊诗歌在很早之前就已经产生了修辞学的因素，[347]尽管直到欧里庇得斯的时代，希腊人才发现如何将其运用到艺术性散文的新媒介之中；正如散文一开始就从诗歌那里借鉴了很多艺术手法，散文在后期对诗歌多有反哺；现在，与神话故事被转化成日常生活的问题一样，肃剧诗人使用的语言也近似于日常生活的语言；与此同时，诗人将

① 克里提亚残篇 48（《前苏格拉底残篇》[第尔斯本]II）。

完美的逻辑论证的新方法，从精心设计的法庭辩论术那里引入肃剧的对话和演说之中：实际上，与欧里庇得斯对演说的措词和演说的人物的选择相比，这些新的戏剧技巧的使用更标志着欧里庇得斯是演说家们(rhetoricians)的学生。通观欧里庇得斯的所有戏剧，我们都可以在其中找到一种新的竞赛，即肃剧和法庭辩论——诉讼双方针锋相对的法庭辩论比赛让雅典人兴奋不已——之间的竞赛，因为现在舞台上形成对照的人物之间的唇枪舌战，成了肃剧剧情的主要兴奋点之一。

尽管我们对修辞学[雄辩术]在早期戏剧舞台中的发展知之甚少，但残存的遗迹仍清楚地表明了其与欧里庇得斯肃剧诗歌的滔滔雄辩之间紧密的亲缘关系。修辞学训练中的一个常规实践就是为神话故事中的人物虚构一些演说，正如我们从高尔吉亚为帕拉墨德斯(Palamedes)所做的辩护和他对海伦的颂扬中看到的那样。其他智术师们慷慨激昂的类似演说，作为学生模仿的范本被保存了下来。埃阿斯和奥德修斯在希腊首领陪审团面前的演说比赛，被归诸安提斯泰尼(Antisthenes)，而奥德修斯对帕拉墨德斯的攻击，则被归诸阿尔基达玛(Alcidamas)。主题越是大胆，就越适合用来展示智术师们所传授的技艺的难度——智术师的技艺本就是"能使较弱的论证胜过较强的论证"[①]的技艺。在《特洛伊妇女》(The Trojan Women)中，[②]针对赫卡柏(Hecuba)的谴责，海伦为自己的行为申辩，就在海伦的自辩演说中，以及在《希波吕托斯》(Hippolytus)[③]中的奶妈对菲德拉(Phaedra)的伟大演说中——它证明一个有夫之妇移情别恋并没有错——修辞学[雄辩术]所有无所顾忌和机敏圆滑的把戏与诡辩都重新粉墨登场。这些都是辩护技艺的精心展示，它们以肆无忌惮的流畅打动了那个时代的希腊人，让他们既钦佩又厌恶。不过，它们不仅仅是逻辑和风格的形式操练。

智术师们所传授的修辞学[雄辩术]，目的在于以任何一种可能说服人的方法为一个受谴责者提出主观的辩护意见。公元前五世纪后期法庭辩论中的巧舌如簧，[348]以及欧里庇得斯肃剧中人物的滔滔雄

① *τὸν ἥττω λόγον κρείττω ποιεῖν*；参见阿里斯托芬，《云》(*Clouds*)，第893行。

② 欧里庇得斯，《特洛伊妇女》，第914行及以下。

③ 欧里庇得斯，《希波吕托斯》，第433行。

辩，都来源于传统希腊关于罪与责任的思想在日益增长的个人主义思潮的影响下发生的不断变形。原初的犯罪观念纯粹是客观的：一个人可能不知不觉地或者不经意间被罪所败坏。罪的幽灵按照天神的意志，而不是根据人自身的意志，降临到他身上；不过，这一事实不能使他免于自己的行为所造成的毁灭性后果。这种古老的宗教信念在埃斯库罗斯和索福克罗斯时代仍然存在，但他们通过让承罪之人在其命运中发挥更加积极主动的作用——尽管不是通过直接攻击阿忒女神的客观概念——来竭力缓和这种宗教信念的力量。他们笔下的人物是"有罪的"，因为他们承担了罪的污染。按照我们的主观态度，我们应该认为他们是无辜的；然而，对埃斯库罗斯和索福克勒斯来说，他们的肃剧不是他们的清白无辜的肃剧和他们不应得的苦难的肃剧。这种类型的肃剧来自欧里庇得斯的创作，但也是从他那个时代看待人生命运的态度中生长出来的——这种态度根本上是主观的，是从个人的立场来看一切问题。在其漫长人生的晚年，索福克勒斯让科洛诺斯的俄狄浦斯为自己辩护，反驳由他避难之地的居民通过的将他驱逐出境的判决，宣称自己在弑父和娶母乱伦的惊世骇俗之罪中是无辜的，这是他在没有自由意志或不知情的情况下所犯的罪。① 索福克勒斯在此向欧里庇得斯学习了一些东西，但他学到的东西很少影响到他自己关于俄狄浦斯肃剧真正性质的深层观念。另一方面，对欧里庇得斯来说，这是一个至关重要的问题，他笔下人物的那种激情膨拜的、以主观感受为依据的自我辩护，总是被表达为对命运极端不公的激愤指责。我们知道，在伯利克里的时代，雅典刑法和辩护演说中的法律责任问题，越来越被从主观的立场来看待，因此，有罪和无辜之间的界线有时便完全消失了：例如，许多人认为，激情支配下的行为根本不是自愿行为。这种态度在肃剧诗歌中越走越远；因此，欧里庇得斯笔下的海伦将自己的通奸行为作为一种在性欲冲动支配下所做的非自愿行为来分析。② 海伦的这个演说，

---

① 索福克勒斯，《俄狄浦斯在科罗诺斯》，第 266 行及以下，第 537—538 行，第 545—548 行。

② 欧里庇得斯，《特洛伊妇女》，第 948 行。高尔吉亚以同样的方式为海伦辩护，参见《海伦颂》(*Hel.*)，第 15 行。根据这一论点，在情欲控制下的行为被排除在自由意志的实践之外。

以及其他类似的演说，可以被描述为修辞学[雄辩术]对肃剧的入侵，但这又远不是一种文体技巧那么简单。

[349]最后，是哲学(philosophy)。每一个希腊诗人，在思想、宗教和神话在诗歌中仍然构成一个完好无损的整体的意义上，都是真正的哲学家。因此，迄今为止，当欧里庇得斯让他笔下的人物和歌队说出富含哲理的格言警句时，他还没有引入什么新事物。不过，还有一些不同于他的作品的东西。哲学，这种在早期希腊诗歌中曾经拥有某种难以察觉的存在的东西，现在与独立自主的νοῦς[心灵]一样，现身于阳光下：理性思维侵入了存在的每一个领域。哲学从诗歌的束缚中解放出来，反戈一击，影响诗歌。欧里庇得斯笔下人物的演说重复冲击着高度理性化的我们：这种理性主义者的语气决不能、也不可能与在埃斯库罗斯身上发现的深厚而复杂的宗教情感相混淆，即使埃斯库罗斯的这种宗教情感充满了理智的怀疑。理性主义是我们从欧里庇得斯那里得到的第一印象。欧里庇得斯笔下的这些人物生活和呼吸在一种稀薄但高贵的思想气体中；尽管与埃斯库罗斯的坚定力量相比，这种思想气体显得朦胧和微弱，但这些人物的微妙而敏锐的智力活动是一种特殊类型的肃剧艺术的工具——这种特殊类型的肃剧需要一种不间断的对话来表达和支撑新型个体容纳人生苦难的能力。除此之外，欧里庇得斯式的肃剧还被一种无可抗拒的、沉溺于不断地分析和论证的本能所驱使。这是肃剧性质上的真正创新，必须得到彻底的理解：断定欧里庇得斯在何种程度上要为其笔下人物所说的话负责，只是第二层次的考量。在《法义》中，柏拉图为诗人辩护，①反对那些人对诗人的攻击——那些人在历史的每一个阶段，都指控诗人相信他们笔下的英雄们所说的一切：柏拉图评论说，一个诗人就像一个人造喷泉，喷出流经它的任何东西——诗人模仿现实，因而让他的人物说出相互冲突的意见，但他自己并不知道其中哪一个是对的。要从一个戏剧家笔下的人物的演说来推断他本人关于生活的看法，永远是不可能的；尽管如此，被欧里庇得斯置于舞台之上的

---

① 柏拉图，《法义》719c。

理性主义者们都有一种极强的家族相似性，这使我们确凿无疑地断定他本人就是一个彻彻底底的理性主义者。

欧里庇得斯从早期和当代哲学家们那里接手的各种关于自然和人类生活的理论，是他的一般文化的一部分；[350]断定其哪一个特定观念来自阿那克萨哥拉，或阿波罗尼亚的第欧根尼，或其他别的人，是无关紧要的。欧里庇得斯有过一种彻底和确定的人生哲学吗？如果有过，那么，除了与他变化无常的心境（Protean spirit）的暂时联系之外，他还有没有过别的什么？他什么都知道；没有一个曾经进入人类头脑的观念是他不熟悉的，无论是崇高的宗教信仰，还是纯粹无谓的扯淡；他不会将自己吊死在一种理性主义的教条之上，尽管他让赫卡柏在痛苦和绝望中向天空之神宙斯祈祷：

> 你，大地的支撑，又端坐地上的王座，
> 你到底是谁，我很难猜测，
> 宙斯呀，无论你是自然的法则，还是人间的心灵，
> 我都向你祈祷：因为你循着那无声的轨迹，
> 将人的命运引向正义之途。①

说出这种话的女人已经不相信天神了。她饱受摧残的心，在极度苦痛之际，无法做到不在混乱无序的生活中寻找某种意义，于是，她向一个第一因（First Cause）的幻象祈祷（这个第一因是哲学家们创立以代替消隐的诸神的）——仿佛她的祈祷能够被宇宙空间中的某个人或者某个东西听到似的。但是，我们能否由此得出结论说，欧里庇得斯有一种宇宙宗教的信仰，有一种对世界进程的终极正义的信念？欧里庇得斯肃剧中的许多演说，以相同的或者更大的分量，见证了截

---

① 欧里庇得斯，《特洛伊妇女》，第884—888行。译注：在希腊神话中，宙斯是天空的主神。欧里庇得斯的时代，雅典产生了一批怀疑论哲学家，阿波罗尼亚的第欧根尼首先说，宙斯不过是空气而已；阿那克萨哥拉说，大地是悬挂在空中的，空气支撑着大地，宇宙的运行全靠“心灵”（νοῦς）来安排。作者此处讨论哲学对欧氏戏剧的入侵和影响，对传统宗教信仰的动摇（“你到底是谁，我很难猜测”），由赫卡柏之口可窥一斑，参见《罗念生全集》，第三卷，上海：上海人民出版社，2004，第232页，注释128。

然相反的结论，他在宇宙法则和道德法则之间看不到任何和谐与一致，这一点似乎是绝对无误的。当然，这也并不意味着他有意宣扬这一信条，尽管他笔下的人物在必要时已经以百分之百的确信表达了这一点。紧挨着这些尖声叫喊，我们可以放置欧里庇得斯的另一些戏剧——在这些戏剧中，一位天神在受到猛烈抨击之后，终于现身，以便将剧中人物的苦难带向一个并非不可忍受的结局。欧里庇得斯既不在一种类型的戏剧中为传统宗教信仰辩护，也不在另一种类型的戏剧中宣扬诸神的渐行渐远和冷漠无情。他笔下的人物总是使诸神遭受无情的批评，这种批评伴随着其戏剧中的全部肃剧行为，不过，这只是次要的主题。在这方面，他与从塞诺芬尼发端的对荷马和赫西俄德的诸神的攻击一脉相承，并最终通向柏拉图。① 不管怎样，欧里庇得斯的这种悖论，无非是导致塞诺芬尼和柏拉图将神话作为错误和不道德加以公开指责的同一种批判态度，在欧里庇得斯那里强行闯入这些神话的戏剧再现，[351]并不断摧毁戏剧想要创造的假象[诸神的正义不过是假象]的结果。他否认诸神的存在和权能，与此同时，又在戏剧中把诸神显示为实实在在的强大力量，由此可见其肃剧名副其实的模棱两可，它有时极其严肃深沉，有时又近乎轻佻的戏谑。

欧里庇得斯不仅批判神灵，就希腊人认为神话是激励人类模仿和钦羡的一个理想世界而言，他还批判整个神话本身。也许，他的《赫拉克勒斯》(Heracles)没有蓄意摧毁英雄独立自足的古老多利安理想；② 但《特洛伊妇女》显然是对征服特洛伊的希腊人的荣誉的一种确定而强烈的抨击：它剥掉了他们英雄主义的迷人外观，表明了这只不过是一种残忍的野心、一种从毁灭中得到的野兽般的快乐。③ 然而，在《腓尼基妇女》(The Ponecician Women)中，同一个欧里庇得斯以最激动人心、

① 塞诺芬尼对荷马诸神的批评，参见本卷第218页及以下。关于柏拉图，参见本书第二卷，第246页及以下。

② 这是维拉莫维茨在其著名评注中对该剧所做的阐释，他的这种阐释深刻而略显思辨。

③ 韦尔弗(Franz Werfel)对欧里庇得斯的《特洛伊妇女》的自由翻译——或毋宁说是“转换”——说明了这一点，这种自由翻译由于过多强调剧中的批评因素而增强了戏剧效果。

最肃剧性地笔触描述了对权力的魔鬼般的冲动，这与在厄忒克勒斯身上所体现的完全一样。[①] 而《乞援女》(The Suppliants)和《安德洛玛刻》(Andromache)则表明，他可以为一个国家的节日写剧本，[②]而完全没有一点反战主义倾向的痕迹。他的著作被不乏公正地视为他那个时代的每一个关键时刻的争论平台。这个时代的生活和传统全都支离破碎，成为讨论和哲学思考的对象，成为急切争论的对象——欧里庇得斯的所有人物，无论老少，无论男女，无论是国王，还是奴隶，都在不断地做这种争论，没有比这更重大的证据来证明他那代人质疑一切而什么都不信的事实了。

这些争论的目的，不在于教导观众任何确定的东西，而只是表达这个或那个人物对世界秩序的一种主观态度。肃剧风格中的修辞学变革、现实主义和理性主义变革，是当时主观主义运动的伟大典型，就像它影响其他领域一样，这种主观主义思潮也影响诗歌和哲学。这种主观主义运动的进程——它在伊奥尼亚和爱奥利亚的抒情诗中曾经达到其首次高潮，[③]然后被肃剧的创造和由于政治兴趣而造成的理智生活的入侵所中断——在欧里庇得斯那里得到了强有力的恢复，而且现在渗透进了肃剧本身之中。欧里庇得斯发展了其中的抒情因素，抒情一直是戏剧的一个本质性部分，但在一定程度上，[352]他将其从合唱队那里转移到了剧中人物身上，令其来表达个人遭受的苦难。表现奔放的激情的咏叹调现在成为了戏剧中的主导因素，[④]而且是其抒情性(lyricism)不断增长的一种征兆。阿提卡谐剧家们对欧里庇得斯的新

---

① 参见欧里庇得斯，《腓尼基妇女》，第521—525行，这些诗行表达了真正的僭主对权力的魔鬼般的冲动。

② 《乞援女》写于伯罗奔尼撒战争期间，有明显的爱国主义倾向。根据古代语文学家在经典文本上的批注，在保存于雅典执政官的档案室中的教学文献中——其功能是为戏剧演出做出安排——没有提到《安德洛玛刻》一剧。因此，《乞援女》肯定不是为雅典狄奥尼索斯酒神节写的，而是为另外一种场合而写的。剧本结尾对钦羡雅典的伊庇鲁斯王(King of Epirus)的盛赞，以及将整个戏剧情节与伊庇鲁斯王及其神话起源相联系，都显示出欧里庇得斯的目的：他是在伯罗奔尼撒战争期间，为伊庇鲁斯的一个民族节日的宫廷演出和雅典的钦羡者们写的该剧。

③ 参见本卷第147页及以下。

④ 参见沙德瓦尔德，《戏剧中的独白》(Der Monolog im Drama)，载《新语文学研究》，耶格尔编，第二卷，第143页及以下。

音乐发表的持久攻击证明，如果我们丢失这种新音乐的抒情性，那么也就真的失去了其作品的一个本质性部分。欧里庇得斯笔下的人物在音乐和抒情诗中表达出了他们的基本情感，与他们的理性反思相比，这种情感是其肃剧诗歌的一个更为重要的组成部分。无论是剧中人物的情感，还是思想，都在欧里庇得斯焦虑不安的主观内心活动中有其深刻的根源，而且在情感和思想的相互作用和相互结合中，彻底反映了他的这种内心活动。

欧里庇得斯是最伟大的抒情诗人之一。只有在歌唱中，他才能将自己觉得用理性无法消解的不和谐变得和谐。毫无疑问，一段时间之后，他的咏叹调变得相当矫揉造作，有时甚至是那种令人痛苦的空洞无物。[①] 但是，在将现实生活提升到心醉神迷的抒情片刻的能力上，还没有其他诗人能望其项背：比如，在羞涩的希波吕托斯（Hippolytus）对贞洁女神阿尔忒弥斯的热情而温柔的崇拜中，在他为她的塑像加冕的场景中，或者在伊翁虔诚而热烈的晨颂中——当第一缕阳光照射到帕纳索斯山（Parnassus Hill）时，他唱响颂歌，而他作为阿波罗神庙的永久侍祭，继续他不变的虔诚服务。菲德拉（Phaegras）病态的灵魂沉浸在山林的孤独之中时的那种痛苦和欢喜，似乎触及到了一个不为古希腊人所知的情感领域。在《酒神的伴侣》（The Bacchantes）这部欧里庇得斯的晚年作品中，他的抒情力量仍然无人可以匹敌，这部作品在表达酒神节的疯狂时达到了登峰造极的地步：在有关此种疯狂放纵的内在意义的古代文学中，欧里庇得斯的话语是唯一真正深刻的揭示；即使在今天，他的话语也让我们对狄奥尼索斯的力量感到浑身颤栗——狄奥尼索斯对那些被他的迷狂俘获的灵魂具有无边的法力。

欧里庇得斯的新抒情艺术来源于迄今为止不为人知的理解深度，这种理解深度可以将最微妙、最隐秘和最奇异的情感追溯至其源头，条分缕析，寻幽发微，即使遇到那些变态的情感，也毫不退缩，不会从对

① 阿里斯托芬在其对欧里庇得斯的咏叹调的滑稽模仿中批评了这一点。如《蛙》，第1309行及以下。

人、事物或地方所表现出来的难以形容的个性魅力的温柔同情那里退缩。《美狄亚》的合唱队在寥寥几行诗句中，就提炼出雅典独一无二的自然和精神氛围：雅典令人尊敬的历史——它一直延伸到传统的朦胧时代，[353]雅典和平宁静的生活，雅典明亮纯净的天空，以及哺育这座城市的人们的光辉智慧——在那里，圣洁的缪斯孕育了金发的和谐女神(Harmony)。"阿芙洛狄忒曾汲取那秀丽的刻菲索斯(Cephisus)河水，来浇灌这里的土地，还送来馥郁的轻风，她头戴玫瑰花冠，把在各个方面助人卓越的爱送给同伴智慧女神雅典娜。"①这些神奇的诗行必须摘录于此，因为它们概括了雅典文化的兴高采烈和风发意气，在后果严重的伯罗奔尼撒战争爆发之前的几个星期，雅典就是这个样子——这场战争使雅典的和平戛然而止，让她不再受和平的庇护，并再次让她的文明任凭一个国家和民族通常会遭遇命运所摆布。

欧里庇得斯是第一个心理学家(psychologist)，是他在新的意义上发现了人的灵魂——他揭示了人心中那个动荡不安的世界。他对怎样表达人心中的情感和激情、它们又如何与灵魂中的理智力量相冲突，从不感到厌倦。他创立了精神病理学。在欧里庇得斯的时代以前，写作此类主题的诗歌是不可能的，因为只有到那时，人们才首次学会公平公正地看待这些事物，坚信所有这些着了魔似的激情和

---

① 《美狄亚》，第 824 行及以下。对阿提卡纯净的天空及其对雅典人的心灵和谐的影响的描述，有一种希波克拉底的味道，使人想起希波克拉底的医学著作《气候水土论》(*On Airs, Waters and Places*)，这部著作是希腊哲学和人种学中所有相似思考的源泉。译注：此处译文可参见《罗念生全集》，上海：上海人民出版社，2004，第三卷，第 112 页。这里有两个问题。第一，"以及哺育这座城市的人们的光辉智慧——在那里，九位圣洁的缪斯孕育了金发的和谐女神(Harmony)"一句，耶格尔的原文是：and the glorious wisdom which fed the men of that city *where the holy muses brought fair Harmony to birth*，罗念生的译文是"……，传说那金发的和谐之神在那里生育了九位贞洁的庇厄里亚文艺女神"，罗念生在第 133 页的注释 111 中，特别指出，和谐女神是战神阿瑞斯和阿芙洛狄忒的女儿，"庇厄里亚(Pieria)是波奥提亚境内的流泉，那九位文艺女神是在那泉旁生的。一般的传说却说她们是记忆之神所生"。不知道这里是不是耶格尔理解错了。第二，"她头戴玫瑰花冠，把在各个方面帮助人卓越的爱送给同伴智慧女神雅典娜"一句，耶格尔的原文是：……, and, rose-garlanded, [she] sends to partner wisdom the loves who assist men in every excellence。罗念生的译文是"那和智慧作伴的爱美之神，那辅助一切的优美之神，替她戴上芳香的玫瑰花冠，送她[爱神]到雅典。"罗念生在第 133 页注释 113 中说，"这几行诗很费解。"

妄想，都是“人性”成长必要的、合乎逻辑的进程，[①]用他们坚定的信念之光来指引他们自己穿过心灵的迷宫。主观世界的发现和看待自然的理性主义态度，这两个新因素的同时并存造就了欧里庇得斯的心理学，后者在那时正揭开一连串之前隐而不露的领域。没有科学，欧里庇得斯的诗歌不可能存在。他是第一个以无情的现实主义，将“疯狂”的一切表现形式置于舞台之上的人。由于他相信天才无所不可，所以，通过将折磨人的灵魂的疾病和源自人的本能世界的疾病，描述为左右人的命运的力量，[②]欧里庇得斯为肃剧打开了一个全新的领域。在《美狄亚》和《希波吕托斯》中，他揭示了未得到满足的性欲的病态状态(pathology)的肃剧性解决；而《赫卡柏》则显示了极端的苦难如何扭曲一个人的性格，表现了一个失去一切的高贵妇女，如何慢慢地、令人吃惊地堕落为令人厌恶的兽类。

欧里庇得斯的诗歌世界不存在任何固定的支点，它永远慢慢消失于人的主观情绪和主观思想之中。我们已经说过，[354]他对世界秩序和神话故事的批评不受一种单一结构的哲学所支配。一种浩茫的无奈从怀疑主义的深渊汩汩而出，他以此种无奈来看待人的一切行为和思想。在证明神对待人的方式的合理性方面，他从不企图追随希腊早期的诗人。尽管他笔下的人物接连不断地追寻幸福，而且对公平正义有一种极端的热情，可是他们的追寻和他们的热情从未实现。现在，人不再能、也不再愿意把自己委身给任何不将他自己(himself)——在普罗泰哥拉的意义上——作为终极标准的人生观。[③] 因此，这种思想的发展以这样一个悖论而告终：在人最声嘶力竭地索要自由之际，他认识到了自己彻底的不自由：

没有一个有死的凡人是自由的：他是钱财或命运的奴隶；要不

① 关于当时希腊医学和思想中的“人的自然(human nature)”的概念，参见本书第三卷，第5、23—24页，以及其他各处。

② 欧里庇得斯的时代存在着“人的灵魂的医生”。比如智术师安提丰，他也教学和写作关于梦的解释。

③ 参见本卷第372—373页。

> 然就是统治国家的暴民的奴隶，或者是法律的锁链不让他过自己想要过的生活。①

这些话是在阿伽门农希望给赫卡柏所乞求的恩典，但又忌惮自己军队炽热的仇恨而不敢时，年老的赫卡柏对得胜的阿伽门农这个特洛伊城市的征服者说的。赫卡柏是痛苦的化身。对于阿伽门农的浩叹："呜呼，什么样的女人曾被如此诅咒？"她回答："从未曾有，除非你指的是命运女神自己。"②

现在，时运女神堤喀（Tyche）受诅咒的权力取代了赐福神灵的位置。对欧里庇得斯来说，当赐福的神灵的实在性逐渐消失时，时运女神的现实性变得更加急迫。因此，非常自然，她有了一个新神的特征，越来越支配希腊人的思想，而且很快扑灭了旧的宗教信仰。她有多种形式，不断变化，随心所欲。人有旦夕祸福，天有不测风云；今天感受到堤喀女神的愤怒的人，可能明天就得遇恩典。她反复无常，无可逆料。③ 在欧里庇得斯的一些剧作中，她以统治世界的权力出现，把人当作木偶来玩弄。这种思想，是对人的软弱和不自由的观念的一种必然完成。实际上，人唯一的自由，就是以一种冷嘲的漠不关心来旁观时运女神的行为——就像在《伊翁》、《海伦》或《在陶里安人中的伊菲革涅亚》（Iphigenia among the Taurians）中那样。这些戏剧都是欧里庇得斯在差不多同一时间写的，这并非无关紧要。那一时期，欧里庇得斯显然对这个问题非常感兴趣，因而选择了这些主题。戏剧的情节经过精心设计，故事错综复杂而引人入胜，我们屏住呼吸，兴奋莫名，观看人类的智谋和诡计与如箭离弦般飞驰的时运女神的比赛。《伊翁》是此类剧作最单纯的例子。随着剧情的发展，[355]我们的注意力一次又一次地被明确地引向堤喀女神的权力。在剧末，她被称作永恒的变化之神，所以伊翁感谢她将他从一个不知不觉的严重罪行中拯救出来，感谢她向他揭示了他自身命运不可思议的秘密，感谢她让他与失散已久的母亲幸福地相聚。实际

① 《赫卡柏》，第864行及以下。
② 《赫卡柏》，第785行及以下。
③ 参见《赫尔墨斯》XLVIII（1913），第442页。

上，大约在这个时期，诗人产生了一种对不可思议的奇迹的特殊热情。人的一切幸福和悲伤的自相矛盾的性质，越来越来自其自身的行为。谐剧在肃剧场景之中开辟自己的道路。米南德（Menander）的肃剧就是这种潮流的合乎逻辑的发展阶段。

一般来说，欧里庇得斯作品的标志，是无穷无尽的发明和创造，坚持不懈的追问和尝试，还有创作手段的日益自如，但最终，他回到了旧式的肃剧类型上。在《腓尼基妇女》中，他用一种坚固的埃斯库罗斯式的情节和结构，创造了一出命运剧（尽管他可能夸大了埃斯库罗斯式的阴沉），巨型塑像通过一个巨大而可怕的行动若隐若现地移动。《酒神的伴侣》创作于欧里庇得斯晚年，在他死后才上演，该剧有时被解释为他的自我发现——一种深思熟虑的逃避，从理性的自我知识逃进宗教体验和神秘沉醉。不过，这是对戏剧的一种过度解读。对欧里庇得斯来说，把狄奥尼索斯的疯狂转化成抒情诗和戏剧诗，本身就是一种适当的收束，作为一个心理学家，他在肃剧的问题中发现了宗教信仰的群体催眠对人的心理产生巨大而持久的影响的可能性，这种宗教信仰的群体催眠唤起了被催眠者（victims）的一切原始本能和精神能量，而正常的社会和人的既定状态只能建立在理性的基础之上。但是，即使在其暮年，欧里庇得斯也没有到达他心灵的安息之地。正当他仍精力旺盛地与宗教信仰问题搏斗时，他的生命结束了。在宗教信仰问题上，没有人像这位理性主义诗人那样，在人类精神中如此全神贯注地探寻过非理性因素的深渊，但正因乎此，欧里庇得斯的世界是一个没有信仰的世界。当然，在对他的时代和他自己的灵魂已经理解得如此透彻、看得如此之深、觉得如此可疑之后，他已经学会了如何在某个宗教真理中赞美谦卑信仰的喜乐——这种宗教真理超越一切理性的理解，[356]若只因为他自己没有诸如此类的信仰，他就感觉不到这一点，这是不可能的。这种态度要成为知识对信仰的基本态度的时代还没有到来；不过，在《酒神的伴侣》中，所有的征兆已经预示性地出现了：奇迹和皈依对理性的胜利，①针对国家的个人主义与宗教信仰的联盟（尽管在古典时代，

① 参见诺克（Arthur D. Nock），《皈依》（*Conversion*），第25页及以下。

国家与宗教信仰相重合)，以及当下体验到的自由感——当灵魂从所有墨守成规的道德体系中解放出来，并意识到自身之中的神明(God)时，这种自由感便悄然而至。

欧里庇得斯创造了一种独立的艺术类型，这种艺术类型抛弃了自己属于普通公民的身份伪装，开始有了自己的生命。他不能在雅典城邦中履行一个艺术家的传统使命，不能像他的伟大前辈们那样，履行作为一个教师的传统使命；否则至少他可以用一种不同的方式教导他的同胞。他当然也有某种教化的目的：但他不是以建构一个完整的精神世界的方式，而是以他对政治和理智"问题"的强烈兴趣来教育他们。作为他自己时代的一个批判者，尤其是由于其催泻性批判通常采取与遵循习俗的传统观点相抵触的形式或推翻有疑问的假设的形式，他注定是一个孤独的人。阿提卡的谐剧家们就是这样描绘他的，[①]他的同时代人也是这样认为的。欧里庇得斯意识到自己生活在一种独特而宝贵的精神氛围中，他的孤独与他的这种意识并不冲突，这种精神氛围就是雅典，在《美狄亚》中，当他赞美雅典文化和雅典人的生活时，表达的就是这种情感。[②] 然而，他在远离本邦的马其顿结束自己的一生仍然富有象征意义，并有着某种与埃斯库罗斯客死西西里全然不同的意味。欧里庇得斯的家是他的研究室(study-chamber)。雅典人并不像他们选举索福克勒斯那样选举他做将军。他过着一种相当独立而封闭的生活，沉浸在书本和工作中，在其忠仆和助手科菲梭丰(Cephisophon)的帮助下，他小心翼翼地防止外在世界的入侵。更确切地说，他的身体生活在那里，而他的心则神游四方，精骛八极，即使当它回归尘世之时，也以"你这可怜的造物"来称呼造访者(谐剧家们就是这样说的)。[③] 欧里庇得斯的形象向我们展示了缕缕乱发之下的眉额——希腊雕塑中哲学家头部的典型特征。[357]他不止一次地将爱欲(Eros)和智慧(Sophia)描述为自己的伴侣。这一隐喻让我们想到他自己的性格，但是无法得出确定的结

---

① 参见阿里斯托芬，《阿卡奈人》，第393行及以下一幕。

② 参见本卷第428页及以下。

③ 阿里斯托芬，《阿卡奈人》，第454行。

论，直到看到他的这句话："即使诗人的灵魂中没有音乐，爱欲也会教导诗人。"①一些生活一贯不幸的艺术家在他们的作品中显得十分幸福。索福克勒斯甚至在其生前就实现了充满他所有诗歌的和谐生活。但是，在欧里庇得斯诗歌的纷乱背后，必然存在着生活和性格中的不和。在这一点上，他也体现了他那个时代的个人主义——比所有同时代的政治家和智术师们更彻底、更深入。他独自一人体味着那个时代一切隐秘的痛苦，并与那个时代共同分享无限的精神自由的危险权利。尽管他拼命地扑打着翅膀，反抗他生活于其中的社会体系的禁锢，但他仍然独立于整个世界；他以自己的方式，如品达的老鹰一样翱翔。他说："天高凭鹰飞（To the eagle's flight, the whole of heaven is free）。"②他不像品达那样上穷碧落，而是以一种奇异的热情，渴望一种广阔无垠、穷深极远的飞翔，而置尘世和尘世的一切障碍于不顾。

他的艺术最不可思议地预示着未来。我们已经指出，构成其艺术风格的新因素将会成为下一个世纪的文化力量：有产阶级的理想（更多的是社会意义上的，而不是政治意义上的）、修辞学[雄辩术]和哲学。这些力量洞穿了神话，并摧毁了神话。神话不再像它在开始时一直所是的那样，是活生生的、与时俱进的、改变希腊人精神的生命体，即每一种新内容的不朽形式。欧里庇得斯的反对者们目睹了这一切的发生，试图通过让他闭嘴来反击。但是，他只不过是完成了民族发展中的一个伟大阶段而已。如果我们承认这一点，那么就会摒弃那种责备他的浪漫时尚，自穆勒（K. O. Müller）的《希腊文学史》（*History of Greek Literature*）以来，因为他对神话所犯的罪，许多批评家一直那样做。在欧里庇得斯那里，我们看到了一种新型的人——即希腊化的希腊人（the Hellenistic Greek）——从垂死的诗歌和遭受打击的城邦的阵痛中的诞生。欧里庇得斯在雅典舞台上的失败，由于他对后来数代希腊人的巨大影响而得到了补偿。他们认为

---

① 欧里庇得斯残篇 663（诺克编）。

② 欧里庇得斯残篇 1047（诺克编）。

他是最卓越的肃剧作家（Tragedian par excellence），他们建立雄伟的大理石剧院——至今我们仍将其作为希腊文明的纪念碑来欣赏——也主要是因为他的戏剧。

第五章　阿里斯托芬的谐剧诗

[358]对公元前五世纪最后四分之一的希腊文明的任何描述，都无法忽略阿提卡谐剧这个奇特而引人注目的现象。古人在将阿提卡谐剧叫作“生活的镜子”时，意指它提供了反映人性及其弱点的永恒视角。不过，当然，阿提卡谐剧同时也是对它那个时代的最完整的反映，在其丰富性和准确性上超过了任何其他类型的文学或艺术。如果我们想要探究雅典人的外在样貌和生活习惯，那么从瓶饰画、日常生活叙事诗那里就可以知道个八九不离十；不过，尽管瓶饰画生动、便利、形式多样，但它们并没有告诉我们更为崇高的精神活动的任何信息——这种精神活动造就了现存最伟大的谐剧诗歌。我们归之于阿提卡谐剧的一个难以估量的优势，是它告诉我们，在这个流淌不息的行动之流中心，由于哲学、诗歌和城邦本身三者都与谐剧紧密相关，并受到谐剧的启发，所以它们不再像孤立的现象，而它们的全部直接影响力都可以在其时代的框架内得到理解。只有在这个经由谐剧了解到的时期，我们才能观察到作为一个持续社会进程的雅典人智识生活的发展，而不是将这一发展作为完整且永恒的文学、历史和哲学作品的结晶来研究。我们观察到的情况表明，古文物收集者的那种写作文明史的方法——从孤立的历史细节出发，通过捡捡补补，从而重构各个历史时期——是一项没

有希望的任务，即使在历史证据比古代希腊远为丰富的时期也是如此。对后世而言，只有谐剧诗才能使它那个时代的生活生动逼真且合乎人性。因此，几乎任何一个历史时期，即使是我们自己刚刚过去的时期，都不能够像阿提卡谐剧的时代那样，如此生动逼真地为我们所认识，这是一个悖论，但说到底，也是非常自然的。

不管怎样，在本书中，我们必须研究谐剧的艺术感染力（它激发了无数多才多艺的作家），[359]不仅作为一个已逝世界的生活的证据来源，而且作为希腊诗歌天才们的最伟大显示之一。与任何其他艺术类型相比，谐剧与其自己时代的现实联系更加紧密。尽管这一事实使谐剧从一种历史的角度看显得很有吸引力，但谐剧描绘转瞬即逝的事件和人物的唯一目的，在于表现他们永恒的人性中的某些方面，这些方面是被诸如史诗和肃剧此类崇高的诗歌类型所忽略的。公元前四世纪发展起来的诗歌理论，将肃剧和谐剧定义为对人的同一种原始模仿本能的根本对立但相辅相成的表达形式。这一理论断言，肃剧，以及所有其他类型的由史诗继承而来的高级诗歌，都来源于高贵的心灵模仿伟大人物、著名事迹和卓越生活的倾向；它用人类共同本性中不可抗拒的模仿冲动来解释谐剧的起源——或者，我们应该这样说，它以普通人模仿有害的、应该受谴责的、受鄙视的事物的冲动，连同其现实主义的、批判的世界观，来解释谐剧的起源。① 《伊利亚特》第二卷中的著名场景，将丑陋而庸俗的诽谤者忒尔西特斯放在大众恶意的笑声面前——这一场景是荷马史诗中众多肃剧中罕见的一场谐剧，它是一个真正的通俗谐剧片断，因为它迎合了大众的本能。因此，在关于诸神的滑稽剧中，当偷情幽会的战神阿瑞斯和阿芙洛狄忒不得不违背自己的意愿而云雨时，奥林匹斯诸神自己就成了这场谐剧中哄然大笑的观众。

如果连非凡的诸神也能以这种公开的谐剧方式嘲笑或者被嘲笑，希腊人显然觉得每一个凡人、每一个有人的属性的存在者，不仅具有感受剧中人物的情感和尊严的能力，而且还有发笑的需求和能力。② 尽

---

① 亚里士多德，《诗学》2.1448a1；4.1448b24。

② 亚里士多德，《论动物部分》（*Part. An.*）3.10.673a8，8。

管人通常被定义为一种会说话或者会思考的动物，但后来的希腊哲学家将人定义为唯一会发笑的动物；因此，他们将发笑与思考和说话放在相同的位置上，作为智力自由的一种表现。如果我们将这种关于人性的哲学观念，与荷马的发笑的诸神联系起来，我们就不会轻易相信谐剧的精神内涵低于肃剧的说法了，尽管谐剧的起源可能确实比肃剧卑贱。[360]在阿提卡戏剧中，没有任何东西能够像谐剧和肃剧这两种艺术类型的分化与整合那样，如此清晰地显示雅典文化广阔而深刻的人性。柏拉图是第一个指出这一点的人：在《会饮》的结尾，他让苏格拉底说，真正的诗人必须同时既是肃剧家，又是谐剧家①——这是柏拉图本人通过写作《斐多》和《会饮》来作出回答的一个断言。全部雅典文化都旨在实现这一理想，它不仅将肃剧和谐剧置于同一舞台上相互竞争，而且教导雅典人（用柏拉图的话说②）将一切人生既作为一场肃剧来看待，也作为一场谐剧来看待，这一理想所指示的完整人性是其古典式完美的一个标志。

现代批评家们一直难以领会阿里斯托芬谐剧的独特之美，直到他们抛弃它是世态谐剧③的一种原始但杰出的前身这一历史偏见，转而研究它的宗教起源，认识到它是生命在酒神节狂欢时的一种倾泻。实际上，为了克服审美判断中的理性主义类型，回归谐剧的心灵起源是有必要的——理性主义的审美判断，无法在阿提卡谐剧中看到自然的创造性力量。④ 不过，如果我们想要看到酒神节的激情在阿里斯托芬那里翱翔所至的纯粹精神高度，就必须对它做进一步的追溯。

谐剧的历史，可能是一种高尚的艺术形式如何直接从阿提卡土壤的

---

① 柏拉图，《会饮》223d。

② 柏拉图，《菲利布》（*Phileb.*）50b。

③ 这是古典时代后来几个世纪看待阿里斯托芬谐剧的自然而然的方式，他们更喜欢米南德的“新谐剧”，后者更接近于他们的社会状态和智识文化。普鲁塔克的《阿里斯托芬与米南德之比较》（Comparison of Aristophanes and Menander），是这种批判性裁定的一个雄辩的表达，这对我们来说是一种不符合历史事实的意见，但直到十九世纪之前都非常盛行。这种态度植根于后期希腊的教化（Paideia）体系及其道德和文化标准之中。

④ 关于对阿里斯托芬谐剧的真正理解的起源的论述，尤其是哈曼（Hamann）、莱辛（Lessing）和歌德（Goethe）的贡献，参见弗里德伦德尔，《阿里斯托芬在德国》（Aristophanes in Deutschland），载《古代文明》VIII，1932，第233页及以下。

深根之中生长出来的最清晰的事例，其起源模糊不清——不像肃剧，因为对那个时代的希腊人来说，从最早的酒神节的狂欢歌舞，到它在索福克勒斯那里的登峰造极，肃剧诗歌的整个发展过程是十分熟悉的。[①] 这一事实的原因不仅仅是技术性的。肃剧诗歌从一开始就是严肃的公众兴趣的核心。肃剧一直以来就是表达崇高思想的载体。但是，醉醺醺的kōmos[狂欢队伍之歌]——狄奥尼索斯的乡村节日的标志，其阳具崇拜的赞歌极其下流——并不被认为是一种精神的创造，即完全意义上的poiésis[诗歌]。当戏剧像在阿里斯托芬那里那样成为一种文学时，它吸收了诸多形形色色的要素，这些各不相同的要素来源于古老的酒神节狂欢仪式。[②] 戏剧当然也包含了节日狂欢（即kōmos）的精神，谐剧（kōmōidía）就是以此来命名的。另一个重要特征是谐剧演出中插在剧情之间的合唱队的主唱段（parabasis），合唱队尽情发挥嘲弄人的幽默，笑骂奚落观众（原初节日中那些目瞪口呆的围观者），[361]而且经常指名道姓挑选出个别人进行一种特定的戏谑表演。同样古老的是演员身上的阳具服装道具，以及合唱队穿戴的伪装——尤其是青蛙、黄蜂、鸟以及诸如此类的动物面具：因为这些特征即使在最古老的谐剧演员那里也出现过，他们仍然受到传统的强烈束缚，几乎没有推陈出新。

能够将这些五花八门的要素融合在谐剧这一艺术整体之中，是雅典天才人物的特征：显而易见的对等物是阿提卡肃剧，肃剧将舞蹈、合唱颂歌和口传诗歌结合在一起。正是这种整体中的多样性，使阿提卡谐剧在舞台资源和精神能量上，比在希腊世界中的其他地方独立产生的任何其他类型的戏剧都远为丰富——比如埃庇卡摩斯（Epichamus）的写于多利安人的西西里的谐剧，以及索夫龙（Sophron）的哑剧。但是，具有戏剧发展之最大可能性的特征是其诗体形式：即伊奥尼亚的抑扬格诗行。它也有酒神节的起源，不过早在两个世纪之前就已经被阿基罗库斯上升到了一种诗歌形式。尽管如此，谐剧三音步的自由结构证明了它不是直接从阿基罗库斯所塑造的文学的抑扬格发展而来的，

---

① 亚里斯多德，《诗学》5. 1449a37 及以下。

② 参见皮卡德-卡布里奇，（A. W. Pickard-Cambridge），《酒神颂歌、肃剧和谐剧》（*Dithyramb, Tragedy, and Comedy*），Oxford，1927，第225页及以下。

而是直接从原始的、可能是即兴创作的同名民歌曲调发展而来的，这种民歌曲调经常被运用在讽刺诗中。在第二代以及之后，谐剧诗人才模仿阿基罗库斯的讽刺文学——不是模仿其严格的诗歌结构，而是模仿其更高级的艺术技巧，对他们不喜欢的人进行大胆的讽刺挖苦和大肆攻击，尽管这些人可能是城邦中最伟大的人物。①

在谐剧在政治上变得重要，为谐剧创作支付费用成为富裕公民的特权和义务之前，讽刺诗的这种艺术技巧并没有多少意义；因为从那时起，谐剧节才成为一种公开场合，②而谐剧“合唱队”才开始为了市民的兴趣一本正经地与肃剧同台竞艺。尽管谐剧不敢觊觎与肃剧同样的声望，但它现在开始模仿肃剧。肃剧对谐剧诗人的影响一目了然，他们从肃剧那里借鉴各种艺术手法，甚至努力给予谐剧一个完整的戏剧结构，③尽管对他们来说，要想删繁就简，砍掉过分滋蔓的插科打诨，将情节归并为一种严格的形式，仍然是无能为力之事。[362]与此类似，肃剧也是谐剧诗人将一个“英雄”引入谐剧的原因，它深刻地影响了谐剧诗歌的创作。最后，在谐剧发展的鼎盛时期，是肃剧的启发将其提升至最高境界，使其意识到了崇高的教育使命：这种自觉意识弥漫于阿里斯托芬的整个谐剧思想之中，使他的作品在精神上和技艺上，都成为同时代所有肃剧诗歌的一个值得尊敬的对手。

这似乎是对阿里斯托芬在旧谐剧作家中的独一无二的主导地位的一种解释，是传统给予阿里斯托芬的一致意见——传统只将他的作品保存了下来，而且将他的大部分作品都保存了下来。在亚历山

① 旧谐剧作家克拉提诺斯(Cratinus)即因为针对伯利克里的政治讽刺剧而著名。他的其中一部谐剧的标题“*Ἀρχίλοχοι*[阿基罗库斯们]”证明，他有意识地遵循讽刺文学的大师的脚步前进。

② 参见卡普斯(E. Capps)，《谐剧之进入城邦酒神节》(The Introduction of Comedy into the City Dionysia)，载《芝加哥大学十年刊》(*Decennial Publications of University of Chicago*)首套丛书，第六册，Chicago，1904，第261页及以下。译注：公元前487年，雅典政府才将谐剧纳入城邦的酒神节，给予肃剧同样的支持，并且举行谐剧竞赛，这是谐剧有历史记录的开始。

③ 当然，这并不妨碍我们承认谐剧的主要形式因素有其独立的起源，正如杰林斯基(T. Zielinski)《旧谐剧的整合》(*Die Gliederung der altattischen Komoedie*，Leipzig，1885)的研究所证明的那样。

大里亚的学者们选择来作为古典的典范的谐剧三大家(即克拉提诺斯[Cratinus]、欧波利斯[Eupolis]和阿里斯托芬)中,只有他的作品得以幸存,这不可能只是由于纯粹的偶然。① 将此三人的作品奉为经典显然是与三大肃剧诗人相对称,这只是文学史家的一种人为选择,即使在希腊化时代,也并不真正反映这些诗人的相对地位。新近发现的另一位谐剧诗人的莎草纸残篇用铁一样的事实证明了这一点。在《会饮》中,柏拉图说阿里斯多芬是最卓越的谐剧家,这无疑是正确的。即使在真正重要的诗人——如放荡不羁的天才克拉提诺斯和技艺高超匠心独运的克拉特斯(Crates)——放手写作谐剧时,谐剧艺术也与崇高的文化使命毫无瓜葛。它唯一的目的就是让公众开怀大笑;与所有丑角一样,即使最受欢迎的谐剧演员,当他们年老体衰,失去行云流水般的机智幽默之后,也会被毫不留情地嘘下舞台;舞台上的机智幽默一直是谐剧效果的真正源泉。② 维拉莫维茨特别对谐剧旨在增进观众的道德水平这种信条提出过强烈抗议;实际上,谐剧比任何其他东西都远离说教,更不用说道德说教了。然而,维拉莫维茨的反对还不够彻底:它对为我们所知的那段实际谐剧历史远不够客观公正。

克拉提诺斯嗜酒成性,阿里斯托芬曾建议城邦让这个老酒鬼退出戏剧舞台,在雅典议事厅体面地醉生梦死,了此残生;③克拉提诺斯似乎擅长无情地嘲弄那些臭名远扬、不受欢迎的人;这实际上是旧抑扬格诗歌的实质,旧抑扬格诗后来被提升到了政治讽刺剧的水平。[363]欧波利斯和阿里斯托芬,这对年轻一代中杰出的狄奥斯库里兄弟(Dioscuri)——他们开始写作谐剧时是友好合作伙伴,最终却成为不共戴天的死敌,相互指控对方剽窃——追随克拉提诺斯对克勒翁(Cleon)和希帕波鲁斯(Hyperbolus)进行野蛮的人身攻击。不过,从其职业生涯

---

① 参见贺拉斯,《讽刺诗集》(*Sat.*)1,4;昆体良(Quint.),《论演说家的教育》(*Institutio Oratoria*)x,1,66;《论不同的谐剧诗人》(*De diff. com.*)3,参见凯贝尔(Georgius Kaibel)版,《古希腊谐剧残篇》(*Comicorum Graecorum Fragmenta*),Année,1899,第4页。

② 参见阿里斯托芬,《骑士》(*Knights*)的合唱队主唱段,第507行及以下,尤其是第525行及以下。

③ 《骑士》,第535行。

开始时起，阿里斯托芬就自觉要做一个比其他人高级的艺术家，其现存的最早剧作《阿卡奈人》，通过将粗鄙而生动的滑稽模仿与对一个雄心勃勃的政治乌托邦的妙趣横生的象征融为一体，再辅之以欧里庇得斯肃剧的同性恋恶搞，成功地将政治讽刺剧转化成了一部杰出的幻想作品。正是通过将酒神节狂欢的这两种原初要素——荒诞不经的幻想和强有力的现实主义——结合在一起，阿里斯托芬才创造了真实与荒诞的奇特混合，在谐剧的高级形式形成之前，这种混合是必须的。即使在《阿卡奈人》中，[①]他也连讽刺带挖苦，言语间暗示一些粗鄙露骨的笑话，以色情和庸俗笑话著称的麦加拉笑剧的作者们常常用这种笑话来痛骂愚昧无知的乌合之众，在阿里斯托芬自己的时代，谐剧诗人们仍然求助于这种粗鄙的玩笑。毫无疑问，公众的趣味必须迎合，阿里斯托芬知道在需要的时候如何运用旧式谐剧必不可少的把戏——嘲弄秃顶的观众、下流的舞蹈、在对话中拿拐杖打人——谐剧演员用这些来掩饰自己的愚蠢和缺乏取笑的本领。这些就是上了年纪的克拉提诺斯擦擦吃卷心菜的嘴巴(正如阿里斯托芬在《骑士》中盛气凌人地说的[②])，仍然不得不迎合原始的阿提卡口味的搞笑。在《云》中，[③]阿里斯托芬大胆地断言，他觉得自己的技艺远胜于前辈(而不仅仅只是他们之中的一员)，他对自己的艺术和风格有充分的信心。(他说)他很自豪，每年总想出一些新的情节来表演，这些情节各不相同，而且十分巧妙，由此他强调自己的最新艺术创造：不仅与其他类型的谐剧相比，而且与肃剧相比——肃剧涉及的永远是传统的题材——也是如此。在一年一度竞争激烈的戏剧节上，原创和新颖的剧目必定广受青睐。原创的观念和想法，如果加上对一个政治人物的大胆攻击做佐料，就会更刺激、更引人入胜，就像阿里斯托芬攻击权势熏天的克勒翁那样。通过这样的挑战，一个谐剧演员能够激发观众的普遍兴趣，就像一个正在崛起的政治家，能够像一场重要的国家审判中的公诉人那样，上演一场惊艳的处女秀。一切需要的只是勇气，[364]阿里斯托芬相信，与其同行相比，他做得更

---

① 《阿卡奈人》，第 738 行。

② 《骑士》，第 539 行。

③ 《云》，第 537 行及以下。

为精彩，他“在克勒翁的肚子上猛击了几下”，[①]而他的同行们只是年复一年地践踏相对无害的蛊惑家希帕波鲁斯和他可怜的母亲。

所有这一切与提升公众道德风马牛不相及。谐剧的精神转型是通过不同的方法完成的，这种转型伴随着谐剧对自身批判功能的观念的逐步改变。

阿基罗库斯发明的抑扬格讽刺诗，尽管绝大多数用来抨击个人，但在伊奥尼亚城市国家的新自由中，某种程度上成了公开批评的手段。[②]不过，只有阿提卡谐剧，即抑扬格讽刺诗的继承者，才在真正的、更深的意义上成为首类批判性诗歌。它或多或少也是从对私人的无害嘲弄中发展起来的，但只有当进入政治活动和政治斗争的舞台时，它才确立了自己的真正本质。如我们所知，在其鼎盛时期，谐剧是民主制度言论自由的产物。希腊文学史家们认识到，政治谐剧的兴衰与雅典民主制度的兴衰若合符契。[③] 自从希腊人从过度的自由被驱赶到——用柏拉图的话说[④]——过度的不自由之后，谐剧再也没有兴盛过（至少在古代世界如此）。但是，仅仅将谐剧看作自由民主精神的一种典型样品是不够的。民主制度之所以产生谐剧，是因为在自由方面用药过量，因而将其作为过度自由的一副解毒剂——这种过度自由超出了民主政体自身的限度，把*说真话的直率*（parrhesia），即民主制度引以为傲的言论自由，延伸到即使在一个自由的政治体系中也是禁忌的那些话题之上。

越来越多的谐剧承担了表达所有类型的公开批评的职能。[⑤] 不要满足于在现代狭隘的意义上评判“政治事务”这个词，谐剧在充分的希腊意义上讨论政治——也就是说，它涉及到城邦共同体普遍利益的所有问题。当它选定问题后，不仅可以指责任何个人和单独的政治行为，而且还可以谴责整个政府治理体系、全民族的特性和弱点。谐剧掌控大众的精神，长期密切注视教育、哲学、诗歌和音乐；因

---

① 《云》，第 549 行。

② 参见本卷第 154 页及以下。

③ 《论不同的谐剧诗人》3，参见《古希腊谐剧残篇》（凯贝尔版），第 4 页。

④ 柏拉图，《王制》564a。

⑤ 参见雷耶斯（Alfonso Reyes），《雅典时期的批评》（*La critica en la edad Ateniense*），Mexico，1941。

此，这些活动首先是被看作一个国家的文化的表达，看作其精神健康状况的标准；在剧院中，谐剧把这种精神活动带到全体雅典人面前，任由评判。这是责任观念的一种转移，责任从个人转移到了这些超个人的、致力于或者应当致力于城邦共同体繁荣幸福的精神活动之上，[365]这种责任与自由（自己选择生活方式而不受政府及其权威的限制）不可分离，它通过民主政体中的审查制度（euthyné）来实现；因此，以自由自命的民主政体被一种内在的必然性所驱使，去确定智识自由的界限。

另一方面，这一界限不应由官方，而应由公众意见来确定，是雅典民主制度的本质内涵之一。谐剧就是雅典的审查制度。这就是使阿里斯托芬的机智玩笑极其严肃的东西，尽管它戴着捧腹大笑的面具。柏拉图将谐剧的原则界定为对邻居的无伤大雅的缺陷和自欺的不怀好意的嘲笑。① 也许柏拉图的这一界定比阿里斯托芬的更适合他那个时代，后者的寻欢作乐常常触摸到肃剧这根弦，比如在《蛙》中。不过，这一点容后再论。② 尽管有战争带来的危险和危机，但教育问题仍然在谐剧中占据着一个重要的、有时甚至是主导的地位，这一事实表明那个时期附着于谐剧之上的问题的极端重要性。只有通过谐剧，我们才能想象人们争论教育问题的狂热激情，才能发现教育问题的原因之所在。通过运用自身的独特力量在扰攘的纷争中接管领导权，谐剧成了它那个时代最伟大的文化力量之一。我们应该在公共生活的三个主要领域——政治、教育、和艺术——中来展示这一点。这里没有必要详尽地分析阿里斯托芬的全部作品，但我们会结合其剧作，尤其是相关的剧作，来讨论每一个主题。③

正如我们所看到的，在阿里斯托芬的早期剧作中占主导地位的政治讽刺作品，原来并无什么崇高的目的；此类政治讽刺作品的自由几乎很难与傲慢无礼相区分，即使在实行民主制度的雅典，它们也常常与当权者们发生冲突。这些当权者三番五次地想拒绝针对某个个体公民指名

---

① 柏拉图，《斐利布》49c。

② 参见本卷第456页。

③ 参见吉尔伯特·默雷（Gilbert Murray），《阿里斯托芬》，Oxford，1933。

道姓地造谣中伤的特权。① 但是,禁令从未持续多久,因为这些禁令与人们的情绪相抵触;即使是法治国家的新精神也不能根除谐剧的讽刺性质,不能根除原初社会意识中的这种流言蜚语恶意中伤的残存。如果说谐剧对政治家们讽刺挖苦、模仿恶搞,[366]就像在《云》中,阿里斯托芬若无其事地对苏格拉底任意涂抹那样,那么,当普通公民(如柏拉图叙述中被谐剧诗人迫害的苏格拉底)在面对被谐剧所鼓励的公开嘲弄和仇视而无所保护时,我们就会明白他们为什么要运用自身的力量来保护自己了。克拉提诺斯不惜攻击伯利克里本人。在《色雷斯妇女》中,他称伯利克里为"头毛如葱的万能宙斯",暗示伯利克里经常隐藏在头盔下面的那个奇形怪状的脑壳,但即使是这种无伤大雅的玩笑,也透露出了诗人对大政治家的潜在尊重:"奥林匹斯山上的神",他"勃然大怒,电闪雷鸣,搅动整个希腊"。②

阿里斯托芬对克勒翁的政治攻击又是另外一种类型。他的玩笑不是那种由衷的坦率的玩笑,他没有给他的受害者起一个半是亲昵、半是嘲讽的绰号,而是用全部本能的仇恨与之作战。克拉提诺斯曾经觉得伯利克里高高在上,并像一个弄臣嘲笑国王那样满不在乎地嘲笑伯利克里。因为阿提卡的聪明才智不会将伟大的事物与渺小的事物混在一起,或者以一种自己熟悉的方式贬低堂皇之事:它永远保持一种万无一失的平衡感。然而,阿里斯托芬却不得不降身辱志去攻击克勒翁这样的敌人。伯利克里意外病逝之后,克勒翁的接任对阿里斯托芬和其他人来说太过突然,以至于他们未曾感觉到这是整个城邦衰落的一种征兆。习惯于伯利克里的雍容气度和高贵才智的雅典人,对这个普通的皮革匠满怀厌恶、不屑一顾,认为克勒翁的粗鄙败坏了整个民族的声誉。

当克勒翁提议的策略在议事会上被客观地讨论时,令针对他的批评寂静无声的,不是公民勇气的缺乏;是克勒翁无可否认的才干和训练

---

① 参见迈内克(A. Meineke),《希腊谐剧残篇》(*Fragm. Com. Graec.*)1,40 及以下;贝克(Th. Bergk),《语文学小论文》(*Kleine philologische Schriften*)II,Halle,1886,第 444 页及以下。

② 阿里斯托芬,《阿卡奈人》,第 530—531 行。

有素的雄辩平息了反对者。尽管如此，他仍经常显示出那种不仅使他自己丢脸，也使他治理的城邦蒙羞的软弱姿态。在阿里斯托芬的第二部谐剧《巴比伦人》(The Babylonians)(不幸遗失了)中，在公共舞台上，当着各国代表的面，攻击雅典民众特别喜爱的全能型人物克勒翁，揭发他对提洛同盟(Delian League)其他成员的残酷对待，对阿里斯托芬(几乎还没有摆脱孩子气)来说，是一种令人难以置信的大胆举动。修昔底德借克勒翁之口对他的政策提供了最佳评论，①公元前428年，莱斯博斯岛(Lesbos)的重要盟邦米提利尼(Mytilene)反叛，雅典人在攻破该城之后讨论对待盟邦的正确政策时，克勒翁的提案建议将城中男性公民全部处死，将妇孺充作奴隶。阿里斯托芬将雅典强权控制下的盟邦描绘成磨坊里拉磨的奴隶。克勒翁不断地控告他；[367]《骑士》就是阿里斯托芬对克勒翁的回答。阿里斯托芬转而求助于反对派的支持——一个规模小但颇有权势的贵族地主团体，在斯巴达入侵之后重新获得重要地位的骑士们，他们是克勒翁的死敌。阿里斯托芬的骑士合唱队象征贵族阶级与智识者的防御同盟，对抗日益增长的野蛮行径和政治恐怖势力。

我们必须明白，这种类型的批判构成了谐剧历史上的一场革命。正如克拉提诺斯为搞笑而对《奥德赛》所做的滑稽模仿，与阿里斯托芬对欧里庇得斯和智术师的文化苛求(cultural persecution)截然相反一样，此类批判与克拉提诺斯式的政治说笑(jester's-tricks)有根本的不同。革命是由社会智识状况的变化引起的。通过一位名副其实的天才诗人的横空出世，智慧(intelligence)闯入了谐剧，当智慧闯入谐剧的时候，它就要在雅典被搜寻出来。伯利克里在政治和新文化之间建立了平衡与均势，且赋予这种平衡以自身的特点，但是现在这种均势被打破了。如果得不到恢复，那么文化势必从雅典消失。然而，与此同时，理智主义(intellectualism)获得了政治影响力，它不像在亚历山大里亚时代那样是学术隐士们的兴趣范围：它生活于诗歌中，在诗歌中起作用，通过诗歌在公众那里说上话；因此，它接受了挑战。阿里斯托芬不是在

① 修昔底德，《伯罗奔尼撒战争史》3.37及以下。

与城邦国家作斗争——他是为了城邦而与国家的现行暴君作斗争。当然，写作谐剧不属于参与正规的政治活动，阿里斯托芬几乎不想支持任何特定的个人与党派获得权力，但是他有助于打破紧张局势，能抵消智识之士的野蛮敌人的忍无可忍的傲慢。在《骑士》中，他不像在《巴比伦人》和《阿卡奈人》中那样反对或支持任何特定的方针政策：①他只是鞭笞民众及其领袖，将他们的苟合示之于众，接受公众的嘲笑，认为他们配不上雅典城邦及其光荣历史。

通过一个荒诞不经的假托故事，阿里斯托芬把民众与民众领袖的沆瀣一气搬上舞台——他的故事不像通常的寓言那样是一套不流血的象征符号，而是对一种看不见的事实的看得见的具体呈现。为了用象征的手法表现雅典城邦这一抽象事物的状态，他向观众展示了一个完全乱套了的普通家庭。家长，即又老又聋的德莫斯（Mr. Demos），总是满腹牢骚，总是被骗得团团转，他是统治雅典的乌合之众（manyheaded mob）的象征。[368]他完全被他的管家，一个新来的奴隶，一个野蛮粗鄙的帕夫拉戈尼亚（Paphlagonian）②所左右，这家伙能言善辩，欺骗主人，欺压同伴，而他的两个旧奴则不断陷入困境之中。帕夫拉戈尼亚的面具下隐藏着克勒翁那张令人讨厌的脸，两个苦不堪言的旧奴则是尼基阿斯（Nicias）和德摩斯梯尼（Demosthenes）。不过，谐剧的主人公不是克勒翁，而是他的对手腊肠贩子（Sausage seller）。腊肠贩子是一个比帕夫拉戈尼亚更不堪入目的人物，而且，在二者的斗争中，由于腊肠贩子的无耻行为以及完全没有任何文化和道德底线，所以他总是能大获全胜。在看谁更爱德莫斯、更能对德莫斯做最好的事的比赛中，腊肠贩子智胜克勒翁，他为老头子做了一双鞋子、一件暖和的长袍和一个皮垫子，方便老头子坐在雅典议事会的石凳上。克勒翁像一个肃剧主人公那样在悲惨的结局中败下阵来。合唱队高喊着为胜利者喝彩，还郑重其事地请他报答他们的帮助，给他们安排一个体面的公职。接下来

---

① 在《巴比伦人》中，雅典残暴地对待其弱小盟邦的实际问题饱受攻击。《阿卡奈人》强烈呼吁和平，直接针对雅典的官方政策，与数年之后的《和平》（*Peace*）一样。

② 译注：Paphlagonian，意为“唾沫飞溅的人”，阿里斯托芬给克勒翁起的绰号，因为克勒翁在演说时满嘴唾沫。

的一幕更雄心勃勃，胜利者腊肠贩子选择让老头子德莫斯返老还童，以此作为自己的第一个履职行动；他把德莫斯放在一口巨大的腊肠锅里煮了一煮，使他由一个衰朽丑老头变成了翩翩美少年，当这神奇的仪式完成时，德莫斯出现在欢呼的观众面前，头戴花冠、焕然一新。他再次环视四周，就像当年在卫国战争时与大败波斯的英雄米泰亚德(Miltiades)同桌吃饭的样子：他是这座古老的雅典城的化身，头戴金蝉，身着古装；赞美和歌颂此起彼伏，大家都向这全希腊的王致敬。他的精神也获得了新生，他坦白悔过，为自己的老迈昏聩感到羞耻，而他的腐蚀者克勒翁，则被判罚去兜售腊肠，把狗肉掺在驴肉里，独自去城门口叫卖，这本是胜利者以前的营生。

如此这般，对恢复青春活力的民族的神化达到了高潮：天堂的正义实现了。这个疯狂的不可能完成的任务、在政治上移方作圆的任务，就被诗人的想象力轻而易举地解决了——你卑鄙，我比你更卑鄙。很少有观众会问，腊肠贩子真的能比皮革匠更好地成为伯利克里的继承人吗？阿里斯托芬可以让政治家们来决定拿什么令雅典重生。他只想为这个国家及其领袖举起一面镜子，对改变他们几乎不抱希望。克勒翁成了一个绝妙的谐剧主人公，一个因为有着人类全部缺点和弱点，而被颠覆形象的、独特的、真正的主人公。[369]将他与腊肠贩子联系在一起是一个精妙的主意，腊肠贩子是他自己的"理想"，无论他怎么努力，从来都没有达到甚至接近过这个"理想"的自己。阿里斯托芬笔下的克勒翁形象野蛮无情，与主人德莫斯的宽容忍耐形成鲜明的对比，他用宽容来揭示德莫斯的弱点，再进一步就是迁就和纵容了。设想阿里斯托芬真的相信雅典可以回归昔日的幸福时光是一种严重的误解，他带着深深的怀旧情绪和纯粹的爱国情怀来描写雅典往昔的荣光。歌德在《诗与真》(Dichtung und Wahrheit)中曾很好地描述过诗人此种类型的一厢情愿所产生的作用："通过巧妙地唤醒一个民族对自身往昔的记忆，诗人可以创造普遍的乐趣：它赞赏祖先的德行，微笑对待那些它深信已经早就克服了的缺陷。"人们越少将他的这些奇思妙想——他把现实与幻境混合在这些奇思妙想之中——当作直截了当的政治说教来阐释，就越是能深刻理解他的谐剧诗歌。

这类诗歌存活于稍纵即逝的瞬间，且在此瞬间就耗尽了其全部能量，为什么又会在最后一个世纪之内越来越被认为具有永恒的价值？在德国，当她的政治生命开始时，人们对阿里斯托芬的政治谐剧的兴趣就出现了。[①] 但是，德国的政治问题只在最后几十年才变得迫在眉睫和引人注意，就像在雅典，只有到了公元前五世纪末，政治问题才大干物议，万众瞩目。太阳底下没有新鲜事，基本的事实永远一样，那就是人与人之间的两极对立——个体与共同体的对立、民众与智识者的对立、穷人与富人的对立、解放与压迫的对立、传统与进步的对立。不过，除此之外，还有另一个因素，尽管阿里斯托芬对政治兴致勃勃，但他的谐剧从极高的视角和思想的自由来裁量其主题，所以那些不相关的细枝末节和昙花一现的东西都被过滤了。诗人描写的是永恒的东西，因为用尼采的话来说，是"太人性的人性"（All-too-human Humanity）；如果他不适度远观而涉身其中，那么就不可能描述永恒的人性。一次又一次，他对短暂现实的描绘渐渐化入更高的永恒实在之中，那是一种想象的真实或寓意的真实。这方面最令人印象深刻的例子是《鸟》，在该剧中，诗人洋洋得意地摆脱了眼前急迫的焦虑，制作了一个理想城邦的蓝图——云中鹁鸪国（Cloud-Cuckoo-Land），[370]在那里，地上的所有苛捐杂税统统消失不见，大家都长着翅膀，自由飞翔；在那里，只有人类的愚行和弱点可以继续存在，而且无伤大雅地蓬勃发展，这样，这个世界就不会缺乏一切快乐中最美好的快乐——永恒的笑声，这种快乐的缺席甚至会使这一方乐土毁于一旦。

从一开始，阿里斯托芬就注定不仅仅是政治的批判者，而且是文化的批判者。这种批判态度在他的第一部剧作《赴宴者》（The Banqueters）中就出现了，《赴宴者》处理的是教育领域新旧观念的冲突——四

---

① 在德国，对赋予阿提卡谐剧生命的政治精神的真正理解，首次出现在古代史家德罗伊森（Johann Gustav Droysen）对阿里斯托芬谐剧的著名翻译中，尤其是在他对阿里斯托芬的那些单部剧的卓越引论中，他谈到了它们在其时代的智识和政治处境中的地位。他的译著最近已经重印（Winter，Heidelberg，无日期）。

年后，在《云》一剧中，作者又回到了该主题，该主题在其他阿提卡谐剧家那里反复出现过多次。在《赴宴者》中，阿里斯托芬抨击新理想中看起来相当无关紧要的一点——其典型人物的怪癖和不良行为。不管怎样，雅典人对此津津乐道，因为它在谐剧的陈腐节目中增添了一系列新的笑料。本着同样的精神，欧波利斯写作了《奉承者》(The Flatterers)，来嘲弄给雅典富人溜须拍马的智术师，至于他们的寄生性，阿里斯托芬本人的谐剧《烘焙师》(The Fryers)似乎很好地描写了这一特征，该剧是取笑智术师普罗迪科(Prodicus)的。同样的谐剧主题再次出现在柏拉图的《普罗泰戈拉》中；但显然，没有任何一个谐剧家像柏拉图那样看到智术师文化的深层含义。① 不过，在《赴宴者》中，阿里斯托芬似乎已经相当深入地洞察到了智术师学说对雅典青年的腐蚀作用。他的主要人物是一名雅典农夫的两个儿子，其中一个在家中以传统的方式养大，另一个被送往城市，享受先进教育的好处。城里长大的孩子完全变了一个人，道德败坏，四体不勤，五谷不分，因为他的高深学问在这里无用武之地。他父亲悲伤地发现他不会吟唱古诗人阿尔凯奥斯(Alcaeus)和阿那克勒翁(Anacreon)的饮酒歌，不会荷马古诗中的之乎者也(archaic words)，只懂梭伦立法的文本注解，因为现在流行法律训练。修辞学教师色拉叙马霍斯(Thrasymachus)的名字出现在关于词语意义的几次论辩中——咬文嚼字是典型的卖弄学问，尤其让受旧式教育的雅典人反感。不过，总体上说，该剧看起来没有越过无伤大雅的冷嘲热讽的范围。②

然而，数年后写成的《云》表明了阿里斯托芬对智术师运动的厌恶是多么深切和发自内心，[371]他重操旧业，发起了比《赴宴者》更猛烈的攻击。现在，他发现了一个人物，这个人似乎天生就适合成为理智主义谐剧中的主人公。这个人就是阿罗贝克(Alopeké)的苏格拉底，一个雕刻匠和助产婆的儿子——一个比任何有年无月地访问雅典的巡回智

---

① 柏拉图《普罗泰戈拉》的谐剧因素如此强烈，无疑保存了柏拉图与谐剧诗人针锋相对、一较短长的目的。

② 参见由科克(Kock)收集的《赴宴者》(*Δαιταλῆς*)的残篇，《阿提卡谐剧残篇》(*Frag. Com. Att.*)1，第 438 页及以下。

术师都远为奏效的谐剧主人公，因为苏格拉底大名鼎鼎，雅典无人不知，无人不晓，很容易在舞台上被认出来。造物者本身一时幽默，把他造成了一副完美的谐剧面孔：扁平脸、狮子鼻、嘴唇肥厚、眼睛凸出。所有这些必备的条件都会夸大他的性格特征。阿里斯托芬用苏格拉底显然所属的那群人——智术师、修辞术[雄辩术]教师、自然哲学家（或者如当时人们称呼他们的那样，叫气象学家）——的全部特征来装扮他的嘲弄对象。然后——尽管现实中的苏格拉底几乎整日在市场行走闲谈——阿里斯托芬给了这个怪诞夸张的人物一个略带神秘的"思想所（Thinking-shop）"，在那里，苏格拉底坐在一个吊筐里，脑袋后仰，正在"沉思太阳"，而他的一群面色苍白的门徒，为了深测冥界，正在俯身细察泥沙。人们通常将《云》看作好像是哲学史的一部分，作为哲学史的一部分，它至多被原谅，从未被赞扬。"法之极，恶之极（Summum ius, summa iniuria）"，①用严格的历史真实来衡量戏剧中荒诞可笑的苏格拉底有欠公允。柏拉图本人曾经揭示过阿里斯托芬夸张讽刺的描绘对导师被判处死刑的重要作用，但从未将此严格的标准运用到阿里斯托芬的谐剧之上。在《会饮》中，柏拉图将导师安排在曾经取笑他的诗人旁边就座；柏拉图认为让阿里斯托芬在这场对话中起主导作用无损于苏格拉底的形象。谐剧中的苏格拉底完全没有柏拉图和其他苏格拉底派所描述的道德能量。如果阿里斯托芬知道他确实拥有这种品质，他也不会在舞台上使用。阿里斯托芬笔下的谐剧主人公离经叛道、不谙世事，是进步思想的先驱，一个无神论的科学家：是傲慢自大、行为古怪的这类学者的典型谐剧人物，他只是从历史上的苏格拉底那里借鉴了一些特征而已。

如果我们心中带着柏拉图对苏格拉底的描述来阅读阿里斯托芬的剧作，那就不可能在后者的讽刺漫画中发现任何好笑的东西。真正的谐剧机智在于对意想不到的相似性的揭示；[372]但事实上，在真实的苏格拉底与谐剧的苏格拉底之间，几乎不存在相似之处。无

---

① 译注：summum ius, summa iniuria，罗马法之格言，大意是"极端的正义，即极端的不正义"。

论如何，阿里斯托芬不在乎苏格拉底对话的形式和内容；尽管在苏格拉底的理智态度和智术师的理智态度之间存在着重大差别——柏拉图小心翼翼、郑重其事地挖掘这些区别，但阿里斯托芬全部忽略不计，只看他们之间的基本相似性——智术师和苏格拉底都分析一切、解剖一切，认为世上没有任何事物如此重大或神圣，以至于它无可争辩、不需要建立在一种理性的基础之上。① 实际上，苏格拉底似乎已经以他对抽象理型的激情在智术师自己的游戏中打败了他们。谐剧诗人阿里斯托芬觉得这种流行的理智主义的每一种形式都有害而无益，我们不必期望他在各种类型的理智主义之间作出精微的区分。对新文化的这个或那个弊端怨声载道的人比比皆是。阿里斯托芬是第一个将其作为一种普遍的危险来描述的谐剧诗人。他目睹昔日传统被毁坏殆尽，情动而衷而形于言，于是强烈抗议。就个人而言，如果有人向他质疑对古代神祇的态度，他多半会左右为难；但是，作为一个谐剧家，他认为“气象学家们”将以太(aether)奉为神明实在荒唐可笑，谐剧的情境生动明快，充满幽默气氛，使人如临其境：苏格拉底正向他认为构成第一物质(Primal Matter)的涡旋(Vortex)祈祷，或者说，向神圣的云神(Clouds)祈祷，涡旋移动轻快，是无实体的形式，与云山雾罩的哲学学说极度相似。② 在经过二百年大胆的宇宙学理论建构之后——在这种理论建构中，一个接一个的理论体系不断地建立在前辈的废墟之上——希腊人对人类智识的发现已经如此怀疑，以至于再也不能接受那些信誓旦旦的保证了，先进的智识分子总是拿这些东西来对付无知民众。暴露出来的唯一无可动摇的事实，是他们的学生经常毫无廉耻地滥用自己末学肤受的刁滑话术(verbal tricks)。因此，阿里斯托芬把两个寓言式的人物带上舞台，来代表正直的逻辑和歪曲的逻辑(the Just and the Unjust Arguments)——这

① 柏拉图在《申辩》中道出了谐剧舞台上的苏格拉底和那个时代的典型智术师之间的相似之处。

② 现代学者已经能够证明，《云》中阿里斯托芬笔下的苏格拉底的某些特征，尤其是他将空气神化为第一本原，是从一个当代自然哲学家(即阿波罗尼亚的第欧根尼)那里借来的，参见第尔斯在《柏林科学院会议报告》(1891)中的说法。

两个逻辑出现在智术师关于各种问题的讨论中——并展示歪曲的逻辑是如何打败其对手的，阿里斯托芬将其作为先进教育之结果的一个谐剧画面呈现给观众。①

这两个人物在首场小战斗中互相谩骂，然后，合唱队邀请他们作为旧式教育和新式教育的代表打一场表演赛。[373]有意义的是，两种教育体系的技艺没有一项项分开单独较量以证明何者更优秀。相反，正直的逻辑将旧式教育体系作为一个特定的人格类型来描述，②因为一个教育体系只有通过其塑造的完整人格才能证明其价值。在正直的逻辑欣欣向荣之时，人人都遵守贞洁、审慎、廉耻和节制，行为得体、举止端庄是应尽的义务，孩子们只见其人，不闻其声(不许说话，只许听)。(正直的逻辑说)，即使在大雪纷飞的天气，孩子们也不穿大衣，集合得整整齐齐，安安静静地穿过大街，前往学校，他们在那里根据传统的和谐曲调学唱歌。如果有人发出令人作呕的音调，或者像现代音乐家那样玩弄花腔，就一定会被打得半死不活。这就是培养出马拉松战士那代人的教育。然而，如今，年轻人弱不禁风，早早就裹上了长袍；每当他们在雅典娜节日里跳战争舞时，他们总是不敬神，用盾牌遮着他们的腹部，让人看了怒火中烧。③ 正直的逻辑许诺要教给那些将自己托付给其教育体系的年轻人，憎恨市场，远离澡堂，见可耻则赧然汗下，遇羞辱则奋起反击，见尊长便起身让座，保持纯洁谦逊的形象，不出入楼堂馆所，不结交歌妓舞女；不在口头上忤逆父亲，不记儿时遭受的小冤仇。他必须在体育馆练习摔跤，长得健美丰润，而不是到市场去谈天说地开玩笑，或者为鸡毛蒜皮的诡诈之事而兴词构讼，被人拉去法庭打官司。他会与正派的伙伴一起，头戴白芦花冠，在学园的橄榄树下去赛跑，闻一闻金银花和白柠檬的芳香，享受一下乡绅

---

① 阿里斯托芬，《云》，第 889 行及以下。

② 《云》，第 961 行及以下。从这里开始赞扬ἀρχαία παιδεία[原来的教育，即"旧式教育"]。

③ 后来，柏拉图在《法义》(796b)中建议恢复古代的舞蹈，包括战争舞，比如克里特的库瑞忒斯(Curetes)舞，斯巴达的狄奥斯库里(Dioscuri)舞，雅典的德墨忒尔和科莱(Demeter and Kore)的舞蹈，参见本书第三卷，第 307 页。这使人想起阿里斯托芬在《云》一剧中的批评，这种批评似乎不仅仅是对个人感受的表达，它可能反映了他那个时代一种更为广泛的思潮。

的休闲，正当阔叶林与榆树林喁喁私语时，赏玩无限春光。合唱队称生活在前一个时代的人为有福之人，那时传统的教育仍欣欣向荣，合唱队赞赏正直的逻辑磨炼出来的智慧（sophrosyné），从正直的逻辑的言辞中散发出甜蜜的芳香。

现在轮到他的对手，即歪曲的逻辑（the Unjust Argument）出场了，[①]他几乎已经气得背过气去，恨不得用相反的见解来驳倒这一切。那些思想家总把他当作歪曲的逻辑，是因为他首先发明了这种逻辑，能够在法庭上驳倒一切法令。[374]歪曲的逻辑说，提出一些较差的理由且使它取得胜利，是一种千金难买的才华。然后，他用最新式的反问法开始攻击他的对手；他用新的修辞手法，即引用高贵的神话故事中的相似物来使事情看起来值得尊敬。荷马式的演说家们总是引证古代的事例来作为他们所讨论的理想标准的典范，[②]而早期的诗人也遵循相同的做法。现在，智术师也采用这种方法，他们从自己的现实主义和相对主义立场出发，将有助于摧毁一切公认标准的所有神话范例收集起来，随时备用。曾几何时，一个人在法庭上为自己辩护，满足于证明他自己的行为与法律的规定相一致，而现在，他开始抨击法律和既有的道德规范，试图表明法律和道德本身就有问题。正直的逻辑曾说过，洗热水澡会削弱一个人的体质：歪曲的逻辑就用民族英雄赫拉克勒斯来反驳，因为赫拉克勒斯每做一件辛苦的事情后，便到温泉关外的温泉里去洗一回热水澡，好恢复他的体力，因而雅典各处的温泉浴都叫“赫拉克勒斯浴”；所以他反问正直的逻辑，你在哪里见过冷水浴也叫“赫拉克勒斯浴”吗？还有比赫拉克勒斯更勇敢的人吗？然后，歪曲的逻辑开始赞扬人们在市场上喋喋不休消磨时日的习惯，正直的逻辑曾经指责过这一点；他引用辩才无碍的涅斯托尔和其他荷马笔下的英雄来证明自己的观点。现在，当歪曲的逻辑愤世嫉俗地问正直的逻辑，你见过什么人因德行（sophrosyné）而受益时，正直的逻辑也采用了相同的方法，他说他见过，当佩琉斯（Pele-

---

① 《云》，第 1036 行及以下。

② 参见本卷第 45 页及以下。

us)因其德行而身陷绝境之时，赫尔墨斯曾赐给他一把神奇的短剑以自卫。但是，歪曲的逻辑对神赐的“美丽礼物”不屑一顾，为了证明流氓无赖如何更加有利，他离开神话故事，引一个现代的例子——即政治蛊惑家希帕波鲁斯——为证，他用自己卑鄙的诡诈伎俩获得了“千百两黄金”。正直的逻辑马上提醒他，诸神还给了佩琉斯一个更大的礼物，他们把忒提斯(Thetis)女神嫁给了佩琉斯。歪曲的逻辑回答说，但女神却弃夫出奔了，因为佩琉斯不够热烈、不能整夜在床第间寻欢作乐。然后，话题转到了年轻人身上，歪曲的逻辑现在正在为年轻人的灵魂跟旧式教育的代表搏斗；歪曲的逻辑警告他，选择了节制(sophrosyné)就等于放弃了所有生命的乐趣。不仅如此，如果他真的这样做，那么，当“自然的必然性”[情欲]让他偶尔失足时，他就会六亲无靠，因为他无力为自己辩解。“如果你采纳了我的建议，你就可以放任自我，自由发展，想唱就唱，想跳就跳，不要认为这世上有什么可耻之事。如果你被别人捉奸在床，你就绝不承认你有罪，你向他提起宙斯，说强大的神灵尚且不能抗拒爱欲和美女，何况是你：[375]你不过是一个有死的凡夫，怎么可能比神更强？”[①]欧里庇得斯让海伦以及《希波吕托斯》中的奶妈用相同的逻辑来证明其感情出轨的合理性。讨论的高潮是，通过赞扬观众自己的松弛道德，歪曲的逻辑使他们放声大笑，然后解释说，一个值得尊敬的民族的绝大多数人会做的任何事情，都不可能是一种缺德行为。

对旧式教育的攻击显示出新教育体系产生的人的性格特点。我们不必将其作为智术师的文化理想的证据；[②]不过，对他们的同时代人来说，这肯定是它们看起来所是的样子，而且，一定还有一大批此类夸张的例子，使得诗人可以轻而易举地作出这类概括。阿里斯托芬到底站在争论的哪一边呢？相信他全心全意地站在这边或那边将会是一个错误。他本人享有先进教育的好处；设想他的谐剧写作于旧时的黄金时代是不可能的。虽然他很爱雅典的往昔时光，但如果他真的生活在那

① 《云》，第1072行及以下。

② 在表现智术师的现代教育的缺德方面，阿里斯托芬充分运用了作为诗人的创作自由。

时,他肯定会被嘘下舞台。他对往时的怀恋、他的甜蜜乡愁,连同其青春魅力,与《骑士》结尾德莫斯老头的返老还童、重获青春一样,①是同一种华丽而忧郁的梦幻。尽管他凭想象让旧式教育得到了真切的重现,但他并不宣扬回归往日。事实上,他并不是一个食古不化的反动人物,但他生活在一个大转折的时代,每一个深思远虑的人,都因恐惧而不愿被源源不断的创新之流卷入到无法自控的漩涡之中,都不愿看到旧时的美好事物在被同样美好的东西代替之前就被摧毁殆尽。他们那时完全没有我们现在的历史变迁意识,更不用说对发展、演化和"进步"的一般信念了。

正直的逻辑,即旧式教育理想的拟人化,展示了新式教育的理想不是什么。在展示它是什么时,阿里斯托芬抛弃了发自内心的幽默语调,代之以尖酸刻薄的讽刺,因为他将新式教育体系设定为一切正确和健康的东西的完全对立面。他对它的否定性批判肩负着严肃的教育目的,整部剧作显然充满了这种教育目的。[376]他着重强调了聪明的现代智识者的赤裸裸的肆无忌惮,他们完全抛弃了一切道德准则。对我们来说,在一出以苏格拉底为主人公的谐剧中突出强调这一点,看起来肯定自相矛盾。在谐剧情节中,在苏格拉底与正直的逻辑和歪曲的逻辑的对抗之间并无多少联系:他甚至没有现身其中。② 但是,《蛙》的结论表明,阿里斯托芬认为苏格拉底是新的智识精神的完美典型,新的智识精神自命不凡、狂妄自大,热衷于对事物的抽象区别、吹毛求疵,它激怒了他和他的同时代人——再者,它正在抛弃无可替代的审美价值,对高雅的肃剧艺术弃之不顾。③ 阿里斯托芬以其准确无误的洞察力将自己的思想和文化归功于这些传统价值,而现在却眼看其岌岌可危,他本能地背过身去,拒绝这种新的教育体系,因为这种教育体系竭尽全力于冷酷的理性主义;他对它的怨恨不仅仅是他的私人事务,而是一种影响深远的历史趋势的一个征兆。

---

① 参见本卷第 448 页。

② 为了给接下来要进行的正直的逻辑和歪曲的逻辑的对驳留出地方,苏格拉底离开了舞台(《云》,第 887 行)。

③ 阿里斯托芬,《蛙》,第 1491 行及以下。

因为这种理性主义精神也侵入了文学领域。当阿里斯托芬保护肃剧不受苏格拉底和智识者的侵蚀时，他把欧里庇得斯当作自己危险的敌人。新运动是通过欧里庇得斯侵入肃剧这种高雅的诗歌的。因此，为保存旧的文化理想，阿里斯托芬的斗争焦点是捍卫旧肃剧的精神，在这方面，他也固执己见，与他对新式教育体系的抨击一样，显示出同样毫不妥协的态度。他批评欧里庇得斯诗歌的各个方面，包括其现代音乐，以至于他的批评几乎成为一种迫害。① 阿里斯托芬的政治信念远没有他对诗歌的信仰那样持久而根深蒂固。即使他对克勒翁的攻击或者对伯罗奔尼撒人缔结和平的支持——这些对他来说都是原则问题——也只持续数年而已。他越来越将注意力从政治转向文化。当然，文化问题是这些可以公开讨论的问题之中最重要的问题。政治谐剧的衰落也许归因于伯罗奔尼撒战争后期不断增长的风险和紧张气氛。毫无疑问，对公共事务的自由讨论要以许多剩余的精力为前提，而雅典现在已经不再拥有这样的精神能量了。政治上的怀疑主义，虽然数量大增，[377]但被迫隐身于社团和私人聚会之中。在雅典帝国崩溃之前不久的几个月内，欧里庇得斯和索福克勒斯相继逝世。肃剧的舞台从此门前冷落。一个时代落下帷幕。大戏剧家的继承者们的命运很悲惨——肃剧诗人美勒托(Meletus)、酒歌诗人基内西亚斯(Cinesias)、

① 诗歌堕落问题的一个重要方面是音乐的退化，这个问题不止一次地讨论过。在阿里斯托芬以及他那个时代的其他谐剧诗人对现代音乐的攻击和柏拉图在《法义》中的著名批判之间，我们非常有趣地看到了二者的密切相似之处。试比较这种相似之处与阿里斯托芬对现代教育的批判的其他特征——柏拉图和阿里斯托芬一样批判那个时代的教育(参见本卷第 454 页，注释③)。关于音乐文化的衰落，谐剧中最令人印象深刻的一段，是斐勒克拉忒斯(Pherecrates)的一部谐剧的一大段残篇；在这段残篇中，淑女音乐(Lady Music)破衣烂衫，娇躯蒙羞，登上舞台。她向*Δικαιοσύνη*[正义]抱怨在她身上发生的事情，并对某些现代音乐家，诸如麦拉尼皮德斯(Melanippides)、基内西亚斯、弗里尼斯(Phrynis)和提谟修斯(Timotheus)提出严重控诉，参见伪普鲁塔克(Ps. Plut.)，《论音乐》(*De Mus.*)30。据说，阿里斯托芬曾以同样的方式攻击音乐家菲洛克塞努斯(Philoxenus)。他对基内西亚斯以及其他音乐家的攻击众所周知。谐剧诗人与柏拉图在三番五次地批评音乐家上的一致，并不支持这样的观点：即这一切都是为了取乐，并无严肃的客观性。在雅典，这是对美且善者(kaloi kagathoi)的批判的一种持久传统。在《法义》700d 中，柏拉图也称现代音乐家们*ἀγνώμονες περὶ τὸ δίκαιον τῆς Μούσης*[不知什么是缪斯的正义]，这使人想起斐勒克拉忒斯的音乐残篇中的*Δικαιοσύνη*[正义](见上文)。

谐剧诗人萨尼里安(Sannyrion)——数年后,他们作为被派往冥府从前辈那里求取真经的使者,出现在阿里斯托芬的已轶谐剧《革律塔得斯》(Gerytades)中。时代就这样嘲弄自己的弱点。《蛙》作于两位诗人之死和雅典帝国衰亡的短暂间隙,它弥漫着异样的肃剧气氛。随着雅典的处境越来越令人绝望,雅典公民的精神压力徒增,濒临崩溃,他们越来越需要精神上的慰藉和力量。现在,我们终于可以看到肃剧对雅典人意味着什么了。只有谐剧才能表达这个什么,而谐剧之所以能够如此,正是由于其对肃剧的客观看法,谐剧谬斯(muse)与她姐姐肃剧谬斯之间的巨大差别,使得谐剧对肃剧的客观看法成为可能。现在,只有谐剧仍然拥有一位名副其实的诗人,随着岁月的流逝,她成长到了一个高度,站在这个高度,她可以像曾经的肃剧那样警告、教导、激励雅典人。这是她的至尊时刻。

在《蛙》中,阿里斯托芬用魔法召回了肃剧的魂灵——肃剧已经随着索福克勒斯和欧里庇得斯之死寿终正寝了。敌对党派之间的激烈争吵撕裂了雅典人的心灵,而对这些诗人的记忆则是心灵之间的最强纽带。更新和加强这条纽带是值得一个政治家去完成的使命。狄奥尼索斯神亲自前往冥府——去那里带回欧里庇得斯!即使他的最大敌人阿里斯托芬,也被迫承认这是公众的需要。阿里斯托芬把剧场观众的特征,连同观众的各种滑稽的毛病和瑕疵,都集中在了狄奥尼索斯神身上。不过,他也利用观众对欧里庇得斯的思念,对欧里庇得斯的肃剧艺术做了最后一次、也是最全面的攻击。他抛弃了欧里庇得斯式的那种通常玩笑——这种玩笑充满偶然性,不适合于此危急关头——而是更深入地去追究肃剧的功能问题。因此,他不是以欧里庇得斯自己的标准来批判欧里庇得斯,尽管作为一个大艺术家,他有权要求这种批判。他也没有把欧里庇得斯作为他那个时代的代表人物来讨论,[378]而是把他与埃斯库罗斯这位肃剧诗歌的宗教和道德尊严的最高贵的代表进行对比。在《蛙》的情节中,与《云》中新旧教育体系之间的冲突(*agon*)一样,新旧肃剧的理想之间的简单而高效的冲突起着同样重要的作用。不过,前者对情节没什么重要影响,而后者则承载着整个行动的重量。在谐剧中,前往冥府是一个受人欢迎的主题。在这方面,《蛙》与欧波利斯的《病房》(The Wards)类似，其中，雅典原来的政治家和将军们被从地狱带回人间，帮助绝望中的城邦。① 在将这一想法与两位大诗人之间的竞争联系起来之后，阿里斯托芬得到了一个适当的解决办法：前往冥府去把欧里庇得斯带回人间，但狄奥尼索斯神发现他的最爱[欧里庇得斯]被埃斯库罗斯在一场诗歌的公平较量中打败了，于是便把年长的埃斯库罗斯带回人间，拯救城邦。

评估作为艺术作品的一部戏剧不是我们的任务，但我们必须将其作为公元前五世纪时肃剧在城邦生活中的地位的一则权威证据来研究。因此，最重要的一幕是两位大诗人的对驳(*agon*)部分，其中，当欧里庇得斯吹嘘自己对城邦的贡献时，埃斯库罗斯突然转向欧里庇得斯："你告诉我，人们凭什么称赞一个诗人?"②埃斯库罗斯对欧里庇得斯肃剧的开场诗、合唱歌，以及其他要素的基本审美批判，虽然非常机智出色，如此生动具体，以至于只有这些才能赋予整个剧本以生命和现实感，但在此我们不必对其做单独的研究，因而可以忽略不计。当然，这些在戏剧的谐剧效果的处理上非常重要，因为它们可以用来平衡前述关于一切真正的诗歌道德目的的讨论——这种讨论时不时地变得痛苦，甚至是悲苦，充满危险，需要某种缓和与释放。这些当代人关于诗歌性质和功能的界定对我们尤其重要，因为我们非常缺乏那个时代的大家关于该主题的直接讨论。③ 即使当我们想到阿里斯托芬归诸埃斯库罗斯和欧里庇得斯的诗歌理论，已经由同时代的智术师们讨论和确切阐述过，它们也依然是无价之宝，可以确证和支持我们从他们的现存肃剧那里得到的印象。

告诉我，人们凭什么要称赞一位诗人？[379]欧里庇得斯给出了与

---

① 数十年前，欧波利斯的*Δῆμοι*[《民众》]的大量残篇在莎草纸上被发现。它们使我们对阿里斯托芬《蛙》中的哈德斯冥府的场景有了新认识，欧波利斯的戏剧显然是描绘冥府的文学典范。

② 《蛙》，第1008行。

③ 古代文学批评的历史主要集中于哲学家柏拉图和亚里士多德的理论，但其起源可以追溯至公元前五世纪：在我们关于希腊文学的概念中，阿里斯托芬的《蛙》标志着古代文学批评的首次出现。当然，其背后隐藏着智术师关于诗歌问题的思想，不过他们的所思所想我们已经不得而知。参见雷耶斯的《雅典时期的批评》，他在该书中已经明确地讨论过这个问题。

埃斯库罗斯相同的回答，尽管他的措辞允许他做一种适合于他的解释：

> 因为我们才智过人，有能力教导他人，因为我们能使他们成为更好的公民。①

埃斯库罗斯问道："如果你不但没有做到这一点，反而把善良高贵的人训练成了流氓无赖，你说你该当何罪？""死"，狄奥尼索斯神打断他，"你不必问他"。接着，埃斯库罗斯以一种对真情实感的滑稽模仿，描述了在欧里庇得斯接手他之前，雅典人如何高贵、如何尚武好战。他说，除了打击敌人，他们不探求任何东西。自古以来，那些高贵的诗人的唯一功能，就是写作有益于人的诗歌。俄耳甫斯把秘密的教义传给我们，教我们不可杀生；缪塞俄斯（Musaeus）传授如何医治病人、如何预见未来，赫西俄德传授农作技术、耕种时令和收获的季节；而神圣的荷马获得光荣、受人尊敬，是因为他给了我们有益的教诲，教我们怎样排兵布阵，怎样激励士气，怎样武装军队。埃斯库罗斯说，他以荷马的英雄，勇猛如狮的帕特洛克罗斯和透克尔（Teucer）为榜样，塑造了许多真正的英雄，激励公民一听号角声就学习他们的榜样奋勇争先。

> 可是，我从未塑造过斯忒涅波亚（Stheneboeas）和菲德拉这类妓女：
> 也没有人能说哪一个谈情说爱的女人是我塑造的。②

（通过这种大小调之间的小心转换，阿里斯托芬经常重新建立作为其诗歌特征的杰出的客观性和平衡感）。

欧里庇得斯现在只能诉诸于其女性题材的戏剧直接取材于神话的事实。但是，埃斯库罗斯说，作为一名诗人，应该把这类丑事遮盖起来，而不是作为他人的鉴戒公开上演。

---

① 《蛙》，第1008行。

② 《蛙》，第1043行。译注：此处及以下《蛙》中的相关译文参照《罗念生全集》第四卷（上海：上海人民出版社，2004）第444—446页的翻译，根据英译本《教化》，略有改动。

因为正如教化孩子的是老师，
教化成人的是诗人，
因此，我们的话语必须高贵。①

欧里庇得斯反驳说，你满口崇山高岩，万丈悬崖，就是高贵有益的话语吗？你应该说人话才对。而埃斯库罗斯则解释说，伟大的思想和伟大的情感必须用同样伟大的言辞来表达，那些半神穿的衣服比我们的冠冕堂皇，他们的言辞也比我们高贵雄壮。② [380]“但是你把这些都糟蹋了，你给那些国王穿上破衣烂衫，叫观众可怜他们，你教那些富裕的雅典人也跟着衣衫褴褛，哭哭啼啼，赌咒发誓说自己穷困潦倒，再也不肯支付装备战舰的费用。你还教他们聊天辩论，喋喋不休，以至于体育馆也变得空空荡荡，你还煽动船员们与长官争辩。”③这些话把我们带回到雅典政治的悲惨状态，欧里庇得斯应该对此负责，就像他必须为许多其他雅典人的不幸负责一样。

当我们想起，戏剧不是在满是古典学者的剧院里演出——他们逐字逐句地咬文嚼字，期待因为不满意的词句而勃然大怒——而是面对把欧里庇得斯敬为神明的雅典公众演出时，埃斯库罗斯向欧里庇得斯反向致敬的荒诞谐剧真的上演了。阿里斯托芬的机智批评不知不觉地过度到荒诞不经的滑稽描述，又从滑稽描述进到骇人听闻的夸张，以便使这位肃剧大师[欧里庇得斯]最终被揭示为不幸的今日的全部邪恶的化身——在有爱国心的合唱队进场歌中，阿里斯托芬对今日这个愚蠢的时代说了许多鼓励和警告的话。但是，在每一句诗的字里行间，我们都能听到他的真实想法——他对雅典未来的极度焦虑。当他谈到真正的诗歌和虚假的诗歌时，他总是心系城邦未来。尽管他深知欧里庇得斯并非不学无术的江湖骗子，而是一个不朽的天才，他本人也从欧里庇得斯那里获益良多，他对欧里庇得斯的同情远深于他对理想的埃斯库罗斯的同情，但他仍然觉得，欧里庇得斯的艺术不能为雅典人提供埃斯

① 《蛙》，第 1053—1055 行。
② 《蛙》，第 1060 行及以下。
③ 《蛙》，第 1069 行及以下。

库罗斯曾经为他的同胞提供的急需帮助。在此存亡危急之秋，没有任何别的东西能够挽救雅典。因此，狄奥尼索斯神最终被迫选择埃斯库罗斯，冥府之王普路同(Pluto)用以下临别赠言遣送伟大的诗人到日光之下：

> 埃斯库罗斯，回到人世间吧，祝你一路平安，
> 用你的艺术去挽救我们的城邦。
> 给他们好的建议，教育那些愚蠢的人，
> 他们为数甚多。①

没多少年之前，肃剧还不敢像谐剧现在这样放言高论。归根结底，公众的关注和公开讨论的气氛仍然是谐剧赖以生存的根基，而肃剧则退出露天活动，将注意力集中于内在的心灵问题。[381]然而，雅典公众还从未像现在这样被迫如此认真地关注其精神问题；通过悲悼传统肃剧的消失，阿里斯托芬强调了肃剧的政治含义，雅典公众从未像现在这样生动地认识到肃剧的政治含义。在此至关重要的时刻，最伟大的谐剧诗人再次强调了公民的精神与国家的未来之间的内在联系，强调了创造性天才对城邦共同体的巨大责任：从而谐剧也达到了其伟大教育使命的顶点。

---

① 《蛙》，第1500行及以下。

第六章　修昔底德：政治哲学家

[382]修昔底德不是希腊的首个历史学家。因此，为了理解修昔底德，我们必须了解历史意识在他的前辈们那里发展到了何种程度。显然，之前的历史学家几乎没有一个可以与他相比拟，也没有任何一个后继者遵循他所开辟的道路，因为他们各自从自己时代流行的智识偏好中获取其形式和标准。尽管如此，修昔底德与希腊早期的历史写作者们还是有一个交汇之点。历史的最古老的类型产生于希腊自然哲学发端时期的伊奥尼亚：希腊话"ἱστορίη[调查研究]"一词表明了它的伊奥尼亚起源，而且也永远意味着对自然的探究，这也是这个词原初的真正意义。① 就我们所知，赫卡泰乌斯(他就像是来自伊奥尼亚的文化之都米利都的首个伟大自然哲学家)是首个将其"调查研究"从自然整体转移到某个特定领域，即有人居住的地球的人——在此之前，地球仅仅被看作宇宙的一个寻常部分，自然哲学家也只是用一般用语来描述地球

① 关于"ἱστορίη[调查研究]"一词作为最早的自然哲学的名称，参见本卷第200页。亚里士多德甚至将其动物学叫作*Περὶ τὰ ζῷα ἱστορία*[对动物的调查研究]，我们错误地将其译为"动物的历史"，即*historia animalium*。类似地，泰奥弗拉斯托斯将其植物学著作叫作对植物的一个ἱστορία[调查研究]。在这方面，他们遵循的是古老的伊奥尼亚传统。译注：亚氏师生的这两部著作即汉译的《动物志》和《植物志》。

表面的结构和特征。[①] 赫卡泰乌斯关于当时世界的国家和种族的记述，是经验知识和逻辑假设的一种引人注目的混合，如果将其与他的谱系研究和他对神话的理性批评一并考虑，那么赫卡泰乌斯的记述在希腊思想发展中就变得水到渠成和可理解的了。在对旧史诗传统的批判和理性消解中，这是一个重要的阶段，也是历史兴起的一个关键前提，[②]赫卡泰乌斯的记述根据同样的批判原则，在能通过调查研究得到核实的范围内，收集和考察居住在已知地球上的诸民族的传统信息。

这一步是由希罗多德完成的，在将地理学和民族学作为一个整体来看待上，希罗多德遵循赫卡泰乌斯，但他的主要兴趣在于人类自身。他的足迹遍及他那个时代的整个文明世界——近东、埃及、小亚细亚和希腊；[383]他研究并随时随地记录各种奇风异俗，以及比希腊更古老的诸民族的杰出智慧；他描述了他们富丽堂皇的宫殿和庙宇；他对他们的王室家族和许多有趣而重要的人物详加叙述，他展示了诸神的权力，以及人类转瞬即逝的命运兴衰如何在他们身上表现得淋漓尽致。通过将其集中到一个重大的核心主题，希罗多德把一堆杂乱无章的东西变成了一个有序整体，就像一块繁复的古代世界的织锦；这个主题就是东方(East)和西方(West)的冲突，从首次历史性碰撞，即希腊人与克洛伊索斯(Croesus)治下的邻居吕底亚王国之间的战争，直到波斯入侵希腊。希罗多德以一种荷马式的讲述故事的欢快和技巧，为后世记录了希腊人和异邦人的光荣业绩——因为，他开篇第一句话就说，这就是他此书的目的[③]——并且以一种散文的风格把它们记录下来，乍一看就知道这是一种天真淳朴、不装腔作势的风格，这一风格注定要被他的同时代人所喜爱，就像他的父辈们喜

① 见雅克比(F. Jacoby)发表在保利-维索瓦(Pauly-Wissowa)的《古典学百科全书》(*Realencyklopaedie*)上的“赫卡泰乌斯(Hekataios)”条目；亦可参见雅克比，《古希腊的历史编纂学》(*Griechische Geschichtschreibung*)，载《古代文明》Ⅱ，1926，第1页及以下。

② 雅克比愿意将希罗多德“历史之父”的传统称呼授予赫卡泰乌斯。就我们对人类生活的事实按其历史的本质采取科学和理性的处理方法而言，我们可以为支持此种重估说些什么，但历史的宗教和戏剧因素只随着希罗多德对它的新看法而发展，就此而言，希罗多德确实配得上“历史之父”的传统称号。

③ 希罗多德著作序言的措辞使读者想起荷马史诗的风格和语调；正如人们注意到的那样，“*ἔργα*[功业]”和“*κλέος*[伟绩]”这两个希腊词语是叙事诗歌的精髓。

闻乐见史诗风格的诗歌一样。这么说吧，希罗多德的著作，是在科学研究与智术师逻辑的时代，对史诗传统的一种复活；赫卡泰乌斯的理性主义批判已经使史诗传统一蹶不振；或者说，它是一种从旧史诗传统根部长出的新生事物。本着科学家冷静、客观、实证的态度，以及吟唱诗人对伟大人物的热爱，希罗多德将其所见所闻整合进他关于命运对个人和国家的强大支配力量的描述之中。希罗多德的历史是亚细亚的希腊人的历史，是古代世界丰富多彩、高度复合的文明的典型，在英雄时代数个世纪之后，在他们接受外族统治者几十年的统治之后，希腊人再度被其祖国在萨拉米斯和普拉提亚的意外胜利卷进了历史的洪流，但他们仍然没有失去他们长久以来培养起来的那种听天由命的怀疑态度（the resigned scepticism）。

修昔底德创造了政治的历史。尽管希波战争是希罗多德著作的高潮，但他并不是一个政治史家，与很多人一样，他以一种非政治的精神来书写政治的历史。希罗多德出生在哈利卡纳苏斯（Halicarnasus）这座宁静的城市，对于政治生活闻见甚少；及至羽翼丰满，他首次在战后的雅典邂逅政治，他也没有参与其中，只是作为一个仰慕者旁观而已。相反，修昔底德是伯利克里治下的雅典的一个名副其实的公民，[384]而伯利克里时期的雅典的生活气息就是政治活动。公元前六世纪时，梭伦已经为健全的政治理性奠定了基础，这种政治理性早早地使雅典人从他们的伊奥尼亚亲人中脱颖而出，自从公元前六世纪的社会动荡以来，雅典的每一位重要公民都参与了政治活动，雅典人也因此获得了丰富的政治经验和引人注目的政治理念。它的作用只出现在少量对社会状况——伟大的阿提卡诗人们对此视而不见——的深入观察中，在波斯入侵期间，在雅典众志成城、抵抗到底的决心中，才迟迟摆脱庇西特拉图的僭政——直到萨拉米斯战役之后，经由第米斯托克利的扩张主义政策的快速增长，城邦小国成为雅典帝国。

在帝国创建过程中，雅典人的政治思想和政治意志显示出令人吃惊的专注，这一点在修昔底德的历史中得到了充分的理性表达。修昔底德的思想视野局限于与希罗多德的百科全书式的知识相对比——希罗多德冷静地概述了整个已知世界，其国家、人民和神祇，而修昔底德则从不逾越希腊城邦的影响范围。① 不过，尽管修昔底德的主题非常狭窄，但却承载着更深层的问题、更为强烈的体验和深刻的理解。核心的问题是国家的本性，讨论这样的问题在此时的雅典所著的一本书中几乎是必然的。不管怎样，要想理解对这一问题的研究为什么会激发历史意识远非易事。希罗多德所叙的各民族历史本身不会促使任何人写一部政治史。② 然而，雅典，当它热切地专注于眼前生活时，突然面临一种危机，身处危机的严肃的政治思想家们被迫形成一种历史意识，尽管现在是在一种新的意义上，并且是另一种不同的内容。实际上，他们不得不去寻找国家的发展所导致的危机的历史必然性。这就是修昔底德的历史所反映的思想革命的真正性质——历史写作没有变成政治写作，但政治思想却成了历史写作。③

有了这个事实，最近提出的一些关于修昔底德如何成为历史学家的观点就站不住脚了。④ 这些观点过于自信地假定，[385]修昔底德及其同时代人对于历史学家的性质和职能具有一种先见之明，就像现代学者们所具有的那样。修昔底德不时偏离主题，讨论一些他感兴趣的早期历史等与主题无关的问题；但是他的首要关切是伯罗奔尼撒战争——也就是说，是他自己那个时代的历史。修昔底德著作的第一句话就说到，在这次战争刚刚爆发的时候，他就已经开始了本书的撰述，因为他深信这

---

① 修昔底德在其史著第一章(1.1.2)就提到将希腊人和异族人作为其著作的主题。这可能不只是源于他对希罗多德的模仿——希罗多德以这种全面的方式正确地界定了他的工作，而且也要归因于战争对大部分非希腊地区的影响的不断增长，尤其是波斯帝国在其后期越来越卷入到战争之中，正如色诺芬的《希腊史》(*Hellenica*)所表明的那样。假设如本人所相信的那样，修昔底德不是在战争开始时，而是在战争后期或不久之后写下的序言，那么，对异族人的提及就比它只被运用到诸如伊庇鲁斯(Epirus)、色雷斯(Thrace)和马其顿(Macedonia)这些国家要有意义得多。

② 在希罗多德对世界的看法中，政治事件永远是他关于生命的神学观念的一个部分，他关于生命的宗教神学观念包含人的和神的事物的整体；而在修昔底德那里，政治因素占据绝对的支配地位，根本没有希罗多德的神学框架的余地。

③ 换句话说，希罗多德的历史思想，以及修昔底德所谓的其余先驱们的历史思想，本身并不包含修昔底德的那种建设性的政治史的胚芽。

④ 参见齐格勒(Konrat Ziegler)，《修昔底德和世界历史》(*Thukydides und die Weltgeschichte*)，就职演说，Greifswald，1928。

次战争的重大。但是,问题马上就来了——他是从哪里学到历史研究的技艺的?关于往事的知识的来源是什么?现代学者的解释是,他早就已经在研究希腊的历史,由于这种研究为伯罗奔尼撒战争的爆发所中断,于是认识到战争本身才是他现在运用其写作技巧的伟大主题;但是,他没有浪费之前研究中收集的资料(现在要被抛弃了),而是将其作为一种学术性附录随处插入著作之中。依我看来,这种解释更适用于现代学者,而不适用于一个政治史的开创者,不适用于一名政治家和对战争有直接影响的将军,他对他那个时代的政治问题的兴趣超越一切。是战争使修昔底德成为了一名历史学家。没有人可以仅仅从书本上学到他从实际经验中所学到的东西:尤其不可能从他认为是一个根本不同的时代那里学习到真理——关于那个时代,他认为要知道确定的真相是不可能的。因此,他是一个与通常意义上的历史学家很不相同的历史学家,而他的偶尔跑题去讨论早期历史中的问题,无论其显示的关键判断多么有价值,都要么是偶发事件,要么是借古释今。①

这一点的主要例子,是第一卷开头的考古学附录。② 这段文字的写作主要是为了表明,与修昔底德描述的当前状况相比,以往的历史是如何无足轻重——至少就其可以通过推演得以重构的部分而言是这样,因为我们很难真正了解它。尽管如此,他对以往历史的简要叙述——正因为如此简要所以格外清楚——告诉了我们他用以评判历史事实的标准,以及他衡量自己时代的事件的重要性的标准。

他相信,希腊人的以往历史即使是其最伟大最著名的业绩也无关紧要,[386]因为其生活不足以允许任何政治组织机构的产生和权力的大规模发展。他说,那时不存在现代意义上的商业和贸易。因为民族迁徙,一个种族不断地取代另一个种族,以至于哪一个种族都居无定所,朝不保夕;而除了技术方面的知识,安全是稳定的政治生活的第一个前提

① 这样的附记就是第一卷开头所谓的“考古学”,其中包含了关于早期希腊历史的丰富资料,以及关于雅典本地传统中的传奇人物——即“僭主刺杀者”哈摩狄乌斯(Harmodius)和阿里斯托吉吞(Aristogiton)——的离题闲话(6.54.1及以下)。齐格勒在这些离题闲话中看到了修昔底德历史研究的根源,随着战争的爆发,他的目光转向了眼前,但这些似乎是他自己将当代获得的政治经验运用到了过去的问题上。

② 修昔底德,《伯罗奔尼撒战争史》1.2—19。

条件。根据修昔底德的记述，国家最肥沃的部分自然而然地成为最频繁的争斗之地，因而其人口之流动也最为频繁，所以既不可能发展出系统的农业耕作，也不可能出现资本积累，没有规模较大的城市，也就没有现代文明的任何其他要素。这对我们理解修昔底德为什么将整个古代历史传统弃置一旁格外具有启发意义，因为那不可能为他的问题提供答案，[①]修昔底德代之以他自己的假设，即建立在他自己对文化、政治和经济发展之间的联系的清晰洞察之上的一系列大胆推论。这些推论的理性特征类似于智术师对原始人生活的假设性重构，但他们的观点则大异其趣。修昔底德以公元前五世纪时的政治家的眼光来看待以往历史：他只思考权力。对技术性知识、经济发展和理性文化则倾向于忽略，除非是作为权力发展的必要条件。权力对他来说，首先意味着拥有巨大的资本资源和广阔的疆域，而这一切都必须有一支强大的海军作为后盾。这显然是公元前五世纪时的雅典人的思想观念。修昔底德以雅典帝国的标准来衡量此前几个世纪的文明，发现它乏善可陈。[②]

与选择权力作为原则一样，修昔底德在将此原则运用到希腊早期历史中时也独具慧眼。他以一个现代政治家不偏不倚、朴实平淡的眼光来审视荷马，认为阿伽门农的帝国是希腊历史上第一个伟大的权力，这一点有史可据。[③] 他以无可阻挡的逻辑，着重强调的语气，从荷马的一句诗中推论说，阿伽门农的统治必然从陆地延伸到了海洋，因此必然得到了一支规模庞大的海军的支持。他对荷马的船队名录颇感兴趣，[387]并且准备接受荷马关于远征特洛伊的各支军事力量的具体叙述（尽管他经常怀疑诗歌传统），因为荷马的叙述坚定了他的信念，即原初希腊的资源无足轻重。[④] 他运用同样的证据证明，其时舰船的建造还

---

① 在阅读修昔底德对希腊历史以往几个世纪的记录时，人们会想起现代罗马史家蒙森(Theodore Mommsen)所持的态度。在谈到我们关于罗马帝国时期的主要文献来源塔西陀(Tacitus)时，蒙森评论说，他没什么用，因为，当他告诉我们对一个真正的历史学家来说什么是不重要的东西时，他对“真正重要的”问题只字未提。这就是修昔底德对一切所谓的传统——他所继承的诗歌传统和历史传统——的感觉。

② 参见修昔底德，《伯罗奔尼撒战争史》1.2.2；1.7.1；1.8.3；1.9；2.1 等处，通贯整个所谓的“考古学”部分。

③ 修昔底德，《伯罗奔尼撒战争史》1.9。

④ 修昔底德，《伯罗奔尼撒战争史》1.10.3—4。

没有得到长足的进展。特洛伊之战是希腊联军进行的第一次大规模海外远征，这是希腊历史记录在案的事实。米诺斯的海军帝国结束了早期希腊半野蛮部落之间相互劫掠的海盗生活，除此之外，此前的希腊历史不足称道。修昔底德想象米诺斯的舰队和他那个时代的雅典舰队一样，长久而严格地巡视着海洋。从而，他根据资本积累、舰队建造和海洋权力的标准，迅速地掠过整个希腊历史，直指伯罗奔尼撒战争，以海军舰队建造中的技术发明来着重说明这次战争，而完全忽视了以往历史丰富的智识和审美遗产。他相信，在波斯战败之后，雅典人第一次在政治上变得重要。海上岛屿和小亚细亚的希腊城市加入雅典同盟使其有力量挑战斯巴达，在此之前，斯巴达一直是希腊的统治力量。随后的希腊历史就是这两个权力体系之间的竞争和碰撞，以一些偶发事件和持久的局部冲突为特点——直到最终决战，这一决战使此前所有的权力斗争看起来形同儿戏、不值一提。

此种对曾经被如此钦羡的希腊早期历史的叙述，最为清晰地——尽管远非彻底——说明了修昔底德的历史观。① 通过以醒目的经济和政治线索勾勒希腊以往的历史，修昔底德揭示了他对他那个时代所发生的事件的态度。我以修昔底德对此前希腊历史叙述的讨论开始自己的研究正是基于这个原因，而不是因为它出现在修昔底德史书的开头。在修昔底德对战争的描述中，同样的原则以远非那么明显的形式出现在著作的紧邻四分之一处，因为这些原则是在一个更大规模的形式上被运用的；但在这里它们几乎已经具备了抽象的纯粹性。在这个附录中，公元前五世纪现实主义政治的流行语，像一种固定不变的事物那样重复出现，且给读者留下了如此深刻的印象，以至于读者以这样一种坚

① 我不能接受沙德瓦尔特的《修昔底德的历史学》(*Die geschichtschreibung des Thukydides*, Berlin, 1929)中的观点，他追随施瓦茨的《修昔底德的历史著作》(*Das geschichtswerk des Thukydides*, Bonn, 1919)，坚持认为修昔底德的考古学离题是其著作的一个很老的部分，并从这个部分出发重构修昔底德早期的智识态度("智术师的学生")。我会在其他地方给出更多为什么不同意这一看法的详细理由。自这部著作第一版问世以来，比策尔(F. Bizer)已经在其专题论文《修昔底德的考古学研究》(*Untersuchungen zur Archaeologie des Thukydides*, Tubingen, 1937)中再次考察了这一问题，并且已经赞同我的意见，参见泰布勒(E. Taeubler)，《修昔底德的考古学》(*Die Archaeologie des Thukydides*), Leipzig, 1927。

定的信念来对待修昔底德对战争本身的叙述：[388]即它描述了最大规模的权力展示和希腊历史上发生的最大政治危机。

修昔底德的题目越切近现实，他对它越感兴趣，要对它持一种客观中正的态度就越是困难。他作为一个历史学家的目的，必须从他对大量历史事件——它们将当时的世界划分为两大敌对阵营——努力达到一种客观看法的角度来理解。如果他本人不是一位著名的政治家，那么他力求客观就不那么令人惊奇，当然也就不那么异乎寻常了。他的意图是说出痛苦的真相，不为任何党派偏见所累，并且尽可能准确——与诗人们对英雄往事的诗性叙述正好相反。① 本质上，这种目的不是由一种政治态度激发的，而是由一种类似于伊奥尼亚自然哲学家的科学态度激发的。不过，通过将那种科学的态度从永恒的自然转移到他那个时代的政治斗争——各种激情和党派利益使这个时代黯淡无光，混乱不堪——修昔底德赢得了理性的重大胜利。他的同时代人欧里庇得斯曾说，自然和戏剧——我们现在称之为历史——之间隔着一条无法跨越的鸿沟。② 他说，除了自然史（亦即自然科学）之外，根本不存在什么其他的 historia，即对一个"不变"对象的冷静"探究"。芸芸众生，无论是谁，只要进入政治生活，都会被仇恨与冲突所困扰。③ 但是，通过将 historia[调查研究]转移到政治领域，修昔底德赋予了这种探究真理的理想以一种新的、更深刻的意义。④ 为了理解修昔底德的这一伟大创新，我们必须牢记希腊特有的行动观念。按照希腊人的理解，促使人行动的是知识，所以修昔底德对真理的探究有一个预想的实践目的，

---

① 修昔底德，《伯罗奔尼撒战争史》1.21，1.22.4。

② 欧里庇得斯残篇 910（诺克编）。译注：欧里庇得斯的意思是，所谓历史就是一连串戏剧性事件，根本不可能像自然一样成为那种客观的科学研究的对象。

③ 更确切地说，欧里庇得斯赞之为人的最高幸福的"历史"，与其说是修昔底德的历史，不如说是卢克莱修（Lucretius）的历史，诗人维吉尔（Vergil）曾在其诗行中赞扬后者：Felix qui potuit rerum cognoscere causas[洞悉事物真理的人无比幸运]，参见《农事诗》（*Georgica*）II，490。

④ 参见科克伦（C. N. Cochrane），《修昔底德和历史科学》（*Thucydides and the Science of History*），Oxford，1929。科克伦特别讨论了修昔底德在其历史中有条不紊的态度与当时希腊医学的关系。这种关系在医学对当时哲学和教育学理论（苏格拉底、柏拉图、伊索克拉底）的影响中，有其完美的对应；参见本书第三卷，第一章"作为教化的希腊医学"。这一事实证明，医学能够以非常不同的方式被理解、被用作一种学习的典范。

从而不同于超然的伊奥尼亚自然科学家所从事的 *theoria*，即沉思活动。没有一个雅典人相信，除了为导致正确的行动之外，知识可以为任何其他理由而存在。这就是二者之间的巨大区别：一边是伊奥尼亚人，另一边是柏拉图和修昔底德——尽管这两位雅典人行走在如此不同的世界里。许多历史学家都曾被叫作“无心之眼”，但是我们不能说，因为缺乏某种内在热情，修昔底德就天生适合于对历史事实持一种客观的立场。给予他力量摆脱主观干扰的东西，和他认为是他所寻求的客观知识的优势的东西，[389]他本人在阐述其著述目的的段落中说得更加准确：“我的这部历史著作很可能读起来不那么引人入胜，因为书中缺少虚构的神话故事。但是，如果那些想清楚地了解过去所发生的事件的痛苦真相和根据人性将来也会发生的类似事件的人，认为我的著作还有一点益处的话，那么我就心满意足了。一言以蔽之，我的著作不是只想迎合人们的一时嗜好，而是想垂诸永远。”①

修昔底德好多次表达了这样的意见：由于不变的人性，个人和民族都会不断地重蹈覆辙。② 这种观念与我们现在通常称之为历史的态度的东西刚好相反。我们认为，一个真正的历史学家相信历史从不重复

---

① 修昔底德，《伯罗奔尼撒战争史》1.22.4。这是修昔底德史著第一卷中的著名篇章，讨论了历史的方法问题。

② 在修昔底德著作的开头，在他讨论作者所采取的方法以及他以此种方法所追求的目的时，就表达了这种意见（1.22.4）。当前战争中出现的事件，由于不变的人性，将会以相同的或者类似的方式在后世再现。这一观点——即历史变迁无论怎样沧海桑田，但人的本性本质上仍然始终如一——在修昔底德关于政治危机的性质的经典讨论中，又一次得到了明确的表达（3.82.2）；修昔底德关于历史知识的有用性的现实主义观念正是建立在这一观点之上。基于同样的原因，他对瘟疫的症状进行了著名的描述（2.48.3 及以下），他预料同样的瘟疫将来会再次出现，而他在著作中力图提供的关于瘟疫性质的知识，可以使将来的人们通过瘟疫的症候辨认这种疾病。这似乎越出了我们所考虑的政治史家的任务的范围；不过，修昔底德对瘟疫的症候及其与人的生理本性和心理本性的关系的分析，与他对政治现象的分析一样，包含着科学思维的任务的观念。对修昔底德不变的人性观念来说最重要的东西，在其著作的其他一些段落（例如 1.76.2—3；4.61.5；5.105.2）中越发清晰。其中，他说，根据人性，强者总是想要统治弱者。因此，在修昔底德看来，很大程度上，人性一般而言就是激情永恒不变的优势地位，特定而言就是权力意志对理智的优势地位。修昔底德历史思想中的这一自明之理（axiom），与智术师时代的许多观念相一致，被所有的政治党派和参战各国所公开共享。柏拉图也是从这一自明之理开始着手他对人们一贯用政治来理解道德基础的批判，参见本书第二卷，第 163—164 页，第 175 页以下，第 178 页。

自身，每一个历史性事件都独一无二。即使在一个人的生活中所发生的事情，也不存在完全相同的重复。当然，人们确实需要获得经验来指导生活；而赫西俄德所引用的格言说，痛苦的经验使人聪明。① 希腊思想总是想通过达到一种普遍性结论来获得这种类型的知识。因此，修昔底德的自明之理，即个人和民族的历史总是不断地重复自身，在片面的现代意义上，并不标志着历史意识的诞生。尽管他的著作对独立的历史事件具有因其自身之故的现代历史兴趣，但它试图越过这些，并超越千差万别的偶然事物，以达到其背后普遍而永恒的规律。正是这种理性态度给予了修昔底德的历史不可磨灭的现实魅力。② 它是修昔底德的政治观中的一个本质要素；因为政治家不可能有先见之明并按计划行动，除非在类似的处境中，类似的原因总是产生类似的结果：这种因果连续使得经验成为可能，从而让某种对事物的先见之明得以出现，无论此种先见如何有限。

随着梭伦对这一事实的陈述，希腊的政治思想产生了。③ 当然，梭伦关心的是社会有机体的异常状态(pathology)，社会有机体由于无节制的反社会行为而陷入明显的病态堕落。梭伦凭借其宗教思想在这里看到了神圣正义的惩罚，尽管根据他自己关于社会作为一个有机体的看法，反社会行为的伤害性后果是由一种自然而然的反作用引起的。从他那个时代起，雅典已经成为一个大国，[390]而且有了一个巨大的、新的政治经验领域——不同的独立城邦之间的相互关系，或我们称之为“对外政治”者。使用这一名称的第一个雅典人是第米斯托克利，修昔底德在一些令人难忘的句子中，形容第米斯托克利实际上是一个新型的人。④ 在修昔底德对第米斯托克利性格的描述中，两个关键因素是远见和清晰的判断——这也是修昔底德期待他自己的著作在后世子

---

① 赫西俄德，《劳作与时日》，第218行。

② 与现代历史编撰中流行的对时代、条件、人格和观念的独特性感兴趣相比较，人们可以把修昔底德的这种态度叫作“古典的”。这种个别地加以考虑的历史观，是十八世纪后期和十九世纪早期的浪漫主义精神的产物。参见迈内克(Friedrich Meinecke)，《历史主义的兴起》(*Die Entstehung des Historismus*)，二卷本，Munich, Berlin，1936。

③ 参见本卷第181—182页。

④ 修昔底德，《伯罗奔尼撒战争史》1.138.3。

孙中所激发的品质。修昔底德的著作自始至终都在反复强调同一原则，这证明了他是非常严肃地对待这一目的的：远非仅仅作为智术师的理性态度的一种肤浅层次①——为了复原历史学家的真正自我，这种肤浅的理解是我们必须切除的，通过经验获得政治知识的努力是修昔底德真正伟大之所在。他深信，历史的真正本质是它提供了政治经验，而不是它体现了任何宗教、伦理或哲学的观念。② 对修昔底德来说，政治构成了一个由其自身内在规律所支配的世界，这种内在规律只有通过审察不是作为孤立的、而是作为一个连续不断的进程的一部分的历史事实，才能被把握。修昔底德对政治事件的性质和规律的深远洞察，使他远超古代其他任何历史学家。只有处于雅典鼎盛时期的一个雅典人才能达到如此境界：这个时期的雅典产生了——以同一种理智类型的两种本质上不同的创造物为例——菲迪亚斯（Phidias）的雕塑艺术和柏拉图的理型。没有比用培根《新工具》中的一段名言来描述修昔底德理解政治事件的知识概念更确切的了，在《新工具》中，培根将新的科学理想与经院哲学作对比：“*Scientia et potentia humana inidem coindunt, quia ignoratio cause destituit effectum. Natura enim non nisi parendo vincitur. Et quod on contemplation instar causae est, id in operatione instar regulae est.* [人类的知识与人类的权力相一致，因为凡不知原因时即不能产生结果。要支配自然就必须先服从自然。一切在思辨中为原因者，在行动中则为法则。]”③

修昔底德的政治哲学的独特性——一方面与智术师和柏拉图相比，另一方面与梭伦关于城邦的宗教信仰观念相比——是他不宣扬普遍的教义：在他的著作中没有虚构的故事（*fabula docet*）。通过对事件的平铺直叙，他使政治的逻辑变得一清二楚。之所以能这样做，是因为他正在处理一个特殊的课题：伯罗奔尼撒战争，它尤为清晰且概括地展示了政治中真实的起因和真实的结果之间的联系。[391]要将修昔底德的历史概念运用到随意选取的一系列事件中是不可能的：正如期待

① 参见本卷第369—370页，以及第370页，注释①。

② 希罗多德和色诺芬在他们的著作中明确表达了这些观念。

③ 培根（Bacon），《新工具》（*Novum Organum*）I，3，Flower，第二版，Oxford，1889。

随便什么时期都能产生阿提卡肃剧或柏拉图哲学，同样也是不可能的。即使是对一件大事的简单的事实描述——无论这件事多么重要——也不会满足他作为一个政治哲学家的目的。他需要一个特定的机会来揭示历史事件的合理性和普遍性。为数众多并不时打断修昔底德著作的演说是其叙述方法的显著特征：因为它们首先是他借以表达自己政治思想的工具。在他解释自己写作历史所遵循的原则时，我们自然而然地希望他说，他像记录外界事实一样准确地重现了那些重要人物的演说。但是，他说他并非逐字逐句照搬他们的原话：因此，读者千万不要将运用在现实事件叙述中的准确原则运用到演说词上。他只是想重现他们的常识（*ξύμπασα γνώμη*），但在细节上，他让每一个人物都说出了他自己认为每个场合要求他们说的话。① 这是一种重要的写作方法，不能以一个历史学家对准确性的追求来解释，而只能以一名政治家洞察每一历史事件的最终政治根源的愿望来解释。

从字面意义上说，这种愿望是不可能实现的。在分析任何一个政治事件的情境时，人们永远不可能固守当事人实际上关于它所说的话，因为当事人之所言常常只是对实情的掩饰，嘴上说的与心里想的远非同一回事；人们总想要揭示他们话语背后的所思所想，但这是不可能的。不过，修昔底德坚定不移地相信，我们可以辨认出各个利益集团所遵循的动机，并将它们记录在案；因此，按照他根据他们各自的政治态度判断各方必然要说的话，他决心让当事人在会议公开演讲时说出他们最深层的动机和想法，或者就像米洛斯对话中那样，只开闭门会议，外人不得与闻。因此，他作为一个斯巴达人，一个科林斯人，一个雅典人，或者一个叙拉古人那样对读者讲话，一会儿作为伯利克里，一会儿作为阿尔西比亚德（Alcibiades）讲话。这种组织适应不同角色的演说词的技巧，可能外在地是模仿荷马史诗，一定程

---

① 修昔底德，《伯罗奔尼撒战争史》1.22.1。关于修昔底德著作中这一计划的阐述，参见格罗斯金斯基（A. Grosskinsky），《修昔底德的计划》（Das Programm des Thukydides），收录于《新德语研究》（*Neue deutsche Forschungen*），古典语文学部分（Abt. Klass. Phil.），Berlin，1936；以及我的学生帕策（H. Patzer）的论著《修昔底德的历史编纂问题和修昔底德之问》（*Das Problem der Geschichtsschreibung des Thukydides und die Thukydideische Frage*），Berlin，1937。

度上又在模仿希罗多德。① 不过，修昔底德是普遍地使用这种技巧，我们把以下事实归因于他对这种技巧的使用：伯罗奔尼撒战争——在希腊智识生活的极盛时期爆发，[392]伴随着一系列探索人类生活最深层问题的争论——对我们来说，好像首先是一场思想观念之间的战争，其次才是一场军事力量之间的对决。在人们于任一场合所实际说过的话语的残留中去寻找这些演说词——就像一些人曾经所做的那样——是一个不可能完成的任务，正如人们试图在菲迪亚斯雕塑的神祇中辨认出某个具体模特的相貌特征一样。而且，即使修昔底德竭力想要获得他所描述的每场辩论的过程的真正信息，这一点也是必然的：即他书中的许多演说事实上从未有人发表过，而且其中的绝大多数实质上与他自己的版本截然不同。修昔底德相信，在斟酌过每个事件的特定情境之后，他就可以写下当时的特定情境所需要的（τὰ δέοντα）话语，他的这种相信建立在这样的信念之上：在诸如此类的冲突中，每一种立场观点都有其必然的逻辑，而一个居高临下的观察者可以充分地形成这一隐蔽的逻辑。看起来显得主观的东西，正是修昔底德持之为其演说的客观真理的东西。如果不能公正地看待隐藏在历史学家背后的政治思想家这一事实，我们就不可能对此心领神会、击节称赏。作为想象出来的演说词，修昔底德使用了一种所有演说都相同的风格，这种语言风格常常远比当时希腊人的日常语言高贵，充满了对现代品味来说显得矫揉造作的对偶。② 这些演说以其过度艰深的语言努力表达同样艰深的思想，与来自智术师演说家们的那种形象生动的风格形成奇妙的对比，这些演说是修昔底德政治思想最直接的表达，足以与最伟大的希腊哲学家的著作相提并论，无论是在其晦涩还是在艰深上。

---

① 参见德夫纳（A. Deffner），《希罗多德的演说词及其在修昔底德那里的深化》（*Die Rede bei Herodot und ihre weiterbildung bei Thukydides*），Munich，diss.，1933。

② 修昔底德著作中的演说风格，正如我描述的特性，至少在某种程度上，与他那个时候的政治演说的语言相对应，这一点是芬利（John Finley）的《修昔底德》（*Thucydides*，Cambridge，Mass.，1942）第250页及以下的主题之一。参见同一作者的《修昔底德的风格的起源》（The Origin of Thucydides' Style）一文，载《哈佛古典语文学研究》（*Harvard Studies in Classical Philology*），第50期（1939），第35页及以下；亦可参见其《欧里庇得斯和修昔底德》（Euripides and Thucydides）一文，载《哈佛古典语文学研究》，第49期（1938），第23页及以下。

在修昔底德陈述自己的原则时所隐含的意义上，政治思维的最佳例子之一出现在《历史》开头希罗多德关于希波战争起因的叙述中。希罗多德以欧罗巴与亚细亚之间发生冲突的原因来开始其著作：他将这个问题看成一个战争罪行的问题。伯罗奔尼撒战争中的对立双方同样深刻地为战争罪行的问题所困扰，但在战争爆发的所有细节被讨论了上百次之后，仍然无法确定这次战争的责任到底在谁，而且各派势力都相互指责，修昔底德以一种全新的方式提出了这一问题。[①][393]他在战争的“真正原因”和作为战争的直接原因的争议点之间作了区分；他总结说，战争的真正原因是雅典日益增长的势力威胁到了斯巴达的地位，引发了斯巴达人的恐惧。原因概念来自医学用语，这一点从修昔底德所使用的“πρόφασις[原因]”一词即可一目了然；因为正是在医学中，第一次在疾病的真正原因和疾病的症候之间作出了科学的区分。[②] 像修昔底德所做的那样，将有机体科学中作出的区分移用到伯罗奔尼撒战争起源的问题上，不只是一种形式上的行为，这意味着这个问题被充分客观化了，从道德法则的领域中被抽取出来了；从而，政治作为自然因果关系的一个独立领域被划分了出来。根据修昔底德的描述，对立力量之间的隐秘冲突最终导致了希腊政治的公开危机。这对认识战争的客观因果关系多少是一种宽慰，因为它使观察者超越于党派纷争的仇恨之上，超越于有罪和无辜这一令人不快的问题之上。不过，尽管如此，它也难免令人倍感压抑，因为它使一度被认为是人的自主行为的历史事件（隶属于道德判断的范围），显得好像是一种长期的、持久的、不可避免的进程（受一种更高的必然性的支配）的结果。

修昔底德在一个著名的附记中[③]——他把这个附记收录在他对冲突的准备工作的描述中——描述了战争爆发之前的那一段历史进程，

---

① 修昔底德，《伯罗奔尼撒战争史》1.23.6。

② 施瓦茨和其他一些早期的批评家认识到了“πρόφασις[原因]”一词的医学起源，并对其做了简要说明。在科克伦的《修昔底德和历史科学》一书中，它成了一种被更广泛探讨的主题。

③ 修昔底德，《伯罗奔尼撒战争史》1.89—118。

即在打败波斯之后的五十年内雅典势力的增长。他在这里被迫越出本书的时代界限，这一事实证明了他采用这种特殊的结构安排的正确性。除此之外，正如修昔底德自己所说，他对雅典帝国兴起的简短描述本身是有价值的，因为在他之前，关于这一重要历史时期并无充分的叙述。① 不仅如此，人们还有这样的印象：即这个战前五十年的附记，以及修昔底德所说的作为战争真正原因的一切，都是在本书完成之后，再插入到他关于战争的准备工作的叙述中去的，而他本来是想只对直接导致战争的外交和军事行动进行描述。这种印象不仅是由这个部分引人注目的结构造成的，而且还是由以下事实造成的：[394]修昔底德必定在其最初的草稿中描述了战争的开始，但鉴于描述雅典帝国势力增长的附记提到了城墙的被毁（公元前404年），因而直到战争结束之前，它不可能以现在的形式出现。② 而他关于战争真正原因的描述——附记就是支撑这一描述的——显然是关于该问题的毕生思考的结果：它是修昔底德的成熟作品。修昔底德在其早年更多地是关注单纯的事实；后来，他越来越成为一名政治哲学家，越来越大胆地把问题作为一个整体，连同其内在的联系，以及其自身的逻辑必然性来把握。③ 这本现有形式的著作所产生的影响，本质上依赖于这一事实：即它提出了一个范围广阔的政治论题，这在其著开头关于战争真正起因的叙述中就得到了明确的表达。

假设一个"真正的历史学家"能够在战争爆发之初就可以清晰地把

---

① 修昔底德，《伯罗奔尼撒战争史》1.97.2。修昔底德明确地提到的此前对这个时期的处理是指赫兰尼库斯（Hellanicus）的《阿提卡史》（*Ἀττικὴ ξυγγραφή*），修昔底德批评该书叙述简略，书中的年代也不准确。

② 修昔底德，《伯罗奔尼撒战争史》1.93.5。这个关于围绕比雷埃夫斯港（Piraeus）的雅典长墙的宽度的句子——即使在雅典的防御工事被敌人系统地拆毁之后，我们仍然可以看到其遗址——看起来不像是后来添加上去的，不能从其句子的文本结构中随便移除。很可能整个关于战前五十年的附记，都是在战争结束之后写就的（参见本卷第480页，注释②）。

③ 修昔底德的著作从一开始就显然计划做一种事实的实录（*ξυγγραφή*），修昔底德即使在后来也保留这个词（1.1.1）；他还用这个词来表示赫兰尼库斯（Hellanicus）关于雅典战前历史所写的故事类型（1.97.2）。不过，随着岁月的推移，这种"实录（record）"吸收了修昔底德的所有政治思考，这种政治反思给我们现在读到的历史的结束部分留下了独特的印记。这部完成了的著作不再是一种简单的*ξυγγραφή*[实录]。

握战争的真正原因，并将其作为一种长期发展之结果的更高必然性在修昔底德的意义上辨认出来，是一种非历史的以待决之问题为依据的循环论证(Petitio Principii)。这方面最著名的类比是兰克(Leopold von Ranke)的《普鲁士王国史》(History of Prussia)。在1870年普法战争之后问世的该书第二版中，兰克看到了普鲁士的发展在一种全新视角中的历史意义。他自己声明说，直到那时，他才有了他的那些影响深远的总体思想——这是在第二版前言中，他向学界同行们的解释和道歉，因为这些观点讨论的不是史实，而是历史的政治阐释。这些新的概括[总体思想]主要影响了他对普鲁士王国的产生的叙述，他完全重写了《普鲁士王国史》，并且本质上使其范围更加广阔、内容更加深刻。因此，修昔底德是以同样的方式，在战争结束之后，重新修改了其著作描述战争起源的开头部分。

在认识到雅典帝国的势力增长是战争的真正原因之后，修昔底德尝试讨论雅典势力的内在含义。在他对战争的准备工作的叙述中，值得注意的是，他增加了一则关于雅典外部发展的附记，仅仅作为他对在斯巴达举行的同盟会议——在同盟会议上，斯巴达人在其盟国的竭力敦促下，决定对敌宣战——的精彩描述的一个附录。诚然，直到后来的伯罗奔尼撒全体同盟大会，斯巴达才对雅典实际宣战；但修昔底德以其准确无误的洞察力注意到，[395]只有少数几个拉栖代梦盟邦参加的、控诉雅典侵略的第一次非正式会议极端重要；修昔底德将其作为决定性时刻标识出来，而且通过参会者所做的至少四个演说使其赫然在目——这个数字大于著作中其他任何一个地方所做的演说次数。① 会议主要关注的是拉栖代梦盟邦对雅典的怨恨和控诉；不过，根据修昔底德，斯巴达人被迫宣战，主要不是由于其盟邦的言之凿凿和长篇大论，而是由于他们自己对雅典势力进一步扩张的恐惧。② 在一个真实的辩论中，这一点不能得到非常公开的表达，但修昔底德大胆地忽略了国际法问题——这肯定是会议讨论的

① 修昔底德，《伯罗奔尼撒战争史》1.66.88。
② 修昔底德，《伯罗奔尼撒战争史》1.88。

主要议题——而且，在所有由盟邦所发表的演说中，只记录了科林斯代表团的结束发言。① 他们是雅典人不共戴天的死敌，因为科林斯是希腊地区第二强大的商业力量，因此，自然而然地成为雅典人的竞争对手。他们以清晰的敌意看待雅典；通过将斯巴达人与精力充沛敢于冒险的雅典人作比较，修昔底德让他们说服迟疑不决的斯巴达人做出最后决断。他们对雅典的民族特性的描述，比任何一个雅典的演说者在公共节日上所做的演说都更加令人印象深刻——甚至超过修昔底德本人的伯利克里葬礼演说，葬礼演说是根据他自己的意愿进行的自由创作，他从中为科林斯人的发言借来了许多要点。② 没有人能够严肃地质疑，后者并非科林斯使团在斯巴达发表的真实演说，其实是修昔底德本人的一种发明创造。创作这样一篇演说——一个敌人在另一个敌人面前赞扬雅典——是修辞技巧的最高境界。③ 不过，这样做也具有双重的历史目的：其直接目的是描述科林斯对斯巴达的煽动，这导致了战争，其更高目的是分析雅典崛起的心理基础。斯巴达人懒散迟钝、枯燥沉闷、目光短浅、固守传统、执着于旧式的体面，与此相较，科林斯人夹杂着嫉妒、憎恨和羡慕来描述雅典人的性格和脾气：永无止息的活力，超乎想象的冲劲(élan)，敢于构想，敏于行动，无所不可的多才多艺，能

① 修昔底德，《伯罗奔尼撒战争史》1.68—71。

② 在此，我们当然不能对这一点进行细节上的论证。但是，如果我们此处将其当作理所当然之事(我希望在其他时机证明这一点)，而且，如果伯利克里的葬礼演说是由史家修昔底德在战争的悲剧性结局不久之后写就的这一点显而易见的话，那么科林斯人的演说的写作必定也属于同一个时期。我想，同样的年代，必然也对在斯巴达的同一场合发表的其他三个演说同样有效，尤其是对雅典使节发表的演说(1.73—78)同样有效。我们在第478页注释②中已经表达过，关于战前五十年的附记(1.89—118)表明了其同样来自于之后的线索。所有这一切都将支持这一解释：第一卷整个关于战争的“真正原因(ἀληθεστάτη πρόφασις)”的部分，也即现在随着外交争论(*αἰτίαι*，参见1.66.1)出现的部分，更确切地说，从一个更深远、更普遍的观点对历史事件所作出的评估，是修昔底德在其最后时期给出其著作的最终形式时才增加上去的。

③ 参见柏拉图，《美涅克塞努》(*Menex.*)235d。从修辞学观点看，在一个城市的敌人面前赞扬这个城市被认为要比对自家人赞扬这个城市难得多。因此，修昔底德似乎将自己的任务设想为对雅典的双重赞美：对内，是在伯利克里的葬礼演说中，对外，是在斯巴达人及其盟邦中间借科林斯人之口。两个演说都只是同一个计划的不同部分，而将它们结合在一起的想法是修昔底德的客观性的典型特征。如果没有科林斯人的演说，那么伯利克里的葬礼演说就会接近于伊索克拉底颂词的那种类型(*eidos*)，伊索克拉底的颂词本质上是主观的。

够适应任何处境，百折不挠，失败不可能浇灭他们的激情，只会激励他们采取新的行动——凭借这些品质，雅典接手出现在其视野范围内的一切事物并将其成功地化为已有。[396]当然，这不是对雅典德性的道德赞扬：它只是一种对雅典的精神能量的描述，以便解释雅典在战前大约半个世纪内令人吃惊的进步。

修昔底德现在大胆地以另一个同样类型的演说来平衡这种描述：当斯巴达人正在思考是否对雅典宣战时，雅典使节发表了这个演说；会议的场景自然而然地从一场外交会议，变成了吁请大家倾听雅典声音的一场特殊公共集会。① 修昔底德为雅典人的这次演说给出的外在动机相当模糊，也许是作者有意为之。演说和反驳演说的对象不是斯巴达政府，而是公众，它们共同构成一个强有力的令人印象深刻的整体。针对科林斯人对雅典人所做的心理分析，雅典人现在增加了一个历史分析，一个关于雅典从开始到目前为止帝国崛起的历史分析。但是，他们描述的不是雅典所取得的令人欢欣鼓舞的进步的外在发展阶段——这一点是在稍后的附记中做的；②他们分析的是迫使雅典充分而合乎逻辑地扩张其势力的动机的内在发展过程。

从而，修昔底德提供了看待同一个问题的三种不同视角，所有的视角都导致同一个结果。雅典使节关于迫使雅典扩展其势力的历史必然性的演说，是对雅典势力之合法性与正当性的一个宏大论证，只有修昔底德才能做到。这些都是修昔底德自己的思想，只有到雅典帝国崩溃之后，在他达到其政治经验的痛苦[反思]的高度时，他才能提炼出这些历史见识；但在这里，他在战争开始之前，就将其作为一种预见置于雅典的无名使节之口。根据修昔底德的意见，雅典的势力建立在其无可忘却的功绩之上，雅典在马拉松和萨拉米斯的英勇战斗及其胜利保全了全希腊的政治存在和自由。③ 在雅典盟邦的意愿将雅典的卓越转化为一种真

① 修昔底德，《伯罗奔尼撒战争史》1.73—78。

② 修昔底德，《伯罗奔尼撒战争史》1.89—118，关于“五十年时期”的附记，参见上文第477页及以下。

③ 在这方面，他只能接受其先驱希罗多德在其著作中所采用的主题，但是这一主题显然是雅典政策自身的准则，雅典凭借这一主题证明了希波战争后五十年期间逐步扩张其势力的合法性。

正的霸权之后，斯巴达对雅典的嫉恨使雅典感到恐惧；为此种恐惧所迫使，雅典从其传统的最高地位被强行推入到确保其所赢得的权力更加巩固和持久的处境之中，以便通过对同盟越来越集中的控制来预防其盟邦的背叛，如此这般，[397]逐渐将其原本独立的诸盟邦推向臣属的境地。与恐惧的动机一样，雅典还为其野心和自利的动机所支配。①

这就是雅典的势力被人性不变的法则所迫使而发展的进程。② 斯巴达人现在相信，他们正代表着反抗自私自利和侵略扩张的正义，但是，如果他们一旦设法摧毁雅典并接管其权力，希腊人对他们的同情心就会很快消失，并证明此种霸权可以易主，但绝不会改变其政治品格及其手段和结果。③ 从战争开始的第一天起，公共舆论就将雅典看作专制统治的体现，而将斯巴达看作自由的保卫者。④ 在这种情况下，修昔底德这样想完全是自然而然的；但是，他看到专制统治者和自由保卫者的角色并不与这些城邦中任何持久的道德品质相对应，而仅仅是有朝一日当权力的平衡被改变，就可以互换的令旁观者震惊的面具。这是来自经验的声音，绝不可能错误——它是在雅典帝国崩溃之后，希腊将要从斯巴达这个“解放者”的专制统治那里获得的经验。⑤

---

① 修昔底德，《伯罗奔尼撒战争史》1.75.3；1.76.2。这三个动机就这样两次被带到读者的脑海里。

② 参见修昔底德，《伯罗奔尼撒战争史》1.75.3：“随后的发展首先迫使我们扩充我们的帝国(*ἐξ αὐτοῦ δὲ τοῦ ἔργου πατηναγκάσθημεν*)”；亦可参见 1.76.1；此处“迫使(compelled)”一词被有意重复使用。如果斯巴达人在希波战争期间曾经承担过其盟邦提供给雅典人的角色，那么他们也会“被迫”以与雅典相同的方式发展他们自己的霸权。这里所运用的政治必然性或政治驱动的概念，可以追溯至 1.76.2—3 中的人性概念。

③ 修昔底德，《伯罗奔尼撒战争史》1.77.6。

④ 修昔底德，《伯罗奔尼撒战争史》2.8.4—5。尽管修昔底德是一个雅典人，但他并不隐瞒这一事实：希腊世界的绝大多数人的同情心站在斯巴达一边，而雅典常常作为帝国主义势力被憎恨。在这种坦率的承认中，没有历史学家个人方面的恩怨卷入其中。修昔底德认为每一个帝国主义势力都要面对这种怨恨，而这种怨恨不会阻止雅典完成其使命。

⑤ 修昔底德，《伯罗奔尼撒战争史》1.77.6：“假如你们推翻了我们，取代我们的地位的话，你们就会马上失去人们因为害怕我们而对你们所表示的好感，如果你们现在的政策还是完全照搬你们领导希腊人反对波斯的短时期内的政策的话。”在我看来，这些话指的是战争结束之后实际发生的情况。提到泡撒尼阿斯以及他在希波战争结束之后所扮演的角色(私通波斯，想做全希腊的统治者)，显然是对类似情况的一个暗示，即莱桑德(Lysander)在伯罗奔尼撒战争之后的专制政治。这与雅典使团的演说的写作日期相吻合(1.73—78)，与科林斯使团发表的演说(1.68—71)处于同一时期；参见本卷第 480 页，注释②和③。

但是，色诺芬这个修昔底德的续貂者表明了，那个年代的绝大多数人，离理解这种内在于一切政治权力的法则是多么遥远。色诺芬凭一种单纯的道德正义的信念，认为斯巴达霸权和雅典霸权的衰落，都是由于天神对人的傲慢自大的报复和惩罚。① 将色诺芬的看法与修昔底德对历史事实的分析相比较，简直就是对后者巨大智力优势的鉴赏。只有凭借对导致战争爆发的历史事件的内在必然性的洞察，修昔底德才达到了他努力追求的完全客观中正的观点。这一点适用于他对斯巴达的判断，同样也适用于他对雅典的判断。因为，正如他考虑到雅典势力的增长是必然的和无可避免的一样，②他以一种反向的强调——怎么高估这种强调都不为过——看到了斯巴达也一样为其对雅典的恐惧所迫使而宣战。③ 在修昔底德的著作中，无论是此处，还是别的任何地方，我们都没有正当理由说他遣词造句"碰巧含糊不清"。在几年惴惴不安的和平之后，雅典和斯巴达之间爆发了第二次战争，修昔底德在描述这场战争时着意使用了同一个词语，我相信这一点迄今仍未被注意到：他说，在经历了一段时间的潜在的敌对状态之后，对立的双方被迫继续开战。④ [398]这个词出现在所谓的修昔底德的第二序言中，在描述了阿奇达慕斯（Archidamian）战争之后，他提出了一个革命性的观念，即休战期前后的两次战争应被看作属于同一场大战。这一观念与修昔底德关于战争无可避免的必然性思想——原因论部分表达了这一思想——共同构成一个伟大的整体，此二者都是修昔底德的政治远见发展到最后和最高阶段的产物。

随着对冲突的统一性的讨论，我们从战争的原因转向战争本身。修昔底德对战争的描述显示出其政治思想对历史事实同样强大的洞察力。公元前五世纪时的希腊肃剧，由于拥有了一支合唱队——合唱队

---

① 参见本书第三卷，第207—208页，以及第207页注释②。

② 参见本卷第482页，注释②。

③ 修昔底德，《伯罗奔尼撒战争史》I，23，6；这种政治必然性——权力政治的纯粹算计——在此被定义为战争的真正原因（ἀληθεστάτη πρόφασις）。

④ 修昔底德，《伯罗奔尼撒战争史》5.25.2；亦可参见1.118.2，其中，修昔底德说到，如果斯巴达不是被迫这样做的话，他们从不急于开战。但是，尽管起初他们认为，他们没到被迫开战的程度，但最终他们知道了战争是注定不可避免的（参见上一注释）。

的思想和情感不断地反映戏剧情节的发展并强调其重要意义——而与后来的戏剧相区别。修昔底德的历史叙述以同样的方式，即由于修昔底德笔下的所有历史事实都有理智活动的不断伴随和澄清，而与其后继者相区别；这种伴随历史事实的理智活动，不是作为一连串冗长乏味的评论出现的，而是被一些演说转换成理智的公开活动，[①]再被直接而生动地放在了沉思中的读者面前。这些演说是启发思想的无尽宝藏，但是我们在这里不想描述其包含的政治思想财富。这些政治思想部分是以一些警句的形式提出的，部分是作为逻辑推论或微妙区别提出的；修昔底德非常喜欢将两个或者更多的相互对立的演说放在同一个主题之下——即智术师们常用的前后矛盾(antilogy)法。因此，通过斯巴达国王阿奇达慕斯(King Archidamus)和监察官斯森涅莱达斯(Sthenelaidas)两人的演说，修昔底德揭示了战争爆发之前斯巴达政策的两种主导性倾向——渴望和平的保守派及其对立面的主战派。与此类似，修昔底德在尼基阿斯和阿尔西比亚德关于西西里远征的演说中——他们两人都将出任远征军的联合指挥官，但他们关于这次远征的看法截然相反——体现了雅典人民对于远征西西里的两种态度。在描述米提利尼的反叛时，通过记叙克勒翁和狄奥多图斯(Diodotus)在公民大会上的两个针锋相对的演说，修昔底德利用这个机会解释了雅典的温和派和极端派所持的联盟政策，并进而说明了战争时期恰如其分地处理盟邦问题的极端困难。通过普拉提亚陷落之后，[399]普拉提亚人和底比斯人在斯巴达审判委员会——为给世界留下普拉提亚人得到了一种公正的审判这样的印象，它假装审判，尽管法官们都来自原告底比斯的盟国斯巴达——面前发表的演说，修昔底德展示了战争与正义无法并存的事实。

修昔底德的著作为政治中的意识形态与实际事实的关系问题提供了许多例证——这个问题是党派斗争的陈词滥调带来的。斯巴达人作为自由(Liberty)和正义(Justice)的捍卫者，注定要扮演他们自己的角

---

① 参见戈姆(A. W. Gomme)的《希腊历史和文学中的论说文》(*Essays in Greek History and Literature*, Oxford, 1937)，他讨论了修昔底德的演说。

色：通过表达道貌岸然的道德情感倾向——这种道德情感通常与他们自己的利益如此一致，以至于他们根本不需要问自己这些倾向哪一个在何处结束，另一个又从何处发端。雅典人的处境比较困难，因此，他们不得不诉诸国家荣誉（National Honour）。这种诉求看起来似乎只顾自己，不顾他人，但通常比斯巴达"解放者（Liberlators）"说的伪善之言要招人喜欢，伯拉西达（Brasidas）是斯巴达"解放者"中最和蔼可亲、最不虚伪的一位。

战争期间，处于强权夹击之中的弱小城邦的中立问题，在米洛斯（Melos）和卡马里纳（Camarina）两地发表的演说中，从两个不同的视角——即正义的视角和政治现实主义的视角——得到了处理。西西里人，在他们对外敌的恐惧和对最大的西西里城邦的霸权的仇视之间纠结撕扯，他们确实期盼一场瘟疫降临在他们双方头上；将被相互对立的利益所分离的诸城邦联合在一个共同的危险之中，是一个政治问题，西西里人具体体现了这一问题。斯巴达人在派罗斯（Pylos）运气不佳，遭遇失败之后，有人提出在一种胜利的和平与协商决定的和平之间做出选择，斯巴达在派罗斯的遭遇使其突然非常渴望和平，而长久厌战的雅典人则直接拒绝了任何和解的提议。战争中影响战略的心理问题，在由不同的将军对其部队所发表的讲话中得到了讨论，而那些影响政治生活的问题则在几个由重要政治家发表的伟大演说中得到了处理：例如，伯利克里讨论了雅典人的厌战心理和悲观主义。① 修昔底德也描述了大瘟疫的恐怖体验的巨大政治后果，它击穿了社会道德底线，给雅典造成了无法估量的损失；在勾画了科基拉（Corcyra）革命的恐怖之后，修昔底德解释了由于长期的战争和剧烈的阶级冲突造成的社会道德的崩溃和对所有社会标准的重估。② 显然，修昔底德对科基拉革命的破坏性后果的描述意在与雅典大瘟疫的后果作一类比，[400]这种类比因为修昔底德对这两种现象的大胆分析而得到了加强：正如在讨论战争的起源

① 修昔底德，《伯罗奔尼撒战争史》2.60—64。

② 修昔底德，《伯罗奔尼撒战争史》3.82—84。

时，他并没有像一个道德家那样说教，而是像一个医生那样检查、探测和诊断，他相信他对公共道德的崩溃的描述是他对战争病理学的描述的一种贡献。

这一简短概述足以表明，修昔底德的著作覆盖了战争期间产生的所有重大政治问题。修昔底德精心挑选了讨论这些问题的时机和场合，而不是遵循事件发生的时间顺序的安排。修昔底德以迥异的方式处理类似的事实——有时故意将战争的残酷与痛苦放在最显著的位置，有时又无动于衷地一笔带过，忽略比之前更大的恐怖，因为只要少数几个事例就足以说明战争的残酷性一面了。①

在修昔底德对战争的实际叙述中，和他对战争起源的叙述一样，核心问题仍然是政治权力的产生和稳固问题——实际上，上述提到的绝大多数不相关的问题都与此核心问题相关联。修昔底德没有从一个普通的痴迷权力的政治家的立场来看待这一问题：考虑到他的政治远见，这是很自然的。他明确地将政治权力的产生和稳固看作人类生活整体的一个部分——人类生活并不完全受权力欲的支配；重要的是，雅典人自己，作为最明目张胆、最残酷无情的权力爱好者，承认正义是他们自己帝国范围内的最高准则，并为雅典是一个建立在正义之上，而非东方专制统治之上的现代法治国家而自豪。雅典使团在斯巴达公民大会上为其帝国主义的对外政策所做的辩护演说中，充分表达了这一点。②修昔底德认为，城邦内部的阶级冲突恶化为一种普遍的一切人对一切人的战争，是政治共同体的一种恶疾。③ 但是，在一个城邦与另一个城邦的关系中，情况就不同了。因为，尽管那里也存在着由正义所支配的契约，但最终的仲裁者是力量（might），而非正当（right）。如果对峙双方旗鼓相当，他们的关系就叫作战争，而如果其中一方远胜另一方，则叫控制。修昔底德以中立的小岛米洛斯为例说明了后一种处境，④雅典以其海上霸权完全碾压米洛斯。[401]这一事件本身无足轻重，但是

① 修昔底德在分配战争描写的要点时使用的方法，得到了哈利卡纳苏斯的狄奥尼修斯（Dionysus of Halicarnassus）的研究性欣赏，参见《论修昔底德》（*On Thucydides*）（作为一个作家）c. 10ff.；尤其可参见 c. 15，p. 347，15ff.（Usener-Radermacher）。

② 修昔底德，《伯罗奔尼撒战争史》1. 77. 1。

③ 修昔底德，《伯罗奔尼撒战争史》3. 82—84。

④ 修昔底德，《伯罗奔尼撒战争史》5. 84—116。

它在长达一个世纪之后仍然留存于希腊人的脑海中，且仍然使他们对雅典愤恨不已，[①]而在战争期间，它彻底摧毁了雅典人曾经激起的那一点点同情心。[②]

这是修昔底德写作技巧的一个经典例子：完全独立于事件本身的实际重要性，他用事件来象征一个具有普遍意义的问题，并将其叙述扩展为政治思想的杰作。在这里，修昔底德运用了对话的形式——智术师的一种修辞手法，在他书中只此一处——以表明对立的双方争锋相对，将力量和正当的痛苦冲突在其全部不可避免的必然性中永恒化了。[③] 修昔底德以一种完全自由的创作来撰写米洛斯人和雅典人的辩论（这场辩论表面上是在米洛斯人的议事厅紧闭的大门背后进行的），以表达两种无法调和的原则之间的冲突，要想怀疑这一点是不可能的。勇敢的米洛斯人很快发现，他们不可能诉诸雅典人的正义感，因为除了自己的政治支配地位之外，雅典人不承认任何其他是非标准。[④] 因此，他们力图证明，在雅典运用其霸权时遵守某种自我节制[的原则]有利于雅典本身，因为有朝一日甚至雅典也会不得不诉诸人的正义感和尊严感。[⑤] 然而，无论米洛斯人怎么说，雅典人都不惧怕这种警告，他们解释说，他们的利益迫使他们不得不吞并这个小岛，因为世界会将其持久的中立理解为雅典帝国的软弱的一种标志。[⑥] 他们回应米洛斯人的发言说，他们对消灭米洛斯人没有兴趣，并警告他们不要充当不合时宜的英雄角色，螳臂当车，徒作无谓的牺牲：传统骑士的行为准则在当今帝国主义政策中早已是昨日黄花。他们提醒米洛斯人不要盲目地信靠神明和斯巴达人；神明总是站在强者一边，这一点由来已久，并将永世长存；再者，即使是斯巴达人，也不会因回避所谓的“可耻”而出手相救，

---

① 参见伊索克拉底，《泛希腊集会辞》100，110。《泛雅典娜节演说辞》(*Panath.*)63，89。

② 关于战争期间希腊人的同情心的论述，参见修昔底德，《伯罗奔尼撒战争史》2.8.4。

③ 修昔底德在整部著作中不断强调的正是这种永恒的必然性，参见本卷第483页，注释③和④。

④ 修昔底德，《伯罗奔尼撒战争史》5.89。译注：雅典人是这样说的：“因为我们双方都知道，当今世界通行的规则是，公正的基础是双方实力均衡；同时，我们也知道，强者可以做他们能够做的一切，而弱者只能忍受他们必须忍受的一切。”

⑤ 修昔底德，《伯罗奔尼撒战争史》5.90。

⑥ 修昔底德，《伯罗奔尼撒战争史》5.97。

除非这样做符合他们自身的利益。①

通过让雅典人根据自然法则证明强者权利的正当性，并将神明从正义的保卫者转化为一切尘世权力和力量的典范，修昔底德为雅典的现实主义政策提供了一种哲学学说的深度和正当性。雅典人正在努力消除他们的现实主义强权政策与宗教信仰和道德力量之间的冲突——作为弱者的对手希望利用这种宗教信仰和道德力量来说服他们。[402]在此，修昔底德表明，雅典的霸权政策合乎逻辑地发展到了登峰造极的地步，并为其辩护者所充分理解。修昔底德选择对话的形式来阐发对立双方的冲突，这种形式的性质显示，它永远不可能达到一种最终的是非决断，因为智术师的论辩（米洛斯对话模仿这种论辩）的力量不在于发现解决问题的办法，而在于尽可能清晰地表达论辩双方的观点。但是，通观全篇，修昔底德的态度，使得他不可能在此扮演一个乔装的道德主义者。米洛斯插曲的真正新颖之处在于：它是权力即正当这一原则的首次公开陈述，这一原则对早期希腊思想是陌生的，在公元前五世纪时才第一次被开发利用。强者的权利作为某种类型的自然权利或自然法则，现在与当前的道德规范，即*τὸ νόμῳ δίκαιον*，两相对立了：这意味着，现在，力量的原则根据其自身的法则构建了一个自己的领域，它既不废除传统的礼法，也不承认其优越性，只是从中分离和独立出来。修昔底德在公元前五世纪的国家观念中发现了这一问题，当我们讨论它时，切不可持柏拉图的那种哲学立场，并指望修昔底德将“善的型（the Idea of the Good）”的标准运用到敌对的希腊各国之中。在其最高的理智成就中，比如在米洛斯对话中，修昔底德仍然是智术师们的学生；②不过，通过利用智术师理论上的自相矛盾来描述历史事实，修昔底德使自己的历史叙述充满了张力和争执，以至于似乎展现了柏拉图哲学的全部难题（aporiai）。③

现在，我们必须转向战争期间雅典采取帝国主义政策的实际进程

---

① 修昔底德，《伯罗奔尼撒战争史》5.105。译注：通常的道德观念，见死不救很“可耻”，对以道德和正义自居，以希腊世界的“解放者”自居的斯巴达而言尤其如此。修昔底德以此强调政治自身的逻辑。

② 参见本卷第397页以下。

③ 参见本书第二卷，论“《高尔吉亚》”一章。

了。这里不必对其政策的全部变化和波动详加论述；我们会选取这种政策臻于极致时的关键时刻，即公元前 415 年的西西里远征来做说明。毫无疑问，修昔底德对这次远征的描述是他所有叙述中的上乘之作，也是其政治远见的一个杰出范例。从其著作的第一卷开始，修昔底德就预示了这次远征。在战争开始之前，科基拉就劝告雅典人接受其强大的海军舰队入盟，并着重提醒，谁掌握了科基拉，谁就是前往西西里的航线的主人。[①] 第一个前往西西里的雅典使团只有少量几艘船，这似乎无关紧要；但不久之后（公元前 424 年），[403]修昔底德就让叙拉古大政治家赫摩克拉底（Hermocrates）在革拉（Gela）的一次会议上，努力平息西西里各邦的争议，以便将它们联合在叙拉古的领导之下，迎接将来雅典的攻击。他举出的论据就是后来在雅典入侵西西里期间，他在卡马里纳（Camarina）提出的那些理由。[②] 毫无疑问，修昔底德是在西西里远征结束之后，当他撰写关于这次远征的来龙去脉时，加上这些初步提示的。他认为唯一具备真正远见的西西里政治家是赫摩克拉底（Hermocrates），赫摩克拉底远见卓识，早就预见到危险的降临，因为危险必定会到来。赫摩克拉底意识到，雅典人不可能不将他们的权力扩张到西西里，而且如果有西西里城邦邀请他们出面干涉的话，没有人可以谴责他们。（这表明雅典之外的人们也已经学会了根据实际政治的逻辑来思考。）不过，尽管他从雅典人的立场出发来看远征西西里的吸引力，但在雅典人考虑这一想法之前，还有很多事情要发生。

雅典人对远征西西里的计策的认真思考，是在尼基阿斯和约之后的数年——尼基阿斯和约出乎意料地有利于雅典。雅典人还没有从阿奇达慕斯战争中恢复元气，就收到了来自塞杰斯塔（Segesta）的请求，塞杰斯塔请求雅典支援他们与塞利努斯（Selinus）的战争。这是修昔底德整部史著中最富戏剧性的时刻——此刻，在雅典的公民大会上，阿尔西比亚德面对保守派与爱好和平的尼基阿斯的一切警告，阐发其难以置信的宏图伟略——征服西西里控制全希腊，并且解释说，像雅典这

① 修昔底德，《伯罗奔尼撒战争史》2.36.2。
② 修昔底德，《伯罗奔尼撒战争史》4.59，6.76。

样一个伟大帝国的扩张是“无法预计其止境的”，帝国的拥有者只有通过进一步拓展疆域才能保证安全，因为任何停顿和止步都意味着帝国会有崩溃的危险。① 修昔底德的意思是让我们牢记西西里之战发生之前，关于雅典无止境地扩张其势力的必然性，②关于雅典人性格中永不安分、无所畏惧、无限的乐观主义和进取精神所说的一切。③ 阿尔西比亚德是此种民族品质的光辉化身。这说明了为什么他具有说服和蛊惑大众的能力，尽管他在私人生活中的高傲自大和盛气凌人令雅典人人憎恨。在一连串相关事件的异常情况下，实际上，能够通过雄心勃勃的事业使雅典转危为安的唯一领导人，是一个被雅典人民所憎恨和嫉妒的人，[404]修昔底德将这一事实看作雅典没落的主要原因之一。④ 因为当提出和主导西西里远征计划的人，在远征刚开始就被放逐的情况下，雅典根本就无从实现其计划。因此，读者觉得，雅典人所做的最大努力——由于舰船、军队和将军的损失，它动摇了城邦的根基——是一场严重影响帝国命运的转折点，尽管它还没有决定雅典最终的灾难。⑤

修昔底德对西西里远征的描述被称作一场肃剧。当然，它没有像希腊化时代的历史那样，在审美和情感效果上假装要与肃剧一较高下，要感动读者，使读者心生怜悯和恐惧。⑥ 保险一点的做法是指出这一事实，即

① 修昔底德，《伯罗奔尼撒战争史》6.18.3。

② 修昔底德，《伯罗奔尼撒战争史》1.75.3；1.76.2。

③ 修昔底德，《伯罗奔尼撒战争史》1.70。

④ 参见修昔底德，《伯罗奔尼撒战争史》6.15 对阿尔西比亚德的社会地位和私人生活行为的评论；关于他作为一个领袖的素质，参见 8.86.4—5，这是修昔底德著作中对阿尔西比亚德个性刻画的最重要部分。

⑤ 参见修昔底德，《伯罗奔尼撒战争史》2.65.11—12，对西西里远征的前景及其失败对这次战争的结局的重要性的判断。

⑥ 对于古典希腊意义上的一出真正肃剧来说，修昔底德对隐含在侵略叙拉古的冒险事业中的道德问题和随之而来的毁灭(*atē*)问题，没有进行足够的强调，尽管在讲述西西里的灾难时，历史学家的修辞艺术没有克制住自己诉诸古代美学理论所谓的ἐκτραγῳδεῖν［用肃剧词句装点、夸张］(比如，参见 8.1)。我们千万不要忘记，修昔底德明确否定了我们所期望于一出真正的肃剧的东西，即在西西里远征计划中诸如一种γνώμης ἁμάρτημα［认知的错误］的存在。根据修昔底德所言，只是因为人们太过短见以至于没有为他们想要达到的目的选择正确的手段，西西里远征才失败了。当然，在更广的意义上，修昔底德对雅典宏伟的军事计划及其政治弱点的严格的实用主义阐述，对读者而言具有一种真正的肃剧效果，虽然它缺乏埃斯库罗斯的那种宗教情感；但是，人们可以试问一下，这种肃剧效果是否没有超出修昔底德所想要的范围。

修昔底德本人曾经提到过激励民众大胆冒险的那种自大（hybris），[①]此处，他思考的显然是像远征西西里这样的冒险活动。不过，即便如此，他对事实的道德和宗教方面的兴趣，也不如对涉及到的政治问题的兴趣浓厚。设想修昔底德认为西西里的灭顶之灾是神明对雅典扩张的惩罚，是绝对错误的，因为他远未到相信权力本身是一件坏事的地步。从修昔底德的观点看，西西里远征比自大之罪更糟。它的失败归咎于一个政治错误——或者一连串的政治错误。作为一个政治哲学家，他坚持认为民众总是不可避免地倾向于狂妄自大，更确切地说，倾向于构想没有事实支撑的虚幻计划。他认为，正确地引导这种一时心血来潮的冲动是城邦政治领袖们的责任和义务。[②] 在西西里远征的结局和雅典的最终战败中，修昔底德都没有看到一种幽暗的历史必然性在起支配作用。我们能够设想一种纯之又纯的历史推理，这种历史推理反对把这两次灾难仅仅作为错误的形势估计或者命运的狡计来解释，而宁愿将其视为一种逻辑进程的必然结果。黑格尔就曾尖锐地指责那些脱离实际的历史学家们的琐碎偏狭和信誓旦旦——他们在事情发生之后能看到每一个错误，并且总是认为如果他们自己亲临的话能做得更好；他可能会说，雅典在伯罗奔尼撒战争中的失败，不是由于个别的错误，而是由于一种深刻的历史必然性，因为阿尔西比亚德那一代人，无论其民众，还是领袖，都被因走得过远而使自身失效的个人主义所支配，在精神上和肉体上都无法克服战争的重重困难。修昔底德的思考与此不同。[405]作为一名政治家，他将伯罗奔尼撒战争看作一个人类理智需要解决的特定问题。在解决这一问题时，雅典犯了许多至关重要的错误，现在，他从一个更高的批判性的立场来观察和诊断这些错误。他认为这些错误能够而且应该在事后得到识别，而拒绝这样做的可能性就等于否认政治经验的存在。一个重要的事实使他的任务变得轻松：他并没有简单

---

① 修昔底德，《伯罗奔尼撒战争史》2.65.9。

② 根据修昔底德所言，西西里的灾难是特定困难的结果，这种特定的困难涉及到一个伟大的民主国家的领导问题，参见上页注释⑥。他认为，这次失败不应归咎于错误的领导，而是因为没有追随真正的领袖。

地用自己高人一等(knowing better)的感觉作为标准,而是从雅典伟大的政治家伯利克里本人那里获取他的标准,伯利克里说服雅典从事这场战争,而且雅典会赢得这场战争(修昔底德深信这一点)。[①]

修昔底德认为,伯罗奔尼撒战争的结局,几乎完全取决于相互冲突的各国领袖,而陆军和海军将领们的将才远没有那么重要。第二卷的那个著名段落表明了这一点,[②]在那里,在记录了伯利克里的演说之后——伯利克里以这一演说平息雅典人对他的怒气,安慰因战争和瘟疫而垂头丧气的国人,使他们振作起来做进一步的抵抗——修昔底德将伯利克里这位伟大政治家的事业与所有作为雅典人民领袖的后继者们进行了比较。修昔底德写到,在和平时期和战时,只要伯利克里担任城邦的首脑,他就能使雅典安全,他允执厥中,以温和稳健的政策指引城邦。在雅典与伯罗奔尼撒联盟的战争中,唯有他正确地理解雅典所面临的任务。他的政策是静待时机,照看好海军,在战争期间不要去扩张雅典帝国,也不要去从事任何不必要的冒险来加重城邦的负担。但是(修昔底德痛苦不堪地说),他的后继者们所做的一切恰恰相反。出于个人野心和私利,他们在一些显然与战争毫不相干的事务上制定了庞大的计划,如果这些计划成功了,会给他们个人带来荣誉和利益,如果失败了,就会给战争中的国家造成灾难性影响。[③] 这显然是对阿尔西比亚德的控诉,在是否远征西西里的争议期间,阿尔西比亚德的反对者,小心谨慎、廉洁自重的尼基阿斯以同样的方式描述过他。[④] 不过,那场争议旨在向读者表明,仅仅拥有正确的洞见和崇高的原则是不够的。不然的话,尼基阿斯(修昔底德以同情的笔触描写他)就会是一个理想的领袖。[406]但是,事实上,阿尔西比亚德具有远胜尼基阿斯的真正领导才能,尽管他将雅典引入险境,而且不做任何不能使他本人得利的事情。然而,正如修昔底德在接下来的一个场合所言,他能够"掌控民众",修昔底德称赞他

---

① 修昔底德,《伯罗奔尼撒战争史》2.65.13。

② 修昔底德,《伯罗奔尼撒战争史》2.65。

③ 修昔底德,《伯罗奔尼撒战争史》2.65.7。

④ 修昔底德,《伯罗奔尼撒战争史》6.12—13;6.17.1。

在内战迫近的紧要关头对雅典的贡献。①

与此类似，在其对伯利克里的人物勾勒中，修昔底德着重强调他对民众的影响力，以及他“掌控民众，而不为民众所掌控”的能力。② 使伯利克里超越阿尔西比亚德和所有其他人的是另外一个事实，即他在金钱上的廉洁自律，这给了他说真话的权威，敢于提出与民众相反的意见，而不是被迫逢迎他们。他总是将缰绳攥在自己手里：当民众试图挣脱缰绳不受约束时，他可以吓唬和控制他们，而当他们垂头丧气时，他又可以使他们精神振作。因此，伯利克里治下的雅典“名义上是民主制，但事实上是第一公民治下的君主制”：③它是一种卓越政治能力基础上的君主制。伯利克里死后，雅典后继乏人，再也没有另一位这样的统治者。他的后继者们都竞相模仿他，但若不奉承民众并迎合民众的心血来潮，他们中就没有一个能获得伯利克里所具有的重大影响力，哪怕暂时的也没有。根据修昔底德，西西里远征的失败，是因为再也没有人能消除民众的影响力和那种乌合之众的冲动本能，没有人能居于民主制度之上，像一个君王那样治理国家了④——更不用说这样的事实了：即伯利克里从一开始根本就不会发起西西里远征，因为这与他的防御战略南辕北辙。因为就雅典的力量本身而言，只要城邦内部的党争没有推翻其才华横溢的领导者，那就完全足以打败叙拉古（到此为止，阿尔西比亚德的估计是正确的）。即使在西西里战事失利之后，雅典仍然坚持了十年有余，直到内部的持久纷争使其衰弱不堪，再也无力抵抗。⑤ 直截了当地说，修昔底德的信念的精髓是，在伯利克里的领导下，雅典会轻而易举地赢得伯罗奔尼撒战争。⑥

---

① 修昔底德，《伯罗奔尼撒战争史》8.86.5。这种*κατασχεῖν ὄχλον*[掌控民众]的能力，是梭伦关于政治领导才能的观念的一部分；参见梭伦残篇 24，22；25，6（狄尔编）；参见下一注释。

② 修昔底德，《伯罗奔尼撒战争史》2.65.8。在对伯利克里作为一个领导者的这一性格刻画中，再次出现了同样的表述“*κατεῖχε τὸ πλῆθος*[他掌控大众]”，在描述阿尔西比亚德作为一个天生的领导者时，修昔底德就使用了这个词语。

③ 修昔底德，《伯罗奔尼撒战争史》2.65.9。

④ 修昔底德，《伯罗奔尼撒战争史》2.65.11。

⑤ 修昔底德，《伯罗奔尼撒战争史》2.65.12。

⑥ 修昔底德，《伯罗奔尼撒战争史》2.65.13。

通过将伯利克里与后续的政治家相对比，修昔底德以如此清晰的笔触所展示的伯利克里的形象，不仅仅是对一个备受尊敬的人物的个性刻画；他的所有竞争者和继承者都面临着同样的任务，即指引雅典为自己的生命而战，[407]但只有他能够胜任。修昔底德没有丝毫想要描写任何碰巧是伯利克里自己的个性特征的意思——如阿提卡谐剧家们所做的那样，至少对他做夸张的描述。修昔底德笔下的伯利克里是典型的领袖和政治家，只有适合于做一个政治人物的那些特征。如果我们(we)只在战争的最后阶段才认识到这一事实，即只有伯利克里能够胜任赢得战争的重任，那么，修昔底德对伯利克里政治生涯的概述——这是伯利克里在修昔底德史著中最后一次现身之后的事——就足以表明，修昔底德自己也是在有了同样的经验之后，以同样的方式认识到这一点的。① 修昔底德从远处观察伯利克里，这距离足以使我们认识后者的伟大。修昔底德归诸伯利克里的政策，究竟是完全按照伯利克里自己的方式来表达的，还是(比如)修昔底德自己让伯利克里建议雅典人保持克制，不要扩张其疆域——因为他知道伯利克里在这方面的实际政策，并且已经见到了其继承者倒行逆施的恶果？要确定这一点是很难的；但很清楚，只有在战争结束之后，修昔底德才能几乎完全是通过指出伯利克里没有(not)犯他的继承者们的错误，来回顾和描述他的政治智慧。这甚至适用于修昔底德对伯利克里的那段相当引人注目的赞扬：伯利克里从不在政治中捞钱和牟取私利。② 修昔底德确实让他在战争爆发时发表了一个演说，并让他说："不要利用战争来实施新的扩张计划！不要进行不必要的冒险！"③但即使在这段文字中，我们仍然能听到已经看到最终败局的历史学家的声音，因为伯利克里说："我担心我们自己的失策，远甚于担心敌人的诡计。"当修昔底德说，伯利克里稳健的对外政策，建基于他在雅典内部掌控中的牢固地位时，他正在思考的肯定完全是阿尔西比亚德相对而言的不牢靠。因为尽管修昔底德主要是从内部政策对外部政策的影响来评估其后果，但在他看到雅

① 修昔底德，《伯罗奔尼撒战争史》2.65.6；2.65.12。

② 修昔底德，《伯罗奔尼撒战争史》2.65.7。

③ 修昔底德，《伯罗奔尼撒战争史》1.144.1。

典人在阿尔西比亚德即将带领他们走向伟大胜利的关键时刻因拒绝其权威而招致的致命后果之后，他认识到，梭伦所描述的那种传统类型的稳健的内部治理，对一场战争的成功实施极其重要。

伯利克里的形象是一个理想的政治家的形象，这一形象中的其他特征是由其演说所提供的。伯利克里的第一次演说阐述了战争的策略，①[408]最后一次演说②则为我们描述了一位即使在最为重要的危急时刻仍然掌控着国家的领导者。这两次演说之间的紧密联系，和修昔底德对伯利克里性格的概括，允许我们假定，对伯利克里的全部人物描写，包括演说以及其他一切，都是修昔底德作为一个历史学家在其职业生涯所构建出来的一个整体；其实，就第三次，也是他最伟大的那次演说（即战后第一年伯利克里在雅典阵亡将士葬礼上的那次演说）而言，③这是被普遍认可的事实。

在修昔底德那里，葬礼演说比其他任何演说都更是历史学家自己的自由创作，一直以来都被解释为修昔底德本人对于雅典过去辉煌荣誉的墓志铭——就唯有死亡才能完整展示那种已逝的纯粹理想而言，这无疑是正确的。在传统的雅典阵亡将士的葬礼演说中，追忆他们的英雄业绩，给予他们崇高评价，是一种习俗。修昔底德将其推进一步，使之成为整个雅典城邦的一种理想化描述。除了伯利克里，修昔底德不能允许任何其他人来发表这一演说，因为伯利克里所具有的卓越才智和崇高品格使他成为唯一有资格阐述雅典精神的政治家。在修昔底德的时代，政治迅速成为渴望权力与成功的野心家和投机者的一种专业及特长。在修昔底德眼中，这也恰恰是伯利克里比克勒翁还有阿尔西比亚德优秀的地方——修昔底德心中构想了一个理想的城邦和一种理想的个体人格，这给了他所有的创作一个真正的目的。在应对这一艰巨任务方面，没有任何一个版本可以挑战修昔底德的高超技艺和轻松自如：他抛开一切常规演说的细枝末节，直接描绘当时的雅典城邦，描绘雅典帝国主义政策的超凡实践能量，以及各种各样无可名状的精

① 修昔底德，《伯罗奔尼撒战争史》1.140—144。

② 修昔底德，《伯罗奔尼撒战争史》2.60—64。

③ 修昔底德，《伯罗奔尼撒战争史》2.35—46。

神活力，以便将其熔铸为一个伟大的整体。

像修昔底德这样一个了解更多城邦近期发展的人，一定已经看到了许多社会结构方面的复杂事物，它们没有进入之前的政治理想（比如梭伦的 eunomia［良治］理想和克里斯提尼的 isonomia［均平］理想）——这些政治理想是在一个更淳朴的时代创造出来的，但仍为后世所敬仰。在他写作之前，一直没有足够的语言来表达自己的那些观念——它们是新型城邦的本质的一部分。不过，修昔底德习惯于将一个城邦与另一个城邦的关系设想为对立原则之间自然的和必然的冲突；而且，他发现这同一种冲突，［409］是支配雅典社会的隐蔽结构的基本原则。这在他对雅典政制的特征的看法中得到了很好的说明。他认为雅典的政制是一种原创，不是从别人那里模仿来的，相反，它是其他国家模仿的典范。这一看法预示着后来的哲学理论，即最好的政制是一种混合政制。① 根据修昔底德的意见，雅典的民主制度不是外部平等的力学理想的实现——有些人将这种理想作为正义的顶峰来崇拜，另一些人则将其作为不义的深渊来谴责。修昔底德将伯利克里作为实际上控制城邦的"第一公民"来描写就表明了这一点。② 修昔底德的评论，即伯利克里治下的雅典"名义上是一种民主制度"，在第一公民口中被转换成了葬礼演说上的一种一般化概括。在雅典，他说，每个人在法律面前都是一样的，但在政治生活中，第一重要的是人才的高贵品质。③ 这一说法合乎逻辑地包含了以下原则：即如果一个人极其宝贵和重要，大家就会认可他成为国家的统治者。④ 另一方面，这种构想承

---

① 我希望在关于古代世界的混合政制及其历史的一个特定研究中，对此做细节上的进一步证实。

② 修昔底德，《伯罗奔尼撒战争史》2.65.9。

③ 修昔底德，《伯罗奔尼撒战争史》2.37.1。

④ 修昔底德，《伯罗奔尼撒战争史》2.65.9；修昔底德将伯利克里的统治方式和他治下雅典的民主制叫作"*ὑπὸ τοῦ πρώτου ἀνδρὸς ἀρχή*［第一人的统治］"。在柏拉图的《美诺》中，伯利克里的妻子阿斯帕奇娅在她的文学沙龙里，发表了一个典型的葬礼演说，这一演说当然旨在成为伯利克里在修昔底德史著中的那个著名的葬礼演说的一个机智的般配作品。在这个演说中（238c），阿斯帕奇娅把伯利克里治下的国家组织叫作贵族政体（aristocracy），并且试图证明它是而且一直是"人民同意之下的最优秀者的统治（*μετ' εὐδοξίας πλήθους ἀριστοκρατία*）"，参见下页注释②。

认每一个个体的政治活动都对城邦共同体有某种价值；但也承认这一事实：即单靠民众自身不可能治理一个庞大而难解的帝国——这一点在修昔底德那里甚至为激进的蛊惑民心的政客克勒翁所承认。[①] 修昔底德认为，伯利克里逝世之后几十年间，彻底的暴民统治[②]越来越成为一个尖锐的问题，即天赋杰出的个体与其政治共同体之间的关系问题，而伯利克里的雅典是对这一问题的一个巧妙解决方案。

历史已经表明，这种解决方案依赖于一个天才人物的出现来领导国家——无论是在民主制度中，还是在其他类型的政治制度中，这都是同样罕见的意外事件——历史还表明了，民主制度还面临群龙无首的危险。尽管如此，雅典的民主制度为伯利克里这样的领导者提供了无数的机会来组织个体公民的活力（他曾经如此华丽地颂扬这种活力[③]），并将他们作为一种积极的力量用于政治领域。这就是摧毁公元前四世纪僭主政治的力量——自从他们不想接受伯利克里式的民主制度为其领导者所提供的东西之后，他们没有设法为此问题寻找任何解决方案。叙拉古僭主狄奥尼修斯，[410]在诱导叙拉古公民合作治理国家方面，从来没有以这样一种方式真正成功过：即如伯利克里建议的那样，每个公民个体都将其生活划分为私人事务和公共义务；在缺乏某种积极的兴趣和对城邦政治生活的真正洞见的情况下，这样一种领袖与其公民合作治理国家的方式是不可能的。

城邦的*政治构造*（politeia）的涵义，不仅指国家的政制（constitution），而且指在此种政制调节范围内的国家的全部生活。尽管雅典的政制不像斯巴达的纪律，规范公民日常生存的每一个细节，但国家的影响是一种无处不在的精神，它深深地浸润着每一个雅典人的生活。在

① 修昔底德，《伯罗奔尼撒战争史》3.37。

② 普通读者不妨回想一下雅典民主制度的字面意义是“民众的统治（government by the people）”；它不仅仅与现代民主制度中一样，是“代议制政府（representative government）”——其中，民众的主要职能只是为立法机构选举代表；确切地说，在雅典，聚集的民众本身就是立法机构，就如其也是司法机构一样。这种情况只有在古代城市国家中才有可能。现代民主制度在废除奴隶制方面已经迈出了重要的一步，超越了其古代先驱；但是，就现在的民众只能通过选举出来的代表行使他们的立法和司法权力而言，现代民主只是一种间接民主。

③ 修昔底德，《伯罗奔尼撒战争史》2.40.2。

现代希腊，统治（politeuma）意味着文化（culture）——这也许是生活和政治之间的古代关联的最后残存。因此，伯利克里对雅典城邦的描绘覆盖了私人生活和公共生活的全部内容：经济、道德、文化和教育。只有当我们以如此丰满和正确的理解来设想修昔底德的国家理想时，我们才能认识到他的国家理想不只是一种权力机器，而是某种富有色彩、形状和现实感的东西。它来源于伯利克里自身的雅典城邦理想，如果没有这些生动的内容，它就是不完美的。修昔底德所言的权力从来就不是简单的贪欲（pleonexia），即机械的无精神的贪婪。标识雅典精神一切非凡表现——文学、艺术、哲学和道德——的综合品格，不断地出现在伯利克里的国家观念中：他有意识地赞扬斯巴达军营严格的集体观念和伊奥尼亚公民个体经济和智力上宽松自由的原则的一种综合。修昔底德并没有将新型国家设想为一个静止的事物，即在早期的良好秩序中被当作偶像来崇拜的严格的法律结构。相反，他坚持认为新型国家在政治体制上、经济上和精神上都应该是根本的、不可避免的各种对立面之间的一种赫拉克利特式的和谐，通过其内在的张力和平衡保持其自身。因此，他让伯利克里将其描述为各种微妙平衡的对立面——自给自足和享受世界各地的产品、辛苦劳作和消遣娱乐、商业贸易和节日活动、精神和习俗、思想和活力——之间的相互作用。[①]

这就是雅典人民的伟大领袖所阐发的理想，语言极其富丽堂皇，以便使他们在关键时刻充分意识到他们正在为之而战的至高价值，[411]将他们转化为自己国家的激情洋溢的“热爱者”。不过，修昔底德的意思并不是此种理想只对雅典有效。无论是在精神方面，还是政治方面，他都将雅典看作历史影响力的中心。他认为雅典不仅对自身而且对整

① 如果我的假设是正确的，即修昔底德关于雅典政体（2.37.1）原初特征的概念，建立于一种混合政体（参见本卷第496页）的观念之上；那么，同一种“综合的”结构原则不仅是伯利克里时代的雅典文化生活的特色，也是其政治生活的特色。关于后一条原则，正如其在雅典文化中所呈现的那样，可以参见伯利克里那段著名的话（2.40.1）：*φιλοκαλοῦμεν μετ' εὐτελείας καὶ φιλοσοφοῦμεν ἄνευ μαλακίας*[我们热爱高贵典雅的东西，但是没有因此而变得柔弱]，这是对立的理想之间的完美平衡。修昔底德认为政治生活中最值得称道的对立面之间的类似平衡在8.97.2中得到了明确的表述，这是本著中非常重要的一段内容，尽管它被绝大多数阐释者所忽略，正如它所属的整个第八卷被忽略一样。

个希腊世界都在施加巨大的智力刺激。“一言以蔽之，我将雅典整个城市称为希腊文化的学校”，即*τῆς Ἑλλάδος παίδευσιν*。[①] 在这种对雅典的精神领导权的认识中——一种完全配得上希腊最伟大的历史学家的认识——修昔底德的创造性洞见第一次认识到了阿提卡文化将会发生一种深远的历史影响这一事实，以及这一事实所涉及到的问题。希腊文化的理想——它在伯利克里时代达到了一种新的广阔范围和崇高气质——从这里开始就要担负起最大可能的历史使命和历史意义。它成了崇高影响力的完整体现——雅典人民和雅典城邦通过他们的理智和精神生活对希腊世界的其他地方行使这种崇高的影响力，它还引导其他国家如雅典人曾经的那样去生活和创造。雅典政治雄心最高的正当性证明——即使在他们失败之后——是教化（paideia）的理想，通过这一理想，雅典精神找到了它的最大安慰——即它自身永垂不朽的保证。

---

① 修昔底德，《伯罗奔尼撒战争史》2.41.1。

索　　引

（本索引所注页码为原书页码）

B

D

E

I

V

W

X

Z